THE GRAMMAR

# 편입문법

더 **문법**스러운 문법책

# 머/리/말

## 盡人事待天命(진인사대천명)

"사람으로서 할 수 있는 일을 다 한 후 결과는 운명에 맡긴다."라는 뜻으로, 제가 평생 신념으로 삼고 사는 한자성어입니다. 짧게 말해, 최선을 다하자는 거죠. 아주 진부한 말이기도 하지만 어떤 목표를 가지고 노력해야 하는 상황에서 가장 좋은 말이 아닐까 합니다.

누군가는 "현재 젊은 세대들은 아무리 '노오력'을 한다고 해도 희망이 없다."고 말하며 '노력'자체를 부정하기도 합니다. 저도 어느 부분은 인정하고 안타깝게 생각은 합니다만, 한편으로는 "정말 '노력' 한거 맞냐고, '노오력'하는 척 한 거 아니냐."고 반문하고 싶은 생각도 듭니다.

물론 여러분들의 노력이 부족해서 목표를 이뤄내지 못했다고 말하는 것은 아닙니다.

분명히 최선을 다했는데 원하는 결과가 나오지 않는 경우도, 그 반대로 최선을 다 하지도 않았는데 운이 좋게 원하는 결과가 나오는 경우도 많습니다. 인생사 모르는 거니까요.

그럼, 결과는 운명이니 최선을 다해야 할 이유가 없네? 라고 생각하는 분들도 있겠죠? 그런 분들에게 이 자리를 빌려 제 생각을 말하고자 합니다.

'고기도 먹어본 사람이 먹는다'라는 말이 있습니다.

어떤 일에 최선을 다 해본 사람들은 그 일의 결과가 성공이든 실패든 상관없이, 다른 목표가 생겼을 때 설렁설렁 하지 않습니다. 지난번과 같이 최선을 다하죠.

예를 들어 마라톤에서 숨이 끝까지 차올라 더 이상 달릴 수 없는 상황에서도 어떻게든 완주를 한 선수와 그렇지 못한 선수는 다음 대회에서 더 큰 실력의 차이를 보이게 되는 것과 같은 이치입니다.

앞으로 남은 길고 긴 인생에서 여러분들에게 수많은 노력의 기회가 찾아올 것입니다.
모든 기회를 최상의 결과로 이끌어 내기란 분명 어려운 일입니다. 즉, 여러분들은 몇 번이든 실패를 경험할 것이라는 거죠. 그때, 자신의 노력을 최대치로 끌어낸 사람은 다른 기회가 생겼을 때도 그것과 동등한 노력을 하게 될 것이고, 그러다 보면 분명 최상의 결과가 나오는 순간을 맞이하게 될 것입니다.

이와는 반대로 최선의 노력을 다 해본 적이 없는 사람들은 다른 기회에서도 본인의 최대치를 끌어낼 수 없고, 결국 운으로 최상의 결과를 바라게 되는 거죠.

여러분들도 지금껏 인생을 살아봐서 알겠지만, 운을 통해서 좋은 결과를 냈던 적이 얼마나 될까요? 아마도 거의 없을 겁니다. 심지어 그 일이 여러분들의 인생에서 크면 클수록 운으로 결과가 좋게 나올 확률은 더 없어집니다.

그렇기에 성공, 실패의 여부는 뒤로 미루고, 우선은 최선을 다하자는 것입니다. 최선을 다하게 되면 성공할 확률이 더 높은 것은 당연하고, 설령 실패한다고 해도 그 노력의 씨앗은 언젠가 다른 상황에서 큰 결실이 될 것이기 때문입니다.

지금껏 큰 노력 없이 인생을 살았던 학생들에게 부탁드립니다.

편입을 진심으로 해보겠다고 마음먹었다면, 정말 힘들어도 끝까지 달려보세요.

편입을 통해 노력의 달콤함을 느끼고 나면, 편입 후에 일어날 모든 기회에서 편입 때 했던 노력들이 기준이 될 것입니다. '편입 시절에 더 열심히도 해봤는데, 이 정도가 뭐가 어렵겠어?' 이렇게 생각하는 순간이 반드시 오게 될 것입니다.

기왕 시작한 거, '노오력'이 아닌 '노력'해 봅시다!

# 이/책/의/특/징

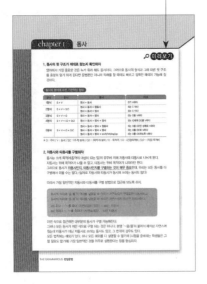

## ❶ 미리보기

**완벽한 학습을 위한 큰 그림, '미리보기'로 중요부분을 미리 체크합시다.**

교재를 집필하면서 우선적으로 생각했던 것이 '각각의 chapter를 처음 접할 때, 반드시 중심을 두고 공부해야 하는 부분을 정하여 학생들에게 먼저 보여주자.'였습니다. 우리가 여행을 갈 때, 아무런 사전 정보도 없이 가면 아무래도 시간도 많이 들고 힘이 들게 마련입니다. 게다가 진짜 봐야하는 관광 포인트가 무엇인지 모르니까 우연히 그곳에 갔더라도 기억에 잘 남지 않죠. 말 그대로 시간은 시간대로, 돈은 돈대로, 힘은 힘대로 드는데 정작 알맹이가 없는 관광이 되어버린 겁니다.

영어에서도 이렇게 헛심을 쓰는 학생들을 위해 짧지만 강렬하게 미리보기를 만들었습니다. 이것을 통해 학생들은 '이 chapter에서는 이 부분을 중심을 두고 공부해야 하는 구나...'라는 것을 알고 공부하게 될 것이고, 그 효율성은 기본적인 이해도 측면에서 비교도 할 수 없을 만큼 큰 차이를 보이게 될 것입니다.

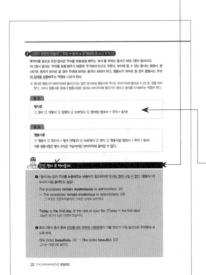

## ❷ 강민형이 콕 찍어줄게!

**이해를 했다면 이제는 '강민형이 콕 찍어줄게!'에 중심을 두고 공부합시다!**

이 책은 결국 시험장에서 철저히 득점할 수 있도록 도움을 주는 것에 그 정체성이 있습니다. 즉, 각각의 part마다 출제 포인트를 요약하여 가장 먼저 다뤘습니다. 문제를 접했을 때 어떤 부분이 시험에 주로 나오는지를 안다면 득점이 한결 수월해 지겠죠?

## ❸ 핵심! 주의! 참고!

철저히 암기를 해야만 해결 가능한 문제들도 당연히 시험에 나옵니다. 이를 대비하여 반드시 암기해야 하는 부분은 '핵심 BOX'로 정리 해놓았고, 기본적인 이론 설명만으로는 해결하기가 어렵거나, 예외적인 문법 사항인데 시험에는 잘 나온다거나 하는 부분은 '주의 BOX'를 해놓았습니다.

마지막으로 그냥 알아두면 도움이 될 만한, 즉 그렇게 중요하지는 않은 부분은 '참고 BOX'를 했으니 경, 중을 둬서 공부하길 바랍니다.

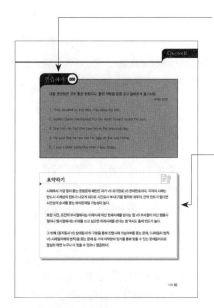

## ❹ 연습하기

'연습하기'를 통해 적용 문제를 풀기 전 'Warming Up'을 해 봅시다.

각 파트가 끝나면 매우 쉬운 수준의 문법 문제를 풀이함으로써 학습한 내용을 바로 확인할 수 있도록 만들었습니다.

## ❺ 요약하기

각 chapter의 마지막 정리는 '요약하기'를 통해 정리했습니다.

많은 양의 문법을 공부하다 보면 결국 마지막에 가서는 처음 부분이나, 중요했던 부분이 기억이 잘 나지 않는 경우가 많습니다. 학생들의 이런 고충을 없애주고자, 다시 한 번 중요 부분을 정리하는 '요약하기'를 만들었습니다.

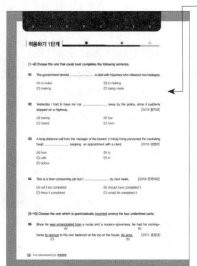

## ❻ 적용하기(1단계, 2단계, 3단계)

각 chapter가 끝날 때마다 편입 최신기출문제(2015~2018)를 포함해서 1단계부터 3단계까지 난이도를 구분해서 수험생의 학습 인지에 따라 다시 복습을 해야 할 것인지, 아니면 해당 chapter는 넘어가도 될 만큼 이론이 완성 되었는지를 확인 할 수 있도록 만들었습니다.

# 드/리/는/말/씀

기존 편입영문법 수험서들은 공무원 영어나 TOEIC, TOEFL, TEPS등의 시험을 보는 수험생까지 염두에 두고 만들게 됨으로써 정작 진짜 편입하려는 학생들에 대한 배려가 별로 없었습니다.

즉 편입과 여타 다른 영어시험에서 자주 나오거나 중심이 되는 개념들이 서로 다를 수가 있는데, 그것에 대한 배려가 없이 그냥 문법적인 사항을 정리, 나열만 했다는 것이죠. 가령, 편입에서 중요한 건 'B'가 아니라 'A'인데, 'B'가 다른 영어시험에서 잘 나온다는 이유로 둘 다 중요하게 설명을 넣었다면, 편입하는 학생 입장에서는 별로 중요하지도 않은 'B'까지 집중해서 매우 열심히 공부해야 하는 불상사가 생기게 되는 것입니다. 그래서 The Grammarous 편입문법을 처음 만드는 기획단계에서부터 딱 두 가지 Concept만을 염두에 두고 만들었습니다.

하나는 '편입을 하려는 학생들만을 위한 문법책을 만들자!' 또 다른 하나는 '편입을 원하는 학생들 중에 혼자서 공부할 수밖에 없는 학생들이 조금 더 효율적으로, 조금 더 제대로 문법을 공부할 수 있게끔 하자!'였습니다.

이 두 가지 Concept에 충실하려고 고민과 노력을 많이 했고, 그 결과 탄생한 것이 바로 The Grammarous 편입문법입니다. The Grammarous 편입문법은 말 그대로 '편입'에만 중심을 둔 편입 문법 전문교재입니다. 앞에서 말씀드렸듯이, 여러 단계(미리보기, 강민형이 콕 찍어줄게!, 핵심!, 주의! 참고!, 연습하기, 요약하기, 적용하기)들을 통해 중요한 부분은 몇 번이고 지겹도록 강조를 했습니다. 크게 중요하지 않은 부분도 100% 시험에 나오지 않는다는 보장은 없으므로 넣긴 했지만, 반드시 그 안에 '별로 중요하지 않다'는 뉘앙스의 말을 넣었으므로 수험생들이 공부하는데, 집중을 많이 해야 할 부분과 집중하지 않고 그냥 읽기만 하고 넘어가도 되는 부분을 구분해 놓았습니다.

최대한 수험생의 관점에서, 그것도 '편입 수험생'의 관점에서 만든 문법서이므로 여러분들의 '노력'만 더해진다면 충분히 원하는 결과를 얻어낼 수 있을 것이라 확신합니다.

# Contents

___

이 책의 차례

# Contents

이 책의 차례

# Contents

# C o n t e n t s

CHAPTER

# XV

일치, 병치, 도치

# Chapter I

# 동사

# Chapter I 동사

## 1. 동사의 뒷 구조가 제대로 왔는지 확인하자

영어에서 가장 중요한 것은 누가 뭐라 해도 동사이다. 그러므로 동사의 형식과 그에 따른 뒷 구조를 충분히 암기 하게 된다면 문법뿐만 아니라 독해를 할 때에도 빠르고 정확한 해석이 가능해 질 것이다.

### 동사의 형식에 따른 기본적인 형태

| 형식 | 형식 | 품사 | 해석 |
|------|------|------|------|
| 1형식 | S + V | 명사 + 동사 | S가 V하다 |
| 2형식 | S + V + S.C | 명사 + 동사 + 형용사<br>명사 + 동사 + 명사 | S는 C 하다<br>S는 C 이다 |
| 3형식 | S + V + O | 명사 + 동사 + 명사 | S는 O를 V하다 |
| 4형식 | S + V + I.O + D.O | 명사 + 동사 + 명사 + 명사 | S는 IO에게 DO를 V하다 |
| 5형식 | S + V + O + O.C | 명사 + 동사 + 명사 + 형용사<br>명사 + 동사 + 명사 + 명사<br>명사 + 동사 + 명사 + toVR/VR/ing/pp | S는 O를 OC인 상태로 V하다<br>S는 O를 OC로 V하다<br>S는 O를 OC하도록 V하다 |

※ S : 주어 / V : 동사 / S.C : (주격) 보어 / O.C : (목적격) 보어 / O : 목적격 / I.O : (간접)목적어 / D.O : (직접) 목적어

## 2. 자동사와 타동사를 구별하자

동사는 크게 목적어(동작의 대상이 되는 말)의 유무에 의해 자동사와 타동사로 나뉘게 된다.
자동사는 뒤에 목적어가 나올 수 없고, 타동사는 뒤에 목적어가 나와야만 한다.
그러므로 동사가 **자동사인지, 타동사인지를 구별하는 것이 매우 중요**한데, 우리는 모든 동사를 다 구별해서 외울 수는 없다. (실제로 자동사와 타동사가 동시에 쓰이는 동사도 많다)

따라서 가장 일반적인 자동사와 타동사를 구별 방법으로 접근해 보도록 하자.

> 동사의 의미에 '을/를'의 의미를 넣었을 때 의미가 자연스럽게 연결되면 타동사이고,
> 동사의 의미에 '을/를'의 의미를 넣었을 때 의미가 자연스럽지 않으면 자동사이다.
>
> ex) 죽다 ⇨ '~를 죽다' (자연스럽지 않음) ∴ die는 자동사
> ex) 죽이다 ⇨ '~를 죽이다' (자연스러움) ∴ kill은 타동사

이런 식으로 접근하면 대부분의 동사가 구별 가능해진다.
그러나 모든 동사가 저런 식으로 구별 되는 것은 아니다. 분명 '~을/를'이 붙어서 해석상 자연스러웠는데 타동사가 아닌 자동사로 쓰이는 동사도 있고, 그 반대의 경우도 있다.
모든 법칙에는 예외가 있다. 허나 모든 예외를 다 설명할 수 없기에 (시험을 준비하는 학생들은 그럴 필요도 없기에) 가장 일반적인 것들 위주로 설명한다는 점을 명심하자.

## ❶ 1형식 완전 자동사 : 주어 + 동사 (S + V)

1형식 동사는 '완전' 자동사이다. 즉 동사 뒤에 보어나 목적어를 쓰지 않고 문장을 만드는 동사란 뜻이다. 그러나 문장에 영향력이 전혀 없는 <u>부사상당어구(= 부사류)</u>는 얼마든지 쓰일 수 있다는 점에 주의 하자.

> **참고**
>
> **부사류**
> ① 부사 ② 전치사+명사 (전명구) ③ to부정사 ④ 분사구문 ⑤ 부사절 (접속사 + 주어 + 동사)

### 강민 형이 콕 찍어줄게!

**❶** 앞서 말했듯이 목적어나 보어를 필요로 하지 않는 동사이므로 형용사나, 명사를 뒤에 쓰지 않도록 주의하자. (특히 '형용사 VS 부사'를 묻는 문제가 출제 포인트이다.)

The prices have risen ~~great~~. (X)

→ The prices have risen **greatly**. (O)
　가격이 크게 상승했다.

**❷** 목적어가 존재하지 않기 때문에 <u>수동태로 나타낼 수 없다.</u>

The accident ~~was occurred~~ yesterday. (X)

→ The accident **occurred** yesterday. (O)
　그 사고는 어제 일어났다.

> **참고**
>
> 수동태는 목적어가 주어로 사용되는 말의 방법이다. 즉 수동태를 사용하고자 한다면 반드시 원래 문장은 목적어를 수반하고 있어야 한다. (97p 참고)

**❸** 수식 어구에 현혹되지 말라! 부사는 아무리 길더라도 문장의 형식에 영향을 주지 않는다. 그러므로 문장이 아무리 길어봤자 1형식은 1형식일 뿐이다!

He walked. 그는 걸었다.
S　　V

He walked <u>briskly</u>. 그는 씩씩하게 걸었다.
S　　V　　　부사

He walked <u>in the park</u>. 그는 공원에서 걸었다.
S   V      부사구 (전명구)

He walked <u>to reduce his weight</u>. 그는 살을 빼기 위해서 걸었다.
S   V        부사구 (to부정사구)

He walked <u>reading the book</u>. 그는 책을 읽으면서 걸었다.
S   V        부사구 (분사구문)

He walked <u>so that he would keep his temper</u>. 그는 화를 참기 위해서 걸었다.
S   V                    부사절

❹ 자동사도 전치사의 도움을 받으면 뒤에 목적어를 쓸 수가 있다. 이때 어떤 동사가 어떤 전치사를 취하는지에 대한 시험문제 역시 출제 빈도가 높다. (특히 '자동사 + 목적어' VS '자동사 + 전치사 + 목적어'의 형태가 시험 출제 포인트이다.)

This book ~~belongs~~ the library. (X)
→ This book **belongs to** the library. (O)
    이 책은 그 도서관 소유이다.

## 1) 자주 쓰이는 완전 자동사

> ### 주요 1형식 동사
>
> lie (눕다, 놓여있다), rise (오르다), arrive (도착하다), live (살다), die (죽다)
> appear (나타나다), disappear (사라지다), go (가다), come (오다), run (뛰다)
> exist (존재하다), stay (머무르다), work (작동하다, 효과가 있다), stand (~에 (서)(있다)
> happen (발생하다, 일어나다 = occur), fall (떨어지다, 넘어지다), arise (발생하다)

· Why didn't you **appear** last night?
  어제 밤에 왜 나오지 않았니?

· The Alps **lies** mostly in Switzerland.
  알프스 산은 주로 스위스연방국에 놓여 있다.

· She **arrived** there last night.
  그녀는 지난밤에 거기에 도착했다.

- The sun **raises** in the east. (X)
  → The sun **rises** in the east. (O)
  태양은 동쪽에서 뜬다.
  (raise는 타동사로서 뒤에 '전치사 + 명사'가 아닌 '명사'가 쓰여야 한다.)

## 2) 자동사로 쓰일 때 의미가 바뀌는 동사들

다음의 동사들은 주로 타동사로 쓰이지만, 자동사의 기능을 하는 경우 의미가 바뀌므로 주의하자.

> will do (좋다, 충분하다), count (중요하다 = matter), make (가다 = go, move), pay (이익이 되다)

- Money doesn't **count** to us.
  돈은 나에게 중요치 않다.

- He **made** toward the island.
  그는 그 섬을 향해 갔다.

- His nationality doesn't **matter** to me.
  나에게 그의 국적은 문제가 되지 않는다.

- I need something to write with and any pen **will do**.
  나는 필기도구가 필요한데, 어떤 펜이라도 좋다.

## 3) 타동사처럼 해석되는 자동사 (자동사 + 전치사 → 타동사)

해석상 목적어를 바로 취해야 할 것 같지만 반드시 전치사와 함께 쓰여야 하는 동사이다.
그러므로 각각의 동사에 어떤 전치사를 쓰느냐가 중요한 문법적 사항이 된다.

abstain from : ～을 삼가다 (= refrain from)
- It is a good habit to **abstain from** any kind of abuse.
  어떤 것이든 지나친 것은 삼가는 게 좋은 습관이다.

account for : 설명하다, 차지하다, 책임지다, ～의 원인이 되다.
- You must **account for** every penny you spend.
  네가 쓴 돈의 용도를 일일이 밝혀야 한다.

- You will have to **account for** this bad result.
  너는 이 나쁜 결과에 대해 책임져야 할 것이다.

## amount to : 총합이 ~이 되다
· The combined membership will **amount to** 5,000.
  총 회원 수는 5천 명에 달할 것이다.

## apologize to : ~에게 사과하다 / apologize for : ~때문에 사과하다
· I don't know how to **apologize to** you.
  뭐라고 사죄의 말씀을 드려야 할지 모르겠습니다.

· I **apologize for** my late response to your letter.
  당신 편지에 답장을 늦게 해드려 진심으로 사과드립니다.

## associate with : ~와 사귀다
· Don't **associate with** bad and dishonest boys.
  나쁘고 정직하지 못한 아이들과 사귀지 마라.

> ▲ 주 의
>
> associate가 '~을 연상시키다, ~과 연관 짓다'의 의미로 쓰이는 경우 타동사가 된다.
> 즉, 그 뒤에는 전치사를 쓸 필요가 없다.
>
> · I always associate the smell of baking with my childhood.
>   나는 빵 굽는 냄새를 맡으면 항상 어린 시절이 연상된다.

## attend to : 주의하다, 유의하다
· He **attended to** what his teacher said.
  그는 선생님의 말씀을 주의해서 들었다.

## attend on : 시중들다, 돌보다
· My mother has **attended on** my sick grandmother for several months.
  엄마는 수개월 동안 편찮으신 할머니의 시중을 들었다.

> ▲ 주 의
>
> attend는 '참석하다, 출석하다'의 의미로 사용되는 경우 타동사가 된다.
>
> · Our children attend the same school.
>   우리 아이들은 같은 학교에 다닌다.

## belong to : ~에 속하다
· This umbrella **belongs to** her.
  이 우산은 그녀의 것이다.

complain of/about : ～에 대해 불평하다 / complain to : ～에게 불평하다

· People are **complaining of/about** high prices.
사람들이 높은 물가에 대해 불평하고 있다.


consist of : 구성되다 (= be composed of / be comprised of / be made up of)

· The United States ~~is consisted of~~ fifty states. (X)
※ consist 에는 수동태로 절대 쓰지 않는다는 점에 주의하자.

→ The United States **consists of** fifty states.
미국은 50개의 주들로 구성되어 있다.


deal with : 다루다

· The government must **deal with** this as a matter of urgency.
정부는 이것을 긴급 문제로 다루어야 한다.


depend on : 의지, 의존하다 (= rely on / count on / turn to / resort to)

· I don't want to **depend on** anyone.
나는 그 누구에게도 의지하고 싶지 않아.


dwell on : ～을 곰곰이 생각하다 / dwell in : ～에 거주하다

· I don't want to **dwell on** my past.
과거에 연연하고 싶지 않다

· Crayfish **dwell in** fresh water streams and lakes.
가재는 민물이나 호수에 산다.


interfere with : 간섭하다

· She never allows her personal feelings to **interfere with** her work.
그녀는 개인적인 감정이 일에 방해되는 경우는 절대 없게 한다.


laugh at : ～을 비웃다

· Those boys **laughed at** the poor boy.
저 소년들은 가난한 소년을 비웃었다.


listen to : ～을 듣다

· My boyfriend just doesn't **listen to** me.
내 남자친구는 도무지 내 말을 귀담아 듣질 않아.


look at : ～을 보다

· **Look at** the table of contents before you buy a book.
책을 사기 전에 목차를 봐라.

object to : 반대하다 (= oppose / be opposed to)

· I **object to** the argument on scientific grounds.
  난 과학적인 근거를 토대로 그 주장에 반대한다.

participate in : 참석하다

· Many of the businessmen came here to ~~participate~~ the seminar. (X)
  → Many of the businessmen came here to **participate in** the seminar. (O)
    많은 사업가들이 세미나에 참석하기 위해 여기에 왔다.

result in : ～을 초래하다 / result from : ～로부터 초래되다

· My efforts **resulted in** failure.
  내 노력은 실패로 끝났다.

· Disease often **results from** poverty.
  질병은 종종 빈곤에서 생긴다.

### 그 외 '자 + 전' 동사들

add to (증가하다), agree to (～에 동의하다), agree with (～에게 동의하다)

bid on / for (～에 입찰하다), conform to (따르다/동의하다), graduate from (졸업하다)

look for (찾다/구하다) strive for (노력하다), apply for (신청하다/지원하다), succeed in (～을 성공하다)

opt for (～을 선택하다), dispense with (～없이 지내다), sympathize with (동정하다)

contribute to (～에 기여하다), dispose of (처리하다/버리다), wait for (～을 기다리다)

experiment with (～으로 실험하다), comment on (언급하다, 논평하다, 견해를 밝히다)

detract from (손상시키다, 딴 데로 돌리다), marvel at (～에 놀라다), compete with ( ～와 경쟁하다),

accede to (～에 응답하다, 가입하다), appeal to (～에 항소하다, 호소하다 )

· I **agree with** you. / I **agree to** your plan.
  나는 너에게 동의한다. / 나는 너의 의견에 동의한다.

· I **waited for** him until six.
  나는 그를 여섯시까지 기다렸다.

· She couldn't **graduate from** the university last year.
그녀는 작년에 대학을 졸업할 수 없었다.

· When people have faced a fear, some have **commented on** the feeling of time slowing down.
사람들이 두려움을 느꼈을 때, 몇몇은 시간이 느리게 간다는 느낌에 대해 말했다.

---

**▲ 주 의**

자동사+전치사+목적어의 어순을 따른다. (전치사 이동불가!)

· I **called on** Mary/her.　　　　※ I **called** Mary/her **on**. (X)

---

## 연습하기 001

다음 문장들은 모두 틀린 문장이다. 틀린 부분을 밑줄 긋고 올바르게 옮기시오.

– 해석은 당연!

1. My mother went the kitchen to get some milk.

2. Japan is consisted of more than 6,800 islands.

3. The engine ran good after it had been repaired.

4. Winning that ticket was the best thing that was ever happened to me.

5. The committee attended at the meeting.

**② 2형식 불완전 자동사 : 주어 + 동사 + 주격보어 (S + V + S.C)**

목적어를 필요로 하진 않지만 주어를 보충설명 해주는 '보어'를 취하는 동사가 바로 2형식 동사이다.
이 2형식 동사는 '주어를 보충'해주기 때문에 '주격보어'라고도 부른다. 보어에 올 수 있는 품사는 형용사, 명사이며, 명사가 보어로 올 경우 <u>주어와 보어는 동격</u>이 되어야 하고, 형용사가 보어로 올 경우 형용사는 <u>주어의 상태를 설명해주는 역할</u>로 나오게 된다.

※ 명사와 형용사가 보어자리에 들어간다는 말은 명사류와 형용사류 역시도 보어자리에 들어갈 수 있다는 점을 의미한다. 그러나 형용사류 중에서 형용사절은 절대로 보어자리에 들어가지 못하고 명사를 수식해주는 역할만 한다.

> **참고**
>
> **명사류**
> ① 명사 ② 대명사 ③ 동명사 ④ to부정사 ⑤ 명사절 (접속사 + 주어 + 동사)

> **참고**
>
> **형용사류**
> ① 형용사 ② 전치사 + 명사 (전명구) ③ to부정사 ④ 분사 ⑤ 형용사절 (접속사 + 주어 + 동사)
> 이중 형용사절은 명사 수식은 가능하지만 보어자리에 들어갈 수 없다.

 **강민) 형이 콕 찍어줄게!**

❶ 1형식과는 달리 주어를 보충해주는 보충어가 필요하므로 <u>부사는 절대 쓰일 수 없다.</u> (형용사 VS 부사의 시험 출제빈도 높음)

· The processes **remain** ~~mysteriously~~ to astronomers. (X)
→ The processes **remain mysterious** to astronomers. (O)
   그 과정은 천문학자들에게 신비한 상태로 남아있다.

· **Today** is **the first day** of the rest of your life. (Today = the first day)
   오늘은 당신의 남은 인생의 첫날이다.

❷ 특히 2형식 동사 중에 <u>감각동사와 관련된 시험문제</u>가 기출 빈도가 가장 높으므로 주의해서 보도록 하자.

· She looks ~~beautifully~~. (X) → She looks **beautiful**. (O)
   그녀는 아름다워 보인다.

## 1) 주요 2형식 동사

### (1) 상태의 지속, 유지 동사 (〜이다 / 〜한 상태를 유지, 지속하다)

> be, remain, keep, hold, stay, lie, stand, continue, rest …

※ 기존에 우리가 알고 있던 뜻으로 해석하는 것이 아니라, '〜인 상태가 지속되다'의 뉘앙스로 해석을 해야 한다.
(ex. stand의 기존 뜻 : 서다 / 2형식 stand는 〜인 상태를 유지하다.)

· The situation **remains unchanged.**
　그 상황은 바뀌지 않고 있다.

· Her promise still **holds true.**
　그녀의 약속은 여전히 유효하다.

· Weather will **stay cold** for the next few days.
　날씨는 다음 며칠 동안 쌀쌀할 것이다.

· He **kept silent.**
　그는 조용히 있었다.

· The city **lies quiet and peaceful.**
　그 도시는 조용하고 평화롭다.

### (2) 상태의 변화 동사 (〜가 되다)

> become, come, get, grow, make, turn, fall, go, run …

· He **gets** more and more **thin and weak.**
　그는 점점 더 야위어가고 약해져 간다.

· The leaves **turn red and yellow.**
　잎들은 노랗고 빨갛게 변한다.

· A foreign language **becomes more difficult** to learn, as we **grow older.**
　우리가 나이를 먹으면 먹을수록 외국어는 배우기에 더 어려워진다.

· At that time, I was **running short of** money.
　그 당시에, 나는 돈이 부족했다.

**상태의 변화 동사와 관련된 주요 구문**

grow old 늙어 가다, grow angry 점점 화가 나다 (**grow** 동사는 시간의 점진적 변화를 뜻함)

go bad 상하다, go blind 눈이 멀다, go mad 미치다, go broke (= go bankrupt = go out of business), fall asleep 잠들다, fall ill 병들다, fall due 만기가 되다, 주어 + run short of + 물자 (주어가) ~을 다 써버리다 (= 물자가 부족해지다)

run wild 제멋대로 자라다 (**go, fall, run** 동사는 주로 부정적 뉘앙스와 함께 쓰임)

turn pale 창백해지다, turn red 빨개지다 (**turn** 동사는 주로 색, 신념의 변화를 뜻함)

come true 실현되다, come easy 쉬워지다 (**come** 동사는 주로 해결과 같은 의미의 변화를 뜻함)

## (3) 감각동사 (~처럼 보이다, 들리다 등)

look, sound, taste, smell, feel

· Good medicine **tastes bitter** to the mouth.
  좋은 약은 입에 쓰다.

· Mozart's music **sounds sweet and soothing**.
  모차르트의 음악은 감미롭고 마음을 진정시키는 것처럼 들린다.

· She **looks healthy**.
  그녀는 건강해 보인다.

### ▲ 주 의

**감각동사의 몇 가지 특이점**

1. 감각동사는 명사를 보어로 취할 때 'look 명사'로 쓰는 것이 아니라 'look like 명사'로 써야한다.
   cf) taste와 smell은 like 명사 이외에 of 명사를 보어로 취할 수도 있다.

· She looks ~~a happy girl~~. (X) → She **looks like** a happy girl. (O)
· It **tasted like** meat. (= **tasted of** meat)
  그것은 고기 같은 맛이 났다.
· It **felt like** a kind of leather.
  그것은 일종의 가죽처럼 느껴졌다.
· He **smells like** a woman. I think I know his taste. (= **smell of** a woman)
  그는 여자 같은 냄새가 난다. 나는 그의 취향을 알 것 같다.

2. 감각동사는 주어+동사를 취할 수도 있는데, 이때는 **as if**나 **as though**와 같은 접속사를 써야
한다.

· It **looks rainy.** = It **looks like rain.** = It **looks as if** it's going to rain.
비가 올 것처럼 보인다.

### (4) 판단동사 (～처럼 보이다, ～인 것 같다)

판단동사는 명사나 형용사가 보어로 오는 경우 앞에 (to be)를 써도 좋다. 또한 to부정사 역시 함께 자주 쓰
인다.

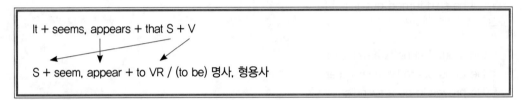

It + seems, appears + that S + V

S + seem, appear + to VR / (to be) 명사, 형용사

※ 이 문장전환 방법은 수동태 (103p 참고)에서 더 자세히 다루고 있다.

· The bridge **seems** pretty **old.**
그 다리는 매우 낡은 상태로 보인다.

· He **seems / appears (to be)** an honest man.
그는 정직한 사람처럼 보인다.

· It **seems / appears that** they laugh at her.
= They **seem / appear to laugh** at her.
그들이 그녀를 비웃는 것처럼 보인다.

· Somehow the silence **seemed to connect** us in a way that words never could.
왠지 그 침묵이 말로는 못하는 방식으로 우리를 이어주는 것 같았다.

## (5) 입증동사 (~으로 판명 나다)

입증동사 역시 판단동사와 마찬가지의 용법을 가진다.

---

prove, turn out

---

· The rumor **proved** (to be) **false.**
그 소문이 잘못된 것으로 판명 났다.

· She **proved** (to be) **a spy.**
그녀는 스파이로 판명되었다.

· What he said **turned out** (to be) **false.**
그가 말한 것이 거짓으로 드러났다.

· It **turns out that** he is a swindler.
= He **turns out to be a swindler.**
= He proves to be a swindler.
그는 사기꾼으로 판명 났다.

---

**참고**

**turn out과 prove의 차이점**

turn out과 prove는 명사와 형용사를 보어로 가져오는 경우 (to be)를 써도 좋고, to VR를 취할 수도 있다는 공통점이 있다. 그러나 **turn out**은 **It ~ that S V**의 구조가 가능한 반면, prove는 It proves that S V의 구조로 사용되지는 않는다. 그 이유는 prove는 타동사로서 목적어 자리에 that절을 가져와서 '~을 증명하다'라는 의미로 사용되기 때문이다. 그러므로 혼돈의 여지를 막기 위해 It proves that S + V '~으로 판명나다'라는 의미로 사용하지 않는다.
(물론 '그것은 that절을 증명한다' 라는 의미로는 해석 가능하다)

· It **proves that** he is a swindler. (O)
그것은 그가 사기꾼이라는 것을 증명한다.

---

> **▲ 주 의**
>
> **turn out의 3형식 쓰임**
>
> 'S + turn out + 명사'의 구조에서 주어와 명사가 동일인물이 아닐 경우 "쫓아내다, 생산하다"의
> 의미로 해석한다.
>
> · She **turned out** (to be) a mad girl. (She = a mad girl)
>   그녀는 미친 소녀로 판명 났다.
>
> · She **turned out** him. (She ≠ him)
>   그녀는 그를 쫓아냈다.

## 2) 부사로 혼동하기 쉬운 형용사

부사처럼 보이지만 형용사이므로 보어자리에 올 수 있음을 유의한다.

---

friendly (우호적인), lovely (사랑스러운), costly (비싼), orderly (정돈된), lively (쾌활한)
manly (사내다운), homely (가정적인), motherly (자애로운), timely (시기적절한)
cowardly (겁 많은), daily (매일의), monthly (매달의), yearly (매년의), lonely (외로운)
earthly (세속적인), comely (어여쁜), likely (있음직한), deadly (치명적인) …

---

· Isn't she **lovely**?
  그녀 아름답지 않나요?

· The boy is **cowardly** but his brother **manly**.
  그 소년은 겁이 많지만, 그의 형은 남자답다.

## 3) 준보어 (추가보어)

1형식 동사로 문장이 충분히 끝날 수도 있지만, 그 외에 추가적인 내용을 덧붙여 주어를 좀 더 구체적으로
설명하기 위해 추가한 보어를 말한다. 원래 1형식 동사 뒤에는 형용사를 쓸 수는 없지만, 준보어의 경우 주
어를 보충설명해주기 때문에 1형식 동사임에도 형용사가 쓰일 수 있다. 해석은 2형식처럼 주어의 결과적 상
태를 설명한다.

---

live, die, go, marry, stand, come, sit, arrive, part …

---

· He died **young**.
  그는 젊은 나이에 죽었다.

- He died **a millionaire./ a martyr./ a beggar.**
  그는 백만장자/ 순교자/ 거지로 죽었다.

- We parted **good friends.**
  우리는 좋은 친구로 헤어졌다.

  cf) We parted **from good friends.**
  우리는 좋은 친구들과 헤어졌다. (이때는 We ≠ good friends가 성립되어야 한다)

- The boy came **running** toward me.
  그 소년은 나에게 달려서 왔다. (달려왔다)

- She sat at the window **sewing.**
  그녀는 뜨개질 하면서 창가에 앉아있었다.

## 연습하기 002

**다음 문장들은 모두 틀린 문장이다. 틀린 부분을 밑줄 긋고 올바르게 옮기시오.**

– 해석은 당연!

1. In order to be successful in the field, prices must be competitively.

2. The man in my village was very ambition.

3. The pizza on the table looks deliciously.

4. The mother grew impatiently with her son because he didn't stop crying.

5. Please do not feel badly about the outcome.

**③** 3형식 완전 타동사 : 주어 + 동사 + 목적어 (S + V + O)

보어가 아닌 목적어를 필요로 하는 동사이다. 목적어의 자리에는 명사 및 명사류가 쓰일 수 있으며, '~을/를'로 해석하는 것이 일반적이다. 그러나 항상 '~을/를'로만 해석되는 것이 아닐 수도 있다는 점을 명심하자. 동사에 따라서는 마치 전치사가 꼭 붙어야만 할 것 같은 동사들도 타동사로 쓰이는 경우가 많다. 이 경우 절대로 전치사를 붙여서는 안 된다.

### 강민 형이 콕 찍어줄게!

**❶** 해석상 마치 '~에게', '~에 대하서', '~과 함께' 등의 의미가 쓰이는 <u>타동사는 절대 전치사를 붙이지 않는다.</u>

· They resemble ~~with~~ each other. (X)
→ They resemble each other. (O)
그들은 서로서로 닮았다.

**❷** 동명사(Ving) VS to부정사의 구분

· It's pretty strange that we keep ~~to run~~ into one another. (X)
→ It's pretty strange that we keep running into one another. (O)
우리가 계속 마주치게 된다는 게 좀 이상하지.

**❸** 어떤 3형식 동사는 목적어 다음 '전치사 + 명사'를 가져올 수도 있는데, 그 경우 전치사를 묻는 문제가 출제 포인트다.

· Thank you ~~to~~ being the person who taught me to love and to be loved. (X)
→ Thank you for being the person who taught me to love and to be loved. (O)
내게 사랑하는 법. 그리고 사랑받는 법을 알려줘서 고마워.

## 1) 목적어의 형태

· The boy caught **the ball**. (명사)
그 소년은 공을 잡았다.

· Sera loves **him** very much. (대명사)
Sera는 그를 매우 많이 사랑한다.

· I remember **meeting** you once. (동명사)
나는 한때 널 만났던 것을 기억해.

· Min-ho wants **to enter** Yale University. (부정사)
  민호는 예일대를 가길 원한다.

· I didn't know **that she was your sister.** (that절)
  나는 그녀가 너의 여동생이라는 것을 몰랐다.

· I don't know **what he wants.** (의문사절)
  나는 그가 뭘 원하는지를 모르겠다.

· I don't care **whether/if you like me or not.** (if/whether절)
  나는 네가 날 좋아하는지 아닌지 신경 쓰지 않는다.

## ▲ 주 의

**that절을 목적어로 취하는 동사 (인식류 동사)**

부정사나 동명사가 아닌 명사절을 목적어로 취하는 동사들을 말한다. (5형식 동사와 비교 주의!!)
이 경우 that은 생략될 수 있으며, 그러한 생략은 매우 빈번하다.

**주요 인식류 동사**

think, believe, suppose, know, feel, find 등

· The woman found that her boyfriend is her half-brother.
  그 여성은 그녀의 남자친구가 그녀의 이복오빠라는 것을 알았다.

· They believe (that) the new president can solve many problems.
  그들은 새 대통령이 많은 문제를 해결할 수 있을 것이라고 믿는다.

## 2) 자동사로 착각하기 쉬운 타동사

해석상 '～을/를'이 아닌 '～와/～에 대해/～에게'가 쓰임에도 전치사를 붙이지 않는 동사를 말한다. 타동사이기 때문에 반드시 <u>전치사를 쓰면 틀린다</u>는 점을 명심하자.

**accompany ~~with~~ : ～와 동반하다**
· His wife **accompanied** him on the trip.
  그 여행에는 그의 아내가 그와 동행했다.

**address ~~to~~ : ～에게 말을 걸다 (= speak to)**
· She **addressed** me in English.
  그녀는 내게 영어로 말을 걸었다.

**answer ~~about~~ : ～에 대해 대답하다**
· He hasn't **answered** my question.
  넌 내 질문에 대답을 안 했어.

approach ~~to~~ : ～로 접근하다

· The boy wearing glasses **approached ~~to~~** me stealthily. (X)
  → The boy wearing glasses **approached** me stealthily. (O)
    안경을 쓴 그 소년은 나에게 몰래 접근했다.

· The school has decided to adopt a different **approach to** discipline. (O)
    그 학교는 훈육에 대해 다른 접근법을 취하기로 결정했다. (명사 approach는 뒤에 전치사 필요)

await ~~for~~ : 기다리다 (= wait for)

· I **awaited** him for an hour.
  = I **waited for** him for an hour.
    나는 그를 한 시간 동안 기다렸다.

become ~~to~~ : ～에게 어울리다

· This suit **becomes ~~to~~** you. (X)
  → This suit **becomes** you. (O)
    이 정장 너에게 잘 어울린다.

contact ~~with~~ : ～와 접촉하다, ～와 연락하다 (= keep in contact with)

· You need to **contact** an Internet service provider.
  = You need to **keep in contact with** an Internet service provider.
    인터넷 사업자에게 연락해 보셔야 해요

discuss ~~about~~ : ～에 대해 토론하다

· Let's **~~discuss about~~** the matter. (X)
  → Let's **discuss** the matter. (O)
    그 문제에 대해 토론해 봅시다.

emphasize ~~on~~ : 강조하다 (= lay/put/place emphasis on)

· He **emphasized** the importance of tourism.
  = He **put/lay/place emphasis on** the importance of tourism.
    그는 관광업의 중요성을 강조했다.

enter ~~into~~ : ～에 들어가다 (= go into)

· He **entered** the room. = He **went into** the room.
    그는 방에 들어갔다.

  cf) enter into : ～을 시작하다

· He **entered into** the business.
    그는 사업을 시작했다.

follow ~~after~~ : ~의 뒤를 따르다, ~의 말을 알아듣다.
· Do you **follow** me?
　내 말 이해하니?

greet ~~to~~ : ~에게 인사하다
· She didn't want to **greet** him so she looked the other way.
　그녀는 그와 인사하고 싶지 않아서 그를 외면했다.

influence ~~on~~ : ~에 영향을 끼치다 (= have an influence on)
· His writings **influenced** the lives of millions.
　= His writings **had an influence on** the lives of millions.
　그의 글은 수백만 명의 삶에 영향을 주어 왔다.

inhabit ~~in~~ : ~에 살다, 거주하다 (= live/dwell/reside in)
· My parents **inhabit** New York.
　= My parents live in New York.
　우리 부모님은 뉴욕에 사신다.

join ~~with~~ : ~와 합류하다
· Will you ~~**join with**~~ us? (X)
　→ Will you **join** us? (O)
　우리랑 함께 할래?

marry ~~with~~ : ~와 결혼하다 (= be/get married to)
· He ~~**married with**~~ my sister. (X)
　→ He **married** my sister. (O)
　= He **was married to** my sister. (O)
　그는 내 여동생과 결혼했다.

mention ~~about~~ : ~에 대해 언급하다
· Nobody **mentioned** anything to me about it.
　아무도 내게 그것에 대해 어떤 언급도 하지 않았다.

oppose ~~to~~ : ~에 반대하다 (= object to / be opposed to)
· Many groups **oppose** the program.
　= Many groups **object to** the program.
　= Many groups **are opposed to** the program.
　많은 단체들이 그 프로그램에 반대한다.

reach ~~at, in~~ : ~에 도착하다 (= arrive at, arrive in)
· They **reached** the station.
　그들은 역에 도착했다.

resemble ~~after, with~~ : ～와 닮다

· The woman ~~resembles with~~ her boy friend. (X)
   → **resembles** her boy friend. (O)
   그 여성은 그녀의 남자친구와 닮았다.

---

### 그 외 자동사처럼 해석되는 타동사들

fit (～에게 치수가 딱 맞다), attack (～에게 공격하다), obey (～에게 복종하다)
wrong + 사람 (～에게 해를 끼치다), encounter (～와 우연히 만나다 = meet with), involve (수반하다, 관련시키다), yield (만들어내다, 생산하다), impressd (인상을 주다), transcend (초월하다, 능가하다), worship(～을 숭배하다), involve(～을 포함하다), confront(～에 맞서다) …

---

· He forgave those who had **wronged** him.
   그는 자기에게 못된 짓을 한 사람들을 용서했다.

· I **encountered** an old friend of mine on the road.
   나는 길에서 오래된 친구 한명을 우연히 만났다.

## 3) 동명사를 목적어로 취하는 3형식 동사

3형식 타동사 중 다음의 동사들은 to부정사가 아닌 동명사만을 목적어로 취한다.

| | |
|---|---|
| 좋음, 싫음 | enjoy, favor (찬성하다), dislike, mind, resent (분노하다) |
| 회피, 연기, 금지 | avoid, evade, escape, postpone, put off, forbid … |
| 인정, 부인 | allow, permit (허락하다), admit, acknowledge (인정하다), deny, resist (저항하다), oppose (반대하다)… |
| 지속, 완료, 포기 | keep, finish, stop, quit, give up, abandon … |
| 고려, 상상, 예상, 회상 | contemplate (심사숙고하다), consider (고려하다), imagine (상상하다), recall (회상하다) … |
| 제안, 권고, 변호 | suggest, recommend, advise, advocate (변호하다) … |
| 기타 | miss (놓치다), involve (연루시키다), risk (위험을 무릅쓰다), practice (연습하다), appreciate (감사하다), include (포함하다), allege (주장하다) … |

· He really **enjoys going** to archaeological museums.
   그는 정말로 고고학 박물관을 가는 것을 즐긴다.

· Have you **considered getting** a job abroad?
   당신은 해외에서 직업을 갖는 것을 고려한적 있습니까?

· My wife **finished doing** the dishes.
   내 아내는 설거지를 끝냈다.

· Many men in Korea **mind going** shopping with their girl friend.
   한국의 많은 남자들은 여자 친구와 쇼핑하는 것을 꺼려한다.

## 4) 부정사를 목적어로 취하는 3형식 동사

| 희망, 기대, 원함 | want, hope, wish, expect, desire, long (갈망하다), would like, need (필요로 하다) … |
|---|---|
| 계획, 결심 | decide, determine, resolve (결심하다), plan, aim … |
| 약속, 동의, 거절, 요구, 주저함, 선택 | agree, consent, assent (동의하다), promise, swear, ask, demand, choose, refuse, hesitate (주저하다) … |
| 기타 | seek (~하려고 시도하다), afford (~할 여유가 있다)<br>manage (그럭저럭 ~해내다), offer, fail (~하지 못하다)<br>pretend (~인 체하다), serve (~에 도움이 되다) … |

· He **refused to live** a life of modern conveniences.
　그는 현대의 편리한 삶을 사는 것을 거절했다.

· He **pretended not to have** any jealousy.
　그는 아무런 질투심도 갖지 않는 척 했다.

· My friend **managed to pass** the driver's license test.
　내 친구는 그럭저럭 면허시험을 통과했다.

· Our company **wants to surpass** the break-even point next year.
　우리 회사는 내년 손익 분기점을 넘기를 원한다.


## 5) 동명사와 부정사를 모두 취하는 3형식 동사

### (1) 의미차이가 없는 경우

> begin, start, continue, love, like, prefer, hate …

· The baby **began to cry/crying.**
　그 아기는 울기 시작했다.

· I **intend to go/going** abroad next year.
　나는 내년에 해외를 갈 작정이다.

### (2) 의미차이가 있는 경우 I (과거 VS 미래)

· Don't **forget to bring** the records **tomorrow.**
　내일 레코드를 가져올 것을 잊지 마시오.

· He has **forgotten seeing** me **before.**
　그는 전에 나를 봤던 것을 잊었다.

· I **remember to mail** the letter to you.
나는 너에게 편지 보낼 것을 기억한다.

· I **remember mailing** the letter to you.
나는 너에게 편지 보냈던 것을 기억한다.

### (3) 의미차이가 있는 경우 II

> try, regret, stop, mean, help, go on …

· He **tried to keep** his eyes open. [try to 부정사 : ~하려고 애쓰다]
그는 눈을 뜨려고 애썼다.

· He **tried taking** a sleeping pill. [try 동명사 : 시험 삼아 한번 해보다]
그는 수면제를 시험 삼아 먹어봤다.

· I **regret to say** that I can't help you. [regret to 부정사 : 유감이다]
나는 너를 도울 수 없어서 유감이다.

· I **regret telling** her what I thought. [regret 동명사 : 후회하다]
내가 생각했던 것을 그녀에게 말했던 것을 후회한다.

· He **stopped to smoke**. [stop to 부정사 : ~하기위해 하던 일을 멈추다]
그는 담배를 피기위해 멈췄다.

· He **stopped smoking**. [stop 동명사 : ~하는 것을 멈추다]
그는 담배 피는 것을 멈췄다. (금연했다)

· I **mean to go** abroad next year. [mean to 부정사 : 의도하다 = intend, 의미하다]
나는 내년에 유학가려고 한다.

· Deals with the Devil **mean selling** your soul. [mean 동명사 : 의미하다]
악마와의 거래는 곧 너의 영혼을 판다는 것을 의미한다.

· He **helped (to) paint** the house. [help to 부정사 : 돕다]
그는 집에 페인트 칠 하는 것을 도왔다.

· I can't **help falling** in love with you. [help 동명사 : 피하다]
나는 너와 사랑에 빠지는 것을 피할 수 없어. (사랑 할 수밖에 없다)

· She stopped talking about her illness and **went on to tell** us about all her other problems.
[go on to 부정사 : 말의 주제나 행동이 새로이 바뀌어 계속하다]
그녀는 그녀의 병세에 대해 말하는 것을 멈췄다. 그리고 계속해서 다른 문제들에 대해 우리에게 말했다.

· In spite of the interruption he **went on speaking**. [go on 동명사 : 같은 행동을 하다]
  방해에도 불구하고 그는 계속해서 말했다.

## 6) 주요 3형식 완전 타동사 – 1. 전치사구를 수반하는 타동사

완전타동사 중에는 목적어로만 끝나지 않고 전치사+명사 (전치사구)를 수반하는 동사들이 있다.
각각 나올 수 있는 전치사가 다르므로 외워야 한다.

### (1) 〈금지, 방해 동사〉 S + V + O + from ~ing (목적어가 ing하는 것을 못하게 하다)

| 주어 | prevent<br>prohibit<br>inhibit<br>keep<br>stop<br>ban<br>bar | hinder<br>deter<br>hamper<br>discourage<br>disable<br>dissuade<br>restrain | O + from ~ing |
|---|---|---|---|

· The rain **prevented** me **from** going to the party.
  그 비는 내가 파티에 가지 못하도록 했다.

· His presence **inhibited** them **from** complaining about anything.
  그의 존재는 그들이 어떤 것에도 불평할 수 없게 만들었다.

· An injury **was hindering** him **from** playing his best.
  그는 부상으로 최고 기량을 못 내고 있었다.

---

### ▲ 주 의

**forbid는?**

'막다'의 의미를 가진 동사들의 대부분의 쓰임이 '목적어 + from ~ing'의 구조인데, forbid는 '목적어 + to 부정사'를 취하는 5형식 동사이다. 그러므로 원칙적으로는 'forbid + 목적어 + from ~ing'는 틀린 문법이 되어야 하는데, 현대영어에서는 이러한 구조도 맞는다고 보는 견해가 많다. 그러므로 무조건 forbid는 from ~ing가 안 된다고 생각하면 위험하다.

문제를 풀 때, 두 가지 보기가 다 나왔다면 '목적어 + to 부정사'가 답이 되겠지만, 만약 보기에 '목적어 + from ~ing'만 나왔다면 이것이 답이 될 수 있으므로 주의하자.

· He **forbade** them **from** mentioning the subject again.
  그는 그들이 다시 그 주제를 언급하는 것을 금했다.

· Her father **forbade** her to marry the man.
  그녀의 아버지는 그녀가 그 남자와 결혼하는 것을 금했다.

**(2) 〈칭찬, 비난 동사〉 S + V + A + for + B (B에 대해 A를 칭찬, 비난하다)**

| 주어 | praise | thank | A + for + B |
|------|--------|-------|-------------|
|      | blame  | criticize | |
|      | scold  | rebuke | |
|      | upbraid | punish | |

· They **blamed** me **for** not answering the question.
그들은 내가 질문에 대답하지 않은 것에 비난했다.

· Do not **criticize** yourself **for** being imperfect.
완벽하지 않다고 자신을 비난하지 마세요.

· He **praised** his team **for** their performance.
그는 그의 팀이 훌륭한 경기를 펼쳤다고 칭찬했다.

**(3) 〈제거, 박탈 동사〉 S + V + A + of + B (A에게서 B를 제거하다, 빼앗다)**

| 주어 | deprive | rob | A + of + B |
|------|---------|-----|------------|
|      | rid     | relieve | |
|      | remove  | cure | |
|      | clear   | break | |
|      | divest  | strip | |

· The news **deprived** him **of** sleep.
그 소식은 그에게서 잠을 빼앗았다.

· Modern technology **relieve** us **of** many chores.
현대 과학기술이 우리에게서 많은 잡일들을 덜어준다.

· His father's death **divested** him **of** all his hopes for the future.
그는 아버지의 죽음으로 미래에 대한 모든 희망을 잃었다.

steal VS rob

둘 다 '훔치다, 강탈하다'의 의미로 비슷해 보이나, 뒤에 나오는 구조가 아예 다르므로 달리 외워야 한다.

⟨S + rob + 사람, 장소 + of + 사물⟩ → 사람, 장소 에(게)서 사물을 강탈하다.

⟨S + steal + 사물 + from + 사람⟩ → 사람으로부터 사물을 훔치다.

· He came up with an idea to **rob people of** their money.
  그 남자는 사람들을 속여 돈을 빼앗을 계획을 세웠다.

· Thieves can **steal stuff from** them quite easily.
  강도들은 그것들에서 물건을 꽤 쉽게 훔칠 수 있다..

### (4) ⟨알림, 확신 동사⟩ S + V + A + of + B (A에게 B를 알리다, 확신시키다)

| 주어 | inform<br>remind<br>assure | notify<br>convince | A + of + B |
|---|---|---|---|

· It is difficult to **convince** her **of** my honesty.
  그녀에게 내 정직성을 확신시키는 것은 어렵다.

· We would like to **inform** you **of** some price change.
  우리는 당신에게 약간의 가격 변동에 대해서 알리고 싶습니다.

· This cold weather **reminds** me **of** my years in Alaska.
  이 추운 날씨는 나에게 내가 알래스카에 있었던 날들을 떠올리게 한다.

### (5) 〈제공 동사〉 S + V + A + with + B (A에게 B를 제공하다)

| 주어 | provide     supply<br>present     furnish<br>equip     replace<br>substitute     endow | A + with + B |
|---|---|---|

· We are here to **provide** the public **with** a service.
  우리는 대중들에게 서비스를 제공하기 위해 여기 있는 것입니다.

· Please **present** the chef **with** my compliments.
  주방장에게 내가 칭찬한다고 전해주시오.

· We **equip** our hotel rooms **with** latest computers.
  우리 호텔방은 최신 컴퓨터를 갖추고 있습니다.

---

**⚠ 주 의**

provide B to/for A (B를 A에게 제공하다)

제공 동사 중 대표적인 몇 가지 동사들은 A와 B의 위치가 바뀔 수 있으며 전치사 역시 바뀐다.

provide A with B = provide B to/for A

supply, present, furnish A with B = supply, present, furnish B to A

· We are here to **provide** a service **for/to** the public.
· Please **present** my compliments **to** the chef.

---

## 7) 주요 3형식 완전 타동사 − 2. 감정유발 동사

감정동사는 '주어가 ~하다'라는 의미로 해석하는 것이 아니라 '주어가 ~감정을 유발시키다'의 의미로 해석해야 옳은 해석이 된다. 그러므로 '주어가 ~감정을 느끼다'라는 의미로 문장을 만들 때는 수동태로 써야한다. 이 감정유발 동사는 분사에서도 자주 출제되니 꼭 기억하자.

interest (~을 재미있게 하다)

satisfy (~을 만족시키다)

surprise / amaze (~을 놀라게 하다)

disappoint (~을 실망시키다)

bore (~을 지루하게 하다)

frustrate (~을 좌절시키다)

excite (~을 흥분시키다)

please / amuse (~을 즐겁게 하다)

bewilder / embarrass (~을 당황하게 하다)

exhaust (~을 지치게 하다)

irritate / annoy (~을 성가시게 하다)

tempt / attract (~을 유혹하다)

· The result of the test **disappointed** her.
시험 결과는 그녀를 실망시켰다.

· The audience **were excited** by his performance.
관중들은 그의 공연에 흥분했다.

## 8) 주요 3형식 완전 타동사 – 3. 재귀대명사를 목적어로 취하는 완전 타동사

다음의 동사들이 목적어 자리에 꼭 재귀대명사만 온다는 의미는 아니다. 그러나 재귀대명사가 쓰일 경우 함께 쓰이는 전치사에 주목해야 하며, 수동태로 전환 되었을 때 능동태처럼 해석이 된다는 특징을 가지고 있다. (수동태 전환 시, 전치사가 주요 문제이다)

(1) absent oneself from = be absented from = be absent from (~에 결석하다)

· I **absented myself from** school for two days on account of illness.

= I **was absented from** school for two days on account of illness.
나는 아파서 이틀 동안 학교를 결석했다.

(2) present oneself at = be presented at = be present at (~에 참석하다)

· He **presented himself** at the party.

= He **was presented at** the party.
그는 파티에 참석했다.

(3) devote/dedicate/apply/commit oneself to = be devoted/dedicated/applied/committed to(~에 전념, 헌신하다)

· He **devoted himself to** reading a book.

= He **was devoted to** reading a book.
그는 책을 읽는데 몰두했다.

**(4) accustom oneself to = be accustomed to (～에 익숙해지다)**

· I don't **accustom myself to** making a speech in public.

= I **am** not **accustomed to** making a speech in public.
나는 대중 앞에서 연설하는데 익숙지 않다.

**(5) avail oneself of = be availed of (～을 이용하다)**

· You should **avail yourself of** this opportunity.

= You should **be availed of** this opportunity.
너는 반드시 이 기회를 이용해야만 한다.

**(6) addict oneself to = be addicted to (～에 중독되다)**

· The child **addicted himself to** video games.

= The child **was addicted to** video games.
그 아이는 비디오 게임에 중독되었다.

**(7) convince/assure oneself of = be convinced/assured of (～을 확신하다)**

· I **convince myself of** the truth of my reasoning.

= I **am convinced of** the truth of my reasoning.
나는 나의 추리에 틀림이 없음을 확신하고 있다.

**(8) dress oneself in = be dressed in (～을 입다)**

· She **dressed herself in** her Sunday best.

= She **was dressed in** her Sunday best.
그녀는 (그녀의 옷 중) 가장 좋은 옷을 입었다.

**(9) seat oneself = be seated = sit (앉다)**

· My father **seated himself** on the chair.

= My father **was seated** on the chair. = My father **sat** on the chair.
아버지께서 의자에 앉으셨다.

**(10) absorb/immerse oneself in = be absorbed/immersed in (～에 열중하다, 몰두하다)**

· She **immersed herself in** her law practices.

= She **was immersed in** her law practices.
그녀는 변호사 업무에 몰두해 있었다.

**(11) disguise oneself as = be disguised as (～로 변장하다, 위장하다)**

· The man **disguised himself as** a monk.

= The man **was disguised as** a monk.
그 남성은 수도승으로 변장했다.

**(12) acquaint oneself with = be acquainted with (〜을 잘 알다)**

· I **acquaint myself with** him.
  = I **am acquainted with** him.
    나는 그를 잘 알고 있다.

**(13) subject oneself to = be subjected to (〜에 복종하다, 〜에 시달리다)**

· The suspect **subjected himself to** torture.
  = The suspect **was subjected to** torture.
    그 용의자는 고문을 받았다.

## 9) 동종목적어를 취하는 동사

자동사 중에는 동사와 같은 어원이거나 유사한 의미의 명사를 목적어로 취하는 경우가 있는데 이를 동족목적어라 한다. 이 동족목적어가 유효하기 위해서는 목적어 앞에 수식해주는 형용사가 쓰여야 한다.

---

live, smile, dream, die, laugh, sleep …

---

· He **lives** a happy **life**.
    그는 행복한 삶을 살았다.

· She **smiled** a bright **smile**.
    그녀는 함박웃음을 지었다.

## 연습하기 003

다음 문장들은 모두 틀린 문장이다. 틀린 부분을 밑줄 긋고 올바르게 옮기시오.

– 해석은 당연!

1. I decided buying a new computer.

2. We approached to the destination with care.

3. They robbed the lady from her money.

4. Don't forget checking the gas valve before you go out.

5. The game was so exciting that the spectators were exciting.

---

**④ 4형식 수여동사 : 주어 + 동사 + 간접목적어 + 직접목적어( S + V + I.O + D.O)**

목적어가 두 개 나오는 동사이다. 이름에서 알 수 있듯이 '~에게 ~을 수여'하는 동사이므로 해석할 때는 거의 '주다'의 의미로 끝이 난다.

· He gave **me an interesting book.**
  그는 나에게 흥미로운 책 하나를 주었다.

· Will you send **me one of your photos?**
  나에게 너의 사진 중에 하나만 보내줄래?

· Do not ask **me personal questions.**
  나에게 개인적인 질문들을 하지 마시오.

### 강민 형이 콕 찍어줄게!

❶ 해석상 '~에게 ~을 ~주다'라는 의미를 가진 동사들 중에 절대 4형식으로 쓰이지 않는 동사들이 있으므로 주의하자.

· The boy said ~~his mother nothing.~~ (X)
  → The boy said **nothing to his mother.** (O)
  그 소년은 그의 엄마에게 아무것도 말하지 않았다.

## 1) 4형식 동사의 3형식 전환

수여동사는 대부분 간접목적어를 전치사와 연결하여 부사구로 바꾸고 직접목적어만을 목적어로 취하는 3형식으로의 전환이 가능하다. 이 경우 수여동사에 따라 to, for, of가 붙게 된다.

### (1) 3형식으로 전환 시 전치사 to가 필요한 동사

give, offer, send, bring, show, owe, hand, lend, allow, award, pay, teach, deny, mail, recommend …
**do (+ good, harm, damage)** (이익, 해 등을) 끼치다, 주다

· He gives me hope. → He **gives** hope **to** me.
  그는 나에게 희망을 준다.

· They awarded the writer the prize for his novel.
  → They **awarded** the prize for his novel **to** the writer.
  그들은 그 소설가에게 그가 쓴 소설에 대한 상을 주었다.

· James offered his wife $500 for clothes.
  → James **offered** $500 for clothes **to** his wife.
  James는 그의 아내에게 옷값으로 500달러를 주었다.

---

**참고**

**직접목적어가 대명사인 경우에는 4형식으로 쓰지 않고 3형식으로만 사용한다.**

· He bought me it. (X) → He bought it for me. (O)
  그가 나에게 그것을 사 주었다.

### (2) 3형식으로 전환 시 전치사 for가 필요한 동사

buy, make, get, prepare, find, choose, cook …
**do (+ a favor)** (호의 등을) 베풀다

· I bought him a small radio.
  → I **bought** a small radio **for** him.
  나는 그에게 작은 라디오를 사 주었다.

· His excellent speech made him much wealth and fame.
  → His excellent speech **made** much wealth and fame **for** him.
  그의 뛰어난 언변은 그에게 많은 부와 명성을 주었다.

### (3) 3형식으로 전환 시 전치사 of가 필요한 동사

> ask (요청하다, 묻다)

· Curious reporters asked him many questions.
  → Curious reporters **asked** many questions **of** him.
    호기심 많은 리포터들은 그에게 많은 질문들을 했다.

---

**⚠ 주 의**

**수여동사 do**

수여동사의 종류에는 'do'도 있는데, 뒤에 나오는 목적어에 따라 3형식으로 전환할 때 들어가는 전치사가 달라지므로 주의해서 보자.

❶ do 人 good/harm/damage (~에게 이익/해 등을 끼치다) → 3형식 전환 시, 전치사 'to'를 쓴다.
  → do good/harm/damage to 人

· Some books do us good, but others do us harm.
  → Some books **do good to** us, but others **do harm to** us.
  어떤 책들은 우리에게 이익을 주지만 다른 것들은 우리에게 해를 끼친다.

❷ do 人 a favor (~에게 호의를 베풀다) → 3형식 전환 시, 전치사 'for'를 쓴다.
  → do a favor for 人

· Will you do me a favor?
  → Will you **do a favor for** me?
  제게 호의를 베푸시겠습니까? (부탁 하나 들어주시겠습니까?)

이 두 가지 경우에 '이익을 주다, 호의를 주다'라고도 해석이 되므로 do가 아닌 give, make를 쓸 수 있다고 착각 할 수도 있는데, 절대 give good to 人 이나 give a favor for 人으로 <u>사용하면 안 된다.</u>

---

### (4) 4형식에서 3형식으로 전환이 불가한 4형식 동사

원래 4형식은 적절한 전치사를 붙여 간접목적어 (~에게)를 뒤로 빼서 3형식으로 전환할 수 있지만, 다음의 동사들은 3형식 전환이 불가한 4형식 동사이므로 유의해야 한다.

※ 4형식에서 3형식으로 전환이 불가한 것이지, 3형식으로 쓸 수 없다는 말이 아니다.

> forgive, cost (~을 치르게 하다), save (수고를 덜어주다), envy (~을 부러워하다) …

· I **envy** you your good fortune.
  나는 너의 행운이 부럽다.

· The work **cost** him his life.
그 일 때문에 그는 목숨을 잃었다.

· Computers **save** us much trouble.
컴퓨터는 우리에게 많은 문제들을 덜어준다.


2) 직접목적어(D.O)가 명사절(that절)인 경우 반드시 4형식으로 써야 하는 동사

다음에 나오는 동사의 경우 4형식으로 문장을 만들 때, 직접목적어 자리에 명사절(that절)을 쓰는 경우 간접목적어를 쓰지 않은 채로 that절을 쓰면 틀린다. 꼭 간접목적어를 함께 써주도록 하자.

---

assure, convince, inform, remind, tell, persuade, teach …

---

· Jerry ~~told that~~ she heard the whole story of it. (X)
→ Jerry **told us that** she heard the whole story of it.
Jerry는 우리에게 그녀가 그것에 대한 전반적인 이야기를 들었다고 했다.

**참고**

tell은 '파악하다, 알다'의 의미로 쓰일 경우 바로 that절을 사용할 수 있다.


· He **informed me that** the game would be called off.
그는 나에게 그 게임이 취소될 것임을 알려주었다.

· They **convinced me that** they would help me.
그들은 그들이 나를 도울 것이라고 확신시켜주었다.

· She **reminded me that** I had to bring my own food.
그녀는 나에게 내 먹을거리를 가지고 와야 한다는 것을 상기시켰다.

## 3) 4형식으로 착각하기 쉬운 3형식 동사

의미상 '~에게 ~을'로 해석이 되어, 마치 4형식으로 사용할 수 있을 것 같지만 절대 4형식으로 쓸 수 없는 동사이다. 일반적으로 A to B(A를 B에게)의 구조를 취한다.

> explain, introduce, mention, confess, admit, propose, announce, suggest, say, donate …

· He tried to ~~explain me the situation~~. (X)
→ He tried to explain the situation to me. (O)
　그는 나에게 상황을 설명하려고 애썼다.

**▲ 주 의**

타+목+(전+목) → 타+(전+목)+목 (타동사의 목적어가 길어지는 경우 그 목적어를 문장의 뒤로 보내는 용법. 가목적어 진목적어와는 달리 it을 사용하지 않는다.)

· He ~~confessed me that~~ he had stolen the car. (X)
→ He confessed to me that he had stolen the car. (O)
　그는 나에게 차를 훔쳤다고 고백했다.
　(that절이 원래 목적어인데 길다는 이유로 뒤로 보내졌다. 이 경우 전명구가 앞으로 나와야 한다. 그냥 명사만 나오면 틀린다.)

## 연습하기 004

**다음 문장들은 모두 틀린 문장이다. 틀린 부분을 밑줄 긋고 올바르게 옮기시오.**

– 해석은 당연!

1. She will explain us how she could pass the test.

2. He bought a beautiful dress to his daughter.

3. My doctor suggested me that I should take a walk every day.

4. I convinced that I was right.

5. They gave a favor for me again.

**⑤ 5형식 불완전 타동사 : 주어 + 동사 + 목적어 + 목적격보어 (S + V + O + O.C)**

5형식 동사를 불완전타동사라 하며, 목적어 뒤에 목적격보어가 수반되어야 한다.
목적격 보어에는 명사, 형용사, to부정사, 분사, 원형부정사가 쓰이며, 부사가 쓰여서는 안 된다.
2형식과 마찬가지로 목적보어에 명사가 오는 경우 목적어와 동격관계, 형용사가 쓰이는 경우 목적어의 상태
설명, 그 외에 to부정사, 원형부정사, 분사와 같이 동사 출신의 준동사가 목적보어 자리에 쓰이면 <u>목적어와 목</u>
<u>적격 보어는 주술관계(주어 동사의 관계)가</u> 성립되어야 한다.

· They have **made Mike the president of the committee.** [명사보어 – 동격관계]
　그들이 Mike를 그 회사의 사장으로 임명했다.

· The gloomy news **makes Jane sad.** [형용사보어 – 상태설명]
　그 우울한 소식은 Jane을 슬프게 만들었다.

· He **forced me to sign** the agreement. [to부정사 보어 – 주술관계]
　그는 내가 계약에 사인하도록 강요했다.

· Many mothers should not **leave the baby crying.** [분사보어 – 주술관계]
　어머니들은 아기가 울도록 내버려 둬서는 안 된다.

· I **heard** my name **called** behind. [분사보어 – 주술관계]
　나는 뒤에서 내 이름이 불리는 것을 들었다.

· I would like to **see you do** a good job on the project. [원형부정사 보어 – 주술관계]
　나는 네가 그 프로젝트와 관련된 일을 잘해내는 것을 보고 싶다.

**강민 형이 콕 찍어줄게!**

❶ 5형식 관련 문제는 단연코 목적보어의 형태를 묻는 것이다. 특히 <u>준동사를 묻는 문제가</u> 주로 출
　제된다.
· They wanted me ~~paying~~ full price for this small room. (X)
→ They wanted me **to pay** full price for this small room. (O)
　그들은 내가 이 작은 방에 대한 방값을 완전히 내길 바랐다.

❷ 목적어와 목적보어가 '주술관계'인 경우 능동인지, 수동인지를 구분하는 문제도 조심하자.
· I heard my name ~~call~~ from the dark cave. (X)
→ I heard my name called from the dark cave. (O)
　나는 어두운 동굴에서 내 이름이 불리는 것을 들었다.

## 1) to be 명사나 (to be) 형용사를 목적격보어로 취하는 5형식 동사

일반적으로 목적보어에 명사가 오면 to be를 쓰고 형용사가 오면 to be를 생략한다고 하는데, 이는 단순히 일반적으로 그렇다는 말이므로 실제 사용 빈도나 문제 출제를 보았을 때 지켜지지 않는 경우가 더 많다. 또한 어떤 동사에 따라서는 to be를 생략하지 못한다는 말도 있지만, 그 마저도 전문가들 간에 이견이 많다. 그러므로 본 교재에서는 동사를 구분하지 않고 to be의 생략은 모두 가능하다 칭하겠다.

> think, know, find (~라고 생각하다), believe, conceive (상상하다), suppose …

· We **think** him (to be) **a good teacher.**
  우리는 그가 좋은 선생님이라고 생각한다.

· He **found** examination results (to be) **very excellent.**
  그는 실험의 결과가 매우 훌륭했다고 생각했다.

· I **believe** him (to be) **a strong man.**
  나는 그가 강인한 남자라고 믿는다.

## 2) as 명사나 as 형용사를 목적격보어로 취하는 5형식 동사

이 동사의 경우 목적어와 목적보어 사이에 반드시 as가 들어가야 한다. as는 생략될 수 없다.

> regard, think of, look upon, see, view, refer to (말하다, 언급하다), imagine, define describe, acknowledge (인정하다) …

· Our company **regards** every task ~~to be~~ **a challenge.** (X)
  → Our company **regards** every task **as a challenge.** (O)
    우리 회사는 모든 업무를 시험대로 간주한다.

· He **thinks of** friendship **as valuable.**
  그는 우정을 소중하게 생각한다.

· James **describes** his work environment **as poor.**
  James는 자신의 업무환경이 열악하다고 평한다.

## 3) (to be or as) + 목적격보어의 형태가 모두 가능한 5형식 동사

이 동사들은 to be를 써도 좋고, as를 써도 좋고, 그 마저도 생략해도 괜찮다. 'consider'는 '간주하다'의 의미임에도 as의 사용이 자유롭다는 점에서 regard류 동사와 비교된다.

> consider, appoint, elect, choose, repute …

· People **considered** his complaints (**as / to be**) **reasonable**.
  = People **regarded** his complaints **as reasonable**. (as 생략불가)
  사람들은 그의 불평이 타당하다고 여겼다.

· Students **elected** him (**as / to be**) **the president of the Student Council**.
  학생들은 그를 학생위원회의 회장으로 선출했다.

## 4) 명사나 형용사를 목적격보어로 취하는 5형식 동사

목적보어에 형용사나 명사를 취하면서 그 사이에 아무것도 쓰지 않는 동사들을 말한다.

> call A B (A를 B라고 부르다), name A B (A를 B라고 이름 짓다, 임명하다), make …

· The movie **made** him (~~to be / as~~) **a super star**.
  그 영화는 그를 슈퍼스타로 만들었다.

· Nobody can **call** him **a coward**.
  아무도 그를 겁쟁이라고 부를 수 없다.

## 5) for 명사나 for 형용사를 목적격보어로 취하는 5형식 동사

일종의 숙어처럼 외우는 것이 더 편하다.

> (mis) take A for B : A를 B로 착각하다        cf) take A as B : A를 B로 간주하다
> take A for granted : A를 당연시하다

· We **took** him **for** his brother.
  우리는 그를 그의 동생으로 착각했다.

· I **take** economic cooperation **for granted**.
  나는 경제 협력을 당연하게 여긴다.

## 6) 기본동사 (미래성 동사) 〈 S + V + O + toVR 〉

기본동사 (미래성 동사)는 목적어와 목적격보어의 관계가 능동일 때 'to부정사'를, 수동일 경우 '(to be) pp(= 과거분사)'를 목적격보어로 취한다. 원형부정사나 ing(현재분사)는 들어갈 수 없다. (to be) pp를 쓰는 경우는 마지막 (부분수동)에서 한꺼번에 다루도록 하겠다.

| 요청 | ask, invite, request, require… |
|------|-------------------------------|
| 부추김 | advise, encourage, persuade, convince, motivate, cause, urge, lead, tempt … |
| 강요 | get, tell, force, compel, oblige … |
| 허락 | allow, permit, enable, leave … |
| 기타 | want, desire, would like, expect, need, forbid, promise … |

· My father **encouraged** me **to give** it a try.
아버지께서는 한번 시도해 보도록 나를 격려하셨다.

· The system **enables** workers **to work** efficiently.
시스템이 직원들이 효율적으로 일하도록 했다.

· The teacher **advised** me **to buy** the book.
내가 그 책을 사도록 충고했다.

## 7) 지각동사 〈 S + V + O + VR / Ving 〉

지각동사는 '보다, 듣다, 느끼다'와 같은 지각에 관련된 동사들을 말한다. 지각동사는 원형부정사와 분사(ing/ pp)를 목적격 보어로 취한다. 일반적으로 전체동작을 일컬을 때는 원형부정사를 사용하고, 일시적 진행과 같은 동작에 더 강조를 한다면 현재분사(ing)를 사용한다. 과거분사(pp)는 목적어와 목적격보어가 수동의 의미일 경우 사용한다.

> see, watch, look at, observe, hear, listen to, smell, feel, perceive (감지하다), notice (알아채다)

· He **found** the business **pay**.
그는 그 사업이 득이 된다는 것을 알게 됐다.

· I **saw** him **crossing** the road.
나는 그가 길을 건너고 있는 것을 보았다.

· I would like to **see** you **do/doing** a good job on the project.
나는 네가 그 프로젝트와 관련된 일을 잘 해내는 것을 보고 싶다.

## 8) 사역동사 〈 S + V + O + VR 〉

사역동사는 '목적어가 목적보어 하도록 시키다, 허락하다, 부탁하다'의 의미로 쓰이는 동사를 말한다. 사역
동사는 원형부정사를 목적보어로 취하며, 목적어와의 관계가 수동일 경우 마찬가지로 과거분사를 사용한다.

have (대행, 부탁), make (강제), let (허용, 방임)

· My teacher **made** us **study** harder.
  나의 선생님은 우리가 더 열심히 공부하라고 시켰다.

· His parents **let** him **have** his own way.
  그의 부모님은 그가 독립하도록 허락하셨다.

· I **had** the mechanic **fix** my car.
  나는 기능공이 내 차를 고치도록 부탁했다.

### ▲ 주 의

**주의해야 할 help와 get**

❶ 'help'는 사역동사처럼 목적보어에 원형을 사용하는 것도 맞지만 to부정사가 쓰여도 되므로 주
  의하자.
· I **helped** my sister **(to) do** the homework.
  나는 내 여동생이 숙제 하는 것을 도왔다.

❷ 'get'은 '시키다'의 의미로 사역동사와 뜻이 같지만 목적보어에 원형이 아닌 to부정사만 쓰인다.
· I **got** him **to carry** my big bag.
  나는 그에게 내 큰 가방을 운반하도록 부탁했다.

### ▲ 주 의

**주의해야 할 have**

have는 사역동사로 쓰여서 원형부정사만 취한다고 외우면 위험하다. have + 목적어 + ing(분사)의 표
현도 자주 쓰이므로 어떤 경우에 쓰이는지 제대로 알아보자.

❶ 주어가 동사한 결과로 목적어가 V하게 됨을 표현. ('그만큼 능력이 대단하다'의 뉘앙스)
· The teacher **had** us **laughing** all through his lecture.
  선생님은 강의 내내 우리 모두를 웃게 했다. ('선생님의 개그 본능은 최고다'의 뉘앙스)

❷ 주어가 의도하지는 않았지만 결국 어떤 일이 일어나도록 하게 하거나 겪음을 표현.
· I **had** my grandfather **passing** away yesterday.
  나는 어제 할아버지께서 돌아가시는 것을 겪었다. (우리 할아버지께서 어제 돌아가셨다.)

❸ can not, will not 등과 함께 쓰여, 승인이나 허락을 거절함을 표현.
· I **won't have** you **telling** me what to do.
　나는 당신이 나에게 무엇을 해야 할지 말하는 것을 용납하지 않겠다.

## 9) 부분수동 〈 S + V + O + pp 〉

목적어와 목적보어가 능동의 관계가 아니라 수동의 관계이면 (to be) pp형태를 쓴다.
모든 5형식동사는 (to be) pp형태를 쓸 수 있지만, let만 be pp의 형태를 써야 한다는 점에 주의 하자.

· I **had** my servant **clean** the room. (목적어가 능동입장)
　나는 가정부가 내 방을 청소하도록 했다.

　→ I **had** the room **cleaned** by my servant. (목적어가 수동입장)
　　나는 내 방이 가정부에 의해 청소되도록 했다.

· Mary **gets** her work **done** quickly.
　Mary는 그녀의 일이 빠르게 끝내지도록 한다.

· He **is getting** his car **washed** in the garage.
　그는 차고에서 새차를 하고 있다.

· You need to **have** your eyes **examined**.
　당신은 당신의 눈을 검사할 필요가 있습니다.

· They **found** the boy **injured**.
　그들은 소년이 부상당한 것을 발견했다.

· They **saw** the building **destroyed** by fire.
　그들은 그 빌딩이 화재로 무너지는 것을 보았다.

· You had better not **let** yourself **be pressured** into making a hasty decision.
　당신은 성급한 결론을 내리도록 스스로에게 압박을 줘서는 안 된다.

## 10) 그 외 주의해야할 동사들 (보통 형용사(ing/pp)의 형태로 나옴)

> leave (~한 상태로 내버려두다), keep (~한 상태로 간직/유지하다)

· I always **keep** my memory **fresh** in my heart.
　나는 늘 마음속에 기억을 새롭게 한다.

· Hold the camera, and **keep** it **focused**.
카메라를 잡아라. 그리고 포커스를 유지해.

· Don't **leave** her **waiting** outside in the rain.
그녀를 비가 오는데 밖에서 기다리게 하지 마.

## 11) 5형식과 가목적어 it (MBCTF 동사)

'MBCTF' 5형식 동사들은 목적어 자리에 to부정사나 that절이 쓰일 때 목적어를 목적보어와 위치변경을 시켜 줘야 한다. 이 경우 반드시 가목적어 it을 써야한다. (가주어 진주어의 구조와 비슷함)

---

Make, Believe, Consider, Think, Find, Feel

---

· I think ~~rude~~ for children **to disrespect** the old man. (X)
→ I think _it_ _rude_ for children <u>to disrespect</u> the old man. (O)
　　　　　가목적어 목적보어　　　　　　　　진목적어

나는 아이들이 어른을 공경하지 않는 것이 무례하다고 생각한다.

· The situation made ~~bigger~~ to widen the gap between the rich and the poor. (X)
→ The situation made **it bigger to widen** the gap between the rich and the poor. (O)
그 상황은 부자와 가난한 사람들의 격차를 더 크게 만들었다.

> **▲ 주의**
>
> 가목적어 it을 쓰지 않는 경우
>
> 'MBCTF'동사는 목적어와 목적보어의 위치가 바뀌면 가목적어 'it'을 써야 한다고 아는 것은 틀린 것이 아니다. 단지 진목적어 자리에 to부정사나 that절이 올 경우에만 유효한 문법적 사항이다. 즉, 진목적어 자리에 일반 명사가 오는 경우에는 목적어와 목적보어의 위치만 바뀔 뿐, 가목적어 'it'을 쓰지는 <u>않는 다.</u> 쓰면 틀린 문법이 된다.
>
> · You have to make ~~it clear your own view~~ on the unusual proposal. (X)
> → You have to make <u>clear</u> <u>your own view</u> on the unusual proposal. (O)
> 너는 반드시 그 일반적이지 않은 제안에 대해 자신만의 관점을 명확하게 해 놓아야 한다.

## 12) 준 목적격 보어

3형식 완전타동사로 문장이 충분히 끝날 수도 있지만, 그 외에 추가적인 내용을 덧붙여 주어를 좀 더 구체적으로 설명하기 위해 추가한 보어를 말한다. 원래 3형식 완전타동사는 목적어 뒤에 형용사를 쓸 수는 없지만,

준 목적격 보어의 경우 목적어를 보충설명해주기 때문에 목적어까지 모든 문장구조가 다 나왔음에도 그 뒤에 부사가 아닌 형용사가 쓰일 수 있다. 해석은 5형식처럼 목적어의 결과적 상태를 설명한다.

· I usually **drink** my tea rather ~~weakly~~. (X)
  → I usually **drink** my tea rather **weak**. (O)
    나는 대개 차를 다소 약하게 마신다.
    (마시는 행위가 약한 것이 아니라. 차의 진함의 정도가 약하다는 의미)

· They **ground** corn ~~finely~~. (X)
  → They **ground** corn **fine**. (O)
    그들은 옥수수를 곱게 갈았다. (가는 행위가 곱다는 말이 아니라 옥수수의 상태가 곱다는 의미)

· They **painted** the wall **green**.
  그들은 벽을 초록으로 칠했다. (벽의 상태가 초록색이지 칠하는 행위가 초록색일 수는 없다.)

· Japanese usually **enjoy** fish **raw**.
  일본인들은 대개 생선을 날것으로 즐겨 먹는다.

## 연습하기 005

**다음 문장들은 모두 틀린 문장이다. 틀린 부분을 밑줄 긋고 올바르게 옮기시오.**

– 해석은 당연!

1. My teacher encouraged me enter an English speech competition.

2. He regarded the situation to be serious.

3. I must have someone to carry the box for me.

4. I thought it interesting studying about penguins in Antarctica.

5. He got his baggage to carry to the station.

## 요약하기

동사에서 가장 기본은 바로 자동사 VS 타동사를 구별하여 그 뒤에 목적어를 가져오는지의 여부를 정확히 아는 것이다.

이 기본에서부터
❶ '자+목' VS '자+전+목' / '타+목' VS '타+전+목'을 묻는 문제.
❷ 1형식과 2형식의 '형용사 VS 부사' 문제.
❸ 3형식에서 '동명사 VS to부정사' 문제.
❹ '진짜 4형식 VS 해석만 4형식' 문제.
❺ 5형식의 목적보어 자리싸움 'to부정사 VS 원형부정사 VS 현재분사 VS 과거분사'

이런 문제 등이 주요 출제 Point이므로 다시 한 번 눈여겨보자.

# MEMO

## 적용하기 1단계

❶　　　　　❷　　　　　❸

[1-4] Choose the one that could best completes the following sentence.

**01** The government denied _____ a deal with hijackers who released two hostages.

(A) to make　　　　　　　　　　(B) to making
(C) making　　　　　　　　　　　(D) being made

**02** Yesterday I had to have my car _____ away by the police, since it suddenly stopped on a highway.　　　　　　　　　　[2016 홍익대]

(A) towing　　　　　　　　　　　(B) tow
(C) towed　　　　　　　　　　　(D) town

**03** A long distance call from the manager of the branch in Hong Kong prevented the marketing head _____ keeping  an appointment with a client.　　　　　[2016 상명대]

(A) from　　　　　　　　　　　(B) to
(C) with　　　　　　　　　　　　(D) in
(E) before

**04** This is a time-consuming job but I _____ by next week.　　　[2018 한국외대]

(A) will it be completed　　　　　(B) should have completed it
(C) have it completed　　　　　　(D) would be completed it

[5-9] Choose the one which is grammatically <u>incorrect</u> among the four underlined parts.

**05** Since he <u>was emancipated from</u> a nurse and a nursery-governess, he <u>had</u> his rocking-
　　　　　(A)　　　　　　　　　　　　　　　　　　　　　　(B)

horse <u>to remove</u> to his own bedroom at the top of the house. <u>No error.</u>　　　[2015 중앙대]
　　　　(C)　　　　　　　　　　　　　　　　　　　　　　(D)

**06**　At first we believed him <u>was</u> an opponent of <u>ours</u>, but we found his opinion <u>to be</u> acceptable.
　　　(A)　　　　　　　　　(B)　　　　　　　　　(C)　　　　　　　　　　　(D)


**07**　A comic strip <u>consists of</u> a sequence of panels <u>that tells</u> a story and <u>features</u> a cast of
　　　　　　　　　　(A)　　　　　　　　　　　　　　(B)　　　　　　　　　　(C)

cartoon characters who appear <u>regular</u>.
　　　　　　　　　　　　　　　　(D)


**08**　I often hear many women <u>to complain</u> that their <u>retired</u> husbands always get in their way,
　　　　　　　　　　　　　　(A)　　　　　　　　　(B)

<u>following them</u> around the kitchen and lifting the lids on the pots to see <u>what's for dinner</u>.
　　　(C)　　　　　　　　　　　　　　　　　　　　　　　　　　　　　　　　(D)


**09**　His older sister <u>suggested</u> Kenneth that he <u>come</u> back home to take care of　their mother
　　　　　　　　　　　(A)　　　　　　　　　　(B)

who <u>had been</u> seriously ill <u>since</u> last July.　　　　　　　　　　[2021홍익대]
　　　(C)　　　　　　　　(D)


**10**　Choose the sentence that is NOT grammatically correct.　　　　　[2017 광운대]

(A) It cost me 50 bucks.
(B) No one envies you that task.
(C) I owe five bucks to John.
(D) The bloodstains told us a tale of crime.
(E) I donated the church 10 dollars.

## 적용하기 2단계 ❶ ❷ ❸

[1-4] Choose the one that could best completes the following sentence.

**01** Scientists _____ increased carbon dioxide could cause a global temperature increase.

(A) convince that                  (B) are convinced that
(C) convince themselves of      (D) are convincing that

**02** The policy was successful because it instituted regulations that stopped _____ to aggressively push alcohol in ways patrons found hard to resist.     [2015 한국외대]

(A) making it profitable for businesses      (B) making profitable businesses for it
(C) to make it profitable for businesses      (D) to make profitable businesses for it

**03** Though I like my job very much, it does not _____ well.

(A) earn                  (B) pay
(C) produce           (D) grow

**04** Improvisation is an important part of jazz. This means that the musicians make the music up as they go along, or create the music on the spot. This is why a jazz song might _____ each time it is played.

(A) sounds a little different      (B) sound a little differently
(C) sound little differently      (D) sound a little different

[5-10] Choose the one which is grammatically incorrect among the four underlined parts.

**05**   As more and more teenagers socialize <u>online</u>, middle school and high school teachers are
    (A)                                          (B)

    increasingly seeing a <u>breezy</u> form of <u>Internet</u> English <u>to jump</u> from e-mail into schoolwork.
                          (A)              (B)        (E)

[2016 상명대]

**06**   The sudden disruption of the pandemic <u>arose</u> fears of panic buying in British supermarkets,
                                            (A)

    as a nation already <u>rattled by</u> a mysterious new strain of the virus now had to worry about
                        (B)

    <u>running out of</u> fresh food in the days before Christmas. <u>No error.</u>      [2021 중앙대]
      (C)                                    (D)

**07.**   The traditional healers were called <u>as</u> witch doctors by the colonizers, <u>who</u> viewed <u>their</u>
                                (A)                                (B)        (C)

    medical practices <u>as inferior</u>.
                   (D)

**08**   Language, however, is organized in <u>such</u> utterly different ways from primate or mammalian
                                     (A)

    <u>calls</u> and it conveys such utterly different kinds of meanings, <u>that</u> I find <u>how</u> impossible to
    (B)                                          (C)      (D)

    imagine a realistic sequence by which natural or sexual selection could have converted a

    call system into a language.                      [2016 홍익대]

**09**   Freshman Alexis Tatum said <u>that</u> the survey numbers <u>shocked</u> her and reminded her <u>to</u> the
                             (A)                     (B)                  (C)

    dangers of <u>being</u> a young female on a large college campus.      [2018 홍익대]
              (D)

**10** This new political power <u>coupled with</u> independent economic power <u>was resulted</u> in a new
(A)                                            (B)

kind of <u>democracy</u> <u>which eventually led</u> to the declaration of independence and the U.S.
(C)        (D)

Constitution.

## 적용하기 3단계     ❶       ❷       ❸

[1-2] Choose the one that could best completes the following sentence.

**01** While most American architects in the early 1900s looked to Europe for ideas, Frank Lloyd Wright found Japanese design and art _____ . [2016 단국대]

(A) inspires                        (B) more inspiring
(C) is more inspiring         (D) are more inspiring

**02** A bank robber who had held up a bank last week was wearing a ski mask so he would not be recognized. However, _____ was to remove the security badge he was wearing from his evening job at a fast-food restaurant.

(A) he forgot what to do       (B) what he forgot to do
(C) to forget what he did       (D) what he forgot doing

[3-10] Choose the one which is grammatically <u>incorrect</u> among the four underlined parts.

03. Most air filters improve air quality <u>by trapping</u> harmful pollutants in a filter. Molekule takes
(A)

that idea one step further— <u>by destroying</u> them altogether. The key is its specially coated
(B)

nanofilter, which is designed <u>to react</u> with light in a way that prevents toxins, including mold
(C)

and bacteria particles, <u>to grow</u> back.                                   [2018 숭실대]
(D)

04   Biologist William Firth Wells has made oyster eggs <u>begin</u> to grow <u>artificially</u> and by means of
(A)                    (B)

<u>artificial sunlight</u> made germs <u>vanished</u> from thin air.
(C)                       (D)

05   <u>What I want to advise Frank ana Julie</u> is to <u>confer with</u> a <u>trained and licensed</u> marriage
(A)                              (B)              (C)

counselor before they even contemplate <u>to get a divorce</u>.
(D)

06   Today <u>we ornament ourselves</u> with goods and services more to <u>impress at</u> other people's
(A)                                            (B)

minds than to <u>enjoy owning</u> a chunk of matter – a fact that <u>renders *materialism*</u> a profoundly
(C)                                    (D)

misleading term for much of consumption.                         [2016 서강대]

07   Frigid <u>temperatures</u> of this winter always follow <u>a snowless</u> winter, but however serious
(A)                                    (B)

damage <u>is made</u> to many trees, they <u>survive</u>.
(C)                       (D)

**08** In essay-writing, one feature of a good style <u>trumps</u> all others. Literary elegance, erudition,
(A)

sophistication of expression — these and all other qualities must be sacrificed if they <u>detract</u>
(B)

clarity. This means, for example, that the same word <u>should be used</u> to refer to a particular
(C)

key concept, even if elegance of style <u>would avoid</u> such repetition in favor of various
(D)

synonyms. It means you must abandon interesting and erudite asides if they <u>sidetrack</u> the
(E)

drive toward the point you are making.                                    [2016 이화여대]


**09** The software <u>marks a milestone</u> in Microsoft's <u>drive to imbue</u> its flagship product with
(A)                                    (B)

features that let people <u>better use of the Internet</u>, <u>which has unleashed</u> a tidal wave of
(C)                          (D)

technological advances.


**10** Evolution always struggles to establish new limits <u>and then</u> struggles <u>just as hard</u> to break
(A)                    (B)

them, to <u>transcend over</u> them, and to move beyond them into <u>more encompassing and</u>
(C)                                              (D)

<u>holistic</u> modes.                                                      [2016 서강대]

# Chapter II

## 시제

🔍 **미리보기**

### 1. 문장에 쓰인 동사와 시간표시 부사의 시제는 반드시 일치해야 한다.

시험에서 나올 수 있는 시제 문제는 아주 단순하다. 시간을 나타내주는 부사(구)에 맞춰서 시제를 사용하면 된다. 가령 yesterday가 나오면 과거시제를 tomorrow가 나오면 미래시제를 쓰면 된다. 결국 대부분의 시제 문제는 '시간표시 부사를 제대로 외웠냐 외우지 못했냐'를 묻는 문제이므로 암기가 뒷받침 되어야 한다. 헷갈리는 시간부사들도 있으니 외우고 또 외우자.

### 2. 힌트 (시간표시 부사)가 없다면 해석문제이니 겁먹지 말자.

시제에서는 시간표시 부사가 문제 풀이의 결정적 단서가 될 수 있지만, 그런 힌트가 없는 경우의 문제도 당연히 나올 수 있다. 즉, 그런 경우 대부분이 A와 B상황 중에 어떤 상황이 더 먼저 발생한 일인지를 묻는 문제인 것이다. 이때는 해석을 잘하는 것 이외에 <u>시간상의 순서를 제대로 따져야한다.</u>

### ❶ 단순 시제

우리가 평소에 가장 많이 쓰는 현재, 과거, 미래시제를 말한다. 우리나라에도 있는 개념이기 때문에 특별히 어렵지는 않다.

### 강민 형이 콕 찍어줄게!

❶ 시간, 조건을 나타내는 부사절에서는 미래를 쓰고 싶어도 현재형을 써야만 한다. 단순 시제에서 가장 자주 나오는 시험문제이다.

❷ 과거시제와 현재완료, 과거완료를 묻는 문제도 많이 출제된다. 결국 각 시제와 연결되는 시간표시 부사를 암기해야 한다.

## 1) 현재시제

현재시제는 현재를 말하는 시제이다? 이 말은 반은 맞고 반은 틀린 말이다. 한번 예문을 보면서 이해해보자.

> ① I love you.
> ② I watch baseball game on TV.

두 문장 다 '현재 그러하다.'라는 의미로 해석되는가?

①번의 경우는 '나는 (현재) 너를 사랑한다.'라는 의미로 해석될 것이다. 즉, 분명히 '현재의 상태'로 해석이 된다. 그러나 ②번의 문장은 '나는 (현재) TV로 야구를 시청하고 있다.'는 말이 아니다. '현재 시청 중이다'는 be watching 으로 써야 맞는 표현이다. ②번 문장의 진짜 의미는 '나는 (평소에) TV로 야구를 봐.'라는 의미이다. 즉, '현재의 행위'를 말하는 것이 아니라 '일반적인 습관, 습성'을 말하는 것이다.

그렇다면 언제는 '현재의 상태'로 해석을 하고 언제는 '일반적인 습관'으로 해석을 해야 하는 것일까? 답은 동사에 있다.

love와 같이 움직임이 없는 동사를 보고 우리는 '상태동사' 라고 한다. 이 '상태동사'는 말 그대로 '현재의 상태'를 나타내기 때문에 현재 동사를 쓰고 현재형으로 해석하면 되는 것이다.

그러나 watch라는 동사는 '내가 직접 찾아서 본다'는 개념의 동사이므로 움직임이 있는 동사. 즉, '동작동사'로 분류되며, 이 '동작동사'는 '일반적인 습관, 습성'을 나타내므로 '현재 그러하다'라는 의미로 해석이 불가능한 것이다. 그렇기 때문에 동작동사로 '현재 ~하다'라는 말을 만들고자 하는 경우에는 'be + ~ing'라는 진행형 동사를 쓰는 것이다.

어느 정도 느낌이 온다면 이제 본격적으로 현재시제에 대해서 공부해보자.

### (1) 시간과는 무관한 불변의 진리, 일반적인 사실

불변의 진리나 일반적으로 우리가 쉽게 받아들이는 사실은 과거에도, 현재에도, 미래에도 그럴 가능성이 매우 크기 때문에 현재시제로 쓴다.

· We learned that water **consists** of hydrogen and oxygen.
  우리는 수소와 산소가 물로 구성되어 있다는 사실을 배웠다. (과학적 사실)

· The sun **rises** in the east.
  태양은 동쪽에서 뜬다. (불변의 진리)

· Two and Two make four.
  2 더하기 2는 4다. (불변의 진리 또는 일반적 사실)

## (2) 현재의 습관적이고 반복적인 동작 또는 상태

현재의 반복적인 동작의 경우 '현재 ~하는 중이다'로 해석하는 것이 아니라 '현재 ~하다'라는 습관의 의미로 해석해야 한다.

· He **always drinks** two cups of coffee a day.
  그는 항상 하루에 커피 두 잔을 마신다. (현재습관) ('그는 커피 두 잔을 마시고 있는 중이다.' 로 해석하면 안 된다.)

· She **has** beautiful blue eyes.
  그녀는 예쁜 파란 눈을 가지고 있다. (현재의 상태)


## (3) 속담, 격언

속담 역시도 보편적인 사실의 내용을 담고 있으므로 현재시제로 쓰는 것이 당연하다.

· They said that patience **is** a virtue.
  그들은 인내가 미덕이라고 말했다. (격언)


## (4) 일정표와 같이 확정된 미래 (왕래발착 동사)

대중교통, 영화, 비행기, 프로그램, 시간표 등과 같은 확정된 미래를 나타내는 경우에는 굳이 미래시제를 쓰지 않고 현재시제를 써도 좋다. 이러한 문법을 보고 우리는 '〈왕래발착〉동사가 미래시점 표시 부사구와 함께 쓰이면 미래대시 현재로 쓴다.'라는 문법으로 공부하기도 한다.

### 주요 왕래발착 동사

go, come, depart, leave, arrive, return, begin, start, end …

· He **goes** to the United States **next Sunday**.
  그는 다음 주 일요일에 미국에 온다. (= 올 것이다.) (우리나라 말에서도 현재형을 쓰고 미래로 이해한다. 영어도 똑같다.)

· School **begins next week**.
  학기는 다음 주에 시작된다. (= 될 것이다.)


## (5) 시간과 조건의 부사절에서 미래시제 대용

시간과 조건을 나타내는 접속사가 문장과 연결되어 부사절을 이루는 경우에는 미래이야기를 하더라도 현재시제를 써야한다.

---

### 시간, 조건의 부사절을 이끄는 접속사

**시간 접속사**

when, until (= till), after, before, while, as soon as, whenever (~할 때마다),
by the time (~할 때쯤에), on the day (~할 날, ~할 때)

**조건 접속사**

if, unless (만약 ~이 아니라면), providing (= provided, supposing, suppose) (만약 ~라면), as far as (= as long as, so far as, so long as) (~하는 한), in case (~할 경우를 대비하여)

---

· I will let you know the truth **when** you ~~will come back~~ tomorrow. (X)
  → I will let you know the truth **when** you **come back** tomorrow. (O)
  당신이 내일 돌아올 때, 그 사실을 알려주겠습니다.

· I will pay for the apples **on the day** you deliver them.
  당신이 사과를 배달할 날에 그 값을 지불하겠습니다.

---

**▲ 주 의**

명사절이나 형용사절에서는 미래시제를 쓰고 싶은 경우 미래시제를 써야 한다.

· She wants to know **when he will get to Seoul.**
  그녀는 그가 언제 서울에 도착할지 알고 싶어 한다.
  (when절이 부사절이 아닌 명사절로 쓰였으므로 이 경우 미래시제를 써 주어야 한다.)

· Let me know **if you will attend the meeting.** (명사절)
  네가 미팅에 참석할지 아닐지를 내게 알려줘.

· The time will come **when your dream will come true.** (형용사절)
  당신의 꿈이 실현될 그 시간이 올 거야.

---

**참 고**

간혹 if절에서 조건의 의미가 아닌 요청이나 주어의 의지 등으로 해석되면 미래시제를 쓸 수 있다. (참고만 하자)

· If you **will just wait** a moment, I'll find someone to help you.
  잠시만 기다려준다면 (= 잠시만 기다려줘), 내가 도와줄 사람을 찾아볼게.
  (조건의 의미가 아니라 요청의 의미로 쓰였으므로 미래시제를 쓸 수 있다.)

---

## 2) 과거시제

과거시제는 현재 이전의 일을 말할 때 사용하는 시제표현이다. 아무리 먼 과거라 해도 과거는 과거일 뿐이므로 과거시제를 쓰는 것은 물론이고, <u>현재와도 아무런 관련이 없다</u>는 점에 유의해야 한다. (<u>현재와 관련이 있으려면 현재완료를 써야 한다.</u>) 우리나라에는 과거, 현재완료, 과거완료를 구분해서 사용하지 않기 때문에 처음 시제 공부를 하는 학생들은 약간 어려움을 느낄 수 있다. 그러나 시험에서 나오는 시제관련 문제는 보통 시간을 나타내는 부사와 함께 쓰여서 나오기 때문에 그리 어렵지는 않다. (yesterday 나올 때 과거시제 쓰는 건 뻔한 것이 아니겠는가?)

### (1) 과거의 습관, 상태, 그리고 역사적 사실

· I was taught that Wars of the Roses **started** in 1455.
나는 장미전쟁이 1455년에 발발했다는 것을 배웠다. (역사적 사실)

· When I **was** a baby, I **used to climb** on everything.
내가 어릴 적에, 나는 모든 것들을 타곤(오르곤) 했다. (과거의 습관)

### (2) 과거표시 시점 부사구

아래의 부사가 동반되면 과거시제와 함께 쓰인다는 점을 반드시 외워두자.

> **주요 과거시점 부사**
>
> ~ago, yesterday, those days, in + 과거년도, then (그때 = at that time), once (과거의 한 때) just now (방금, 막), in the past (과거에), 과거시제의 부사절 (when, after + 과거), last + 시간명사 …

· He **established** the company a hundred years **ago**.
그는 백 년 전에 회사를 설립했습니다.

· I **liked** drinking **once**.
나는 한 때 술 마시는 것을 즐겼다.

· (In) **those days** women **were** not allowed to vote.
그 당시에, 여성들은 투표할 권리가 없었다.

## 3) 미래시제

영국식 영어에서는 '의지'나 '결심'을 나타낼 때 will, shall을 사용하기도 하지만 시험에서 쓰는 영어는 미국식 영어이므로 '의지', '결심'을 공부할 필요는 없다. 그저 will이 나오면 '미래이야기'구나.. 라고만 생각하면 된다. 미래를 이야기 하는 표현이므로 특별히 어려운 것은 없지만, will을 사용하지 않고도 미래를 나타낼 수 있는 대용표현은 암기하자.

· Nobody **will agree** with you.
누구도 너에게 동의하지 않을 것이다.

· They **will move** out next month.
그들은 다음 달에 이사할 것이다.

## (1) will VS be going to

단순한 미래를 추측하는 경우에는 특별히 구분하지 않고 둘 다 사용할 수 있으나, will 보다는 be going to가 조금 더 '결심이나 작정'을 한 상황에서 쓸 수 있다. will은 '즉흥적'인 느낌이 묻어있다. 즉, 말하는 시점 이전부터 준비가 되어 있었다면 be going to를, 말하는 시점과 비슷한 시기에 즉흥적으로 말을 한다면 will을 쓰는 것이다.

· I **will help** you.
내가 도와줄게. (이전에 아무런 준비 없이 현재 즉흥적으로 말을 한다면 will을 쓴다.)

· I **am going to help** you.
내가 도와줄게. (이전에 어느 정도 도울 준비가 되어있다면 be going to를 쓴다.)

· I **will stop** smoking.
나 금연할 거야. (화자의 의지가 강하게 느껴지지는 않는다.)

· I **am going to stop** smoking.
나 금연할 거야. (작정하고 끊으려 하고 있다는 느낌)

## (2) will 없이 미래를 나타낼 수 있는 대용 표현

### 주요 미래 대용 표현들

be supposed toVR (~하기로 되어 있다, ~할 예정이다), be likely toVR (~할 것 같다),
be about toVR (막 ~할 참이다), be bound toVR (~할 작정이다 / ~할 의무가 있다),
be due toVR (~할 예정이다), be ready toVR (곧 ~할 듯하다, ~할 참이다)

· We **are supposed to meet** here at 4 p.m.
우리는 여기서 오후 4시에 만나기로 되어있다.

· The tuition **is likely to be** expensive.
그 수업료는 비쌀 것 같다.

· The house **is just ready to collapse.**
그 집이 곧 무너질 것 같다.

다음 문장들은 모두 틀린 문장이다. 틀린 부분을 밑줄 긋고 올바르게 옮기시오.

– 해석은 당연!

1. Don't sit on the chair until the paint will be dry.

2. The Korean War breaks out in 1950.

3. The first train for Pusan leave at 9 in the morning.

4. By the time I will get home, they will have already slept.

5. Jessica had quit her job three years ago.

## ② 진행 시제

말 그대로 주어진 시간이 진행되고 있는 경우에 사용한다. 진행시제의 표현 방법은 'be + ing'이며, 〈진행형 불가 동사〉 part를 제외하고는 그렇게 시험에 자주 나오는 표현은 아니다.

### 강민 형이 콕 찍어줄게!

❶ 진행시제에서 나올 수 있는 시험은 '진행불가동사'이다. 그 외의 진행시제는 특별히 시험에 자주 나오는 출제 포인트가 없다.

### 1) 현재진행 (am/are/is + ing)

· Seth **is working** in the backyard **right now**.
  Seth는 지금 뒤뜰에서 일하고 있다.

· They **are eating** pizza for dinner.
  그들은 저녁으로 피자를 먹고 있는 중이다.

· My mother **is cooking** in the kitchen **right now**.
엄마는 지금 부엌에서 요리하고 있는 중이다.


## 2) 현재진행시제가 가까운 미래를 나타내는 경우

왕래발착동사(go, return, arrive, come, leave …)는 물론이고, 일반동사 역시도 미래의 예정, 계획 등을 나타내는 경우에 미래시점 부사구를 동반하여 현재진행시제로 미래예정 표현이 가능하다.

· I'm **leaving tonight**.
나는 오늘밤 떠날 것이다.

·  He **is going** to America **next year**.
그는 내년에 미국으로 갈 예정이다.

· He **is getting** married to Jane **this weekend**.
그는 제인과 이번 주에 결혼할 예정이다.

· She **is cooking** dinner for her family **tonight**.
그녀는 오늘밤 가족을 위해 저녁식사를 만들 것이다.


## 3) 과거진행 (was / were + ing)

그냥 이런 게 있구나.. 정도만 알고 있으면 된다.

· When I arrived there, it **was raining** hard.
내가 거기에 도착했을 때. 비가 거세게 내리고 있었다.

· When she opened the door, her husband **was watching** TV.
그녀가 문을 열었을 때. 그녀의 남편은 TV를 보고 있는 중이었다.


## 4) 미래진행 (will be + ing)

그냥 이런 게 있구나.. 정도만 알고 있으면 된다.

· I **will be sleeping** when you come home from work.
네가 직장에서 집으로 왔을 때. 나는 자고 있을 것이다.

## 5) 진행시제로 쓰이지 않는 동사들

동작을 나타내는 '동작동사'는 현재 시제를 사용하면 현재 이야기가 아닌 '현재 습관'을 말하기 때문에 현재 시제로 말하고 싶다면 be + ing. 즉, 진행형을 써야 한다는 사실을 이미 앞에서 말한 적이 있다.

이에 반해 '상태동사'는 현재 시제를 사용해서 '현재 상태'를 말하므로 굳이 현재 진행형을 써서 현재 이야기를 할 필요가 없다. 즉, 상태동사는 진행시제로 사용하지 않는다는 점을 알 수 있다.

물론 하나의 동사에 상태, 동작의 의미를 둘 다 내포하고 있는 동사도 있으므로 〈동작〉의 의미로 쓰이는 경우 진행시제가 가능하다는 점도 주의하자.

---

### 주요 진행불가 동사들

have, belong to, own, possess, include, contain, hear, see, feel, smell, taste, remain, resemble, seem, appear, cost, believe, know, think, suppose, find, remember, forget, understand, wish, want, like, love, be, exist, consist …

---

※ 위의 동사들은 일반적인 의미로 쓰이는 경우 동작성이 없는 상태동사 이므로 진행형이 불가능 하지만, 일부 동사의 경우 동작의 의미를 가지고 있는 경우도 있으므로 약간만 주의하도록 하자.

---

### ⚠ 주 의

**예외적으로 진행형이 가능한 경우**

❶ have동사가 '소유하다'의 의미가 아닌 '먹다', '(시간 등을) 보내다'의 의미로 쓰이는 경우
· She **is having** salad for lunch.
  그녀는 점심으로 샐러드를 먹고 있는 중이다. (먹다)

· Tim **is having** a great time with Suzie.
  팀은 수지와 좋은 시간을 보내고 있는 중이다. (보내다)

❷ 감각동사가 2형식이 아닌 3형식의 의미로 쓰이는 경우 (~을 맛보다, ~을 느끼다, ~의 냄새를 맡다 등)
· I **am tasting** the cake.
  나는 그 케이크를 맛보고 있는 중이다.

❸ see, hear 등의 동사가 본래의 뜻이 아닌 다른 의미로 바뀌는 경우
· She **is seeing off** her fiance in the front door.
  그녀는 정문에서 그녀의 연인을 배웅하는 중이다. (배웅하다)

· He **is hearing** the lecture.
  그는 수업을 듣고 있는 중이다. (경청하다, 청강하다)

**❸** **완료시제**

완료시제라는 것은 시작시점부터 마지막 시점까지 지속적으로 연결되는 것을 말한다. 이때 마지막 시점이 현재라면 '현재완료'를, 과거라면 '과거완료', 미래라면 '미래완료'를 쓰는 것이다. 완료시제는 우리나라의 시제에는 없는 개념이므로 이해하기 어려운 학생들도 있다. 그러나 시험 상에서의 시제는 항상 힌트를 보고 푸는 문제들이 대부분이기 때문에 그리 어렵지는 않을 것이다.

**형이 콕 찍어줄게!**

❶ 현재완료 VS 과거완료 VS 과거를 묻는 문제가 가장 자주 출제된다. 우리나라에서는 세 가지 시제 모두 과거처럼 해석하기 때문에 대충 해석으로 풀 수 없는 문제이다. 역시 시간표시 부사구가 문제풀이의 핵심이 되므로 암기가 생명이다.

❷ 반대로 시제를 명확히 해 놓고 시간표시 부사구를 묻는 문제도 출제 가능성이 높다. 역시 시간표시 부사만 제대로 알면 어렵지 않다.

· I have lived in this house **since** more than 10 years.

   → I have lived in this house **for** more than 10 years.
      나는 10년 이상 동안 이 집에서 살고 있다.

      (since와 for 둘 다 현재완료 시제를 사용하는 시점부사가 맞지만, 10년(이상) 이라는 표현은 1년, 2년, 3년이 쌓여서 만들어진 기간이다. 즉 '점이 아닌 선'의 개념이므로 since가 아닌 for를 써야 옳다. 우리나라 말에서도 10년 이래로 보다는 10년 동안이 더 말이 되는 것과 같은 이치다.)

❸ 대과거를 묻는 문제는 시간상의 순서를 묻는 문제이므로 해석이 절대적으로 중요하다. 어떤 사건이 더 먼저 일어난 일인지 꼭 따져보고 문제를 풀어야 한다.

· I couldn't sleep well because I ~~had~~ much of coffee. (X)

   → I couldn't sleep well because I had had much of coffee. (O)
      나는 커피를 많이 마셨기 때문에 제대로 잘 수 없었다.

      (잘 수 없었던 시점보다 커피를 많이 마셨던 시점이 더 먼저 발생했으므로 대과거 had pp로 써야 옳다.)

### 1) 현재완료 (have/has + pp)

과거 어느 시작 시점으로부터 현재까지의 경험, 결과, 계속, 완료의 행위를 표현할 때 쓴다. 중요한 것은 과거에서 끝나는 것이 아니라 현재까지 영향을 미치고 있다는 것이다. (과거시제는 과거에서 끝이 난다.)

### (1) 현재완료의 용법
① 과거에서 시작된 일이 현재 바로 직전에 끝나버린 의미의 '완료'

already, yet (부정문 : 아직도 / 의문문 : 이미, 벌써), by now (지금까지), recently (최근에)
just (just now는 과거시제와 함께 쓰임) …

· She feels bad because she **has just heard** bad news.
　그녀는 나쁜 소식을 막 들었기 때문에 기분이 좋지 않다.

· I **have already repaired** the watch.
　나는 이미 시계수리를 끝냈다.

### ② 과거에 시작된 일의 결과가 지금까지 영향을 미치고 있다는 의미인 '결과'

결과적 용법은 특별한 시제상의 힌트는 없다. 단지 '~했다. 그래서 그 결과 지금 ~상태이다'라는 의미로 해석된다.

· They **have moved** into a new fancy house.
　그들은 마음에 드는 새 집으로 이사를 했다.

· I **have lost** my purse.
　나 지갑 잃어 버렸다. (지금 현재 지갑이 없다.)

· I **lost** my purse.
　나 지갑 잃어 버렸다.

　(우리나라 말에서는 현재완료와 과거가 같은 의미로 사용되는 것처럼 보이지만, lost를 쓴 표현은 과거에 잃어 버렸고, 지금은 지갑을 찾았는지, 아직 못 찾았는지 알 수가 없다. 그냥 잃어버렸다는 사실만 전달할 뿐이다.)

### ③ 과거에서부터 현재까지의 화자의 경험을 나타내는 '경험'

ever (~한 적 있다), never (~한 적 없다), once (한 때, 한 번), twice, often, before

· I **have often heard** about a lion, but **have never seen** one.
　사자에 대해서 종종 들어는 봤지만, 실제로 본적은 없다.

· **Have** you **ever been** to Jeju Island?
　너 제주도 가본 적 있어?

④ 과거에서부터 현재까지 계속 이어지는 행위나 상태를 나타내는 '계속'

**계속적 용법에 주로 쓰이는 부사**

for + 기간명사 (~동안에) / since(접속사) + S + 과거동사 (~이래로) / since(전치사) + N
so far (지금까지 = as yet = until now = up to now = to date)
in (= for = during = over) + the last/past + 기간명사 (three years, ten days 등)

· She **has lived** in Seoul **since she was born.**
   그녀는 서울에서 태어난 이래로 쭉 살고 있다.(계속)

· Tom **has been** a problem in class **since the beginning of term.**
   학기 초 이래로 Tom은 학급에서 문제아 이다.(계속)

· I **have known** her **for the past 10 years.**
   나는 지난 10년 동안 그녀와 알고 지냈다.(계속)

**(2) 현재완료 표현에서 주의해야 할 부분**

① 현재완료는 명확한 과거표시 부사(구)와는 함께 쓰이지 못한다.
그러므로 현재완료와 쓰이는 시점부사구, 과거시점 부사구 등을 완벽히 숙지해야 한다.

· In the sixteenth century there ~~have been~~ three tennis courts in London. (X)
   → **In the sixteenth century** there **were** three tennis courts in London. (O)
      16세기에 런던에는 3개의 테니스 코트가 있었다.

② 의문부사 when절에서는 현재완료를 사용할 수 없다.
특정한 어떤 때를 묻는 문장이기 때문에 과거시제와 함께 사용될 수밖에 없다.

· When ~~have~~ you ~~visited~~ Paris? (X)
   → When did you visit Paris? (O)
      넌 파리에 언제 갔었어?

③ have been to VS have gone to
have been to는 '~에 가 본적이 있다'라는 의미의 '경험'을 나타내며, have(has) gone to는 '~에 가서 지금은 없다'라는 의미의 '결과'를 나타낸다.
이 두 가지 표현을 비교하는 문제가 나올 수도 있지만, have(has) gone to는 주어에 1,2인칭이 올 수 없다는 점에서 주의해야 한다. ('~에 가서 지금은 없다'라고 말을 해야 하는데 1,2인칭이 어떻게 나올 수가 있겠는가?)

· I **have never been to** Seoul.
   나는 서울에 가본 적이 없다. (경험)

· He **has gone to** England.
  그는 영국에 가고 없다. (결과)

· ~~I have gone to~~ England. (X)
  나는 영국에 가고 지금은 여기에 없다. (?)

### (3) 현재완료 관용구

> It is 시간 + since S + 과거동사
> = It has been 시간 + since S + 과거동사
> = 시간 have/has passed + since S + 과거동사
> = S + 과거동사 + 시간 ago

· It **is** 10 years **since** he **got** married.
  = It **has been** 10 years **since** he **got** married
  = 10 years **have passed since** he **got** married.
  = He **got** married 10 years **ago**.
  그가 결혼한 이래로 10년이 되었다.
  (since가 쓰였으므로 현재완료를 쓰는 것이 당연하지만, 대명사 it을 사용하는 구문에서는 현재시제를 써도 무방하다)

· It **is**(=has been) 5 years **since** he **died**.
  = It **has been** 5 years **since** he **died**.
  = 5 years **have passed since** he **died**.
  = He **died** 5 years **ago**.
  그가 죽은 지 5년이 되었다.

## 2) 과거완료/대과거 (had + pp)

### (1) 과거완료의 용법

과거완료 역시 '완료'라는 용어가 들어간 것으로 보아 **어느 과거 시점에서 시작된 일이 '특정 과거'까지 지속되었음을 나타내는 표현**임을 알 수 있다. 현재완료와 기본적 속성은 비슷하지만, **시간대가 '과거에서 과거까지'로 옮겨진 표현**이다.

· I **had fixed** my car by myself many times **before I sold it.**
  나는 차를 팔기 전에 내 손으로 여러 번 차를 고쳤다.
  (차를 여러 번 고치며 지속되었던 행위가 차를 팔게 된 특정 시점에 끝이 나서 현재와는 아무런 관련이 없으므로 과거완료를 쓴 것이다.)

· He **had dated** Jessica for 7 years **until he met Christine.**
그는 Christine을 만날 때 까지 Jessica와 7년 동안 사귀었다.

· She **had never seen** snow **until she moved to Iceland.**
그녀는 아이슬란드로 이사하기 전까지 눈을 본 적이 없었다.


## (2) 대과거

과거완료와 동사의 형태는 똑같지만 **특정 과거 시점을 기준으로 단순히 그 이전의 시점을 말하며, 지속의 느낌은 전혀 없다**는 점에서 과거완료와는 다르다. 대과거는 시제 힌트가 나올 수도 있고, 나오지 않을 수도 있다. **시제 힌트가 없는 경우 시간상의 전후관계를 따져서 시제를 파악**해야 한다.

---

**대과거를 나타내는 시점부사(구)**

the day before (전날 = the previous day) (* the day before yesterday 그저께 → 과거로 표시해야 함)
기간 + before (ex. three days before), the 시간명사 before (ex. the night before 그 전날 밤)

---

· **I had sold** my computer **the month before.**
나는 전(前)달에 내 컴퓨터를 팔았다.

· They **described** how the man **had escaped** from the prison.
그들은 그 남성이 감옥을 탈출했던 방법을 묘사했다.
(일단 탈옥을 하고 나서 묘사를 하는 것이기 때문에 시간상 더 먼일을 대과거로 표시했다.)

· I **thought** that she **had stolen** the money.
나는 그녀가 돈을 훔쳤다고 생각했다.

---

**⚠ 주 의**

before VS ago

ago는 '지금으로부터 ~전'의 뜻으로 <u>과거동사와 함께 쓰이며 단독 사용은 불가</u>하다.
before는 '과거 기준 그 ~전'의 뜻이므로 <u>과거완료와 함께 사용되며 단독 사용이 가능</u>하다.
(이때는 현재완료, 과거완료, 과거 동사와 사용 가능하다)

· I <u>met</u> her <u>three days ago</u>. ※ I met her **ago**. (X)
· He said he <u>had met</u> her <u>three days before</u>. / I <u>have met</u> (or I <u>had met</u> or I <u>met</u>) her <u>before</u>.

---

> **▲ 주 의**
>
> 역사적 사실을 대과거 (had pp)로 쓰지 않도록 주의하자.
>
> · We **learned** that the Korean War ~~had been~~ over in 1953. (X)
> → We **learned** that the Korean War **was** over in 1953. (O)
> 우리는 한국전쟁이 1953년에 휴전했다는 것을 배웠다.
> (우리가 배운 시점보다 한국전쟁이 휴전한 것이 확실히 더 과거가 맞지만, 역사적 사실은 이미 과거시제를
> 쓰기로 정해놨기 때문에 과거완료가 아닌 과거시제를 사용하는 것이 맞다.)

## (3) 과거 시제가 과거 완료를 대용하는 자리

시간의 전후관계를 명확하게 나타내 주는 접속사 before, after, until이 있는 문장에서 과거완료시제를 과거시제로 대용해서 사용할 수 있다. (그냥 이런 문법이 있다는 점만 알아두자.)

· I **didn't have** a few friends **until** I **joined** the sports club.
　나는 스포츠클럽에 들어갈 때 까지 친구가 별로 없었다.

· He **stopped** by his cousin's house **after** he **finished** his homework.
　그가 숙제를 끝낸 후에 사촌 집에 들렀다.

· The train **left before** I **arrived** at the station.
　그 기차는 내가 역에 도착하기 전에 떠났다.

## (4) 과거완료 관용구

---

❶ **채 ~도 하지 못해 ~하다**
　S + had not pp + (시간, 수량 표시 명사) + before (= when) + S + 과거시제

❷ **~하자마자 ~했다**
　S + had hardly(= scarcely) pp + before (= when) + S + 과거시제
　= S + had no sooner pp + than + S + 과거시제

❸ **~했을 때 쯤(에)**
　By the time S + 과거시제 ~ + S + had pp

---

· I **had not done** a half of it **before(when)** I **gave** up.
　나는 그것을 채 절반도 못해서 포기했다.

· I **had done** a half of it **before(when)** I **gave** up.
　나는 그것을 절반은 하고나서 포기했다.

· **By the time** I **arrived** there, they **had already finished** dinner.
내가 그곳에 도착했을 때, 그들은 이미 저녁식사를 끝냈다.

· I **had hardly**(scarcely) **got** home **when**(before) the phone **rang.**
= I **had no sooner got** home **than** the phone rang.
내가 집에 도착하자마자 전화가 울렸다.

---

### ▲ 주 의

②번 문형은 hardly, scarcely, no sooner가 문장 앞으로 나오게 되면 주어와 동사의 위치가 바뀌는 '도치' 현상이 발생되므로 주의하자. (도치편에서 다시 다룸)

· **Hardly had** I **got** home **when** the phone rang.
= **No sooner had** I **got** home **than** the phone rang.

---

## 3) 미래완료 (will + have + pp)

### (1) 미래완료의 용법

미래완료 역시 과거나 현재 어느 시점에서 시작된 일이 '특정 미래'까지 지속되었음을 나타내는 표현이다. 현재완료와 속성은 비슷하지만, 한 가지 특징이 있다면 <u>미래완료는 현재를 반드시 지나쳐서 미래로 넘어가야 한다</u>는 점이다.

### 미래완료를 나타내는 시점부사(구)

by + 미래시점 (~때쯤이면), by the time S + 현재동사 (~할 때쯤이면, ~할 때 까지면)

· I **will have watched** "Love Actually" **5 times** if I **watch** it again.
만약 또 보게 된다면, 나는 "Love Actually"를 5번 보게 될 것이다. (경험)
(미래를 지칭하는 watch (조건부사절에서는 미래대신 현재)와 완료를 나타내는 5 times (경험)이 합쳐져서 미래완료가 쓰였다.) (언제부터 봤는지는 모르겠지만, 현재 'Love Actually'를 본 경험이 있다는 의미이다.)

· He **will have written** three books **by next month.**
그는 내년쯤이면 세권의 책을 쓸 것이다. (완료)
(현재 적어도 1권의 책은 쓴 상태라는 것을 의미한다.)

· I **will have dated** Karen **for 100 days by this Christmas.**
올해 크리스마스 때까지면 나는 카렌이랑 100일 동안 사귀게 될 것이다.(계속)

· They **will have gone by the time** you **get** there.
그들은 네가 거기에 도착할 때쯤이면 그들은 떠났을 것이다.

· By the time you come back, I will have finished the work.
네가 돌아 올 때까지 나는 그 일을 끝내겠다.


### (2) 미래와 미래완료의 차이

미래는 단순히 미래의 어떤 특정시점을 말하는 것이고, 미래완료는 과거나 현재에서 시작해서 미래까지 지속된다는 차이가 있다. (미래완료는 '현재를 지나친다.'라는 점만 명확히 하면 된다.)

· We will have sold a million computers by next June.
우리는 내년 6월쯤이면 100만대의 컴퓨터를 팔 것이다.
(언제부턴지 모르지만 지금도 컴퓨터를 팔고 있고 그것의 누적이 100만대라는 의미)

· We will sell a hundred computers next June.
우리는 내년 6월에 100대의 컴퓨터를 팔 것이다.
(내년 6월에 판다고 했으므로 지금은 100대 중에 한 대도 팔지 않았다는 의미)


## 연습하기 007

**다음 문장들은 모두 틀린 문장이다. 틀린 부분을 밑줄 긋고 올바르게 옮기시오.**

– 해석은 당연!

1. Paul taught English at a high school since 2010.

2. I have gone to Kyung Bok Palace last week.

3. David is having a smartphone now.

4. I will work for this company 25 years until I retire next year.

5. My son has never seen a real crocodile until he went to zoo.

**④ 완료진행시제**

완료진행시제는 그 이전부터 지속(duration)되고 있는 행위를 강조하는 표현으로 상황에 따라 각 완료시제의 계속적 용법과 같은 의미를 지닌다. 진행시제 자체가 별로 중요하지 않으므로 완료진행시제 역시 크게 중요하지 않다.

## 1) 현재완료진행 (have, has been + ing)

(과거부터) 현재시점까지 계속하고 있는 동작을 나타내는 시제로 현재 완료 시제의 '계속' 용법을 강조하는 시제라고 볼 수 있다.

· I **have been thinking** about moving to London since I moved in New York.
나는 뉴욕으로 이사 온 이래로 계속해서 런던으로 이사 가는 것을 생각해왔다.

· It **has been raining** since last Sunday.
지난 일요일 이래로 계속해서 비가 내리고 있는 중이다.

## 2) 과거완료진행 (had been + ing)

(더 먼 과거부터) 특정 과거시점까지 계속하고 있는 동작을 나타내는 시제로 과거 완료 시제의 '계속' 용법을 강조하는 시제라고 볼 수 있다.

· We finally met at 8. I **had been waiting** for him since two-thirty.
우리는 마침내 8시에 만났다. 나는 2시 30분 이래로 계속해서 그를 기다려왔다.

· She **had been playing** the piano for an hour when I visited her.
내가 그녀를 방문했을 때 그녀는 한 시간 동안 피아노를 치고 있었다.

## 3) 미래완료진행 (will have been + ing)

(과거 또는 현재부터) 특정 미래시점까지 계속적인 동작을 나타내는 시제로 미래 완료 시제의 '계속'용법을 강조하는 시제라고 볼 수 있다.

· Next Christmas he **will have been working** for orphans for twenty years.
다음 크리스마스 때 까지면, 그는 20년 동안 고아들을 위해 일하게 될 것이다.

**❺ 주절과 종속절간의 시제일치 규칙과 시제일치 예외 규칙**

## 1) 주절이 현재/현재완료/미래 시제인 경우

주절이 현재시제이면 종속절은 과거완료 시제를 제외한 모든 시제가 쓰일 수 있다.

· They **think** that he **works/has worked/worked/will work** hard.
그들은 그가 일을 열심히 한다고/했다고/할 것이라고 생각한다.

· She **says/has said/will say** that her husband **likes/liked/has liked/will like** to go golfing on weekends.
그녀는 그녀의 남편이 주말에 골프 치러 가는 것을 좋아한다고/좋아했다고/좋아할 것이라고 말한다/말했다/말할 것이다.

## 2) 주절이 과거인 경우

주절이 과거인 경우에 종속절은 주로 과거나 과거완료 시제가 쓰인다.

· I **thought** that he **was/had been/is/has been** ill.
나는 그가 아팠다고 생각했다. (과거와 과거완료는 우리나라 해석으로는 흡사하므로 굳이 차이를 두려고 애쓰지 말자.)

· He **hoped** that he **would/will** pass the exam.
그는 시험에 통과하길 희망했다.
(시험에 통과하는 시점은 분명 미래이지만, 주절이 과거이므로 과거에서 바라본 미래 표시인 would를 쓰는 것이 맞다.)

## 3) 시제일치 예외

종속절의 내용이 불변의 진리, 일반적 사실, 현재에도 사실을 말하고 싶은 경우에는 항상 현재 시제로, 역사적 사실, 개인의 이력을 표현하고 싶은 경우에는 주절 동사와 상관없이 과거시제를 쓴다.

· I **told** him that I <u>still</u> love him.
나는 그에게 내가 여전히 그를 사랑한다고 말했다. (현재에도 사실)

· We **took** the subway which is faster than the bus.
우리는 버스보다 빠른 지하철을 탔다. (일반적 사실)

· Last night we **bought** some food at the store where we **have bought** many times before.
어젯밤 우리는 이전에도 여러 번 샀던 가게에서 음식을 샀다. (지금도 이어지고 있는 경험)

· My teacher **taught** me that Korean War broke out in 1950.
우리 선생님은 나에게 한국전쟁이 1950년에 발발했다고 가르쳐 주셨다. (역사적 사실)

· At that time she still **remembered** when she **was** 25 years old.
그때, 그녀는 여전히 25살이었던 때를 기억했다. (개인의 이력)

## 연습하기 007

**다음 문장들은 모두 틀린 문장이다. 틀린 부분을 밑줄 긋고 올바르게 옮기시오.**

– 해석은 당연!

1. They studied so that they may pass the test.

2. Galileo Galilei maintained that the earth moved round the sun.

3. She told me that she saw movie the previous day.

4. He said that he has lost his bag on the way home.

5. It was colder yesterday than it was today.

## 요약하기

시제에서 가장 많이 묻는 문법문제 패턴은 과거 VS 과거완료 VS 현재완료이다. 각각의 시제는 반드시 시제상의 힌트가 나오게 되므로 시간표시 부사(구)를 철저히 외우자. 만약 힌트가 없다면 시간상의 순서를 묻는 해석문제일 가능성이 높다.

또한 시간, 조건의 부사절에서는 미래시제 대신 현재시제를 쓴다는 점 VS 부사절이 아닌 형용사절이나 명사절에서는 미래를 쓰고 싶으면 미래시제를 쓴다는 점 역시도 출제 빈도가 높다.

그 밖에 〈동작동사 VS 상태동사〉의 구분을 통해 진행시제 가능여부를 묻는 문제, 〈시제일치 법칙 VS 시제일치예외 법칙〉을 묻는 문제 등 거의 대부분이 암기를 통해 맞출 수 있는 문제들이므로 열심히 하면 누구나 다 맞출 수 있으니 열공하자!

## 적용하기 1단계    ❶    ❷    ❸

[1-5] Choose the one that could best completes the following sentence.

01    He has been studying in the library every night _____ the last three weeks.

    (A) since                             (B) for
    (C) until                            (D) before

02    Her husband _____ many years before.

    (A) has been killed                   (B) had been killed
    (C) will have been killed            (D) was killed

03    What causes plants to bloom? Although you may think that plants _____ based on the amount of sunlight they receive, they actually bloom according to the amount of uninterrupted darkness.                   [2016 가톨릭대]

    (A) flower                           (B) flowered
    (C) flowering                      (D) to flower

04    The next time I _____ at that restaurant, I'm going to have a big bowl of clam chowder.

    (A) eat                               (B) will eat
    (C) will have eaten                (D) will be eating

05    By the time my boyfriend arrives, I _____ from my cold.     [2021 덕성여대]

    (A) will have recovered            (B) have been recovered
    (C) would have recovered          (D) will have been recovered

[6–10] Choose the one which is grammatically incorrect among the four underlined parts.

**06**  She indicated <u>to me</u> that she <u>will get</u> the job <u>in spite of</u> her father's <u>objection</u>.
                  (A)            (B)           (C)            (D)

**07**  When black leaders <u>hold</u> their first national convention for <u>black's</u> rights in the middle of
                  (A)                                 (B)

the last century, they <u>issued</u> the Declaration of Sentiments, <u>demanding</u> equal rights with white
                   (C)                            (D)

people <u>in</u> education, economic opportunities, law, and franchise.        [2016 광운대]
     (E)

**08**  <u>For</u> the first time <u>after</u> the early 1970s, <u>a</u> highly venomous sea snake has <u>turned</u> up <u>on</u> a
  (A)            (B)          (C)                     (D)   (E)

southern California beach.                        [2016 성균관대]

**09**  <u>However</u>, this list <u>allows</u> me <u>to envision myself</u> in my twenties and even in my thirties when
    (A)             (B)        (C)

I was <u>only</u> 16 years old.
      (D)

**10**  Russia sells hardware and parts <u>to</u> other Middle Eastern <u>countries</u> such as Kuwait, <u>which</u>
                             (A)                (B)              (D)

<u>have bought</u> a multiple launch rocket system in 1994, and to Southeast Asian nations <u>including</u>
  (C)                                                        (D)

India, Malaysia, Indonesia, Thailand and Burma.

## 적용하기 2단계 ❶ ❷ ❸

[1–4] Choose the one that could best completes the following sentence.

**01**  The court clerk asked the attorney whether he _____ notice of the matter.

(A) does ever receive  (B) has ever received
(C) had ever received  (D) was ever receiving

**02**  When I saw the vase on the website, I knew it was exactly what I _____.

[2022 단국대]

(A) had been looked for  (B) have looked for
(C) had been looking for  (D) look for

**03**  We _____ there for more than two days before it became obvious that we simply couldn't manage without a car.

(A) were  (B) hadn't been
(C) haven't been  (D) would have been

**04**  Susan's bags are almost ready for her trip. She _____ for Korea later this evening. We'll say good-bye to her before she _____ .  [2017 숙명여대]

(A) has left – will go  (B) is leaving – goes
(C) left – went  (D) will leave – will go
(E) leaves – will go

[5–9] Choose the one which is grammatically incorrect among the four underlined parts.

**05**  Please <u>make sure</u> you <u>give</u> me <u>a ring</u> immediately after you <u>will get to</u> the destination.
(A) (B) (C) (D)

**06**    <u>Since</u> a long time, teachers <u>have believed</u> that it is important <u>for children to get</u> their ideas
          (A)                          (B)                  (C)

down on paper, <u>regardless of</u> spelling.
                 (D)

**07**    I woke up <u>the next</u> morning, thinking about those words – <u>immensely</u> proud to realize that
                (A)                               (B)

not only <u>have</u> I written <u>so much</u> at one time, but I'd written words that I never <u>knew were</u> in
        (C)        (D)                                  (E)

the world.                                      [2016 상명대]

**08**    Yet <u>some people</u> wonder <u>whether</u> these ancient monuments were built by a race of <u>wise</u>
         (A)              (B)                                  (C)

<u>people</u> who somehow had an influence on the entire world 4,000 <u>years before</u>.
                                                (D)

**09**    When I came down the stairs, I saw that there <u>was</u> at least a foot of water in the basement.
                                        (A)

Jack <u>was standing</u> under a pipe, and a steady stream cascaded into his face. For the past
      (B)

45 minutes, he <u>was working</u> unsuccessfully to staunch the leak. <u>No error</u>.    [2015 중앙대]
                 (C)                                (D)

[10] Choose the sentence that is <u>NOT</u> grammatically correct.

**10**    (A) She is having breakfast.

        (B) He is owning about ten houses, and all of them are very expensive.

        (C) They say that he resembles his father.

        (D) When I called on them, they were listening to the radio.

## 적용하기 3단계 ❶ ❷ ❸

[1–4] Choose the one that could best completes the following sentence.

**01**　A: I will come to give you the package at eight.

　　B: That will be too late because we ＿＿＿＿＿＿＿ by that hour.

　　(A) have gone　　　　　　　　　(B) will have gone

　　(C) will go　　　　　　　　　　(D) went

**02**　I was about to ask you what time she ＿＿＿＿＿＿＿ to the office.

　　(A) will return　　　　　　　　(B) is returning

　　(C) returns　　　　　　　　　　(D) was returning

**03**　John had hardly had time to prepare the meal ＿＿＿＿＿＿＿ .

　　(A) after the guest arrived　　　　(B) before the guest arrived

　　(C) than the guest arrived　　　　(D) if the guest arrives

**04**　The problem of acid rain and air pollution may be said to have originated with the Industrial Revolution, ＿＿＿＿＿＿＿ .

　　(A) it has been growing ever since　　　(B) ever since it has been growing

　　(C) since it has been growing ever　　　(D) and it has been growing ever since

[5–10] Choose the one which is grammatically incorrect among the four underlined parts.

**05**　Apparently <u>concerned</u> over the strong public criticism, the opposition parties said they in the
　　　　　　　　(A)

　　future <u>discussed</u> <u>whether to increase</u> the number of <u>uncontested divisions</u>.
　　　　　　(B)　　　　　　(C)　　　　　　　　　　　　　　　(D)

**06** <u>After</u> the 1920's, the two <u>traditional foundations</u> of the Montana economy, agriculture and
   (A)                 (B)

mining, have <u>demonstrated</u> extensive <u>growth</u>.
         (C)           (D)


**07** <u>Arriving</u> in New York, and <u>remembering</u> the countless stories he<u>'s heard</u> about crime in the
  (A)             (B)                 (C)

city, he went <u>straight</u> to his hotel and stayed there until we picked him up.
       (D)


**08** I can understand <u>why they think like that</u>. However, I remember <u>being happy</u> only once in
            (A)                    (B)

my life. That was just after I'd made my first million. I can still hear my wife <u>saying</u>, "Isn't life
                                               (C)

wonderful? We're rich!" But since then, <u>hardly did I feel happy</u>.
                               (D)


**09** Created by Jerry Siegel and Joe Shuster in 1932, Superman <u>has been seen</u> by many as the
                                              (A)

quintessential American hero. <u>Gifted with</u> superpowers by his origins on the now-destroyed
                       (B)

planet Krypton, Superman fights for Earth, his adopted home, <u>guarding it against</u> both
                                              (C)

internal threats and external perils. At the same time, writers for Superman quickly figured

out that a character who couldn't be injured or face any appreciable danger was pretty

boring, so over the years they <u>had kept coming</u> up with weaknesses.     [2015 명지대]
                           (D)

**10**   The Shroud of Turin, <u>purported to</u> be the burial cloth which covered Jesus Christ's body,
                                    (A)

first <u>surfaced</u> in the Middle Ages. Though batteries of tests <u>have failed</u> either to prove or to
      (B)                                                              (C)

disprove the authenticity of the garment, the shroud <u>is remaining</u> an important object in the
                                                              (D)

history of Christianity.

# Chapter III

## 수동태

**미리보기**

### 1. 능동태와 수동태 구분 문제는 반드시 나온다.

특히 3형식 동사에서의 <u>능, 수동 구분문제</u>가 주로 나오는데, 이는 목적어의 유, 무만 확인하면 쉽게 해결 할 수 있다. 즉, '3형식 동사 뒤에 목적어가 나오지 않았다면 수동태로 고치고, 3형식 동사가 be + pp의 형태로 나오는 경우, 그 뒤에 목적어를 쓰면 틀린다.'라고 하는 아주 기본적인 문제들이 나온다. 실수만 안 한다면 크게 어렵지 않다.

· The telephone ~~invented~~ by him. (X)
  (invent는 '~을 발명하다'라는 의미의 타동사이다. 그러므로 뒤에 목적어가 나와야 하는데 by him은 '전치사+명사'로 부사의 역할을 하는 품사이므로 목적어가 아니다. 즉 invented를 was invented로 고쳐야 한다.)
  → The telephone **was invented** by him.
  핸드폰은 그에 의해서 발명되었다.

· No person ~~has been done~~ more things for his firm than Gary. (X)
  (얼핏 보면 틀린 것이 없어 보일 수도 있는 문장인데, has been done은 수동태이다. 그러므로 뒤에 목적어가 나와서는 안 되는데, more things라는 목적어가 나왔으므로 has been done을 has done이라는 능동태로 고쳐야 한다.)
  → No person **has done** more things for his firm than Gary. (O)
  누구도 Gary보다 회사를 위해 많은 것들을 했던 사람은 없다.

### 2. 3형식 동사 이외에 5형식 동사의 수동태 역시 자주 출제된다.

5형식 동사의 수동태는 하나만 기억하면 된다. "목적격 보어는 그대로 내려온다." 무슨 말인지 의아한 학생들은 수동태 파트를 공부하면 알게 되니 걱정 말고 열심히 책만 보자.

### 3. 수동태에 관련된 전치사도 암기하자.

이해하는 게 가장 좋은 공부 방법이지만, 관용적 표현은 어쩔 수 없다. 철저히 암기해서 승부를 보자.

**1 수동태의 기본 개념과 형태**

## 1) 수동태의 개념

'태'란 간단히 말해서 말하는 이(주어)의 입장을 표현한 것이다.

즉, 능동태는 주어가 동작을 하는 형태를 말하며 이 경우 행위자, 즉 주어를 강조하게 된다. 반면 수동태는 주어가 동작을 받거나, 당하는 형태를 말하며 이 경우 행위자가 아닌 행위의 대상, 즉 목적어를 강조하게 된다.

이 말은 곧 수동태는 목적어가 주어자리로 이동하면서 [be + p.p] 형태를 취하는 것을 말한다. 따라서 목적어를 수반하지 않는 자동사는 수동태로 전환할 수 없다는 것을 알 수 있다.

---

### 능동태 ⇔ 수동태 전환방법 (목적어가 있는 타동사만이 수동태가 될 수 있음)

① 능동태의 목적어를 수동태의 주어로 한다.

② 동사를 〈be + p.p〉로 바꾼다.

③ 능동태의 주어를 주로 〈by + 목적격〉으로 고친다.

능동태  S + V + O [능동]

수동태  S + be pp + by S [수동]

---

· He built the house. → The house was built by him.

　그는 그 집을 지었다.　→ 그 집은 그에 의해서 지어졌다.

· The food was disappeared. (X) → disappeared (O) 자동사 수동불가.

## 2) 시제별 수동태

복잡해 보이지만 결국 be동사의 형태만 살짝 바꿔주면 그만이다.

| 시제 | 형태 | 예문 |
|------|------|------|
| 현재 | am/are/is + pp | I clean my room. → My room is cleaned by me. |
| 과거 | was/were + pp | I cleaned my room. → My room was cleaned by me. |
| 미래 | will be + pp | I will clean my room. → My room will be cleaned by me. |
| 현재진행 | am/are/is being + pp | I am cleaning my room. → My room is being cleaned by me. |
| 과거진행 | was/were being + pp | I was cleaning my room. → My room was being cleaned by me. |
| 현재완료 | has/have been + pp | I have cleaned my room. → My room has been cleaned by me. |
| 미래완료 | will have been + pp | I will have cleaned my room. → My room will have been cleaned by me. |

※ 미래진행형과 완료진행형은 수동태도 거의 쓰지 않으므로 굳이 공부할 필요는 없다.

## 3) 수동태를 쓰는 경우와 쓰지 않는 경우

### (1) 수동태를 쓰는 경우

#### ① 동작의 행위자가 불분명할 경우이거나 중요하지 않을 경우

· The wine **was made** in France.
이 와인은 프랑스에서 제조되었다.

· A man **was killed** in the accident.
한 남성이 사고로 죽었다.

> **참 고**
>
> 이 경우 행위자를 모르는 경우가 많기 때문에 행위자 표시인 'by N'를 쓰는 경우는 극히 드물다.

#### ② 수동 주어(동작을 당하는 대상)를 더 강조할 때

· The girl **was run over** by a taxi.
그 소녀가 택시에 치였다.

· The island **was covered** with flowers.
그 섬은 꽃들로 덮여 있었다.

#### ③ 동일한 주어를 쓰고자 하는 필요의 경우 (주어의 일관성)

· He made a moving speech and **was applauded** by the audience.
그는 감동적인 연설을 했고 청중들에 의해 박수갈채를 받았다.

· The first lady made an address and **was asked** many questions by reporters at the end.
영부인이 연설을 했고 마지막에는 리포터들에 의해 많은 질문을 받았다.

### (2) 수동태를 쓰지 않는 경우

#### ① 자동사인 경우

자동사는 목적어를 수반할 수 없으므로 수동태가 불가하다.

> exist, die, appear, disappear, happen, occur, seem, belong to, consist of, suffer from …

· She ~~was disappeared~~ last night. (X)
→ She <u>disappeared</u> last night. (O)
그녀가 지난밤에 사라졌다.

· It never ~~be occurred~~ to me to insure the house. (X)
→ It never <u>occurred</u> to me to insure the house. (O)
집에 보험 드는 것을 생각도 못했다.

② **타동사임에도 일부(상태, 소유)동사의 경우**
무의지 동사나 상호간의 관계를 나타내기 때문이다.

---

become(어울리다), cost(비용이 들다), escape, lack, resemble, meet, contain, suit
have (소유하다), possess, get (얻다), befall (닥치다) ⋯

---

· His father ~~is resembled~~ by him. (X)
  → He <u>resembles</u> his father. (O)
      그는 그의 아버지를 닮았다.

· The money ~~may be had~~ by you. (X)
  → You <u>may have</u> all the money. (O)
      당신이 모든 돈을 가져도 좋습니다.

· Such an act ~~is not become~~ a gentleman. (X)
  → Such an act <u>does not become</u> a gentleman. (O)
      그러한 행동은 신사에 어울리지 않는다. (= 신사적인 행동이 아니다)

· He ~~is lacked~~ the verbal skills. (X)
  → He <u>lacks</u> the verbal skills. (O)
      그는 언어적인 능력이 부족하다.

③ **목적어가 to부정사나 동명사일 경우**
· ~~Swimming is loved~~ by me. (X)
  → I love <u>swimming</u>. (O)
      나는 수영을 좋아한다.

④ **목적어가 재귀대명사일 경우**
· ~~Itself is repeated~~ by history. (X)
  → History repeats <u>itself</u>.
      역사는 되풀이 된다.

**참고**

재귀대명사는 수동태뿐만 아니라 주어자리에도 쓰일 수 없다.

⑤ **목적어가 상호대명사 (each other, one another)인 경우**
· ~~Each other is loved~~ by them. (X)
  → They loved <u>each other</u>. (O)
      그들은 서로를 사랑했다.

⑥ 목적어가 주어의 일부일 경우

· ~~Her own face was touched~~ by her.

→ She touched **her own face**.

그녀는 자신의 얼굴을 만졌다.


## 4) 그 외 수동태 기본 사항

### (1) 수동태의 부정 표현 〈be + not + pp〉

부정표현 부사인 not, never는 be와 pp사이에 쓰여야 옳다.

· This room **is not cleaned** everyday.

이 방은 매일 청소되지는 않는다.

· It **was not invented** by the scientist.

그것은 그 과학자에 의해 발명되지 않았다.


### (2) 조동사와 함께 쓰일 경우 〈조동사 + (not) + be + pp〉

· He **can close** the door.

→ The door **can be closed** by him.

→ The door **can not be closed** by him.

그 문은 그에 의해 닫히지 않을 수도 있다.

## 연습하기 009

**다음 문장들은 모두 틀린 문장이다. 틀린 부분을 밑줄 긋고 올바르게 옮기시오.**

– 해석은 당연!

1. Gambling is resembled by life in a lot of ways.

2. This bar code will scan to identify the patient for treatment.

3. All the films have produced by professional film-makers.

4. It was occurred to me that there were a few possible explanations for this behavior.

5. The money should spend on the poor people.

### ❷ 동사 형식별 수동태

강민 형이 콕 찍어줄게!

❶ 단연코 3형식에서 목적어의 유, 무로 능동태 수동태를 가리는 문제가 가장 중요하다.
· Corn ~~did not know~~ in Europe until Columbus found it in Cuba.
　(know는 3형식 타동사이므로 뒤에 목적어를 수반해야 한다. 그러나 위의 문장에는 목적어가 없으므로 수동태로 만드는 것이 맞는 문장이다.)

　→ Corn **was not known** in Europe until Columbus found it in Cuba.
　　옥수수는 콜럼버스가 쿠바에서 그것을 발견할 때까지 유럽에 알려지지 않았다.

❷ 5형식의 수동태는 목적보어의 형태만 신경 쓰면 된다.
· They **thought of** him **as** their leader.
　→ He **was thought of as** their leader by them. (as를 빼고 쓰면 절대 안 된다.)
　　그는 리더로 여겨졌다.

## 1) 3형식 수동태

### (1) 목적어가 (대)명사인 경우

3형식 동사는 목적어가 하나만 나오므로 앞에서 설명했던 방식으로만 바꿔준다면 무리 없이 만들 수 있기 때문에 절대로 어렵지 않다. 이거 하나만 기억하자! 3형식 동사의 수동태는 목적어가 주어 자리로 이동했으므로 be + pp 뒤에는 절대로 목적어가 남아 있을 수 없다는 점 말이다.

· Most employees have received an e-mail early in the morning.
대부분의 직원들이 아침 일찍 e-mail을 받았다.

→ The e-mail **has been received** early in the morning.
그 e-mail은 아침 일찍 보내졌다.

· My father made the red chair.
아버지께서 빨간색 의자를 만드셨다.

→ **The red chair was made** by my father.
빨간색 의자가 우리 아버지에 의해 만들어졌다.

· Vincent van Gogh painted "Sunflowers."
빈센트 반 고흐는 "해바라기"를 그렸다.

→ "Sunflowers" **was painted** by Vincent van Gogh.
"해바라기"는 빈센트 반 고흐에 의해 그려졌다.

### (2) 목적어가 that절인 경우

동사가 that절을 목적어로 가져오는 경우 수동태는 약간 복잡해진다. 이유는 다음을 보면서 이해해보자.

· They say **that she is very beautiful.**
그들은 그녀가 매우 아름답다고 말한다.

이 문장에서 목적어는 **that she is very beautiful**이다. 그러므로 수동태로 만들면

> · **That she is very beautiful** <u>is said</u> (by them).
> 그녀가 아름답다는 것이 그들에 의해 말해진다.

이렇게 전환되는 것이 정상인데, 문장의 동사부분에 비해 <u>주어가 좀 길다.</u> 이런 경우 보통 가주어, 진주어 구문으로 쓰는 것이 더 좋은 표현이 된다.

> · It is <u>said</u> (by them) **that she is very beautiful.**

그러므로 이렇게 쓰는 것이 that절이 목적어로 나오는 경우의 일반적 수동태 구문이다.
그러나 해석을 해보면 <u>가주어 it과 that 자체는 해석을 안 한다</u>는 것을 알 수 있다. (보통 '그녀가 매우 아름답다고 (그들에 의해) 전해진다.' 라고 해석될 것이다.) 즉, 일반적인 it ~ that S + V 가주어 진주어 구문이 나

오면 it과 that은 빼고 that절의 주어를 진짜 주어(= 주절의 주어)로 쓴다는 것을 알 수 있다. 그리고 이것을 예문으로 들면

> · It is said (by them) that she is very beautiful.
>
> → She is said (by them) is very beautiful. (X)

이런 식으로 문장이 전환됨을 알 수 있는데, 문장에 동사가 두 개 (is said와 is) 보이므로 that절의 동사를 to 부정사로만 바꿔주면 최종적인 수동태 문장이 되는 것이다.

> · It is said (by them) that she is very beautiful.
>
> → She is said (by them) to be very beautiful. (O)
>   그녀는 매우 아름답다고 전해진다.

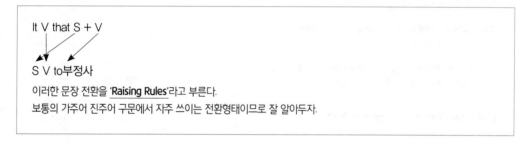

It V that S + V

S V to부정사

이러한 문장 전환을 'Raising Rules'라고 부른다.
보통의 가주어 진주어 구문에서 자주 쓰이는 전환형태이므로 잘 알아두자.

몇 가지 예문으로 연습을 더 해보자.

· They think that Tom knows the secret.
  → That Tom knows the secret is thought (by them). (△)
  → It is thought that Tom knows the secret (by them).
  → Tom is thought to know the secret (by them).
    Tom은 비밀을 알고 있다고 여겨진다.

· We believe that Korean food is the best in the world.
  → That Korean food is the best in the world is believed (by us). (△)
  → It is believed that Korean food is the best in the world (by us).
  → Korean food is believed to be the best in the world (by us).
    한국음식은 세계에서 최고라고 믿어진다.

위의 문장을 연습함으로써 이해가 완벽히 되었다면 다음의 문장을 살펴보자.

> · They believe that he stole some money from the store.

that절이 목적어로 쓰였기 때문에 위에서 했던 방식대로 수동태를 만들면 될 것처럼 보이지만,
주절동사의 시제와 that절 동사의 시제가 다르기 때문에

> → He is believed ~~to steal~~ some money from the store. (X)

이런 식으로 전환시키면 틀린 문장이 된다. 방금 말했듯이 <u>각각 동사의 시제가 다르기 때문이다.</u>

이 경우 (즉, 주절의 동사와 that절의 동사 시제가 다른 경우) to부정사가 아닌 **to have pp**로 바꿔줘야 옳은
문장이 된다.

> → He is believed **to have stolen** some money from the store. (O)

이 to부정사의 시제 표현은 6강 to부정사에서 다시 제대로 다루니 이해가 가지 않는다면 to부정사를 한 번
보고 나면 이해가 될 것이다. (to부정사의 모든 부분을 다 보지 말고 우선적으로 부정사의 시제 part만 보자)

몇 가지 예문으로 연습을 더 해보자.

· They **think** that Gina **knew** the secret.
          └   다른 시제   ┘

  → Gina is thought **to have known** the secret.
     Gina는 비밀을 알고 있었다고 여겨진다.

· They **say** that she **was** ill in bed.
          └   다른 시제   ┘

  → She is said **to have been** ill in bed.
     그녀는 병으로 누워 있었다고 전해진다.

---

### ▲ 주 의

**that절 안에 유도부사 'there be N' 구문이 오는 경우 주의할 점**

보통 'There (is/are) pp to be + N' 이러한 구조로 쓰이게 되고, <u>to be의 뒤에 나오는 명사가 주어</u>이므
로 수일치를 조심해야 한다.

· They say that <u>there are plenty of whales</u> near the coast.
  → <u>There is said</u> to be <u>plenty of whales</u> near the coast. (X)
  → <u>There are said</u> to be <u>plenty of whales</u> near the coast. (O)
     해안 근처에 많은 수의 고래들이 있다고 전해진다.

---

## 2) 4형식 수동태

4형식 수동태는 중요한 part가 아니므로 '이러한 문장이 있구나..' 정도의 느낌만 가지고 가자.

### (1) 일반적인 경우 (주어 + be pp + 목적어)

4형식은 간접목적어, 직접목적어 이렇게 목적어가 2개 이므로 원칙적으로는 두 가지 형태의 수동태가 다 가능하다. 또한 2가지 경우의 수동태가 만들어지기 때문에 해석 또한 두 가지의 해석이 존재할 수 있다.

> **간접목적어, 직접목적어 둘 다 수동태로 쓸 수 있는 동사**
>
> give, offer, pay, tell, teach, promise, show, award, leave, lend …

· John has given Jane a flower everyday for 3 years.
  John은 Jane에게 3년 동안 매일 꽃을 주었다.

  → Jane has been given a flower (by John) everyday for 3 years.
    Jane은 John에 의해 3년 동안 매일 꽃을 받았다.

  → A flower has been given Jane (by John) everyday for 3 years.
    꽃이 John에 의해 3년 동안 매일 주어졌다.

· He offered me a new position.
    그는 나에게 새로운 일자리를 제공해주었다.

  → I was offered a new position (by him).
    나는 그에게서 새로운 일자리를 제공받았다.

  → A new position was offered me (by him).
    새 일자리가 그에 의해서 나에게 제공되어졌다.

---

### ▲ 주 의

간접목적어가 남을 때 그 앞에 전치사를 붙일 수 있다. (3형식으로 전환하는 경우를 생각하라)

· John has given <u>Jane a flower</u> everyday for 3 years. (4형식)
  → John has given <u>a flower to Jane</u> everyday for 3 years. (3형식으로 전환)
  → A flower <u>has been given to Jane</u> (by John) everyday for 3 years.

· He offered <u>me a new position</u>. (4형식)
  → He offered <u>a new position to me</u> (by him). (3형식으로 전환)
  → A new position <u>was offered to</u> me (by him).

## (2) 직접 목적어 (D.O) 만이 수동태가 가능한 동사

간접 목적어 (I.O)는 수동태의 주어가 될 수 없다. 보통 해석하면 어색함을 느낄 수 있다.

> buy, make, get, read, (+ for) / send, bring, hand, write (+ to) …

· He **wrote** her <u>a love letter</u>.
  → ~~She was written~~ a love letter by him. (X) '그녀가 써졌다'는 어색함
  → <u>A love letter</u> was written (to) her (by him).
     연애편지가 그에 의해서 그녀에게 써졌다. (그가 그녀에게 연애편지를 썼다.)

· My father **bought** me <u>a hat</u>.
  → ~~I was bought~~ a hat (by my father). (X) '내가 사질 수'는 없으므로 어색함
  → <u>A hat</u> was bought for me (by my father).
     모자가 우리 아버지에 의해 나에게 사졌다. (우리 아버지께서 내게 모자를 사 주셨다.)

**참고**

**직접 목적어를 수동태로 변경 할 경우**
→ 전치사 to는 생략이 가능하지만,
→ 전치사 for는 생략하면 안 된다.

## (3) 간접 목적어 (I.O) 만이 수동태가 가능한 동사

> envy, save, deny, forgive, kiss, answer …

· I **envy** <u>you</u> your garden.
  → Your garden ~~is envied~~ you (by me). (X) 부러움을 받는 대상은 사람이지 정원이 아니다.
  → <u>You</u> **are envied** your garden (by me). (O)
     너는 나에 의해 너의 정원에 대해 부러움을 받는다. (나는 너의 정원이 부럽다.)

· She **kissed** <u>me</u> good night.
  → Good night ~~was kissed~~ me (by her). (X) good night은 키스를 받는 대상이 아니므로 틀렸다.
  → <u>I</u> **was kissed** good night by her. (O)
     나는 그녀에 의해 good night 키스를 받았다. (그녀가 내게 good night 키스를 해주었다.)

## 3) 5형식 동사의 수동태

5형식동사는 목적보어가 다양하게 나오기 때문에 수동태 또한 다양한 형태가 나올 수 있다.
당연히 목적보어가 어떤 식으로 나오느냐가 5형식 수동태의 관건이다. 대부분의 5형식 수동태는 목적보어가 원래의 문형 그대로 내려온다는 점이 가장 큰 특징이다.

### (1) 형용사/명사가 목적격 보어로 나오는 5형식 동사의 수동태

우리는 동사에 따라 목적격 보어에 (to be), (as), 생략 불가한 as, 또는 아무것도 안 쓰는 동사들을 공부한 바 있다. (51p, 52p 참고) 이 동사들이 수동태가 되는 경우 목적격 보어는 원래의 형태 그대로 써 내리면 된다.

· His wife **found** him <u>dead</u>.
   → He **was found** <u>dead</u> by his wife.
      그는 그의 아내에 의해 죽은 채로 발견되었다.

· They **think** the saturated fat in dairy foods <u>(to be)</u> <u>a factor in heart disease</u>.
   → The saturated fat in dairy foods **is thought** <u>(to be)</u> <u>a factor in heart disease</u>.
      매일 먹는 음식에 들어있는 포화지방이 심장질병의 요인이라고 여겨진다.

· Today, people mostly **think of** the automobile <u>as a necessity</u>.
   → Today, the automobile **is** mostly **thought of** <u>as a necessity</u>.
      오늘날, 자동차는 대개 필수로 여겨진다.

---

**▲ 주 의**

목적보어에 as가 붙는 think of, refer to, look upon의 경우 수동태로 전환할 경우

be thought <u>of as</u>, be referred <u>to as</u>, be looked <u>upon as</u> 와 같이 전치사가 연속으로 붙어서 틀린 것처럼 보이지만, 절대 틀린 것이 아니다. 오히려 <u>as</u>를 생략하고 쓴 문장이 틀린 문장이 된다.

---

### (2) to부정사, ing, pp가 목적격 보어로 나오는 5형식 동사의 수동태

5형식 미래성 동사, 지각동사는 목적격 보어에 to부정사/ing, pp를 취할 수 있고, 이것은 수동태가 되어도 변함이 없다.

· He **allowed** us <u>to go out</u>.
   → We **were allowed** <u>to go out</u> by him.
      우리는 외출하는 것을 허락받았다

· He didn't know what to say when people **asked** him <u>to make</u> a speech.
   → He didn't know what to say when he **was asked** <u>to make</u> a speech.
      그는 연설하도록 요구를 받았을 때 무슨 말을 해야 할지 몰랐다.

· I heard the old lady <u>laughing</u> at her.
  → The old lady **was heard** <u>laughing</u> at her by me.
    그 나이든 여성이 그녀를 비웃는 것이 나에 의해 들렸다. (나는 나이든 여성이 그녀를 비웃는 것을 들었다.)

· I **saw** her car <u>stolen</u>.
  → Her car **was seen** <u>stolen</u> by me.
    그녀의 차가 훔쳐지는 것이 나에 의해 목격되었다. (나는 그녀의 차가 도난 되는 것을 보았다.)

## (3) 원형부정사가 목적격 보어로 나오는 5형식 동사의 수동태

5형식 지각동사, 사역동사는 목적격 보어에 원형부정사를 취할 수 있는데, 원형부정사가 목적격 보어로 오는 경우에만 수동태시 to부정사로 바뀌어 나오게 된다.

· I **made** my son <u>clean</u> his room.
  → My son **was made** <u>to clean</u> his room by me.
    나의 아들은 방청소 하도록 지시받았다.

· We **saw** a pretty girl <u>go into</u> a flower shop.
  → A pretty girl **was seen** <u>to go into</u> a flower shop.
    한 귀여운 소녀가 꽃 가게로 들어가는 것이 목격되었다.

· John **had** Jane <u>cook</u> the apple soup for his mother.
  → Jane **was asked** <u>to cook</u> the apple soup for his mother by John.
    Jane은 John의 엄마를 위해 사과스프를 만들 것을 요구받았다.

**참 고**

**사역동사 have와 let의 수동태는 전환이 불가하기 때문에 다른 동사로 바꿔서 표시한다.**

have → be asked toVR / be forced toVR

let → be allowed toVR / be permitted toVR

· He **let** me <u>do</u> it.
  → I ~~was let to do~~ it by him. (X)
  → I <u>was allowed/permitted to do</u> it by him. (O)

· She **had** her sister **do** it.
  → Her sister ~~was had to do it~~. (X)
  → Her sister <u>was asked/forced to do</u> it by her. (O)

## 연습하기 010

다음 문장들은 모두 틀린 문장이다. 틀린 부분을 밑줄 긋고 올바르게 옮기시오.

– 해석은 당연!

1. Gary was made staying after class by his teacher.

2. The waitress was given to a tip by her.

3. She believed to be very kind.

4. The plan will completely support by the community.

5. He was thought of to be clever but honest.

### ③ 동사구의 수동태

어떤 동사들은 전치사 혹은 부사와 함께 결합되어야만 의미가 통하며, 타동사의 역할을 할 수가 있다. 이때 이 동사구들 역시도 목적어를 수반할 수 있고, 또한 수동태 표현이 가능해질 수 있다.

### 강민 형이 콕 찍어줄게!

❶ 동사구에서는 동사에 함께 붙었던 <u>전치사, 부사를 절대로 누락시켜서는 안 된다</u>는 점이 Key Point<u>이다.</u>

### 1) 자동사 + 전치사의 수동태 (주어 + be pp + 전치사)

자동사이지만 전치사를 동반하기 때문에 목적어가 나올 수 있으며, 이것은 수동태가 가능하다는 의미이다. 즉, 자동사도 수동태가 된다고 볼 수 있다. 단 반드시 <u>전치사를 함께 써주어야 한다</u>는 점 잊지 말자.

## 수동태에서 자주 나오는 자동사+전치사+목적어

care for (~을 좋아하다, 바라다), call for (요구하다), call on (방문하다)
talk to (~에게 말을 걸다), dispose of (버리다, 처분하다), speak to (~에게 말을 걸다)
object to (반대하다), look after (돌보다), listen to (듣다), depend on (의지하다)
laugh at (비웃다), account for (~을 설명하다), ask for (부탁하다, 요구하다)
run over (~을 차로 치다), deal with (다루다) …

※ 자동사가 수동태가 되기 위한 필수조건!
  수동태가 되었을 때 반드시 <u>전치사로 문장이 끝나야 한다.</u>

· The hospital **disposes of** medical supplies well.
  → Medical supplies **are disposed of** well ~~the hospital.~~ (X)
  → Medical supplies **are disposed of** well by the hospital. (O)
    의약 용품들이 병원에 의해 잘 처리되었다.

· His friends **laughed at** him.
  → He **was laughed <u>at</u>** (by his friends).
    그는 그의 친구들에 의해 비웃음을 샀다.

· He **looked after** the sick people for a week.
  → The sick people **were looked <u>after</u>** (by him) for a week.
    그 병든 사람들은 그에 의해서 일주일간 돌봐졌다.

### ▲ 주 의

자동사+전치사 구조 임에도 절대로 수동태로 사용 할 수 없는 동사들도 있으니 주의하자.

belong to, consist of, result in, result from

  · The house will ~~be belonged to~~ me. (X)
    → The house **will belong to** me. (O)
      그 집은 내 것이 될 거야.

## 2) 자동사 + 부사 + 전치사의 수동태 (주어 + be pp + 부사 + 전치사)

1)과 마찬가지로 <u>마지막을 전치사로 끝맺음하면 된다.</u>
이때 특정 부사의 위치는 바뀔 수 있다. (주어 + be + 부사 + pp + 전치사)

---

**수동태에서 자주 나오는 자동사+부사+전치사+목적어**

keep up with (~와 보조를 맞추다), catch up with (~을 따라잡다)
put up with (~을 견디다), match up with (~와 조화가 잘 되다)
speak well of (~을 칭찬하다), speak ill of (~을 비난하다), stand up for (~을 지지하다)
do away with (~을 죽이다), look up to (우러러 보다), look up at (위로 쳐다보다)
think highly of (높게 평가하다) …

---

· We cannot **put up with** all this noise.
　→ All this noise cannot **be put up with.** (be pp + 부사 + 전치사)
　　모든 소음은 참아질 수가 없다. (우리는 모든 소음을 참을 수 없다)

**⚠ 주 의**

동사에 well/highly/badly 등의 부사가 오는 경우, 수동태를 만들면 부사는 동사 앞에 와야 한다.

　· I **think highly** of his manner.
　　→ His manner **is highly thought** of. (be + 부사 + pp + 전치사)
　　　그의 태도는 높게 평가된다.

　· They **speak well** of her.
　　→ She **is well spoken** of (by them). (be + 부사 + pp + 전치사)
　　　그녀는 그들에 의해 칭찬 받았다.

## 3) 타동사 + 목적어 + 전치사의 수동태 (주어 + be pp + 목적어 + 전치사)

pay attention to와 같이 타동사+목적어+전치사가 하나의 의미를 지니고 있는 경우 지금까지와 마찬가지로
<u>수동태 문장은 전치사로 끝나야 한다.</u>

---

**수동태에서 자주 나오는 타동사 + 목적어 + 전치사**

take care of (~을 돌보다), pay attention to (주목하다, 집중하다)
make use of (~을 이용하다), make fun of (~를 놀리다), take notice of (~을 알아차리다)
find fault with (~을 비난하다), take advantage of ((좋은 기회를) 이용하다)
get rid of (~을 처리하다/없애다), catch sight of (~을 발견하다) …

---

· She **took care of** the baby.
→ The baby **was taken care of** (by her).
그 아기는 그녀에 의해 돌봐졌다. (그녀가 그 아기를 돌봤다)

· They **made use of** the computer.
→ The computer **was made use of** (by them).
컴퓨터가 그들에 의해 사용되었다. (그들이 컴퓨터를 사용했다.)

> **▲ 주 의**
>
> '타 + 목 + 전'의 수동태에서 <u>목적어 앞에 형용사가 나와 목적어를 수식하는 경우</u>
> → '<u>형용사 + 목적어(명사)</u>'를 주어 자리로 내보내서 또 하나의 수동태를 만들 수 있다.
>
> · We **paid** <u>no attention</u> to his words.
> → <u>No attention</u> **was paid to his words** by us.
> 어떠한 주목도 그의 말에 기울여지지 않았다. (우리는 그의 말에 주목 하지 않았다.)
>
> → His words **were paid no attention to** by us.
> 그의 말은 우리에 의해 어떠한 주목도 받지 못했다. (우리는 그의 말에 주목 하지 않았다.)

**④ 부정주어의 수동태**

주어가 부정주어 (nothing/nobody …)인 구문을 수동태로 전환 시킬 때 'by+행위자' 표현에 부정주어를 바로 쓸 수가 없다. 따라서 by nothing을 not ~ by anything과 같은 방법으로 으로 바꿔줘야 한다.

· <u>Nobody</u> can solve the problem.
→ The problem can be solved by ~~nobody~~. (X)
→ The problem can**not** be solved by **anybody**. (O)
그 문제는 누구에 의해서도 해결되어질 수 없다. (누구도 그 문제를 해결할 수 없다.)

· <u>Nothing</u> pleased her.
→ She was pleased with ~~nothing~~. (X)
→ She was <u>not</u> pleased with **anything**. (O)
그녀는 어떠한 것으로도 즐겁지 않았다. (어떤 것도 그녀를 즐겁게 하지 못했다.)

## 연습하기 011

**다음 문장들은 모두 틀린 문장이다. 틀린 부분을 밑줄 긋고 올바르게 옮기시오.**

– 해석은 당연!

1. He was taken good care of his parents in his childhood.

2. He was looking after by his mother.

3. She was laughed by her brother.

4. The teacher looks up to by all the students.

5. I was spoken to a pretty girl.

---

### 5 수동태 관련 관용구 (by 이외에 쓰이는 전치사)

수동태에서 행위자를 표시하기 위해서 일반적으로 'by + 행위자'를 사용한다. 그러나 행위자가 중요하지 않으면 'by + 행위자'를 생략하는 경우도 매우 빈번하고, 경우에 따라서는 다른 전치사들이 사용되는 경우도 매우 많다. 그러므로 'be + pp' 다음에 by가 아닌 다른 전치사들이 언제든 쓰일 수 있다는 것을 염두에 두어야 하며, 그 양도 매우 많다.

아래에 나오는 표현들은 주로 쓰이는 표현일 뿐, 절대적인 것이 아님을 밝혀둔다.

### 1) with

| | | | |
|---|---|---|---|
| be | filled | with | ~으로 채워지다 |
| | covered | | ~으로 덮이다 |
| | satisfied | | ~에 만족하다 |
| | acquainted | | ~와 알게 되다 |
| | pleased | | ~에 기뻐하다 |
| | faced | | ~에 직면하다 |
| | concerned | | ~과 관계가 있다, 관심이 있다 |
| | associated | | ~과 관련되다 |

· I **am** not **satisfied with** the customer service.
나는 고객 서비스에 만족하지 않는다.

· We are happy to have **been associated with** you for so long.
우리는 오랫동안 당신과 관계를 맺고 있어서 기쁩니다.

· The box **is filled with** his clothes.
그 상자에는 그의 옷으로 채워져 있다.

## 2) at

| be | surprised | at | ~에 놀라다 |
|----|-----------|----|----------|
|    | shocked   |    | ~에 놀라다 |
|    | frightened |   | ~에 놀라다 |
|    | disappointed |  | ~에 실망하다 |

· People **were surprised at** the closure of the plant.
사람들은 그 공장이 폐쇄된 것에 놀랐다.

· She **was disappointed at** the result of this exam.
그녀는 이 시험 결과에 실망했다.

## 3) to

| be | devoted/dedicated | to | ~에 헌신, 전념하다 |
|----|-------------------|----|------------------|
|    | exposed           |    | ~에 노출되다 |
|    | known             |    | ~에게 알려지다 |
|    | addicted          |    | ~에 중독되다 |
|    | related           |    | ~와 관련되다 |
|    | opposed           |    | ~에 반대하다 |
|    | used/accustomed   |    | ~에 익숙하다 |
|    | married           |    | ~와 결혼하다 |

· The people in the town **were exposed to** a massive does of radiation.
그 마을의 사람들은 다량의 방사능에 노출되었다.

· He **isn't accustomed to** getting up early in the morning.
그는 아침에 일찍 일어나는 것에 익숙지 않다.

· She **was opposed to** the suggestion I made.
그녀는 내가 한 제안에 반대했다.

**⚠ 주 의**

be known to/for/as/by

· He is well **known to** everybody.          (to : 대상)
그는 모두에게 잘 알려져 있다.

· He is well **known for** his cartoons.        (for : 이유)
그는 그의 만화들로(때문에) 잘 알려져 있다.

· He is well **known as** a cartoonist.         (as : 자격, 신분)
그는 만화가로 잘 알려져 있다.

· A man is **known by** his friends.            (by : 판단, 기준)
사람은 그의 친구를 보면 알 수 있다.

## 4) of

| be | ashamed | of | ～을 부끄러워하다 |
|----|---------|-----|------------------|
|    | composed |    | ～로 구성되다 |
|    | made |    | ～로 만들어지다 |
|    | convinced/assured |    | ～을 확신하다 |

· The music class is **composed of** 10 students.
그 음악 수업은 10명의 학생들로 구성되어 있다.

· Many people **are convinced of** the importance of education.
많은 사람들이 교육의 중요성에 확신했다.

## 5) in

| be | interested | in | ～에 관심이 있다 |
|----|------------|-----|------------------|
|    | absorbed |    | ～에 몰두하다 |
|    | located |    | ～에 위치하다 |
|    | involved |    | ～와 관련되다, 연루되다 |

· Employees **were absorbed in** preparing for the presentation.
직원들은 발표 준비하는데 몰두했다.

· My school **is located in** the corner of town.
우리 학교는 마을의 외곽 쪽에 위치해 있다.

**다음 문장들은 모두 틀린 문장이다. 틀린 부분을 밑줄 긋고 올바르게 옮기시오.**

– 해석은 당연!

1. She is well known for a great writer.

2. The class is filled of young students.

3. He was surprised in the sudden death of his uncle.

4. My wife is quite satisfied for my income.

5. Yesterday, Mt. Halla was covered by the snow.

---

## 요약하기

수동태에서 가장 많이 나오는 문법의 패턴은 '3형식 동사에서의 능동 VS 수동'을 묻는 문제이다. 그러므로 동사 뒤에 목적어의 유, 무로 판단하여 풀이하면 쉽다. 단! 우리가 모든 동사의 자, 타를 구분할 수는 없으므로 우선적으로 동사의 자, 타 구분이 가장 중요하다. (그러므로 동사가 제일 중요하다!)

또한 자동사는 수동태가 불가하지만, 전치사가 동반되는 자동사는 수동태가 가능하다는 점을 주의하자. (자동사가 수동태가 되려면 반드시 'be + pp + 전치사'로 문장이 완료되어야 한다.)

마지막으로 수동태 뒤에 주로 나오는 전치사도 부지런히 외워두자.

# MEMO

## 적용하기 1단계  ❶  ❷  ❸

[1–2] Choose the one that could best completes the following sentence.

**01**  _____ that the formation of the sun, the planets and other stars began with the condensation of an interstellar gas cloud.

(A) The belief          (B) To believe
(C) Believing           (D) It is believed

**02**  They were heard _____ to the city.

(A) move                (B) moved
(C) to move             (D) has moved

[3–10] Choose the one which is grammatically <u>incorrect</u> among the four underlined parts.

**03**  The public <u>was brought to</u> the realization that <u>if</u> Superman could <u>be paralyzed</u>, it could <u>be</u>
    (A)        (B)       (C)

<u>happened</u> to anybody.          [2016 경기대]
 (D)

**04**  Hundreds of civilians were <u>reporting</u> killed in <u>shelling</u>, as the army struggled <u>to root out</u> Tamil
          (A)     (B)         (C)

rebels from <u>the last</u> few square kilometers of land <u>under</u> their control.  [2015 성균관]
    (D)            (E)

**05**  She <u>felt like</u> crying because she was <u>laughed</u> by <u>most of</u> the boys <u>in the class</u>.
   (A)         (B)  (C)      (D)

**06** In style, theme, and form, Carl Sandburg's works are resembled with the poems in Walt
       (A)                                 (B)         (C)

Whitman's anthology, Leaves of Grass.
         (D)

**07** The twelve constellations located along or near the ecliptic are referred as the signs of the
    (A)                        (B)                (C)     (D)

zodiac.

**08** As historical databases relatively impoverish, we might expect the newer discipline of
       (A)           (B)                        (C)

quantitative sociolinguistics to cast some light on the matter.        [2015 서강대]
                          (D)

**09** Some filmmakers are more concerning with what is being shown than how it is made.
       (A)             (B)       (C)                   (D)

**10** Surrounded by the enemy, the two soldiers were changed their clothing from those of
     (A)                             (B)                 (C)

combatants to those of the local citizens who were not involved in the fighting.
                                   (D)        (E)

[2022 건국대]

## 적용하기 2단계

❶         ❷         ❸

[1–2] Choose the one that could best completes the following sentence.

**01** The orphans living in the rural village ———————— to the amusement park. [2016 단국대]

(A) considered took            (B) considered to take

(C) were considered to be taken      (D) were considered being taken

**02** It is important to understand that in medical hypnosis patients cannot be ————————
against their will.

(A) made to do anything           (B) making doing anything

(C) making to do anything         (D) made doing anything

[3–10] Choose the one which is grammatically <u>incorrect</u> among the four underlined parts.

**03** If you <u>had been</u> more <u>careful</u> or your wife either, your child wouldn't <u>have run</u> over.
  (A)       (B)         (C)                               (D)

**04** <u>Out of</u> suffering <u>have emerged</u> the strongest souls; <u>the most massive</u> characters <u>are searing</u>
  (A)            (B)                    (C)            (D)

<u>with</u> scars.                                                         [2016 한국외대]

**05** Dr. Silly, known <u>as adults to</u> Anthony J. Palumbo, PhD, <u>children's</u> therapist, <u>sees</u> this patients
                  (A)                                     (B)         (C)

in a nice room with a good supply of toys and other stuff <u>to play with</u>.
                                                          (D)

**06** Black holes are one of only <u>a fairly</u> small number of cases in the history of science <u>in which</u>
                        (A)                                                                                      (B)

a theory <u>developed</u> in great detail as a mathematical model before there was any evidence
            (C)

from observations that <u>it was correct</u>.                                    [2016 항공대]
                              (D)


**07** Ukraine is vulnerable <u>to</u> Russian pressure and subterfuge. Its economy is <u>in</u> great straits
                            (A)                                                                          (B)

and remains heavily dependent <u>on</u> Russian energy, especially natural gas. Some important
                                  (C)

reforms <u>have introduced</u>, but Ukraine still has a long way <u>to go</u> in its struggle to establish a
            (D)                                                              (E)

stable, independent democratic state.                                    [2018 숙명여대]


**08** The patrollers got used <u>to see</u> Alice <u>wander</u> about and she became just another fixture in the
                              (A)              (B)

patrollers' night, worthy of no more attention <u>than</u> a hooting owl or a rabbit <u>hopping</u> across
                                                (C)                                        (D)

the road.                                                                  [2016 홍익대]


**09** <u>Recalling</u> the 1918 influenza pandemic that killed at least 50 million people around the world,
      (A)

we must <u>be remained</u> vigilant to the possibility <u>that</u> a new, more virulent and contagious
            (B)                                        (C)

strain of extremism could emerge <u>with</u> even graver consequences.          [2015 가천대]
                                    (D)


**10** Extension of the countdown <u>hold</u> to fourteen hours <u>ordered</u> to <u>give crews</u> more time to repair
                                (A)                          (B)        (C)

<u>wiring and clear</u> away equipment.
      (D)

## 적용하기 3단계 ❶ ❷ ❸

[1-5] Choose the one that could best completes the following sentence.

**01** It is polite not to speak at the dinner table until you are _____ .

(A) spoken                          (B) being spoken
(C) spoken to                       (D) speaking to


**02** The final step in manufacturing cloth is ironing it between heavy rollers, a process _____ .

(A) called calendering              (B) which called calendering
(C) is called calendering           (D) that is called by calendering


**03** Many mental disorders _____ from a combination of emotional, social, and biological factors.

(A) believe to result               (B) believe to be resulted
(C) are believed to result          (D) are believed to be resulted


**04** The investigational process, however, cannot be counted _____ to detect all adverse effects because of the relatively small number of patients involved in premarketing studies and the relatively short duration of the studies.

(A) on                              (B) by
(C) for                             (D) out


**05** Any violation of that dress code set by the government of the Islamic republic, the notice reminded them would _____ .

(A) be severely dealt               (B) severely dealt
(C) severely dealt with             (D) be severely dealt with

[6–10] Choose the one which is grammatically <u>incorrect</u> among the four underlined parts.

**06** Fifty–six people, <u>including</u> two <u>retired</u> generals, <u>were went</u> on trial in Turkey's second case
               (A)        (B)            (C)

against a clandestine group <u>accused</u> of <u>plotting</u> to overthrow the government of Prime
                     (D)     (E)

Minister Recep Erdogan.                             [2015 성균관대]

**07** <u>All but</u> a few developed nations have abolished the death penalty. It is time Americans
     (A)

<u>acknowledged</u> that the death penalty cannot be made <u>comply with</u> the Constitution and is
     (B)                                (C)

in <u>every way indefensible</u>.
        (D)

**08** What better word <u>than</u> serendipity could define the collectors' triumphs, in which accidentally
              (A)

<u>found</u> objects <u>discovered</u> to have extraordinary value? <u>No error</u>.      [2017 중앙대]
  (B)         (C)                     (D)

**09** Back <u>then</u>, I assumed that in <u>making</u> the selections for this book and writing <u>its</u> introduction,
      (A)              (B)                       (C)

I would be <u>grappled</u>, like my predecessors, with the questions <u>implicit</u> in the project.
         (D)                                (E)

[2022 성균관대]

**10**   Ancient Assyrians were inhabitants of one of the world's earliest civilizations, Mesopotamia,

which began to emerge around 3500 B.C. The Assyrians invented the world's first written
   (A)

language, established Hammurabi's code of law, and are credited with many other artistic
      (B)

and architectural achievements. For 300 years Assyrians have been controlled the entire
                                      (C)

Fertile Crescent, from the Persian Gulf to Egypt in 612 B.C., however, Assyria's capital,

Nineveh, was besieged and destroyed by a coalition of Medes, Scythians, and Chaldeans,

decimating the previously powerful Assyrian Empire.                                   [2016 명지대]
   (D)

# Chapter IV

## 조동사

🔍 **미리보기**

### 1. 조동사는 일단 해석이 중요하다.

조동사 파트에서의 문법 시험은 당연히 조동사를 고르는 문제가 가장 출제 빈도가 높은데, 거의 내용상 적합한 조동사를 선택하는 문제이므로 각각의 조동사의 의미를 정확히 아는 것이 중요하다. 특히 '조동사 + **have + pp**'의 의미를 묻는 문제가 자주 출제된다.

### 2. 기본적으로 조동사는 원래 우리가 알고 있는 의미 이외에 '추측'의 의미를 가지고 있다.

이런 추측 조동사들은 조동사 자체로는 다 현재시제를 의미하고, 과거 추측을 말하고자 하는 경우에는 '조동사 + **have pp**'의 형태로 사용해야 한다. (could가 쓰인다고 다 '과거'를 말하는 것이 아니다.)

· It **could** rain tomorrow morning.
  어쩌면 내일 아침에 비가 올 수도 있겠어.
  (could를 썼다고 모두 과거를 의미하는 것이 아니다)

· It **could have been** Jane.
  그게 제인이었을지도 몰라.

> **추측을 의미하는 조동사의 강도 정리**
> 모든 조동사의 추측이 다 같은 정도로 쓰이는 것이 아니므로 한 번 쯤은 정리할 필요가 있다.
>
> might < may < could < can < should < ought to < would < will < must
>
> 이런 순으로 추측의 강도를 정리하면 된다. must가 가장 강력한 추측이므로 '~임에 틀림없다'라는 의미가 있는 것이다.

### 3. 당위성 should 역시 자주 출제되는 part이다.

당위성의 의미를 가지고 있는 should는 특정 용법에서 생략이 빈번해지므로 조심하자.

## ① 조동사의 기본 개념

조동사의 '조'는 '도울조 (助)'를 의미한다. 이는 동사를 문법적, 의미적으로 도와준다는 것을 뜻한다.
문법적으로 도움을 주는 조동사는 'do', 'be', 'have'와 같은 표현들을 말하며 이는 각각 아래 표와 같은 경우에 사용이 된다.

| be | ① 진행형  ② 수동태  ③ be to 용법 |
|------|------------------------------------|
| have | 현재, 과거, 미래 완료형을 만드는 경우 |
| do | ① 의문문, 부정문  ② 도치구문  ③ 대동사  ④ 강조 |

· He **is** listening to music.
   그는 음악을 듣는 중이다. (진행형)

· This letter **was** written by him.
   이 편지는 그에 의해서 쓰였다. (수동태)

· We **are** to meet at 8.
   우리는 8시에 만날 것이다. (be to 용법) → <be to용법은 to부정사 part에서 제대로 알아보기로 하자>

· My brother **has studied** English for 4 years.
   내 동생은 4년 동안 영어를 공부했다.

· **Do** you like it?
   그거 좋아하니? (의문문)

·  She **doesn't** like him.
   그녀는 그를 좋아하지 않는다. (부정문)

· Never **did** I see such a fool.
   그런 바보는 본 적이 없다. (도치)

· He works harder than I **do**. (= work)
   그는 나보다 더 열심히 일한다. (대동사)

· She **did** leave on Saturday.
   그녀는 토요일에 떠났다. (강조)

의미적으로 도움을 주는 조동사란 우리가 흔히 can, may, will과 같이 잘 알고 있는 것들이며, 이것은 말하는
이(= 화자)의 판단이나 태도, 확신성 등의 심리상태를 나타내기 때문에 <u>해석에 큰 영향을 미친다.</u> 그 의미적
조동사를 우리는 지금부터 배울 것이다.

**❷ 조동사의 일반적인 특징**

**1) 조동사 뒤에는 동사원형이 온다.**

· He **can play** the piano very well.
그는 피아노를 매우 잘 친다.

**2) 조동사끼리는 중복해서 사용할 수 없다. (이 경우 대용표현이 쓰이게 된다.)**

· We ~~will must~~ finish our homework. (X)

→ We **will have to** finish our homework. (O)
우리는 숙제를 끝내야만 할 것이다.

**3) 조동사는 인칭과 수에 따른 변화가 없다.**

· She ~~cans drive~~ an automobile. (X)

→ She **can drive** an automobile. (O)
그녀는 운전을 할 수 있다.

**4) 만약 조동사가 2개 연속해서 온다면 부사는 첫 번째 조동사 뒤에 위치한다.**

· By the time we arrive there, he **will already have** gone.
우리가 그곳에 도착할 때쯤이면, 그는 이미 떠났을 것이다.

**❸ 주요 조동사 정리**

**강민 형이 콕 찍어줄게!**

❶ 동사의 의미를 증폭시켜주는 의미적 조동사(= 법조동사)는 위에서 말했듯이 해석이 가장 중요하다. 문법 문제 역시 문맥에 따른 <u>의미 파악 문제</u>가 주로 나오기 때문에 반드시 제대로 외워두자.

**1) can/could**

일반적으로 우리가 알고 있는 can은 '주어의 능력 (~할 수 있다)'의 의미이다. 이 외에 can은 '가능성 (~일 수도 있다)', '허가 (~해도 좋다)', '부정적 추측 (~일 리 없다)', '강한 의심이나 의혹 (과연 ~일까?)', 관용표현 등으로도 사용된다.

**(1) 주어의 능력 (~할 수 있다) = be able to VR**

· He **can stand** on his hands.
  그는 물구나무서기를 할 수 있다.

· **Can** you speak English? 영어 할 줄 알아?
  라고 묻는 것은 상대방의 '능력'을 대놓고 물어보는 느낌이라 듣는 이의 기분이 나쁠 수도 있다. 그러므로
  → Do you speak English?" 라고 묻는 것이 조금 더 좋은 표현이다.

**참 고**

### can VS be able to VR

 기본적으로 can의 대용표현을 be able to VR으로 알고 있는데, 이것은 '능력'의 의미를 가지고 있을 때뿐이다. 즉, can이 다른 의미로 쓰이는 경우에 be able to VR으로 대용될 수 없다. 이를 통해 '능력'을 주어로 삼는 것은 사람이지, 사물이긴 어렵다는 점을 쉽게 알 수 있고, 그러므로 **be able to VR**은 원칙적으로 사물을 주어로 쓰지 못한다는 점을 유추할 수 있다. (can은 모두 가능)

· She **can speak** three languages. (O)
  → She **is able to speak** three languages. (O)
    그녀는 3개 국어를 할 수 있다.

· Such a catastrophe **can take place** anywhere anytime. (O)
  → Such a catastrophe ~~is able to take place~~ anywhere anytime. (X)
    그러한 재앙은 언제 어디에서나 일어날 수 있다.

위의 문장은 '능력'을 말하는 것이 아니라 '~할 수도 있다'라는 '가능성'을 말하는 것이다.
그러므로 '능력'의 의미로 사용되는 be able to VR는 쓸 수 없다는 것이다.

cf) 사물주어 자체가 능력을 갖춘 존재라면 (즉, 사물 주어에 원래 그러한 능력이 가미되어 있다면) 사람이 아닌 사물주어도 be able to VR을 쓸 수 있다. (너무 외우려 하지 말고 그냥 참고만 합시다...)

· **Water is able to** rust iron. (O)
  물은 철을 녹슬게 한다.

조동사끼리 함께 쓰일 수 없으므로 이 경우엔 be able to를 쓴다.

· You **will be able to drive** after a few more lessons.
  교습을 몇 차례 더 받고 나면 운전할 수 있을 것이다.

**could VS was/were able to VR**

'능력'을 말하는 경우의 could는 당연히 can의 과거표현인데, was/were able to VR와 의미 차이가 있다. could는 과거의 일반적인 능력을 표현한 것이라면, was/were able to VR는 특정한 상황에서만 그 능력을 발휘했다는 의미를 표현한 것이다.

· He was able to escape from the fire alone.
  그는 혼자서 불 속에서 빠져 나올 수 있었다. (특정 상황)

· When I first came to China, I couldn't understand much Chinese.
  처음 중국에 왔을 때, 나는 중국어를 제대로 이해할 수 없었다. (과거의 일반적 능력)

## (2) 가능성, 추측 (~할 수도 있다 / ~일지도 모른다)

· Anyone **can** make mistakes.
  누구라도 실수는 할 수 있다.

· Such a catastrophe **can take place** anywhere anytime.
  그러한 재앙은 언제 어디에서나 일어날 수 있다.

**⚠ 주 의**

**부정적 추측의 cannot be (~일 리가 없다)**

can 다음에 be동사가 오게 되면 주로 '~일 리가 없다'라는 추측의 의미로 쓰이며 부정문으로 쓰이게 된다. cannot be의 반대말은 **must be** (~임에 틀림없다)가 된다.

· He **cannot be** John because he is in the hospital.
  John은 병원에 있기 때문에 그가 John일 리가 없다.

· It **cannot be** a mistake.
  실수일 리가 없어.

## (3) 허가 (~해도 좋다)

· You **can watch** television now.
  지금 TV를 봐도 좋다.

· The children asked if they **could go** for a swim.
  수영하러 가도 좋은지 아이들이 물었다.

· **can** I use your pen?
펜 좀 써도 될까요? (의문문으로 쓰일 때 공손한 표현이 된다)

## (4) 강한 의심이나 의혹 (과연 ~일까?) → 의문문에서

· **Can** such things be possible?
도대체 그런 일이 가능할까?

· **Can** it be true?
그것이 과연 사실일까?

## (5) 관용표현

① cannot ~ too 형용사/부사 (= cannot ~ 형용사/부사 enough = cannot + over동사원형)
(아무리 ~해도 지나치지 않는다) 이 숙어의 경우 해석이 더 중요하고 문법으로는 〈too 형용사/부사〉 VS
〈형용사/부사 enough〉와 같은 어순 문제가 나올 가능성이 있다.

· We **cannot** estimate his good behavior **too much**.
= We **cannot** estimate his good behavior **much enough**.
= We **cannot overestimate** his good behavior. (뒤에 too much등이 붙을 수 없음)
우리는 그의 선한 행동을 아무리 높이 평가해도 지나치지 않는다.

② cannot without ~ing (하면 반드시 ~하다 = 할 때마다 ~하다)
반드시 cannot만 쓸 필요 없이, never, don't와 같은 부정표현과도 함께 쓰인다.

· We **cannot** ignore natural disasters **without facing** bigger ones.
자연 재해를 무시하면 반드시 더 큰 재해에 직면하게 된다.

· He **never** writes a letter **without making** some mistakes.
그는 편지를 쓸 때마다 실수를 한다.

**참고**

### 현재 의미를 지닐 수도 있는 could

대부분의 학생들은 could는 당연히 can의 과거표현이라고 알고 있다. 이것은 절반만 맞는 말이다. 과거표현으로 쓰는 경우
도 있지만, 경우에 따라 can보다 약한 '추측', can보다 '정중한 표현'을 쓸 때는 현재형으로 사용하는 경우도 있다.

· **Could** I get some coffee?
커피 좀 마실 수 있나요? (can 보다 정중한 표현)

· Most accidents like that **could** be prevented.
그와 같은 사고는 대부분이 방지될 수 있다. (추측)

## 2) may/might

may의 기본 의미는 '추측 (~일지도 모른다)'이다. 이 외에 '허가 (~해도 좋다)', '기원 (~하소서)', 양보, 목적의 부사절, 관용표현에서 쓰인다.

### (1) 가능성, 추측 (~일지도 모른다)

can, could 보다 더 약한 추측의 의미를 지닌다. might 역시 추측의 의미로 쓰이는데, 이 경우 과거시제가 아닌 현재임을 알아두자. (may보다 약한 추측)

· Jane **may/might** be at home.
   제인이 집에 있을지도 모른다.

· The road **may be** blocked.
   길이 막힐지도 모른다.

· It **might be** all right for her, but it isn't for me.
   그녀는 괜찮을지 모르겠지만, 나는 그렇지 않다.

### (2) 허가 (~해도 좋다)

· You **may wait** in my office but you **may not** smoke.
   사무실 안에서 기다려도 되지만 담배는 피우지 못합니다.

· You **may go** if you want to.
   원한다면 가도 좋아.

· **Might** I smoke in this room?
   이 방에서 담배 피워도 되겠습니까? (may보다 정중한 표현 – 과거시제 표현이 아님)

### (3) 기원 (~하소서)

'May + S + 동사원형'의 형태로 쓰는 것이 일반적이지만 가끔 May를 빼고 'S + 동사원형'으로 사용하는 경우도 있다.

· **May** my parents live long!
   부모님께서 오래 사시기를!

· **(May)** God bless you!
   신의 가호가 함께하기를!

**(4) 양보, 목적의 부사절**

· Come what **may**, I am ready to face it.
  무슨 일이 닥치든 간에, 나는 그것에 맞설 각오가 되어 있다.

· No matter how hard you **may** try, it is not possible.
  네가 아무리 노력한다 해도, 그것은 불가능하다.

  I got up early so that I **might** get a good seat.
  나는 좋은 좌석을 맡기 위해서 일찍 일어났다. (목적의 so that절에서는 시제 일치를 해 주어야 한다.)

**(5) 관용표현**

① may/might well VR (~하는 것도 당연하다/충분히 ~할 가능성이 있다 = ~하기 쉽다)

· She **may well** be angry.
  그녀가 화내는 것도 당연하다.

· He **may well** marry my sister.
  그는 아마 내 여동생과 결혼할 것이다. (충분히 결혼할 가능성이 있다.)

② may/might as well VR (~하는 것이 더 낫다)

· You **might as well** begin at once.
  즉시 시작하는 편이 더 낫겠다.

· I **may as well** ask him the question.
  그에게 그 문제를 물어보는 것이 더 낫겠다.

③ may/might as well A as B (B하느니 A하는 것이 더 낫다)

may as well에서 더해진 표현이다. 이때, A와 B에는 동사원형이 쓰여야 한다.

· You **might as well expect** the river to flow backward **as** ~~to try~~ to move me. (X)
  → You **might as well** <u>expect</u> the river to flow backward **as** <u>try</u> to move me. (O)
    나를 움직이도록 노력하는 것 보다 물이 거꾸로 흐르기를 바라는 것이 더 낫다.

· You **may as well not** <u>know</u> a thing at all **as** <u>know</u> it imperfectly.
  불완전하게 아느니 전혀 모르는 것이 차라리 더 낫다.

## 3) will/would

### (1) will

will의 기본 의미는 '단순한 미래 (～일 것이다)'이다. 이 외에 '주어의 의지나 고집 (～하겠다, ～하려 하지 않는다)', '일반적인 경향, 습성 (～하기 마련이다, ～하는 경향이 있다)', '추측 (～일지도 모른다, 아마 ～일 것이다)', '현재의 반복적인 습관 (～하곤 한다)'의 의미로도 쓰인다.

#### ① 단순한 미래 (～일 것이다)
· My brother **will** be twenty next year.
　내 동생은 내년에 20살이 된다. (= 될 것이다.)

· Linda **will** not be here tomorrow.
　Linda는 내일 여기에 없을 것이다.

#### ② 주어의 의지나 고집 (～하겠다, ～하려 하지 않는다)
· I **will** go, no matter what you say.
　네가 뭐라고 하던 간에 나는 가겠다.

· The door **won't** open.
　아무리해도 문이 열리지 않는다. (사물의 고집)

#### ③ 일반적인 경향, 습성 (～하기 마련이다, ～하는 경향이 있다)
· A bear **will** not touch a dead body.
　곰은 시체를 건드리지 않게 마련이다.

· Money **will** come and go.
　돈은 돌고 도는 법이다.

#### ④ 추측 (～일지도 모른다, 아마 ～일 것이다)
· That **will** be Mary on the phone.
　전화를 건 사람은 아마 메리일거야.

· The game **will** be finished by now.
　경기가 지금쯤 끝났을 거야.

#### ⑤ 현재의 반복적인 습관 (～하곤 한다)
· He **will** often sit for hours without saying anything.
　그는 종종 아무 말도 하지 않고서 몇 시간동안 앉아있다.

## (2) would

would는 'will의 과거형 (~할 것이다)', '과거의 반복된 동작 (~하곤 했다)', '과거의 의지, 고집 (~하려고 했다, ~하려고 하지 않았다)', '정중한 표현 (~해 주시겠습니까?)', '현재의 추측 (~일지도 모른다, 아마 ~일 것이다)'의 의미가 골고루 사용되는 편이다.

### ① will의 과거형 (~할 것이다)

· They **thought** that he **would** be a great doctor someday.
  그들은 그가 언젠가 훌륭한 의사가 될 거라고 생각했다.

### ② 과거의 반복된 동작 (~하곤 했다)

과거의 사실이나 상태를 나타낼 때는 would를 사용하지 않고, 과거의 반복된 행위에만 **would**를 사용한다. 또한 would에는 '지금은 아니다'의 의미도 내포되어 있다.

· She **would** often practice the piano in her room.
  그녀는 종종 방에서 피아노를 연습하곤 했다.

· Every morning I **would** take a walk.
  매일 아침. 나는 산책을 하곤 했다.

> **참고**
>
> 과거의 상태를 나타낼 때는 used to VR을 쓴다. (143p 참고)

### ③ 과거의 의지, 고집 (~하려고 했다, ~하려고 하지 않았다)

· I offered my son some milk, but he **wouldn't** drink it.
  나는 아들에게 우유를 권했지만. 그는 마시려 하지 않았다.

· Despite all the hardships, he **would not** give up.
  모든 어려움에도 불구하고. 그는 포기하려 하지 않았다.

### ④ 정중한 표현 (~해 주시겠습니까?)

· **Would** you mind opening the door?
  문 좀 열어 주시겠습니까?

· **Would** you do me a favor?
  부탁 하나 들어주시겠습니까?

### ⑤ 현재의 추측 (~일지도 모른다, 아마 ~일 것이다)

· That **would** be the mail man probably.
  아마도 우편배달부 일거야.

- He **would** be about your age or a little older.
  그는 아마도 네 나이쯤이거나 약간 위일 것이다.

## 4) shall/should

### (1) shall

shall은 본래 will과 같이 '단순미래'로 쓰였으나, 현대 영어에서는 잘 쓰이지 않는다. (영국에서는 쓰이지만, 시험에서 다루는 영어는 미국식 영어이니 '단순미래'의 shall은 거의 볼 수 없을 것이다.)

그러므로 여기서는 '단순미래'는 다루지 않기로 하고, 다른 의미 '화자의 의지표현 (~하겠다)', '상대방의 의사에 대한 물음 (~할까요?)', '규칙이나 법령 (~해야 한다)'의 의미로 쓰인다.

#### ① 화자의 의지 표현 (~하게 하겠다)

- You **shall** hear from me before long.
  = I will inform you before long.
  곧 소식 전하겠습니다.

- You **shall** have this book.
  = I will let you have this book.
  내가 너에게 이 책을 주겠다.

#### ② 상대방의 의사에 대한 물음 (~할까요?)

- **Shall** I go there?
  = Do you want me to go there?
  제가 거기 갈까요?

- **Shall** I get you a cup of coffee?
  = Do you want me to get you a cup of coffee?
  커피를 한 잔 드릴까요?

#### ③ 규칙이나 법령 (~해야 한다)

- All records of this meeting **shall** be destroyed.
  이 회의의 모든 기록은 파기되어야 한다.

- You **shall** not murder.
  살인하지 말지어다.

### (2) should

should는 '의무, 당위성 (당연히 ~해야만 한다)', '추측 (~일 것이다)', '가정법 (만약 ~라면)'의 의미로 쓰인다. 특히 <u>that절과 연결되는 당위성의 should</u>는 시험에 자주 나오는 부분이므로 꼭 알고 넘어가도록 하자.

의무와 추측의 의미일 경우에는 ought toVR도 동의어가 될 수 있다. (should를 더 일반적으로 쓴다. ought toVR은 영국식 영어에서 더 주로 사용한다.)

① 의무 (~해야만 한다) = ought to VR
· Everyone **should** depend on his own ability.
   모든 사람은 자신의 능력에 의존해야 한다.

· You **should not read** confidential documents.
   = You **ought not to read** confidential documents. (부정 ought not to)
      너는 비밀문서를 읽어서는 안 된다.

② 추측 (~일 것이다) = ought toVR
· That **should** please you.
   그것은 당신을 기쁘게 함에 틀림없다.

· My mother **should** be back soon.
   엄마는 곧 돌아올 것이다.

③ 가정법 (만약 ~라면)
if절 안에서 쓰인 should는 미래에 일어날 가능성이 희박하거나, 발생하지 않기를 바라는 상황에서 쓴다. (자세한 사항은 가정법에서 배우자)

· If it **should** rain tomorrow, I will not go out.
   만약 내일 비가 온다면. 나는 나가지 않을 것이다.

· If you **should** have any question, feel free to contact me.
   혹시라도 질문이 있다면. 주저 말고 연락해라.

④ 당위성의 should 1. (당위성 동사)
주장, 명령, 제안, 요구, 권고, 소망, 결정의 동사가 that절을 목적어로 가져오는 경우, that절 안에 쓰이는 동사에는 반드시 should VR(동사원형)이 쓰여야 한다. 이때 should는 생략이 가능하며, 생략이 되는 경우 should 뒤의 동사는 계속해서 원형으로 써야 한다. (절대로 어형변화 시키지 않는다)

| 당위성 should를 수반하는 동사 (주명제요권소결) | |
| --- | --- |
| (주장) insist, urge | (명령) order, command |
| (제안) suggest, move, propose | |
| (요구) demand, ask, desire, require, request | (권고) recommend, advise |
| (소망) desire | (결정) decide |

- The boss **ordered** that all the employees <u>be</u> punctual.
  사장은 모든 직원들은 반드시 시간엄수를 해야만 한다고 명령했다.

- My teacher always **insists** that we **(should) review** today's lessons.
  우리 선생님은 항상 우리가 오늘 수업을 복습해야만 한다고 주장한다.

- My brother **advised** that I **(should) give** up smoking.
  우리 형은 내게 담배를 끊으라고 충고했다.

---

**▲ 주 의**

당위성 should를 수반하지 않는 경우

insist → 당연한 내용이 아닌 눈으로 직접 보거나 경험한 실제 사실, 사건 등을 주장하는 경우.
suggest → '제안하다'의 의미가 아닌 '넌지시 말하다, 암시하다, 보여주다'의 의미인 경우.

- The research **suggests** that the poll <u>wasn't</u> reliable.
  그 연구는 여론조사가 신뢰성이 없었다는 것을 보여준다. (보여주다의 의미)

- She **insisted** that she <u>had not been</u> there before.
  그녀는 이전에 그 곳에 가본 적이 없다고 주장했다. (사실 주장)

---

⑤ 당위성의 should 2. (당위성 명사)
주장, 명령, 제안, 요구, 권고, 결정 등이 동사로 쓰이지 않고, 명사로 쓰였어도 뒤에 that절을 동격명사절로 받을 수 있는데, 이 경우 should VR(동사원형)에는 변함이 없다. (물론 생략되는 것도 마찬가지이다.)

**당위성 should를 수반하는 명사**

suggestion, instruction (지시), request (요청), recommendation (추천), order (명령)
advice, requirement (요건), demand …

- He ignored his doctor's **advice** that he **(should) take** a long vacation.
  그는 휴가를 취해야 한다는 의사의 충고를 무시했다.

- She followed her father's **order** that she **(should) not come** too late.
  그녀는 너무 늦게 오지 말라는 아버지의 명령을 따랐다.

⑥ 당위성의 should 3. (이성적 판단 형용사)
주절의 형용사가 필수, 필요, 당연, 긴급의 의미를 나타내는 형용사인 경우 마찬가지로 should VR(동사원형)
이 쓰이고 생략 또한 가능하다. 주로 'It is + 이성적 판단 형용사 + that + S + (should) VR'의 구조로 나온다.

## 당위성 should를 수반하는 형용사 (이성적 판단 형용사)

necessary (필수적인), essential (필수적인), vital (필수적인), urgent (긴급한),
imperative (반드시 해야 하는), important, advisable (바람직한), desirable (바람직한)
natural (당연한), proper (적절한), mandatory (필수의, 의무의) …

· It is **imperative** that I **(should) comply with** the rules.
나는 반드시 그 법을 준수해야만 한다.

· It is **essential** that he **be** the director of the program.
그가 그 프로그램의 감독이 되어야만 한다는 것이 필수적이다.

⑦ 감정적 판단의 should (감정적 판단 형용사)
주절의 형용사가 화자의 놀라움이나 유감, 그 밖의 주관적인 감정을 표현하는 경우 that절에 should VR을 사
용한다. 다만 이 구문에서는 should의 생략이 없다. 모두 should를 사용해야 하고, 만약 should를 쓰지 않으
면 그냥 일반동사를 사용하면 된다. (말하는 이의 감정이 개입되어 있지 않고 객관적으로 표현하고 싶을 때
는 일반동사를 쓴다.)
주로 'S(It) + be + 감정적 판단의 형용사 + that + S + should VR / that + S + 과거V'의 구조로 나온다.

## 주요 감정적 판단의 형용사

strange (이상한), regrettable (후회스러운), remarkable (진귀한), absurd (터무니없는),
surprising (놀라운), sorry (유감스러운), curious (기이한), wonderful (놀라운), odd (이상한)

· I'm **surprised** that she **should** do such a foolish thing.
그녀가 그런 어리석은 행동을 했다니 놀랍다.

· It is **strange** that he **should** believe the rumor.
그가 그런 루머를 믿는 게 이상하다.

· I'm **sorry** that your father **left** the company.
너의 아버지께서 회사를 떠나셨다니 유감이다.

⑧ lest 절의 should ⟨ lest + S + (should) + VR = for fear that S + (should) + VR ⟩

'∼하지 않기 위하여' '∼하지 않도록'이라는 의미를 가진 lest는 접속사로 쓰여 뒤에 주어 + 동사를 가져와야 하는데, 이때 동사에 반드시 <u>should VR이 쓰여야 하고, should는 생략 가능하다.</u> lest자체에 이미 부정의 표현이 들어가 있으므로 <u>lest절에는 부정표현을 쓰지 않는다.</u> for fear that절 역시 lest와 똑같은 기능을 한다.

· He got up early **lest** he **(should) miss** the train.
  그는 기차를 놓치지 않기 위해 일찍 일어났다.

· She walked fast **for fear that** she **(should) be** late for the meeting.
  그녀는 회의에 늦지 않기 위해 빠르게 걸었다.

· You must be careful **lest** you **should ~~not~~ make** such a mistake again. (X)
  lest에 이미 부정의 의미가 내포되어 있으므로 다음에 부정어가 나올 수 없다.
  → You must be careful **lest** you **(should) make** such a mistake again. (O)
  너는 그런 실수를 다시 저지르지 않도록 조심해야만 한다.

---

**▲ 주 의**

lest에는 '∼할까봐'라는 의미의 접속사도 있으므로 조심하자.

일반적으로는 lest앞에 부정적 감정을 나타내는 형용사가 쓰이면 '∼하지 않기 위해서' 보다는 '∼할까봐'의 의미를 사용하는 것이 맞다.

· I was frightened **lest** she **(should) kiss** me.
  나는 그녀가 내게 키스할까봐 두려웠다.

· We were afraid **lest** the lion **(should) hurt** him.
  우리는 그 사자가 그를 해칠까봐 두려웠다.

---

## 5) must

must의 기본 의미는 '의무 (∼해야만 한다)'이다. 이 경우 'have toVR' 또는 'have got toVR'가 대용표현이 될수 있다. 그 외에 '금지표현 (∼해서는 안 된다)', '필연 (반드시 ∼하다)', '확실한 추측 (∼임에 틀림없다)'을 할때 사용된다. 또한 필연, 추측, 금지표현에는 have toVR를 대용표현으로 쓰지 않는다. <u>have toVR는 의무의 must만을 대신한다.</u> 간혹 have toVR이 확실한 추측을 표현할 때 쓰기도 하지만, 주로 영국식 영어이므로 이책에서는 다루지 않도록 한다.

### (1) 의무 (∼해야만 한다) = have (got) to VR

의무의 must는 그 자체로는 과거표현을 쓸 수가 없으므로 had toVR로, 미래표현은 will have toVR으로 표시한다.

· You **must** start now if you are to finish the work on time.
  만약 네가 제 시간에 일을 끝내고자 한다면, 너는 반드시 지금 시작해야만 한다.

- You **must/have to** meet her.
  너는 그녀를 만나야만 한다.

- He **had to** meet her yesterday.
  그는 어제 그녀를 만나야만 했다.


## (2) 금지표현 (~해서는 안 된다)

must의 금지표현은 당연히 not만 붙이면 된다. 즉 'must not VR' 으로 쓰면 된다. 대용표현인 have toVR의
부정표현은 'don't have toVR'가 되며 의미는 '~할 필요가 없다'로 바뀌게 된다. 즉 <u>must와 have to</u>는 같은
표현으로 쓰였지만, 부정표현인 'must not'과 'don't have to'는 절대 같은 의미가 아니라는 점을 알아두자.

- You **must not tell** him anything about it.
  그에게 그것에 관한 어떤 것도 말해서는 안 된다.

- You **don't have to** come.
  너는 올 필요가 없다.


## (3) 필연 (반드시 ~하다)

- All living things **must** die.
  만물은 (반드시) 죽는다.


## (4) 확실한 추측 (~임에 틀림없다)

추측의 조동사 중에 가장 확실성을 담보하는 경우 사용한다. 추측의 must는 따로 대용표현이 없어서 추측의
과거 시제를 표시하려면 '<u>must have pp (~이었음에 틀림없다)</u>'를 써야 한다. 또한 '~임에 틀림없다'의 부
정표현인 '~일 리가 없다'는 must not 보다는 <u>cannot be</u>로 쓰는 것이 더 일반적이다. '~이었을 리가 없다'
<u>는 cannot have pp</u>로 쓴다.

- She **must be** crazy to like him. (현재 추측)
  그를 좋아하다니 그녀는 미쳤음에 틀림없다.

- She **must have been** crazy to like him. (과거 추측)
  그를 좋아하다니 그녀는 미쳤었음에 틀림없다.

- She **cannot be** Susan because she is in NY. (현재 추측의 부정)
  그녀가 수잔 일 리가 없다. 왜냐하면 그녀는 뉴욕에 있기 때문이다.

- She **cannot have been** Susan because she was in NY. (과거 추측의 부정)
  그녀가 수잔 이었을 리가 없다. 왜냐하면 그녀는 뉴욕에 있었기 때문이다.

| | 의무 | 추측 |
|---|---|---|
| 현재 | ~해야만 한다<br>must VR = have to VR | ~임에 틀림없다<br>must VR |
| 현재부정 | ~해서는 안 된다<br>must not VR<br>≠ don' have to VR (~할 필요가 없다) | ~일 리가 없다<br>cannot VR (주로 be동사를 씀) |
| 과거 | ~해야만 했다<br>had to VR | ~이었음에 틀림없다<br>must have pp |
| 과거부정 | ~하지 말았어야만 했다(그러나 해서 유감이다)<br>should not have pp | ~이었을 리가 없다<br>cannot have pp |

## 연습하기 013

**다음 문장들은 모두 틀린 문장이다. 틀린 부분을 밑줄 긋고 올바르게 옮기시오.**

– 해석은 당연!

1. Her friends moved that she kept the matter secret from her parents.

2. If you are very busy, you may as well taking the stairs.

3. You don't have to drive a car without a license.

4. It is important that every player takes turns moving their pieces.

5. We cannot estimate the value of time much too.

**4** 기타 주요 조동사 정리

강민 형이 콕 찍어줄게!

❶ 물론 조동사이기 때문에 문맥에 따른 해석 문제가 가장 중요하지만, 기타 조동사들은 부정어를 만드는 표현 역시도 중요하다.

## 1) had better, would rather

### (1) had better

말하는 사람의 '은근한 압박'을 나타내어 (~하는 것이 좋겠다)라는 뜻으로 사용된다. 부정표현은 had better not이다.

· You **had better** see a doctor at once.
   너는 즉시 병원에 가는 게 낫겠다.

· You **had better not** go there. (부정 had better not)
   너는 거기 가서는 안 된다.

### (2) would rather (= would sooner, would as soon)

(오히려 ~하겠다)는 의미로 쓰여 had better는 '은근한 압박', would rather는 '단순한 선호'의 뉘앙스를 가지고 있다. 부정표현은 would rather not으로 쓰며, 'B하느니 오히려 A하겠다'의 표현은 would rather A than B로 한다.

· I **would rather** accept it.
   차라리 그것을 받아들이는 편이 낫겠다.

· You **would rather not** use the machine. (부정 would rather not)
   너는 그 기계를 사용하지 않는 게 더 낫겠다.

· I **would rather** <u>die</u> **than** <u>surrender</u>.
   항복하느니 차라리 죽는 게 낫겠다. (A와 B는 병렬관계로 조동사 뒤에 붙었으므로 동사 원형이 와야 한다)

## 2) used to VR

과거에 오랫동안 지속되었던 동작의 반복, 습관, 상태를 의미하며, '지금은 아니다'를 내포하고 있다.

· There **used to be** a small coffee shop on the second floor.
   2층에 작은 커피숍이 있었다. (과거에 지속된 상태)

· I **used to go** to the library after school.
나는 방과 후에 도서관에 가곤 했다. (과거에 지속된 습관)

---

**⚠ 주 의**

used to VR VS be used to VR VS be used to ~ing 구분

❶ used to VR (과거에 ~했다)

❷ be used to VR (~하기 위해 사용되다)

❸ be used to ~ing (~ing하는데 익숙하다)

· I am not **used to being** treated in this manner.
나는 이런 방식으로 취급당하는데 익숙하지 않다.

· Grapes **are used to produce** wines.
포도는 포도주를 만들기 위해 사용된다.

---

**참 고**

**used to VR VS would VR**

둘 다 과거에 반복적으로 ~했으나 현재는 더 이상 하지 않는 '동작'을 나타낸다는 점에서는 같지만, 약간의 차이점이 있다. **used to**는 '동작뿐 아니라 습관(즉, 상태) 역시도 표현'이 가능하다. 그러나 **would**는 '동작 표현만 가능하고 '상태'의 표현은 불가능하다. 또한, **used to**는 사람, 사물 주어가 모두 가능하지만, **would**는 사람 주어만 가능하다.

· This street ~~would be~~ very crowded 10 years ago. (X)
→ **used to be** (O) – 사물이 주어라서 would불가
이 거리는 10년 전에 매우 번화했다.

· She ~~would be~~ a waitress. (X) – be동사는 동작동사가 아닌 상태 동사임
→ She **used to be** a waitress. (O)
그녀는 (과거에) 웨이트리스로 일했었다.

---

## 3) need, dare

need (~할 필요가 있다)와 dare (감히 ~하다)는 일반동사로 많이 쓰지만, 부정문과 의문문에서는 **조동사로 도** 쓰인다. (부정문과 의문문에서는 무조건 조동사로 쓰인다는 말이 아니다. 일반동사 need도 부정문이나 의문문에서 사용이 가능하다.)
조동사로 쓰인다는 말은 당연히 뒤에 동사원형이 온다는 말이며, 조동사이기 때문에 수, 시제에 맞출 필요가 없다는 말이 된다. **조동사 need, dare는 긍정문에서는 쓸 수 없다는 점**을 명심하자.
need와 dare는 거의 모든 용법이 같지만, 두 가지의 차이점이 있으므로 주의해서 구별하자.

| | 일반동사 | 조동사 |
|---|---|---|
| 긍정문 | He **needs to meet** her. (O)<br>He ~~needs meet~~ her. (X)<br>→ 일반동사 need는 to부정사를 목적어로 취함 | 조동사 용법은 긍정문에서 사용하지 않음 |
| 부정문 | He **doesn't need to meet** her. (O)<br>He ~~doesn't need meet~~ her. (X)<br>→ 일반동사 need는 to부정사를 목적어로 취함 | He **need not meet** her. (O)<br>He ~~needs~~ not meet her. (X)<br>→ 조동사는 수일치 안함<br>He **need not** ~~to meet~~ her. (X)<br>→ 조동사 뒤는 동사원형 |
| 의문문 | **Does he need** to meet her? (O)<br>**Does he need** ~~meet~~ her? (X)<br>→ 일반동사 need는 to부정사를 목적어로 취함 | **Need he meet** her? (O)<br>~~Needs~~ he meet her? (X)<br>→ 조동사는 수일치 안함<br>**Need he** ~~to meet~~ her? (X)<br>→ 조동사 뒤는 동사원형 |

dare역시 의미만 다를 뿐 need와 동일하게 사용하면 된다.

그러나 dare는 일반동사로 쓰이는 경우에 to부정사를 목적어로 가져오는 것은 당연하고, <u>to가 생략된 동사원형</u>을 가져올 수도 있다. 또한 조동사 need는 과거형을 쓰려거든 '<u>need not have pp</u>'의 구조를 취해야 하는 반면, 조동사 dare는 <u>dared</u>로 과거표현을 한다. (일반동사 dare의 과거표현과 같다)

· He **dare not tell** a joke to his father. (조동사로 쓰임)
  = He **doesn't dare (to) tell** a joke to his father. (일반동사로 쓰임 – 이때 to부정사에서 to는 생략될 수 있다)

· He **dared not tell** a joke to his father. (과거형은 조동사로 사용 가능)
  그는 감히 아버지께 농담을 말하지 못한다.

다음 문장들은 모두 틀린 문장이다. 틀린 부분을 밑줄 긋고 올바르게 옮기시오.

– 해석은 당연!

1. There used to being a market selling my favorite ice-cream.

2. You had not better watch TV.

3. I needed not get up early. Yesterday was Sunday.

4. He is used to drink coffee after lunch.

5. I'd rather waiting for her to arrive here.

---

**5** 조동사의 과거형

강민 형이 콕 찍어줄게!

조동사의 과거형도 마찬가지로 의미가 중요하다. 무엇보다도 '조동사 + have + pp'의 구조가 나왔을 때 속뜻을 아는 것이 출제 포인트가 된다.

---

1) could, might, would, should

과거시제를 나타내기 위해서 사용되기도 하지만 현재의 정중한 표현, 불확실한 추측, 완곡한 표현을 나타내기 위해서 쓰이기도 한다.

· **Could** I have your cell phone number?
  전화번호 좀 알려 주시겠어요? (정중한 표현)

· He **might** be rich. 〈 He **may** be rich.
  그는 부자일 거야. (추측)

- **Would** you tell me what to do?
  무엇을 해야 할지 말해주시겠어요? (완곡한 표현)

## 2) 조동사 + have + pp

조동사의 또 다른 과거 표현이며, 과거 사실에 대한 추측, 후회, 유감, 가정을 나타낸다. 겉으로 드러난 뜻 보다는 속뜻을 아는 것이 가장 중요하며, 조동사에서 출제 빈도가 가장 높은 부분이므로 제대로 암기하도록 하자.

### (1) may(might) have pp ⟨~이었을지도 모른다⟩

과거의 추측 중에서도 가장 약한 추측의 의미를 지니고 있다. might가 조금 더 약한 추측이다. (추측의 강도 참고)

- She **may have been** beautiful then.
  그녀는 한창 때 예뻤었을 지도 모른다.

### (2) must have pp ⟨~이었음에 틀림없다⟩

과거의 추측 중에서 가장 강력한 추측을 의미한다.

- She **must have been** beautiful then.
  그녀는 한창 때 예뻤었음에 틀림없다.

### (3) cannot have pp ⟨~이었을 리가 없다⟩

must have pp의 부정표현으로 과거의 추측 중에서 강력한 부정추측을 의미한다.

- She **cannot have been** beautiful then.
  그녀는 한창 때 예뻤었을 리가 없다.

### (4) would rather have pp = had better have pp ⟨차라리 ~하는 게 나았을 텐데 (안했다)⟩

결국 하지 않았던 일에 대한 충고를 의미한다.

- You **would rather have seen** her when she was in Seoul.
  차라리 그녀가 서울에 있었을 때. 봤더라면 더 좋았을 텐데.

### (5) should have pp = ought to have pp ⟨~했어야만 했는데... (못해서 유감이다)⟩

결국 하지 않았던 일에 대한 강한 유감을 의미한다.

- You **should have seen** (= **ought to have seen**) her before she left.
  너는 그녀가 떠나기 전에 그녀를 봤어야 했는데. (못 봐서 유감이다)

### (6) need not have pp ⟨~할 필요가 없었는데... (했다)⟩

과거에 불필요한 행위를 실행한 것에 대한 사실 언급을 의미한다.

- You **need not have watered** the flowers, for it is going to rain. (not의 위치 유의)
  너는 꽃에 물을 줄 필요가 없었는데(물을 줬다). 왜냐하면 비가 올 거니까.

**didn't need toVR <~할 필요가 없었는데... (안했을 수도, 했을 수도...)>**

need가 조동사로 쓰이는 경우에 과거형 표현은 need not have pp이고, need가 일반동사로 쓰이는 경우에 과거형 표현은 didn't need toVR로 써야 한다. 이 두 표현은 정확히 말하자면 의미가 다르다.

위에서 보았듯이 need not have pp는 ~할 필요가 없었는데, 실제로는 했을 때 말을 하는 것이고 didn't need toVR은 ~할 필요가 없었는데, 실제로는 했을 때도, 안했을 때도 사용한다.

· You **didn't need to** water the flowers.

　너는 꽃에 물을 줄 필요가 없었는데... (실제로 물을 줬을 때도, 안 줬을 때도 사용 가능함)

## 연습하기 015

**다음 문장들은 모두 틀린 문장이다. 틀린 부분을 밑줄 긋고 올바르게 옮기시오. –**

해석은 당연!

1. My father must be handsome when young.

2. I cannot have been out of my mind to make such a mistake.

3. At that time, I may have apologized to Daniel. So, I still regret not apologizing to him.

4. I thought I told her to meet me at eight o'clock, but I cannot have told her nine.

5. I must have received your letter yesterday, but I didn't receive anything.

# MEMO

## 요약하기

조동사 파트 자체가 문법 문제에서 차지하는 비중이 그리 크지는 않다. 그러므로 학생들이 제대로 공부를 안 할 가능성이 가장 높은 파트 중에 하나이고, 이것은 만약 시험에 나오는 경우 오답의 가능성이 높다는 것을 의미한다.

조동사는 거의 단순 암기만 제대로 해내면 되는 범위이므로 틀리면 그만큼 타격이 크다는 말이다. 모든 조동사에는 추측의 의미가 있고, 추측의 과거형 표현이 시험에 나올 가능성이 그나마 가장 높다.

단순 암기다. 모조리 외워버리자!

## 적용하기 1단계  ❶  ❷  ❸

[1–4] Choose the one that could best completes the following sentence.

**01** "Do you want me to go to the market with you?"

"No, you _____ ."

(A) needs not to go             (B) need not to go

(C) need not go                (D) don't need go

**02** Some of the milk turned sour before it reached the market and _____ away.

(A) had to be thrown         (B) must be thrown

(C) had to throw             (D) must throw

**03** We _____ late or we'll miss our connecting flight to New York and be over three hours late arriving at our final destination.    (2021 단국대)

(A) had better not be       (B) had be better not

(C) had not be better       (D) had not better be

**04** Our holidays were ruined by the weather. We _____ at home!

(A) need not have stayed     (B) would rather not stayed

(C) should have stayed       (D) might have stayed

[5–9] Choose the one which is grammatically <u>incorrect</u> among the four underlined parts.

**05** The enlightened German intellectuals <u>strongly</u> insisted that their new emperor <u>was</u> dependent
                                        (A)                                       (B)

<u>upon</u> <u>popularly</u> elected representatives.
 (C)      (D)

**06**    You <u>had not better</u> <u>quit</u> your job until you find another one. <u>Once</u> you are <u>out of work</u>, you
                  (A)      (B)                                    (C)           (D)

       may find it hard to get another.


**07**    He would <u>lost</u> his license <u>if he didn't take</u> a <u>refresher</u> course, <u>according to</u> my broker.
                   (A)              (B)         (C)       (D)


**08**    It is <u>natural</u> that <u>all parents</u> <u>might be</u> with children when their kids <u>are very</u> sick.
          (A)         (B)      (C)                           (D)


**09**    Moses, one of the <u>most distinguished</u> artists, <u>may well selected</u> 100 modern architectural
                           (A)                 (B)

       drawings in the world which <u>will be on display</u> at MoMA QNS among <u>the foremost collections</u>.
                                  (C)                           (D)


[10] Choose the one that is grammatically <u>INCORRECT</u>.            [2018 한국외대]

**10**    (A) It is essential that she take this course.

       (B) Mary insisted that her sister wait for me.

       (C) She demanded that he stop phoning her.

       (D) John supposed that Mary leave immediately.

적용하기 2단계      ❶      ❷      ❸

[1-6] Choose the one that could best completes the following sentence.

**01** You may go into the garden, but you _____ pluck the flowers.

(A) need not                      (B) must not

(C) don't have to            (D) haven't got to

**02** Ancient civilizations such as the Phoenicians and the Mesopotamians _____ goods rather than use money.

(A) use to trade                  (B) used to trade

(C) is used to trade           (D) was used to trade

**03** The cybernetic revolution has developed more rapidly than _____ . [2016 아주대]

(A) foresaw several years ago

(B) foreseen several years ago

(C) had foreseen several years ago

(D) none have foreseen several years ago

(E) many could have foreseen several years ago

**04** After some discussion, it was suggested that the President of the club _____ other members on the next council meeting.

(A) meet                         (B) meets

(C) will meet                  (D) would meet

**05** Not only attitudes and skills, but also knowledge _____ in school for students' future adjustment to society.

(A) needs be cultivated         (B) need be cultivated

(C) needed be cultivated        (D) needs to be cultivated

**06** There is a division in the mind of each of us, that has become plain, between the man and the brute; and the rift can be opened, the man submerged, with a cynical simplicity, with the meanest tools of envy and frustration, which in my boyhood ———————— inconceivable in a civilized society. [2015 가천대]

(A) will have thought
(B) would have been thought
(C) would think
(D) will be thought

[7–10] Choose the one which is grammatically <u>incorrect</u> among the four underlined parts.

**07** When we are <u>divided</u>, there is <u>little we can do</u> – for we <u>dare not to meet</u> a powerful change
              (A)               (B)            (C)

and <u>split asunder</u>.
    (D)

**08** He <u>regretted</u> <u>not having followed</u> his advisor's recommendation <u>that</u> he <u>dropped</u> the class
         (A)        (B)                       (C)     (D)
.

**09** <u>Keen</u> on green policies, David Cameron used to <u>cycling</u> to work in a variety of <u>fetching</u>
  (A)                                 (B)                      (C)

helmets with his briefcase following <u>by car</u>. [2016 국민대]
                      (D)

**10** United States senators were elected by state legislatures <u>until</u> 1913, <u>when</u> the Seventeenth
                                               (A)      (B)

Amendment to the Constitution required that <u>they</u> <u>are chosen by</u> popular election.
                                      (C)    (D)

## 적용하기 3단계 ❶ ❷ ❸

[1–5] Choose the one that could best completes the following sentence.

**01** It is almost impossible to visit Florida _____ falling in love with the state.

(A) without
(B) unless
(C) despite
(D) except that

**02** Does the government which includes the Federal and State governments as well as the local Municipalities really _____ free people are going to willingly give up their freedoms and rights to prosperity?

(A) is believing
(B) has believed
(C) believing
(D) believe

**03** The judge assented to the suggestion that _____ .

(A) both of the criminals will soon be set free
(B) some of the criminals will soon be guilty only
(C) the prisoner be sentenced to death
(D) the prisoner shall be sentenced to death

**04** The wages of production workers could not be allowed to sink too low, _____ there be insufficient purchasing power in the economy.

(A) therefore
(B) because
(C) where
(D) lest

**05** A: Professor Kim, I was absent yesterday because of a job interview.

B: You _____ me earlier.

(A) should tell
(B) should have told
(C) need not tell
(D) need not have told

[6–10] Choose the one which is grammatically <u>incorrect</u> among the four underlined parts.

**06**  One of the <u>chief things</u> in science <u>is</u> careful observation, for things that <u>look</u> rather alike may
              (A)             (B)                               (C)

actually <u>very different</u> when we come <u>to look</u> closely.
        (D)                 (E)

**07**  In one commercial, famous singer Michael Jackson's vibrant energy seems <u>to become</u>
                                                          (A)

<u>magically</u> available to anyone <u>who drinks</u> Pepsi. Another commercial subtly suggests that
  (B)                         (C)

actress Catherine Deneuve's beauty <u>be</u> one of the ingredients bottled in Chanel perfume.
                                    (D)

**08**  The idea of space colonies may appear <u>to be</u> farfetched at present, but <u>as</u> the earth's
                                   (A)                     (B)

population grows and as its resources diminish, the idea <u>will need be</u> considered <u>seriously</u>.
                                         (C)               (D)

**09**  The rate <u>at which</u> species are disappearing appears to <u>have increased</u> dramatically over
         (A)                               (B)

the last 150 years. It appears that between A. D. 1600 and 1850, human activities were

responsible for the extermination of two or three species per decade. By some estimates,

we are now losing species at hundreds or even thousands of times natural rates. If present

trends <u>continue</u>, the United Nations Environment Program warns, half of all primates and
       (C)

one–quarter of all bird species <u>could extinct</u> in the next 50 years. The eminent biologist E.
                          (D)

O. Wilson says the impending biodiversity crash could be <u>more abrupt than</u> any previous
                                              (E)

mass extinction. [2016 이화여대]

**10**　<u>Finding clothing presents no problem either</u>. Koji Sugeno, 60, another longtime resident of
　　　　　　　　　(A)

Yoyogi park, changes his wardrobe each season. "I'd rather <u>get rid of</u> my winter jackets and
　　　　　　　　　　　　　　　　　　　　　　　　　　　　(B)

seaters than <u>carrying them around</u>," he says. "When it gets old, I just keep an eye out for
　　　　　　　(C)

people who are moving. They always throw out <u>lots of nice clothes</u>."
　　　　　　　　　　　　　　　　　　　　　　(D)

# Chapter V

# 가정법

# Chapter V   가정법

### 1. 가정법에서 눈에 보이는 시제는 진짜 시제가 아니다.

가령, '가정법 과거'라고 하는 것은 과거시제를 말하는 것이 아니다. 가정법은 실제 발생하지 않은 일에 대한 것을 표현할 때 사용하는 방법이기 때문에 실제 시제와 다르다. 단순히 if절 안에 과거동사를 썼기 때문에 '가정법 과거'라고 이름을 붙인 것뿐이다.

이름이 '강멋진'이라고 해서 진짜 멋진 사람을 의미하는 것이 아니지 않은가? 가정법에서의 시제는 단순히 이름일 뿐이라고 기억하면 된다. 절대 눈에 보이는 시제를 그대로 믿지 말자.

### 2. 가정법은 공식을 외우는 것이 중요하다.

가정법 시제까지 완벽히 이해했다고 쳤을 때, 그럼 가정법 문제를 풀 수 있느냐? 그렇지 않다. 가정법은 어떤 시제를 쓰느냐가 중요한 만큼 가정법의 공식 역시 매우 중요하다. 공식을 모르면 이해를 다 했다고 하더라도 문제를 못 푸는 불상사가 생기게 된다.

### 3. If가 생략되면 도치되는 가정법이 있다.

어떤 가정법에서는 if 접속사가 생략되면 주어와 동사가 의문문의 어순처럼 바뀌는 '도치'현상이 발생된다.

### 4. 가정법 VS 조건문(직설법)의 차이를 알아야 한다.

가정법도 if를 사용하고, 조건문(직설법)도 if를 사용한다. 또한 이 두 가지 '법'은 해석이 '만약 ~라면'으로 같다. 그러나 이 두 표현은 전혀 다른 표현이므로 구분할 줄 알아야 한다. 아래에서 자세하게 다루겠다.

### 5. 가정법과 직설법이 혼합된 문장의 출제 빈도가 높으니 주의하자.

말 그대로 두 가지 '법'이 혼합되어 사용되는 문장도 있다. '시제'에 신경을 써야 한다. 그러므로 '가정법 시제'가 중요한 것이다.

### 6. 가정법을 응용한 가정법 대용 표현을 제대로 알아두자.

어떤 문장은 if절이 전혀 보이지 않음에도 가정법처럼 '만약 ~라면'이라고 해석되는 경우가 있다. if절이 안 보이기 때문에 모르는 사람 입장에서는 절대 해석이 제대로 될 리가 없다. 그러므로 용법을 제대로 익혀야 한다.

## ① 가정법과 조건문(직설법)의 차이

두 가지 문장을 우리나라 말로 먼저 보자.

> ① 만약 네가 어제 공부를 열심히 했다면, 내일 시험 잘 볼 거야.
> ② 만약 네가 어제 공부를 열심히 했다면, 시험을 잘 봤을 텐데.

①번 문장과 ②번 문장의 차이를 알겠는가? 결정적 차이는 뒷말에 있다. ①번을 보면 화자는 '그가 어제 공부를 열심히 했는지 안했는지'를 전혀 모르는 상태에서 말을 한다는 것을 알 수 있다. 이렇게 그 결과를 모르는 상태에서 하는 말을 조건문이라 칭한다. 그러나 ②번 문장은 '그가 어제 공부를 안 해서 시험을 못 봤다'라는 의미로 해석이 됨을 알 수 있다. 즉, ②번 문장은 실제로 그가 공부를 했는지 안했는지를 이미 알고서 질책, 아쉬움, 후회 등의 의미를 두고 하는 말이다. 이처럼 <u>이미 그 결과를 아는 상태에서 하는 말을 가정법</u>이라 칭한다.

그럼 다음 문장들을 '가정법'과 '조건문'으로 나눠 보자. Point는 '<u>결과를 알고 말 하느냐, 모르고 말 하느냐</u>'이다.

① 만약 그가 어제 약속을 하지 않았다면, 그는 내일도 약속하지 않을 것이다. (          )
② 만약 내일 비가 온다면, 우리는 소풍을 취소해야 할 것이다. (          )
③ 만약 어제 비가 더 내렸더라면, 우리 동네는 침수되었을 것이다.  (          )
④ 만약 내가 키가 크다면, 농구부에 들어갈 수 있을 텐데. (          )
⑤ 만약 지금 내가 미국에 있다면, 영어를 더 잘할 텐데. (          )
⑥ 만약 그가 정직하다면, 나는 그를 고용할 것이다. (          )

①, ②, ⑥번은 결과를 모르고서 말하는 것임을 알 수 있다. 그러므로 조건문으로 칭하는 것이고,
③, ④, ⑤번은 이미 결과를 알고서 말하는 것이다. 그러므로 가정법으로 칭한다.

그렇다면, 이렇게 가정법과 조건문으로 나누는 이유는 무엇인가? 바로 <u>가정법은 공식에 따라서 글을 써야하</u>고, 조건문은 공식이 없이 그냥 그때그때 써야할 시제에 따라서 글을 써야 한다는 점이 다르기 때문이다. 즉, 가정법이 시험에 출제되는 경우 공식을 모르면 문제를 해결할 수가 없게 됨을 의미한다. 가정법은 크게 3가지로 구성되어 있다. 지금부터 공부해 보도록 하자.

위에서도 말했듯이 <u>우선은 공식</u>이다. 공식을 철저히 암기해야만 문제를 풀 수 있는 것은 당연하고, 뒤에 나올 직설법의 혼용 구문에서도 흔들리지 않게 된다. 그리고 절대 잊지 않길 바란다. 가정법에서 <u>눈에 보이는 시제가 진짜 시제가 아니다.</u>

## 1) 가정법 과거 (결과 앎 / 반대로 앎 / 현재이야기)

현재 사실에 반대되는 가정, 상상, 후회, 안도, 질책 등을 나타내는 경우 사용함

| 절 | 종속절 (If절) | 주절 |
|---|---|---|
| 형태 | If S + 동사의 과거형<br>were (was는 문법적으로 안 됨)<br>could + VR | S + would/should/could/might + VR |
| 해석 | 만약 ~라면 / 한다면 | ~할 텐데 / ~일 텐데 |

· If I **could speak** English as well as you do, I**'d be** very happy.
  = As I **can't speak** English as well as you do, I **am not** very happy.
    만약 내가 당신이 그런 것처럼 영어를 능숙하게 말할 수 있다면, 나는 매우 행복할 텐데.
  → <u>현재</u> 영어를 능숙하게 말할 수 없는 아쉬움의 표현을 말하므로 가정법 과거를 써야 한다.

· If I **were** you, I **would accept** his offer.
  만약 내가 너라면, 그의 제안을 받을 텐데.
  → 나는 네가 아니라는 것을 이미 알고 있는 사실을 반대로 표현한 문장이며, '현재 그러하다'라는 의미이기 때문에 가정법 과거를 쓴다.

## 2) 가정법과거완료 (결과 앎 / 반대로 앎 / 과거이야기)

과거 사실에 반대되는 가정, 상상, 후회, 안도, 질책 등을 나타내는 경우 사용함

| 절 | 종속절 (If절) | 주절 |
|---|---|---|
| 형태 | If S + had + pp<br>If S + could have pp | S + would/should/could/might + have + p.p |
| 해석 | 만약 ~였다면 / 했었다면 | ~했을 텐데 / ~였을 텐데 |

· If I **had had** some money, I **could have bought** some bread.

= As I **didn't have** any money, I **could not buy** any bread.

만약 약간의 돈이 있었더라면, 약간의 빵을 샀을 텐데.

→ <u>과거</u>에 돈이 없었다는 아쉬움의 표현이므로 가정법 과거완료를 써야 한다.

· If he **had been** honest, I **would have employed** him.

= As he **wasn't** honest, I **would not employ** him.

만약 그가 정직했더라면, 나는 그를 고용했을 텐데.

· The result **might have been** different if you **had used** the right data.

그 결과는 달라질 수도 있었을 텐데, 만약 네가 제대로 된 자료를 사용했었다면. (가정법은 부사절이므로 문장의 뒤에 위치할 수도 있다.)

## 3) 혼합가정 (결과 앞 / 반대로 앞 / 과거사건의 결과가 현재까지 영향을 끼치는 경우 사용)

가정법 과거는 현재를 말하는 것이고 가정법 과거완료는 과거를 말하는 것이다. 그렇다면 과거에 일어난 일의 결과가 현재까지 영향을 끼치고 있음을 말하고 싶은 경우엔 어떻게 해야 할까?

예를 들어, "만약 어제 눈이 더 내렸더라면 (과거이야기), 오늘 길이 많이 미끄러울 텐데. (현재이야기)" 이 문장은 '어제 눈이 더 이상 내리지 않았다'는 사실을 이미 알고 있고, 그것에 대한 반대 이야기를 했으니 분명 가정법은 맞다. 그렇다면 어떤 가정법을 써야 할까? <u>앞 문장은 '어제'를 통해 과거를 말하는 것을 알 수 있고, 뒷 문장은 '오늘'을 통해 현재를 유추할 수 있다. 즉, 두 시제가 혼합되었음을 알 수 있다. 그러므로 이 가정법을 '혼합가정법'이라고 부른다.</u>

| 절 | 종속절 (If절) | 주절 |
|---|---|---|
| 형태 | If S + had + pp<br>If S + could have pp | S + would/should/could/might + VR |
| 해석 | (과거에) 만약 ~였다면 / 했었다면 | (지금) ~할 텐데 / ~일 텐데 |

공식을 보면 if절은 과거이야기를 하고 있으므로 가정법 과거완료의 형태와 같다. 그렇다면 문제에서 If S + had + pp가 나오게 되면 이것을 가정법 과거완료로 봐야할지, 혼합 가정법으로 봐야할지 어떻게 아는 것일까?

정답은 의외로 쉽다. <u>혼합 가정법은 주절이 결국 현재이야기</u>이다. 즉 혼합가정법은 주절에 '현재'를 나타내는 어떤 힌트가 나오게 마련이다. 주로 자주 나오는 <u>힌트는 now, still, today와 같은 부사</u>이다.

· If we **had saved** more money, we **would have** enough for a holiday **today**.

= As we **didn't save** more money, we **don't have** enough for a holiday today.

만약 우리가 더 많은 돈을 모았다면 우리는 오늘 휴가를 가기에 충분한 돈을 가지고 있을 텐데.

· If it **had not rained** last night, the road **wouldn't be** muddy **now**.

= As it **rained last night**, the road **is** muddy **now**.

만약 어제 밤에 비가 내리지 않았더라면, 지금 도로가 진창이진 않을 텐데.

**혼합가정법의 반대 상황은 없을까?**

우리가 배운 혼합가정법은 If절에 가정법 과거완료를, 주절에 가정법 과거를 혼합한 문장이었다.

그렇다면 여기서 드는 궁금증 한 가지! If절과 주절을 반대로 바꿔서 문장을 만들면 안 되나?

즉 If절에 가정법 과거를, 주절에 가정법 과거완료를 혼합하는 문장은 없을까? 라는 의문이 드는 학생이 분명 있을 것이다. 답은 "가능하다"이다. 예문을 통해 알아보자.

(고등학교를 졸업한 친구들이 그들의 선생님에 대해 이야기 하고 있는 상황)

A : 야, 우리 예전 과학 선생님 기억나? 이번에 학교에서 올해의 선생님으로 뽑혔데. 대부분의 학생들이 과학 선생님을 뽑 았다고 하더라.

B : 그래? 음... 만약 내가 <u>지금도</u> 학교 다녔다면 나 역시도 과학 선생님 <u>뽑았을 거야</u>.

어떤 말인지 이해가 가는가? 가정을 지금에 맞춰놓고, 결과를 이미 지나버린 과거의 내용에 맞춰두게 되면 이런 식으로 표현이 가능하게 된다.

· If I **were still** in school, I **would have voted** for her.

그러나 이러한 문장은 혼합가정법에서 주로 다루는 표현은 아니다. 그냥 이런 표현도 있구나.. 라는 의미로 기억하면 되겠다. (현강을 진행할 때, 의외로 학생들이 이 질문을 많이 해서 책에도 넣게 된 것이다.)

여기까지가 가정법이다. 즉 가정법은 (가정법 과거), (가정법 과거완료), (혼합가정법) 이렇게 3가지의 표현으로 되어있고, 모두 '<u>결과를 이미 알고 있다</u>'가 포인트이다. 다음에 나오는 가정법 현재, 가정법 미래는 이름만 가정법이 붙었을 뿐 <u>사실은 '조건문'</u>이다. 즉, '<u>결과를 모른다</u>'가 내포되어 있는 표현들이다.

## 4) 가정법 현재 (= 조건문)

가정법 현재는 사실과 반대 되는 가정을 하는 것이 아니라 현재나 미래에 대한 단순한 가정을 말한다. 미래에 대한 가정이라고 했으므로 <u>결과를 알 방법이 없다</u>. 그러므로 이것은 사실 <u>가정법이 아닌 조건문</u>인 것이다. 또한 미래에 대한 가정이라고 했으면서 왜 '가정법 미래'가 아니라 '가정법 현재'라는 말을 썼냐면, 시간, 조건의 부사절에서는 미래시제 대신 현재시제를 사용하기 때문이다. 즉, 우리는 가정법 현재를 이미 시제part '<u>시간, 조건의 부사절</u>'에서 배웠다. 이때도 '시간, 가정의 부사절'이라고 안하고 '시간, 조건의 부사절'이라는 표현을 쓰지 않았는가. 같은 표현인데, 왜 옛날 문법학자들은 가정법 현재라는 말을 만들어서 학생들을 헷갈리게 한 것일까... 개인적으로 가장 안타까운 문법용어가 아닌가 생각한다.

| 절 | 종속절 (If절) | 주절 |
|---|---|---|
| 형태 | If S + V (동사의 현재형 또는 원형) | S + will/can/may/shall + VR |
| 해석 | 만약 ~라면 / 한다면 | ~할 것이다 / ~일 것이다 |

- If it **rains** tomorrow, I **will stay** at home.
  만약 내일 비가 내린다면, 집에 있을 거야.
  (내일에 대한 이야기이므로 결과를 알 수가 없다. 그러므로 조건문이며, 내일에 대한 이야기임에도 '조건의 부사절'이
  므로 현재시제를 쓴다.)

- If he **needs** my help, I **will help** him.
  만약 그가 내 도움을 필요로 한다면, 그를 도울 것이다.

- If he **is** honest, I **will employ** him.
  만약 그가 정직하다면, 나는 그를 고용할 것이다.

---

**참 고**

**조건문이 꼭 미래를 말하는 것은 아니다.**

가정법은 결과를 알고 반대로 가정을 하는 것이고, 조건문(= 직설법)은 결과를 모른 채로 가정을 한다. 이러한 이유 때문에 '
결과를 모른다면 일반적으로 미래구나!'라고 생각할 수도 있겠지만, 과거의 일도 충분히 결과를 모를 수가 있다.
예를 들어 보자. 우리가 TV를 매 시간 보는 것이 아니기 때문에 야구나 축구 결과를 모를 수도 있고, 또 집에서 3일 내내 '방
콕'을 했다면 그 기간 동안의 날씨를 모를 수도 있다. 그러므로 꼭 조건문은 미래를 말한다고 결론지으면 안 된다. (사실 이
말은 1. 가정법과 조건문의 차이에서 이미 다 말했던 사실이다.)

- If you **studied** hard yesterday, you **will pass** the test easily **tomorrow**.
  만약 어제 열심히 공부했다면, 너는 내일 시험에 쉽게 통과할거야.

위의 예문은 가정법으로 보면 완전히 틀린 문장이다. 공식이 전혀 맞지 않다. 분명 'yesterday'를 통해 '과거이야기'임을 알
수 있으므로 가정법으로 보자면 과거완료. 즉 **had studied**를 써야 하고, 주절도 **will pass**가 아니라 **would have passed**
를 써야 정상적인 문장이 된다. 그러나 이 문장은 아주 정확히 맞는 문장이다.
그 이유는 위의 문장은 "네가 열심히 공부를 했는지 안했는지 모르"서 하는 말. 즉 가정법이 아니라 직설법이기 때문이
다. 직설법은 원래 시점부사구를 보고 시제를 쓰면 된다. yesterday가 나왔으니 과거를 쓰고, tomorrow가 나왔으니 미
래를 쓴 것뿐이다.

---

### 5) 가정법미래 (실현 불가능에 무게를 둔 표현)

현재나 미래에 대한 강한 의심, 실현 불가능하거나, 실현 가능성이 희박한 일, 혹은 원치 않는 일을 가정할
때 사용한다. 가정법 현재도 미래를 말하는 경우가 있고, 가정법 미래 역시 미래를 말하는 경우가 있는데, 이
경우의 차이점은 실현 가능성이다. 가정법 현재는 실현 가능성이 어느 정도는 있는 일 (굳이 수치표현을 쓰
자면 약 50%의 확률), 가정법 미래는 실현 가능성이 없거나 희박한 일 (0% 에서 10%의 확률)을 표현한다.
어쨌든 결과를 알고 반대로 말하는 표현은 아니므로 가정법 미래도 사실 가정법은 아닌 것이다.

| 절 | 종속절 (If절) | 주절 |
|---|---|---|
| 형태① | If S + should + VR | S + will/can/may/shall + VR<br>S + would/should/could/might + VR<br>명령문 |
| 형태② | If S + were to + VR | S + would/should/could/might + VR |
| 해석 | (그럴 리는 없겠지만)<br>만약 ~라면 / 한다면 | ~할 것이다 / ~일 것이다 |

- If my father **should be** alive today, I **will find** him.
  만약 아버지께서 지금도 살아계신다면. 나는 그를 찾을 것이다.
  (아버지께서 살아계실 확률이 희박한 상황에서 쓰는 표현이므로 가정법과 다르다.)

- If the temperature **should drop** below zero, it **will** automatically **shut down**.
  만약 온도가 영하로 떨어진다면. 자동적으로 꺼질 것입니다.

- If I **were to be** born again, I **would study** harder.
  만약 다시 태어난다면. 공부를 더 열심히 할 것이다.
  (실현 가능성이 없는 경우에는 were toVR로 써준다.)

- If the earth **were to stop** revolving, I **would love** you forever.
  만약 지구가 회전을 멈춘다면. 나는 너를 영원히 사랑할 것이다.

- If you **should change** your mind, **please let me know**.
  만약 네가 마음을 바꾼다면. 내게 알려줘.

**참고**

**If절 속에 would가 들어가게 되면?**

주어의 의지나 의도. 소망을 나타내는 표현이 된다.

- If you **would** succeed, you **would have to do** your best.
  만약 네가 성공하고 싶다면. 최선을 다해야만 할 거야. (주어의 의지 표현)

## 연습하기 016

다음 문장들은 모두 틀린 문장이다. 틀린 부분을 밑줄 긋고 올바르게 옮기시오.

– 해석은 당연!

1. If he had not gone to the beach, I could ask him for help.

2. If I was you, I would stay here.

3. If you had followed my advice then, you could not have failed now.

4. I didn't go there. If I went there, I would have met her.

5. If you met her, please give my regard to her.

### 3 If로 시작하지 않는 가정법

**강민 형이 콕 찍어줄게!**

if절이 보이지 않기 때문에 가정법 과거인지, 가정법 과거완료인지 알 수 있는 방법은 <u>뒤에 나오는 부분에 중점을 두는 것이다.</u> 특히 <u>I wish</u> 가정법과 <u>if</u> 생략 가정법은 출제 빈도가 상당히 높으므로 제대로 공부해 두자.

### 1) I wish 가정법

I wish는 '나는 바란다'라고 해석하지 않는다. 보통 '바란다'라는 표현은 미래의 일을 소망하므로, <u>결과를 이미 알고서 말하는 가정법시제와 연결될 수 없기 때문이다.</u>
**I wish**의 정확한 해석은 '<u>좋을 텐데</u>'이며, I wish 다음의 종속절이 '만약 ~라면/만약 ~이었다면'이라는 해석이 된다. 그러므로 I wish절은 <u>직설법의 동사는 절대 쓰일 수 없고, 가정법 과거나 가정법 과거완료만이 쓰일 수 있는 것이다.</u>

'나는 바란다' 라는 표현은 어떻게 써야 하는가?.

I hope (that) S V로 쓰면 된다. 이때 I hope절은 가정법이 아니므로 가정법 시제가 아닌 일반 직설법 시제를 사용한다. 다시 한 번 말하지만 I wish절에서는 절대로 직설법 시제를 사용하면 안 된다.

---

I wish + (that) S + 가정법 과거/were/could VR : 현재사실에 반대되는 소망

I wish + (that) S + 가정법 과거완료(had pp)/could have pp : 과거사실에 반대되는 소망

---

· I wish (that) I were rich now.
  지금 부자라면 좋을 텐데.
  (가정법 과거 'were'를 썼으므로 '지금 부자가 아니다'라는 결과를 이미 알고 있으며 시제는 '현재'이다.)

· I wish my grandfather were healthy now.
  우리 할아버지께서 지금 건강하시다면 좋을 텐데.

· I wish (that) I had been rich then.
  그때 내가 부자였더라면 좋을 텐데.
  (가정법 과거완료 'had pp'를 썼으므로 '과거에 부자가 아니었다'라는 결과도 이미 알고 있으며 시제는 '과거'이다.)

· I wish I had worked harder in my school days.
  내가 학창시절 공부를 더 열심히 했더라면 좋을 텐데.

※I wish가 아닌 I wished가 나오게 되어도 '가정법 과거'와 '가정법 과거완료'를 사용하는 것에는 변함이 없다. 단 I wish와 차이가 있는데, 그것은 다음과 같다.

---

I wished + (that) S + 가정법 과거/were/could VR
⇒ I wished 와 동일 시점
(wished가 과거이므로 가정법 과거는 wished와 동일시점인 과거로 해석 한다. 여기선 현재가 아니다.)

I wished + (that) S + 가정법 과거완료(had pp)/could have pp
⇒ I wished 보다 한 시제 앞선 시점
(wished가 과거이므로 가정법 과거완료는 wished보다 한 시제 앞선 시점인 대과거로 해석 한다. 여기선 과거가 아니다.)

---

· I **wished** I **had** a girl friend **then**.

내가 그 당시에 여자 친구가 있었다면 좋았을 텐데.

(가정법 과거를 사용했으므로 wished와 동일한 시점 즉, '과거이야기'이다. 그러므로 then이라는 과거시점 부사가 쓰인 것이다.)

· I **wished** you **had studied** English and Math hard **before**.

네가 전에 영어와 수학을 열심히 공부 했었더라면 좋았을 텐데.

(가정법 과거를 사용했으므로 wished보다 한 시제 앞선 시점 즉, '대과거이야기'이다. 그러므로 before라는 대과거시점 부사가 쓰인 것이다. 물론 before는 과거, 현재완료와도 잘 어울린다.)

> **▲주 의**
>
> I wish의 대용표현도 알아두자! 이 대용표현은 보통 '강조'를 위해서 쓰인다.
>
> **If only + S + 가정법 과거/과거완료**
>
> **Would that + S + 가정법 과거/과거완료**
>
> if only와 would that을 보고 주절이 느껴지지 않지만, 사실은 생략된 표현이다. 그러므로 해석은 I wish처럼 '~한다면(~했다면) 좋을 텐데(좋았을 텐데)'라고만 하면 된다.
>
> · I **wish** (that) I didn't catch a cold now.
>
> = **If only** I didn't catch a cold now.
>
> = **Would that** I didn't catch a cold now.
>
> 지금 감기에 걸리지 않는다면 좋을 텐데.

> **참 고**
>
> **I wish가 '좋을 텐데'의 의미가 아닌 '나는 바란다'의 의미로 해석되는 경우가 있긴 하다.**
>
> 그 경우에는 I wish + S + **would VR** 이 사용된다. (평소 '좋을 텐데'의 의미를 가진 I wish에는 사용될 수 없음)
>
> · I wish that my students **would lead** healthier lives after graduation.
>
> 내 학생들이 졸업 후에 더 건강한 삶을 살기를 바란다.

## 2) as if (= as though) 가정법

I wish절과 뜻 만 다를 뿐, 쓰이는 방식은 매우 흡사하다. I wish와 마찬가지로 가정법 과거, 가정법 과거완료와 함께 쓰이며 해석은 '마치 ~인 것처럼 / 마치 ~이었던 것처럼'으로 한다.

| 직설법 + as if (=as though) + 가정법 과거/were/could VR : 현재 사실에 반대 |
| --- |
| 직설법 + as if (=as though) + 가정법 과거완료(had pp)/could have pp : 과거 사실에 반대 |

- He **talks** as if he **were** ill. (→ In fact he **is** not ill.)

  그는 마치 아픈 것처럼 말한다.

  (가정법 과거인 'were'를 사용했으므로 이미 결과를 반대로 알고 있으며, 현재시제를 말하고 있는 것을 유추해 낼 수가 있다. 그러므로 '실제는 안 아프다'라는 의미로 받아들일 수 있는 것이다.)

- Even though he **is** not rich, he always **acts** as if he **were** rich.

  비록 그가 부자는 아닐지라도, 그는 항상 부자인 것처럼 행동한다.

- He **talks** as if he **had been** ill. (→ In fact he **was** not ill.)

  그는 마치 아팠던 것처럼 말한다.

  (가정법 과거완료인 'had been'을 사용했으므로 이미 결과를 반대로 알고 있으며, 과거시제를 말하고 있는 것을 유추해 낼 수가 있다. 그러므로 '실제는 (과거에) 안 아팠다'라는 의미로 받아들일 수 있는 것이다.)

- He **didn't see** the drama but, he **talks** as if he **had seen** it yesterday.

  그는 드라마를 보지 않았다. 그러나 그는 마치 어제 그것을 봤던 것처럼 말한다.

※ as if절 앞의 주절에 현재 동사가 아닌 과거동사가 나오게 되어도 '가정법 과거'와 '가정법 과거완료'를 사용하는 것에는 변함이 없다. 단 주절에 현재 동사가 쓰이는 경우와 차이가 있는데, 그것은 다음과 같다.

---

**S + 과거동사 + as if + S + 가정법 과거/were/could VR ⇒ 주절의 동사와 동일 시점**

(주절 동사가 과거이므로 가정법 과거는 주절 동사와 동일시점인 과거로 해석 한다. 여기선 현재가 아니다.)

---

**S + 과거동사 + as if + S + 가정법 과거완료(had pp)/could have pp**
**⇒ 주절의 동사보다 한 시제 앞선 시점**

(주절 동사가 과거이므로 가정법 과거완료는 주절 동사보다 한 시제 앞선 시점인 대과거로 해석 한다. 여기선 과거가 아니다.)

---

- He **talked** as if he **knew** the fact.

  그는 마치 그 사실을 알고 있는 것처럼 말했다.

  (가정법 과거를 사용했으므로 talked와 동일한 시점 즉, '과거이야기'이다.)

- They **behaved** as if nothing **had happened**.

  그들은 마치 아무것도 일어나지 않았던 것처럼 행동했다.

  (가정법 과거완료를 사용했으므로 wished보다 한 시제 앞선 시점 즉, '대과거이야기'이다.)

**▲ 주 의**

as if 다음에 직설법이 올 수도 있는데, 이는 결과를 모르는 경우에 사용한다.
(I wish는 직설법이 올 수 없음)

· He looks as if he is sick. (= He **seems to be sick**.)
그는 마치 아픈 것처럼 보인다.

· It looks as if it **is going to** rain. (= It **is likely to rain**.)
마치 비가 올 것처럼 보인다.

**참 고**

**as if 역시 I wish처럼 강한 소망을 나타내는 경우 'would VR'을 사용할 수 있다.**

· It **looks** as if she **would visit** me tomorrow.
그녀가 내일 우리 집에 올 것 같아 보인다.

3) It's (high/about) time 가정법

마땅히 할 때가 지났는데 하고 있지 않은 상황에서 책망, 재촉의 표현으로 사용한다.

| | |
|---|---|
| It is (about/high) time | (that) + S + 가정법 과거 (were/과거동사/could VR) |
| | (that) + S + should VR (should 생략 불가) |
| | (for N) + to VR |

· It's time (that) you **got up**.
네가 일어나야 할 시간이야.

· It's (about / high) time (that) you **studied**.
네가 공부해야할 시간이야.

· It's (about / high) time (that) you **went** to bed.
= It's time (that) you **should go** to bed. = It's time **for you to go** to bed.
잠잘 시간이야.

## 4) If생략 가정법 (= 가정법 도치)

If절에 should, were, had pp가 있는 경우, if를 생략하고 주어와 동사를 도치 시킬 수 있다.

| | 원래 문장 | 도치 문장 |
|---|---|---|
| were | If + S + were + 보어 (가정법 과거)<br>If + S + were + toVR (가정법 미래) | Were + S + 보어<br>Were + S + toVR |
| had | If + S + had pp (가정법 과거완료/혼합가정) | Had + S + pp |
| should | If + S + should VR (가정법 미래) | Should + S + VR |

· **If I were** in your position, I would not do so.
   = **Were I** in your position, I would not do so.
      만약 내가 너의 입장이라면, 그렇게 하지 않을 텐데.

· **If you had** come at the party, she would have been happier then.
   = **Had you** come at the party, she would have been happier then.
      만약 네가 파티에 왔었더라면, 그녀는 그때 더 행복했었을 것이다.

· **If it should** rain, I would stay at home.
   = **Should it** rain, I would stay at home.
      만약 비가 내린다면, 집에 머무를 것이다.

---

**참고**

had, were, should가 아닌 가정법 과거동사에서도 드물지만 도치가 가능하다. 문법에서는 거의 볼 수가 없겠지만, 독해에서는 나올 수도 있으므로 당황하지 말자!

· **If I knew** his address, I would tell it to you.
   = **Did I know** his address, I would tell it to you.
      만약 내가 그의 주소를 안다면, 너에게 말할 것이다.

---

## 5) but for / without 가정법 구문

but for나 without의 경우 전치사이기 때문에 그 자체로는 가정법 과거인지 과거완료인지 구별할 수가 없다. 그러므로 주절을 보고 판단을 해야 한다. <u>이 구문은 동의어를 특히 잘 물어본다.</u>

| | 표현 | 동의어 |
|---|---|---|
| 가정법 과거 | but for N<br>without N | If it were not for N<br>Were it not for N<br>If there were no N |
| 해석 | ~이 없다면 | ~이 없다면 |

| 가정법 과거완료 | but for N<br>without N | If it had not been for N<br>Had it not been for N<br>If there had been no N |
|---|---|---|
| 해석 | ～이 없었더라면 | ～이 없었더라면 |

· **But for/Without** sunlight, we **could see** nothing.

  = **If it were not for** sunlight, ～

  = **Were it not for** sunlight, ～

  = **If there were no** sunlight, ～

    햇빛이 없다면 우리는 아무것도 볼 수 없을 텐데.

· **But for/Without** his class, we **would have failed** in the exam.

  = **If it had not been for** his class, ～

  = **Had it not been for** his class, ～

  = **If there had been no** his class, ～

    만약 그의 강의가 없었더라면, 우리는 시험에서 떨어졌을 것이다.

## 연습하기 017

다음 문장들은 모두 틀린 문장이다. 틀린 부분을 밑줄 긋고 올바르게 옮기시오.

– 해석은 당연!

1. Had Mason read the instructions carefully he could fill out the form correctly.

2. He talks as if he had been an Englishman but he is not an Englishman.

3. I like my job, but I wish my workplace had been closer to my house.

4. It is time you had submitted your report.

5. Were it not for your help, I couldn't have finished it.

**④ 직설법과 가정법의 혼용 구문**

강민 **형이 콕 찍어줄게!**

직설법의 시제에 따라 가정법의 시제가 정해진다는 것이 포인트이다. 그러므로 시제에 대해 묻는 문제가 대부분이다. '가정법 과거는 직설법 현재이야기', '가정법 과거완료는 직설법 과거이야기' 이 것만 이해하고 있다면 절대 어렵지 않은 문제이다.

## 1) otherwise 가정법 〈 직설법 + otherwise + 가정법 〉

앞 문장이 직설법으로 쓰이고 뒷 문장이 가정법으로 쓰인다. 위에서 말했듯이 각각의 시제에만 집중하면 된다. otherwise는 접속부사(접속사의 의미를 가지고 있는 부사 → 결국 품사는 부사임)로 쓰였으므로 앞, 뒤 문장을 연결해 줄 수 없다. 그러므로 otherwise 앞에는 접속사가 쓰여야하는데, 일반적으로는 세미콜론(;)을 자주 쓴다. 해석은 '~한다(했다); 그렇지 않으면(않았다면) ~할 텐데(했을 텐데).'로 하면 된다.

· I **went** at once; otherwise, I **should have missed** the train.
  = I **went** at once; if I **had not gone** at once, I **should have missed** the train.
    나는 즉시 갔다. 그렇지 않았더라면. 나는 기차를 놓쳤었을 텐데.
    (직설법이 went. 즉 과거로 쓰였으므로 뒤에 나오는 가정법은 과거완료가 쓰여야 옳다.)

· I **don't know** her number; otherwise, I **could tell** you.
  = I **don't know** her number; if I **knew** her number, I **could tell** you.
    나는 그녀의 번호를 모른다. 그렇지 않으면. 너에게 말할 수 있을 텐데.

· I **helped** him then; otherwise, he **might have failed**.
  = I **helped** him then; if I **had not helped** him then, he **might have failed**.
    나는 그때 그를 도왔다. 그렇지 않았더라면. 그는 실패했었을 텐데.

## 2) but(= except, save) 가정법 〈 가정법 + but (that) + 직설법 〉

otherwise용법과는 완전히 반대되는 용법이라고 생각하면 편하다. 즉 앞문장이 가정법으로, 뒷 문장이 직설법으로 쓰인다. but은 접속사 이므로 otherwise처럼 다른 접속사 (대표적으로 ;)를 쓸 필요가 없다. 해석은 '~할(했을)텐데, 그러나 ~한다(했다).'로 하면 된다.

· I **should have missed** the train but (that) I **went** at once.
  = I should have missed the train if I hadn't gone at once.
    나는 기차에 놓쳤었을 지도 모른다. 그러나 나는 즉시 갔다. (내가 즉시 가지 않았다면)
    (앞 문장이 가정법 과거완료로 쓰였으므로 뒤에 나오는 직설법은 과거로 쓰는 것이 옳다.)

· I **could lend** you but (that) I **don't have** a car.
 = I **could lend** you if I **had** a car.
  나는 너에게 빌려줄 수 있다. 그러나 나는 차가 없다. (내가 차가 있다면)

· He **might have failed** in the exam but (that) he **studied** hard.
 = He **might have failed** in the exam if he **had not studied** hard.
  그는 시험에서 떨어졌었을 것이다. 그러나 그는 열심히 공부했다. (그가 열심히 공부하지 않았더라면)

### 5 if절 대용 어구

강민 형이 콕 찍어줄게!

이 부분은 사실 문법으로는 출제되기가 좀 어렵고, 독해지문에서는 나올 수 있는 표현들이다. 문장에 if절이 없어도 <u>부사나, 명사, to부정사, 분사구문 등이 if절을 대신하여 쓰이는 경우</u>가 있다. 이때 이 어구들이 if의 대용표현인지 아닌지를 구분하게 하는 단서는 당연히 주절의 가정법형태이다. '조동사 + have + pp'는 아무 때나 함부로 쓰이지 않는다. 문장에 쓰였다는 것은 분명 어떤 이유가 있다는 말이고, 대부분이 '~했을 텐데'라고 하는 의미로 쓰이게 된다. (물론 조동사 part에서 배웠던 과거 사실에 대한 추측, 후회, 유감 표현 역시도 가능하다.)

· With your help, I could have succeeded. (전치사구)
 = If you **had helped** me, I could have succeeded.
  만약 네가 도왔었더라면, 나는 성공 할 수 있었을 텐데.

#### ⚠ 주 의

주절 동사 잘 봐라!!

위의 문장에서 주절에 could have pp가 아닌 그냥 일반 시제의 동사가 쓰였다면 절대로 가정법처럼 해석하면 안 된다. 위의 문장은 결국 '네가 도와주지 않아서, 나는 성공 할 수 없었다.'라는 의미이다. 만약 주절의 동사를 아래와 같이 쓰게 되면,

· With your help, I succeeded.
 너의 도움으로, 나는 성공했다.

이 문장은 가정법 시제로 쓰지 않았고 결국 '성공했다'라는 의미이므로 전혀 다른 뜻이 된다. 주의하자. 포인트는 주절의 동사다.

· A man of sense **would not do** such a thing. (명사)
  = If he **were** a man of sense, he would not do such a thing.
    센스가 있는 사람이라면 그런 짓은 안할 것이다.

· **To hear him talk**, you **would take** him for an American. (부정사구)
  = If you **heard** him talk, you would take him for an American.
    그가 말하는 것을 들어본다면. 너는 그를 미국인으로 여길 것이다.

· **Born in better times**, he **would have been** a great man. (분사구문)
  = If he **had been born** in better times, he would have been a great man.
    더 좋은 시대에 태어났었더라면. 그는 위대한 사람이 됐었을 텐데.

· She **could live** peacefully **here**. (부사)
  = She **could live** peacefully, if she **were** here.
    이곳이라면. 그녀가 편하게 살 수 있을 텐데.

· **Ten years ago**, he **could have done** it with ease. (부사구)
  = If it **had been** ten years ago, he could have done it with ease.
    10년 전이었다면. 그는 쉽게 그것을 했었을 텐데.

## 연습하기 018

**다음 문장들은 모두 틀린 문장이다. 틀린 부분을 밑줄 긋고 올바르게 옮기시오.**

– 해석은 당연!

1. You controlled your diet well; otherwise you had been fat.

2. I would have helped him but I don't have enough time to help him.

3. I took the subway; otherwise I would be stuck in traffic.

## 연습하기 019

다음 문장을 동사에 주의하여 해석하시오.

1. To hear her sing, you **would fall** in love with her.

   → _____ .

2. A good student **would not behave** like that.

   → _____ .

3. Born in another country, he **would not have died** so young.

   → _____ .

## 요약하기

가정법에서 가장 중요한 요소는 시제와 가정법 공식, 이 두 가지이다. 가정법에서 말하는 과거, 과거완료는 실제 우리가 알고 있는 과거, 과거완료 시제가 아니므로 제대로 이해를 못한다면 가정법 자체가 무너질 수 있다. 그러므로 〈가정법 과거는 현재이야기〉, 〈가정법 과거완료는 과거이야기〉 이 짧은 내용을 꼭 숙지하도록 하자.

또한 아무리 시제를 제대로 이해하고 있다고 하더라도 공식을 외우지 않으면 아무런 소용이 없다. 기껏 해봐야 가정법과거, 과거완료, 혼합가정, 가정법현재, 가정법미래 이 5가지 밖에 없으니 암기하자.

나머지 I wish, as if 가정법, 가정법 도치, 가정법과 직설법의 혼용구문 등은 위에서 말한 두 가지가 완성이 된 후에 공부하면 절대 어렵지 않은 부분이므로 가장 중요한 두 가지를 제대로 공부하지 않은 학생이라면 다시 뒤로 돌아가서 꼼꼼히 공부하고 오길 바란다.

## 적용하기 1단계 ❶ ❷ ❸

[1–4] Choose the one that could best completes the following sentence.

**01** It will never be known whether the agents _____ the attacks if they had received the green light earlier.

(A) can prevent
(B) had prevented
(C) have prevented
(D) could have prevented

**02** This study would have been impossible _____ for the recent availability of wartime German and postwar investigative records. [2016 홍익대]

(A) down
(B) out
(C) to
(D) but

**03** Without the careful observation of natural process no art or craft in the past _____.

(A) could be invented
(B) could not have been invented
(C) could have been invented
(D) could have invented

**04** "What will you do after graduation?"
"I don't know, but it's time _____ on something."

(A) I decided
(B) I will decided
(C) I would decide
(D) I had decided

[5–10] Choose the one which is grammatically incorrect among the four underlined parts.

**05** <u>Have</u> you met her <u>as</u> she was standing with head <u>titled</u>, you <u>would have seen</u> an unforgettable
   (A)            (B)                          (C)            (D)

smile on her face. [2016 단국대]

**06** We <u>might have</u> better luck if we'd walked west a block or <u>two</u>, but my mother and I had
          (A)                                            (B)

enough experience <u>of</u> Goldie to know that he would be <u>offended</u> if we struck out on our own.
                   (C)                                    (D)

[2021 홍익대]

**07** It is fortunate <u>that</u> we are <u>not all</u> moulded <u>after</u> one pattern; otherwise, life <u>will be</u> very
                  (A)          (B)         (C)                         (D)

monotonous.

**08** If the camel <u>has</u> to go <u>without</u> food for <u>a period</u> of time, the fat in the hump could nourish it
               (A)       (B)          (C)

for <u>several days</u>.
    (D)

**09** Should the volcano slope collapse and <u>slide</u> into the sea, a scientist warns, it <u>has sent</u> waves
                                    (A)                            (B)

<u>coursing</u> through <u>the Atlantic basin</u>.
  (C)             (D)

**10** I <u>regret</u> I didn't <u>start studying</u> English when I was young. I wish I <u>began</u> when I was <u>about</u>
   (A)         (B)                                    (C)           (D)

<u>seven</u>.

## 적용하기 2단계 ❶ ❷ ❸

[1–5] Choose the one that could best completes the following sentence.

**01** The travels of Marco Polo in the twelfth century would not have been so well known _____ for the book he wrote while in jail. [2016 서울여대]

(A) had it not been          (B) it had not been
(C) were it not              (D) it were not

**02** I _____ him accept their offer but I was not on the scene at that time.

(A) have not let             (B) had not let
(C) will not have let        (D) would not have let

**03** If my boss _____ while I'm out, please tell her that I'll be back as soon as I finish interviewing the candidates. [2015 가톨릭대]

(A) call                     (B) should call
(C) will call                (D) called

**04** The security of England depends on gentlemen being allowed to live peaceably in their homes as decent landlords and masters. _____ the aristocrats of France followed our example, they would not have found themselves severed at the neck. [2016 가천대]

(A) If                       (B) Unless
(C) Had                      (D) With

**05** If Fleming had not discovered penicillin, there _____ far more fatalities every year than there actually are. [2018 단국대]

(A) would have been          (B) would be
(C) are                      (D) will be

[6–10] Choose the one which is grammatically <u>incorrect</u> among the four underlined parts.

**06** One could <u>account for</u> what was observed equally well on the theory <u>that</u> the universe <u>was</u>
                    (A)                                                                  (B)

<u>set in motion</u> at some finite time in such a manner as to look as though it <u>will exist</u> forever.
   (C)                                                                        (D)

**07** <u>Pressed on</u> whether he <u>would seek</u> to take Britain <u>into the euro</u> if he <u>becomes</u> prime
     (A)                    (B)                       (C)          (D)

minister, Mr Miliband said it was 'very, very unlikely'.

**08** If Barney Clark <u>wouldn't have been</u> willing to be the first to <u>risk having</u> an artificial heart
                          (A)                                      (B)

implant, the development of the artificial heart <u>wouldn't be</u> <u>so far along</u> today.
                                           (C)       (D)

**09** He <u>looked like</u> he were in <u>some strange</u> land where <u>dwarves</u> were <u>playing about</u> in the
       (A)                    (B)                (C)        (D)

garden.

**10** Had Galbraith devoted more effort to <u>gathering</u> empirical evidence to support his views
                                   (A)

and to <u>finding</u> ways to test them statistically, <u>would his influence on economics</u> have been
   (B)                                      (C)

greater. <u>No error</u>.
      (D)

## 적용하기 3단계

❶ ❷ ❸

[1–5] Choose the one that could best completes the following sentence.

**01** The bus was leaning dangerously to the right side, and it looked as if it ＿＿＿＿＿＿ .

(A) had crashed           (B) had been crashed

(C) crashed           (D) has crashed


**02** It was such a funny sight that anyone who had seen it ＿＿＿＿＿＿ .

(A) would be laugh           (B) would have laughed

(C) would have been laughed           (D) would laugh


**03** The painter often incorporated patterns into his compositions, making them more striking than ＿＿＿＿＿＿ .

(A) they would otherwise have been

(B) they would otherwise be

(C) they had otherwise been

(D) otherwise they would be


**04** We were instructed to disable the trigger device ＿＿＿＿＿＿ there be any indication of system malfunction.

(A) should           (B) if

(C) in case           (D) provided that


**05** Although many adopted persons want the right to know who their natural parents are, some who have found them wish that they ＿＿＿＿＿＿ the experience of meeting.

(A) hadn't have           (B) hadn't

(C) did not have           (D) hadn't had

[6—10] Choose the one which is grammatically <u>incorrect</u> among the four underlined parts.

06  If the stars were <u>to appear</u> in the sky <u>only once in a century</u> how much people <u>will admire</u>
    　　　　　　　　　　(A)　　　　　　　　　　　(B)　　　　　　　　　　　　　　　　(C)

    their beauty and <u>how eagerly</u> they would wait for their appearance.
    　　　　　　　　　　　(D)


07  The piano <u>could hardly</u> have become so popular, <u>were</u> the music written <u>for it</u> not occupied
    　　　　　　　(A)　　　　　　　　　　　　　　　　(B)　　　　　　　　　　(C)

    a position <u>at the top of</u> European culture.
    　　　　　　　　(D)


08  Although the news <u>came</u> as a surprise <u>to all</u> in the room, everyone tried to do his work <u>as though</u>
    　　　　　　　　　　(A)　　　　　　　　(B)　　　　　　　　　　　　　　　　　　　　　(C)

    nothing <u>happened</u>.
    　　　　　(D)


09  The French philosopher Pascal remarks <u>that</u> seemingly trivial occurrences we might not
    　　　　　　　　　　　　　　　　　　　　　(A)

    even be aware <u>of</u> <u>affect</u> geopolitical event. He famously wrote, "Cleoptra's nose, <u>were</u> it
    　　　　　　　　(B)　(C)　　　　　　　　　　　　　　　　　　　　　　　　　(D)

    been shorter, the whole face of the world would have been changed.　　　[2016 가천대]


10  Aristotle <u>could avoid</u> the mistake <u>of thinking that</u> women have fewer teeth than <u>man had</u> he
    　　　　　　(A)　　　　　　　　　　(B)　　　　　　　　　　　　　　　　　(C)

    used the simple device of asking his wife <u>to keep</u> her mouth open while he counted.
    　　　　　　　　　　　　　　　　　　　(D)

# Chapter VI

## 부정사

부정사 Part를 공부하기에 앞서 무조건 알고 넘어가야 하는 개념! '준동사'

부정사/동명사/분사는 모두 동사에서 파생된 문법이므로 이들 모두를 '준동사'라 칭한다.
그러므로 준동사의 기본 특징은 부정사/동명사/분사 모두에 적용되므로 반드시 이해하고 넘어가자.

## 1. 준동사의 특징

준동사는 비록 동사는 아니라 동사자리에 올 수는 없지만, 동사에서 비롯된 품사이기 때문에 <u>동사의 성격이 그대로 유지된다</u>는 특징을 가지고 있다.
그러므로 동사의 특징을 제대로 알고 있다면 준동사의 특징을 아는 것은 대단히 쉬운 일이 된다.
(즉, 준동사를 공부하려면 반드시 <u>동사 공부가 선행되어야</u> 한다는 말이다.)

## 2. 동사의 5가지 특징 (준동사가 그대로 물려받는 특징임)

① 동사의 뒷 구조를 그대로 따라한다.
② 의미상 주어가 존재한다. (분사파트 Key Point)
③ 수동태 표현이 가능하다.
④ 시제 표현이 가능하다.
⑤ 부사의 수식을 받는다. (동명사파트 Key Point)

여기서는 ①번 개념만 제대로 잡고 넘어가도록 하자. (나머지는 뒤에 제대로 설명이 나온다.)
'solve'라는 동사를 예로 들어보자. 이 동사는 타동사이다. 타동사는 뒤에 반드시 목적어를 동반해야 하므로 'solve + 목적어' 라는 구조가 쓰이게 된다. 이 '목적어'가 solve동사의 뒷 구조인 것이다.
그럼 이 **solve**동사에 to나 ing를 붙인다 하더라도 뒷 구조인 목적어는 여전히 뒤에 남게 된다.

ex) solve the problem. → <u>to solve the problem</u> (O) / <u>solving the problem</u> (O)
　　　　　　　　　　　　　　　to 부정사구　　　　　　　　동명사/분사구

그렇다면 이렇게 만들어진 준동사들을 어떻게 활용하는 것인가? 그것에 대한 설명은 아래 3번에 나와 있다.

 **노파심에 잠깐!**
(알거라고 믿지만 혹시 몰라서)

## 3. to부정사 VS 동명사 VS 분사 (각각 준동사의 차이는?)

① to부정사 – 명사 / 형용사 / 부사의 역할을 모두 다 할 수 있다.
② 동명사 – 명사 / 형용사 / 부사 중 **명사의 역할만** 할 수 있다.
③ 분사 – 명사 / 형용사 / 부사 중 **형용사의 역할만** 할 수 있다.

동명사와 분사는 각각 한 가지 역할밖에 할 수 없으므로 동명사와 분사를 헷갈리는 경우는 드물고, to부정사와 나머지 준동사들은 충분히 헷갈릴 수가 있으므로 조심하자.

- 명사는 문장 안에서 주어, 목적어, 보어, 전치사의 뒤 자리에 놓여야 한다.
- 형용사는 명사를 수식하거나, 보어 자리에 놓여야 한다.
- 부사는 문장에 아무런 영향력이 없으므로 해석만 제대로 하면 된다. (위치는 별로 중요치 않음)

**① to부정사의 개념과 기본 용법 세 가지**

to부정사는 말 그대로 '부정사(不定詞) : '정해지지 아니한 말'이란 의미로 '품사'가 정해지지 않았다는 뜻이다. 그러므로 품사는 문장의 위치에 따라 명사, 형용사, 부사로 쓰일 수 있다.

**강민 형이 콕 찍어줄게!**

❶ 각각의 부정사와 다른 준동사를 비교하는 문제에 주의하자.
(가령, to부정사의 명사적 용법과 동명사는 둘 다 명사로 쓰이므로 언제, 어떤 준동사를 쓰느냐가 출제 포인트이다.)

❷ 부정사는 명사, 형용사, 부사의 품사가 모두 되기 때문에 그 용법과 해석법이 상당히 많다. 각각의 용법들을 명확히 아는 것이 중요하다. (물론 우리는 핵심이 되는 것 위주로 공부한다.)

## 1) 명사적 용법 I (주어, 목적어, 보어, 동격 역할의 to 부정사)

부정사가 문장 안에서 명사로 쓰여 주어, 목적어, 보어, 자리에 놓이는 용법을 말한다. 하지만 또 다른 명사의 자리인 전치사의 목적어 자리에는 부정사는 올 수 없다. 해석은 보통 '~하기, ~하는 것'으로 한다.

### (1) 주어 역할

to부정사가 주어자리에 당연히 쓰일 수 있지만 보통은 가주어 it을 쓰고 to부정사는 뒤로 보내서 진주어로 만드는 가주어 진주어 구문이 일반적이다. 현대 영어에서는 주로 동명사가 주어자리에 쓰인다. (동명사는 가주어 진주어 구문으로 잘 쓰지 않는다.) 또한 to부정사나 동명사가 주어자리에 오면 단수 취급한다. (주어자리에 하나만 나왔으니까)

· **To learn a foreign language** is useful.
  = It is useful **to learn** a foreign language. (보통 가주어 진주어로 많이 사용함)
  외국어를 배우는 것은 유익하다.

· **To know oneself** is difficult.
  = It is difficult **to know oneself.**
  자기 자신을 안다는 것은 어렵다.

### (2) 목적어 역할

타동사의 목적어 자리에 쓰이며, 이 경우 동명사를 목적어로 취하는 동사와 to부정사를 목적어로 취하는 동사를 반드시 외워둬야 한다. (35, 36p 참고)

· Many people **decide** **to start new things** in the new year.
  많은 사람들은 새해에 새로운 것을 시작하기로 결심한다.

· I **hope** to see you again.
다시 뵙길 바랍니다.

---

**▲ 주 의**

전치사의 목적어 자리에 to부정사는 올 수 없지만, 일부 관용 표현에는 쓰인다.

관용표현 〈be about to부정사 (막 ～하려고 하다)〉
〈have no choice (alternative/other way) but to부정사 (～하지 않을 수 없다)〉

· He is **about to** go.
그는 막 가려고 한다.

· I have no choice **but to** turn back.
되돌아가는 수밖에 없다.

---

## (3) 보어 역할

보어자리에 명사가 온다는 것은 주어와 보어가 <u>동격이 됨</u>을 의미한다. 그러므로 보어자리에 to부정사가 명사적 용법으로 쓰이면 주어와 동격이 성립되어야 한다.
보어자리에 동명사가 아닌 부정사를 반드시 써야하는 주어가 있으니 알아두도록 하자. (동명사 쓰면 틀림)

---

**보어자리에 to부정사만을 써야하는 명사 (동명사 안 됨)**

plan, wish, purpose, duty, ambition, function, objective, aim …

---

· My wish is ~~meeting~~ her at once. (X)
→ My wish is **to meet** her at once. (O)
내 소망은 그녀를 즉시 만나는 것이다.

· What I must do is **to help you.** (What I must do = to help you)
내가 해야 할 것은 너를 돕는 것이다.

---

**참고**

주어에 All, What절, The only thing 등이 오면 주격보어 자리에 나오는 to부정사는 to가 생략된 원형부정사가 올 수도 있다. (이를 유사강조구문이라 부른다.)

· What I must do is (to) help you.
· The only thing I can do is (to) study English.
내가 할 수 있는 유일한 것이 바로 영어공부 하는 것이다.

---

## (4) 동격 역할

특정한 명사가 나오는 경우 그 명사 뒤에 to부정사가 동격으로서 나올 수 있다. 이는 마치 형용사처럼 보이지만, to부정사가 앞에 있는 명사를 단순 수식한 것이 아니라, <u>명사의 '내용'을 설명하는 것이기 때문에 형용사는 아니다. 해석은 'to부정사라고 하는 명사'로 하면 된다.</u> 이때 어떤 명사는 to부정사가 아닌 'of ~ing'를 동격으로 취할 수 있기 때문에 구분을 해야 한다.

---

**to 부정사를 동격으로 취하는 명사**

ability, attempt, effort, desire, decision, resolution, plan …

---

**of + 동명사를 동격으로 취하는 명사**

possibility, idea, thought, responsibility, experience, fear, hope, process, risk …

---

**to 부정사와 of + 동명사를 모두 동격으로 취하는 명사**

way, right, reason, opportunity, chance toVR (~할 기회) / chance of ing (~할 가능성)

---

· He has no <u>ability</u> to solve the problem.
  그는 그 문제를 풀 능력이 없다.

· They devised <u>a plan</u> to rob a bank.
  그들은 은행을 털 계획을 생각해냈다.

· His <u>decision</u> to retire surprised all of us.
  그의 은퇴 결정은 우리 모두를 놀라게 했다.

· There is little <u>possibility</u> of his coming.
  그가 올 가능성은 거의 없다.

---

**참고**

**명사 hope와 동사 hope를 혼동하지 말라!**

hope of ~ing = ~ing 하리라는 가능성/희망 (여기서의 hope는 명사)

hope to부정사 = ~하기를 바라다. (여기서의 hope는 동사)

· He has no **hope of winning** the game.
  그는 경기에 이길 가망이 없다.

## 2) 명사적 용법 II (의문사/whether + to 부정사)

wh로 시작하는 의문사 또는 whether절 안에 있는 주어가 주절의 주어와 같거나, 누구나 알 수 있는 주어일 경우 그 주어를 생략하고, 동사 앞에 to를 붙여 'what to R'등의 형태로 쓰이며, 이 구조를 하나의 명사로 취급한다. 이 경우 해석은 의문사에 따라 달라지므로 아래를 참고하면 된다.

---

what toVR : 무엇을 ～해야 할지          when toVR : 언제 ～해야 할지

whom toVR : 누구를 ～해야 할지          where toVR : 어디서(어디로) ～해야 할지

which toVR : 어떤 것을 ～해야 할지        how toVR : 어떻게 ～해야 할지

whether toVR : ～해야 할지 말아야 할지

---

· **How we should live** is the most important thing in life.
= **How to live** is the most important thing in life.
어떻게 살 것인가가 인생에서 가장 중요한 일이다.

· The problem is **what to do now**.
문제는 지금 무엇을 해야만 하는 가이다.

· They don't know **when to stop**.
그들은 언제 멈춰야 할지 모르고 있다.

· I don't know **whether to laugh or cry**.
나는 웃어야 할지 울어야 할지 모르겠다.

· There was no question as to **whom to invite** to the party.
파티에 누구를 초대해야만 하는지에 대해서 의문이 없었다.

· I have an idea on **how to solve** the problem.
난 그 문제 푸는 방법을 알아요.

## 3) 형용사적 용법 I (한정적 용법)

형용사는 명사를 꾸며주거나 보어자리에 들어가는 품사를 말한다. 이때 명사를 꾸며주는 용법을 '한정적 용법'이라 부르고, 보어자리에 쓰이는 용법을 '서술적 용법'이라 부른다. 여기서는 우선 명사를 꾸며주는 한정적 용법을 먼저 보도록 하자.
to부정사의 한정적 용법은 문맥에 따라 앞에 꾸밈을 받는 명사가 to부정사의 의미상 주어 역할을 또는 목적어 역할을 하는 경우가 다르기 때문에 주의해서 보도록 하자.

### (1) 명사를 수식하는 부정사의 형용사적 용법 (명사가 의미상의 주어역할)

만약 to부정사의 뒷 구조가 완전한 구조로 온다면 수식을 받는 명사는 의미상의 주어역할을 하게 된다.

· He was the first person **to travel the country.**

그는 그 나라를 여행한 첫 번째 사람이었다.

(travel은 타동사로 뒤에 목적어 the country를 가져왔다. 그러므로 완전한 구조가 되고, 이 경우 앞 명사 person이 의미상 주어가 되는 것이다. 이 부분만 따로 해석해 보면 '사람이 그 나라를 여행한다.'로 의미가 통하게 된다.)

= He was the first person **who traveled the country.**

(또한 이 문장은 주격관계대명사로 바꿔 쓸 수도 있다.)

· He is not a man **to betray us.**

그는 우리를 배반 할 사람이 아니다.

· He is **the last** man **to do that.**

그는 결코 그것을 할 사람이 아니다.

---

**참고**

**to부정사의 수식을 받는 명사가 the last라는 형용사의 수식을 받는 경우**

이 경우 to부정사에 쓰인 동사에 따라 '~할 마지막' 또는 '결코 ~하지 않을'의 의미로 달리 쓰인다.

즉, '왕래발착동사가 to부정사에 쓰이면 '순서'의 개념이 생기므로 '~할 마지막이라는 의미가 되고, 순서의 개념이 없는 동사가 to부정사로 쓰이는 경우에는 '결코 ~하지 않을' 이라는 의미로 해석이 된다.

· She was **the last person** to do anything against the rules. (순서 개념 없음)

그녀는 결코 규칙에 어긋나는 일을 하지 않을 사람이었다.

· She was **the last person** to arrive here. (순서 개념 있음)

그녀는 여기에 도착할 마지막 사람이었다.

---

**▲ 주 의**

**부정사의 수식을 받는 명사 (분사는 쓰일 수 없다)**

the first, the last, the only, the very, the next등과 함께 쓰인 명사는 to부정사의 수식을 받지, 분사의 수식을 받지는 못한다.

· He was **the first** person ~~traveling~~ the country. (X)

---

### (2) 명사를 수식하는 부정사의 형용사적 용법 (명사가 의미상의 목적어역할)

to부정사의 뒷 구조에 목적어가 없는 불완전한 구조로 온다면 수식을 받는 명사는 의미상의 목적어역할을 하게 된다. 일반적으로 '명사 + to타동사' / '명사 + to자동사 + 전치사'의 구조로 쓰인다.

· We want a cold beverage **to drink** after the game.

우리는 게임 후에 마실 차가운 음료를 원한다.

(drink는 '~을 마시다'라는 의미로 보통 타동사로 쓰이게 되는데 뒤에 목적어가 나오지 않았으므로 앞에 있는 명사 'a cold beverage'가 to drink의 의미상 목적어가 된다. 이 부분만 따로 해석해 보면 '차가운 음료를 마시다.'로 의미가 통하게 된다.)

= We want a cold beverage **which we will drink** after the game.
이 문장은 목적격 관계대명사로 바꿔 쓸 수도 있다.

· He has a large family **to support**.
그는 부양할 가족이 많다.

· There are many sights **to see** in Seoul.
서울에는 볼 곳이 많다.

· I have no pen **to write with**. (= I have no pen **which I write with**.)
나는 가지고 쓸 펜이 없다.
(펜을 쓰는 것이 아니라 펜을 가지고 쓰는 것이므로 with를 붙여야 문법적으로 옳은 표현이 된다.)

· I need a bed **to sleep on**, a house **to live in**, and a friend **to talk with**.
나는 잘 침대, 살 집, 대화할 친구가 필요해요.

· I want a knife <u>to cut the bread</u>. (△) → I want a knife **to cut the bread with**. (O)
나는 빵을 자를 칼이 필요하다.
(칼을 가지고 빵을 자르는 것이기 때문에 with를 붙이는 것이 맞는 표현이지만, 목적어를 가져오는 경우에는 굳이 with를 쓰지 않아도 맞는 표현으로 인정이 된다. 물론 with를 쓰는 것이 더 깔끔한 표현이다.)


## (3) 명사를 수식하는 부정사의 형용사적 용법 (명사 + 전치사 + 관계대명사 + to부정사 → 격식체)

원래 to부정사의 형용사적 용법은 관계대명사절과 같은 원리에서 생겨났다. 그러므로 〈명사 + to부정사 + 전치사〉의 구조 역시도 관계대명사절로 바꿀 수가 있는데, 이 경우 <u>〈명사 + 관계대명사 + to부정사 + 전치사〉의 구조는 틀린 문장이 되고, 전치사가 앞으로 넘어간 〈명사 + 전치사 + 관계대명사 + to부정사〉의 구조만 맞는 문장이 된다.</u>
(물론 아직 관계대명사를 제대로 배우지 않았기 때문에 이 부분이 어려운 학생들은 그냥 이런 게 있구나. 하고 넘어가도 좋다)

· I lack words **to express my thanks with**.
= I lack words **which I can express my thanks with**. (목적격 관계대명사로 전환 가능)
= I lack words **with which I can express my thanks**. (전치사는 관계대명사 앞으로 보낼 수 있다.)
= I lack words **with which to express my thanks**. (전치사 + 관계대명사는 to부정사로 전환 가능)
≠ I lack words ~~which to express my thanks with~~. (일반 관계대명사는 절의 구조로 나와야 맞는 표현이다.)
나는 그들에게 말로는 감사의 표현을 다 할 수 없다.

· I need a chair **on which to sit**.
나는 앉을 의자가 필요하다.

· Every citizen should try to make their city a good place **in which to live**.
모든 시민은 자기 도시를 살기 좋은 곳으로 만들도록 노력해야 한다.

## 4) 형용사적 용법 II (서술적 용법 → 보어역할을 하는 to부정사)

### (1) be + to부정사 용법 (일명 be to용법)

be동사 다음 to부정사가 나오는 경우, 그 to부정사는 '명사적 용법'이 될 수도 '형용사적 용법'이 될 수도 있다. '명사적 용법'으로 쓰이는 경우 '~하는 것'이라고 해석 하면 되고, '형용사적 용법'일 경우에는 문맥에 따라 크게 5가지의 해석법으로 해석을 해준다. 이 보어자리에 오는 'to부정사의 형용사적 용법'을 <u>'be to부정사 용법'</u> 줄여서 <u>'be to 용법'</u>이라 칭한다.

---

① 예정 (~할 예정이다) → 보통 미래 시간표시 부사구와 함께 쓰인다.

· He is **to meet a buyer** on coming Tuesday.
  그는 오는 화요일에 바이어를 만날 예정이다.

② 가능 (~할 수 있다) → 주로 부정문이나 수동태에 사용된다.

· No one was **to be seen** in the emergency room.
  응급실에는 아무도 보이지 않았다.

③ 당연한 의무 (~해야 한다)

· The driver of the car is **to obey the traffic laws**.
  운전자는 교통법을 지켜야 한다.

④ 의도 (~하고자 한다면, ~하려고 한다면) → if절 속에서의 be to는 무조건 의도

· If you **are to catch** the train, you had better hurry.
  열차를 잡고자 한다면, 서두르는 것이 좋을 거야.

⑤ 운명 (~할 운명이다)

· The poet **was to die** young.
  그 시인은 요절할 운명이었다.

---

### 참고

**명사적 용법으로 보어역할을 하는 부정사와 형용사적 용법으로 보어역할을 하는 부정사와의 구별**

명사적 용법의 to부정사는 '주어 = 보어'이고, 형용사적 용법의 to부정사는 '주어 ≠ 보어' 이다.

· His job is **to sell** cars. (His job = to sell cars) → 명사적
· He **is to sell** his cars (He ≠ to sell his cars) → 형용사적

## (2) 2형식 불완전 자동사의 주격보어

다음의 동사들은 특히 보어자리에 to부정사를 주로 취하는 동사들이므로 외워두자. 동명사는 쓸 수 없다.

| | |
|---|---|
| seem, appear (~처럼 보이다) | prove, turn out (~으로 판명 나다) |
| happen, chance (우연히 ~하다) | come, get, grow (~하게 되다) |

· The knight **seems to be** very sad.
  그 기사는 매우 슬픈 것처럼 보인다.

· He **appeared to have been** able.
  그는 유능했던 것 같다.

· I **happened to hit** the homerun.
  나는 우연히 홈런을 쳤다.

· I **chanced to meet** her in my walk.
  나는 가는 도중 우연히 그녀를 만났다.

· He **proved to be** a capable man himself.
  그는 스스로를 능력 있는 사람으로 증명했다.

· She **turned out to be** a mad girl.
  그녀는 미친 소녀로 판명 났다.

· How did you **get to know**?
  어떻게 그를 알게 되었니?

· It was long before his books **came to be recognized** by the public.
  그의 책이 많은 사람들의 인정을 받는 데는 오랜 기간이 걸렸다.

· The boys **grew to like** those who arrived there to help them.
  그 소년들은 그들을 돕기 위해 그곳에 도착했던 사람들을 서서히 좋아하게 되었다.

· How did you ~~become to know~~? (X)
  become역시 2형식으로 '되다'의 의미를 갖지만 come, get, grow처럼 to부정사를 보어로 취하지는 못한다.

## 연습하기 020

**다음 문장들은 모두 틀린 문장이다. 틀린 부분을 밑줄 긋고 올바르게 옮기시오.**

– 해석은 당연!

1. I want to have a puppy to play.

2. She is the first woman climbing the Mountain.

3. I can't live without to listen to music.

4. They made the attempt of solving the problem.

5. I don't know whom to go to the hospital.

## 5) 부사적 용법

원래 부사는 동사, 형용사, 부사, 문장 전체 등을 수식하는 역할을 한다. to부정사의 부사적 용법도 부사로 쓰이기 때문에 당연히 같은 역할을 하게 된다. to부정사가 부사로 쓰이는 경우 해석이 다양하므로 많은 글을 읽어보는 것이 좋다. 일반적으로 '목적', '결과', '감정의 원인', '판단의 근거', '조건', '양보', '정도' 등의 의미로 쓰이는데, 모두 비슷한 빈도로 사용되는 것은 아니다. 그러므로 자주 쓰이는 것들 위주로 먼저 공부하고 나머지는 '이런 것들도 있구나.' 하고 넘어가는 것이 더 좋다.

### (1) 목적 (~하기 위해서)

to부정사의 부사적 용법 중에 가장 흔하게 사용되는 용법이다. 어느 정도 독해를 해본 학생이라면 절대 모를 리 없는 해석법인만큼 굉장히 자주 쓰인다. 문법시험에서는 '동의어와 반의어'에 초점을 두고 공부하면 되겠다.

· He raised his right hand <u>to ask</u> a question.
   = He raised his right hand <u>so as to ask</u> a question.
   = He raised his right hand <u>in order to ask</u> a question.
   = He raised his right hand <u>with a view to asking</u> a question.
   = He raised his right hand <u>for the purpose of asking</u> a question.
   = He raised his right hand <u>so that he can/may ask</u> a question.
   = He raised his right hand <u>in order that he can/may ask</u> a question.
   그는 질문을 하기 위해 손을 들었다.

목적의 부정표현 역시 알아두면 좋다. 일반적으로 위에 쓰인 문장에 not의 위치만 잘 잡으면 되고, 특수용법만 살짝 기억해두자.

· He works very hard <u>not to fail</u>.
  = He works very hard <u>so as not to fail</u>.
  = He works very hard <u>in order not to fail</u>.
  = He works very hard <u>with a view to not failing</u>.
  = He works very hard <u>for the purpose of not failing</u>.
  = He works very hard <u>so that he can/may not fail</u>.
  = He works very hard <u>in order that he can/may not fail</u>.
  = He works very hard <u>lest he (should) fail</u>. (140p 참고)
  = He works very hard <u>for fear that he (should) fail</u>.
  = He works very hard <u>for fear of failing</u>.
    그는 떨어지지 않기 위해 열심히 공부했다.


## (2) 결과 (그래서 그 결과, 그러나 그 결과)

용법에 따라 (그래서)를 붙이거나, (그러나)를 붙인다. 물론 둘 다 붙여도 되는 표현도 있다. 자주 나오는 표현은 아니다. 가장 대표적인 표현은 'so ~ as to부정사'이다. 목적의 'so as to부정사'와 헷갈리지 않도록 하자. 중간에 '형용사나 부사'가 들어간 표현이 '그래서 그 결과'의 의미를 지닌다.

· He studied **so** hard **as to pass** the exam.
  = He studied **so** hard **that** he passed the exam.
  = He studied hard, **so that** he passed the exam.
    그는 열심히 공부해서 그 결과 시험에 통과했다.

---

**참고**

**so that절은 ① ~하기 위해서 / ② 그래서 그 결과의 해석이 다 된다.**

Q. 이 두 가지는 어떻게 구분이 가능한 것일까?

A. 우선은 해석이다. 문맥을 보면 구분이 가능하다. 또한 so that절 안에 조동사 can이나 may가 들어가면 ①,②의 해석이 둘 다 될 수 있지만, so that절 안에 조동사 can, may가 들어가 있지 않으면 ②의 해석으로 한다.

· He worked hard in the rain **so that** he **caught** a cold.
  그는 비속에서 열심히 일했다. 그래서 그 결과 그는 감기에 걸렸다.
  (so that절 안에 조동사가 없다. 그러므로 ②의 해석밖에 안 되는 것이다.)

· He caught a cold **so that** he **couldn't attend** the meeting.
  그는 감기에 걸렸다. 그래서 그 결과 그는 회의에 참석할 수 없었다.
  (so that절 안에 조동사 could가 들어가 있으므로 ①,②번 둘 다 해석이 될 수 있다. 이 경우에는 문맥상 더 타당한 쪽으로 해석하면 된다. '그는 회의에 참석하지 않기 위해 감기에 걸렸다.'라는 말은 타당하지 않다. 이 문장이 타당하다고 생각되는 사람들은... 좀 위험하다...)

나머지 표현들을 보자.

**① 무의지 자동사 (grow up, live, awake 등) + to부정사 : 그래서 그 결과**
이 동사들은 의도한 것이 아닌 그저 시간의 전후로 인해 발생한 결과로 해석이 된다.

· He **awoke** with a start **to find** the whole house on fire.
  깜짝 놀라 깨어보니 집 전체가 불타고 있었다.

· He **lived to see** his great-grandchildren.
  그는 살아서 그 결과 증손자까지 보았다.

· She **grew up to be** a famous ballerina.
  그녀는 자라서 유명한 발레리나가 되었다.

**② only to부정사 : ① 단지 ~하기 위해서 / ② 그러나 그 결과 (역접의 결과)**
only to부정사는 두 가지의 해석이 되는데, 대부분은 ②번의 해석법을 따른다. 그러나 ①번의 해석도 얼마든지 가능하므로 문맥을 통하여 구별해야 한다.

· He worked hard **only to succeed**. (work의 목적)
  그는 성공하기 위해 열심히 일했다.

· He worked hard **only to fail**. (work의 역접 결과)
  그는 열심히 일했지만 실패했다.

· I went to the parking lot, **only to find** that my car had been stolen. (go의 역접 결과)
  나는 주차장에 갔다. 그러나 그 결과, 내 차가 도난당했다는 것을 알았다.

**③ never to부정사 : ① 그래서 그 결과 ~않다 / ② 그러나 그 결과 ~않다**
마찬가지로 문맥을 통해 구별하면 된다.

· He left home **never to return**.
  그는 집을 나갔고 다시는 돌아오지 않았다.

· I studied hard, **never to get a good grade**.
  나는 열심히 공부했으나, 좋은 점수를 얻지 못했다.

## (3) 감정의 원인 (~해서)

주로 감정을 나타내는 동사나 형용사 다음에 쓰인다.

afraid, ashamed, sorry, happy, glad, surprised, disappointed, delighted, pleased, proud, sad, anxious, frightened … (형용사)

weep, smile, rejoice, grieve … (동사)

· I am **sorry to hear** the bad news. (sorry의 원인)
  그 나쁜 소식을 들어서 유감이다.

· He was **happy to see** his wife again. (happy의 원인)
  그는 아내를 다시 만나서 행복했다.

· She wept to see the sight. (동사 weep의 원인)
  그녀는 그 광경을 보고 울었다.

### 참고

**감정의 형용사 + to부정사 = 감정의 형용사 + that절**

일반적으로 주절의 주어와 종속절의 주어가 같은 경우에는 두 번 쓸 필요가 없기 때문에 that절 보다는 to부정사를 더 선호한다. 즉 주절의 주어와 종속절의 주어가 다른 경우, 또는 주절과 종속절의 시제가 다른 경우 that절을 더 선호한다. 해석은 to부정사의 감정의 원인과 같은 해석으로 하면 된다.

· I am glad that I see you. (X) (주어가 같으므로 그냥 to부정사를 쓰는 것이 원칙이다.)
· I am glad that he passed the test. (O) (주어도 다르고 두 동사간의 시제도 다르므로 that절이 더 좋은 표현)
  나는 그가 시험에 통과해서 기쁘다.

## (4) 판단의 근거 (~하다니)

to부정사가 주어를 판단하는 근거로 쓰이며, 주로 must be, cannot be, 감탄문에 연결된다. 자주 쓰이지는 않는다.

· Tom **must be** a fool **to believe** such a thing.
  그러한 것을 믿다니, 탐은 바보임에 틀림없다.

· He **cannot be** rich **to ask** you for some money.
  너에게서 돈을 빌리다니 그는 부자일 리가 없다.

· How foolish I was **to trust her!**
  그녀를 믿다니 얼마나 어리석은가!

### (5) 조건 (~하다면) (173, 174p 참고)

주로 가정법 동사 will, would, should, might 등과 함께 쓰인다. 자주 쓰는 표현은 아니다.

· I'll **be** happy **to meet** him.
   = I'll be happy, if I meet him.
   그를 만난다면 행복할거야.

· **To hear** him talk, you **would think** him a foreigner.
   = If you hear him talk, you would think him a foreigner.
   그가 말하는 것을 듣는다면, 당신은 그를 외국인으로 여길 텐데.

### (6) 양보 (비록 ~할지라도 / 아무리 ~할지라도)

해석할 때 to부정사의 내용과 주절의 내용이 반대인 경우에 '양보'로 해석해준다. 자주 쓰는 표현은 아니다.

· **To do** my best, I could not pass the exam.
   = Though I did my best, I could not pass the exam.
   최선을 다했지만, 시험에 떨어졌다.

· **To see** it, you will not believe it.
   비록 그것을 본다고 할지라도, 너는 못 믿을 것이다.

### (7) 정도 (~할 정도로 / ~하기에)

문법 시험에서는 <u>부사적 용법 중에 가장 출제 빈도가 높은</u> 부분이다. 대부분 중, 고등학교 시절에 한 번 쯤은 들어봤음직한 표현들이므로 생소하지는 않을 것이다.

#### ① 형용사/부사 + enough + to부정사 (to부정사 할 정도로 충분히 ~하다)

이 용법은 <u>어순에 대해 묻는 문제</u>가 그동안 자주 출제되었다. 그러므로 해석은 물론이고 어순을 잘 기억하자.

· He is ~~enough old~~ to go there alone. (X) (어순이 틀렸다)
   → He is **old enough to go** there alone.
   그는 혼자 갈 수 있을 정도로 충분히 나이를 먹었다.

#### ② too 형용사/부사 to부정사 (너무나 ~해서 to부정사 할 수 없다 = to부정사 할 수 없을 정도로 너무나 ~하다)

이 용법은 too ~ to부정사가 서로 짝을 이루고 있으므로 <u>다른 어구와 연결될 수 없다는 것</u>이 Point이다.
또한 '<u>형용사 VS 부사</u>'의 문제도 역시나 출제 Point이다.

· The stone is **too heavy** for me **to lift**.
   이 돌은 너무나 무거워서 내가 들 수 없다. = 이 돌은 내가 들 수 없을 정도로 너무나 무겁다.

· The stone is **too heavy** for me **to lift** it. (X)
   (lift가 타동사임에도 목적어를 쓰지 않았다. 그 이유는 lift의 목적어가 주어인 the stone이기 때문이다.)

= The stone is **so heavy** that I **can't lift it.**
that이라는 접속사가 이끄는 부사절은 항상 완전한 문장이 쓰여야 한다.

**③ S + be + 난이형용사/일부 형용사 + to부정사 (~하기에 어렵다/쉽다)**
이 구문 역시 <u>중요한 구문이다.</u> 이 구문의 문법적 포인트는 to부정사이다. to부정사 자리에 아무리 타동사가 쓰였다고 할지라도 절대 목적어를 쓰면 안 된다. 또한 수동태로 표현해서도 안 된다. 즉, <u>to부정사 뒤는 반드시 불완전한 구조로 남아야 한다.</u>

> easy, difficult, hard, (im)possible, tough, good …

· It is not **easy** to buy <u>a good used car</u> these days. (원래 가주어 진주어 구문에서 비롯된 표현이다.)
 → <u>A good used car</u> is not **easy** ~~to be bought~~ these days. (X)

→ <u>A good used car</u> is not **easy to buy** these days. (O)
요즘 좋은 중고차는 사기(에) 쉽지 않다.

· It is difficult for you to master <u>English</u>.
　→ <u>English</u> is difficult for you ~~to be mastered~~. (X)
　→ <u>English</u> is difficult for you to master. (O)
　　영어는 네가 마스터 하기는 어렵다.

## 연습하기 021

다음 문장들은 모두 틀린 문장이다. 틀린 부분을 밑줄 긋고 올바르게 옮기시오.

– 해석은 당연!

1. She was embarrassed reading about the news.

2. I was enough ashamed not to call her.

3. The Grammarous is easy to understand it.

## 연습하기 022

다음 문장을 부정사에 주의하여 해석하시오.

1. The soldier survived the war <u>only to die</u> of injuries.

　→ _____ .

2. He must be crazy <u>to ask</u> such a strange question.

　→ _____ .

3. Ethan grew up <u>to be</u> a strong and ambitious man.

　→ _____ .

## 2 부정사의 동사적 특징 (= 준동사의 동사적 특징)

준동사는 원래 동사였던 것이 다른 품사로 전환된 것을 말하므로 동사의 성격을 그대로 유지하고 있다고 이미 준동사의 특징에서 말한 바 있다. 동사의 성격을 그대로 유지하고 있다는 말은 주어도 가져올 수 있고, 시제도 존재하며, 수동태 표현 역시 가능하다는 것을 의미한다. to부정사는 준동사중 하나이므로 이러한 특징 역시 모두 지니고 있다.

### 강민 형이 콕 찍어줄게!

❶ 위에서 설명했던 그대로 의미상주어, 시제, 수동태를 구별하는 문제들이 자주 출제된다. 특히 수동태와 시제가 결합된 표현은 영어 초보자에게는 상당한 난이도이므로 열심히 공부하자.

## 1) 부정사의 시제

원래 동사에도 현재, 과거, 미래, 현재완료, 과거완료 등 시제가 있으므로 부정사 역시 시제가 존재한다. 그러나 원래 동사의 시제 보다는 훨씬 단순화된 시제표현을 사용한다. 즉 'to부정사(단순부정사)'와 'to have pp(완료부정사)'를 사용한다.

### ① 단순 부정사 (toVR)

to 부정사의 시제가 문장의 시제와 같거나 문장의 시제보다 미래인 경우에 쓴다.

· The president of the company **seems to be very rich**.
  = It **seems** that the president of the company **is** very rich.
    그 회사의 사장은 매우 부자인 것처럼 보인다.

· They **are** likely **to succeed this time**.
  = It **is** likely that they **will succeed** this time.
    이번에는 그들이 성공할 가능성이 크다.

· I **believe** him **to be** a kind man.
  = I **believe** that he **is** a kind man.
    나는 그가 친절한 사람이라고 믿는다.

### ② 완료 부정사 (to have pp)

to 부정사의 시제가 문장의 시제보다 한 시점 앞서는 경우에 쓴다.

· You **seem to have lost courage**.
  = It **seems** that you **lost** courage.
    당신은 용기를 잃어버린 것처럼 보인다.

· He **is believed to have been killed** during the mission.
  = It **is believed** that he **was killed** during the mission.
    그는 그 임무도중 살해당했던 것으로 믿어진다.

· I **believe** him **to have been** a kind man.
    = I **believe** that he **was** a kind man.
    나는 그가 친절한 사람이었다고 믿는다.

참고

**소망동사 과거형 + to have pp (= 소망동사의 과거완료 + toVR)**
소망을 나타내는 동사의 과거형 뒤에 완료 부정사를 쓰게 되면 <u>과거에 이루지 못한</u> 소망을 나타내는 표현이 된다. 동사의 과거완료형은 뒤에 to부정사를 쓰면 된다.

> <u>**소망동사의 종류**</u>
> hope, want, intend, mean, wish, expect, plan, promise, be to용법 (의도) …

· Tommy **hoped to have married** his girl friend.
  = Tommy **had hoped to marry** his girl friend.
    Tommy는 그의 여자 친구와 결혼하기를 원했다. (그러나 결혼하지 못했다.)

· He **meant to have helped** you.
  = He **had meant to help** you.
    그는 너를 도와주려 했었다. (그러나 못 도왔다.)

· She **was to have answered** you letter sooner.
  = She **had been to answer** you letter sooner.
    그는 너의 편지에 더 일찍 답장하려 했었다. (그러나 답장하지 못했다.)

> **소망동사의 과거완료 + to have pp의 형태는 틀린 표현이므로 주의하자.**
> · Tommy **had hoped** ~~to have married~~ his girl friend. (X)

> **소망동사의 과거 + toVR는 '소망은 했으나 결과는 모른다'는 의미로 해석이 된다.**
> · Tommy **hoped to marry** his girl friend.
>   Tommy는 그의 여자 친구와 결혼하기를 원했다. (희망만 하고 결혼했는지 결과는 모른다.)

## 2) 부정사의 의미상 주어

to부정사는 원래 동사에서 파생된 품사로 기본적으로 동사의 성질이 있으므로 동작의 상태나 주체인 의미상의 주어가 있다. 이러한 의미상의 주어는 표시하는 경우와 표시하지 않는 경우로 나뉘며, 표시할 때는 전치사 for를 사용하는 경우와 of를 사용하는 경우로 나뉘게 된다.

### (1) 의미상 주어를 따로 표시하지 않는 경우

#### ① 문장의 주어와 일치할 때
· She tried (for her) to study for the exam.
  그녀는 시험에 대비해서 공부하려 애썼다.

#### ② 일반인이 주어일 때 = 보편적인(객관적인) 진리일 때
· It is impossible (for anybody) to hold his breath for more than 10 minutes.
  10분 이상 숨을 참는 것은 불가능 하다.

#### ③ 5형식에서 목적어가 의미상 주어와 같을 때
· They allowed him (for him) to open the window.
  그들은 그가 창문 여는 것을 허락했다. (him 자체가 5형식의 목적어이자 의미상 주어)

#### ④ 독립부정사일 때
독립부정사란, to부정사가 이끌고 있는 어구 자체가 하나의 독립적인 개체로 부사적 기능을 하여 뒤에 오는 문장 전체를 수식하는 경우를 말하며, to부정사의 숙어 정도로 생각하면 편하다.

> not to mention (~은 말할 것도 없이), so to speak (말하자면), to be honest (솔직히 말하자면)
> to tell the truth (사실을 말하자면), to be sure (확실히), strange to say (이상한 이야기지만)
> needless to say (말할 필요도 없이), to make matter worse (설상가상으로)
> to say the least (조금도 과장하지 않고), to begin with (첫째로, 우선)
> to make a long story short (요약하여 말하자면)

· (For me) To tell the truth, you are wrong.
  사실을 말하자면, 네가 틀렸다.

### (2) 의미상 주어를 따로 표시하는 경우

#### ① for + 목적격으로 쓰는 경우
일반적으로 의미상 주어를 표시할 때 쓴다.

· The gentleman stepped aside for the lady to pass.
  그 신사는 여성이 지나가도록 비켜섰다.

· It is easy **for her** to solve that math problem.
  그녀가 그 수학 문제를 푸는 것은 쉽다.

▲ 주 의

다음의 문장은 틀린 문장이다.

· **To get well, ~~medicine~~** was taken by her. (X)

위의 문장이 틀린 이유를 보자. **To get well**(낫기 위해서)은 부사적 용법으로 쓰였고, <u>의미상 주어를 쓰지 않은 것으로 보아 문장의 주어와 같음을 알 수 있다.</u> 그러나 위의 문장에서 문장의 주어는 medicine <u>이므로 to get well의 주어가 될 수 없다.</u> '(병을) 낫기 위해서'는 약을 먹는 주체는 '사람'이 되어야 하기 때문이다.

→ **To get well, she** took medicine. (O)
  낫기 위해 그녀는 약을 먹었다.

② of + 목적격을 쓰는 경우 (부정사 앞에 사람의 성질, 성격을 나타내는 형용사가 쓰일 경우)
물론 정확히 말하자면 사람의 성격, 성질 형용사가 쓰인다고 해서 'of + 목적격'이 의미상 주어가 되는 것은 아니다. 그러나 굳이 이 문법을 더 복잡하게 설명할 필요가 없기 때문에 그냥 사람의 성격, 성질 형용사가 쓰이는 경우 'of + 목적격'을 쓴다고 알고 있어도 크게 문제 될 것이 없다.

**사람의 성격, 성질 형용사**

considerate (사려 깊은), brave, careful, clever, foolish, nice, polite, cruel, cowardly (겁 많은) selfish (이기적인), thoughtful, generous, honest, stupid, wise, intelligent, silly (어리석은)

· It is **careless of him** not to lock the door.
  그가 문을 잠그지 않는 것은 부주의한 행동이다.

· It is very **cruel** ~~(for you)~~ **of you** to do such a thing.
  그런 짓을 하다니 너는 매우 잔인하구나.

## 3) 부정사의 태

준동사는 타동사 출신인 경우 목적어를 가져올 수도 있고, 의미상 주어도 있기 때문에 당연히 수동태 표현도 얼마든지 가능해진다. 수동태는 보통 <u>주어와의 관계를 따져야 알 수 있으므로 의미상 주어가 누군지를 빨리 캐치해 내야 하는 것이</u> 중요하다.
또한 수동태 표현에서도 시제는 얼마든지 사용가능하기 때문에 수동태의 시제 표현도 함께 숙지해야 한다.

|  | 본동사와 동일 혹은 미래 시제 | 본동사 보다 이전 시제 |
|---|---|---|
| 능동형 | to VR | to have pp |
| 수동형 | to be pp | to have been pp |

· He permits **his paintings to be sold** at the auction.
그는 그의 그림들이 경매로 판매되도록 허락했다. (그의 그림은 팔리는 것이므로 수동태)

· **The unknown soldier** is reported **to have been killed** in World War II.
그 무명의 군인은 제2차 세계대전에서 죽었었다고 보고된다.
(병사가 전쟁에서 죽임을 당했으므로 수동태이자 보고된 시점보다 전쟁의 시점이 더 과거 이므로 완료시제를 쓴다.)

· **Sujin is** the only person **to have won** the award twice **last year.**
수진이는 작년에 상을 두 번 받았던 유일한 사람이다.

· **Not a star** is **to be seen** in the sky.
하늘에 별이 하나도 보이지 않는다.

· The secretary arranged **for the information to be sent** to the boss.
그 비서는 그 정보가 사장에게 보내지도록 준비했다.

---

**참고**

**부정사의 태의 예외적인 경우**

주어 혹은 의미상 주어와의 관계를 따져보면 마치 수동처럼 해석 되지만 능동형의 부정사를 사용하는 경우도 있다.

❶ 난이 형용사와 일부 형용사 뒤 to부정사 (198, 199p 참고)

· It is easy to read this book.
  → This book is <u>easy</u> <s>to be read</s>. (X)
  → This book is <u>easy</u> to read. (O)
    이 책은 읽기 어렵다.

❷ be to blame, be to let (숙어처럼 외울 것)

· Our marketing network is **to blame**. (= to be blamed)
우리의 판매망은 비난받아 마땅하다.

· The smaller offices **are to let** at low rents. (= to be let)
더 작은 사무실이 낮은 가격으로 세놓아질 예정이다.

❸ have(가지다) 동사의 목적어 뒤 to부정사

보통 행위자에 초점을 맞출 때는 능동태를 쓰는 것이 일반적이기 때문에 have(가지다) 동사 뒤에는 능동태를 쓴다.

- I **have** something ~~to be done~~. (X)
  - → I **have** something **to do**. (O)
    나는 해야 할 것이 있다.

- I **have** work ~~to be finished~~ at 9. (X)
  - → I **have** work **to finish** at 9. (O)
    나는 9시까지 일을 끝내야 한다.


## 4) 부정사의 부정

부정사 앞에 not 또는 never를 첨가한다. 부정어는 반드시 to VR 앞에 온다. (어순 주의할 것!)
'no'는 아무리 부정표현이라 해도 쓸 수 없다. (no는 형용사이기 때문이다.)

- Jane ran very fast **not to miss the bus.**
  Jane은 버스를 놓치지 않기 위해서 아주 빨리 달렸다.

- I was taught ~~to never forget~~ the word. (X)
  - → I was taught **never to forget the word.**
    나는 그 단어를 결코 잊지 않도록 배웠다.


## 5) 대부정사

앞에 쓰인 동사가 뒷 문장에 다시 한 번 쓰일 때, 이 동사의 반복을 피하기 위해 대신 쓰는 동사를 대동사라 부른다. (대명사와 같은 개념이라고 생각하면 된다.) 이때 이 대동사가 to부정사와 연결이 되면 to까지만 쓰는 형태를 대부정사라 부른다.

- I will allow you to go there, if you want **to.**
  나는 네가 거기 가는 것 허락할거야. 네가 가고 싶다면.

- She opened the window, though I had told her **not to.**
  그녀는 창문을 열었다. 비록 내가 그녀에게 그러지 말라고 말했음에도 불구하고

- They want me to travel with them, but I've decided ~~not to do~~. (X)
  - → They want me to travel with them, but I've decided **not to.**
    그들은 내가 그들과 함께 여행가기를 원한다. 그러나 나는 그러지 않기로 결정했다.

대부정사가 be동사로 끝나는 경우 be동사까지 쓰는 것을 원칙으로 한다.

· I **am** not **rich**, nor do I want **to be**.
나는 부자가 아니다. 그리고 또한 그렇게 되고 싶지도 않다.

· A : I want you to **be invited** to the party.
B : Do you really want me **to be**?
A : 나는 네가 파티에 초대되길 원해.
B : 정말로 내가 그렇게 되길 원해?

## 연습하기 023

다음 문장들은 모두 틀린 문장이다. 틀린 부분을 밑줄 긋고 올바르게 옮기시오.

– 해석은 당연!

1. It is impossible of me to finish the homework now.

2. This novel is said to have written by the musician.

3. She watched TV, although her brother told her to not.

4. He seems to be born in Seoul in 1982.

5. Daniel appears to be clever when he was young.

**③ 주의해야 할 부정사 관련 주요 구문**

**1) It takes/costs + 사람 + 시간/돈/노력 + toVR (사람이 to부정사 하는데 시간/돈/노력이 걸리다)**

it을 가주어로 to부정사를 진주어로 보면 된다. 문법 시험 뿐 아니라 독해에서도 자주 나오는 구문이므로 꼭 암기하자.

- It **took** me three years to master English.
  = It **took** three years to master English. (행위자가 일반인일 경우 생략해도 된다.)
  = It **took** three years for me to master English. (for me는 to부정사의 의미상 주어)
  내가 영어를 마스터 하는데 3년이 걸렸다.

**2) be apt/liable/prone toVR (~하기 쉽다, 걸핏하면 ~하다)**

- The young **are** too **liable to be** more impulsive than the aged.
  젊은 사람들은 나이든 사람들 보다 더 충동적이기 쉽다. (걸핏하면 충동적으로 된다.)

**3) know better than toVR (~할 정도로 어리석지 않다)**

- He **knows better than to** do what he can't do.
  그는 그가 할 수 없는 것을 할 정도로 어리석지는 않다.

**4) be unwilling/hesitant/reluctant toVR (~하기를 꺼리다)**

- Doctors **are hesitant** to comment on the new treatment.
  의사들은 그 새 치료법에 대해 논평을 주저한다.

**5) make up one's mind toVR (~하려고 결심하다)**

- I had not **made up my mind** yet **to find** my birth family.
  나는 내 출생 가족을 찾기로 아직 작정하지는 않았었다.

**6) be supposed toVR (~하기로 되어 있다, ~해야만 한다)**

- You **were supposed to be** here 20 minutes ago.
  20분 전에 여기 와 있기로 했잖아요.

**7) go so/as far as toVR (심지어 ~까지 하다)**

- Many even **went so far as to believe** that most are corrupt.
  많은 이들은 심지어 대부분이 부패하다고 믿기까지 했다.

**다음 문장들은 모두 틀린 문장이다. 틀린 부분을 밑줄 긋고 올바르게 옮기시오.**

– 해석은 당연!

1. She was reluctant to admitting the truth.

2. He went so far as to dancing in front of all those people.

3. Because they are young, it takes much time to letting them do something.

4. I know I am supposed going back before sundown.

5. Once he made up his mind to doing something, there was no stopping him.

## 요약하기

부정사는 우선 기본적인 개념 자체가 매우 중요하다. to부정사의 뒷 구조가 어디까지 인지를 아는 것이 독해를 정확히 하고, 문법의 구조를 제대로 파악하는데 큰 역할을 하기 때문이다. 또한 to부정사의 의미상 주어, 시제, 태, 부정표현 등은 다른 준동사 (동명사, 분사)와 똑같은 개념으로 설명이 가능하기 때문에 to부정사를 제대로 이해하면 그 뒤에 나올 동명사, 분사는 너무나 쉽게 이해가 될 것이다.

문법 시험으로의 to부정사는
① **동명사와의 목적어 자리싸움.〈 타V + to부정사 VS 동명사 〉**
② too ～ to부정사 / 난이형용사 와 같은 구문 문제
③ 시제와 태가 결합된 문제 즉〈toVR VS to have pp VS to be pp VS to have been pp〉를 묻는 문제가 주로 출제된다.

# MEMO

## 적용하기 1단계

❶ ❷ ❸

[1–5] Choose the one that could best completes the following sentence.

**01** A simple way _____ funds to pay employees adequately would be to reduce their number.

(A) to procuring            (B) to procure

(C) procured               (D) procuring

**02** With 2 million inhabitants, the Himalayan kingdom may just _____ to contain and control the disease.

(A) be small enough to make possible

(B) be enough small to make it possible

(C) be small enough to make it possible

(D) be small enough to make them possible

**03** A: What's he like?

B: He's carefree. _____ .

(A) He is easy to work for         (B) He is easy to work with

(C) He finds easy to work for     (D) He finds it easy to work with me

**04** The magician must begin the long process _____ at clubs and parties until an agent who can foster a career notices him.          [2020 덕성여대]

(A) work                 (B) of working

(C) to work             (D) to working

**05** The sales assistant looked me up and down and told me _____ because she didn't think I would  get into it.

(A) to try not the dress in         (B) to not try the dress with

(C) not to try the dress for         (D) not to try the dress on


**[6–10] Choose the one which is grammatically <u>incorrect</u> among the four underlined parts.**

**06** <u>Lately</u>, new–generation customers are <u>in favor of</u> the leased or <u>used items</u> so as to <u>coping</u>
    (A)                             (B)                   (C)               (D)

<u>with</u> the reduced income.


**07** Constantinople <u>could win</u> the battle <u>but not</u> the war, <u>for</u> there were <u>very</u> many Bulgarians for
                        (A)               (B)       (C)         (D)

Greeks <u>to rule</u>.                                           [2015 상명대]
    (E)


**08** <u>The function</u> of the large window is <u>allowing</u> <u>ample light</u> <u>into the living room</u>.
      (A)                            (B)      (C)         (D)


**09** In many respects, <u>their</u> desire to <u>concentrating</u> social power at <u>the</u> center was so clear that
                      (A)            (B)                  (C)

it <u>would be</u> silly to deny it.
    (D)


**10** The U.S. government had been <u>preparing</u> for a hurricane in New Orleans for <u>a number of</u>
                              (A)                                  (B)

<u>years</u> and had <u>already</u> decided on a plan <u>getting</u> people out of the city.    [2015 경기대]
   (C)           (D)

## 적용하기 2단계 ❶ ❷ ❸

[1–5] Choose the one that could best completes the following sentence.

**01**  Mary is really tough for John to persuade Joe _____ .

(A) to marry with          (B) marrying
(C) to get married         (D) to marry


**02**  _____ chewing gum, latex taken from trees is mixed with corn syrup and flavoring.

(A) Being made             (B) The making of
(C) To make                (D) Making


**03**  He went skiing _____ sprain his ankle.

(A) as to                  (B) enough to
(C) only to                (D) so to


**04**  Medical bills in the United States have risen outrageously since the beginning of the 1960's and steps need _____ to reverse this trend or the average American will not be able to afford medical care.                                    [2016 가천대]

(A) to take                (B) to be taken
(C) to being taken         (D) being taken


**05**  With the production of A Raisin in the Sun, Lorraine Hansberry became the first Black woman _____ on Broadway.

(A) staged a play          (B) who is staging a play
(C) to stage a play        (D) to be staged a play

[6-10] Choose the one which is grammatically <u>incorrect</u> among the four underlined parts.

**06**    The practice of <u>making</u> excellent films <u>based on</u> rather obscure novels has been <u>going</u> on
              (A)                           (B)                                                      (C)

      so long in the United States <u>as for</u> constitute a tradition.
                                         (D)

**07**    He is <u>said</u> to <u>catch</u> the train <u>for</u> Seoul at seven yesterday morning, but nobody <u>knows</u> of his
              (A)        (B)              (C)                                                              (D)

      whereabouts now.                                                              [2018 단국대]

**08**    I'm excited <u>getting back</u> in there. I <u>needed</u> a fight, and we made <u>the fight happen</u>. She
                          (A)                        (B)                              (C)

      <u>probably wanted</u> the rematch, and she got it.
              (D)

**09**    There are <u>a great many stars</u> in the sky which are too <u>far away</u> from the earth <u>of any</u>
                          (A)                                               (B)

      <u>instrument</u> <u>to detect</u>.
          (C)          (D)

**10**    <u>According to</u> the solar nebula theory, the earth is likely <u>to condense</u> from interplanetary dust and
              (A)                                                          (B)

      become <u>differentiated</u> by gravity into the core, the mantle, and the crust very early <u>in its evolution</u>.
                  (C)                                                                                  (D)

## 적용하기 3단계 ❶ ❷ ❸

[1–5] Choose the one that could best completes the following sentence.

**01** Psychologist Carl Rogers believed a therapist should never tell a patient _____ in relationship to a problem.

(A) which does
(B) what to do
(C) to do what
(D) that doing

**02** In fact the various Indian nations differ _____ as to call forth the opinion that they could not all belong to the same race or stock.

(A) very greatly
(B) much greatly
(C) so greatly
(D) greatly

**03** Several friends and I were excitedly discussing our upcoming vacations when one woman remarked that a neighbor might have to forgo her trip to the West because her dog had just had three puppies and she couldn't leave them unattended. Numerous suggestions were made for the dog's care, only _____ . "For goodness' sake!" I finally piped up. "Couldn't the mother's family take them?" [2016 가천대]

(A) to be rejected
(B) to reject
(C) of the rejection
(D) rejecting

**04** A: This program will help you master French in three months.
B: I find _____ .

(A) hard to believe that
(B) that hard to believe
(C) that hard to be believe
(D) that hard to believe it

**05**  An individual star may exist for billions or even trillions of years and during the course of

its lifetime will undergo a sequence of radical changes that affect its density, mass, and

intensity. Referred to as stellar evolution, the process occurs at an infinitesimal rate,

_____ directly. Instead, astrophysicists rely on data gleaned from the examination of

hundreds of stars, each representing different stages of the stellar evolution. [2020 가천대]

(A) not allowing it to observe          (B) for fear of not being observed

(C) making it impossible to observe       (D) so that it may be observed

[6-10] Choose the one which is grammatically <u>incorrect</u> among the four underlined parts.

**06**  <u>Although</u> Shakespeare was <u>the author</u> of several of his tragedies, not all of his comedies
     (A)                       (B)

<u>appear</u> to <u>be written</u> by him.
  (C)      (D)

**07**  The condition would be more difficult to <u>diagnose it</u> in children <u>who speak</u> these languages,
                                 (A)               (B)

though <u>subtle symptoms</u> such as impaired verbal short-term memory <u>would remain</u>.
       (C)                                     (D)

**08**  The gyrations of the cat in midair are too fast <u>for the human eye</u> to follow, so the process
                                          (A)

<u>is obscured</u>. <u>Either</u> the eye must be speeded up, or the cat's fall slowed down for the
  (B)     (C)

phenomenon <u>to observe</u>.
        (D)

**09**    If there is nobody to <u>help you out</u> next Friday with <u>that</u> town event, <u>give me a call</u> and I'll be
                                    (A)                          (B)                     (C)

glad <u>so</u>.
     (D)


**10**    The original Olympic races are said <u>to begin</u> with Oenomaus, who <u>used to</u> compel any suitor
                                                (A)                                    (B)

<u>who sought</u> his daughter's hand <u>to run</u> against him in a race.
     (C)                               (D)

# Chapter VII

## 동명사

## 미리보기

1. **동명사도 준동사이므로 to부정사와 똑같은 특징을 지닌다.**

   단, to부정사는 명사, 형용사, 부사의 품사를 모두 지니고 있지만 동명사는 명사적용법으로만 쓰인다. 그러므로 to부정사를 제대로 이해했다면 동명사는 절대 어렵지 않다. 이 경우 두 개의 차이점에 대해 묻는 문제가 출제될 수 있으니 대비하자.

2. **동명사와 순수명사의 차이를 구별하자.**

   동명사는 명사와 똑같은 역할을 하기 때문에 명사와 차이가 전혀 없을 것 같지만 동명사는 동사에서 파생된 명사이고, 순수명사는 말 그대로 순수명사이므로 몇 가지 차이가 있다. 그 중에 가장 큰 차이는 동명사는 뒤에 목적어가 나오지만, 순수명사는 뒤에 목적어를 동반할 수가 없다는 점이다.

3. **동명사의 관용표현을 암기하자.**

   특히 to가 나오는 경우 이것이 to부정사의 to인지, 전치사 to인지 묻는 문제가 매우 자주 출제된다. 반드시 암기하자.

### ❶ 동명사의 명사적 기능

동명사는 문장 내에서 명사와 똑같은 역할을 한다. 즉 주어, 목적어, 보어, 전치사의 목적어, 동격 자리에 들어갈 수 있다.

### 강민 형이 콕 찍어줄게!

❶ 동명사가 주어자리에 나오는 경우 단수 취급한다는 점에 주의해야 한다. 특히 문장이 길어지면 습관적으로 동사 바로 앞에 있는 명사에 수일치를 하려는 수험생들은 제발 준동사의 특징 ❶번을 잊지 말자.

❷ 여러 번 말했지만, 또 한 번 말하겠다. 목적어 자리에 to부정사와 동명사를 구분하는 문제다.

❸ 순수명사는 목적어를 취하려거든 반드시 전치사를 동반해야 한다. 동명사는 동사출신이므로 목적어를 바로 가져올 수 있다.

## 1) 주어자리

to부정사는 보통 가주어 진주어 구문으로 많이 쓰이지만, 동명사는 그대로 쓰는 경우가 많다. to부정사와 동명사는 <u>단수 취급</u>한다.

- **Working in these conditions** <u>is</u> a pleasure.
  이런 환경에서 일하는 것 자체가 기쁨이다.

- **Speaking English** <u>is</u> easier than writing English.
  영어 말하기는 쓰기보다 더 쉽다.

## 2) 목적어자리

### ① 타동사의 목적어

<u>to부정사와 동명사를 구분하는 가장 대표적인 part이다.</u> 이미 3형식 동사에서 언급했으므로 여기서는 그냥 예문만 보도록 하자.

- You must <u>avoid</u> **making** such a mistake.
  너는 반드시 그런 실수 하는 것을 피해야만 한다.

- You must not <u>postpone</u> **answering** this letter.
  너는 이 편지에 답을 해주는 것을 미뤄서는 안 된다.

### ② 전치사의 목적어

<u>to부정사는 전치사의 목적어자리에 쓰일 수 없지만, 동명사는 가능</u>하다는 점 역시 차이점이다.

- They are proud of **electing** their president.
  그들은 그들의 대통령을 선출한 것을 자랑스러워한다.

- Thank you for **returning** the book that I lent you.
  빌리신 책 반납해주신 것에 감사드립니다.

## 3) 보어자리

명사이므로 주어와 동격이 되어야 한다. to부정사만을 보어로 취하는 명사가 있으니 조심하자. (186p 참고)

- My favorite hobby is **collecting a unique stamp.**
  내가 좋아하는 취미는 독특한 우표를 모으는 것이다.

## 4) 동격자리

앞에 나온 명사의 내용을 설명하는 경우 동명사로 동격표현을 만들 수 있는데, 이 경우 그냥 ~ing가 아니라 'of ~ing'로 표현한다. 이때도 마찬가지로 to부정사를 동격으로 취하는 명사와 of ing를 동격으로 취하는 명사가 따로 있으니 암기 하자. (187p 참고)

· You have an **opportunity of winning** this game.
  너는 이 경기를 이길 기회가 있다.


## ② 동명사와 명사의 비교

### 1) 타동사 출신의 동명사는 동사의 성질이 남아있어 목적어를 취할 수 있으나, 명사는 목적어를 취할 수 없다는 점이 가장 큰 특징이다.

· They are proud of ~~election their president~~. (X)
  → They are proud of **electing their president**. (O)
    그들은 대통령을 뽑는다는 것에 자부심을 가지고 있다.

· ~~Reduction production costs~~ is the key factor we have to consider. (X)
  → **Reducing production costs** is the key factor we have to consider. (O)
    생산비를 줄이는 것이 우리가 생각해야만 하는 주된 요소이다.

**참고**

> 명사는 목적어를 취하려거든 반드시 전치사와 함께 쓰여야 한다.
>
> the collection <u>of</u> stamps,          have objection <u>to</u> his opinion
> a main approach <u>to</u> the matter      take an interest <u>in</u> music


### 2) 동명사는 동사의 성질이 있으므로 부사의 수식을 받고, 형용사의 수식을 받지는 못한다.

· What I am interested in is ~~the writing letters~~. (X)
  → What I am interested in is **the writing of letters**. (O)
  → What I am interested in is **writing letters**. (O)
    내가 좋아하는 것이 편지쓰기이다.

· ~~The understanding his words~~ needs much effort. (X)
  → **The understanding of his words** needs much effort. (O)
  → **Understanding his words** needs much effort. (O)
    그의 말을 이해하는 것은 많은 노력이 필요하다.

· **Steadily** studying English is helpful in many ways.

= **The steady** study **of** English is helpful in many ways.
　꾸준히 영어공부를 하는 것은 많은 측면에서 도움이 된다.

## 3) 동명사는 of 이하의 수식을 받을 수 없다.

· ~~Killing of men~~ is a thing unthinkable. (X)
→ **The killing of** men is a thing unthinkable. (O)
　사람을 죽인다는 것은 생각할 수도 없는 일이다.

---

**▲ 주 의**

동사의 명사형이 따로 있는 경우는 그 명사형이 동명사형 보다 우선한다.

· his great ~~knowing~~ of economics → his great **knowledge** of economics

· the ~~developing~~ of a country → the **development** of a country

얼핏 보면 동명사로 쓰여 맞는 것처럼 보이지만, 순수 명사형이 따로 존재하는 경우 답은 순수 명사가 된다.

---

**참고**

**동명사의 형태이지만 명사로 사용되는 어휘**

| | | |
|---|---|---|
| advertising 광고 | beginning 시작 | belongings 소지품 |
| housing 주택, 주택 공급 | findings 조사결과, 발견물 | earnings 소득, 이득 |
| saving 저축, 저금 | funding 자금, 자금 제공 | marketing 마케팅 |
| opening 개설, 개장 | planning 계획 | spending 지출 |

· Grand open (X) → **Grand opening** (O)

우리나라에서 대표적으로 잘못 쓰고 있는 표현이다. open은 명사로 '야외, 옥외'라는 의미이므로 '개장'의 의미가 없다.

**다음 문장들은 모두 틀린 문장이다. 틀린 부분을 밑줄 긋고 올바르게 옮기시오.**

– 해석은 당연!

1. Maximization profits is the goal of most businessmen.

2. My baby won't sleep without to hold her doll.

3. Listening to music when you're in bed keep you from getting deep sleep.

4. Consuming of caffeine can cause restlessness and insomnia.

5. My grandfather often said that drinking heavy made him unhealthy.

## 3 동명사의 동사적 특징 (= 준동사의 동사적 특징)

표현 방법만 다를 뿐이지 to부정사와 개념은 똑같다.

**강민 형이 콕 찍어줄게!**

❶ to부정사의 동사적 특징과 개념은 똑같다. 다만 겉모습이 to부정사와 다를 뿐이다. 그러므로 의미상 주어, 시제, 수동태 관련 개념과 쓰임새에 익숙해져야 하고, to부정사와 마찬가지로 수동태와 시제가 결합된 표현은 초보자에게는 상당히 어려울 수 있으니 열심히 공부하도록 하자.

### 1) 동명사의 시제

#### (1) 단순 동명사 (Ving)

동명사의 시제가 문장의 시제와 같거나 문장의 시제보다 미래인 경우에 쓴다.

· I am proud of **being honest.**
= I am proud that **I am honest.**
나는 정직한 것이 자랑스럽다.

· Mike was sure of **passing the exam.**
　= Mike was sure that **he would pass the exam.**
　　Mike는 시험에 통과할 것을 확신했다.

· She is looking forward to **meeting her husband.**
　그녀는 그녀의 남편을 만날 것을 기대한다.

**참고**

**be 형용사 that절 → be 형용사 of + 동명사**

우리는 to부정사의 부사적용법에서 'be + 감정의 형용사 + to부정사'와 'be + 감정의 형용사 + that절'이 같다는 것을 이미 공부했다. (194p 참고) 비슷한 이유로 'be + **형용사** + **that절**'도 'be + **형용사** + of ing'로 바뀔 수 있다.

**형용사의 종류**

sure, certain, convinced, confident, assured, positive, glad, proud, afraid, ignorant, aware, conscious

· He **is proud** that he is a self—made person.
　→ He **is proud of being** a self—made person.

· He **is sure** that he will succeed.
　→ He **is sure of succeeding.**

## (2) 완료 동명사 (having pp)

동명사의 시제가 문장의 시제 보다 한 시점 앞서는 경우에 쓴다.

· He **is ashamed of having been defeated** in the game.
　= He **is ashamed that he was defeated** in the game.
　　그는 그 경기에서 졌던 것을 부끄러워한다.

· I admitted **having made a mistake** when I met him.
　= I admitted **that I had made** a mistake when I met him.
　　그를 만났을 때 나는 실수를 저질렀던 것을 인정했다.

· He denied **having said such a thing.**
　그는 그것을 말했다는 것을 부인했다.

**완료동명사의 대용**

forget, remember, regret, recall 등의 동사는 이미 ing 자체에 과거의 의미를 내포하고 있기 때문에 굳이 과거를 표현하기 위해 having pp를 쓰지 않아도 인정이 된다.

· Mike regrets **having said** what he solely knew **last year**.
  = Mike regrets **saying** what he solely knew **last year**.
    Mike는 작년에 자기만 알았던 것을 말한 것을 후회한다.

## 2) 동명사의 의미상 주어

동명사의 행위 주체를 나타내는 의미상 주어를 표기할 때는 〈사람과 생물은 소유격이나 목적격〉으로, 〈무생물과 추상명사, 부정대명사 (all, some, any 등), 지시대명사 (this, that) 등은 원래의 형태를 그대로〉 의미상 주어로 쓴다.

### (1) 의미상 주어를 따로 표시하지 않는 경우

#### ① 문장의 주어와 일치할 때

· After (his) studying at Harvard University, he became a professor.
  Harvard대학교에서 공부한 후에 그는 교수가 되었다.

#### ② 문장의 목적어와 일치하는 경우

· She punished me for (my) being late.
  그녀는 (내가) 늦은 것 때문에 나를 꾸짖었다.

#### ③ 일반인 주어일 때 또는 누구나 알 수 있는 주어일 때

· (Everyone) Reading English is difficult, but speaking it is even more difficult.
  (사람들이) 영어를 읽는 것은 어렵다. 그러나 말하는 것은 훨씬 더 어렵다.

### (2) 의미상 주어를 따로 표시하는 경우

#### ① 사람, 생물명사의 경우 소유격을 써줌

소유격을 쓰는 것이 원칙이고, 일상적으로는 목적격을 쓰기도 한다. <u>시험에서는 소유격이 원칙이다.</u>

· Would you mind **my(me)** opening the window?
  내가 여기서 담배 피는 것 싫으세요? (me도 가능은 하다)

· We all agreed on **Tom's(Tom)** joining our club.
  우리 모두는 Tom이 우리 클럽에 가입하는 것에 합의를 했다.
  (Tom이라는 명사에는 목적격이 없으므로 일반명사로도 가능은 하다)

② 무생물이나 추상명사, 부정대명사, 지시대명사의 경우 명사 그대로를 써줌

· We were glad of **the examination** being over.
우리는 시험이 끝나서 기뻤다.

· Jane is scared of **no one** being seen in the darkness of night.
Jane은 밤의 칠흑 같은 어둠속에 아무도 없어서 두려워한다.

### ▲ 주 의

동명사의 생략된 의미상의 주어는 주절의 주어와 일치해야 한다.

· **After finishing** my report, ~~dinner~~ was prepared by me. (X)

동명사 finishing의 의미상 주어를 쓰지 않았다는 것은 주절의 주어와 같다는 것을 의미하는데, 주절의 주어가 dinner인 경우 의미 자체가 성립이 되지 않는다. '보고서를 끝내는' 주체는 적어도 사람이어야 하기 때문이다.

→ **After finishing** my report, I prepared dinner. (O)
리포트를 끝낸 후에, 저녁준비를 했다.

· **On hearing** the news, ~~my mind~~ was changed. (X)
→ **On hearing** the news, I changed my mind. (O)
그 소식을 듣자마자, 나는 생각을 바꿨다.

## 3) 동명사의 태

to부정사와 같이 동명사의 주어(주체)를 찾아서 관계를 설정한 후 능동과 수동의 관계를 따져본다.

· I don't like **treating** someone with flattery. (능동)
나는 누군가를 아첨으로 대하는 것이 싫어.

· I don't like **being treated** like a child. (수동)
나는 아이처럼 대해지는 것이 싫어.

### (1) 시제와 결합된 태의 표현

|  | 동일 시제 | 이전 시제 |
|---|---|---|
| 능동형 | Ving | Having pp |
| 수동형 | Being pp | Having been pp |

· The boy narrowly escaped **being run over** by a taxi.
그 소년은 가까스로 택시에 치이는 것을 피했다.

· **Being avoided by his friends** is no longer endurable.
그의 친구들로부터 따돌림 당하는 것은 더 이상 참을 수 없다.

- Ray complained of **having been treated** badly.
  Ray는 나쁜 취급을 받았던 것에 불평했다.

- There is no sign of something **having been done** here.
  여기서 행해졌다는 어떤 증거도 없다.


## (2) 예외적인 경우

<u>want, need, deserve</u>는 원래 목적어 자리에 to부정사를 쓴다. 그러므로 **능동인 경우 toVR**을, **수동인 경우엔 to be pp**를 쓰면 된다. 이 경우 원래는 동명사를 쓸 수는 없다. 단 동명사를 쓰게 되면 <u>능동형의 동명사 'Ving'가 수동의 의미를 나타내면</u> 맞는 표현이 된다. 즉, **수동 동명사인 being pp의 구조는 쓰면 틀린다.**
be worth의 경우도 위와 다르지 않는데, be worth는 to부정사를 능동이든, 수동이든 아예 취할 수 없다는 점에서 위의 동사와 차별성을 갖는다.

- I want **to repair** my car. (능동)
  = My car wants **to be repaired**. (수동)
  = My car wants **repairing**. (능동처럼 보이지만 수동)
  ≠ My car wants ~~being repaired~~. (X) (이 경우 동명사는 수동형으로 쓸 수 없음)
      나는 차를 수리하고 싶다.

- **The final project** will need **discussing** soon. (= to be discussed)
  마지막 프로젝트는 금방 토론 될 것이다.

- **The problem** deserves **solving**. (= to be solved)
  그 문제는 풀 가치가 있다.

- **His idea** is worth **considering**.
  ≠ His idea is worth ~~being considered~~.
  ≠ His idea is worth ~~to be considered~~.
      그의 생각은 고려해볼 만한 가치가 있다.


## 4) 동명사의 부정

동명사의 부정표현 역시 to부정사의 부정표현과 같다.

- He apologized for **not coming** on time.
  그는 제 시간에 오지 않은 것에 대해서 사과했다.

## 연습하기 026

다음 문장들은 모두 틀린 문장이다. 틀린 부분을 밑줄 긋고 올바르게 옮기시오.

– 해석은 당연!

1. I am sorry for being idle when young.

2. He was ashamed of she knowing his lie.

3. This door shows no sign of having touched.

4. This room needs being cleaned up.

5. I am sure of his having an ability to do it in his twenties.

### ④ 동명사 관련 주요 관용구

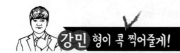

**강민** 형이 콕 찍어줄게!

❶ 관용구이기 때문에 <u>암기만이</u> 최선이다. 어떤 관용구가 나올지는 아무도 모르기 때문이다. 그러나 그래도 자주 나왔던 표현들이 존재 하므로 빈출 빈도가 높은 표현에는 ★표시를 넣을 테니 주의 깊게 보도록 하자. ★표시가 없다고 중요하지 않다는 말은 아니니 오해하지 말자. 조금이라도 더 중요한 것을 표현한 것이다.

**1) 전치사 to와 관련된 주요 관용구**

to부정사의 to와 전치사 to는 뒤에 나오는 구조가 완전 다르므로 많은 학생들이 헷갈려한다. 그러므로 시험에 매우 자주 나온다. 반드시 숙지하자.

**(1) look forward to ～ing : ～하기를 기대하다 ★**

· I am **look**ing **forward to seeing** you again.
다시 뵙기를 기대합니다.

**(2) be accustomed to ~ing = be used to ~ing : ~하는데 익숙하다 ★**

· He **is used to getting** up early now.
그는 요즘 일찍 일어나는데 익숙하다.

**(3) when it comes to ~ing : ~에 관해서 말하자면 ★**

· **When it comes to playing** the piano, you can't beat Susan.
피아노 연주에 대해서 말하자면, 너는 Susan을 이길 수 없어.

**(4) resort to ~ing : ~에 의존하다, 호소하다**

· We may have to **resort to using** untrained staff.
우리는 미숙련된 직원을 활용해야만 할 것 같다.

**(5) what do you say to ~ing : ~하는 게 어때?**

· **What do you say to going** out for a walk?
산책하는 것이 어때요?

**(6) object to ~ing = be opposed to ~ing / oppose ~ing / make an objection to ~ing : ~을 반대하다 ★**

· We **objected to going** there with her.
우리는 그녀와 함께 거기 가는 것을 반대했다.

**(7) devote oneself to ~ing = dedicate oneself to ~ing / commit oneself to ~ing : ~에 헌신하다 ★**

= be devoted to ~ing = be dedicated to ~ing / be committed to ~ing

· He **devoted himself to painting** a portrait.
= He **was devoted to painting** a portrait.
그는 초상화 그리는데 몰두했다.

**(8) contribute to ~ing : ~에 기여하다 ★**

· He **contributed to promoting** the welfare of our society.
그는 우리 사회의 복지를 추진하는데 이바지 했다.

**(9) with a view to ~ing : ~하기 위해서**

· He went to Italy **with a view to studying** opera.
그는 오페라를 공부하기 위해 이탈리아로 갔다.

**(10) lead to ~ing : ~을 초래하다**

· His diligence **led to succeeding** in his life.
그의 근면함은 인생의 성공을 이끌었다.

**(11) confess to ~ing : ~을 시인하다**

· He **confessed to having stolen** the car.
그는 차를 훔친 것을 시인했다.

**(12) come near(=close) to ~ing : 거의 ~할 뻔하다**

· He **came close to being** run over by a car.
그는 거의 차에 치일 뻔했다.

**(13) the key to ~ing : ~에 대한 해결책**

· **The key to getting** into university is studying.
대학에 들어가는 것에 대한 해결책은 공부를 하는 것이다.

**(14) be addicted to ~ing = take to ~ing : ~에 중독되다, ~에 빠지다 ★**

· They **are addicted to listening** to K-pop.
그들은 K-pop듣는데 푹 빠져있다.

**(15) fall to ~ing : ~하기 시작하다**

· They **fell to having** a chat.
그들은 잡담하기 시작했다.

**(16) succeed to ~ing : ~을 계승하다, 물려받다**

· His son **succeeded to running** the club.
그의 아들은 그 클럽 운영하는 것을 물려받았다.

**(17) be restricted to ~ing : ~하는 것으로 제한되다**

· Nature Airlines passengers **are restricted to carrying** only one carry-on bag on the plane.
Nature 항공의 승객 분들은 비행기 안에 휴대용 가방 한 개만 가지고 탑승하도록 제한됩니다.

## 2) 동명사 관련 중요 표현

**(1) have a hard time/difficulty/trouble/a job + (in) ~ing 혹은 with 명사 : ~하는데 어려움을 겪다 ★**

· We **had a hard time** (in) **finding** his house.
= We **had a struggle/a job/trouble/difficulty in finding** his house.
우리는 그의 집을 찾느라 애를 먹었다.

· He is **having trouble with** the problem.
그는 그 문제로 애를 먹고 있다.

**(2) spend/waste + 목적어 + (in) ~ing 혹은 on 명사 : ~하는데 목적어를 쓰다 ★**

· He **spent** most of his time **(in) studying** English.
그는 대부분의 시간을 영어 공부하는데 썼다.

· She **wastes** much money **on** luxurious clothes.
그녀는 많은 돈을 명품 옷에 썼다.

**(3) be busy (in) ~ing 혹은 with 명사 : ~하느라 바쁘다**

· I **am busy (in) preparing** for the test.
= I **am busy with** preparations for the test.
나는 시험 준비로 바쁘다.

**(4) cannot help/avoid/evade/escape/keep from/refrain from ~ing : ~할 수 밖에 없다 ★**

= have no choice/no alternative/no other way but toVR

= cannot but VR = cannot choose but VR

· We **cannot help thinking** him foolish.
= We **cannot but think** him foolish. = We **cannot choose but think** him foolish.
= We **have no choice**(= no alternative = no other way) **but to think** him foolish.
우리는 그를 어리석다고 생각할 수밖에 없다.

**(5) It goes without saying that 주어 + 동사 : ~은 말할 필요도 없다**

= It is needless to say that 주어 + 동사

= It is a matter of course that 주어 + 동사

· It **goes without saying that** health is above wealth.
= It **is needless to say that** health is above wealth.
= It **is a matter of course that** health is above wealth.
건강이 재산보다 더 중요하다는 것은 말할 필요도 없다.

**(6) be on the point/the brink/the verge/the edge of ~ing / be about toVR : 막 ~하려 하다 ★**

· He **was on the point** (= edge) **of leaving**. = He **was about to leave**.
그는 막 떠나려했다.

**(7) be far from ~ing = by no means = not ~ at all = not ~ in the least : 결코 ~않다**

· She is **far from playing** a trick on others.
그녀는 결코 남을 속이지 않는다.

**(8) cannot (=never) ~ without ~ing : ~하면 반드시 ~하다 / ~할 때마다 ~하다**

· It **never** rains **without pouring**.
비가 내리면 반드시 퍼붓는다. = 비가 내릴 때마다 퍼붓는다.

**(9) on ~ing : ~하자마자 / in ~ing : ~하는데 있어서 / by ~ing : ~함으로써 / without ~ing : ~하지 않고서 ★**

· **On arriving** in New York, I called her.
New York에 도착하자마자, 나는 그녀에게 전화를 했다.

· You must be careful **in crossing** the street.
너는 길을 건너는데 있어서 반드시 주의해야 한다.

· He earns his living **by teaching** English.
그는 영어를 가르침으로써 생활비를 벌었다.

· He came here **without calling** her.
그는 그녀에게 전화하지 않고서 여기에 왔다.

**(10) There is no ~ing : ~하는 것은 불가능 하다**

· **There is no knowing** what will happen.
= **It is impossible to know** what will happen.
무슨 일이 일어날지 아는 것은 불가능하다.

**(11) It is no use/good ~ing = It is of no use toVR = There is no use (in) ~ing : ~해봤자 소용없다**

· **It is no use (=good) crying** over spilt milk.
= **It is of no use to cry (=to crying)** over spilt milk.
= **There is no use (in) crying** over spilt milk.
엎지른 우유 앞에서 울어봤자 소용이 없다.

**(12) make a point of ~ing = make it a rule toVR : ~을 규칙으로 하다**

· I **make a point of reading** the Bible everyday.
= I **make it a rule to read** the Bible everyday.
나는 매일 성경을 읽는 것을 규칙으로 삼고 있다.

**(13) (명사) + of one's own ~ing : 직접, 손수 ~한 명사**

· These are **trees of our own planting**.
이것들은 우리가 직접 심은 나무들이다.

**(14) feel like ~ing = feel inclined toVR : ~하고 싶다**

· I feel like playing golf on such a lovely day.

  = I feel inclined to play golf on such a lovely day.
    나는 이런 화창한 날에 골프를 치고 싶다.


**(15) go ~ing : ~하러 가다**

· He went fishing with his friends.
  그는 친구들과 낚시하러 갔다.


## 연습하기 027

**다음 문장들은 모두 틀린 문장이다. 틀린 부분을 밑줄 긋고 올바르게 옮기시오.**

– 해석은 당연!

1. By donating money, I contributed to build a school for children.

2. We are looking forward to see the sights.

3. Jenny is so shy that she has a hard time to make new friends.

4. He objected to run another company.

5. Most children spent their time on playing with friends.

## 요약하기

동명사의 기본적 특성 (시제, 수동태, 의미상 주어 등)은 to부정사와 매우 흡사하므로 to부정사를 제대로 공부했다면 절대 어렵지 않은 part가 될 것이다. 또한 to부정사와 개념이 같으므로 시험에 나온다면 아무래도 품사가 여러 개인 부정사가 나올 확률이 더 있다.

이 말은 동명사를 공부할 바에는 to부정사를 공부해라! 라는 말이 아니고, 위에서 말한 이유 때문에 동명사에서 주로 시험에 나오는 부분은 to부정사에는 없는 개념이라는 말이다.

즉 ① to부정사 VS to ~ing를 묻는 문제

② 동명사 VS 순수명사를 묻는 문제 등이 동명사 파트에서는 더 나올 확률이 높다는 말이다.

실제로 ①번과 같은 문제 유형은 매년 나오므로 반드시 외우고 넘어가도록 하자.

## 적용하기 1단계 ❶ ❷ ❸

[1~4] Choose the one that could best completes the following sentence.

**01**  I am writing with a view _____ out whether you have any news about my son.

(A) to finding (B) for finding
(C) finding (D) to find

**02**  Medical experimentation on chimpanzees has ended, but _____ all of them into retirement will be a difficult task. [2018 서울여대]

(A) move (B) moved
(C) has moved (D) moving

**03**  Do your best to fully prepare yourself for the _____ of an interview.

(A) succession (B) success
(C) succeeding (D) succeed

**04**  "What happened to your shoes?"

"They want _____ ."

(A) to mend (B) to be mending
(C) being mended (D) mending

[5~10] Choose the one which is grammatically <u>incorrect</u> among the four underlined parts.

**05**  In recent years, public libraries in the United States <u>have experienced</u> <u>reducing</u> in their <u>operating</u>
                                                            (A)          (B)            (C)

funds due in large part <u>to</u> cuts <u>imposed</u> at the federal, state, and local government levels.
                         (D)        (E)

[2022 건국대]

**06**　Aurelia <u>did not have</u> time <u>to go</u> to the concert last night because she was busy <u>to prepare</u>
　　　　　　　(A)　　　　　　　(B)　　　　　　　　　　　　　　　　　　　　　　　　(C)

<u>for her trip</u> to Brazil and Chile.
　(D)


**07**　The book fair <u>outdoors</u> was <u>to be opened</u> yesterday, but they were obliged <u>to postponing</u> it
　　　　　　　　　(A)　　　　(B)　　　　　　　　　　　　　　　　　　　　　(C)

<u>on account of</u> the sudden blizzard.　　　　　　　　　　　　　　[2016 단국대]
　(D)


**08**　When a ship <u>goes down</u> on their coast, they cannot help <u>regard</u> it <u>as</u> lawful plunder <u>meant</u>
　　　　　　　　　　(A)　　　　　　　　　　　　　　　　　(B)　　(C)　　　　　　　(D)

for their pockets.


**09**　<u>Acquire</u> education is the principal way of <u>gaining</u> status in a culture that generally <u>stresses</u>
　　　(A)　　　　　　　　　　　　　　　　　(B)　　　　　　　　　　　　　　　(C)

achievement <u>and</u> skillfulness.
　　　　　(D)


**10**　There is <u>no objection</u> his joining the party <u>provided</u> he is willing to <u>fit in with</u> the plans of the
　　　　　　　(A)　　　　　　　　　　　　　(B)　　　　　　　　　(C)

group and is ready and able to <u>do his share</u> of the work.　　　　　[2016 서울여대]
　　　　　　　　　　　　　(D)

## 적용하기 2단계 ❶ ❷ ❸

[1–3] Choose the one that could best completes the following sentence.

**01** Grand Master Han, who held a 9th degree black belt in Hapkido, dedicated his life _____ the martial art that combines the kicking and punching of Taekwondo and the joint locks and graceful throws of Judo.

(A) spread
(B) spreading
(C) to spread
(D) to spreading

**02** She is ashamed of _____ Jane in the argument last week.

(A) having not defeated
(B) defeating not
(C) not defeating
(D) not having defeated

**03** It seemed to me, as I kept _____ all this, that those times and those summers had been infinitely precious and worth _____ .

(A) remembering – saving
(B) remembering – being saved
(C) to remember – saving
(D) to remember – being saved

[4–9] Choose the one which is grammatically <u>incorrect</u> among the four underlined parts.

**04** All usual presentational <u>equipment</u> will be available <u>to assist</u> the guest speakers and, as
                        (A)                         (B)

mentioned above, we hope <u>very much</u> that you will be agreeable to <u>make</u> the <u>requested</u>
                            (C)                      (D)     (E)

presentation. [2015 아주대]

**05** <u>While</u> many museums are strictly no—go zones for <u>photography</u>, for one "museum" in the
    (A)                                                (B)

Philippines taking  happy snaps <u>are</u> an <u>essential</u> part of the visitor's experience.
                                      (C)     (D)                                    [2016 국민대]


**06** Buyers and sellers may be <u>scattered</u> over the whole world and instead of actually <u>meet</u>
                             (A)                                              (B)

together <u>in</u> a market—place they may deal <u>with</u> one another by telephone, telegram, cable
          (C)                           (D)

or letter.


**07** James said that his face <u>had looked</u> so pale <u>that</u> morning when he got out of the shower
                             (A)               (B)

<u>that</u> he'd contemplated <u>to call</u> in sick to work.
 (C)                  (D)


**08** <u>Besides</u> <u>to be</u> a distinguished student, he is <u>also</u> a leader <u>in</u> student's association and a
   (A)    (B)                            (C)      (D)

trophy—winner in school sports.


**09** <u>Had he not believed</u> that every individual <u>belongs to</u> history, his story <u>would not have been</u>
       (A)                              (B)                  (C)

<u>worth of telling</u>.
    (D)

[10] Choose the sentence that is <u>NOT</u> grammatically correct.　　　　[2016 한국외대]

**10**　(A) He has been hopelessly addicted to surfing since he was twelve.

　　(B) The committee will be devoted to trade real estate time-shares.

　　(C) City council would be opposed to changing the name of the airport.

　　(D) My mom is scheduled to undergo knee surgery this Friday.

## 적용하기 3단계　❶　　　　❷　　　❸

[1-4] Choose the one that could best completes the following sentence.

**01**　Our two sons, from the day they learnt that they had a grandfather, have insisted ＿＿＿＿＿＿＿ to him.

　　(A) at taking　　　　　　　　　　(B) at having taken
　　(C) on being taken　　　　　　　 (D) on having been taken

**02**　The vice-chancellor left before the meeting was closed, for he thought the issue on the table was not worth ＿＿＿＿＿.

　　(A) to consider　　　　　　　　　(B) to discuss about
　　(C) talking　　　　　　　　　　　(D) his time

**03**　Previous incidents have shown the high probability of foreigners illegally ＿＿＿＿＿＿ the country during cultural events in search of illegal employment.

　　(A) enter　　　　　　　　　　　　(B) to enter in
　　(C) entering　　　　　　　　　　 (D) to enter into

**04** It's natural to have some problems because no one can get used _____ in a new culture immediately.

(A) lived                  (B) to live

(C) lives                 (D) to living

[5-10] Choose the one which is grammatically <u>incorrect</u> among the four underlined parts.

**05** The plug-in batteries <u>boost</u> the electric reserve, <u>which is</u> key to <u>give</u> the car super high <u>gas</u>
                          (A)                                (B)       (C)

<u>mileage</u>.
 (D)

**06** As Russia prepared for <u>its</u> lavish commemoration of the 60th anniversary of the end of <u>World</u>
                            (A)

<u>War II</u> earlier this month, there were <u>predictable</u> calls for the <u>rehabilitating</u> of Joseph Stalin.
 (B)                            (C)                (D)

**07** Every restaurant wants to create <u>brand awareness</u> and jump-start business <u>with</u> its <u>grand</u>
                                    (A)                         (B)   (C)

<u>open</u>, but you will find many ways how restaurant owners try to make <u>a splash</u>.
                                                         (D)

[2016 서강대]

**08** <u>What is worse</u>, they get paid with enormous money for <u>recommendation</u> products that they
      (A)                                      (B)

may know very <u>little about</u>, <u>which</u> turns back to the customer's burden.
                (C)      (D)

**09**    <u>Under such duress</u>, the man committed suicide in November last year. In a suicide note <u>he left</u>,
(A)                                                                                                                 (B)

he said, "I began to give her money as I thought that if my affair with her was <u>made public</u>,
(C)

it meant the end of everything. I had no choice <u>but kill</u> myself as I was going to lose my
(D)

family and mo job," according to the spokesman.


**10.** The invention of guns took warfare to <u>a whole new</u> level. Later, airplanes radically changed it
(A)

again. Now, experts say another big shift is coming, led by energy weapons, including lasers.

The U.S. Air Force Research Laboratory, of AFRL, said it's <u>on track to</u> demonstrate a working
(B)

laser weapon on a fighter jet by 2020. Arming larger planes with laser weapons <u>have been</u>
(C)

<u>possible</u> for years. But the more difficult challenge is to create lasers small, accurate and

<u>powerful enough for</u> fighter jets.                                              [2016 명지대]
(D)

# Chapter VIII

# 분사, 분사구문

# Chapter VIII    분사, 분사구문

## 1. 현재분사 (Ving)와 과거분사 (Ved/pp)를 구분하자.

분사는 뭐니 뭐니 해도 이 두 가지를 구분하는 문제들이 주로 출제된다. 보통 '능동 VS 수동'의 관계를 따져서 구분하지만, '진행 VS 완료'의 관계로 따지는 문제들도 있으니 제대로 공부하자.

## 2. 과거동사와 과거분사의 차이점을 이해하자.

동사 중에는 과거동사와 과거분사가 똑같이 생긴 단어들이 있다. 이 단어 역시도 겉으로 보기엔 매우 비슷해 보이므로 문법을 풀이할 때도, 독해를 하는 경우에도 헷갈려 하는 학생들이 상당히 많다. 구분방법은 주로 능동태냐 수동태냐를 확인하는 것이다.

## 3. 동명사와 현재분사의 차이점을 이해하자.

동명사와 현재분사는 둘 다 동사에 ing를 붙여서 만들어진 표현이다. 겉으로 보기엔 매우 비슷해 보이지만 동명사는 명사, 현재분사는 형용사의 역할을 한다는 점에서 쓰임새가 매우 다르다.

## 4. 분사구문 역시도 Ving VS pp의 대결 구조가 시험의 Key Point이다.

분사구문의 Ving와 pp를 구분하는 문제 역시도 분사를 풀이하는 방법과 크게 다를 바가 없다. 그러나 분사는 형용사이고, 분사구문은 부사에 속하기 때문에 각각 의미상 주어가 다르다는 점을 잊지 말아야 한다.

---

### ① 분사의 개념과 용법

분사는 to부정사, 동명사와 같이 동사에서 파생되었기 때문에 준동사에 속한다. 분사는 형용사의 기능을 하는데, 그것은 곧 분사는 명사를 수식 하거나, 보어자리에 들어간다는 것을 의미한다. 분사는 동사에 ing를 붙여서 만든 현재분사와 동사의 ed형인 과거분사로 나뉘며 동사에 따라 그 의미가 나뉘게 된다.

| | 자동사 | 타동사 |
|---|---|---|
| 현재분사 (Ving) | 진행의미 (~하고 있는 (중인), ~하는) | 능동의미 (~하는, ~시키는) |
| 과거분사 (Ved) | 완료의미 (~한, ~해 버린) | 수동의미 (~된, ~당한, ~받은) |

혹시나 해서 하는 말인데, 분사와 분사구문을 헷갈려하진 말자. 분사는 형용사의 기능을 하고, 분사구문은 부사의 기능을 한다. (여기서는 일단 분사 먼저 공부한 후에 분사구문을 보도록 하자.)

❶ 단연코 ing VS pp의 구분을 묻는 문제가 가장 많이 출제된다. (보통은 <u>능동 VS 수동의 관계</u>를 많이 묻는다.)

❷ 감정분사를 묻는 문제의 출제 빈도도 높으니 제대로 알아두자. 감정분사는 주어(혹은 의미상 주어)가 누군지만 알고 있으면 절대 틀릴 수 없는 문제다. (즉 이 부분을 틀리면 그만큼 타격이 크다는 소리다.)

## 1) 현재분사 : 동사원형 + ing

### (1) 자동사의 현재분사 ⇒ <u>진행의미 (～하고 있는, ～하는)</u>

· There is a **sleeping** baby in the cradle. (명사 baby를 앞에서 수식)
　요람에서 <u>자고 있는</u> 아기가 있다.

### (2) 타동사의 현재분사 ⇒ <u>능동의미 (～하는, ～하게 하는)</u>

· The players **playing basketball** is my friends. (명사 The players를 뒤에서 수식)
　<u>농구를 하고 있는</u> 선수들이 내 친구들이야.

## 2) 과거분사 : 동사원형 + ed, 즉 동사의 p.p 형태

### (1) 자동사의 과거분사 ⇒ <u>완료의 의미 (～한, ～해 버린)</u>
### (자동사는 수동태를 구성할 수 없어 수동의 의미는 없음)

· We are now on our path to become a **developed** country. (명사 country를 앞에서 수식)
　우리는 지금 <u>선진국</u>으로 가는 길목에 있다. (선진국 = 발전을 다 한 국가)

### (2) 타동사의 과거분사 ⇒ <u>수동의 의미 (～된, ～당한, ～받은)</u>

· I received a letter **written in English.** (명사 a letter를 뒤에서 수식)
　나는 <u>영어로 쓰인</u> 편지를 받았다.

**❷ 분사의 기능 (분사는 형용사와 같은 역할을 한다.)**

형용사와 같은 역할을 하기 때문에 분사는 두 가지 용법으로 나뉜다. 하나는 <u>명사를 수식하는</u> '한정적 용법', 다른 하나는 <u>보어자리에 들어가는</u> '서술적 용법'이다. '한정적 용법'의 경우 명사를 앞에서 수식하면 '전치수식', 명사를 뒤에서 수식하면 '후치수식'이라 칭한다.

보어자리에 들어가든 명사를 수식하든 결국 '능동 VS 수동', '진행 VS 완료'의 대결구도는 변함없다.

## 1) 한정적 용법 – 명사수식

### (1) 전치수식 〈 ∼ing/pp + N → 분사가 <u>단독으로 명사를 수식하는 경우</u>〉

| | |
|---|---|
| a sleeping baby (잠을 자는 아이 – 진행의미) | the rising sun (떠오르는 태양 – 진행의미) |
| a barking dog (짖고 있는 개 – 진행의미) | a boiled egg (삶은 달걀 – 완료의미) |
| fallen leaves (다 떨어져버린 낙엽 – 완료의미) | a returned soldier (은퇴한 병사 – 완료의미) |
| a developed country (선진국 – 완료의미) | the risen sun (중천에 걸린 해 – 완료의미) |
| the following example (뒤따르는 예 – 능동의미) | the breaking news (속보 – 능동의미) |
| the shocking news (충격적인 소식 – 능동의미) | an amusing movie (재미있는 영화 – 능동의미) |
| a broken window    (깨진 창문 – 수동의미) | a conquered town (정복된 도시 – 수동의미) |
| a decayed tooth (썩은 치아 – 수동의미) | a captured enemy (포로가 된 적 – 수동의미) |

· Osram Projector lamps are also available at **discounted rates.** (수동의미)
Osram Projector 램프는 또한 할인된 가격으로 이용가능하다.

· Look at the **rising sun** above the horizon. (진행의미)
지평선 위로 떠오르는 태양을 봐.

· There are many differences between **spoken** and **written languages.** (수동의미)
말해지는 언어(구어)와 써지는 언어(문어) 사이에는 많은 차이점이 있다.

· One of the most **vexing questions** regarding the disaster is what caused the explosion. (능동의미)
이 사고에 관해 가장 짜증나는 질문들 중 하나는 무엇이 폭발의 원인인가 하는 것이다.

· The judge found him guilty of **attempted murder** and gave him 20 years in prison. (수동의미)
판사는 그에게 시도된 살인(살인미수죄)을 적용하여 20년형을 선고 했다.

· Satan has been expelled from heaven with his **fallen angels.** (완료의미)
사탄은 그의 타락한 천사들과 함께 천국에서 퇴출되었다.

## (2) 후치수식 I : N + ~ing + α → 현재분사가 길어져서 명사를 수식하는 경우

현재분사가 후치 수식하는 경우 뒤따르는 α는 <u>동사의 형식에 따라</u> 결정한다.

| 현재분사 후치수식이 만들어지는 구조상의 원리 | |
|---|---|
| 1형식 N + V + AD | → N + Ving + AD |
| 2형식 N + V + N/A | → N + Ving + N/A |
| 3형식 N + V + N | → N + Ving + N |
| 4형식 N + V + N + N | → N + Ving + N + N |
| 5형식 N + V + N + N/A | → N + Ving + N + N/A |

· A composer is a person **composing some music.** (능동의미)
  작곡가는 음악을 작곡하는 사람이다.

· He bought a bunch of flowers **consisting of 100 roses.** (능동의미)
  그는 장미 100송이로 된 꽃다발을 샀다.

· Anyone **wishing to leave early** may do so. (능동의미)
  일찍 가고 싶은 사람은 누구라도 그렇게 해도 좋다.

· People **living in the city** are very busy everyday. (진행의미)
  이 도시에서 살고 있는 사람들은 매일 매우 바쁘다.

· The boy **writing a letter** is my friend. (능동의미)
  편지를 쓰는 소년이 내 친구다.

## (3) 후치수식 II : N + ~pp + α → 과거분사가 길어져서 명사를 수식하는 경우

과거분사가 후치 수식하는 경우 뒤따르는 α는 <u>수동형 동사의 형식에 따라 결정한다.</u>

| 과거분사 후치수식이 만들어지는 구조상의 원리 | | |
|---|---|---|
| 1형식 N + V + AD | → 수동태 없음 | → 존재하지 않음(완료의 의미로는 존재함) |
| 2형식 N + V + N/A | → 수동태 없음 | → 존재하지 않음(완료의 의미로는 존재함) |
| 3형식 N + V + N | → N + be pp + AD | → N + (being) pp + AD |
| 4형식 N + V + N + N | → N + be pp + N | → N + (being) pp + N |
| 5형식 N + V + N + N/A | → N + be pp + N/A | → N + (being) pp + N/A |

· The president should fire many people **concerned** with the embezzlement. (수동의미)
그 사장은 횡령에 관련된 많은 사람들을 해고해야만 한다.

· I received a letter **written in English**. (수동의미)
나는 영어로 쓰인 편지를 받았다.

· Look at the mountain **covered with snow**. (수동의미)
눈으로 뒤덮인 산을 봐라.

· The boy **called John** is really smart. (수동의미)
John이라고 불리는 그 소년은 매우 영리하다.

· Cigarette butts **thrown carelessly from cars** can cause forest fires. (수동의미)
차에서 함부로 던져진 담배꽁초는 산불을 일으킬 수 있다.

· The leaves **fallen on the ground** make some strange sound. (자동사의 pp형은 수동이 아닌 완료의 의미)
땅으로 떨어진 낙엽들은 약간 이상한 소리를 낸다.

### ▲ 주 의

**전치수식, 후치수식 여하에 따라서 그 의미가 달라지는 경우도 있다.**

| | |
|---|---|
| involved problem (복잡한 문제) | people involved (~에 관련된 사람들) |
| the solution adopted (채택된 해결책) | an adopted son (입양아, 양자) |
| the people concerned (관련된 사람들) | the concerned people (걱정하는 사람들) |

## 2) 문장 내에서의 분사 판별법 (수식을 받는 명사가 분사의 의미상 주어이다.)

분사는 보통 'ing VS pp' (즉 능동 vs 수동)을 묻는 문제가 대부분이기 때문에 목적어의 유무로 구별하면 굉장히 편하지만, 이것은 분명한 한계가 있다. 즉 분사가 명사를 뒤에서 꾸며주는 구조일 때만 가능하다. 또한 이 경우 동사가 100% 타동사임을 알고 있어야 한다는 전제가 있어야 한다. 만약 자동사가 뒤에서 꾸며주게 된다면 그때는 뒤에 목적어가 나올 리가 없기 때문이다.

다음의 분사는 전치수식 분사이다. 즉 목적어의 유무로 판단할 수 없는 상황인 것이다.
분사에 유의하여 한 번 해석해보자. 진짜로 한 번 써보자.

· a loving wife (                    )

·

·

·

·

아마도 대부분의 학생들이 '사랑하는 아내'라고 썼을 것이다. 그렇다면 다시 한 번 질문을 해보겠다.
'사랑하는 아내'라는 말을 들으면 ① 아내가 남편을 사랑한다. ② 남편이 아내를 사랑한다. 중에 어떤 의미가 떠오르는가?

·

·

·

·

아마도 대부분의 학생들은 ②번 '남편이 아내를 사랑한다.'를 떠올렸을 것이다.
그렇다면 다시 한 번 분사에 유의하여 해석해보자.

· a loved wife (                    )

·

·

·

·

·

아마도 대부분의 학생들은 '사랑받는 아내'라고 썼을 것이다. 그렇다면 다시 한 번 똑같은 질문을 해보겠다. '사랑받는 아내'라는 말을 들으면 ① 아내가 남편을 사랑한다. ② 남편이 아내를 사랑한다. 중에 어떤 의미가 떠오르는가?

· 

· 

· 

· 

· 

아마도 대부분의 학생들은 이번에도 ②번 '남편이 아내를 사랑한다.'를 떠올렸을 것이다.

그럼 결론적으로 a loving wife와 a loved wife는 ②번 '남편이 아내를 사랑한다.'라는 의미로 같은 뜻인가? 만약 같은 뜻이라면 왜 loving과 loved로 다르게 표현을 해 놓은 건가?

당연히 a loving wife와 a loved wife는 전혀 다른 뜻이니까 다르게 표현을 한 것이다.
단지 우리가 우리나라 말로 해석을 했을 때 뭔가 같아 보이게 <u>잘못 해석하고 있었을 뿐</u>이다.

a loving wife는 우리나라 말로는 '사랑하는 아내'라고 해석하는 것이 맞지만, <u>속 내용은 (아내가 남편을 사랑한다)라는 의미이다.</u> 허나 우리나라 사람들은 '사랑하는 아내'라는 말을 들으면 (남편이 아내를 사랑한다)라는 의미밖에 떠올리지 못한다.

이것이 분사 문제를 해결하는데 상당한 걸림돌이 된다.

그냥 단순히 ing는 능동이니까 '~하는, ~하고 있는'으로 해석하고, pp는 수동이니까 '~된, ~당한, ~받은'으로 해석하게 되면 어느 정도 쉬운 난이도의 분사 문제들은 쉽게 해결이 가능하다.
그러나 방금처럼 <u>해석으로만 접근해서는 우리나라 말과 연계가 안 되는 분사도 있기 때문에</u> 무턱대고 해석하는 것은 위험한 습관이 된다.

반드시 능동 VS 수동을 구별해야 하는 경우에는 해석도 좋지만, 일단 <u>주어 (또는 의미상 주어)가 누군지 먼저 알고 시작하는 것이 좋다.</u> 분사도 준동사의 일원이기 때문에 의미상 주어라는 것이 존재하는데, 그것이 바로 <u>〈수식을 받는 명사〉</u>이다.

수식을 뒤에서 받든, 앞에서 받든, 자동사로 수식받든, 타동사로 수식을 받든 간에 의미상 주어는 수식을 받는 명사가 된다.

즉 위의 예문을 다시 한 번 보게 되면,
a loving wife에서 loving은 wife를 꾸며주는 전치수식 분사이고 <u>wife</u>가 수식을 받는 명사, 즉 의미상 주어가

된다. 이를 바탕으로 해석해보면, '사랑하는 아내'라는 겉으로 해석되는 의미에는 변함이 없지만 결국 '아내가 (남편을) 사랑한다.'는 의미가 됨을 알 수 있다.

a loved wife역시 마찬가지이다. 결국 wife가 의미상 주어이므로 '아내가 (남편에 의해) 사랑받는다.'는 의미가 된다.

잊지 말자. 그저 분사는 능동과 수동만을 구별하면 되고, 그 구별법은 목적어의 유무! 이렇게 단정 짓는 것은 매우 어리석은 행동이다. 또한 현재분사는 '~하는'으로, 과거분사는 '~된, 당한, 받은' 등으로 해석만 잘 하면 되지! 라고 생각하면 결국 어려운 분사는 반드시 헷갈리게 된다. 그러므로 처음 공부할 때 잘 잡아두자.

다시 한 번 말한다. <u>분사의 의미상 주어는 수식을 받는 명사</u>이다. '명사가 하는 것'인지 '명사가 당하는 것'인지를 잘 따져보도록 하자.

이해가 다 되었다면, 문제를 한 번 풀어보자.
**(Repeating/Repeated)** mistakes are unacceptable here.

굉장히 쉽다고 느끼는 학생들이 대부분일 것이다. 왜냐하면 그냥 해석만 해봐도 '반복된 실수'가 '반복하는 실수'보다 훨씬 맞는 말처럼 느껴지기 때문이다. 결론적으로 말하면 '반복된 실수'가 맞는 표현이다. 즉 답은 Repeated mistakes이다. 그러나 <u>그냥 해석상 '반복된 실수'가 더 맞아 보여. 이렇게 말하는 것은 여러분들이 공부하는데 아무런 도움이 안 된다.</u>

중요한 것은 '반복하는 실수'라는 표현은 왜 틀린 표현인가? 이 질문에 대답을 할 수 있어야 한다.
Repeating mistakes가 틀린 이유는 의미상 주어가 mistakes이며, '<u>실수는 반복 되는 것</u>'이지 '<u>실수가 반복하다</u>'라고 말 할 수는 없기 때문인 것이다.

이제 알겠는가? 현재분사와 과거분사는 <u>수식을 받는 명사와의 주어 동사관계만 놓고 따지면 절대 틀릴 수가 없다.</u>

## 3) 서술적 용법 (주격보어와 목적격 보어의 자리)

분사는 보어자리에도 쓰이므로 2형식 주격보어와 5형식 목적격 보어자리에 얼마든지 쓸 수 있다. 이 경우 주격보어는 진짜 주어를, 목적격보어는 목적어를 의미상 주어로 잡고 접근하면 된다.

· My husband looked very **exhausted** after a hard work.
　우리 남편은 고된 일 후에 매우 지쳐 보였다.

· A man sat **surrounded** by a lot of children.
　한 남성이 많은 어린아이들에 의해 둘러싸였다.

· Many people want a commercial break on TV **shortened**.
많은 사람들은 TV의 광고가 짧아지기를 원한다.

· I saw an old woman **selling** a pen on the street.
나는 나이 드신 여성이 거리에서 펜을 파는 것을 보았다.

## 연습하기 028

다음 문맥상 괄호 안에 알맞은 분사에 O표 하시오.

– 해석은 당연!

1. There is (**convincing / convinced**) evidence that smoking causes lung cancer and heart disease.

2. Jason tried to open the (**locking / locked**) door, but he couldn't

3. There are lots of people (**selling / sold**) fake items on the Internet.

4. An expensive book (**belonging / belonged**) to my club is lost.

5. We are going to see the (**rising / risen**) sun on New Year's Day.

**3** 유의할 분사

강민 **형이 콕 찍어줄게!**

❶ Ving가 동명사인지 분사인지, Ved가 과거동사인지 과거분사인지를 제대로 구분할 줄 알아야 한다. 이 부분은 문법뿐만 아니라 독해에서도 필수적으로 필요하다.

❷ 감정분사는 반드시 주어와의 관계를 따져야 하는데, 5형식의 경우 목적어가 의미상 주어이므로 목적어와의 관계를 따져야 한다. 또한, 감정분사 역시 전치수식으로 나올 수 있고 그런 경우에도 '수식받는 명사가 의미상 주어'라는 대전제는 변함없다.

❸ 복합분사와 유사분사는 겉으로 보기엔 복잡해 보일 수 있지만 실제로는 동사 활용만 제대로 한다면 어렵지 않다. 겁먹지 말고 덤비자. (모르면 동사를 다시 한 번 보자.)

## 1) 동명사와 현재분사와의 구별

형태상으로 보면 동명사는 현재분사와 동일하다. 그러나 동명사는 문장 내에서 명사로서 기능을 하며 현재분사는 형용사로서 기능을 한다. 이 경우 특히 주어자리에 나올 때 구분하는 문제가 출제 될 수 있으므로 제대로 알아보자.

### (1) 동명사는 한정사 (a, the 등)을 가져올 수 없으나 분사는 명사를 단순히 꾸며주는 역할이므로 한정사와는 아무런 관련이 없다. 명사에 따라 가져올 수도 있고 가져오지 않을 수도 있다.

· <u>A loving wife</u> is a beautiful woman.
사랑을 해주는 아내는 아름다운 여성이다.
(앞에 한정사 A가 있으므로 loving은 동명사가 아닌 형용사로 쓰인 것임을 알 수 있다. 그러므로 '(남편을) 사랑하는 아내', 의역해서 '사랑을 해주는 아내'라고 해석하면 된다.)

· <u>Loving wife</u> is a beautiful thing.
아내를 사랑하는 것은 아름다운 일이다.
(앞에 한정사를 쓰지 않은 것으로 보아 loving은 형용사가 아닌 동명사로 쓰였고, wife는 love가 타동사 이므로 그에 따른 목적어로 쓰인 것임을 알 수 있다. 그러므로 '아내를 사랑하는 것'으로 해석하면 된다.)

### (2) 'Ving + N'의 구조에서 N에 복수취급이 되어있는 경우 구분이 쉽게 된다.
#### (수일치에서 힌트를 얻거나 해석으로 구분해야 한다.)

· <u>Losing leaves helps</u> some trees to conserve water in the winter.
낙엽이 떨어지는 것이 어떤 나무들로 하여금 겨울에 수분보존을 하도록 도움을 준다.
(여기서 Losing leaves는 동명사로 쓰였다. 그 이유는 <u>help가 단수동사</u>로 쓰였기 때문이다. 만약 Losing이 분사였다면 leaves를 꾸며주는 역할만 했을 것이고 주어는 leaves이므로 복수 동사인 help가 쓰였어야 옳다.)

- **Understanding tradition** cannot help people to solve some opposite matters.
  전통을 이해하는 것이 사람들로 하여금 정반대의 문제를 해결하는데 도움을 줄 수는 없다.

  (위의 문장은 동사에 조동사 can이 쓰였기 때문에 <u>수일치로 절대 확인이 불가</u>하다. 이런 경우에는 해석으로만 구분이 가능하기 때문에 제대로 해석을 해야 한다. 동명사로 쓰이는 경우 '<u>전통을 이해하는 것</u>'이라고 해석이 되고, 분사로 쓰이는 경우 '<u>이해하는 전통</u>'이라는 의미가 되어 버린다. <u>분사의 경우 수식받는 명사가 의미상 주어</u>이기 때문에 '전통이 (무언가를) 이해하다.'라는 의미가 성립되어야 한다. 그러나 당연히 '<u>전통은 이해되는</u>' 입장이므로 분사로 쓸 의도였다면 <u>Understood tradition</u>으로 써야 옳다.)

## (3) 문장 중에서 동명사와 현재분사 구별

동명사는 <u>주어와 동격</u>, 현재분사는 형용사이므로 <u>주어의 상태설명</u> 혹은 진행형으로 쓰여야 한다.

- **His hobby** is **collecting stamps.** (His hobby = collecting stamps 즉 동명사)
  그의 취미는 우표를 수집하는 것이다.
- **He** is **collecting stamps.** (He ≠ collecting stamps 즉 현재분사 (진행형))
  그는 우표를 수집하는 중이다.

## (4) 용도의 의미를 나타내는 동명사와 구별

만약 해석할 때 ing가 뒤에 오는 명사의 용도나 목적을 나타내면 용도의 동명사가 된다. (그다지 중요하진 않다.)

- There is **a sleeping baby.**
  자고 있는 소년이 있다. (현재분사 → 명사수식)

- There is **a sleeping car.** = a car used for sleeping
  잠을 자는데 사용되는 차가 있다. (동명사 → 목적, 용도)

- a living room (생활하기 위한 방)

- a walking stick (걷기 위한 지팡이)

## 2) 동사의 과거형과 과거분사의 차이

동사의 3단변화 중에서 A-A-A의 형태나 A-B-B의 형태가 나오는 경우 과거동사와 과거분사의 형태가 같기 때문에 명사의 뒤에 pp형태가 오게 되면 동사인지 분사인지 판단을 잘해야 한다. 대부분의 동사는 타동사이기 때문에 <u>목적어의 유무로 쉽게 알 수 있고</u>, 과거분사가 쓰인 경우 본동사가 아니기 때문에 <u>본동사의 유, 무로도 구분이 가능</u>하다.

- They **spent** quite a sum on that house.
  그들은 그 집을 사느라 돈 좀 썼다. (과거동사)
  ('quite a sum'이라는 목적어가 쓰였으므로 동사이다.)

- Department's budget **spent** on disaster relief <u>proved</u> to be embezzled.
  재난 구호에 쓰인 부서의 예산이 횡령된 것으로 판명 났다. (과거분사)
  (뒤에 목적어도 없고 본동사 proved가 있는 것으로 보아 spent는 분사로 쓰였음을 알 수 있다.)

· The man **called** my sister "Boss".
그 남성은 내 누이를 "사장님"이라고 불렀다.(과거동사)

· My sister **called** "Boss" **has run** the many business.
"사장님"으로 불리는 내 누이는 많은 사업을 경영하고 있다. (과거분사)
(뒤에 'Boss'라는 명사가 있으므로 동사인 것 같지만, 본동사 has run이 있으므로 분사이다. call이 5형식으로 쓰여서 boss는 목적보어로 나온 것이다.)

· I **put** my valuables in the box put in the closet.
나는 내 귀중품들을 벽장 속에 놓인 상자 속에 놓았다. (앞의 put - 과거동사. 뒤의 put - 과거분사)

· The pottery **manufactured** during the Chosun dynasty **is** famous for its simplicity.
조선왕조 동안 제작된 도자기는 그 담백함으로 유명하다. (과거분사)

· They **have manufactured** the pottery for a long time.
그들은 오랫동안 그 도자기를 생산했다. (현재완료동사)

· I **made** the notebook of recycled paper.
나는 재활용된 종이로 그 공책을 만들었다. (과거동사)

· The notebook **made** of recycled paper **is** cheap but good.
재활용된 종이로 만들어진 그 공책은 싸지만 질이 좋다. (과거분사)

## 3) 감정분사

감정분사가 쓰이는 경우 사람, 사물로 이분화 시켜서 문제를 푸는 우를 범하지 않도록 주의하자.
감정분사는 <u>행위자가 감정을 남에게 유발시키면 ing</u>를 쓰고, <u>감정을 스스로 느끼면 pp</u>를 쓴다.

| 놀라게 하다 | surprise, amaze, astonish, astound, frighten, alarm |
|---|---|
| 기쁘게 하다, 만족시키다 | amuse, delight, please, satisfy |
| 당황하게 하다 | embarrass, bewilder, confuse, puzzle, perplex, baffle |
| 실망시키다 | disappoint, discourage, frustrate |
| 기타 | bore (지루하게 하다), excite (흥분하게 하다)<br>interest (흥미를 유발하다), depress (우울하게 하다)<br>tire/exhaust (지치게 하다) |

· <u>They</u> are very **shocked** because of his death.
그들은 그의 죽음으로 매우 놀랐다.

· <u>The game</u> was so **exciting** that <u>the spectators</u> were excited.
그 게임은 너무나 재미있어서 관중들은 흥분했다.

· <u>The story</u> was very **interesting**, and so <u>I</u> was **interested** in it.
그 이야기는 매우 흥미로웠다. 그래서 나는 그것에 흥미를 느꼈다.

· Tom's tedious speech makes many audiences ~~boring.~~ (X) → **bored.** (O)
탐의 지루한 연설은 많은 청중들을 지루하게 만든다.

(분명 주어는 speech인데, 이 문장은 5형식의 구조로 쓰였으므로 목적어인 'many audiences'가 목적보어인 'boring'의
주어가 되어야 한다. <u>많은 청중들은 지루함을 주는 존재가 아니라 지루함을 느끼는 존재</u>이다. 그러므로 bored가 옳다.)

**▲ 주 의**

**심화문제**

· The company was (**delighting** / **delighted**) to be working with CXT Corporation.

이 문제에서는 회사가 주어인데 사물로 간주하는 것이 아니라, 사람들의 단체이므로 의인화 된 명
사로 보아서 감정을 느끼는 즉, 과거분사가 적절하다.

정답 delighted

## 4) 분사의 특수형태

### (1) 복합분사

명사를 앞에서 꾸며주는 분사가 목적어나 부사, 형용사와 결합되어 한 단어가 될 경우 하이픈 (–)을 이용하여
명사를 꾸미는 분사형태를 복합분사라 한다.

❶ (명사 – 3Ving) N : <u>명사를 ing하는</u> N (능동관계)
　English–speaking people 영어를 말하는 사람들 / insect–eating animals 곤충을 먹는 동물

❷ (명사 – 3Ved) N : <u>명사에 의해 ed된</u> N (수동관계)
　sun–kissed oranges 태양에 의해 키스를 받은 오렌지들 / horse–drawn carts 말에 의해 끌려진 차들

❸ (형용사 – 2Ving) N : <u>형용사 하게 ing하는</u> N (보어 동사 관계)
　a good–looking boy 잘생겨 보이는 소년 / a good–tasting food 맛있는 음식

❹ (부사 – 1Ving) N : <u>부사하게 ing하는</u> N (진행)
　a well–sleeping baby 잘 자고 있는 아기 / a slowly walking boy 느리게 걷는 소년

❺ (부사 – 1Ved) N : <u>부사하게 (막) ed된</u> N (완료)
　a newly–arrived book 새롭게 (막) 도착한 책 / a well–behaved child 행실이 바른 아이 (의역임)

· There is a **state-owned** oil monopoly in the nation.
그 나라에 주에 의해서 소유된 오일 독점이 있다.

· The doctor put her on a course of **pain-killing** drugs.
의사는 그녀에게 어떤 고통을 없애는 약을 주었다.

· This is a **newly-painted** house. / He is a **nice-looking** guy.
이것은 새롭게 (막) 칠해진 집이다.    / 그는 괜찮아 보이는 사람이다.

## (2) 유사분사

분사는 원래 동사에 ing/ed를 붙여서 만드는 것인데, 유사분사는 말 그대로 '유사'한 분사를 말한다. 즉, 동사에서 파생된 것은 아니지만, 분사처럼 명사를 꾸며줄 수 있는 용법이다.
유사분사는 '명사+ed'의 형태로만 만들어지며, 앞에 결합되는 품사는 형용사만이 가능하다. 즉 '형용사 + 명사+ed'의 모양만 가능하고 ing를 쓴다거나 형용사 대신 부사를 쓰면 틀린다.
해석은 '형용사한 명사를 가진 명사'처럼 '소유'의 의미로 해석한다.

> ❶ (형용사 - 명사+ed) N : 형용사한 명사를 가진 N (소유관계) - 유사분사
>
> a **four-legged** animal 네발 달린 짐승 / **brown-eyed** girls 갈색 눈을 가진 소녀들

· She is a **kind-hearted** woman.
그녀는 친절한 마음씨를 가진 여성이다.

· He is a ~~**narrowly-minded**~~ man. (X)
→ He is a **narrow-minded** man. (O)
그는 속이 좁은 사람이다. (복합 분사에서는 부사 쓸 수 없음)

## 5) 분사의 명사적 용법 → the + 분사

원래 〈the + 형용사〉가 '~하는 사람들'이라는 의미를 가지고 있기 때문에 〈the + 분사〉역시 '~하는 사람들'의 의미를 가질 수 있다.
기존의 분사의 능동, 수동, 진행, 완료의 의미를 그대로 가져오기 때문에 어렵지 않다.

· The field was full of **the dead** and **the dying**.
들판은 죽은 사람들과 죽어가는 사람들로 가득 차 있었다. (진행)

· The hospital was full of **the sick** and **the injured**.
병원은 환자들과 부상자들로 가득 차 있었다. (수동)

· **The respected** were invited to the party.
존경받는 사람들이 그 파티에 초대받았다. (수동)

the + 형용사가 무조건 '~하는 사람들'이라는 의미로만 쓰이는 것은 아니다.

'~하는 사람' 혹은 '~하는 것(추상명사)'의 의미로도 쓰일 수 있으니 무조건 복수취급만을 하는 것이 아니라는 점만 알아두자.

· The accused is my uncle.

피고인은 나의 숙부이다. (수동)

· The unexpected always happens.

예상치 않은 일이 언제나 일어나기 마련이다. (수동)

· He likes to touch the untouched.

그는 새것을 손대고 싶어 한다. (수동)

---

## 연습하기 029

다음 문맥상 괄호 안에 알맞은 분사에 O표 하시오.

— 해석은 당연!

1. It was the most (embarrassing / embarrassed) moment of my life.

2. We'll have (interesting / interested) class this year.

3. This is a (man-made / man-making) island.

4. Music is able to be used as (pain-relieving / pain-relieved) drugs.

5. The movie was very (satisfying / satisfied).

**4** 분사구문

### 강민 형이 콕 찍어줄게!

**❶** 분사와 마찬가지로 <u>ing VS pp (능동 VS 수동)의 문제가</u> 가장 많이 출제된다. 분사와 다른 점은 분사구문의 능동, 수동을 판단하는 주어가 주절의 주어라는 점이다.

**❷** 능동, 수동의 문제뿐만 아니라 **분사구문의 의미상 주어가 제대로 쓰였는지 묻는 문제도** 자주 출제된다. 주절의 주어가 분사구문의 의미상 주어인 것만 알면 크게 어렵지 않다.

**❸** 그 외에 with + 분사구문과 같은 문제나, 분사형 전치사, 분사형 접속사 등의 관용표현 역시 제대로 숙지하도록 하자.

## 1) 분사구문의 구조와 원리

분사구문은 〈접속사 + 주어 + 동사〉로 이루어진 부사절을 간략화 과정을 통해 <u>분사(~ing/pp)로 시작되는 구의 구조로 줄인 것</u>을 말한다. 부사절을 줄여서 만든 것이기 때문에 분사와는 다르다. <u>분사 (형용사구) / 분사구문 (부사구)</u>

### 분사구문 만드는 방법

**❶** 접속사를 생략한다. (의미 표현을 확실히 하기 위해 써주는 경우도 있음)

**❷** 종속절 주어와 주절 주어가 같을 땐, 종속절 주어를 생략하고 다를 땐 그대로 둔다.

**❸** 종속절 동사와 주절 동사의 시제가 같을 땐 ⇒ V ing / 다를 땐 ⇒ Having p.p로 한다.

**❹** 이렇게 만들어진 분사구문이 혹시 Being으로 시작되는 경우 보통 Being은 생략한다.

· While <u>they</u> <u>are working</u> under constant pressure, <u>people</u> <u>can get</u> tired quickly.

동일 인물 (생략)

같은 시제 (V ing)

→ <u>Working</u> under constant pressure, people can get tired quickly.
꾸준한 압박 속에서 일하는 사람들은 빠르게 피로해질 수 있다.

· As <u>I had seen</u> photographs of the place, <u>I had</u> no desire to go there.

동일 인물 (생략)

다른 시제 (Having p.p)

→ <u>Having seen</u> photographs of the place, I had no desire to go there.
그 지역의 사진을 봤기 때문에 나는 그곳에 가고 싶은 마음이 없다.

· Though **Tom was wounded** in the wrist, **he participated** in the game.

→ **(Being) wounded in the wrist**, he participated in the game.

손목을 다쳤음에도 그는 시합에 참가했다.


## 2) 독립 분사구문

분사구문을 만들 때 부사절의 주어와 주절의 주어가 같지 않는 경우, 분사구문 앞에 주어를 그대로 남겨둔 분사구문을 말한다.

· Because a dog was barking outside, I couldn't concentrate on my report.

→ <u>A dog</u> barking outside, <u>I</u> couldn't concentrate on my report. (O)

≠ ~~Barking outside~~, I couldn't concentrate on my report. (X)

개가 밖에서 짖었기 때문에 나는 리포트에 집중할 수가 없었다.

· As night came on quickly, we came down from the mountain hurriedly.

→ <u>Night</u> coming on quickly, <u>we</u> came down from the mountain hurriedly. (O)

≠ ~~Coming on quickly~~, we came down from the mountain hurriedly. (X)

밤이 금방 찾아와서. 우리는 서둘러서 산에서 내려왔다.

---

**참고**

독립분사구문의 경우 비인칭 it을 제외한 일반 인칭 대명사가 올 경우 그 문장은 틀린 문장이 된다.

· When I entered the room, a strange sight was seen.

≠ ~~I~~ entering the room, <u>a strange sight</u> was seen. (X)

→ **Entering the room**, I saw a strange sight. (O)

방에 들어간 나는 이상한 광경을 보았다.

---

**▲ 주 의**

유도부사 there/here의 분사구문

문두에서 문장을 이끄는 유도부사 there로 시작되는 문장을 분사구문으로 고칠 경우 there를 빠뜨리지 않도록 주의해야한다.

· As there was no bus on the street, **the drunkard had to go** home on foot.

≠ ~~Being no bus~~ on the street, the drunkard had to go home on foot. (X)

이런 문장이 쓰일 경우 원래의 부사절로 복원 시키면

→ As he was no bus on the street, 라는 문장이 되므로 의미상 매우 이상한 문장이 된다. 즉 there는 반드시 넣어줘야 한다.

→ **There being no bus** on the street, the drunkard had to go home on foot. (O)

### 3) 분사구문과 일치

분사구문의 주어는 독립분사 구문인 경우를 제외하고는 주절의 주어와 같기 때문에 생략한다. 이 경우 분사구문의 능동과 수동은 당연히 <u>주절의 주어와의 관계를 따져서 판단</u>하면 된다.

· As he had prepared for the exam well, the honor−student's mark was good.

  ≠ **Having prepared** for the exam well, ~~the honor−student's mark~~ was good. (X)
  (시험 준비를 잘 한 것은 학생이지 학생의 좋은 점수가 아니므로 주어를 바꿔야 한다.)

  → **Having prepared** for the exam well, **the honor−student** got a good mark. (O)
    시험 준비를 잘 했으므로 그 우등생은 좋은 점수를 받았습니다.

· ~~**Being a fine day**~~, my mother and I took a walk. (X)
  (Being a fine day를 그대로 쓰게 되면 주어가 My mother and I가 되어서 해석이 이상해진다.)

  → **It being a fine day**, my mother and I took a walk. (O) (독립분사구문)
    날이 좋아서, 엄마와 나는 산책을 했다.

· ~~**Comparing**~~ with other books, **this book** is easy to read. (X)
  (주절의 주어인 책은 '비교하는 입장'이 아니라 '비교되어지는 입장'이다.)

  → **Compared** with other books, **this book** is easy to read. (O)
    다른 책과 비교되어지자면, 이 책은 읽기가 수월하다.

### 4) 완료 분사구문 (having pp / (having been) pp)

주절의 시제보다 한 시제 앞선 일을 표현할 때는 완료분사구문을 사용한다. 이때 수동의 완료 분사구문 형태 (having been pp)에서 <u>having been은 생략 가능</u>하다. (보통 짧은 분사구문을 선호하기 때문에 생략을 주로 한다.)

· After I finished the work, I have nothing more to do.

  → **Having finished** the work, I have nothing more to do. (O)
    그 일을 끝낸 후에, 나는 더 이상 할 것이 없다.

  ≠ ~~**Finishing**~~ the work, I have nothing more to do. (X)
  (일을 끝낸 상황이 먼저 이므로 시제가 다르다는 것을 알 수 있다. 그러므로 having pp가 옳다.)

· As all flights **had been postponed** for the fog, we couldn't help going tomorrow.

  → All flights **(having been) postponed** for the fog, we couldn't help going tomorrow.
    모든 비행기가 안개 때문에 결항되어서, 우리는 내일 갈 수 밖에 없다.

### 5) 접속사로 시작하는 분사구문

잘못된 해석을 방지하기 위해서 또는 의미를 분명히 하기 위해서 분사구문 앞에 접속사를 생략하지 않은 상태로 쓸 수 있다. 또한 이것은 접속사와 분사구문 사이에 S + be동사가 생략되었다고 생각하면 거의 맞는다. (297p 참고)
참고로 <u>독립 분사구문은 접속사를 남길 수 없다.</u>

· **Though having no money on me,** I didn't care.
  비록 수중에 돈은 없었지만. 난 상관없었다.

· ~~While my wife doing dishes~~, I cleaned up the living room. (X)
  → **My wife doing dishes,** I cleaned up the living room. (O)
    (독립분사구문시 접속사 무조건 생략)
  → **While my wife was doing dishes,** I cleaned up the living room. (O)
    내 아내가 설거지를 하는 동안 나는 거실을 청소했다.

## 6) 분사로 시작하지 않는 분사구문

being의 생략으로 인해 분사가 아닌 be동사 뒤에 주로 나올 수 있는 형용사, 명사 또는 전명구 시작하는 분사구문이 있을 수 있다.

· **When it is hungry,** a cat makes a strange sound.
  → **(being) Hungry,** a cat makes a strange sound.
    배가 고픈 고양이는 이상한 울음소리를 낸다.

· **As he was a brave man,** he could go out with her.
  → **(Being) a brave man,** he could go out with her.
    용감한 남자인 그는 그녀와 사귈 수 있었다.

## 7) with 분사 구문

'with + 명사 + -ing 또는 pp' 형태의 분사구문을 말하며 '~한 채로' 또는 '~때문에'로 해석된다. 또한 with 뒤의 현재분사와 과거 분사의 의미상 주어는 앞에 있는 명사이다. (5형식과 같이 주술관계가 성립된다.)
주로 ing / pp가 나오기는 하지만, 형용사, 부사, 전명구, 명사도 목적보어 자리에 나올 수 있다. (동사나 to 부정사는 불가)

· It was a calm morning, **with little wind <u>blowing</u>.**
  약간의 바람도 불지 않는 고요한 아침이었다.
  (바람이 부는 주체이기 때문에 ing를 쓰는 것이 맞다.)
· She was waiting for something special. **with her eyes <u>closed</u>.**
  그녀는 눈을 감을 채로 어떤 특별한 것을 기다리고 있었다.
  (눈은 그녀에 의해서 감기는 것이므로 pp를 쓰는 것이 맞다.)

· **with** your mouth <u>full</u>  /  **with** the door <u>open</u>
  입이 가득 찬 채로        / 문이 열린 채로 (형용사)

· **with** you <u>away</u>  /  **with** your hat <u>on</u>
  당신이 멀리 가버려서 / 모자를 쓴 채로 (부사)

- **with** a hat <u>in his hand</u>  /  **with** a bag <u>on his back</u>
  손에 모자를 든 채로      /   등에 가방을 멘 채로 (전+명구)

- **With** history <u>the final judge of our deeds</u>, let us go forth to lead the land we love.
  역사가 우리의 행위를 최종 판단하는 주체로 남겨둔 채로. 우리가 사랑하는 조국을 앞장서 이끌어 나가자. (명사)


## 8) 분사 구문의 부정

분사구문 역시 준동사이므로 부정 표현은 분사구문 앞에 써 주면 된다.

- **Not** (being) able to control himself, Mike broke everything around him.
  자기 자신을 통제할 수 없었던 Mike는 그의 주변에 있는 모든 것들을 부쉈다.

- ~~**Having never asked**~~ him his address, we are uncertain of where he is living. (X)
  → **Never having asked** him his address, we are uncertain of where he is living. (O)
  그에게 주소를 물어보지 못했기 때문에 우리는 그가 어디에 살고 있는지 잘 모른다.


## 9) 무인칭 독립 분사구문 Ⅰ → 분사형 전치사 (관용구)

분사구문은 본래 분사구문의 주어와 주절의 주어와 다를 때, 의미상 주어를 표시 하는 것이 원칙이다. (독립
분사구문) 그러나 만약 의미상 주어가 누구나 다 알 수 있는 일반인인 경우 표시를 하지 않고 분사구문으로
만드는 경우가 있는데 이를 무인칭 독립분사구문이라 하며, 이는 전치사와 접속사 두 가지로 나뉠 수 있다.

---

judging from (~으로 판단하건데) / regarding = concerning (~에 관해서 = about = as to = as for)
**considering (~을 고려해보면) / given (~이 주어지면, ~을 가정하면)** / following (~다음에 = after)
including (~을 포함하여) / excluding (~을 제외하고) / notwithstanding (~에도 불구하고 = despite)
barring (~이 아니라면, ~을 제외하고) / depending on (~에 따라서 = according to)

---

- **Considering** all situations, this project is difficult to complete.
  모든 상황을 고려해보면. 이 프로젝트는 완료하기가 어렵다.

- **Barring me**, nobody knows the fact.
  나를 제외하고 아무도 그 사실을 모른다.

- **Considering (= Given)** his age, he is very clever.
  그의 나이를 고려해 볼 때. 그는 매우 영리하다.

- **Given** the basic premise, the argument makes sense.
  기본 전제를 고려해 볼 때. 그 토론은 성립된다.

- He bought the apartment **notwithstanding** the high price.
  비싼 가격에도 불구하고 그는 그 아파트를 샀다.

## 10) 무인칭 독립 분사구문 II→ 분사형 접속사

분사형 전치사와 똑같은 이유로 생겨난 표현이며 접속사로 쓰였으므로 S + V 가 뒤따라야 한다.

> supposing = suppose = providing = provided (that) S + V (만약 ~라면, ~라고 가정하면)
> **considering** (that) S + V (~을 고려해보면) / **given** (that) S + V (~이 주어지면, ~을 가정하면)
> granting = granted = grant (that ) S + V (비록 ~일지라도)
> seeing (that) S + V (~을 보아하니까)

· **Supposing (= Suppose)** no one had been there, what would have happened?
  그곳에 아무도 없었다고 한다면, 무슨 일이 일어났을까?

· You can go to the movies, **providing (= provided)** you finish your homework first.
  만약 네가 숙제를 처음으로 끝낸다면, 너는 영화 보러 갈 수 있다.

· **Granted (= Granting)** the house is old, I still want to buy it.
  아무리 그 집이 낡았어도, 난 여전히 그 집을 사고 싶다.

## 11) 분사구문의 강조 (이유의 분사구문)

앞서 분사구문에서 '접속사는 생략을 해도 되고, 하지 않아도 된다.'라는 문법을 배웠다. 허나 이것은 완전히 맞는 말은 아니다. 보통 시간, 조건, 양보와 같은 접속사는 없으면 문장이 모호해 질 수 있기 때문에 접속사를 써 줄 수도 있는데, 이유의 접속사 <u>because</u>와 같은 경우에는 없어도 문장이 모호해지지 않기 때문에 <u>생략을 하지 않고 쓰는 분사구문의 형태는 틀리는 구조가 된다.</u> (즉 Because ~ing/pp는 틀린 문장이다.)
그러므로 이유의 접속사를 사용하는 분사구문을 만들고 싶다면 강조용법으로 사용해야 한다.

> ❶ Ving + <u>as + S + do</u> ~, S + V (능동)
> ❷ pp + <u>as + S + be</u> ~, S + V (수동)
> ※ 해석은 강조이기 때문에 굳이 하지 않아도 괜찮고, '때문에'를 넣어서 해석해도 괜찮다.

· **Standing as it does** on the hill, the villa commands a fine view.
  언덕위에 있는 (언덕위에 있기 때문에) 그 빌라는 훌륭한 경관이 보이는 위치에 있다.

· **Living as we did** in a remote village, we seldom had visitors.
  먼 시골에서 살고 있는 (시골에 살고 있었기 때문에) 우리는 방문객이 거의 없었다.

· **Written as it is** in an easy style, the book is suitable for beginners.
  쉬운 문체로 쓰인 (쉬운 문체로 쓰였기 때문에) 이 책은 초보자들이 읽기에 적합하다.

· **Poor as he was** when young, he didn't join the club.
  어릴 적에 가난했던 그는 (가난했기 때문에) 그 클럽에 가입하지 못했다.

## 12) 분사구문의 해석 방법

접속사가 생략되어진 분사구문을 해석 하거나 문제를 풀 때에는 숨겨진 접속사의 의미를 파악하는 것은 그다지 중요한 point가 아니다. 분사구문의 모양만 제대로 알고, 마치 형용사처럼 주절의 주어를 꾸며주듯이 해석하는 것이 독해를 하는데 있어서나, 문법 문제를 푸는데 있어서 시간을 단축시켜 줄 수 있다.

### (1) ing/pp ~, S + V ~ : ing 하는 / pp 된, 당한, 받은 S는 V한다. (형용사처럼 주절주어 수식)

· **Recognizing** the healing power of humor, **hospitals** start to take it seriously.
  유머의 치유력을 인식하고 있는 병원들은 그것을 진지하게 여기기 시작한다.

· **Returning** to the room, ~~the window~~ was found broken. (X)
  → **Returning** to the room, I found the window broken. (O)
  집에 돌아온 나는 창문이 깨져있는 것을 발견했다.

· **Eating** only vegetables, I am still gaining weight.
  야채만 먹는 나는 살이 여전히 찐다.

· **Having finished** it yesterday, **the man** is free now.
  어제 그것을 끝낸 그 남자는 지금 한가하다.

### (2) S + V ~ , ing/pp ~ : S는 V한다. <u>그리고 ing 한다.</u> / pp된다 (ing/pp를 동사2 처리하면 됨)

분사구문이 주절 뒤에 위치하는 경우에는 그 분사구문을 <u>동사2로 처리하고 동사처럼 해석하면 된다.</u> 이때 해석상 동사가 두 개가 쓰였으므로 의식적으로 접속사를 넣어주면 된다. 순접으로 가장 대표적인 접속사는 'and'이므로 중간에 '그리고' 라는 말만 넣어주면 쉽게 해석이 된다. 물론 '~하면서'라는 의미를 사용해서 말이 되는 경우도 있다.

· The man extended his hand, **smiling brightly.**
  그 남자는 그의 손을 내밀었다. 그리고 웃어보였다.

· The dog started barking, **scared of the stranger.**
  그 개는 짖기 시작했고, 낯선 이를 두려워했다.

· The train left Seoul at 6, **arriving in Pusan** at 12.
  그 기차는 6시에 서울을 떠났고, 부산에 12시에 도착했다.

다음 문맥상 괄호 안에 알맞은 분사에 O표 하시오.

— 해석은 당연!

1. (Leaving / Left) alone in his room, he thought what he had done wrong.

2. Jackson sat on the bench, with his children (playing / played) nearby.

3. (Seeing / Seen) from above, all the things on the street looks like ants.

다음 문장들은 모두 틀린 문장이다. 틀린 부분을 밑줄 긋고 올바르게 옮기시오.

— 해석은 당연!

1. Being nothing to do, I watched TV all day.

2. He was listening to music, with his eyes close.

3. The typhoon hit the city, caused great damage.

## 요약하기

결국 분사도, 분사구문도 ① ing VS pp를 묻는 문제가 기본이다. 즉, 능동 VS 수동의 문제인데, 이는 목적어의 유무와 의미상 주어와의 관계를 따지면 거의 맞출 수 있는 문제들이므로 분사의 의미상 주어가 무엇인지, 분사구문의 의미상 주어가 무엇인지, 다시 한 번 알고 넘어가도록 하자.

# MEMO

## 적용하기 1단계

**[1–4]** Choose the one that could best completes the following sentence.

**01** Like other bankers, Mr. Smith makes most of his profits from interest ＿＿＿＿＿＿ on loans and investments in stocks and bonds.　　　　　　　　[2015 한양대 에리카]

(A) earn　　　　　　　　　　　　　　　　(B) earned
(C) to earn　　　　　　　　　　　　　　　(D) earning


**02** ＿＿＿＿＿＿ the novel by Henry Miller during the summer vacation, she looks forward to reading more of his works.

(A) Reading　　　　　　　　　　　　　　(B) Read
(C) Having read　　　　　　　　　　　　(D) Having been read


**03** His health failing, ＿＿＿＿＿＿ in 1782.

(A) so Henry Lee went on leave from the army
(B) when the army gave Henry Lee leave
(C) the army gave Henry Lee leave
(D) Henry Lee goes on leave from the army


**04** He lay on the ground with his ＿＿＿＿＿＿ .

(A) closed eyes and his mouth open　　　(B) eyes closed and his open mouth
(C) closed eyes and open his mouth　　　(D) eyes closed and his mouth open


**[5–10]** Choose the one which is grammatically <u>incorrect</u> among the four underlined parts.

**05** Every successful <u>advertisement</u> uses a creative strategy <u>based</u> on an idea that will attract
　　　　　　　　　　(A)　　　　　　　　　　　　　　　　　(B)

the attention of the <u>targeting</u> consumer <u>audience</u>.　　　　　　[2017 한국외대]
　　　　　　　　　　(C)　　　　　　　　(D)

**06** Boyle's experimental essay not only formalized an atomistic world view, but also <u>promoted</u>
                                                                         (A)

the social ideal of knowledge that <u>had been nurtured</u> in the experimental science clubs,
                                                  (B)

<u>included</u> the Royal Society. <u>No error</u>.  [2015 중앙대]
  (C)                     (D)

**07** With tears <u>streamed</u> down the face, he <u>repented</u> his sin <u>that</u> he deceived and <u>betrayed</u> his
          (A)                       (B)      (C)              (D)

country.

**08** <u>Convicting for</u> stealing a loaf of <u>bread</u> for his sister's <u>starving</u> children, Jean Valjean <u>was</u>
     (A)                       (B)             (C)

<u>sentenced to</u> five years of hard labor and <u>another</u> fourteen years for attempting to escape.
   (D)                           (E)            [2016 아주대]

**09** Alaska found the first <u>years</u> of its statehood <u>costly</u> because it <u>had to</u> take over the expense
                     (A)               (B)         (C)

of services previously <u>providing</u> by the federal government.
                 (D)

**10** English, the native language of <u>over</u> 400 million people <u>scattering</u> across every <u>continent</u>,
                        (A)                  (B)        (C)

is used in some way by one <u>out of</u> seven human beings around the globe, making it
                      (D)

<u>the most</u> widely spoken language in history.  [2020 성균관대]
  (E)

## 적용하기 2단계    ❶    ❷    ❸

[1–3] Choose the one that could best completes the following sentence.

**01**    _____ , Sarah decided to file a lawsuit.

(A) Maltreating physically
(B) Having maltreated physically
(C) Having been maltreated physically
(D) Having been maltreating physically

**02**    The police pursued the enemy relentlessly, _____ .

(A) and finally catch him
(B) finally catching him
(C) to catch him in the final
(D) with a final catch

**03**    Today there are an estimated 5.3 million university graduates in India who are unemployed, _____ behind by the increasingly rigorous demands of the tech-driven economy.

(A) leave
(B) be left
(C) having left
(D) having been left

[4–10] Choose the one which is grammatically <u>incorrect</u> among the four underlined parts.

**04**    The desire to help <u>correct</u> the worst injustices of the economic system in our own countries
　　　　　　　　　　 (A)

also leads us to reach out to help <u>impoverishing</u> people in other lands. What makes <u>such</u>
　　　　　　　　　　　　　　　　　(B)　　　　　　　　　　　　　　　　　　(C)

<u>an</u> effort feasible today is the fact that so much of what people suffer from <u>is</u> preventable
　　　　　　　　　　　　　　　　　　　　　　　　　　　　　　　　　　 (D)

with science and technology.　　　　　　　　　　　　　　　　　　[2016 가천대]

**05** A <u>proposed</u> law <u>would</u> make the illegal consumption or sale of dog meat <u>punishing</u> by <u>a fine of</u>
       (A)         (B)                                           (C)        (D)

up to 5,000 euros. [2015 한국외대]

**06** I'm <u>sure</u>, all <u>those</u> difficulties <u>considering</u>, that you have made every effort to make the
         (A)     (B)         (C)

conference <u>a success</u>.
         (D)

**07** <u>Most Pakistanis</u> reacted with horror to news of the Mumbai killing spree <u>starting</u> Wednesday,
      (A)                                                   (B)

<u>having lived</u> through <u>equally devastated</u> attacks on their own soil.
     (C)            (D)

**08** It had been starting and <u>disappointed</u> to me to find out that story books <u>had been</u> written by
                    (A)                                    (B)

people, that books <u>were</u> not natural wonders, <u>coming</u> up <u>of</u> themselves like grass.
          (C)                   (D)   (E)           [2016 상명대]

**09** If the wind is in the <u>right</u> direction, gas may kill <u>a few and</u> injure others; but the possibilities
               (A)                        (B)

of <u>manipulating</u> the public mind by withholding or discoloring the facts are much more
     (C)

<u>appalled</u>.
  (D)

**10** Functionalists generally maintain that sex differentiation <u>contributes to</u> overall social stability,
                                              (A)

but conflict theorists charge that the relationship <u>between females and males</u> is <u>one of</u>
                                       (B)

<u>unequal power</u>, with <u>men dominate women</u>. [2017 숭실대]
    (C)           (D)

## 적용하기 3단계  ❶        ❷        ❸

[1–4] Choose the one that could best completes the following sentence.

**01** _____ , Oprah was offered a job as a news broadcaster at a local television station.                                                          [2015 상명대]

(A) Because been still in college          (B) She was still in college
(C) Been still in college                (D) While still in college
(E) Since having in college


**02** _____ the cultural habits of another nation is a complex, _____ work, but the rewards of knowing at least the fundamentals of the way of life are spent on the time and trouble it takes to learn them.

(A) Understanding − bewildering          (B) Understanding − bewildered
(C) Understood − bewildered              (D) Understood − bewildered


**03** Many suggestions have been made about the origin of the dollar symbol $, _____ it derives from the figure 8, representing the Spanish 'piece of eight'.     [2016 서울여대]

(A) that being one of the commonest      (B) being one of the commonest that
(C) one of the commonest being that      (D) one being that of the commonest


**04** It is not surprising that, _____, their languages differ greatly from one another in phonology and grammar.

(A) given the extreme cultural diversity among American Indians
(B) the extreme cultural diversity to give among American Indians
(C) to give the extreme cultural diversity among American Indians
(D) it is given the extreme cultural diversity among American Indians

[5–10] Choose the one which is grammatically <u>incorrect</u> among the four underlined parts.

**05** Initially, epidemiologists concentrated on the scientific study of epidemics, <u>focus</u> on how
(A)

they started and spread. Contemporary social epidemiology is <u>much broader</u> in scope,
(B)

<u>concerned</u> not only with epidemics <u>but also with</u> nonepidemic diseases, injuries, and mental
(C)  (D)

illness.  [2015 숭실대]

**06** The <u>first three</u> millennia of written history <u>were strewn with</u> the wreckage of <u>falling</u> empires
(A)  (B)  (C)

and extinct <u>civilizations</u>.
(D)

**07** She heard <u>that if</u> fog prevents a small–boat sailor <u>from seeing</u> the buoy <u>marking</u> his course,
(A)  (B)  (C)

he turns his boat rapidly in small circles, <u>known</u> that the waves he makes will rock the buoy
(D)

in the vicinity.

**08** Indian pashmina, <u>better known</u> as cashmere, is a highly prized wool. It's six times thinner
(A)

than human hair and can cost several thousand dollars on the international market when

<u>turns into</u> a single scarf. But the nomadic Changpas, <u>most of whom</u> are poor and illiterate,
(B)  (C)

don't see much of that money. Middlemen buy the raw pashmina  wool for anything from

$40 to $80 a kilogram and sell it <u>for up to</u> five times more.  [2015 명지대]
(D)

**09**  The Mediterranean region <u>has historically been</u> the scene of intense human activity. The
　　　　　　　　　　　　　　　　　　　(A)

region, but also the conveyor belt <u>for trade</u>, and often the sink for the cumulative impacts
　　　　　　　　　　　　　　　　　　　(C)

Mediterranean Sea and its coasts are the source of many of the resources <u>harvested</u> in the
　　　　　　　　　　　　　　　　　　　　　　　　　　　　　　　(B)

of these activities. The Mediterranean is a relatively small, <u>enclosing</u> sea with limited exchange
　　　　　　　　　　　　　　　　　　　　　　　　　　(D)

with the oceanic basins, intense internal mesoscale circulation, and <u>high</u> diversity of sensitive
　　　　　　　　　　　　　　　　　　　　　　　　　　　　　　　(E)

ecosystems.　　　　　　　　　　　　　　　　　　　　　　　　　　[2022 동국대]


**10**  Plants range in size <u>from</u> tiny, <u>single—cell</u>, blue—green algae, invisible to the <u>naked</u> eye, to
　　　　　　　　　　　　　(A)　　　　(B)　　　　　　　　　　　　　　　(C)

giant sequoias, the <u>largest</u> living plants.
　　　　　　　　　　(D)

# Chapter IX

## 접속사/절

접속사의 계보

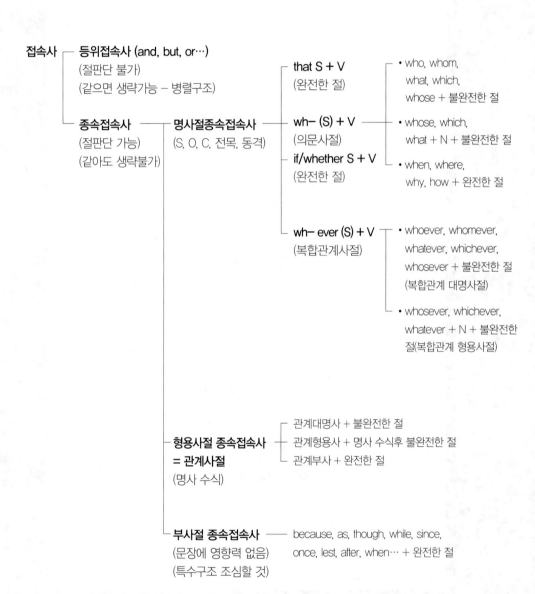

접속사 ┬ 등위접속사 (and, but, or…)
│  (절판단 불가)
│  (같으면 생략가능 – 병렬구조)
│
└ 종속접속사 ── 명사절종속접속사 ┬ that S + V ─── • who, whom,
   (절판단 가능)   (S, O, C, 전목, 동격)  │ (완전한 절)      what, which,
   (같아도 생략불가)                      │                whose + 불완전한 절
                                         │
                                         ├ wh- (S) + V ─── • whose, which,
                                         │ (의문사절)       what + N + 불완전한 절
                                         ├ if/whether S + V ─ • when, where,
                                         │ (완전한 절)       why, how + 완전한 절
                                         │
                                         └ wh- ever (S) + V ┬ • whoever, whomever,
                                           (복합관계사절)     │  whatever, whichever,
                                                            │  whosever + 불완전한 절
                                                            │  (복합관계 대명사절)
                                                            │
                                                            └ • whosever, whichever,
                                                               whatever + N + 불완전한
                                                               절(복합관계 형용사절)

형용사절 종속접속사 ┬ 관계대명사 + 불완전한 절
= 관계사절       ├ 관계형용사 + 명사 수식후 불완전한 절
(명사 수식)      └ 관계부사 + 완전한 절

부사절 종속접속사 ── because, as, though, while, since,
(문장에 영향력 없음)   once, lest, after, when… + 완전한 절
(특수구조 조심할 것)

## *1* 접속사의 기본 개념

접속사란 말 그대로 '접속'해 주는 품사를 말한다. 즉 '연결'의 속성을 가지고 있는데, 기본적으로는 절과 절을 연결시켜주며, 이것이 발전되어 단어와 단어, 구와 구를 연결시켜 주기도 한다.

접속사의 종류에는 크게 '등위 접속사'와 '종속 접속사'가 있는데, 절을 연결시켜 준다는 점은 같지만 전혀 다른 특징을 가지고 있으니 제대로 알아두자.

### 1) 등위접속사

같을'등'(等), 자리'위'(位)라는 한자는 '같은 위치에 있다'는 의미이다. 이 말은 등위접속사로 연결된 절과 절은 서로 대등한관계라는 뜻이다. 서로 '주종'관계가 성립되지 않기 때문에 명사절, 형용사절, 부사절로 판단할 수가 없다는 특징을 지니고 있다. 등위접속사의 종류에는 크게 and, or, but 등이 있으며 절과 절이 연결될 때, 같은 어구가 있으면 생략해도 된다는 특징을 가지고 있다.

ex) S + V ~ + 등위 접속사 S + V ~ (두 절을 대등한 관계로 연결 → 절 판단을 할 수 없다)
　　등위절　　　　　　　　등위절

- I wanted to go there **but** he did not let me go.
  나는 그곳에 가기를 원했지만 그는 내가 가도록 허락하지 않았다.

### 2) 종속접속사

따를'종'(從), 무리'속'(屬)이라는 한자는 '(누군가를) 따르는 무리'라는 의미이다. 즉 접속사가 포함된 '접속사 + S + V ~'의 구조가 누군가에게 '종속'된다는 뜻이다. 쉽게 말해 '종'이라는 소리이다. 그렇다면 '종'을 부리는 '주인'이 있어야 하지 않겠는가? 그 '주인'의 역할을 하는 것이 바로 접속사가 포함되지 않은 쪽의 절이다. 즉 접속사가 포함된 쪽의 절이 '종(속절)', 접속사가 포함되지 않은 쪽의 절이 '주(절)'로 두 절은 '주종'관계가 성립되므로 명사절, 형용사절, 부사절로 판단할 수 있다는 특징이 있다.

종속접속사는 주절에 따라 명사절, 형용사절, 부사절로 나뉘게 되며 같은 어구가 있어도 생략하면 안 된다는 특징을 가지고 있다.

ex) S + V ~ + 종속 접속사 S + V ~ (두 절을 주종관계로 연결 → 절 판단을 할 수 있다)
　　주절　　　　　　　　종속절

- I had waited for an hour or so **before he showed up.** (부사절)
  그가 나타나기 전에, 나는 한 시간 또는 그 정도 기다렸다.

- **As I entered the room,** they stopped talking. (부사절)
  내가 방에 들어갔을 때, 그들은 말을 멈췄다.

- **Whether she wrote this book by herself** is doubtful. (명사절)
  그녀가 이 책을 혼자서 썼는지 아닌지가 의심스럽다.

항상 종속접속사가 포함된 쪽의 절이 종속절이며, 다음과 같은 두 가지 특징이 있음을 알아두자.
① 종속절은 혼자 있어서는 안 되고, 주절과 같이 있을 때만 의미전달이 완벽해진다.
② 주절, 종속절뿐만 아니라 종속절, 주절의 어순도 가능하다.


## 3) 접속사의 기본 핵심 포인트

### (1) 절의 앞뒤를 논리적으로 연결한다. → 논리 관계를 잘 따져야 함


### (2) 등위접속사와 상관접속사에서는 병치구조를 종속접속사에서는 완전VS불완전한 문장 구조를 제대로 볼 줄 알아야 한다.


### (3) 접속사와 전치사의 구별: 절의 요소(S+V)가 연결되면 접속사이고, 명사(류)가 연결되면 전치사.

| 뜻 | 접속사 + S + V | 전치사 + 명사 |
| --- | --- | --- |
| ~에도 불구하고 | although, though, even if … | despite, in spite of … |
| ~때문에 | because, since, as | because of, owing to, due to … |
| ~동안에 | while | during |
| ~에 따라서 | according as | according to |
| ~처럼 | as if, as though | like (구어체에서는 접속사로도 쓰임) |

· <u>Although (접속사) he was ill</u>, he attended the meeting.
= <u>Despite (전치사) his illness</u>, he attended the meeting.
비록 그는 아팠음에도 불구하고 미팅에 참석했다.


### (4) 접속사는 중복사용 불가

· <u>Although</u> he was ill, <u>but</u> he was happy. (X) → 어느 한 쪽을 지워야 한다.
→ <u>Although</u> he was ill, he was happy. (O)
→ He was ill, <u>but</u> he was happy. (O)
비록 그는 아팠지만 행복했다.


### (5) 접속사 없이는 한 문장에 술어동사가 2개 있을 수 없다.

· He <u>is</u> honest <u>is</u> certain. (X)
(접속사가 없으므로 동사 2개가 나올 수 없다.)
→ <u>That</u> he <u>is</u> honest <u>is</u> certain. (O) → That이 명사절을 이끄는 접속사 역할을 했으므로 맞다.
그가 정직한 것이 확실하다.

**(6) 등위접속사는 문장에서 동일한 어구를 생략할 수 있지만, 종속접속사는 생략할 수 없다.**

· He is loved by everyone **because has** a great sense of humor. (X)
  (부사절을 이끄는 because는 종속접속사이므로 주어가 같아도 생략할 수 없다.)

  → He is loved by everyone **and has** a great sense of humor. (O)
    모든 이에게 사랑을 받고, 유머 감각도 뛰어나다.

· Some people sleep, **while have** sleeplessness. (X)
  (while역시 부사절을 이끄는 종속접속사이므로 아무리 같은 어구가 있어도 생략할 수 없다.)

  → Some people sleep, **but have** sleeplessness. (O)
    몇몇 사람들은 잠을 자지만, 몇몇은 잠을 못 이룬다.

**(7) 등위접속사가 포함된 절은 절대로 다른 절 앞에 나올 수 없다.**

### ❷ 등위접속사와 그 종류

등위접속사는 두 개의 절을 서로 대등하게 연결시켜주는 접속사이다. 앞에서 설명했듯이 서로 '대등'한 관계로 묶여있기 때문에 '주종'관계가 성립되지 않는다. 그러므로 절 판단을 할 수 없다.

**강민 형이 콕 찍어줄게!**

❶ 등위접속사는 같으면 생략될 수 있다는 특징이 있으므로 생략된 후에 서로 연결되는 대상은 반드시 <u>문법적 병치</u>가 되어야 한다. (문법적 성격이 동일해야 한다.)

· He bought <u>a jacket</u> and <u>pants</u>. (단어)
  그는 재킷과 바지를 샀다.

· He dances beautifully and elegant. (X)
  → He dances <u>beautifully</u> and <u>elegantly</u>. (O)
    그는 아름답고 우아하게 춤춘다.

· Your bag could be <u>in the closet</u> or <u>on the sofa</u>. (구)
  당신의 가방은 아마도 소파 위나 벽장 안에 있을 것이다.

· She likes <u>to read</u>, <u>to cook</u>, and <u>to knit</u>. (구)
  그녀는 책 읽기, 요리하기, 뜨개질하기를 좋아한다.

· He <u>heard an explosion</u> and <u>phoned the police</u>. (절)
  그는 폭발을 들었고 경찰에 전화했다.

- **I want to study hard, but I don't have enough time.** (절)
  나는 열심히 공부하기를 원한다. 그러나 시간이 충분치 않다.

> **▲ 주의**
>
> 병치로 이루어진 문장은 항상 일관성을 가져야 한다.
>
> - **To praise and ~~being praised~~** is a key to cheering up the members. (X)
>   → **To praise** and **to be praised** is a key to cheering up the members. (O)
>   칭찬하고 칭찬받는 것이 그 구성원들에게 힘을 주는 주된 요소이다.

## 1) and

and는 보통 둘 이상을 연결하여 '그리고, ~와'로 해석하거나 전후관계를 나타내는 '~하고 나서, 그 다음에' 또는 결과나 이유를 나타내는 '그래서'의 의미로 쓰인다.

### (1) 조건명령

명령문 뒤와, 의무나 필요를 나타내는 동사나 조동사가 있는 절 뒤의 and는 '그러면'으로 해석된다.

- **Trust** yourself, **and** you can pass the exam.
  너 자신을 믿어라. 그러면 시험에 통과할 것이다.

- You **must make profits** of stocks, and you will get rich.
  너는 반드시 주식에서 이익을 내야만해. 그러면 넌 부자가 될 거야.

### (2) come, go, try, run, be sure + and + V

위의 동사 뒤에 'and + 동사'가 쓰이게 되면 그 동사는 to부정사로 쓰일 수 있고, 그때 to부정사의 의미는 '~하기 위해'라는 의미가 된다. come, go, run 동사의 경우 to가 생략된 동사원형의 구조도 가능하다.

- **Come and see** me. → **Come to see** me. → **Come see** me.
  날 보기 위해서 와 = 날 보러와.

- **Go and get** some sleep. → **Go to get** some sleep. → **Go get** some sleep.
  잠 좀 자기 위해 가. = 가서 잠 좀 자.

### (3) A and B and C

세 개 이상의 요소가 and로 묶이는 경우 마지막 and를 제외하고 나머지 and는 콤마 (,) 로 연결한다.

· I wanted **to finish** my homework **and to meet** Susan **and to take** a walk with her.

= I wanted **to finish** my homework, **to meet** Susan, **and to take** a walk with her.

= I wanted **to finish** my homework, **(to) meet** Susan, **and (to) take** a walk with her.

　　나는 숙제를 끝내고 Susan을 만나서 산책하고 싶었다.


### (4) 반복강조

같은 단어를 and로 연결하여 '반복, 누적, 강조'의 표현으로 나타낸다.

· I walked miles and miles.

　　나는 몇 마일이고 걸었다.


## 2) but (= yet)

서로 상반되는 단어와 단어, 구와 구, 절과 절을 논리적 역접의 관계로 연결시켜주는 접속사이다. <u>'그러나, 그</u>
<u>렇지만'</u>의 의미로 쓰인다. yet이 동의어로 사용될 수 있다.

· He is poor **but** happy.

　　그는 가난하지만 행복하다.

· He is old **but** energetic.

　　그는 나이를 먹었지만 활동적이다.

· She is willing to **but** her husband is reluctant to go to church.

　　그녀는 기꺼이. 그러나 그녀의 남편은 마지못해 교회를 간다.


### (1) but의 특별용법

but은 등위접속사 이외에도 '<u>전치사</u>', '<u>부사</u>', '<u>종속접속사</u>'로 쓰이는 경우가 있다.

· All **but** you and (I / <u>me</u>) were satisfied. (전치사)

　　당신과 나를 제외한 모든 이들이 만족했다.

　　(but이 전치사로 쓰이는 경우 '제외하고'의 의미를 지니게 된다. 이때 but 뒤에 나오는 명사는 반드시 목적격으로 나와
　　야 한다.)

· There is no way for the regime to survive **but through** battle. (전치사)

　　전쟁을 통해서를 제외하고는 그 정권이 살아남을 방법이 없다.

　　(전치사 but은 명사만 취할 수 있는 것이 아니라 to부정사, 전명구, 동사원형 역시도 취할 수 있는 특징이 있다.)

· She left **but** an hour ago. (부사)

　　그녀는 단지 한 시간 전에 떠났다.

　　(but이 부사로 쓰일 때는 just, only(단지)와 같은 의미로 해석이 된다.)

· You can find those animals **but** in this country. (부사)
  당신은 그 동물들을 단지 이 나라에서만 발견할 수 있다.

· It **never** rains **but it pours.** (종속접속사 中 부사절)
  = It **never** rains **without pouring.** (129p 참고)
      비가 올 때마다 퍼붓는다.

---

**참고**

**종속접속사 but**

종속접속사 but은 문맥에 따라 '부사절', '형용사절'로 쓰인다. 위에서 쓰인 부사절 but절은 '만약 ~하지 않는다면'의 의미로 사용되며, **unless**와 같은 뜻이 된다. 윗 문장을 해석하면 '만약 퍼붓지 않는다면 비는 결코 내리지 않는다.' 즉 '비는 내릴 때마다 퍼붓는다.'의 의미가 된다.

그 외에 다른 but절은 부사절, 형용사절에서 다시 다루기로 하겠다.

---

3) or

일반적으로 or는 '또는'의 의미로 사용된다. A or B가 주어자리에 오는 경우에는 뒤의 명사에 수일치를 해 준다.

· Tom **or** his parents (is / **are**) supposed to come.
  탐 혹은 그의 부모님이 올 예정이다.

· Some sculptures suggest little **or** no movement.
  일부 조각품들은 거의 혹은 전혀 움직임을 보여 주지 않는다.

**(1) 조건명령**

and처럼 명령문 뒤와, 의무나 필요를 나타내는 동사나 조동사가 있는 절 뒤에 or가 쓰이면 '그렇지 않으면'으로 해석된다.

· **Get up** early, **or** you will miss the train.
  일찍 일어나라. 그렇지 않으면 기차를 놓칠 거야.

· **Let** her go, **or** you will be dead meat.
  그녀를 놔줘. 그렇지 않으면 넌 죽을 거야.

**(2) 동격 (= in other words = that is to say = that is = namely = 즉)**

앞에 나온 명사나 문장이 듣는 이의 입장에서 어려울 수 있다고 여겨지는 경우 or를 '즉'의 의미로 사용할 수 있다. 문맥을 잘 따져봐야 알 수 있다.

· The distance is **five miles, or** about eight kilometers.
  그 거리는 5마일. 즉 약 8킬로미터 이다.

· My major is **geography, or** the science of the earth.
  나의 전공은 지리학. 즉 땅을 연구하는 학문이다.

### (3) 양보 (A or B → A이던 B이던 간에, 상관없이)

완전한 문장에 A or B가 쓰이는 경우, 그 품사가 무엇이든지 관계없이 양보의 부사로 쓰인다. Whether A or B라는 양보부사절에서 Whether가 생략된 표현이다.

· **Awake or asleep,** I always think of you.
  자나 깨나. 난 항상 너를 생각해.

· **Big or small,** the problem must be settled.
  크던 작던 간에. 그 문제는 해결되어야 한다.

· **Male or female,** everybody should wear this uniform.
  남자든 여자든 간에. 모든 사람들은 이 유니폼을 입어야만 한다.

### 4) for

등위접속사 for S + V ~ 는 문두에 오지 않고 절 뒤에서 절을 연결한다. 앞에 말한 것의 이유를 덧붙이고자 할 때 사용하기 때문에 완전한 문장 뒤에 온다. 절대 다른 문장보다 먼저 나오는 문장은 있을 수 없다.

· It's evening, **for** it became dark.
  저녁이 구나. 왜냐하면 어두워졌으니까.

· Jake listened eagerly, **for** he wanted to know how to deal with the machine.
  Jake는 열심히 들었다. 왜냐하면 그는 그 기계를 어떻게 다뤄야 하는지 알고 싶었기 때문이다.

---

등위접속사는 새로운 문장이 시작되는 경우 맨 앞에 올 수 있다. 단지 다른 절의 앞에 나올 수 없다는 말이다.

· Jake listened eagerly. <u>For</u> he wanted to know how to deal with the machine. (O)
· ~~For~~ he wanted to know how to deal with the machine, Jake listened eagerly. (X)

## 5) nor : 양자부정 (부정문 + nor + 긍정문 → nor 다음문장은 도치)

nor의 기본 뜻은 '~도 또한 아니다'라는 의미이므로 반드시 앞 문장은 부정문이 나와야 한다. 또한 이미 nor에서 부정의 뉘앙스를 밝혔기 때문에 nor 뒤의 문장은 절대로 부정문을 사용해서는 안 된다.

nor는 접속사로써 풀어쓰게 되면 and neither가 될 수 있다. 여기서 neither는 부정의 의미를 지닌 부사인데, 이 부정부사가 문장 맨 앞에 오면 '도치'를 해야 하므로 nor역시 뒤에 주어와 동사가 오면 도치를 해 준다.

- He **cannot** do it, **nor can I.**
  그도 그것을 할 수 없고, 나도 못한다.

- ~~He nor his brother~~ is healthy. (X)
  (앞 문장은 반드시 부정문으로 쓰여야 한다.)
  → **Not** he, **nor** his brother is healthy. (O)
    그도 그의 남동생도 건강하지 않다.

- I don't like the food **and** my wife **does** <u>not</u> cook it <u>either</u>.
  (not ~ either가 결합되면 neither가 된다.)
  = I don't like the food **and neither** <u>does my wife cook</u> it.
  (and neither가 결합되면 nor가 된다. neither는 부정의 의미를 지닌 부사이므로 문두에 쓰이면 뒷 문장은 도치가 된다.)
  = I don't like the food **nor** <u>does my wife cook</u> it.
    나는 그 음식을 좋아하지 않을뿐더러 나의 아내도 그것을 요리하지 않는다.

- I am not rich, and I **don't** wish to be, ~~neither.~~
  (앞에 not이 있는데 뒤에 또 부정의 의미인 neither를 쓸 수는 없다.)
  → I am not rich, and I **don't** wish to be, **either**.
    나는 부자가 아닐뿐더러 그렇게 되고 싶지도 않다.


## 6) so

인과관계의 결과를 나타내는 접속사이므로 논리적으로 유사관계가 성립해야 한다. '<u>그래서 (그 결과)</u>'의 의미로 쓰여 so that 절과 같은 의미가 된다.

- He was poor, **so** he couldn't go to college.
  그는 가난해서 대학에 갈 수 없었다.

- He didn't want to make her unhappy, **so** he told a white lie.
  그녀를 슬프게 하고 싶지 않아서 그는 악의 없는 거짓말을 했다.

## 연습하기 032

다음 문장들은 모두 틀린 문장이다. 틀린 부분을 밑줄 긋고 올바르게 옮기시오.

– 해석은 당연!

1. The hotel managers want guests to relax and are comfortable.

2. While a battle, he was shot in the leg.

3. He talks carefully and elegant.

4. Man cannot live by bread alone, nor he can live without bread.

5. The employees went on strike because of they wanted a higher salary.

### ③ 등위상관접속사

등위접속사 and, or, but, nor가 다른 어구와 상관적으로 연결되는 것을 등위상관접속사라고 한다. 등위접속사와 같이 병치관계에 유의해야 하며, 수일치 또한 조심해야 한다. 보통 동사와 가까운 명사에 수일치를 해준다.

 강민 형이 콕 찍어줄게!

❶ 등위상관접속사도 결국 등위접속사에서 파생되었기 때문에 등위접속사의 기본적 특성을 모두 따른다. 즉, 서로 연결되는 대상은 문법적인 병치관계를 맞춰줘야 한다.

❷ 등위상관접속사가 포함된 어구가 주어자리에 쓰이는 경우 수일치 문제를 묻는 경우도 있다. 보통 동사와 가까운 B에 수일치를 해준다.

❸ 등위상관접속사의 동의어를 묻는 문제 역시 출제 포인트가 될 수 있으니 암기하자.

❹ 등위상관접속사는 앞에 어떤 상관사가 나오느냐에 따라 뒤에 and, but, or, nor 중에 써야만 하는 것이 정해져 있다. 즉 서로 호환이 불가능하다.

## 1) both A and B = at once A and B = A and B alike : A, B 둘 다 (양자 긍정)

A와 B 둘 다 말하는 것이기 때문에 <u>무조건 복수취급</u> 한다. 동의어만 조금 조심하면 크게 어렵지 않다.

- · The process is **both** complicated **and** time-consuming.
  = The process is **at once** complicated **and** time-consuming.
  = The process is complicated **and** time-consuming **alike**.
  이 과정은 모두 복잡하고, 시간도 많이 소비된다.

- · Both you and I (am / <u>are</u>) correct.
  너와 나 둘 다 옳다.


## 2) not A but B = B, (but) not A : A가 아니라 B다

<u>수일치는 B</u>에 맞춰준다.

- · The best solution is **not** punishment **but** education.
  = The best solution is education, (but) not punishment.
  최선의 해결책은 벌이 아니라 교육이다.

- · **Not** what you have **but** <u>what you are</u> is important.
  너의 재산이 아니라 너라는 사람 자체가 중요하다.
  (수일치는 what you are 즉, 뒤에 나온 what절에 맞춰줘야 한다. what절은 단수 취급한다.)


## 3) not only A but (also) B = not just/simply/merely A but (also) B
## = not only A but B as well = B as well as A : A뿐 아니라 B 역시

<u>수일치는 B</u>에 맞춘다. 동의어가 많으므로 헷갈리지 않도록 제대로 숙지하자. 뒤에 나오는 also는 생략할 수 있지만, 만일 쓰게 된다면 'as well'과 함께 쓸 수 없다는 점도 주의하자. not only A but <u>also</u> B <u>as well</u> (X)

- · **Not only** I **but** (**also**) my sister **likes** traveling.
  = My sister **as well as** I **likes** traveling.
  나뿐만 아니라 내 여동생도 여행을 좋아한다.


## 4) neither A nor B : A, B 둘 다 아니다 (양자 부정)

<u>수일치는 B</u>에 맞춘다. neither를 풀어 쓰면 not either가 된다. 그럴 경우 nor역시 or로 바뀌어야 한다.
즉, **neither** A **nor** B = **not either** A **or** B이다.

- · He **neither** cleaned his room **nor** did his homework.
  그는 방도 청소하지 않았고 숙제도 안했다.

· **Neither** they **nor** Susan **knows** the answer.

= **Not either** they **or** Susan knows the answer.

그들도 Susan도 그 답을 모른다.

## 5) either A or B : A, B 둘 중 하나 (양자 택일)

<u>수일치는 B</u>에 맞춘다. either 구문과 neither 구문은 <u>서로 호환이 불가능</u>하다.

· **Either** they ~~nor~~ Susan knows the answer. (X)

→ **Either** they **or** Susan **knows** the answer. (O)

그들과 Susan 중 한쪽이 그 답을 안다.

### 연습하기 033

다음 문장들은 모두 틀린 문장이다. 틀린 부분을 밑줄 긋고 올바르게 옮기시오.

– 해석은 당연!

1. Cartoons not only reflect American life but also helps mold it.

2. Either bus or taxi are available from the airport.

3. Mason likes neither playing nor watch sports.

4. The process of recycling was both confusing and cost.

5. I was at once comforted but terrified by her behavior.

**❹ 종속접속사**

종속접속사를 포함하고 있는 절은 '주종'관계에 의하여 명사절, 형용사절, 부사절로 나뉘게 된다.

**강민 형이 콕 찍어줄게!**

❶ 각각 나오는 종속절의 절을 제대로 판단하여 <u>명사절로 쓰이는 경우 완성 VS 미완성을 묻는 문제</u>가 가장 기본적이면서도 자주 나오는 문제 패턴이고, 조금 더 깊이 들어가면 <u>that VS if/whether</u>의 차이를 묻는 문제나, <u>wh-의문사절의 간접의문문 문제</u>의 출제 빈도도 높으니 주의해서 공부하자.
❷ <u>부사절로 쓰이는 경우 부사절 접속사의 의미를 묻거나, 특수구문을 묻는 문제</u>가 주로 나온다. 형용사절은 관계사 절이므로 다음 파트에서 제대로 다룬다.

## 1) 명사절 종속 접속사

명사절을 이끄는 종속 접속사에는 that S V (= that절), wh-의문사 (S) V (= 의문사절), if, whether S V, 복합관계대명사절이 있다. 명사절은 '명사역할을 하는 절'이므로 문장에서는 <u>주어, 목적어, 보어, 전치사의 목적어, 동격 역할</u>을 한다.

### (1) that 절

<u>완벽한 절의 형식</u>이 오며, 해석은 '~것'으로 한다. 명사절이므로 원래의 명사자리에 모두 쓰여야 하겠지만, <u>전치사의 목적어 자리에는 절대 쓸 수가 없다.</u>

#### ① 주어 역할

that절이 주어자리에 쓰이게 되면, 보통은 가주어 it을 쓰고 that절은 뒤로 보내서 가주어 진주어 구문이 일반적이다. (to부정사와 원리가 같다) 또한 that절이 주어자리에 오면 <u>단수 취급</u>한다. (주어자리에 하나만 나왔으니까)

· **That she will win the race** is certain.
  = It is certain **that she will win the race.**
  그녀가 경주에서 우승할 것이라는 것이 확실하다.

#### ② 목적어 역할

that절이 목적어자리에 쓰이게 되면 <u>that은 생략 할 수 있다.</u> (매우 자주 생략을 해준다)

· They believed **that she moved to London** after she got married.
  그들은 그녀가 결혼한 후에 런던으로 이사 갔다고 믿었다.

· The supplier expects **all accounts will be paid in full before the end of the month.**
그 제조업자는 월말 전까지 모든 계좌가 완불 될 것으로 예상한다.

· They **convinced** me **that they would help me.** (4형식 직접목적어)
  → (수동태 전환 시) I <u>was convinced that</u> they would help me.
    나는 그들이 나를 도울 것 이라고 확신했다.

· They **told** me **that I had to keep an eye on the bag.**
  → (수동태 전환 시) I <u>was told that</u> I had to keep an eye on the bag.
    나는 그 가방을 주시하라는 말을 들었다.

### ③ 보어 역할

2형식 동사 뒤에 that절이 보어로 나온다면 당연히 주어와 동격이 되어야한다.

· The news **is that there was a plane crash in Britain yesterday.**
뉴스는 어제 영국에서 비행기 추락사고가 있었다는 것입니다.

· The reason why he cried yesterday **is ~~because~~ he broke up with his girlfriend.** (X)
  → The reason why he cried yesterday **is <u>that</u> he broke up with his girlfriend.** (O)
    그가 어제 울었던 그 이유는 그가 여자 친구와 헤어졌기 때문이다.

---

**⚠ 주 의**

**The reason is because S + V (X) / The reason is that S + V (O)**

이 구문은 논리적으로는 완벽히 틀린 문장이지만, native speaker들은 사용을 한다. (우리도 틀린 우리말 많이 쓰는 것처럼) 그러므로 독해에서는 충분히 나올 수 있으나 문법에서 나오면 분명 틀린 것이 맞다.

---

### ④ 동격 역할

<u>명사에 대한 내용을 설명하고자 하는 경우</u> 뒤에 that절이 '동격명사절'로서 나올 수 있다. 이때 관계대명사 that과 혼동하면 안 된다. 관계대명사 that은 불완전한 문장을 가져오고, 동격명사절 that은 완전한 구조가 뒤 따른다는 차이점이 있다. 관계대명사 that은 경우에 따라 which, who(m)으로 바꿀 수 있지만, 동격명사절 that 은 바뀔 수 없다.

**동격 that절을 취하는 명사들 (관계대명사 that절과는 전혀 다른 것이므로 주의하자)**

fact, truth, idea, notion, opinion, evidence, suggestion, news, possibility …

· The rumor **that he committed suicide** was false.
그가 자살했다는 소문은 잘못된 것이다.

· The fact **that he is innocent** is true.
그가 무죄라는 사실이 진실이다.

· He lost the conviction **that his daughter would come back.**
그는 그의 딸이 돌아 올 것이라는 확신을 잃었다.

· The radio commentator announced **the news that oil prices would increase.**
라디오 논평자는 유가가 오를 것이라는 뉴스를 보도했다.

---

**▲ 주 의**

전치사 뒤 that절은 쓰일 수 없다.

· I know ~~about that~~ he had problem. (X) / I am sure ~~of that~~ she is honest. (X)
→ I **know that** he had problem. (O) / I **am sure that** she is honest. (O)

except/but/save that (~라는 점을 제외하고서) 만큼은 예외적으로 사용가능하다.
in that절은 그냥 in that자체가 하나의 접속사이므로 가능하다. (~라는 점에서)

· He is a decent person **except that** he is weak.
그는 약하다는 점을 제외하고는 괜찮은 사람이다.

· we are alike **in that** we have dreams.
우리는 꿈을 갖고 있다는 점에서 비슷하다.

---

## (2) if/whether 절

완벽한 절의 형식이 오며, 해석은 '<u>~인지 아닌지</u>'로 한다. 완벽한 문장이 뒤따른다는 점에서 that절과 같지만, <u>의문, 불확실성 표현 뒤에는 that절이 아닌, if/whether 절을 써야한다</u>는 점이 차이점이다. 그 외 if와 whether 의 차이를 잘 기억하자!

---

**의심, 의문, 불확실의 동사 (목적어 자리에 that절 올 수 없음)**

wonder, don't know, must know, want to know, be not sure, ask, question …

---

· I'm **not sure whether**(= if) she will pass the test. (불확실 표현)
나는 그녀가 시험에 통과할지 아닐지 모르겠다.

· I'm **sure that** she will pass the test. (확실표현)
나는 그녀가 시험에 통과할거라고 확신한다.

---

**명사절 if와 whether의 차이**

❶ 위치 : whether절은 명사의 모든 자리 (S, O, C, 전치사의 목적어, 동격)에 쓰인다.
　　　　if절은 타동사의 목적어 자리에 쓰이며 주어, 전치사의 목적어, 동격 자리에는 쓰이지
　　　　못한다. (보어는 드물게 가능)

❷ or not : whether는 문두, 문미 모두 가능하지만, if절은 문미에서만 가능하다.

❸ to 부정사 : whether to부정사는 가능하지만, if to부정사는 가능하지 않다.

---

· ~~If~~ he is a doctor or not doesn't matter to me. (X) (주어자리 if불가)
　→ <u>Whether</u> he is a doctor or not doesn't matter to me. (O)
　　그가 의사인지 아닌지는 나에게 중요치 않다.

· It doesn't matter to me **whether he is a doctor or not.** (가주어 진주어)

· It doesn't matter to me **if he is a doctor or not.** (if절도 가주어 진주어는 가능함)
　그가 의사인지 아닌지는 나에게 중요치 않다.

· The question is **whether he has enough money or not.** (보어)
　그 의문은 그가 충분한 돈이 있는지 아닌지 이다.

· Today's topic is if we will have another world war. (드물게 보어자리 가능)
　오늘의 주제는 우리가 3차 대전을 겪을지의 여부이다.

· ~~The question (of) if we should go or not~~ was not answered yet. (X) (if절은 동격절 불가)
　→ <u>The question (of) whether we should go or not</u> was not answered yet. (O)
　　우리가 가야만 하는지 아닌지에 대한 의문이 아직 대답되지 않았다.
　　(동격명사절 whether는 주로 전치사 of와 함께 쓰여 동격어구를 이룬다. 물론 of는 생략할 수도 있다.)

· I'm not interested ~~in if~~ you like the plan or not. (X) (if절은 전치사의 목적어 불가)
　→ I'm not interested <u>in whether</u> you like the plan or not. (O)
　　나는 네가 그 계획을 맘에 들어 하는지 아닌지에 별 관심이 없어.

· She doesn't know ~~if to laugh~~ or cry. (X)
　→ She doesn't know <u>whether to laugh</u> or cry. (O)
　　그녀는 웃어야 할지 울어야 할지 모른다.

## (3) Wh- 의문사절 (간접의문문)

원래 의문문의 어순은 [의문사 + (조)동사 + 주어 ~?] 이지만, <u>의문사절이 문장 내에서 명사자리에 쓰일 때</u>
는 [의문사 + 주어 + 동사]의 어순을 취한다. 이를 <u>간접의문문</u>이라 한다.

· **Whom she relied on** was unclear.
  = It was unclear **whom she relied on.**
    그녀가 누구를 의지했는지는 불분명하다.

· I can't imagine **what made him do it.**
  무엇이 그가 그것을 하도록 만들었는지 상상할 수도 없다.

· I don't know **whom she loves.**
  나는 그녀가 누구를 사랑하는지 모르겠다.

· Let's talk **about what we should do** before we take a trip.
  우리가 여행을 가기 전에 무엇을 해야만 하는지에 대해서 이야기를 해 보자.

· **How the country could attract so many travelers** is the main topic.
  어떻게 그 나라가 그렇게 많은 여행객들을 사로잡을 수 있었는지가 주요 의제입니다.

· My major interest **is where I should stay tonight.**
  내 주요 관심사는 어디서 오늘 묵어야 하는가이다.

· I can't imagine **how long he traveled around the world.**
  얼마나 오랫동안 그가 세상을 여행했는지는 상상할 수 없다.

· I don't know **which apartment she lives in.**
  그녀가 어느 아파트에 살고 있는지 모르겠다.

· It doesn't matter **what club you belong to.**
  네가 어느 클럽에 속해있는지는 중요치 않아.

· The discussion should be **about whose plan is better.**
  그 토론은 누구의 계획이 더 나은지에 관한 것일 것이다.

**⚠ 주 의**

의문사가 포함된 문장은 직접의문문과 간접의문문의 어순에 차이가 있다. 조심하도록 하자.

· **How** could the country attract so many travelers? (의문사 단독 문장 → 의문문)
어떻게 그 나라가 그렇게 많은 여행객들을 사로잡을 수 있었지?

　→ **How the country could attract so many travelers** is the main topic.
　(주어 역할 → 간접의문문)
　어떻게 그 나라가 그렇게 많은 여행객들을 사로잡을 수 있었는지가 주요 의제이다.

· **Who** will the next president be? (의문사 단독 문장 → 의문문)
누가 다음 대통령이 될까?

　→ Some experts have already predicted **who the next president will be.**
　(목적어 역할 → 간접의문문)
　몇몇 전문가들은 다음 대통령이 누가 될 것인지 이미 예측했다.

## (4) 인식동사 복문구조의 의문문 (think, suppose, believe, imagine, guess …)

인식동사의 목적어자리에 간접의문문이 쓰이는 문장이 의문문이 될 경우, 그 의문사는 문장 맨 앞으로 가서 쓰이게 된다. (단! Know는 제외한다)

· **Do you know who** did it?
누가 그것을 했는지 너는 아니?

· ~~Do you think who~~ did it? (X)
　→ **Who** do you think **did it?** (O)
　그것을 한 사람이 누구라고 너는 생각하니?

· **Where** do you **believe they are going to stay tonight?**
그들이 오늘 지낼 곳이 어디라고 너는 믿니?

· ~~Who do you know~~ sent you these books? (X)
(know가 나오는 경우 의문사가 문장 앞으로 나오면 틀린 문장이 된다.)
　→ **Do you know who** sent you these books? (O)
　누가 너에게 이 책을 보냈는지 아니?

## (5) 명사절 that절과 what절의 차이

명사절 what절이 '무엇'의 의미가 아닌 '~것'의 의미로 쓰이는 경우 that절과 해석상 차이가 없게 된다. 그러므로 이 둘의 구분은 필수이다. that절은 완전한 구조, what절은 불완전한 구조를 취한다.

· **That you went there** was known by me.
네가 그곳에 갔다는 것이 나 때문에 알려졌다.

- **What I have long hoped** at last comes true.
  내가 오랫동안 바랐던 것이 마침내 실현되었다.

- **What makes me sad** is my empty purse.
  나를 슬프게 만드는 것은 비어있는 지갑이다.

## 연습하기 034

**다음 문장들은 모두 틀린 문장이다. 틀린 부분을 밑줄 긋고 올바르게 옮기시오.**

– 해석은 당연!

1. What the thieves escaped from the prison will be reported soon.

2. I was wondering that anyone knows his name.

3. Think about that I suggested yesterday.

4. How was the black hole formed remains a mystery.

5. Do you think when he went out?

## 2) 부사절 종속접속사

부사절은 완전한 문장을 보조해주는 부가정보 절로써 문장의 필수요소는 아니다. 또한 위치의 제약이 비교적 자유롭기 때문에 문장의 앞, 뒤에 주로 위치 할 수 있다. 부사절로 쓰이는 접속사는 그 수가 많기 때문에 의미를 얼마나 많이 아느냐가 정확하고 빠른 해석을 하는데 관건이 된다. 부사절은 주로 시간, 이유, 조건, 양보, 양태, 목적, 결과 등의 의미로 해석된다.

## (1) 시간의 부사절 종속접속사

접속사의 의미를 아는 것은 당연하고, 시간의 부사절에서 특히 알아야 할 부분은 '미래시제 대신 현재시제'를 쓴다는 점이다. (시간, 조건의 부사절 참고)

when, as (~할 때), while, as soon as, since, before, after, until, whenever (~할 때마다)
by the time (~할 때쯤), everytime (~할 때마다), the next time (다음에 ~할 때)

· **When she arrives,** she will open the gifts.
그녀가 도착할 때, 그녀는 선물을 열 것이다.

· **As soon as he wakes up in the morning,** he drinks three cups of water.
그는 아침에 일어나자마자, 물 세잔을 마신다.

· **Everytime I go to the lake,** I make friends with a stranger.
강에 갈 때마다, 나는 낯선 이와 친구가 된다.

· He came up to me **as I was speaking.**
말을 하고 있을 때 그가 나에게로 다가왔다.

### (2) 이유의 부사절 종속접속사

> because, since, as (~때문에), seeing (that) (~하는 것을 보아하니), Now (that) (이제 ~이니까),
> in that (~라는 점에서)

· **As it was a public holiday last Sunday,** most of the shops were shut.
지난 목요일은 공휴일이었기 때문에 대다수 상점이 문을 닫았다.

· Non fiction is totally different from fiction **in that it is real.**
실화는 그것이 실제라는 점에서 소설과는 완전히 다르다.

· **Seeing (that) he kept sneezing,** he must have caught a terrible cold.
그가 계속 재채기를 하는 것으로 보아, 감기 걸렸음에 틀림없었다.

---

**▲ 주 의**

Now that VS in that

일반적으로 부사는 문장에 영향력이 없으므로 위치도 자유로운데, now that과 in that은 위치의 제약이
있으므로 알아두자. 즉 Now that은 문두에, in that은 문미에 위치한다.

· **Now (that)** we have so many things to do, we should decide what to do first.
이제 해야 할 것이 너무도 많으니까, 우리는 무엇을 먼저 해야 할지 결정 해야만 한다.

· The new machine is better **in that** it produces less noise.
새로운 기계가 소음이 덜 난다는 점에서 더 낫다.

## (3) 조건의 부사절 종속접속사

조건의 부사절도 시간의 부사절과 마찬가지로 <u>미래시제 대신 현재시제</u>를 써야만 한다.

> if, supposing/suppose/providing/provided (that), given (that), once (일단 ~하면),
> in case (that) (~할 경우를 대비하여), on condition (that) (~라는 조건하에서)
> unless (만약 ~가 아니라면), as long as / so long as / as far as / so far as (~하는 한)

· **Once you make a promise**, you should keep it.
　일단 약속을 하면 지켜야 한다.

· You will miss the train **unless you hurry up.**
　서둘지 않으면 열차를 놓칠 것이다.

· Take the map **in case you get lost.**
　길을 잃을 것에 대비해서 지도를 챙겨라.

· **Provided (that) there is no traffic jam**, I prefer to go by bus.
　만약 길이 안 막힌다면, 나는 버스로 가는 게 더 좋아.

## (4) 양보의 부사절 종속접속사

양보부사절은 '비록 ~일지라도', '설령 ~한다고 해도'의 의미로 해석된다.

> though, although, even though (사실을 전제로 함), even if (가상의 일을 전제로 함)
> while (반면에 = whereas), whether A or B (A든 B든 간에), if (if에 양보의미도 있음)

· **Though he is poor**, he looks quite happy.
　그는 가난하지만 행복하다.

· I am good at math **while my brother is good at literature.**
　나는 수학을 잘하는 반면 내 동생은 문학을 잘한다.

· He is going to Busan **whether you like it or not.**
　네가 좋아하던 싫어하던 그는 부산에 갈 예정이다.

· I won't mind **even if she doesn't come.**
　설령 그녀가 오지 않는다 해도 나는 개의치 않겠다. (그녀가 올지 안 올지 모르는 상황에서 말함)

Chapter IX

**참고**

### 접속사 though가 아닌 부사 though

접속사 **though**는 뒤에 주어+동사를 취하며 '비록 ~일지라도'의 양보의미로 사용된다.

부사 **though**는 문장 끝에서 사용되며, '**그러나**'의 의미로 쓰인다. 이때 although는 사용하지 않는다.

· Our team lost. It was a good game **though**.

   우리 팀이 졌다. 그렇지만 훌륭한 경기였다.

## (5) 양보의 부사절 종속접속사 as

양보부사절에서 동사 뒤에 나오는 형용사(보어), 명사, 부사가 접속사 앞으로 위치하는 경우를 말한다. 이 경우 양보 접속사가 as로 바뀔 수 있으며, 명사가 위치할 경우 <u>반드시 무관사 명사</u>로 사용해야 한다.

> 무관사 명사/형용사/부사 + as (= though) + S + V

· Though he tried hard, he failed in the exam.

= **Hard as** (=though) **he tried**, he failed in the exam.

   비록 열심히 노력했지만, 그는 시험에 떨어졌다.

· Arrogant ~~although~~ he is, I should admit that he is talented.

→ **Arrogant as** (= though) **he is**, I should admit that he is talented.

   비록 그가 거만하기는 하지만, 나는 그가 재능이 있다는 것을 인정한다.

   (as양보구문 자리에 though를 동의어로 사용할 수는 있어도 although는 사용할 수 없다.)

· **A ~~woman~~ as she was**, she was a brave two-star general. (X)

→ **Woman as she was**, she was a brave two-star general. (O)

   그녀는 비록 여성이었지만 별이 두 개인 용감한 육군 소장이었다.

**▲ 주 의**

### 양보의 부사절 as VS 분사구문의 강조 as

우리는 분사구문을 강조하고자 할 때 분사구문 뒤에 'as + S + be/do'를 넣는다는 것을 이미 배웠다. (262p 참고) 이때, 만약 분사구문이 'being + 형용사'로 쓰이고 뒤에 강조 표현인 'as + S + be'가 나온다면 양보부사절 as와 매우 흡사한 문장이 탄생된다.

예를 들어,

· Though he was poor when young, he could join the club.

   (비록 어릴 적에 가난했음에도 불구하고, 그는 그 클럽에 가입할 수 있었다.)

위의 문장을 as 양보구문으로 바꾸면,

· Poor as he was when young, he could join the club.

이라는 문장으로 전환된다.

다음의 문장을 보자.

· Because he was poor when young, he couldn't join the club.
  (어릴 적에 가난했기 때문에 그는 클럽에 가입할 수 없었다.)

위의 문장을 분사구문으로 바꾸면

· (Being) Poor as he was when young, he couldn't join the club.

이라는 문장이 된다. 즉 as 양보구문과 전혀 다르지 않은 문장이 나올 수도 있으므로 주의해야 한다. 이런 경우 <u>주절 문장의 해석에 따라</u> 양보구문이 될지, 분사구문의 강조 (= 이유의 부사절)이 될지 판단된다.

## (6) 명령형 양보구문

평소에는 잘 쓰지 않는 문장이지만 (주로 시, 문학 쪽에서 나옴) 시험용으로 나온 경우가 있었으므로 알아둘 필요가 있다. 주로 명령문으로 시작해서 '명령형 양보구문'이라 칭한다. 대단히 중요하지는 않으므로 심각하게 공부할 필요는 없다.

❶ 동사원형 + as + S + may/will (비록 ~할지라도)

❷ 동사원형 + wh- + (S) + may/will (비록 ~할지라도)

❸ Be + S + ever so + 형용사/부사 (아무리 ~할지라도)

❹ Be + S + A or B (A든 B든 간에)

· Try as you may, you won't be able to persuade her.
  비록 애쓴다 할지라도, 너는 그녀를 설득할 수는 없을 것이다.

· Go where he will, I will follow him.
  그가 어디에 간다 할지라도, 나는 그를 따를 것이다.

· Be it ever so humble, there is no place like home.
  아무리 누추할지라도 집과 같은 곳은 없다.

· All men are equal before the law, be they rich or poor.
  모든 인간은 평등하다. 그들이 부자든 가난하든 간에.

## (7) as관련 부사절 종속접속사

as는 문맥에 따라 의미가 상당히 다양하게 바뀐다. as의 기본 의미는 '① ～할 때 (시간) / ② ～이기 때문에 (이유) / ③ ～처럼, ～하듯이 (양태) / ④ ～하면서 (동시동작) / ⑤ ～함에 따라 (추이)' 이다. 이외에도 위에서 배운 양보의 as, 원급비교의 as등 많은 의미로 쓰인다. '～로서'의 as는 전치사이므로 여기서는 다루지 않는다.

· **As time goes by**, problems become hard to solve.
  시간이 흘러감에 따라 (시간이 흐른 뒤), 문제들은 풀기 더 어려워진다.

· She always listens to music **as she works**.
  그녀는 일하면서 항상 음악을 듣는다.

· **As their business grew fast, so** did their payroll.
  그들의 사업이 빠르게 성장하는 것처럼, 그렇게 그들의 급여 총액역시 빠르게 올라갔다.

---

**▲ 주 의**

Just as + S + V ～, so + S + V (마치 ～하듯이 그렇게 ～하다)

위의 구문에서 Just와 so는 부사이다. 이 말은 생략이 가능하다는 소리이다.
또한 so뒤에 나오는 문장은 도치할 수도 있다. (꼭 도치를 할 필요는 없다)

---

## (8) 목적의 부사절 종속접속사

목적(～하기 위하여)의 so that절은 동의어와 반의어를 이미 'to부정사의 부사적용법'에서 배운 적이 있다. (193, 194p 참고) 열심히 기억하자.

---

so that S + may/will/can VR (～하기 위하여) = in order that S + may/will/can VR

so that S + may/will/can **not** VR (～하지 않기 위하여)

= in order that S + may/will/can **not** VR

= **lest** S + (should) VR = for fear that S + (should) VR

---

· Mary works hard **so that** she **may** succeed.
  Mary는 성공하기 위하여 열심히 일한다.

· Mary studied hard **so that** she **could** pass the exam.
  Mary는 시험에 통과하기 위해 열심히 공부했다.

· Mary works hard **lest** she **(should) fail** in the exam.
  Mary는 낙제하지 않기 위하여 열심히 한다.

- I was in hurry **for fear that** I **(should)** be late for school.
  나는 수업에 늦지 않기 위해 서둘렀다.

## (9) 결과/정도의 부사절 종속접속사 (너무 ~해서 ~하다 / ~할 정도로 너무 ~하다)

결과의 부사절 역시 to부정사의 부사적 용법 (194p 참고)에서 배운 적이 있다. 열심히 기억해내자.

> ❶ so that + S + V (그래서 그 결과)
> ❷ so <u>형용사/부사</u> that + S + V → ※ so + 명사 + that + S + V (X)
> ❸ so <u>형용사 + a(관사) + 명사</u> that + S + V
> ❹ such <u>a(관사) + 형용사 + 명사</u> that + S + V
> ❺ so <u>many/much/few/little + 명사(불가산, 복수)</u> + that + S + V
> ❻ so <u>형용사</u> that + S + V = <u>such</u> that + S + V

- His heart was beating very hard, **so that** he **couldn't say** anything.
  그의 심장은 매우 심하게 뛰었다. 그래서 그는 아무 말도 할 수 없었다.

  ('~하기 위해서'도 so that을 붙여 쓴다. 그렇다면 so that절이 '목적'인지, '결과'인지 어떻게 아는 것일까?... 이것도 to 부정사에서 다 말했다. to부정사 다시 보자.)

- She is **so nice that** everyone likes her.
  그녀는 너무 성격이 좋아서 모든 이들이 좋아한다.

  (so ~ that절에서 <u>so는</u> 부사이므로 뒤에 형용사나 부사가 쓰인다. so 명사 that절은 있을 수 없다.)

- He is **such a nice guy that** everyone likes him.
  = He is **so nice a guy that** everyone likes him.
    그는 너무 멋져서 모든 이들이 좋아한다.

  (so는 부사이므로 명사를 바로는 취할 수 없는데, 대신 '명사 앞에 형용사'가 쓰이면 가능해진다.)
  (such는 형용사이므로 명사를 취할 수는 있는데, 해석상 '너무 명사라서 that절 하다'라는 말은 어색하므로 <u>'명사 앞에 형용사'</u>를 넣어준다.)
  (결론적으로 'so + 형 + 명 + that절 / such + 형 + 명 + that절'이라는 구문이 생기는데, 이 두 구문의 차이는 무엇일까? 바로 관사(a, the)의 위치이다. 'so + 형 + a + 명 + that절 / such + a + 형 + 명 + that절'로 써야 한다.)

- It was **such find weather that** I took a walk.
  날씨가 너무 좋아서 나는 산책을 했다.

  (그렇다면 만약 명사가 'a'를 쓰지 않는 명사라면 어떨까? 즉 명사가 '가산 복수명사'이거나 '불가산 명사'라면? 그런 경우에는 거의 대부분 <u>such</u>를 써주면 된다.)

· There was **so little food that** I was not satisfied.
　음식이 너무 없어서 나는 만족하지 않았다.

　(단, 명사 앞에 있는 형용사가 '**many, much, few, little**'의 4가지 형용사가 쓰이는 경우에만 such가 아닌 so를 쓴다.)

· His behavior was **so bad that** everyone disliked him.
　= His behavior was **such that** everyone disliked him.
　그의 행동은 너무나 무례해서 모두가 그를 싫어했다.

　(위의 문장의 경우에는 that절을 보고서 '그의 행동이 나쁘다'를 유추할 수 있다. 이렇게 'so 형용사'를 유추할 수 있는
　경우에는 굳이 '**so 형용사**'를 안 쓰고 '**such**'라는 한 단어로 써도 맞는 문장이 된다.)

※ 부사절을 유도하는 접속사 다음 주어 + <u>be동사</u>는 생략가능하다.(주로 주어는 주절 주어와 동일함)
말은 사실 거창하게 했지만, 이것은 분사구문이다. 분사구문에서 접속사를 생략하지 않고 써 놓은 표현을 부
사절의 입장에서 말한 것일 뿐이다. <u>주어가 같아서 지워지고</u> <u>be동사는 being이 되면서 지워진 것뿐</u>이다. 어
려워 말자.

· **When** (he was) **young**, he was handsome.
　젊었을 때, 그는 잘생겼다.

· I had car accident **when six years old**.
　여섯 살 때, 나는 교통사고를 당했다.

· **Once** (you are) **bitten**, you will be another Zombie.
　일단 물리면 너는 또 다른 좀비가 될 거야.

· The thing has turned out to be harmless **as** (it has been) **expected**.
　그 물건은 해가 없는 것으로 판명되었다. 예상된 바대로.

· This oil, **if economically used**, will last another two days.
　경제적으로만 사용된다면, 이 기름은 이틀간 지속될 것이다.

**다음 문장들은 모두 틀린 문장이다. 틀린 부분을 밑줄 긋고 올바르게 옮기시오.**

– 해석은 당연!

1. I just watched TV though it was raining outside.

2. Unless she doesn't come, I don't mind.

3. The oranges, and ripe, are picked carefully.

4. He has so a warm personality that everybody likes him.

5. Much although she liked him, she didn't marry him.

## 요약하기

접속사에서 가장 중요한 part는 누가 뭐라 해도 ① 등위접속사의 병치 문제이다. A and B에서 대부분은 B에 들어가는 품사가 무엇인지를 묻는 문제가 출제 되므로 A가 어떤 것을 지칭하는지 제대로 파악해야 한다.

또한 ② 명사절에서의 완성 VS 미완성 문제 ③ 의문문 VS 간접의문문의 어순문제 ④ 부사절에서 해석, 특수구문 문제 마지막으로 ⑤ 접속사 VS 전치사 문제가 주로 나오므로 힘들더라도 꼭 대비하자!

# MEMO

## 적용하기 1단계 ❶ ❷ ❸

[1–5] Choose the one that could best completes the following sentence.

**01** Exactly _____ we can replace our soil disappearing through erosion is not known. [2017 서울여대]

(A) unless            (B) since
(C) how              (D) what

**02** No book is worth anything which is not worth much; _____ , until it has been read, and re-read, and loved, and loved again, and marked; so that you can refer to the passages you want in it. [2016 아주대]

(A) Nor it is serviceable           (B) Nor is it serviceable
(C) None it be serviceable         (D) Neither it be serviceable
(E) Neither be it serviceable

**03** The teacher received excellent feedback from her students, _____ .
[2018 한국외대]

(A) despite she was young and inexperienced
(B) despite of young and inexperienced
(C) despite from her young age and inexperience
(D) despite her young age and inexperience

**04** Compared to Korea and Japan, controversy over globalization began a little later in Taiwan. There are a couple of reasons to explain _____ . [2016 한국외대]

(A) why was this the case        (B) why this was the case
(C) the case was why this        (D) the case why was this

**05** Fat is not digested in the stomach, _____ the intestine.

(A) and                                      (B) but
(C) although                                 (D) but in


[6–10] Choose the one which is grammatically <u>incorrect</u> among the four underlined parts.

**06** The <u>aging</u> process is not only <u>determined by</u> heredity, <u>but is</u> influenced by different
      (A)                              (B)              (C)

environmental and social circumstances <u>as good</u>.
                                        (D)


**07** Roads and canals <u>were</u> increasingly privately held, meaning <u>what</u> non–elite free farmers
                 (A)                                (B)

were entirely dependent <u>on</u> the patronage of planters <u>to</u> conduct their business.
                        (C)                      (D)                  [2018 홍익대]


**08** <u>Although</u> the movie received nothing <u>but</u> bad <u>ratings</u> from <u>all of the</u> major critics, but I want
    (A)                            (B)    (C)       (D)

to see it because I like the main actor.


**09** The most fundamental questions of <u>what</u> humans came to be the kind of animal <u>we are</u> can
                                  (A)                                          (B)

only be answered by a theory <u>in which</u> culture has its proper role and <u>in which</u> it is intimately
                               (C)                            (D)

<u>intertwined</u> with other aspects of biology.                       [2016 아주대]
    (E)

**10**  It <u>turns out</u> the man was suffering from <u>that</u> medical science <u>might consider</u> the worst
        (A)                               (B)            (C)

hangover <u>in</u> recent history.                            [2015 한국외대]
        (D)

## 적용하기 2단계 ❶ ❷ ❸

[1–3] Choose the one that could best completes the following sentence.

**01**  _____ , the deformity of her left foot explained for her many things that would have been otherwise incomprehensible : why she alone of all the children had no nickname ; why there were no funny jokes and anecdotes about funny things she had done.

                                                                  [2016 가천대]

(A) When it was slight                  (B) So slight it was
(C) Slight as it was                     (D) Where it was slight

**02**  The prize identifies artists for outstanding work, recognizes significant recent creations coming from Asia–Pacific countries, _____ the development of contemporary art in the region.

(A) encouraged                          (B) to encourage
(C) and encourages                  (D) encouraging

**03**  Negative attitudes toward foreign words entering the English language have been noted early on as is suggested by the following statement : "Encroachment of alien words _____ understanding and solidarity among speakers, but also threatens the purity of a language by taking away its uniqueness and limiting its ability to create new words using its own linguistic sources."                    [2022 서강대]

(A) gets in the way of                (B) not only hinders
(C) interferes with                      (D) can cause lack of

[4-10] Choose the one which is grammatically <u>incorrect</u> among the four underlined parts.

**04**　The <u>debate over if language</u> is natural, I.e., do we call <u>a table a table</u> because that's the way
　　　　　(A)　　　　　　　　　　　　　　　　　　　　　　　　　　　　　　　　　　(B)

　　　it is?, or conventional, ie., do we call it a table because that's what we decided to call it? in

　　　Plato's Cratylus is <u>the very question</u> that everyone <u>agrees opens</u> Saussure's teachings and
　　　　　　　　　　　　　　　(C)　　　　　　　　　　　　　　　(D)

　　　ties them together.　　　　　　　　　　　　　　　　　　　　　　　　　　　[2015 서강대]

**05**　<u>Just as</u> treasures are uncovered from the earth, <u>then</u> virtue appears from good deeds, and
　　　　(A)　　　　　　　　　　　　　　　　　　　　　　(B)

　　　wisdom <u>emerges</u> from a pure and peaceful mind. To walk <u>safely</u> through the maze of human
　　　　　　　　(C)　　　　　　　　　　　　　　　　　　　　　　　(D)

　　　life, <u>one</u> needs the light of wisdom and the guidance of virtue.　　　[2016 아주대]
　　　　　(E)

**06**　For the most part, the damage to our environment has not been the work of evil men, nor <u>it</u>

　　　<u>has</u> been the <u>inevitable</u> by-product either <u>of advancing</u> technology or <u>of growing</u>
　　　(A)　　　　　　　(B)　　　　　　　　　　　　　　(C)　　　　　　　　　　　(D)

　　　<u>population</u>.

**07**　<u>Prehistoric</u> humans had to adjust <u>daily work</u> to the weather, and the <u>gathering</u> of wild seeds
　　　　(A)　　　　　　　　　　　　(B)　　　　　　　　　　　　　　(C)

　　　and fruits to the <u>seasonal</u>.
　　　　　　　　　　　　(D)

**08**　The question is <u>that</u> these efforts will <u>be successful</u> enough to catch up with the rapid growth
　　　　　　　　　　(A)　　　　　　　　　　(B)

　　　of deserts, <u>since</u> it takes a great amount of time and money to recover land <u>that is lost</u>.
　　　　　　　　(C)　　　　　　　　　　　　　　　　　　　　　　　　　　　　　　(D)

**09** *In As You Like It,* Rosalind began a journey, <u>disguising</u> herself as a man when she earned
                                                  (A)

the wrath of her uncle and was <u>driven</u> out of the house. The common point here is <u>that</u> the
                               (B)                                                    (C)

love affair got entangled <u>because</u> women who mistook heroines in men's attire as men.
                          (D)                                                 [2016 가천대]

**10** The remarkable thing about <u>the two</u> ideologies <u>was not their differences</u>, which were many,
                                 (A)                      (B)

<u>and</u> the number of ways in which they collaborated towards <u>the same ends</u>.
 (C)                                                          (D)

## 적용하기 3단계 ❶ ❷ ❸

[1–4] Choose the one that could best completes the following sentence.

**01** _____ , it will always be easier to have fresh seafood in Boston than in Nebraska.

(A) However well transportation system get

(B) How well transportation system get no matter

(C) However transportation system get good

(D) No matter how good transportation system get

**02** The huge room contained a great number of students, of whom one–third were boys and
_____ girls.

(A) other                    (B) the other

(C) others                   (D) the others

**03** Taking a "do—nothing" and a "comfort first" approach is common for governments near the end of their term. They avoid starting new projects and avoid making any waves. The power of the president is still valid, but officeholders are wary about functioning as spearheads _____ negatively marked by the next administration. [2016 가천대]

(A) as

(B) so as to be

(C) for fear of being

(D) which have been


**04** In 1951, _____ confirm her theory, geneticist Barbara McClintock claimed that genetic information shifted from one chromosome to another.

(A) molecular biologists could before long

(B) could molecular biologists long before

(C) before long molecular biologists could

(D) long before molecular biologists could


**[5–9]** Choose the one which is grammatically <u>incorrect</u> among the four underlined parts.


**05** A group of explorers have scanned the walls of a tomb in the valley, <u>using radar</u> and
(A)

infrared devices, <u>in the hopes for</u> science might confirm one Egyptologist's theory: that
(B)

<u>hidden behind</u> a wall of King Tutankhamen's burial chamber <u>sits the long—sought tomb</u> of
(C)                           (D)

Queen Nefertiti. [2016 서울여대]


**06** Paul seldom <u>pays</u> his bill <u>on time</u>, and his housemate who is unemployed <u>at the moment</u>
(A)        (B)                            (C)

<u>does too</u>.
(D)

**07**   <u>For</u> the past century or so, we've been performing an open-ended experiment on <u>ourselves</u>,
(A)                                                                                    (B)

extending the day, shortening the night, and <u>short-circuit</u> the <u>human body's</u> sensitive
(C)                      (D)

response to light.                                                          [2016 성균관대]

**08**   Taxonomy is the science of <u>classifying living things</u>. It is also the art of naming them <u>in such</u>
(A)                                                              (B)

<u>a way</u> that when you say or write the name, there can be no <u>doubt about</u> <u>which kind</u> of
(C)                        (D)

organism you are <u>referring</u>.
(E)

**09**   The <u>various</u> parts of the body require <u>so</u> different <u>surgical</u> skills that <u>many</u> surgical specialities
(A)                          (B)              (C)              (D)

have developed.

[10] Choose the sentence that is <u>NOT</u> grammatically correct.                [2015 광운대]

**10**   (A) From which store did you say you bought this book?

(B) What do you think which hotel we will be staying at?

(C) Do you know which group we will be traveling with?

(D) How come you believe that they will break up soon?

(E) Who did you say will marry whom next week?

# Chapter X

## 관계사

## 미리보기

### 1. 관계대명사와 관계부사의 뒷 구조가 기본 Point이다.

생각보다 관계대명사의 뒷 구조를 물어보는 문제가 많이 출제된다. 기본적으로 관계대명사는 불완전한 구조를, 관계부사는 완전한 구조를 취한다는 점만 알고 접근하자. 소유격 관계대명사처럼 뒷 구조를 약간 특수하게 취하는 용법도 있으니 주의하자.

### 2. 관계대명사 안에 없는 명사가 바로 선행사이다. 즉, 선행사는 절대로 관계대명사 안에 들어갈 수 없다.

관계대명사는 주어가 없든 목적어가 없든 어쨌든 명사가 없는 불완전한 문장이 와야 한다. 이 경우 관계대명사절 안에 없는 명사가 바로 선행사이고, 이런 이유로 관계대명사절이 아무리 불완전하더라도 선행사가 들어가 있으면 절대로 틀린 문장이니 헷갈리지 않도록 주의하자.

### 3. 기본 관계사 이외에 특수 관계사 역시도 시험에 자주 출제되니 제대로 공부하자.

전치사+관계대명사의 용법이나, 부분사를 포함한 관계대명사, 삽입절 등은 관계대명사를 제대로 공부했다면 약간의 응용만 더해진 것이기 때문에 크게 어렵지 않을 것이다. 특수 용법이라고 해도 시험에는 자주 나오므로 주의하자.

### ❶ 관계대명사

관계대명사란 [접속사 + 대명사]의 역할을 하며 관계대명사가 이끄는 절은 형용사처럼 선행사 (명사)를 수식한다. 선행사 (사람/사물, 동물)의 종류와 역할에 따라 관계대명사는 다음과 같은 형태로 쓰인다.

|  | 주격 | 목적격 | 소유격 |
|---|---|---|---|
| 사람 | who | who(m) | whose |
| 사물, 동물 | which | which | whose, of which |
| 사람/사물, 동물 | that | that | – |
| 선행사(사물) 포함 | what | what | – |

★ 관계대명사는 그 격에 상관없이 불완전한 절의 구조를 이끌게 된다.

· John has a brother. **접속사 he** works in a bank.
　→ John has a brother **who** works in a bank.
　　존은 은행에서 일하는 동생이 있다.

· We don't know the man. 접속사 she met <u>him</u> here.
→ We don't know the man **whom** she met here.
우리는 그녀가 여기서 만났던 그 남자를 알지 못한다.

· We went with Tom **접속사 his** car broke down on the way.
→ We went with Tom **whose** car broke down on the way.
우리는 탐과 함께 갔는데 도중에 그의 차가 고장 났다.

**강민 형이 콕 찍어줄게!**

**❶ 주격관계대명사에서의 수일치**
관계대명사는 불완전한 문장이 뒤따른다는 점은 이미 앞서서 말한 적이 있다. 이때 <u>주어가 없는 관계대명사를 주격관계대 명사</u>, 목적어가 없는 관계대명사를 목적격 관계대명사라고 부른다.
또한 관계대명사 안에 없는 명사는 무조건 선행사라는 것도 앞서 잠깐 언급한 적이 있다. 즉, <u>주격관계대명사는 주어가 없는 문장이고 그 없는 주어는 선행사가 될 수밖에 없다는 것</u>을 알 수 있다. 그러므로 관계대명사 안에 있는 동사의 수일치는 당연히 선행사에 맞춰야 한다.

**❷ 소유격 관대의 표현 방법 (시험 출제 빈도 높음)**
소유격 관계대명사는 <u>절대로 완전한 구조로 나오지 않는다.</u> 그러나 완전한 구조처럼 보이는 경우가 있을 때가 있다. 이것은 보이기만 완전해 보일 뿐이지 (더군다나 모든 소유격 관계대명사가 완전해 보이는 것도 아니다), 실제로는 절대 완전한 구조를 취하는 것이 아니므로 '소유격 관계대명사 + 완전한 절'이라는 공식을 절대 진리처럼 외워서는 안 된다. 또한 소유격 관계대명사는 whose말고도 다른 형태의 것들도 있으므로 주의해서 보자.

**❸ 전치사+관계대명사 문제 (시험 출제 빈도 높음)**
전치사+관계대명사는 그 뒷문장이 일단 완전하다는 점에서 여타 관계대명사들과는 조금 다르다. 즉, <u>완성 VS 미완성의 문제</u>가 나올 수도 있으며, <u>단순히 전치사를 묻는 문제</u>도 나올 수 있다. 자세한 것은 전치사+관계대명사 파트에 들어가서 보도록 하자.

## 1) 관계대명사의 종류

관계대명사의 격은 관계대명사 안에 비어있는 명사의 격에 따라 결정된다. 즉 <u>주격관계대명사는 주어가 없는 문장, 목적격관계대명사는 목적어가 없는 문장</u>으로 불완전한 문장이 와야 한다.

### (1) 주격 관계대명사 (접속사 + 주격 대명사) → N (who/which/that + V ~)

주격 관계대명사는 관계사절 안에 주어가 없는 문장으로 쓰여야 하고, 그 없는 주어는 <u>반드시 선행사</u>여야 한다. 그러므로 선행사와 관계사절 안의 동사의 수 일치에 신경 써야 한다. 주격관대에서 가장 흔히 나오는 시험 문제가 바로 수일치 문제이다.

· My father bought me a shirt. **접속사** It is made of cotton.
  → My father bought me a shirt <u>which is</u> made of cotton.
    우리 아버지는 목화로 만들어진 셔츠를 사주셨다.

· There are many **young people**. **접속사** They have diabetes these days.
  → There are many **young people** ~~whom~~ **have** diabetes these days.
  → There are many **young people who have** diabetes these days.
    요즘 당뇨병에 걸린 젊은 사람들이 많다.


## (2) 목적격 관계대명사 (접속사 + 목적격 대명사) → N (who(m)/which/that + S + 타V ~)

목적격 관계대명사 뒤에는 일반적으로 '주어+타동사' 또는 '주어+자동사+전치사'와 같이 <u>목적어가 비어있는</u> <u>문장</u>이 온다. 목적격 관계대명사에서 흔하게 나오는 문법 문제는 특별히 없다. 다만 관계사절 안에 <u>동사가 5</u> <u>형식 동사로 나오는 경우</u>에는 상당히 난이도가 높은 문제로 출제될 수 있으므로 주의하자.

· I know **the man**. **접속사** You talked to <u>him</u> at the party.
  → I know **the man whom** you talked to at the party.
    나는 네가 파티에서 말을 건넸던 그 남자를 안다.

· He needs to rent **a room**. **접속사** he lives in <u>it</u>.
  → He needs to rent **a room** <u>which</u> he lives in.
    그는 그가 살고 있는 방을 세놓기를 원한다.

### ⚠ 주 의

**만약 목적격 관계대명사의 문장이 '전치사'로 끝난다면?**

이 경우, 전치사를 관계사절 앞으로 보낼 수 있다. 즉 이 구조는 '<u>목적격 관계대명사</u>'가 아닌 '전치사+관계대명사'의 구조가 된다. '전치사+관계대명사'의 구조는 뒤에서 다루기로 하자.

· He needs to rent **a room** <u>in which</u> he lives.


## (3) 소유격 관계대명사 (접속사 + 소유격 + 대명사) → 명사 수식 후 불완전한 절

소유격 관계대명사는 반드시 <u>명사 수식 후 불완전구조</u>가 나와야 한다. 절대로 '소유격관대+완전한 절'의 구조로 이해해서는 안 된다. 소유격 (my, your 등)이 단독으로는 문장에서 어떤 역할도 하지 못한다는 점을 생각하면 쉽게 이해될 것이다.

소유격 관계대명사를 완전한 구조로 잘못 알고 있는 학생들이 상당수 있기 때문에 소유격 관계대명사는 시험에 자주 출제된다. 소유격 관계대명사는 총 3가지의 구조로 나오게 된다. 이때 **whose**는 선행사에 사람, 사물이 다 나올 수 있고, **of which**는 선행사에 사람은 나올 수가 없다는 점을 알고 가자.

> ① N (whose N + S + 타V ~) / N (whose N + V + O ~)
> ② N (the N of which + S + 타V ~) / N (the N of which + V + O ~)
> ③ N (of which the N + S + 타V ~) / N (of which the N + V + O ~)

①번의 경우 '접속사 + 소유격'의 구조가 관계사가 된 것이다. 예를 들어

> · I know the singer. 접속사 His song is very popular.

위의 문장을 관계사로 만들면, 접속사와 the singer를 대신 받는 대명사를 지워야 하는데 이 문장에서는 singer를 대신 받는 대명사는 없고 의미상으로 대신 받는 것이 하나 보인다. **바로 His**이다. His는 소유격이기 때문에 관계대명사를 만들 때 주격, 목적격 관계대명사가 아닌 소유격 관계대명사를 쓰는 것이다. 즉

> → I know the singer **whose** song is very popular.

이런 문장이 된다. 이 문장의 경우 어떻게 보면 whose뒤에 'song is very popular'가 '주어 + 동사 + 보어' 구조로 완전해 보일 수도 있겠다. 그러나 제대로 알자. 원래 문장 (즉 His song is very popular)에서 song만 주어가 아니라 his song이 함께 주어다. 그러므로 whose까지가 소유격 관계대명사가 아니라 **whose song** 까지가 소유격 관계대명사인 것이다. 그러므로 뒤에 나오는 'is very popular'는 주어가 없는 불완전한 구조 가 되는 것이다.

다음의 문장을 한번 보자.

> · I know the singer. 접속사 Everybody likes **his** song.

위의 문장 역시 관계대명사로 the singer를 꾸며주기 위해서는 접속사와 his를 지워야 하고, 지워진 his가 소 유격이었으므로 당연히 소유격 관계대명사인 whose를 써주면 된다. 즉 완성된 문장은 아래와 같다.

> → I know the singer **whose song** everybody likes.

이 문장에서 소유격 whose는 단독으로는 어떤 역할도 못한다. 반드시 명사와 함께 움직여야 한다. (그러므 로 소유격은 일종의 형용사이다) 즉 whose만 쓰는 것이 아니라 whose song까지 같이 움직여야 하는 것이 고, 그러므로 위와 같은 문장이 만들어진 것이다. 이 경우 song everybody likes가 완전한 구조처럼 보이는 가? 절대 완전한 구조처럼 보이지 않을 것이다. 즉, whose song을 하나의 소유격 관계대명사로 봐주면 뒤 에 'everybody likes'라는 '주어 + 동사'의 구조가 나와 목적어가 없는 문장임을 (= 불완전한 문장임을) 알 수 있다.

우연하게도 학생들은 I know the singer **whose song** is very popular. 와 같이 **whose**뒤가 완전한 문장처럼 보이는 문장을 봤을 뿐이다. 절대로 '소유격 관계대명사 + 완전한 문장'이라고 외우지 말자. 이렇게 외우는 순간 다른 소유격 관계대명 사의 구조 (the N of which)도 전혀 이해가 안 될 것이다.

②번 문장을 한번 보자. 어떤가? the N of which에 소유격 느낌이 나는가? 전혀 소유격 느낌이 안 나는 학생들이 있다면 다음 어구를 영작해 보자.

· '사랑의 힘' →                                         . (한번 써 보자)

·

·

·

·

(Love's power라고 쓴 학생이 없길 바라면서...) 정답은 '**the power of love**' 이다. 우리가 흔히 'N of N'의 구조를 어떻게 해석하는지 한번 생각해 보자. 대부분의 학생들은 'N의 N'라고 해석할 것이다. 끝났다. 분명 "명사'의' 명사"라고 소유격처럼 해석하지 않았는가! 약간 감이 오는가? 'the N of which'에서 'of'는 원래 우리가 사물을 소유격을 만들 때 쓰는 전치사 of에서 나온 것이다.

그렇다면 예문을 보면서 확인해 보자.

> · I bought a book. <u>접속사</u> the cover of <u>it</u> is yellow.

위의 문장을 관계사로 만들면 접속사를 지우고, a book을 대신 받는 대명사 it을 지우면 된다. 이때 지워지는 대명사 it은 of라는 전치사 뒤에 붙었으므로 '목적격'이고 그러므로 <u>목적격 관계대명사 which</u>를 it 자리에 넣어주면 되는 것이다.

> → I bought a book <u>**the cover of which**</u> is yellow.

윗 문장에서 <u>which</u>만 따로 보면 분명 목적격임에 틀림없지만, <u>the cover of which</u> 전체를 넣고 보면 '그 책의 표지'라는 의미로 소유격이 된다. 그러므로 'the N of which'도 소유격 관계대명사의 하나인 것이다.

이때, of which와 the N의 위치를 바꾼 'of which the N'의 구조 역시 가능하다. 이게 위 표에 나와 있는 ③번의 구조이다.

> → I bought a book **of which the cover** is yellow.

물론 이 모든 소유격 관계대명사는 뒤에 <u>불완전한 절의 구조</u>가 쓰여야 한다.

몇 가지 예문만 더 보고 넘어가도록 하자.

· Water helps calm you down. <u>접속사</u> <u>The temperature of water</u> ranges between 35℃ and 36℃.
  → Water <u>the temperature of which</u> ranges between 35℃ and 36℃ helps calm you down.
  → Water <u>of which the temperature</u> ranges between 35℃ and 36℃ helps calm you down.
  온도가 섭씨 35도와 36도 사이인 물은 당신을 진정시키는데 도움이 된다.

· Americans use a lot of slang and idioms **and** nonnative speakers don't know **its meanings**.
  → Americans use a lot of slang and idioms **whose meanings** nonnative speakers don't know.
  (선행사가 사람이 아닌 경우에도 얼마든지 whose를 쓸 수 있다)

· Americans use a lot of slang and idioms **and** nonnative speakers don't know **the meanings of it**.
  → Americans use a lot of slang and idioms **the meanings of which** nonnative speakers don't know.
  → Americans use a lot of slang and idioms **of which the meanings** nonnative speakers don't know.
  미국인들은 은어와 숙어를 많이 사용하는데, 외국인들은 그것의 의미를 잘 모른다.

### ▲ 주 의

소유격 관계대명사 whose 뒤에는 명사가 뒤따르는데, 이 명사는 반드시 **무관사로** 쓰여야 한다.

이 경우, 전치사를 관계사절 앞으로 보낼 수 있다. 즉 이 구조는 '목적격 관계대명사'가 아닌 '전치사+관계대명사'의 구조가 된다. '전치사+관계대명사'의 구조는 뒤에서 다루기로 하자.

· I know a woman **whose ~~the~~ job** is really dangerous. (X)
  → I know a woman **whose job** is really dangerous. (O)

이미 whose가 소유격에서 나왔다는 것은 모두 알 것이다. 이 소유격을 보고 우리는 <u>명사를 수식해주는 한정사</u>라 칭한다. 한정사는 명사를 꾸미는 형용사이긴 하지만 <u>하나의 명사 당, 하나의 한정사만</u> 쓰여야 한다. 소유격 뿐만 아니라 the 역시 한정사이므로 <u>함께 수식하는 것이 불가능한 것이다</u>.

### (4) 전치사+관계대명사 → N + 전치사 + 관계대명사 + 완전한 절

만약 목적격 관계대명사가 전치사로 끝맺음이 나는 경우, 그 전치사를 관계사 앞으로 넘겨서 사용할 수 있다. 이때 전치사가 앞으로 넘어갔기 때문에 관계사절은 필연적으로 <u>완전한 절</u>이 될 수밖에 없다.

· This is the restaurant. 접속사 I first met her **in it.**
  → This is the restaurant **which** I first met her **in.** (목적격 관계대명사 + 불완전한 절)
  → This is the restaurant **in which** I first met her. (전치사 관계대명사 + 완전한 절)
    이곳이 그녀를 처음 만난 레스토랑이다.

즉, 전치사+관계대명사는 〈완성 vs 미완성〉을 묻는 문제 또는 '전치사'자체를 묻는 문제가 출제된다. 이 경우 전치사는 원래 있던 자리인 관계대명사절의 뒤로 돌려서 <u>동사, 형용사 등과의 관계</u>를 따져보거나, <u>선행사와의 관계</u>를 따져서 맞는 표현인지를 확인하는 것이 point이다.

· The subject **in which** I <u>excel</u> is English. (excel in ~분야에서 뛰어나다)
  내가 잘하는 과목은 영어야. (동사와의 관계로 전치사 설정)

· The organization **to which** they <u>belong</u> is effective and efficient. (belong to ~에 속하다)
  그들이 속해있는 그 단체는 매우 효율적이다. (동사와의 관계로 전치사 설정)

· He did me a favor **for which** I <u>was grateful</u>. (be grateful for ~에 감사해하다)
  그는 나에게 호의를 베풀었고 나는 그것에 감사한다. (형용사와의 관계로 전치사 설정)

· I want **a pen with which** I can write.
  나는 가지고 쓸 수 있는 펜이 필요하다. (with a pen '펜을 가지고' → 선행사와의 관계로 전치사 설정)

· This is **the animal with which** they want to live.
  이것이 그들이 같이 살기를 원하는 동물이다. (with the animal '동물과 함께' → 선행사와의 관계로 전치사 설정)

· This is **the sea under** which they can find those fish.
  이것이 그들이 그 바다 아래서 물고기를 찾아낼 수 있는 바다이다.
  (under the sea '바다 아래서' → 선행사와의 관계로 전치사 설정)

· I had a long <u>vacation</u> in Korea, **during which** I met my husband.
  나는 오랜 휴가를 한국에서 보냈고, 그 기간 동안 나는 내 남편을 만났다.
  (during the vacation '휴가 기간 동안' → 선행사와의 관계로 전치사 설정)

## 연습하기 036

다음 문장들은 모두 틀린 문장이다. 틀린 부분을 밑줄 긋고 올바르게 옮기시오.

– 해석은 당연!

1. Tell me the person whose you want to invite.

2. I bought a computer and which works well.

3. Teddy is dating a woman of which older brother is a famous actor.

4. This is a store to which you can buy everything you want.

5. I don't like people who doesn't listen when others are speaking.

### (5) what (= the thing which ~)

관계대명사 what은 선행사(주어 or 목적어)를 포함하고 있기 때문에 뒤에 불완전한 문장을 수반한다. what절은 관계사절 (= 형용사절)에 속해있긴 하지만, 문장 속에서 주어, 목적어, 보어로 쓰이므로 **명사절 역할**만을 한다. 즉 what절은 명사를 수식할 수 없다. what절은 의문사인 경우 '무엇이/무엇을'로 해석하고 관계사인 경우 '~하는 것'으로 해석을 한다. 이때 명사절 that절 역시 '~하는 것'이라고 해석되므로 둘을 비교하는 문제가 출제될 수 있다. 이 경우 'what절은 불완전한 문장 / that절은 완전한 문장'을 따지면 쉽게 구분 할 수 있다.

· ~~That~~ he told me yesterday turns out to be true. (X)
  → **What** he told me yesterday turns out to be true.
    그가 어제 내게 말했던 것이 사실로 밝혀졌다.

· I don't believe **what you believe**.
    나는 네가 믿는 것을 믿지 않는다.

what절에는 관용표현도 있으므로 암기해두자.

> what S + am/are/is (현재의 주어) / what S + was/were = what S + used to be (과거의 주어)
>
> what S + have/has (현재의 그의 재산, 그가 가진 것) / what S + had (과거의 그의 재산)
>
> what is not 지명 (현재의 그곳) / what they call = what is called = so called (소위, 이른바)
>
> what is better (금상첨화로) / what is worse (설상가상으로)
>
> A is to B what C is to D (A와 B의 관계든 C와 D에 대한 관계와 같다)

· She is not **what she was. (= what she used to be.)**
  그녀는 옛날의 그녀가 아니다.

· She is charmed by **what he is**, not by **what he has.**
  그녀는 그의 인격에 끌렸다. 그의 재산이 아니라.

· He is honest, and **what is better**, polite.
  그는 정직하다. 그리고 금상첨화로 예의바르다.

· He lost his way, and **what was worse**, it began to rain.
  그는 길을 잃었다. 그리고 설상가상으로 비가 내리기 시작했다.

· He is **what we call** a self-made man.
  그는 소위 자수성가한 사람이다.

· **Reading is to the mind what food is to the body.**
  독서가 정신에 대한 관계는 양식이 몸에 대한 관계와 같다.


## (6) 부분사 관계대명사

선행사의 일부를 나타내는 부분의 명사와 관계대명사가 합쳐져서 만들어진 관계대명사의 형태이다. 이때 관계대명사는 of라는 전치사 뒤에서 쓰였으므로 반드시 목적격으로 써야 한다.

> **주요 부분사**
> most of N (명사 중에 대부분), all of N(명사 중에 모든), some of N(명사 중에 몇몇)
> half of N(명사 중에 절반), the rest of N(명사 중에 나머지), 분수 of N(명사 중에 몇 분의 몇)
> percent of N(명사 중에 몇 퍼센트) → 수일치는 N에 맞춘다
>
> neither of 복N (명사 중에 둘 다 아닌), either of 복N (명사 중에 하나)
> each of 복N (명사 중에 각각), one of 복N (명사 중에 하나) → 수일치는 무조건 단수취급

· I bought a dozen **eggs**. 접속사 Half of **them** were bad.
  → I bought a dozen eggs, **half of which** were bad.
    계란 12개를 샀는데, 그 중에 절반이 상했다.

· He has three sons, ~~all of who~~ are in military. (X)
  → He has three sons, **all of whom** are in military. (O)
    그는 아들이 세 명 있는데, 그들 모두 복무중이다.

· She has many friends, ~~half of them~~ are married. (X) → 접속사 없음

· She has many friends, ~~and half of whom~~ are married. (X) → 접속사 2개 (and/whom)

· She has many friends, ~~half of who~~ are married. (X) → of의 목적어인 whom이 나와야함.
  → She has many friends, **half of whom** are married. (O)
    그녀는 친구가 많은데, 그들 중 절반은 결혼을 했다.

· I remember two jobs, **neither of which** ~~were~~ successful. (X)
  → I remember two jobs, neither of which **was** successful. (O)
    나는 두 가지 직업을 기억하는데, 그것 중 어떤 것도 성공적이지 않았다.
    (neither의 경우 of 뒤에 복수명사가 나온다 해도 반드시 단수취급을 해 주어야 하기 때문에 were가 아닌 was가 맞다)

---

### 참 고

분수나 숫자가 포함된 구조에서는 그 분수나 숫자가 of which, of whom의 뒤에 나오는 경우도 간혹 있다. 그리 중요한 포인트는 아니다.

· I sent invitations to 80 people. 접속사 **only 20 of them** have replied.
  → I sent invitations to 80 people, **only 20 of whom** have replied. (O)
  → I sent invitations to 80 people, **of whom only 20** have replied. (O)
    나는 80명의 사람들에게 초대장을 보냈는데, 그중 단지 20명만이 응답을 했다.

---

### (7) 관계대명사 that과 which의 차이

대부분의 경우에서 관계대명사 that과 which는 서로 호환이 가능한데, 호환이 불가능한 경우가 몇 가지 있으니 알아두자.

#### ① 계속적 용법의 관계대명사 which

관계대명사에는 계속적용법과 한정적용법이 존재하는데, 흔히 우리가 관계대명사라고 알고 있는 것이 한정적용법이다. 한정적용법은 '정확하지 않은 수의 선행사 중에 ~한'이라는 전제를 가지고 있고, 계속적용법은 '나와 있는 선행사가 전부'라는 전제를 가지고 있다. 계속적용법은 콤마(,)와 연결이 되며, which가 계속적 용법으로 사용되는 경우 명사는 물론이고 앞 절 전체, 형용사, to부정사, 동명사 등 특수한 선행사를 동반할 수 있다. (한정적용법은 명사만 수식)

· She has two sons **who** became actors. 〈한정적 용법〉
  그녀는 배우가 된 두 아들이 있다.
  ('정확하지 않은 수의 아들들 중에 배우 아들이 두 명' → 배우 아들은 두 명 있는데 전체 아들의 수는 알 수 없음)

· She has two sons, **who** became actors. 〈계속적 용법〉
  그녀는 두 아들이 있는데 그들은 배우가 되었다.
  ('나와 있는 두 명의 아들이 전부' → 아들이 두 명 있고, 모두 배우가 되었다는 의미)

· I like Amy **who** has a beautiful smile. 〈한정적 용법〉
  나는 예쁜 미소를 가진 Amy를 좋아한다.
  ('정확하지 않은 수의 Amy들 중에 예쁜 미소를 가진 Amy'가 좋다는 의미)

· I like Amy, **who** has a beautiful smile. 〈계속적 용법〉
  나는 Amy가 좋은데. 그녀는 예쁜 미소를 가지고 있다.
  (Amy의 예쁜 미소도 좋아한다는 의미)

· I got an A on the math exam, **which(and it)** made my parents happy.
  나는 수학시험에서 A를 받았고, 그것이 부모님을 행복하게 만들었다. (선행사는 문장 전체)

· He enjoys **reading books, which** I mind very much.
  그는 책 읽기를 즐긴다. 그렇지만 나는 매우 꺼린다. (선행사는 동명사)

· I tried **to solve the problem, which** I found impossible.
  나는 그 문제를 풀려고 노력했지만, 불가능하다는 것을 깨달았다. (선행사는 to부정사)

② that Ⅰ
관계대명사 <u>that</u>은 계속적 용법과 전치사 뒤, 소유격 관계대명사를 대신해서는 사용할 수 없다.

· This is the book ~~of that~~ I spoke. (X)
  → This is the book of which I spoke. (O)
  → This is the book that(= which) I spoke of. (O)
     이것이 내가 말했던 책이야.

· I visited the island, ~~that~~ is famous for its scenery. (X) (that → which)
  나는 섬을 방문했는데. 그 섬은 풍경으로 유명하다.

· Archaeologists ~~that~~ collections I found in the library tried to preserve them well. (X)
  (that → whose)
  내가 도서관에서 발견한 수집품의 주인인 고고학자들은 그것들을 잘 보존하려고 노력했다.

**콤마 뒤 that절 불가!! 이렇게 외우진 말자.**

콤마 뒤에 계속적용법의 관계대명사로서의 that절이 불가능 하다는 말이지, 명사절이나 부사절로 쓰인 that절, 또는 지시대명사 that은 콤마 뒤에 쓰여도 아무런 상관이 없다. 또한 that절이 관계대명사로 쓰였다고 하더라도, 삽입을 표현하는 , ~ , 뒤에 that절이 나오는 경우에도 상관없이 쓸 수 있다.

· Because those soil erosion rates are so much higher than soil formation rates**, that** means a net loss of soil. (O)

그러한 토양 부식률이 토양의 형성률보다 훨씬 더 높기 때문에 그것(앞 내용)은 토양의 순 손실이 많다는 것을 의미한다.

(위에서 that은 '그것'이라는 해석의 지시대명사이다. 그러므로 콤마 뒤에 that절을 사용하는데 아무런 문제가 없다.)

· He discovered that there is a bird, called a kingfisher**, that** has the ability to manage sudden changes in air resistance.

그는 공기저항에 있어서 갑작스러운 변화에 대처하는 능력을 가진 호반새로 불리는 새가 있다는 것을 알아냈다.

(위에서 that은 관계대명사가 맞긴 하지만, 그 앞에 있는 콤마는 , ~ ,로 삽입처리 된 표현 뒤에 나온 that절이다. 그러므로 that절이 사용되는데 아무 문제가 없다.)

③ that II

다음의 경우 that절만을 사용하거나, that절을 주로 사용한다.

① 선행사 앞에 강한 한정어(the only, the very, the same, the last, 최상급 등)가 동반될 때
② 선행사 앞에 부정형용사(all, no, every, some, any 등)가 동반될 때
③ 선행사가 의문사 who, which로 되어 있을 때
④ 선행사가 '사람+사물/동물'로 동시에 나와 있을 때
①,②번은 무조건 that절을 쓰는 게 아니라 that절을 주로 쓰고, ③,④는 무조건 that절만 씀

· Man is **the only animal that(= which)** can speak.
인간은 말할 수 있는 유일한 동물이다.

· I am **the first man that(= who)** arrived here.
나는 여기에 도착한 첫 번째 남자이다.

· **All that** glitters is not gold.
반짝이는 모든 것이 금은 아니다.

· **Who that** has common sense can tell such a lie?
상식을 가진 사람이라면 누가 그런 거짓말을 할 수 있겠냐?

· Loot at **the boy and his dog that** are running on the street.
거리를 뛰고 있는 소년과 그의 개를 봐.

## 연습하기 037

**다음 문장들은 모두 틀린 문장이다. 틀린 부분을 밑줄 긋고 올바르게 옮기시오.**

— 해석은 당연!

1. There are many ways in that the coaches motivate their players.

2. Who who has conscience could do such a thing?

3. The man has examined several dogs, some of those are pregnant.

4. Jim doesn't want to tell me that he found.

5. The king controls a thousand men, all of who must obey his order.

## 2) 관계대명사의 특수구조

### (1) 관계대명사의 생략

① 목적격 관계대명사 생략 → N (S 타V) V / S V N (S 타V)
목적격 관계대명사의 생략은 상당히 빈번하다. 이 경우 뒤에 나오는 문장은 <u>목적어가 없는 불완전한 문장</u>이어야 한다.

· The man (**whom**) you **met** yesterday is my cousin.
네가 어제 만났던 남자가 내 사촌이야.

· The glasses (**that**) my father are looking for must be some magnifying type.
내 아버지가 찾고 있는 안경은 돋보기의 종류임에 틀림없다

· We have no bed ~~in (which)~~ we can sleep. (X) → 전치사+관계대명사일 경우 생략 불가!
→ We have no bed (**which**) we can sleep **in**.
우리는 잘 수 있는 침대가 없다.

② **주격 관계대명사 + be 동사의 생략 → 주로 분사, 형용사, 명사 앞에서 생략됨**

주격 관계대명사의 경우 특별한 경우가 아니면 생략이 불가하다. 즉 주격 관계대명사는 그 자체로는 생략할 수 없다고 알고 있는 편이 더 낫다. 주격 관계대명사는 <u>be동사와 함께 나와야</u> 생략될 수 있다. be동사 뒤에는 주로 명사, 형용사, ing, pp가 나올 수 있으므로, 주격 관계대명사와 be동사가 생략되고 남은 표현 역시도 주로 명사, 형용사, ing, pp가 된다.

· The photographer **(who is)** <u>taking a photo now</u> is my teacher.
  지금 사진을 찍고 있는 분이 내 선생님이다.
  (주격 관계대명사 + be 동사를 생략하고 남은 표현이 'ing'이다. 이것은 분사로 봐도 무방하다.)

· Every problem **(which is)** <u>encountered on this project</u> should be settled without delay.
  이 프로젝트에서 나타난 모든 문제들은 반드시 연기 없이 해결되어져야만 합니다.
  (이 문장 역시 수동 분사로 봐도 무방하다.)

· Tom, **(who is)** <u>an honest man</u>, is respected by the villagers.
  정직한 남자인 Tom은 마을사람들에게 존경받는다.
  (be동사 뒤에 명사가 보어로 나오는 경우 주어와 동격이 되므로, 위의 표현 역시 '동격명사'로 취급해도 된다.)

· A bag **(which was)** <u>full of dollars</u> was found in the back yard.
  돈으로 가득 찬 가방이 뒤뜰에서 발견되었다.
  (형용사는 일반적으로 명사를 앞에서 꾸미지만 두 단어가 모여서 명사를 꾸미는 경우에는 명사 뒤에서 수식한다. 이 경우가 바로 그렇다.)

③ **주격 관계대명사의 생략**

주격 관계대명사가 be동사 없이 단독으로 생략되는 것은 몇 가지 경우가 있는데 그렇게 흔하게 쓰는 표현은 아니다. 그러므로 심각하게 받아들이지는 말고 그냥 한 번 읽어보는 정도로 공부해두자.

A. there is / here is의 뒤 또는 there is의 앞에 오는 관계 대명사 (현대 영어에서 빈번하게 볼 수 있다)

· **There was** a scholar **(who)** once said so.
  한때 그렇게 말했던 학자가 있었다.

· **There is (or Here is)** a girl **(who)** is waiting for you.
  너를 기다리고 있는 한 소녀가 있다.

· We must use all the energy **(which)** there is.
  우리는 존재하는 모든 에너지를 다 이용해야 한다.

## B. 관계대명사가 보어로 쓰일 때

· She is not the beautiful woman (**that**) she was 5 years ago.
그녀는 5년 전 아름다웠던 그 여성이 아니다.

· She's not the cheerful woman **she was** before she married.
그녀는 결혼 전의 그 쾌활한 여자가 아니다.


## C. 관계대명사 + 삽입절 구조에서 생략

· Read only those books (**that**) **you think** are both interesting and instructive.
재미있고 유익하다고 생각되는 책만 읽어라.

· It was not the sort of thing **one expected** would happen.
그것은 일어나리라고 예상했던 일이 아니었다.


### (2) 관계대명사절내의 삽입절

관계대명사절 안에 <u>명사절 that절을 목적어로 취할 수 있는 동사들이 들어가는</u> 경우 'S가 V하기에' 라는 의미로 해석을 하며 삽입절 처리를 한다. 그러므로 삽입절 자체는 관계대명사에 어떠한 영향을 주지 않은 채로 관계대명사의 격을 판단해야 한다.

> **삽입절을 이루는 동사들 (that절을 목적어로 취하는 동사들)**
>
> know, believe, think, suppose, guess, imagine, claim, say, be sure, find …

> · He is **the singer**. 접속사 I think that <u>he</u> sings very well.

위 문장에서 접속사와 주격 he를 합해서 주격 관계대명사 who를 만든다.

> → He is **the singer <u>who</u>** I think that sings very well.

이때, think다음 that절이 나오면 (즉, 타동사 뒤에 목적어로 that절이 나오면) that은 생략 가능하므로

> → He is **the singer <u>who</u>** I think sings very well.

최종적으로 위와 같은 문장이 나온다. 이 경우 I think는 해석상 큰 의미가 없으므로 ('내가 생각한 가수'가 아니라 '노래를 매우 잘 부르는 가수'가 이 문장의 핵심 이니까) I think를 삽입절 처리 해주면 된다.

그렇기 때문에 위의 문장은 목적격 관계대명사 whom을 사용해서는 안 된다. 또한 <u>위의 문장은</u> 주격 관계대명사이기 때문에 sing 동사의 수일치에도 신경을 써야 한다.

· She is not the one ~~whom~~ I believe will help poor people. (X)

→ She is not the one **who (I believe) will help** poor people. (O)

   그녀는 내가 믿기에 불쌍한 사람들을 도울 그런 사람은 아니다.

> **▲ 주 의**
>
> 삽입절에 쓰이는 동사 중에는 5형식의 구조를 취하는 경우가 있다. 이럴 경우 목적격 관계대명사를 쓰는 것이 맞으므로 조심해야 한다.
>
> · She is not the one <u>whom</u> I believe to be honest. (O) → believe를 5형식으로 본 경우임
>
>   그녀는 내가 믿기에 정직한 그런 사람은 아니다.

**❷ 유사관계대명사**

유사관계대명사는 관계대명사와 동일한 역할을 하면서 which, who(m), that이 아닌 as, but, than으로 명사를 꾸며주는 것을 말한다.

**1) as**

**선행사에 such, the same, as, so …** 등이 있는 경우에 쓰며, 이러한 어구가 연결되는 경우 일반 관계대명사는 사용할 수 없다. (계속적 용법으로 쓰였을 경우에는 앞 절 전체도 선행사로 받아 줄 수 있다.)

· Meet **such** people ~~who~~ can help you. (X)

→ Meet **such** people <u>as</u> can help you. (O)

   당신을 도울 수 있는 그런 사람들을 만나라.

· **As** many men <u>as</u> came here were caught.

   여기 온 많은 사람들이 잡혔다.

> **참 고**
>
> 유사관계 대명사 as는 계속적용법으로 쓰일 수 있으며, 주절의 앞, 뒤에 자유롭게 위치할 수 있다. 이 경우 as는 '~처럼', '~하듯이'라고 해석하면 된다.
>
> · He took it out on me, **as was usual.**
>
>   그는 늘 그렇듯이 나에게 화풀이를 했다.
>
> · **As was often the case with her,** she was late for the meeting.
>
>   (그녀에게 있어) 늘 그렇듯이, 그녀는 회의에 지각을 했다.

선행사에 the same이 나오는 경우, that절도 사용할 수 있으나, 그 의미가 다르니 주의하자. (요즘에는 잘 구별하지 않음)

· This is **the same** wallet **as** I lost yesterday at the shopping mall.
  이것은 내가 쇼핑몰에서 잃어버렸던 것과 똑같은 지갑이다. (동일종류)

· This is **the same** wallet **that** I lost yesterday at the shopping mall.
  이것은 내가 쇼핑몰에서 잃어버렸던 것과 똑같은 지갑이다. (동일물건)

## 2) but

유사관계대명사 but은 앞 문장에 부정어(not, no, little …)가 있는 경우에 사용하며, but 이하는 긍정문으로 사용하지만, 반드시 <u>해석은 부정</u>으로 해야 한다. 이 경우 but을 관계대명사 that ~ not으로 봐도 무방하다.

· I **can't** find anyone **but knows** his name.
  = I **can't** find anyone **who doesn't** know his name.
    그 사람의 이름을 모르는 어떤 사람도 찾을 수 없다. (주격 관대이므로 동사의 수를 선행사에 맞춰야 한다)

· There is **no one but loves** his own country.
  = There is **no one who doesn't** love his own country.
    자신의 조국을 사랑하지 않는 사람은 없다.

· **Who is there but** is born through his or her mother? (수사의문문 → 부정의미)
  = **Who is there that is not born** through his or her mother?
    자신의 어머니를 통해서 태어나지 않은 자 누가 있겠는가?

· There is **no woman but Michael likes**.
    Michael이 좋아하지 않는 여자는 없다. (→ 목적격으로도 충분히 표현 가능하다)

· There were **few** men **but knew** me at the city.
    그 도시에서 나를 모르는 사람은 거의 없다.

3) than

선행사에 비교급이 있는 경우에 사용한다.

· They are looking for a **bigger** house **than they live in now.**
그들은 지금 그들이 살고 있는 집보다 더 큰집을 기대한다.

· Don't try to have **more** things **than you can have.**
네가 가질 수 있는 것보다 더 많은 것을 가지려고 애쓰지 마라.

## 연습하기 038

다음 문장들은 모두 틀린 문장이다. 틀린 부분을 밑줄 긋고 올바르게 옮기시오.

– 해석은 당연!

1. Most crocodiles will eat anything which can capture.

2. This is Mrs. Kang whom they say is the most beautiful lady.

## 연습하기 039

다음 밑줄 친 것 중 생략할 수 있는 문장에 O표시를, 생략할 수 없는 문장에 X표시를 하시오.

– 해석은 당연!

1. Imported cars are the items <u>which</u> I mostly deal in. (          )

2. The bed <u>which</u> I slept in was too hard. (          )

3. Permed hair is the style in <u>which</u> she is interested. (          )

4. Look at the girl <u>who is</u> playing the guitar. (          )

**③ 관계부사**

관계부사는 접속사 + 부사의 기능을 하며, 관계부사가 대신하는 것은 절 내의 부사이므로 관계부사가 이끄는 절은 관계대명사와는 다르게 완전한 절이 된다. 이름에 '부사'가 들어갔지만, 이것은 관계사절 안에서 부사역할을 한다는 것이지 관계부사 자체가 부사절이라는 말은 아니다. 관계부사는 관계사이므로 '형용사절'이다. 관계부사는 선행사에 따라 종류가 정해져 있고, 계속적용법이 가능한 관계부사가 있다는 점도 알아두자.

**강민 형이 콕 찍어줄게!**

❶ 관계대명사와는 다르게 관계부사는 완전한 절이 뒤따라야 한다. 또한 선행사에 따라 나올 수 있는 관계부사가 다르므로 적절한 관계부사를 고르는 문제도 출제된다. 관계대명사만 잘 이해했다면 관계부사는 전혀 어렵지 않을 것이다.

## 1) 관계부사의 종류

관계부사의 종류는 선행사(시간, 장소, 이유)에 따라 나뉜다. 관계부사는 완전한 절의 구조를 뒤에 가져온다는 점에서 '전치사+관계대명사'와 같다고 보면 된다.

| 선행사 | 관계부사 | 전치사+관계대명사(which) |
|---|---|---|
| 시간 (the time, the day, the date 등) | when | at, in, on + which |
| 장소 (the place, the city, the room 등) | where | at, in, on + which |
| 이유 (the reason) | why | for which |
| 방법 (the way) | how | in which |

### (1) 관계부사 when

관계부사 when은 계속적용법으로 사용이 가능하다. 이 경우 해석은 '그리고 그때, 그런데 그때' 정도로 해석하면 된다.

· I remember **the time**. **접속사** We visited the library **at the time**.
　→ I remember **the time** **when** we visited the library.
　→ I remember **the time** **at which** we visited the library.
　　우리가 도서관에 갔던 시간을 기억한다.

· She lived in Chicago in 1988 **when I visited her.**
　내가 그녀를 방문했던 1988년에 그녀는 시카고에 살고 있었다.

· I tried to meet her **this morning**, <u>when</u> she was out of company.
　나는 아침에 그녀를 만나려 했다. 그런데 그때 그녀는 회사에 없었다.


## (2) 관계부사 where

관계부사 where 역시 계속적용법으로 사용이 가능하며, 이 경우 해석은 '<u>그리고 거기서, 그런데 거기서</u>'로 해석하면 된다.

· This is **the place**. <u>접속사</u> My parents used to live **in the place**.
　→ This is **the place** <u>where</u> my parents used to live.
　→ This is **the place** <u>in which</u> my parents used to live.
　　이곳이 우리 부모님이 살고 계셨던 장소이다.

· This is the city **where I was born**.
= This is the city **in which I was born**.
　　이곳이 내가 태어난 도시이다.

· I went to **Hawaii** for honeymoon, <u>where</u> I met an old friend of mine.
　나는 하와이로 신혼여행을 갔다. 그런데 거기서 옛 친구를 만났다.


## (3) 관계부사 why

· I don't know **the reason**. <u>접속사</u> he was angry <u>for the reason</u>.
　→ I don't know **the reason** <u>why</u> he was angry.
　→ I don't know **the reason** <u>for which</u> he was angry.
　　나는 그가 화난 이유를 모른다.

· He didn't tell me the reason **why he was late**.
　그는 늦은 이유를 나에게 말해주지 않았다.


## (4) 관계부사 how

관계부사 how는 선행사(the way)와 함께 쓸 수 없다는 점에서 다른 관계부사들과 다르다. 반드시 선행사와 how 둘 중 하나는 생략해야 옳다.

· This is **the way**. <u>접속사</u> He carried it out <u>in this way</u>.
　→ This is **the way** <u>which</u> he carried it out in.
　→ This is **the way** <u>in which</u> he carried it out. (전치사 + 관계대명사)
　→ This is <u>the way</u> he carried it out. (O)
　→ This is <u>how</u> he carried it out. (O)
　→ This is <u>the way how</u> he carried it out. (X) ※ **the way와 how**는 절대 같이 쓸 수 없다.
　　이것이 그가 그것을 실행한 방법이다.

## 2) 관계부사 = 전치사 + which

관계부사는 전치사 + 관계대명사로 100% 변경이 가능하나, 전치사 + 관계대명사가 100% 관계부사로 바뀌는 것은 아니다. 선행사가 〈시간, 장소, 이유, 방법〉인 경우에만 전치사 + 관계대명사로 바꿀 수 있다. 또한 <u>전치사 + 관계부사는 사용불가능</u>하다.

- This is the house <u>where</u> I used to live.
  - → This is the house <u>in which</u> I used to live.
  - → This is the house <u>which</u> I used to live <u>in</u>.
  - → This is the house <u>in where</u> I used to live. (X)
    이곳이 내가 살았던 집이다.

## 3) 관계부사의 생략

선행사가 the day, the time, the place, the reason과 같이 문맥상 쉽게 추론 가능한 명사를 대표명사라 칭하자. 이러한 대표명사가 나오는 경우 <u>선행사의 자체를 생략할 수도 있고, 관계부사를 생략할 수도 있다.</u> (두 가지가 동시에 생략되지는 못한다) how는 둘 중에 하나를 무조건 생략해야 한다.

- Monday is (the day) **when** I am very busy.
  = Monday is **the day** (when) I am very busy.
    월요일은 바쁜 날이다.

- She doesn't know (the place) **where** he works.
  = She doesn't know **the place** (where) he works.
    그녀는 그가 일하는 곳을 모른다.

- That is (the reason) **why** I say that I should think about it more.
  = That is **the reason** I say that I should think about it more.
    그것이 내가 반드시 조금 더 생각해야만 한다고 말한 이유이다.

## 연습하기 040

다음 문장들은 모두 틀린 문장이다. 틀린 부분을 밑줄 긋고 올바르게 옮기시오.

– 해석은 당연!

1. There is no reason how he quit the job.

2. I visited the house when Sam lives.

3. I can't understand the reason in which she burst into tears.

4. I didn't like the way how he treated her.

5. The part of the story I enjoyed most was in which the heroine decided to leave her husband.

---

### ❹ 관계형용사

관계형용사의 종류에는 <u>which, what</u>이 있는데, 이 which와 what이 각각 형용사의 역할을 하기 때문에 뒤에 명사를 하나 가져와야 한다. 즉 〈which N, what N〉 이런 구조로 쓰인다. which N는 주로 계속적용법으로 자주 쓰이며 <u>한정적 용법으로 사용되는 경우 선행사가 없다.</u> what N는 선행사가 나와서는 안 된다. (what 절은 여전히 명사절이다.)

해석은 which N가 계속적 용법으로 사용되는 경우 '<u>바로 그</u>'라고 해석하고, which N가 한정적 용법으로 사용되는 경우 '<u>~하는 것은 어떤 명사든지</u>'로 해석한다. what N의 경우 '<u>(얼마 안 되는) 모든 명사</u>' 라고 해석해주면 된다.

· The doctor told me to stop drinking, <u>which advice</u> I followed.
   의사가 나에게 술을 끊으라고 충고했고, 나는 그 충고를 따랐다. (계속적용법 - 바로 그)

· Take <u>which books</u> you want.
   네가 원하는 것은 어떤 책이든지 가져가라. (한정적용법 - ~하는 것은 어떤 명사든지)

· She gave the bagger <u>what money</u> she had.
   그녀는 그녀가 가진 얼마 안 되는 모든 돈을 거지에게 주었다. (선행사 없음 - (얼마 안 되는) 모든 명사)

## ⑤ 복합관계사

복합관계사는 관계대명사나 관계부사에 ever를 붙여 만든 것으로, 뒷 구조는 관계사와 동일하지만 형용사절로 쓰이진 않는다. 복합관계사의 종류에 따라 명사절, 부사절로 쓰인다.

### 강민 형이 콕 찍어줄게!

❶ 일단 whoever인지 whomever인지를 구분하는 문제가 출제될 확률이 높다. 이 경우 뒤에 나오는 구조를 보고 판단하면 되므로 그리 어렵지는 않다.

❷ 복합관계사 역시 '복합관계대명사 = 불완전한 절', '복합관계부사 = 완전한 절'의 구조는 변함이 없다.

## 1) 복합관계대명사

복합관계대명사의 종류에는 who(m)ever, whatever, whichever가 있으며, 명사절을 이끌기도 하며, 양보의 부사절을 이끌수도 있다. 앞서 말했던 것처럼 뒷 구조는 관계대명사와 동일하다.

### (1) 명사절을 이끄는 복합관계대명사

복합관계대명사가 명사절이 되는 경우 〈~하는 사람은 누구든지 = who(m)ever〉, 〈~하는 것은 어떤 것이든지 = whichever〉, 〈~하는 것은 무엇이든지 = whatever〉 라는 의미로 해석되고 이것을 풀어쓰면 〈anyone who(m)〉, 〈anything which〉, 〈anything that〉으로 된다. 명사절이므로 절대 앞에 선행사가 나와서는 안 된다.

· **Whoever** comes to my house will not be hungry.
   = <u>Anyone who</u> comes to my house will not be hungry.
   우리 집에 오는 사람은 누구든지 식사 대접을 받을 것이다.

· Give my clothes to **whomever you like.**
   = Give my clothes to <u>anyone whom</u> you like.
   네가 좋아하는 사람 누구에게든 내 옷을 줘라.

· You can take **whichever you want to have.**
   = You can take <u>anything which</u> you want to have.
   네가 갖기를 원하는 어떤 것이든지 가져갈 수 있다.

· I will give him **whatever he wants.**
   = I will give him <u>anything that</u> he wants.
   나는 그가 원하는 무엇이든 그에게 줄 것이다.

## (2) 부사절을 이끄는 복합관계대명사

복합관계대명사가 부사절이 되는 경우 〈누가 ~할지라도 = whoever〉, 〈누구를 ~할지라도 = whomever〉, 〈무엇이/무엇을 ~할지라도 = whatever〉, 〈어떤 것이/어떤 것을 ~할지라도 = whichever〉 라는 '양보'의 의미로 해석되며, 이것을 풀어쓰면 〈no matter who(m)〉, 〈no matter which〉, 〈no matter what〉으로 된다.

· Whoever may interrupt you, you should do your job.
   = No matter who may interrupt you, you should do your job.
     누가 너를 방해할 지라도, 너는 반드시 작업을 해야 해.

· Whomever he likes, I don't care about it.
   = No matter whom he likes, I don't care about it.
     그가 누구를 좋아할지라도, 나는 신경 안 써.

· Whatever may happen to you, you must be calm.
   = No matter what may happen to you, you must be calm.
     너에게 무슨 일이 일어나도, 반드시 침착해야만 해.

· Whatever you may say, I will not believe you.
   = No matter what you may say, I will not believe you.
     네가 무엇을 말한다 할지라도, 나는 믿지 않을 거야.

· Whichever may be chosen, he will not be satisfied.
   = No matter which may be chosen, he will not be satisfied.
     어떤 것이 골라지더라도, 그는 만족하지 않을 것이다.

· Whichever he may choose, I'll support him.
   = No matter which he may choose, I'll support him.
     그가 어떤 것을 고르더라도, 나는 그를 지지할거야.

## (3) 복합관계대명사절의 유의할 점

명사절이던 부사절이던 복합 관계대명사 뒤에는 불완전한 절이 나오며, 특히 whoever는 주격으로 뒤에는 주어의 자리가 비어있게 되고, whomever는 목적격으로 뒤에는 목적어의 자리가 비어 있게 된다. 따라서 복합관계대명사 자체의 '격'의 선택은 복합관계대명사가 이끄는 절에 누구의 자리가 비어 있는지에 따라 결정된다.

· A wise supervisor will assign a job to whoever is best qualified.
     훌륭한 감독관은 자격을 갖춘 누구에게나 일을 할당할 것이다.
     (전치사 to뒤에 목적어가 나와야 하는 자리이므로 whomever를 쓴다고 생각하면 안 된다. whoever가 맞는 이유는 뒤에 동사 is가 나왔기 때문이다.)

· Give these books to **whomever you want to teach.**

네가 가르치기를 원하는 누구에게든 이 책들을 주어라.

(이 문장에서 whomever 역시 전치사 to 때문에 나온 것이 아니라 teach가 타동사 출신이므로 목적어가 필요했기 때문이다.)

## 2) 복합관계부사

복합관계부사의 종류에는 whenever, wherever, however가 있으며 양보의 부사절을 이끈다. 앞서 말했던 것처럼 뒷 구조는 관계부사와 동일하다.

해석은 〈~할 때 마다, 언제 ~할지라도 = whenever〉, 〈~하는 곳은 어디서나, 어디에서 ~할지라도 = wherever〉, 〈어떻게 ~할지라도, 아무리 ~할지라도 = however〉 라고 한다.

· **Whenever you may have questions about it,** feel free to ask me.

그것에 대해 의문이 있을 때마다. 주저 말고 나에게 물어봐.

· **Whenever you arrive,** you will be welcome.

네가 언제 도착 할지라도. 환영받을 거야.

· **Wherever you may go,** I'll be with you.

네가 가는 어디든지. 나는 너의 곁에 있을 거야.

· **Wherever you may work,** you have to do your best.

어디서 네가 일하더라도. 너는 최선을 다해야만 한다.

· **However hungry you may be,** you must not eat rotten food.

아무리 네가 배고프다 할지라도. 썩은 음식은 먹어서는 안 된다.

· **However rich you may be,** you should be polite to other people.

아무리 부자라고 할지라도. 다른 사람에게 예의바르게 행동해야 한다.

## 3) 복합관계 형용사

복합관계 형용사의 종류로는 whatever와 whichever가 있으며, 명사절을 이끌기도 하며, 부사절을 이끌 수도 있다. 앞서 말했던 것처럼 뒷 구조는 관계형용사와 동일하다.

### (1) 명사절을 이끄는 복합관계형용사

복합관계형용사가 명사절이 되는 경우 〈~하는 것은 무슨 명사든지 = whatever (막연한 선택)〉, 〈~하는 것은 어떤 명사든지 = whichever (한정된 선택)〉 이라는 의미로 해석되고 이것을 풀어쓰면 〈any 명사 that〉, 〈any one of 명사 that〉으로 된다. 명사절이므로 절대 앞에 선행사가 나와서는 안 된다.

· Whatever books you give will be interesting.
= <u>Any books that</u> you give will be interesting.
네가 주는 것은 무슨 책이든지 재미있을 것이다.

· Whichever movies you refer to for the assignment will be boring.
= <u>Any movies that</u> you refer to for the assignment will be boring.
과제를 위해 네가 참고하는 것은 어떤 영화든지 지루할 것이다.

### (2) 부사절을 이끄는 복합관계형용사

복합관계형용사가 부사절이 되는 경우 〈무슨 명사가/무슨 명사를 ～할지라도 = whatever N (막연한 선택)〉, 〈어떤 명사가/어떤 명사를 ～할지라도 = whichever N (한정된 선택)〉 이라는 '양보'의 의미로 해석되며, 이것을 풀어쓰면 〈no matter what N〉, 〈no matter which N〉 로 된다.

· Whatever difficulty you may reach, you can overcome by yourself.
= <u>No matter what difficulty</u> you may reach, you can overcome by yourself.
네가 어떤 어려움에 도달할지라도, 너는 스스로 극복할 수 있다.

· Whichever major you may choose, it will be hard to complete the course.
= <u>No matter which major</u> you may choose, it will be hard to complete the course.
네가 어느 전공을 선택하더라도, 그 과정을 수료하기는 어려울 것이다.

## 연습하기 041

**다음 문장들은 모두 틀린 문장이다. 틀린 부분을 밑줄 긋고 올바르게 옮기시오.**

– 해석은 당연!

1. You can give it to whomever you think is honest.

2. However you may say, I will not believe you.

3. Wherever you may take, you cannot be satisfied.

4. Whenever you select is good to me.

5. Please sit whichever you feel comfortable.

## 요약하기

관계사절에서 가장 시험에 자주 나오는 문제를 꼽자면 역시나 ① 완성 VS 미완성의 구조를 묻는 문제이다. 또한 ② 〈전치사 + 관계대명사 + 완전한 절〉 ③ 〈소유격 관계대명사 + 명사 수식 후 불완전한 절〉과 같이 일반적인 관계대명사와 구조가 조금 다른 형태의 관계대명사를 묻는 문제도 자주 출제된다.

관계대명사의 출제 빈도는 상당히 높으므로 이 외에 다른 관계사 형태도 꼼꼼히 공부하도록 하자.

# MEMO

## 적용하기 1단계 ❶ ❷ ❸

[1-4] Choose the one that could best completes the following sentence.

**01** The building _____ was destroyed in the fire has now been rebuilt.

(A) which (B) when
(C) where (D) how

**02** Canada, _____ I spent most of my childhood, is a country of vast plains and heavy forested area. [2020 덕성여대]

(A) whom (B) that
(C) in which (D) what

**03** Don't give him more money _____ .

(A) than is necessary (B) as he needs
(C) than he needs (D) than are necessary

**04** Japan is suffering from declining employment, _____ has caused many social problems.

(A) what (B) in that
(C) of which (D) which

[5-10] Choose the one which is grammatically incorrect among the four underlined parts.

**05** The large body of the radical lower middle classes, <u>discontented</u> artisans, small shopkeepers,
(A)

etc., and even agriculturalists, <u>which</u> spokesmen and leaders were intellectuals, especially
(B)

young and marginal <u>ones</u>, <u>formed</u> a significant revolutionary force but rarely a political
(C)      (D)

alternative. [2016 홍익대]

**06** The movie "April Fools" <u>was</u> very popular with teenagers, some of <u>them</u> saw <u>it</u> more <u>than</u>
                   (A)                              (B)   (C)    (D)

<u>once</u>.

**07** <u>Careful measurements</u> reveal that the reaction rate is <u>too slow</u> to account for <u>the ozone</u>
        (A)                                       (B)                    (C)

<u>concentrations observed</u>, i.e. the process predicts higher peak ozone concentrations <u>that</u>

<u>are observed</u>.                                       [2016 한양대 에리카]
(D)

**08** The report, conducted by the Internet security firm Riptech Inc. of Alexandria, <u>indicated that</u>
                                                         (A)

the information backbone <u>which</u> many countries rely <u>remains vulnerable</u> <u>to cyber-attacks</u>.
                       (B)                       (C)         (D)

**09** He is one of those citizens <u>whom</u> I am sure always <u>do their</u> best <u>to make</u> the city more
                              (A)                  (B)      (C)

comfortable <u>to live in</u>.
         (D)

**10** Did you know that <u>most</u> flight attendants fly with their own food? It is because the meals
                   (A)

airlines <u>give them to</u> passengers <u>have gotten</u> smaller <u>over the year</u> and leave them still
          (B)                      (C)          (D)

hungry. So it is not unusual for flight attendants <u>to bring their own</u> snacks like fruit, protein
                                          (E)

bars and sandwiches.                                       [2017 광운대]

## 적용하기 2단계 ❶ ❷ ❸

[1–5] Choose the one that could best completes the following sentence.

**01** These metabolic processes also produce _____ heat energy, _____ may be considered a waste product.

(A) unusable – which          (B) usable – that
(C) unusable – of which       (D) usable – where

**02** Since its beginnings in the 1860s, the tiny Kansas farming town has been doing _____ it takes to survive.

(A) whoever              (B) whatever
(C) whichever           (D) wherever

**03** The telescope, though not exactly an item _____ , actually was.[2016 서울여대]

(A) we think of it as a weapon       (B) we think of as a weapon
(C) that thought of as a weapon    (D) having thought of as a weapon

**04** The nuclear device may be made of two pieces of equipment, _____ are controlled by a different employee.

(A) both of them          (B) each of them
(C) each of which        (D) both of which

**05** To lead a genuinely creative life, you must do the things _____ .[2018 한국외대]

(A) cannot you think you do      (B) you cannot do you think
(C) cannot think you do         (D) you think you cannot do

[6–10] Choose the one which is grammatically <u>incorrect</u> among the four underlined parts.

**06** It is a bad idea to take a shower during a thunderstorm. If lightning <u>hits</u> your house, it can travel
(A)

through your <u>plumbing</u> and shock anyone <u>whoever</u> comes into contact with water <u>flowing</u> through it.
(B)          (C)               (D)

[2020 국민대]

**07** Some studies have <u>called into question</u> whether <u>high and variable pitch</u> and exaggerated
(A)             (B)

stress <u>are the crucial elements</u> in the baby talk <u>which infants respond</u>.     [2015 서강대]
(C)                     (D)

**08** The supervisor <u>is advised</u> to give the assignment to <u>whomever</u> <u>he believed</u> has a strong
(A)                  (B)       (C)

<u>sense of</u> responsibility.
(D)

**09** Smartwatch owners will be delighted <u>to hear about</u> this one: Researchers at the University of
(A)

California, San Diego, have developed an organic solar cell <u>that it can</u> be taped to the skin,
(B)

like a bandage, and is about <u>half the size</u> of a credit card. It generates <u>sufficient energy</u> to
(C)                         (D)

run a smartwatch. This solution is unconventional, and whether or not it would succeed in

the market is questionable.                                 [2016 명지대]

**10** It is in this context <u>that</u> Alcibiades makes his famous eulogy of the apparent ugliness of
(A)

Socrates, <u>whose</u> outer aspect was <u>that</u> of a Silen but <u>who</u> features concealed a profound
(B)              (C)           (D)

inner beauty.                                              [2018 홍익대]

## 적용하기 3단계 ❶ ❷ ❸

[1-5] Choose the one that could best completes the following sentence.

**01** The Apollo 11 astronauts _____ of the Earth's inhabitants witnessed on the famous first moonwalk on July 20, 1969, were Neil Armstrong and Buzz Aldrin.

(A) whom          (B) whom millions

(C) were some       (D) whom some were

**02** He represents an ally _____ we are bound by warm friendship and respect.

(A) which           (B) that

(C) to which         (D) with which

**03** By the end of his senior year, Peter had spent over 50 dollars on books, _____ was for two large dictionaries.

(A) which most of it       (B) most of which

(C) most of which it      (D) which mostly it

**04** Almost all of the climbers, _____ country they come from, use natives called Sherpas to carry their equipment and aid them in the difficult and dangerous journey to the summit.                                       [2015 가천대]

(A) that             (B) according to

(C) no matter what     (D) whose

**05** Here is the minister in the middle of _____ sermon the dog barked.

                                                 [2016 홍익대]

(A) whose          (B) what

(C) where          (D) which

[6–10] Choose the one which is grammatically <u>incorrect</u> among the four underlined parts.

**06**  Due to careful planning, the city of Curitiba, Brazil, does not have the same traffic problems

<u>what most cities</u> have. The population has grown – now <u>twice the size</u> it was in 1974 – but
     (A)                                        (B)

traffic <u>has actually decreased</u> 30%. Curitiba needed a mass–transit system <u>but couldn't</u>
         (C)                                       (D)

<u>afford</u> an expensive subway. City planners began, instead, with an unusual system of buses

using the center lanes of five wide major streets.　　　　　　　　　　[2015 명지대]

**07**  <u>That</u> we today call American folk art was, indeed, art of, by, and for ordinary, everyday
  (A)

folks <u>who</u>, with <u>increasing</u> prosperity and leisure, created a market for art of all kinds, and
     (B)      (C)

<u>especially for portraits</u>.
       (D)

**08**  Team work is created by <u>a group of</u> individuals working together <u>towards</u> some common
                     (A)                         (B)

purpose and <u>in so doing</u>, achieving more than they could alone. The justification for the
          (C)

existence of a working team in any school would seem, therefore, to be self–evident. Few

enjoy working in a situation <u>which</u> they are isolated, alienated, criticized, over–controlled or
                        (D)

<u>where</u> they feel frustrated and dissatisfied with their own performance as a teacher or
 (E)

colleague.　　　　　　　　　　　　　　　　　　　　　　　[2015 이화여대]

**09** Because technology can evolve <u>much faster</u> than we can, we will find ourselves in the
(A)

position of the lower animals — with a mental apparatus that is unequipped to deal thoroughly

with the richness of the outside environment. Unlike the animals, <u>by which</u> cognitive powers
(B)

have always been relatively deficient, we have created our own deficiency by constructing

a radically more complex world. But the consequence of our new deficiency is the same as

<u>that</u> of the animals's long-standing one. When <u>making</u> a decision, we will less frequently
(C)                                    (D)

enjoy the luxury of a fully considered analysis of the total situation but will revert increasingly

to a focus on a single feature of it.                                  [2016 한양대]


**10** The valuable lesson we learned <u>the painful experience</u> of war <u>has never changed</u> in the
(A)                                  (B)

least. On the contrary, the significance and relevance of the teaching <u>prove</u> even <u>more</u>
(C)          (D)

<u>truthful</u> as years pass by.

# Chapter XI

# 명사, 관사

🔍 **미리보기**

**1. 셀 수 있는 명사(가산명사)와 셀 수 없는 명사(불가산명사)를 구별하는 문제는 반드시 나온다.**

우리나라의 개념과 영어의 개념이 똑같을 수 없기 때문에 셀 수 없을 것 같은 명사도 셀 수 있고, 셀 수 있을 것 같은 명사도 셀 수 없는 명사가 있다. 그러므로 난이도가 상당히 높은 문제 형태이긴 한데, 대부분은 <u>지금껏 출제되었던 단어들</u>이 시험에 나왔기 때문에 크게 어렵지는 않다. 모든 명사의 가산, 불가산을 암기하면 좋지만, 그럴 수는 없으므로 <u>기출 단어들 위주로 암기하도록 하자.</u>

**2. 명사 중에는 반드시 정관사 the를 붙여야만 맞는 명사 중, 관용적으로 쓰이는 표현들에 주의하자.**

연대를 말하냐, 연도를 말하냐에 따라 the를 붙이기도, 붙이지 않기도 한다. 이처럼 <u>라이벌 구도로 되어있는 관용표현</u>은 학생들이 제대로 공부를 해놓지 않는 경우에 매우 오답률이 높은 part이다. 그러므로 제대로 공부해놓자.

**① 명사**

명사는 크게 셀 수 있는 명사 (가산명사)와 셀 수 없는 명사 (불가산명사)로 분류할 수 있다. 가산명사와 불가산명사를 구분하는 가장 기본적인 방법은 명사를 둘 이상으로 나눴을 때, 그 기능을 더 이상 할 수 없다면 가산명사가 된다. (예를 들어 컴퓨터를 둘 이상으로 쪼갰다고 생각해보자. 당연히 컴퓨터의 기능을 더 이상 할 수 없을 것이다. 그러므로 가산명사다.) 반대로 둘 이상으로 나눴을 때도 기능을 여전히 한다면 불가산명사로 보는 것이 타당하다. (물을 생각해보자.) 이런 식으로 모든 명사를 구분할 수 있다면 좋을 텐데 당연히 이 개념이 통하지 않는 명사들도 존재하므로 우리는 어쩔 수 없다. 외워야 한다. 그러나 무조건 막 외우지는 말고 평소에 영어를 자주 접해서 자연스레 체득하는 쪽으로 공부하자.

  **강민 형이 콕 찍어줄게!**

❶ 불가산 명사에 'a'나 '–s'를 붙여서 묻는 문제가 자주 나온다. 특히 <u>furniture, equipment, baggage, poetry, machinery, information, advice, evidence</u> 등의 불가산 명사는 편입시험의 단골 단어이므로 반드시 암기하도록 하자.

❷ 형용사를 묻는 것처럼 유도하는 문제 형식도 자주 출제되는 포인트이다.
예를 들어 'loved child'라는 표현에서 'loved'에만 밑줄을 그어 넣으면, 대부분의 학생들이 'loving VS loved'의 분사문제만을 생각한다. 그러나 답은 loved 앞에 a를 붙이는 것이다. 즉 child는 가산 단수명사이므로 'a loved child'로 표현을 해야 한다.

## 1) 가산명사

셀 수 있는 명사 즉, 가산명사는 복수형이 존재하며, 문장 내에서 단수로 쓰였을 경우에는 반드시 <u>한정사가 필요</u>하다. 우리말의 수 개념과 영어의 수 개념이 전혀 다른 경우가 존재하므로 무조건 외우는 것 보다는 영어 문장을 많이 읽어 익숙해지자.

가산명사는 보통명사와 집합명사로 나뉠 수 있다.

---

**▲ 주 의**

**한정사의 종류**

명사의 앞에 붙여서 명사를 한정해주는 역할을 하는 품사이다.

① 관사 (a, the) ② 소유격 (my, your, his) ③ 지시형용사 (this, that, these, those) ④ 부정형용사 (every, no, each, all, some, any) ⑤ 의문형용사 (what, which, whose)

이러한 한정사는 <u>명사 앞에 반드시 하나의 한정사만</u>이 들어갈 수 있다. (이중한정 불가함)

· You put **your** keys on **the** table.
    너는 열쇠를 테이블 위에 올려두었다.

· Do you have ~~a my~~ dictionary? (X)
· Do you have **my** dictionary? (O)
    내 사전 가지고 있니?

---

### (1) 보통명사

보통명사는 세상에 있는 무수히 많은 명사를 '하나의 공통된 이름'으로 부르는 것이 가능한 명사를 칭한다. 위에서 말했듯이 둘 이상으로 나눴을 때 더 이상 기능을 할 수 없는 명사가 보통명사이다. 관사를 붙일 수 있으며 복수형도 가능하다.

· I gave her **a pen**.
    나는 그녀에게 펜 하나를 주었다.

· Ray has **a dog** and **a cat**.
    Ray는 강아지와 고양이를 기른다.

· I like **dogs**.
    나는 강아지들을 좋아한다.

**보통명사의 추상명사화**

일부 표현에 한하여 'the + 단수 보통명사'는 그 의미가 추상화 되는 경우도 있으니 편하게 알아두자. (중요하지는 않다.)

· the child → 동심 / the patriot → 애국심 / the poet → 시상, 시심

· **The pen** is mightier than **the sword.**
  펜은 칼보다 강하다. (지식이 무력보다 강하다.)

· She felt **the mother** when she looked at the child.
  그녀는 어린아이를 보았을 때 모성애를 느꼈다.

## (2) 집합명사

여러 사람이나 사물이 모여 하나의 단체를 이룬 명사를 집합명사라 부른다. 이러한 단체를 말 그대로 하나의 단체로 취급하면 단수가 된다. 또한 단어에 따라서는 단체 구성원 하나하나를 칭할 수 있는데, 이 경우 복수 취급한다.

집합명사는 family형, the police형, people형으로 나눠서 구별한다.

**① family 형 (구성원 개개인을 말할 때는 복수취급 단체 전체를 말할 때는 단수취급 한다.)**

> audience, team, class, committee, jury, company(친구, 손님), crew(승무원)

· **My family** <u>is</u> a large one.
  우리 가족은 대가족이다.
  (가족 전체를 칭해서 말하고 있으므로 단수 취급한다.)

· **My family** <u>are</u> all diligent.
  우리 가족들은 모두 근면하다.
  (가족이라는 단체가 근면한 것이 아니라 가족의 구성원들 개개인이 근면하다는 말이므로 복수 취급한다.)

· There **are** four <u>families</u> in the house.
  이 집에는 4가구가 살고 있다.
  (하나의 집합이 아닌 여러 집합을 말하고 있으므로 families를 써야 한다.)

· The audience <u>was</u> very small.
  청중은 매우 적었다.
  (청중을 하나의 단체로 봤으므로 단수 취급한다.)

· The audience <u>were</u> greatly moved by his speak.
  청중들은 그의 연설에 크게 감동받았다.
  (청중 개개인이 감동을 받았다는 말이므로 복수 취급한다.)

② the police 형 (계층 전체를 나타내며, 보통 the(or some)를 붙이며, 항상 복수로 받는다.)
여기서는 일단 the police만 외우고 넘어가도록 하자. 나머지 단어까지 열심히 외울 필요는 없다.

> clergy (성직자), nobility (귀족), peasantry (소작농), gentry (신사계급 사람)

- **The police <u>are</u>** looking into the suspect's past record.
  그 경찰들은 그 용의자의 과거 기록을 조사하고 있는 중이다.

- **The police (= Some police) <u>are</u>** on the murderer's track.
  경찰은 살인자를 쫓고 있다.
  (꼭 the를 써야만 하는 것은 아니다. the를 안 쓰는 경우도 있으니 참고할 것)

- **The/A policeman is** chasing after the robber.
  그 경찰관은 도둑의 뒤를 쫓고 있다.
  (한 명의 경찰을 말하고자 할 때는 a policeman이라고 써야 한다.)

- **The clergy are** against the war.
  성직자는 전쟁에 반대한다.

- **He is a clergyman.**
  그는 성직자이다.

③ people 형 (무리를 나타내며 <u>관사 없이 항상 복수</u>로 받는다.)
여기서도 people과 cattle 정도만 알고 넘어가자. 모든 것을 다 같은 집중력으로 공부할 필요는 없다.

> cattle, poultry (가금), livestock (가축), vermin (해충)

- **People say** that he is a good doctor.
  사람들은 그가 좋은 의사라고 말한다.

- ~~Cattles / A cattle are~~ grazing on the meadow. (X)
  → **Cattle are** grazing on the meadow. (O)
  소떼는 목초지에서 풀을 뜯고 있다.

- **The Koreans are <u>a</u> conservative <u>people</u>.** (O)
  한국인은 보수적인 민족(국민)이다.
  (people이 일반적인 '사람들'을 뜻하지 않고 '민족'이라는 의미로 사용되는 경우 가산명사로 취급한다.)
  (이 경우 '두 나라 이상의 민족들을 말하고자 하는 경우 당연히 peoples로도 표시 가능하다.)

## 2) 불가산명사

불가산명사는 문장 내에서 부정관사(a, an)를 쓸 수 없으나 (한정적 의미가 있을 경우)정관사 the와는 쓰일 수 있다. 셀 수 없으므로 복수형이 불가능하며, 세어줄 필요가 있을 경우에는 '조수사'라는 단위를 사용한다. 불가산 명사는 (셀 수 없는)물질명사, (상태, 동작, 성질을 말하는)추상명사, (유일한 개체를 말하는)고유명사로 나뉠 수 있다.

### (1) 물질명사와 집합적 물질 명사

물질명사란 일정한 형태가 존재하지 않는 물질, 재료, 액체, 기체 등을 나타내는 명사를 칭한다. 이러한 명사들은 둘 이상으로 나뉘게 되어도 같은 명사의 성격을 지니게 된다.
집합적 물질 명사란 말 그대로 집합적 개념을 지닌 명사를 칭한다. 일반적으로 '~류'의 의미를 가지고 있다. 이 집합적 물질 명사는 <u>시험에 자주 출제되므로</u> 반드시 암기하고 넘어가도록 하자. (강민형이 콕 찍어줄게! 에 말해놓은 단어들은 정말 자주 출제되므로 꼭 암기하자.)

---

**주요 물질 명사**

wheat, paper, water, fire, oxygen, stone, food, rice, bread, cake, cheese

**주요 집합적 물질 명사**

furniture, equipment, clothing, luggage, baggage, poetry, machinery

---

· **Bread** is made from **wheat**.
  빵은 밀로 만들어진다.
  (물질명사에서 일반적이 대표를 가리키는 경우에는 정관사(the)를 붙이지 않는다.)

· Some **food** is cooking on the stove.
  몇몇의 음식이 스토브에서 요리되어지고 있는 중이다.

· We are unable to subsist without **water** and **air**.
  우리는 물과 공기 없이는 살아갈 수 없다.

· He'll pick up **the luggage** himself.
  그는 짐을 직접 들 것이다.

· She bought ~~many furnitures~~. (X)
  → She bought **much furniture**. (O)
    그녀는 가구를 많이 샀다.

만약 세어줄 필요가 있을 경우에는 앞서 말했듯이 '조수사'라는 단위를 사용한다.

## 조수사

a piece of / a cup of / a glass of / a loaf of / a cake of / a sheet of

· He put **a piece of paper** on my desk.
  그는 내 책상 위에 종이 한 장을 놓았다.

· I ate **a piece of cake** yesterday.
  나는 어제 케이크 한 조각을 먹었다.

· She drank **two bottles of wine**.
  그녀는 두 잔의 와인을 마셨다.

## 참고

**물질명사의 보통명사화**

물질의 종류나 제품을 나타낼 때 물질명사가 보통명사화 된다. (즉 가산명사가 된다는 말이다)

· There was **a fire** in my hometown.
  내 고향에 화재 (한 건)이 있었다.

· This is a very good **wine**.
  이것은 매우 좋은 와인이다. (와인의 종류를 말함)

· glass (유리) − a glass (유리잔) / paper (종이) − a paper (논문)

## (2) 추상명사

구체적인 형태가 없는 성질, 상태, 동작을 나타내는 명사를 추상명사라 한다. 대부분의 추상명사는 동사나 형용사에서 파생되었다. 추상명사는 원칙적으로 관사와 함께 쓰이지 못하며, 불가산명사 이므로 당연히 수의 개념으로 표현할 수 없다.
(표현하고자 한다면 조수사를 이용하면 된다.) 일단 밑줄 친 명사 위주로 외우자.

## 주요 추상명사

kindness, happiness, love, honesty, <u>advice</u>, wealth, <u>information</u>, <u>evidence</u>, <u>news</u>, freedom, bravery, ability, <u>weather</u>, beauty, music, <u>knowledge</u>, progress, success

· She has cultivated her **knowledge** of art.
  그녀는 예술에 대한 그녀의 지식을 넓혔다.

· **Wealth** is no guarantee of **happiness.**
부는 행복을 보장하지는 않는다.

### ① 추상명사가 포함된 관용표현
**a. have the 추상명사 + toVR 〈추상명사 하게도 to부정사 하다〉 = be + 형용사 + enough toVR**

· She had the kindness to show me the way.
= She was kind enough to show me the way.
= She kindly showed me the way.
그녀는 친절하게도 내게 방법을 알려줬다.

**b. all + 추상명사 〈대단히 ~한〉 = 추상명사 + itself = very + 형용사**

· I am **all kindness.**
= I am **kindness itself.**
= I am **very kind.**
나는 매우 친절하다.

**c. of + 추상명사 = 형용사**

of + use = useful / of + importance = important / of + talent = talented
of + ability = able / of + no use = useless / of + help = helpful / of + beauty = beautiful

· This computer is **of no use** to me.
= This computer is **useless** to me.
이 컴퓨터는 내게 쓸모가 없다.

**d. 기타 전치사 + 추상명사 = 부사**

with ease = easily / with rapidity = rapidly / with care = carefully
to excess = excessively / by accident = accidently / on purpose = intentionally
by design = intentionally / at random = randomly / in haste = in a hurry (서둘러서)
with confidence = confidently

· He hit a homerun **with ease.**
= He hit a homerun **easily.**
그는 쉽게 홈런을 쳤다.

**추상명사의 보통명사화**

구체적인 행위나 종류를 나타낼 때는 추상명사가 보통명사화 된다. (즉 가산명사가 된다는 말이다)

· She is reputed to be **a beauty**.
그녀는 미인으로 평판이 나 있다.

· He was **a success** in the business.
그는 사업에서 성공한 사람이었다.

· He has done me **many kindnesses**. (친절한 행위)
그는 내게 친절을 많이 베풀었다.

## (3) 고유명사

명사에 정해진 고유한 명칭을 말한다. 고유한 명사이므로 첫 글자를 대문자로 표시한다. 원칙적으로 관사가 붙을 수 없으나 특수한 고유명사는 정관사 the가 필요한 것들도 있다. (뒤에 나온다) 그러나 심하게 외우려 들지는 말자.

> 사람이름, 나라이름, 서적, 산 이름, 지명…

· **Seoul** is the capital of **Korea**.
서울은 한국의 수도이다.

**고유명사의 보통명사화**

제품을 나타내거나 비교, 비유적 표현을 하고자 할 때 고유명사가 보통명사화 된다. (즉 가산명사가 된다는 말이다)

· There is **a Picasso** on the wall. (피카소 그림 한 점)
벽에 피카소 작품이 있다.

· He is **an Edison**. (에디슨 같은 발명가)
그는 에디슨 같은 발명가이다.

· He bought **a Ford**. (포드 자동차 한 대)
그는 포드 자동차 한 대를 샀다.

다음 문장들은 모두 틀린 문장이다. 틀린 부분을 밑줄 긋고 올바르게 옮기시오.

– 해석은 당연!

1. The police has arrived on the scene.

2. I usually get informations through the Internet.

3. All my family likes playing baseball.

4. I was given big doll as my birthday gift.

5. Do you have any evidences to support this allegation?

## ❷ 명사의 성, 수, 격

### 강민 형이 콕 찍어줄게!

❶ 특별히 매우 중요한 문법적 사항이 없다. 중요하지 않다고 시험에 아예 출제가 안 된다는 것은 아니므로 그나마 나올 만한 문법은 아래에 ★표시를 해 두었으니 조금만 집중해서 보도록 하자. (★표시가 없다고 해서 절대로 시험에 출제되지 않음을 의미하는 것은 아니다. 그나마 더 확률이 높은 부분을 알려주는 것이다.)

### 1) 명사의 성

명사의 성은 대명사로 받을 때만 주의하면 크게 어려울 것은 없다. 즉 어떤 명사가 나왔을 때, 그 명사가 남성을 말하는지, 여성을 말하는지를 잘 따지면 된다. 명사의 성의 종류에는 남성, 여성, 중성, 통성(남성, 여성이 모두 포함)이 있다.

남성명사 : bachelor (남자독신), waiter (남자 종업원), widower (홀아비), bridegroom (신랑)
여성명사 : spinster (여자독신), waitress (여자 종업원), widow (과부), bride (신부)
중성명사 : water, book, house
통성명사 : baby, child, parent, friend

## 2) 명사의 수

명사에 '–s, –es'를 붙여서 규칙변화로 복수취급을 해주는 명사가 있는 반면, 명사마다 다르게 바뀌는 불규칙 변화도 있다. 중요하진 않지만 영어의 기본이기 때문에 한 번 쯤은 알아보고 넘어가도록 하자.

### (1) 규칙 변화

① –s, sh, ch, x로 끝이 나는 명사에는 es를 붙여준다.

> a bus → buses / a bench → benches / a brush → brushes / a box → boxes

※ 다만 ch로 끝나는 명사 중에 발음이 [k]로 끝나는 명사의 경우에는 es가 아닌 s만 붙인다.
· a monarch → monarchs (군주) / a stomach → stomachs (위)

② 자음 + y로 끝나는 명사에는 y를 i로 고치고 es를 붙인다.

> a baby → babies / a party → parties

③ 모음 + y로 끝나는 명사에는 그냥 s만 붙인다.

> a boy → boys / a toy → toys

④ –f(e)로 끝나는 명사에는 –f(e)를 v로 고치고 es를 붙인다.

> a leaf → leaves / a knife → knives / a wife → wives

※ 그냥 –s만 붙이는 예외적인 경우도 있다.
· a roof → roofs / a safe → safes (금고) / a chief → chiefs

⑤ 자음 + o로 끝나는 명사에는 es를 붙인다.

> a hero → heroes / a potato → potatoes / a volcano → volcanoes

※ 자음 + o로 끝나는 명사도 원래의 단어가 줄어든 경우에는 그냥 s만을 붙인다.
· a photo → photos (photograph의 축약형) / a piano → pianos (pianoforte의 축약형)

⑥ 모음 + o로 끝나는 명사에는 s를 붙인다.

> an audio → audios / a radio → radios

## (2) 불규칙 변화

> a man → men / a tooth → teeth / a foot → feet / a child → children / a mouse → mice

## (3) 수에 유의해야할 명사

① 학문, 병명, 게임, 몇몇 나라명

학문명, 병명, 게임, 나라명 등은 복수처럼 뒤에 's'가 붙지만 단수취급 한다.

**–ics로 끝나는 학문명**

mathematics, physics, economics, politics, ethics, statistics

**병명, 나라명, 단체명, 운동경기명**

measles(홍역), diabetes(당뇨병), billiards(당구), the United States of America, the Netherlands, the Philippines

· **Physics** is a part of basic science.
물리학은 기초 과학 중 한 분야이다.

· **Measles** is a kind of disease.
홍역은 질병의 일종이다.

· **The United States** is criticized for starting an unjustifiable war.
미국은 정당화 할 수 없는 전쟁을 일으킨 것에 대해 비난 받고 있다.

---

▲ 주 의

**statistics (통계학 VS 통계자료)**

statistics는 '통계학'을 지칭할 경우 단수취급을 하지만, '통계자료'라는 의미로 쓰이는 경우에는 복수취급을 한다.

· **Statistics is** an elective course.
통계학은 선택과목이다.

· **Statistics show** that population is growing fast.
통계자료는 인구가 빠르게 늘고 있다는 것을 보여준다.

---

## ② 복수형이 되면 의미가 달라지는 명사 (분화복수명사) ★

분화복수명사는 단수형일 때와 복수형일 때 명사의 의미가 달라지는 명사를 말한다.

arm 팔 → arms 무기 / air 공기 → airs 뽐내는 태도 / custom 관습 → customs 관세, 세관
good 선(善) → goods 상품 / water 물 → waters 바다 / pain 고통 → pains 노력, 수고
manner 방법 → manners 예의 / advice 충고 → advices 통지 / work 일 → works 작품
ruin 파멸 → ruins 잔해, 폐허, 유적 / provision 공급, 준비 → provisions (비상) 식량
regard 존경 → regards 안부 / paper 종이 → papers 서류, 여권 / cloth 천 → clothes 옷
saving 절약 → savings 저축 / damage 손해 → damages 손해배상금

· **The customs office** works hard to keep out counterfeit **goods**.
세관 공무원은 위조품이 섞이지 않도록 열심히 일한다.

· The victim of the accident sued the bus company for **damages**.
그 사고의 피해자는 버스회사에 손해배상금 청구 소송을 제기했다.

## ③ 항상 둘로 다니는 명사 (켤레복수명사)

켤레복수명사는 서로 짝을 이루고 있는 명사를 말한다. 일반적으로 바지, 양말, 신발과 같이 좌우가 대칭된 명사가 바로 켤레복수이며, 이 명사들은 <u>항상 복수형으로 쓰이며 당연히 복수취급을 해 주어야 한다.</u>

trousers, scissors, shoes, sacks, glasses, pants, gloves, chopsticks

· **Trousers are** in the drawer.
바지는 서랍 안에 있다.

· **The scissors are** being sharpened by her.
　가위는 그녀에 의해 날카로워졌다.

· **My shoes are** worn down at the heel.
　내 신발은 그 언덕 때문에 닳아진다.

**▲주의**

**켤레복수를 세고 싶을 땐?**

일반적인 '양말'이 아닌 '양말 한 켤레'를 말하고 싶은 경우에는 'a pair of'라는 일종의 조수사를 사용해서 표현한다. 그 경우 동사의 수일치는 조수사에 맞춰서 해주면 된다.

a pair of 켤레복수 → 단수취급 / two pairs of 켤레복수 → 복수취급

· <u>A pair</u> of pants <u>is</u> on the sofa. / <u>Two pairs</u> of pants <u>are</u> on the sofa.
　바지 한 벌이 소파위에 있다.　　 / 바지 두 벌이 소파위에 있다.

**④ 유의해야 할 단수, 복수 동형 명사**
다음의 명사들은 단수와 복수의 형태가 같은 명사들이다. 이 단/복수 동형 명사들은 '하나'를 뜻할 때는 'a/an'을 붙여주고, 복수로 나타내고자 할 경우에는 'a/an' 없이 그냥 명사 그대로 쓰면 된다.

fish, aircraft(항공기), salmon, deer, sheep, means(수단), species, series

· A fish <u>is</u> behind the rock. / **Fish** <u>are</u> abundant in the lake.
　물고기는 바위 뒤에 있다.　　 / 그 강에 물고기가 풍부하다.

· The TV drama series <u>are</u> enjoying high viewer ratings.
　그 드라마 시리즈는 시청률이 높다.

· Her new series <u>is</u> a smash hit.
　그녀의 새로운 시리즈는 큰 성공을 거뒀다.

**⑤ 상호복수명사**
상호간에 연결이 되는 명사를 말하며, 반드시 둘이 있어야 의미가 통하는 명사이므로 복수취급을 해야 한다. 일종의 관용구이며 <u>관사를 사용하지 않는</u> 특징이 있다.

shake hands with (악수하다) / keep on ~ terms with (~관계를 유지하다) / change cars (갈아타다) / exchange seats (자리를 바꾸다) / take turns ~ing (번갈아 가며 ~하다)
be on good(bad) terms with (~와 사이가 좋다(나쁘다))

· I am on good **terms** with my neighbor.
나는 이웃과 사이가 좋다.

· The children started to take **turns** saying something.
아이들은 번갈아 가며 이야기하기 시작했다.

· He exchanges **seats** with her.
그는 그녀와 자리를 바꿔 앉았다.

⑥ 수사 ★

정확한 수치를 나타내어 반드시 단수로 쓰는 표현과, 막연하게 많은 수를 나타내어 복수로 쓰는 표현으로 나눌 수 있다.

| 수사의 종류 |
| --- |
| dozen(12), score(20), hundred, thousand, million, billion, several(3~5) |

| 막연한 수 표시 |
| --- |
| tens of 수십의, hundreds of 수백의, thousands of 수천의<br>tens of thousands of 수만의, hundreds of thousands of 수십만의 |

· Our club has **two thousand members** nationwide.
우리 클럽은 세계적으로 2천명의 구성원이 있다.

· **Hundreds** of people **were** on the beach last weekend.
수백 명의 사람들이 지난 주말 해변에 있었다.

**▲ 주 의**

막연한 수를 표현하는 경우 주의할 점

명확한 수의 표시를 하는 경우에는 수사가 직접적인 형용사도 될 수 있고 of와 결합하여 명사를 꾸며줄 수도 있다. 그러나 막연한 수를 표시하는 경우, 그 수사는 직접적인 형용사의 역할은 할 수 없다.

· three hundred people (O) / three hundred of people (O)
· ~~hundreds people~~ (X) → hundreds of people (O)

## 3) 명사의 소유격

일반적으로 소유격은 명사에 〈's〉를 붙여서 만들지만, 만약 명사가 〈s〉로 끝나게 된다면 명사에 〈'〉만 붙이면 된다. 그러나 이 원칙에도 예외가 있으므로 (즉 s로 끝나는 명사임에도 's를 붙이는 경우도 있으므로) 그냥 '이런 표현도 되는구나' 하고 넘어가면 된다.

### (1) 생물의 소유격

생물의 소유격은 일반적으로 〈N's〉를 사용한다. 만일 생물임에도 명사가 다른 명사에 의해 길어지는 경우에는 〈N of N〉의 구조도 사용할 수 있다.

· I'll be going to **my sister's** house at two.
  나는 두시에 내 누이의 집에 갈 것이다.

· The dentist pulled out **the girl's** tooth.
  그 치과의사는 소녀의 치아를 뽑았다.

· **The children of the man** who was elected mayor were proud of their father.
  시장에 당선된 남자의 자녀들은 그들의 아버지를 자랑스러워했다.
  (who ~ mayor까지가 the man을 수식해서 길어졌기 때문에 소유격을 쓰지 않고 〈N of N〉의 구조를 썼다.)

### (2) 무생물의 소유격

무생물의 소유격은 일반적으로 〈N of N〉의 구조를 사용한다. 그러나 관용적으로 〈's〉를 쓰는 경우도 많다. 만약 〈's〉와 〈N of N〉의 표현이 모두 가능하다면 〈N of N〉가 조금 더 격식체로 쓰인다.

· The man is working on **the roof of the house.**
  그 남자는 그 집의 지붕에서 일하고 있다.

· I didn't know who is **the owner of this book.**
  나는 누가 이 책의 주인인지 몰랐다.

· **The handle of the suitcase** has broken.
  그 여행가방의 손잡이가 부러졌다.

### (3) 무생물의 경우에도 〈's〉를 쓰는 관용적인 표현

무생물이더라도 특정시간, 기간, 거리, 금액, 무게, 의인화 시키는 명사, 인간의 활동과 관련된 명사들 그리고 관용구에서는 〈's〉형태로 소유격을 사용한다. 크게 중요한 부분은 아니다. (관용구는 항상 알고 있으면 좋다)

> **관용구**
>
> within a stone's throw (가까운 거리에), by a hair's breadth (아슬 아슬 하게)
> at one's wits' end (어찌할 바를 몰라서), at one's fingers' ends (~에 정통한)
> for pity's sake (아무쪼록, 제발 = for mercy's sake = for heaven's sake)

· About 70% of **the earth's** surface is covered by water.
약 70%의 지구 표면이 물에 뒤덮여있다.

· I have **three years'** experience in management.
나는 3년간의 경영 경험이 있다.

· He has English at **his fingers'** ends.
그는 영어에 정통하다.

· today's newspaper 오늘 신문(시간) / a pound's weight of sugar 설탕 1파운드(무게)

· his thirty miles' journey 그의 30마일 여행 (거리)

· five dollars' worth of coffee 5달러치의 커피 (금액)

· Korea's economy 한국의 경제 / the government's policy 정부의 정책

### (4) 독립소유격 (명사의 소유격 〈's〉 뒤에 명사가 생략되는 경우)

뒤에 나오는 명사가 건물명(house, shop, store …)이거나, 이미 앞에 언급이 되어 있는 경우 생략된다.
이 경우 만약 명사의 '격'이 존재한다면 그것은 '소유대명사'로 쓰면 된다.

· We had a meeting at **Ms. Smith's.**
우리는 Smith여사의 집에서 만났다.

· My brother is gone to **the dentist's.**
내 동생은 치과에 갔다.

· My examples are much more detail than **Jane's.**
나의 예가 Jane의 예보다 훨씬 더 자세하다.

· My car is more expensive than **yours.**
내 차가 너의 것(=차) 보다 더 비싸다. (소유대명사)

(5) 이중소유격 ★

한정사의 기본적 특성인 '하나의 명사에는 하나의 한정사만'이라는 대전제에 의해 두 개의 한정사가 하나의 명사를 이중 수식하는 경우 틀린 문법이 된다. 이 경우 〈한정사 + N + of + 소유대명사 혹은 명사's〉의 구조를 취해야 한다.

예를 들어 설명해보자.

> · I met ~~my son's some friends.~~ (X)

my son's와 some은 둘 다 한정사이기 때문에 명사 friends를 이중으로 수식할 수 없다. 그러므로

> → I met some friends of my son's friends.

라고 쓰며, 이 경우 해석은 '나는 내 아들의 친구들 중 몇 명의 친구를 만났다.'라고 해석하면 되고, 이때 앞에 나온 friends와 뒤에 나온 friends가 같기 때문에 위 (4)번에서 말한 독립소유격의 원칙에 따라 〈's〉까지만 써 주면 된다.

> → I met some friends of my son's.
> 나는 내 아들의 친구 몇 명을 만났다.

즉, 최종적으로 이런 문법이 탄생하게 되는 것이다.

몇 가지 예문을 더 보자.

· She's a friend of my father's.
그녀는 나의 아버지의 친구이시다.

· That old car of mine gives me trouble all the time.
내 낡은 차는 매일 나에게 문제를 안겨준다.

· Oh my god! I'm a big fan of yours!
와! 저 진짜 팬이에요!

그러나 이 규칙은 절대적인 것이 아니기 때문에 소유의 의미가 아닌 '사람(사이의 관계)'를 나타내는 경우에는 of뒤에 목적격으로 쓰는 경우도 있다. 물론 시험에 나오는 표현은 아니니 크게 생각할 필요는 없다.

· Would you take a picture of me?
사진 좀 찍어주실 수 있나요?

('나의 사진 중에서 하나의 사진을 찍어달라'는 의미가 아니므로 그냥 목적격 me를 쓴 것이다.)

## (6) 소유격의 다양한 의미

소유격이 '~의'라고 해석된다고 해서 항상 '소유관계'만 있는 것이 아니다. 경우에 따라 여러 가지 해석이 존재하니 참고하도록 하자.

### ① 소유관계

· I lost **Jason's pen**. = the pen (that) Jason has.
나는 **Jason의 펜**을 잃어버렸다. = Jason이 가지고 있는 펜

· **His shoes** are very nice. = the shoes (that) he has.
**그의 신발**은 매우 멋있다. = 그가 가지고 있는 신발

### ② 주어+동사 관계

· **My brother's sudden arrival** surprised me and my wife. = **My brother** arrived suddenly.
**내 동생의 갑작스러운 도착**은 나와 아내를 놀라게 했다. = 내 동생이 갑자기 도착했다.

· Without **his help**, I could not have succeeded. = He helped me.
**그의 도움**이 없었다면, 나는 성공할 수 없었을 텐데. = 그가 나를 도왔다.

### ③ 동사+목적어 관계

· Most people objected to **the prisoner's release**. = (Someone) released **the prisoner**.
대부분의 사람들이 **그 죄수의 석방**을 반대했다. = (누군가가) 그 죄수를 석방했다.

· Detectives carried out **the lost child's search**. = Detectives searched for **the lost child**.
형사들은 미아의 수색을 실시했다. = 형사들이 미아를 찾고 있었다.

### ④ 동격 관계

· We are all on **life's journey**. = (life = journey)
우리 모두는 **인생의 여정** 중에 있다. = (인생 = 여행)

**3** **명사의 형용사적 기능**

❶ 위의 2번 (명사의 성, 수, 격)과 마찬가지로 매우 중요한 문법적 사항은 없다. ★표시에 집중해서 공부하자.

## 1) 복합명사 (= 합성명사)

복합명사인 '명사 + 명사' 구조는 새로운 의미의 명사를 만들어 낸다. 이때 앞의 명사는 뒤의 명사를 수식하는 형용사 구실을 하므로 복수형으로 만들지 않도록 유의하자.

### 주요 복합명사

garden flower, summer vacation, car window, tennis shoes, gold medal, brain surgery
intelligence test, girl friend, blood type

· They have just returned from their ~~summers vacations~~. (X)
  → They have just returned from their **summer vacations**.
  그들은 여름휴가에서 막 돌아왔다.

· **His account number** is written on the back of the check.
  그의 계좌번호는 수표 뒷면에 쓰여 있다.

### 참 고

**그 자체의 명사가 복수명사인 경우 복수형을 그냥 쓴다.**

savings account (예금계좌), mathematics teachers (수학교사), customs office (세관), a goods
train (화물열차), futures market (선물시장), a communications satellite (통신위성)

· **The customs office** works hard to keep out counterfeit goods.
  세관은 위조품이 섞이지 않도록 열심히 일한다.

### 참 고

**man과 woman이 포함된 복합명사의 경우 양쪽 명사 모두에 복수형을 취해야 한다.**

men servants (남자 하인들), women drivers (여성 운전자들)

2) 숫자 – 단위 명사 – (old, tall, deep, wide, thick, high, long 등의 형용사) + 명사 ★

단위 표현을 나타내는 명사가 뒤에 나오는 명사를 수식하는 한정적 용법이 될 경우에는 형용사적 기능을 한다 하여 역시 복수형 어미 –s를 부가하지 않는다. 만약 이 단위 표현 명사가 서술적 용법(보어)이 될 경우에는 복수형을 쓸 수 있다. 단위 명사 뒤에 형용사는 붙을 수도 있고 생략될 수도 있으니 신경 쓸 필요 없다.

· He is a thirteen–**years**–old student. (X)
(thirteen years가 명사 student를 꾸며주었기 때문에 형용사의 역할을 한 것으로 본다. 그러므로 복수가 아닌 단수 취급해야 옳은 문장이 된다.)

　　→ He is a thirteen–**year**–old student. (O)
　　　　그는 13살짜리 학생이다.

· He is thirteen **years** old.
그는 13살이다.

(thirteen years가 보어역할을 했으므로 복수취급 하는 것이 옳다.)

· That is a **two–meter–high** tree.
저것은 2미터 높이의 나무이다.

## 연습하기 043

**다음 문장들은 모두 틀린 문장이다. 틀린 부분을 밑줄 긋고 올바르게 옮기시오.**

– 해석은 당연!

1. The government should set up a five–years economic development.

2. Statistics are my favorite subject in school.

3. Some our customers complained about our service.

4. Brand good are not for me.

5. Wind currents may move icebergs thousand of kilometers from their source.

**④ 관사**

관사에서 '관'은 모자'관'이다. 즉, 명사에 모자를 씌워준다는 의미이다. 경우에 따라 모자의 명칭이 부정관사 ('a, an'), 정관사 ('the')로 나뉘게 된다.

**강민 형이 콕 찍어줄게!**

❶ 관사에서 시험에 가장 잘 나오는 부분은 <u>정관사 the를 관용적으로 써야만 하는 명사</u>와 <u>관용적으로 쓰지 말아야만 하는 명사를 구분하는 문제</u>이다. 이 역시 암기이므로 중요한 부분에 ★를 쳤으니 우선적으로 외우자.

❷ 상대적으로 부정관사 a에 대해서는 잘 나오지 않는 편이다. 굳이 나온다면 가산 단수명사에 a 붙이지 않으면 틀린다는 문법 정도만 나온다. (이것은 이미 명사파트에서 다뤘으니 여기서는 다루지 않는다.)


## 1) 부정관사의 특징과 용법

부정관사란 수를 셀 수 있는 '가산단수명사'의 앞에 위치하는 품사를 말하며, <u>발음이 모음으로</u> (철자가 모음이 아니라) 시작되는 명사의 경우에는 a가 아닌 an을 써주는 특징을 가지고 있다.

### (1) 처음 언급된 것

처음 언급되었다는 의미는 말하는 화자도, 듣는 청자도 다 낯설다는 의미이다. 이 경우 굳이 해석할 필요는 없다.

· There is **a boy** in the garden.
　정원에 소년이 있다.


### (2) '하나'의 의미인 경우

· Rome was not built in **a day**.
　로마는 하루아침에 이루어지지 않았다.


### (3) per(~당, ~마다)의 의미인 경우

· He wrote a letter to me twice **a month**.
　그는 나에게 한 달에 두 번 편지를 썼다.

### (4) some (어떤, 어느 정도)의 의미인 경우

· There is **a feeling** of revolution in the air.
어떤 혁명의 기운이 감돌고 있다.

· The music of Asia sounds sweet in **a sense**.
아시아의 음악은 어떤 점에서는 감미롭게 들린다.

### (5) the same(동일한)의 의미인 경우

현대 영어에서는 잘 쓰이지 않는 용법이므로 그냥 참고만 하자.

· These shoes are of **a size**.
이 신발은 같은 크기다.

### (6) 부정관사가 포함된 관용구

---

in a hurry (급히 = in haste), all of a sudden (갑자기 = on a sudden), as a rule (대개)

at a loss (어쩔 줄 몰라, 당황하여), in a moment (바로, 곧장)

---

· Jane had to leave **in a hurry**.
Jane은 급히 떠나야만 했다.

· **As a rule**, we go to bed at ten o'clock.
대개, 우리는 10시에 잔다.

## 2) 정관사의 특징과 정관사를 써야하는 경우

정관사 the는 부정관사와는 달리 가산 단수, 복수 명사, 불가산 명사 등 어떤 명사와도 잘 어울린다. 물론 경우에 따라서는 정관사를 쓰지 말아야 하는 명사도 존재하므로 암기할 부분은 암기하고 넘어가야 한다.

### (1) 앞에 나온 명사를 반복하는 경우

명사를 앞에서 한 번 말했기 때문에 말하는 화자도, 듣는 청자도 익숙해진 명사에 붙인다.

· There is **a boy** in the garden. **The boy** is searching for something.
정원에 소년이 있다. 그 소년은 무언가를 찾고 있는 중이다.

## (2) 명사의 다음에 나오는 어구가 그 명사를 수식해주는 경우

· **The man** <u>on the desk</u> is my friend.
  책상위에 있는 남자가 제 친구에요.

> **참 고**
>
> 뒤에 나오는 어구에 의해 한정을 받는 명사라고 해도 '여럿 중의 하나'를 말하는 경우 the가 아닌 a를 붙인다.
>
> · He is **the teacher** of our school.
>   그는 우리 학교의 선생님이다.
>   (이 문장에 the를 쓰는 경우 '우리 학교에는 선생님이 딱 그 선생님 밖에 없다.'는 의미가 되어 버린다.) 그러므로
>
> · He is **a teacher** of our school.
>   그는 우리 학교의 (여러 선생님들 중에) 한 선생님이다.
>   (뒤에 형용사의 수식을 받긴 했어도 이 표현이 훨씬 더 적당하다.)

## (3) 문맥상 나오는 명사가 너무나 분명한 경우 (상호간에 서로 알고 있는 경우)

· Close **the door** please.
  문 좀 닫아 주세요.

## (4) 유일한 자연물이나 하나 밖에 없는 명사인 경우

· **The sun** rises in **the east** and sets in **the west**.
  태양은 동쪽에서 뜨고 서쪽으로 진다.

## (5) 형용사의 최상급이나 서수, same, very (바로 그), only 등이 명사를 꾸미는 경우 ★

이 경우 명사는 일반적인 명사가 아닌 특정한 명사로 한정되었으므로 the를 붙인다.

· Seoul is **the largest city** in Korea.
  서울은 한국에서 가장 큰 도시이다.

· January is **the first month** of the year.
  1월은 한 해의 첫 번째 달이다.

> **참고**
>
> <서수+명사>가 복합명사로 사용되는 경우 그 앞에 the가 아닌 a를 붙이거나 쓰지 않는 경우도 있다.
>
> · His novel is **a best seller**.
>
>   그의 소설은 베스트셀러다.
>
>   (best seller가 하나의 단어이므로 the를 쓰지 않고 a를 써 준 것이다.)
>
> · without **a second thought** (두 번 다시 생각하지 않고) / **first aid** (응급 처치) / **first prize** (1등상)

### (6) 악기명이나 발명품 명사의 경우

· She can play **the piano**.

  그녀는 피아노를 연주할 수 있다.

### (7) '~당, ~단위로'의 의미인 경우 (by + the + 단수 단위 명사) ★

이 경우 by와 함께 연결되며 a를 쓰지 않는다는 점에 유의해야 한다.

· They rent the bicycle **by the hour**.

  그들은 한 시간 단위로 자전거를 빌렸다.

### (8) 연대나 세기를 나타내는 명사 앞에 ★

· Marxism was developed **in the 19th century** Europe.

  마르크시즘은 19세기 유럽에서 발달하였다.

· The U.S. justice system was unfair to blacks **in the 1950s**.

  미국의 사법제도는 1900년대 중반까지 흑인에게 공정하지 못했다.

> **▲ 주 의**
>
> 연도를 나타내는 경우에는 the를 써서는 안 된다.
>
> · Korea held a World Cup in 2002
>
>   한국은 2002년에 월드컵을 개최했다.

### (9) 형용사가 the와 결합되어 보통명사, 추상명사화 되는 경우 ★ (255, 256p 참고)

· **The good** in the world exists even while **the evil** dominates.

  세상에 선은 심지어 악이 (세상을) 지배 할 때조차도 존재한다.

### (10) 타인의 신체부위를 표현하는 경우 ★

'타동사 + (타인) 목적어 + 전치사 + (타인의) 신체부위'를 표현하고자 하는 경우 '소유격'을 쓰지 않고 'the'를 붙인다. 이 경우 전치사는 동사에 따라 자유롭다.

- He hit **my back**.
  그는 내 등을 때렸다.
  (이 표현에서 my를 쓰는 것은 매우 적절하다. 그가 등을 때렸을 때, '누구의 등'인지를 표현해줘야 하기 때문이다.)

- He hit me on ~~my~~ **back**.
  (이 경우에 my를 쓰는 것은 적절하지 않는데, 그 이유는 이미 그 앞에 'me'라는 목적어를 사용했기 때문이다. 이미 '나'를 때렸다고 말했는데 굳이 또 '나의 등'이라고 표현할 필요가 없기 때문이다. 그러므로 '타인의 **특정한** 신체부위'인 the를 쓰는 것이 옳다.)

- The strange seized me by **the arm**.
  낯선 사람이 내 팔을 붙잡았다.

- He looked her in **the face**.
  그는 그녀의 얼굴을 바라보았다.

### (11) 고유명사에 정관사를 붙이는 경우

원래 고유명사에는 정관사를 붙이지 않지만 다음의 명사에는 예외적으로 the를 붙인다. 그렇게 중요한 부분은 아니니 그냥 한 번 읽어보도록 하자.

> **정관사를 쓰는 고유명사 :** the + 산맥, 바다, 강, 군도, 반도, 복수 형태의 국가, 사막, 신문, 호텔
>
> The Alps (알프스 산맥) / The Mediterranean (지중해) / The Han River (한강)
> The Philippines (필리핀군도) / The Korean Peninsula (한반도) /The United States of America (미국) / The Sahara (사하라 사막) / The Times (타임지) / The Rits (리츠 호텔)

## 3) 관사를 생략하는 경우

### (1) 사람을 부르는 경우

이 경우 일반 명사가 고유명사처럼 사용되어 the나 a를 붙이지 않는다.

- Waiter, can I get some water?
  여기요, 물 좀 마실 수 있을까요?

### (2) 운동경기명의 경우

· I like playing **baseball** with my son.
  나는 아들과 야구하는 것을 좋아한다.

### (3) by + 교통/통신 수단을 지칭하는 경우

교통/통신 수단의 종류는 다음과 같다. 이 경우 the를 써서는 안 된다.

> by taxi, by bus, by bicycle, by radio, by mail, by telephone, by fax

· I informed him **by telephone**.
  그는 전화로 그에게 알렸다.

---

**▲ 주 의**

'걸어서'나 'TV로'의 의미로 말을 하는 경우

'다리'도 일종의 교통수단이므로 by를 써야 할 것 같지만, 그 경우에는 'on foot'을 쓴다.
마찬가지로 TV역시 통신수단이 될 수 있는데, 'on TV'를 쓴다.

· I went to school **on foot**.

---

### (4) 식사명, 병명, 학문명의 경우

· They were having **breakfast** when I arrived.
  그들은 내가 도착했을 때, 아침을 먹고 있는 중이었다.

· We have an examination in **mathematics** today.
  우리는 오늘 수학시험을 치른다.

### (5) 건물의 명사가 그 고유의 목적으로 사용되는 경우

school (수업), church (예배), hospital (치료)처럼 본래의 목적이 명확한 명사의 경우 the를 붙이지 않아야 본래의 목적이 되며, the를 붙이면 본래의 목적이 아닌 다른 목적이 된다.

· He goes to **church** every Sunday.
  그는 매주 일요일에 예배하러 간다.

· He went to **the church** to meet his friends.
  그는 친구들을 만나기 위해 교회에 갔다.

**(6) 유일 관직이나 혈연 등을 나타내는 명사가 고유명사의 동격이나 보어자리에 놓인 경우**

· **Father** comes home late from work.
아버지는 직장에서 늦게 오신다.

· They elected him **mayor** of their city.
그들은 그를 도시의 시장으로 선출했다.

· **President** Obama was elected in 2008.
오바마 대통령은 2008년에 당선되었다.

**(7) 종류를 나타내는 명사의 경우 ★**

of 뒤에 나오는 명사는 반드시 무관사로 써야 하며, 일반적으로 종류명사 앞의 한정사와, 종류 명사 그리고 of 뒤의 명사의 수는 일치해야 하는 것이 원칙이다. (불가산 명사는 예외)

> **종류명사의 종류 :** kind, sort, type, species
>
> a/this/that kind of 무관사 단수명사 + 단수동사
> these/those kinds of 무관사 복수명사 + 복수동사
> these/those kinds of 무관사 불가산명사 + 복수동사

· This kind of ~~the~~ flower is common in the region.
→ **This kind of flower** is common in the region.
이런 종류의 꽃이 이 지역에서는 흔하다.

· **Many kinds of flowers** are in the garden.
많은 종류의 꽃들이 그 정원에 있다.

· This is **the kind of thing** I want.
이것은 내가 원한 종류이다.

**(8) 서로 쌍을 이루고 있는 대구 구조의 경우**

> from east to west (동서로), step by step (단계적으로), husband and wife (부부)
> side by side (나란히), day by day (매일), from door to door (집집마다)

· The trucks are parked **side by side**.
그 트럭들이 나란히 주차되어있다.

## (9) 관용적으로 관사를 사용하지 않는 경우

관용적으로 관사를 사용하지 않는 경우는 굉장히 많다. 외우려 노력하지 말고 그냥 참고만 하자.

> after school (방과 후에) / in need (어려움에 처한) / at hand (가까운, 머지않아) / in fact (사실은)
> give way (항복하다, 무너지다) / out of order (고장 난) / at ease (걱정 없이, 편히)
> by chance (우연히) / beyond question (의심의 여지가 없는, 확실한) / of moment (아주 중요한)
> on fire (불타는) / out of date (뒤떨어진, 구식의, 쓸모없는)

## 4) 그 외 관사의 용법

### (1) 통칭명사 (대표명사)

어떤 명사의 일반적인 속성을 나타내고자 할 때 그 명사를 통칭하는 표현을 쓴다.

> ❶ 가산 명사의 통칭 : a/an + 단수, the + 단수, 무관사 복수
> ❷ 불가산 명사의 통칭 : 무관사 단수

· A **square** has four sides.
= **The square** has four sides.
= **Squares** have four sides.
   정사각형은 네 개의 면이 있다.

### (2) 관사의 반복

명사가 and로 연결되는 경우, 관사를 각각의 명사 앞에 모두 쓸 때와 제일 앞에 있는 명사에만 쓸 때 의미가 달라지는 경우가 많다.

· I met **an** actor and singer.
   나는 배우이자 가수를 만났다.
   (관사가 앞의 명사에만 붙어있는 경우에는 같은 사람 (즉, 직업이 두 개)을 지칭한다.)

· I met **an** actor and a singer.
   나는 배우와 가수를 (각각) 만났다.
   (관사가 각각의 명사 모두에 붙는 경우에는 다른 사람을 지칭한다.)

의미상 헷갈리지 않거나, 한 쌍을 의미하는 경우 관사는 한 번만 쓰여도 된다. (즉, 저 위의 규칙이 절대적인 것은 아니다.)

· He wants a dog or (a) cat as a pet.
그는 애완동물로 개나 고양이를 원한다.
(오해의 소지가 없으므로 a를 써도 좋고 안 써도 좋다.)

· **The husband and wife** were present at the party.
남편과 아내가 파티에 참석했다.
(한 쌍을 지칭하는 경우 관사를 두 번 쓸 필요가 없다.)

# 연습하기 044

다음 문장들은 모두 틀린 문장이다. 틀린 부분을 밑줄 긋고 올바르게 옮기시오.

– 해석은 당연!

1. Those kind of books are very difficult to read.

2. Last year I went to Japan by the ship.

3. Woohee plays violin very well.

4. I take a walk four times the week to make me feel better.

5. To my surprise, he caught me by my arms.

# MEMO

## 요약하기

명사파트에서는 명사에 a를 붙일 수 있는지, -s를 붙여도 되는지와 같은 부분을 묻는 문제가 주로 출제된다. 이런 부분은 우리나라 말의 개념으로는 이해하기 힘든 단어들이 많이 있으므로 어쩔 수 없이 암기를 해야 한다. 단 모든 명사들을 암기하는 것은 매우 힘들고 그 노력에 비해 시험에도 자주 나오지 않기 때문에 중요한 부분 위주로 암기하도록 하자. 쓸데없이 모든 명사를 다 외우려 노력하지 말자.

관사파트 역시 마찬가지로 the를 붙일 수 있는지에 대한 여부를 묻는 문제들이 주로 출제된다. 이 역시 암기문제 이므로 주요부분을 우선적으로 암기하도록 하자.

## 적용하기 1단계 ❶ ❷ ❸

[1–2] Choose the one that could best completes the following sentence.

**01** _____ was impertinent to the people present.

(A) His that remark            (B) That remark of his

(C) That his remark            (D) That remark of he

**02** They bought _____ for the new laboratory.

(A) many equipments            (B) two pieces of equipments

(C) two piece of equipment            (D) two pieces of equipment

[3–9] Choose the one which is grammatically <u>incorrect</u> among the four underlined parts.

**03** <u>In a typical</u> speech situation <u>involving</u> a speaker, a hearer, and an utterance by the speaker,
    (A)                    (B)

there are <u>many kinds of act</u> <u>associated with</u> the speaker's utterance.
          (C)        (D)

**04** There are concerns for the safety of <u>scores</u> of people after a ship carrying 118 passengers
                                  (A)

and <u>crews</u> lost power in rough <u>waters</u> off an Indonesian island <u>on</u> Saturday. [2016 경기대]
     (B)               (C)             (D)

**05** It was July 10, 2012, and I was an ordinary <u>17–years–old girl</u>, who'd been <u>feeling</u> unwell.
                                 (A)               (B)

<u>With</u> my mother by my side, I now sat in Dr. Mahbob's office and <u>awaited</u> my diagnosis.
  (C)                                          (D)    [2017 국민대]

**06**  I do not understand <u>why</u> Mother <u>should object</u> to <u>my</u> <u>playing piano</u> at the party.
                                 (A)           (B)     (C)    (D)

**07**  In order to arrest a person, the police <u>has</u> to be reasonably sure that a crime <u>has been</u>
                                        (A)                                  (B)

committed. The police must give the suspect the reasons why he <u>is being arrested</u> and <u>tell</u>
                                                            (C)           (D)

him his rights under the law.                              [2016 한양대 에리카]

**08**  Atmospheric water <u>vapors</u> regulates <u>air</u> temperature by <u>absorbing</u> thermal radiation from the
                                (A)               (B)              (C)

Sun <u>and</u> the Earth.
     (D)

**09**  The <u>evidences show</u> that children of women <u>who work</u> are not more <u>likely</u> to have lower
           (A)                             (B)           (C)

school <u>achievement</u> than children of stay-at-home moms.       [2016 한국외대]
       (D)

[10] Choose the sentence that is <u>NOT</u> grammatically correct.

**10**  (A) Bread and butter is fattening.

(B) Slow and steady wins the game.

(C) These statistics shows deaths per 1,000 of population.

(D) There is someone in the room.

## 적용하기 2단계 ❶ ❷ ❸

[1-3] Choose the one that could best completes the following sentence.

**01** All the water used by the residents had to be _____ truck.

(A) bringing in                      (B) brought in by

(C) brought in by the          (D) brought by the

**02** A: I don't think the piano recital was a great success.

B: That may be true, but there _____ .

(A) were a lot of audiences        (B) were many audiences

(C) was a large audience          (D) was much audience

**03** The automobile industry is experimenting with _____ that will consume less gasoline and cause much less pollution.

(A) new kind of motor            (B) a new kind of a motor

(C) a new kinds of motors        (D) a new kind of motor

[4-9] Choose the one which is grammatically <u>incorrect</u> among the four underlined parts.

**04** The United States capital in Washington, D.C., developed slowly, <u>assuming</u> its present
                                                    (A)

gracious <u>aspect</u>, with <u>wide</u> avenues and many parks, only in <u>twentieth</u> century.
     (B)       (C)                                    (D)

**05** The Danish flag, a large white cross <u>on a red field</u>, is the oldest <u>unchanged</u> national flag in
                                  (A)                          (B)

the world. <u>Its design</u> is more than seven <u>hundreds</u> years old.
          (C)                        (D)

**06** Any commentary about Easter Island <u>would be</u> incomplete <u>without mentioning</u> the theories
　　　　　　　　　　　　　　　　　　　　　(A)　　　　　　　　　　　(B)

of <u>the Norwegian explorer and the scientist</u>, Thor Heyerdahl, who came to the island in the
　　　　　　　　　　　(C)

1950s. <u>No error</u>.　　　　　　　　　　　　　　　　　　　　　　　　　　[2016 중앙대]
　　　　(D)


**07** First jobs may be <u>intimidating</u> for everyone, but <u>few</u> people have to <u>deal with</u> worked-related
　　　　　　　　　　　　(A)　　　　　　　　　　　　(B)　　　　　　　(C)

stress at <u>so young age</u> as athletes and dancers do.　　　　　　　[2022 한국외대]
　　　　　(D)


**08** Dennis Green, <u>one</u> of the winningest NFL coaches <u>in the 1990s</u>, signed <u>a five-years contract</u>
　　　　　　　　　(A)　　　　　　　　　　　　　　　　　　(B)　　　　　　　　(C)

Wednesday to  guide the struggling Arizona Cardinals. <u>the Associated Press reported</u>.
　　　　　　　　　　　　　　　　　　　　　　　　　　　　　　(D)


**09** While I wished to obtain <u>a sound</u> knowledge of <u>all aspects</u> of zoology, I planned <u>to devote</u>
　　　　　　　　　　　　　　(A)　　　　　　　　　(B)　　　　　　　　　　(C)

especially <u>to insects</u>.　　　　　　　　　　　　　　　　　　　　　　[2017 한국외대]
　　　　　(D)


[10] Choose the sentence that is <u>NOT</u> grammatically correct.

**10**　(A) The police wants to interview the man about the robbery.

　　　(B) My pants are on the table.

　　　(C) Physics is my favorite subject.

　　　(D) Three days is not long enough for a good holiday.

## 적용하기 3단계 ❶ ❷ ❸

[1] Choose the one that could best completes the following sentence.

**01** To get at the root of a problem, it is necessary to exchange ＿＿＿＿＿＿ with another.

    (A) a view                         (B) views

    (C) the view                      (D) view

[2-9] Choose the one which is grammatically <u>incorrect</u> among the four underlined parts.

**02** <u>Like</u> baseball parks and basketball-hockey arenas, football stadiums have <u>for</u> decades
  (A)                                            (B)

<u>been</u> evolving into places <u>where</u> an increasing amount of the real estate <u>are</u> devoted to
  (C)              (D)                                 (E)

premium-priced seating.                        [2015 성균관대]

**03** <u>During</u> courtship, the created peacock displays his green-and-gold <u>upper</u> <u>tails</u> feathers
  (A)                                         (B)   (C)

<u>before</u> the peahen.
  (D)

**04** <u>The</u> problem is <u>endemic to</u> command-and-control economies. Governments <u>set target</u> from
  (A)          (B)                                   (C)

the top; bureaucrats know that their jobs (and sometimes their lives) depend on hitting it so

the figures are massaged to <u>meet the target</u>.           [2016 서강대]
                             (D)

**05** The English has both regular and irregular verbs. Learn the basic verb forms of these words
       (A)                                    (B)

in order to form the tenses and avoid mixing tenses in writing.
   (C)                    (D)

**06** Though the term individualism did not appear until late 1820s, when market societies were
                                     (A)

well established, the principles it encompasses were already instated by the mid−eighteenth
                     (B)              (C)             (D)

century.                                                   [2016 서강대]

**07** Our best efforts have been made to help find peaceful solution to the North Korean unclear
                 (A)                (B)

issue, and most problems have either been overcome or are moving toward solutions.
          (C)                           (D)

**08** If there is social or political change in a region where a standard language is spoken, local
                       (A)                        (B)

varieties of a language may develop.
        (C)      (D)

**09** The indictment provides details of five shipments from the company and says the suspects
                                  (A)              (B)

who were arrested earned tens of thousand of dollars from their dealings.
     (C)                 (D)

[10] Choose the sentence that is grammatically <u>correct</u>.

**10**   (A) The Earth travels at a high rate of speed around sun.

     (B) The woman on white was standing with her head up.

     (C) The workers in America get paid by week.

     (D) She looked me in the face.

# Chapter XII

# 대명사

🔍 **미리보기**

1. **대명사는 앞에 나온 명사를 대신하는 말로서, 명사의 반복을 피하고자 할 때 사용된다.**

   그렇기 때문에 대명사에 관한 문제는 그 대명사가 지칭하는 명사가 어떤 것인지를 제대로 파악하는데 달려있다.

2. **대명사는 단순히 명사를 대신하는 것에서 임무가 끝나는 것이 아니라, 앞에 나온 명사(구,절)를 가리키는 말로도 쓰인다.**

   즉, 대명사를 사용함으로서 앞, 뒤 문장이 서로 긴밀히 연결되었음을 보여주기도 한다.

3. **대명사에서 가장 학생들이 헷갈려 하는 part는 부정대명사이다.**

   그러므로 부정대명사를 얼마나 제대로 아느냐가 대명사 정복의 핵심 Key이다.

4. **대명사의 종류에는 인칭대명사, 지시대명사, 부정대명사, 의문대명사, 관계대명사가 있다.**

   우리는 이미 의문대명사(290p 참고)와 관계대명사(관계대명사 part 참고)는 앞서 배운 적이 있으므로 나머지 대명사에 중점을 두어서 공부하도록 하자.

---

**❶ 인칭대명사**

인칭대명사는 말 그대로 사람(人)을 지칭하는 대명사이다.

### 강민 형이 콕 찍어줄게!

❶ 대명사가 지칭하는 명사의 인칭과 격, 수 등을 일치시켜야 한다. <u>이러한 문제 유형은 결국 해석을 묻는 문제이므로 해석을 잘하는 학생이 유리하다.</u> 상당히 자주 나오는 문제 패턴이므로 해석 연습 열심히 하자.

❷ 재귀대명사는 반드시 주어와 관련이 있는지의 여부를 따져야 한다.

## 1) 인칭대명사의 종류

| 수 | 인칭 | | 주격 | 소유격 | 목적격 | 소유대명사 | 재귀대명사 |
|---|---|---|---|---|---|---|---|
| 단수 | 1인칭 | | I | my | me | mine | myself |
| | 2인칭 | | you | your | you | yours | yourself |
| | 3인칭 | 남성 | he | his | him | his | himself |
| | | 여성 | she | her | her | hers | herself |
| | | 중성 | it | its | it | – | itself |
| 복수 | 1인칭 | | we | our | us | ours | ourselves |
| | 2인칭 | | you | your | you | yours | yourselves |
| | 3인칭 | | they | their | them | theirs | themselves |

## 2) 인칭대명사의 주의할 점

### (1) 인칭 대명사의 인칭, 수, 격의 일치

인칭 대명사는 앞에 있는 명사와 명사를 받는 인칭대명사간의 인칭과 수의 일치, 그리고 자리에 따른 격변화를 잘 맞춰줘야 한다.

· This is **a computer**, and you can use **it**.
  이게 컴퓨터야. 너도 다룰 수 있어.

· **Mr. Lee** always drives to work although **he** can easily take the train.
  이군은 비록 쉽게 기차를 타고 직장에 갈 수 있지만, 항상 차를 몰고 다닌다.

### (2) 주격보어의 격

주격보어는 '주어를 보충해주는 말'이다. 그러므로 주어와 관련이 있고, 주어와 관련이 있다는 것은 주격보어에는 '주격'을 쓰는 것이 원칙임을 의미한다. 그러나 격식이 없는 상황에서는 목적격을 주로 쓴다.

· The one who wants to see you is not **she** but **he**.
  당신을 만나고 싶어 하는 사람은 그녀가 아니라 그다.

· If you were **she**, what would you do?
  만약 네가 그녀라면, 뭘 할 거니?

· "Who's there?" "It is **me**."
  "누구세요?" "나야" (일반적으로 목적격도 많이 쓴다.)

## (3) 소유대명사

뒤에 나오는 명사가 이미 앞에 언급이 되어 있는 경우 소유격만 남겨두고 명사는 보통 생략된다. 이때 명사가 생략되었음을 명확하게 알리기 위해 '소유대명사'를 쓰게 되는 것이다. 해석은 '~의 것'이라 하면 된다. ( 독립소유격과 비슷하다.)

· This key is **my key.** → This key is **mine.**
   이 열쇠가 내 열쇠다. → 이 열쇠가 내 것이다.

· His house is bigger than **her house.** → His house is bigger than **hers.**
   그의 집이 그녀의 집 보다 더 크다. → 그의 집이 그녀의 것 보다 더 크다.


## (4) 재귀대명사

앞의 명사를 강조하는 강조 용법과, 목적어 자리에 사용되는 재귀적 용법 두 가지로 나눌 수 있으며 관용표현의 자리에도 사용된다.

### ① 강조용법

강조 용법의 재귀대명사는 생략이 가능하며, 주어나 목적어를 강조하기 위해 바로 뒤에 붙인다. (주어를 강조할 경우 문미에 쓰기도 한다.) 해석은 '친히, 직접'의 의미쯤 되며, 부사적으로 쓰이므로 문장에 영향력 없다.

· I **myself** do not agree.
   나는 정말로 동의하지 않는다.

· **They** painted the house **themselves.**
   정말 그들이 그 집을 칠했다.

· I saw him singing on the stage **myself.**
   내 자신이 직접 그가 무대에서 노래하는 것을 보았다.

· I want to see **your father himself.**
   나는 바로 너의 아버지를 보고 싶어.

### ② 재귀적용법

재귀대명사의 본래 의미는 '다시 재', '돌아올 귀'이다. 즉 '다시 돌아오는 대명사'라는 뜻인데, 다시 돌아온다는 것은 바로 주어를 말한다. 즉, '(주어가 목적어 자리로) 다시 돌아온다'는 의미이다. 이것으로 우리는 재귀대명사는 반드시 주어와 연관이 있으며, 재귀대명사가 속한 절의 주어와 목적어가 동일할 때 재귀대명사를 써주게 되는 것임을 알 수 있다.
또한 주어가 목적어 자리로 다시 돌아오는 것이기 때문에 재귀대명사는 절대 주어자리에는 쓰일 수 없다.

· He considers **himself** lucky.
   그는 그 자신이 운이 좋다고 여겼다.

· **She** is looking at **herself** in the mirror.
그녀는 거울에 비친 그녀 자신을 보고 있다.

· **He** said to **himself** that he had succeeded!
그는 성공했노라고 스스로에게 말했다.

· **You** should be proud of **yourself**.
당신은 스스로를 자랑스러워해야한다.

---

**▲ 주 의**

재귀대명사가 항상 주절 주어와의 관계만을 따져서 문제를 푸는 것은 아니다.

의미상의 주어와 일치할 경우나, 두 개의 절이 나와도 동일절 내에서의 주어로 재귀대명사를 판단할 수 있으므로 조심하자.

· **Mary** expected **Jane** to respect **herself**. (5형식: herself = Jane)
Mary는 Jane이 Jane자신을 존경하기를 기대했다.
(5형식은 목적어와 목적격 보어가 주어 동사 관계이므로 herself는 Jane과 연결된다.)

· **Mary** promised Jane to respect **herself**. (4형식: herself = Mary)
Mary는 Jane에게 Mary자신을 존경할 것을 약속했다.
(4형식은 간접목적어 + 직접목적어의 어순이고 이것은 둘 다 목적어일 뿐 주어 동사 관계가 아니므로 herself는 Mary와 연결된다.)

· John said **the woman** didn't like **himself**. (X)
→ John said the woman didn't like him. / herself. (O)
John은 그 여성이 그를(그녀 자신을) 사랑하지 않는다고 말했다.
(이 문장에서처럼 두 개의 절이 연결되어 나오는 경우 재귀대명사는 주절의 주어와 연결하는 것이 아니라, 재귀대명사가 속한 문장의 주어와 연결되므로 himself가 아닌 the woman을 받아주는 herself로 써야 한다.)

---

③ 재귀대명사의 관용표현
재귀대명사는 주어와 연결되어 목적어자리에 쓰인다. 영어에서 목적어를 가져올 수 있는 것은 타동사와 전치사이기 때문에 타동사 뒤에 또는 전치사 뒤에 관용적으로 재귀대명사를 붙이는 표현들은 외워두도록 하자.

**a. 재귀대명사를 사용하는 주요 관용 표현들 (타동사 + 재귀대명사)**
타동사 뒤에 쓰는 재귀대명사 표현은 이미 동사 Part (42~44p 참고)에서 다룬 적 있으므로 여기에서는 예문만 보고 넘어가자.

· I **absented myself from** school for two days on account of illness.
= I was absented from school for two days on account of illness.
나는 아파서 이틀 동안 학교를 결석했다.

· He **devoted himself to** reading a book.
  = He **was devoted to** reading a book.
    그는 책을 읽는데 몰두했다.

b. 재귀대명사를 사용하는 주요 관용 표현들 (전치사 + 재귀대명사)

---

for oneself (혼자 힘으로) / by oneself (홀로) / of itself (저절로) / in itself (그 자체가, 본래)
beside oneself (제정신이 아닌) / in spite of oneself (자기도 모르게, 무의식적으로)
between ourselves (우리 끼리 얘기지만)

---

· She is fairly **beside herself** with anger.
    그녀는 화가 나서 제정신이 아니다.

· The candle went out **of itself.**
    양초는 저절로 타버렸다.

### (5) 대명사 it
대명사 it은 앞에 언급한 명사를 받기도 하며, 앞에 나온 구나 절 전체 또는 막연한 사람을 받는다. 또한 가주어, 가목적어, 강조 구문, 또는 비인칭대명사로 쓰이기도 한다.

#### ① 앞서 언급한 명사, 구, 절 전체를 받는 경우

· I bought **a pretty doll** and gave it to her.
    나는 꽤 예쁜 인형을 샀고, 그녀에게 그것을 주었다. (명사를 받음)

· I tried **to get up** but found it impossible.
    나는 일어나려고 애썼다. 그러나 그것이 불가능하다는 것을 깨달았다. (구를 받음)

· **You have saved my life**; I shall never forget it.
    당신은 내 생명의 은인입니다. 나는 절대로 그것을 잊지 않겠습니다. (절 전체를 받음)

#### ② 비인칭 주어인 경우
시간, 거리, 날씨, 명암, 계절, 요일 등을 나타낼 때 it을 사용한다. 이때 it은 해석하지 않는다.

· It is dark in this classroom.
    교실이 어둡다. (명암)

· It is spring now.
    지금은 봄이다. (계절)

· It is fine today.
오늘 날씨 참 좋다. (날씨)

· What time is it, now?
지금 몇 시지? (시간)

### ③ 가주어의 경우

문장의 안정성을 위해 길게 나온 주어를 뒤로 보내고 가짜주어 it을 쓰는 표현을 말한다. 특히 to부정사와 that 절에서 자주 일어나는 문법적 성질이다. 동명사는 가주어로 잘 보내지 않는다.

· It is important for you to concentrate during the class.
네가 수업시간동안 집중하는 것은 중요하다.

· It is certain that he will succeed.
그가 성공할 것이 확실하다.

### ④ 가목적어의 경우 (56p 참고)

어떤 동사들의 경우 to부정사를 목적어로 취할 수도 있지만, 그렇지 않은 동사들도 있기 마련이다. 특히 5형식 인식동사의 경우 to부정사를 목적어로 쓸 수 없는데, 이 경우 to부정사를 문장 뒤로 보내고 그 자리에 it을 써주면 된다. 이때 it이 가짜목적어 즉, 가목적어이다.

· I make it a rule to go for a walk every morning.
나는 매일 산책하는 것을 규칙으로 삼고 있다.

### ⑤ 성별을 알 수 없는 경우와 막연한 상황을 말하는 경우

· The baby is raised with its mother's milk.
아기는 엄마의 모유를 먹으며 자란다. (아기)

· Someone is at the door. Who is it?
누군가 밖에 있다. 누구지? (막연한 사람)

· How goes it with you?
요즘 경기가 어떻습니까?(막연한 상황)

### ⑥ 강조구문의 경우

강조구문은 평서문에서 화자가 강조하고 싶은 단어를 'it be ~ that 절'에 넣은 문장이다. 이 경우 관계대명사와 상당히 비슷한 구조를 취하기 때문에 관계대명사 who(m), which로 바꿀 수 있다.

· I bought the book yesterday.
= It was I that(= who) bought the book yesterday.
어제 책을 샀던 것은 바로 나다. (주어 강조)

(이 경우 it was me that 이라고 쓰지 않도록 주의해야 한다. 강조된 말은 'I'이지 'me'가 아니다.)

= It **was the book that**(= **which**) I bought yesterday.
내가 어제 샀던 것은 바로 그 책이다. (목적어 강조)

= It **was yesterday that** I bought the book.
내가 책을 샀던 것은 바로 어제이다. (부사 강조)

> **▲주의**
>
> 강조구문에서 '부사'도 강조될 수 있다. 이때 that절 이하는 완전한 절이 동반되는데, 이것은 관계부사와 상당히 비슷한 구조를 취하기 때문에 관계부사로 바꿀 수 있을 것 같지만, 관계부사로 바꾸지 못한다.
>
> · It was yesterday ~~when~~ I bought the book.
>   → It was yesterday that I bought the book.

> **▲주의**
>
> 가주어 진주어 VS 강조구문
>
> 만약 문장이 'It be (A) that절'로 나오는 경우, (A)에 나오는 품사에 따라 가주어진주인지, 강조구문인지가 결정난다.
>
> ❶ It be 형용사 that S V : 가주어 진주어 구문
> ❷ It be 부사 that S V : 강조구문
> ❸ It be 명사 that S V : that절이 완전하면 → 가주어 진주어 구문
>   　　　　　　　　　　　 that절이 불완전하면 → 강조구문

## 연습하기 045

다음 문장들은 모두 틀린 문장이다. 틀린 부분을 밑줄 긋고 올바르게 옮기시오.

－해석은 당연!

1. It was a photograph of two puppies when Daniel showed me.

2. The company is planning to increase their sales by 20%.

3. You had better take care of you.

4. I tried on many T-shirts in the shop, but none of it fit.

5. It was Jason that he gave me the book.

**2 지시대명사**

**강민 형이 콕 찍어줄게!**

❶ 지시대명사에서 시험에 나올 가능성이 제일 높은 부분은 <u>비교문맥에서의 병치문제</u>이다. 즉 비교문맥에서 (꼭 비교급이 아니더라도 비교의 의미가 포함되어 있는 경우에서) 앞에 있는 명사를 that이나 those로 받는 문법적 사항을 묻는 문제가 매우 자주 출제되므로 열심히 공부해두자.

## 1) 지시대명사의 종류

지시대명사의 종류에는 this, that, these, those 등이 있다.

**(1) this는 시간, 공간, 심리적으로 가까운 것을 지칭할 때, that은 시간, 공간, 심리적으로 먼 것을 지칭할 때 쓴다. this와 that의 복수형은 these와 those이다.**

· What is **this**? / What is **that**?
  이게 뭐지?　　 / 저게 뭐지?

· We went to movie yesterday. **That** was awesome.
  우리 어제 영화 보러 갔는데 너무 재미있었어.

· We're going to movie tomorrow. **This** will be awesome.
  우리 내일 영화 보러 갈 거야. 진짜 재미있을 것 같아.

**(2) 앞으로 나올 낱말, 구절, 문장을 미리 가리킬 때 this를 쓴다.**

이전에 나온 말은 this/that 둘 다 쓸 수 있지만, 다음에 나올 말은 this로만 쓴다.

· My restaurant was full of people this morning, but **this/that** isn't usual.
  우리 음식점이 오늘 아침 사람들로 가득 찼었지만, 이것은 흔한 일이 아니다.
  (이전에 나온 말이므로 this와 that을 둘 다 쓸 수 있다.)

· Always keep **this** in mind: Time is gold.
  항상 이것을 명심하고 살아: 시간은 금이다.
  (뒤에 나올 말을 지칭하므로 that으로는 쓸 수 없다.)

**(3) 비교 또는 비교 문맥에서는 명사의 반복을 피하기 위해 that, those를 쓴다.**

수식어구를 동반하여 비교문장이나 비교의 의미를 가지고 있는 문장에서 앞의 명사(구)를 대신 받을 수 있다.

- The population of America is larger than ~~England~~. (X)
  → The population of America is larger than **that** of England.
    미국의 인구는 영국의 인구보다 더 많다.

- Our warranties are better than ~~our competitors~~. (X)
  → Our warranties are better than ~~that~~ of our competitors. (X)
  → Our warranties are better than **those** of our competitors. (O)
    우리의 보증서가 경쟁자의 것 보다 더 낫다.


**(4) 관계대명사의 선행사로서 that과 those를 쓴다.**

- **Those** who load the truck must be careful.
    트럭에 짐을 싣는 사람들은 반드시 조심해야 한다.

- This article is a fine recitation of **that** which we already know.
    이 기사는 우리가 이미 알고 있는 것에 대한 설명을 잘 해주고 있다.

- For **those** interested in nature, the club offers hikes and overnight camping.
    자연에 관심이 많은 사람들을 위해, 그 클럽은 하이킹과 하룻밤의 캠핑을 제공한다.

> **▲ 주 의**
>
> it, they, them, this 등은 형용사구 또는 형용사절의 수식을 받을 수 없다.
>
> - ~~They~~ who load the truck must be careful.
>   (아무리 주어자리라고 해도 형용사절의 수식을 받고 있기 때문에 they는 쓸 수 없다.)


**(5) 전자를 뜻하는 that. VS 후자를 뜻하는 this.**

이 밖에도 the former, the one은 전자를 의미하고, the latter, the other는 후자를 의미한다.

- Health is above wealth, for **this** can't give so much happiness as **that**.
    건강은 재산보다 귀하다. 왜냐하면 후자(재산)는 전자(건강)만큼의 많은 행복을 주지 못하기 때문이다.

- I have a dog and a cat; **the former** is much taller than **the latter**.
    나는 개와 고양이를 가지고 있는데, 전자(개)는 후자(고양이)보다 더 크다.

## 2) 그 외 지시대명사들

### (1) 대명사 so I

부사가 아닌 대명사 so는 앞 문장 또는 대화체에서 일부 <u>that절을 목적어로 취하는 정해진 동사들</u> (tell, say, suppose, hope, be afraid, imagine)의 <u>목적어 자리에서 대용표현</u>으로 사용된다.

· I told you **so**, didn't I?
  내가 그렇게 말했잖아. 그렇지?

· A : Do you think it will be nice tomorrow? / B : I hope **so**.
  A : 내일은 갤 거라고 생각하니?              / B : 그랬으면 좋겠어.

· He may be right, but I don't think **so**.
  그가 옳을지도 모른다. 하지만 나는 그렇게 생각하지 않는다.

---

**▲ 주 의**

**부정표현이 들어가 있는 목적어 that절의 대용표현**

일반적으로 <u>I don't think so.</u> 라고 표현을 하지만, <u>I think not.</u> 이라는 표현도 가능하다.
그러나 hope와 I am afraid를 부정으로 받는 경우에는 <u>I hope not.</u> / <u>I am afraid not.</u> 으로 써야 맞는 표현이 된다. (I don't hope so. / I am not afraid so는 불가하다.)

· A : I think that he will come. / B : I think so, too. / B : I don't think so. = I think not.
  A : 나는 그가 올 거라고 생각해. / B : 나도 그렇게 생각해 / B : 나는 그렇게 생각하지 않아.

· A : I hope that it will rain tomorrow. / B : I hope so. / B : I hope not. (I don't hope so.)
  A : 내일 비가 오길 바래.        / B : 나도 그러길 바래. / B : 나는 안 그랬으면 좋겠어.

---

### (2) 대명사 so II

앞에 나온 명사나 형용사를 대신 받아서 2형식의 보어자리에 쓰기도 한다.

· He had been **weak**, but he wouldn't be **so** any longer.
  그는 약했었다. 그러나 그는 더 이상 그렇지 않았다.

· My father was a teacher, and **so** am I.
  우리 아버지는 선생님이셨다. 그리고 나 역시 그렇다.
  (앞 문장에 대해서 동일한 말을 하거나, 긍정적인 동의를 말할 경우 각 절의 주어가 같지 않으면 도치가 일어난다.)

## (3) 대명사 such

such는 대명사이긴 하지만 주어로는 사용이 불가하다. 대신 보어자리에는 쓰일 수 있으며, 이 경우 주어와 보어는 도치될 수도 있다. 즉, 만약 such가 마치 주어자리에 있다면 이것은 주어가 아닌 보어라는 말이다. 그러므로 수일치는 뒤에 나오는 명사와 해야 한다.

· **Such** was my reward.
  내가 받은 보답은 이런 것이었다.
  (여기서 such는 보어로 쓰였고, 주어는 my reward이다.)

· The results were **such** that they were all shocked.
  그 결과는 너무나 그러해서 그들은 충격을 받았다.

---

### ⚠ 주 의

**as such VS such as**

대명사 such는 전치사 as와 호응을 이루어 'as such'로도 사용된다. 이 경우 해석은 '그러한 것으로서'라는 자격의 의미가 된다. such as는 그 자체가 전치사이며, 뒤에 명사가 함께 나와야 한다. (전명구) 해석은 '명사와 같은', '명사처럼'으로 해주면 된다. 이때 such as는 like와 같은 의미이다.

· If you act like a child, you will be treated **as such**.
  만약 네가 어린아이처럼 행동한다면, 너도 역시 그렇게(어린아이로) 대해질 거야.

· Autumn gives us fruits, **such as** pears, persimmons, and apples.
  = Autumn gives us fruits, **like** pears, persimmons, and apples.
    가을은 우리에게 배, 감, 사과와 같은 과일을 준다.

**such as N**는 **such A as B**와 동일한 의미이기도 하다. 단 이 경우 such A like B로 쓸 수는 없다.

· Men **such as** Washington and Lincoln are rare.
  = **Such** men **as** Washington and Lincoln are rare.
  ≠ **Such** men ~~like~~ Washington and Lincoln are rare.
    Washington, Lincoln과 같은 그런 남자는 드물다.

## 연습하기 046

다음 문장들은 모두 틀린 문장이다. 틀린 부분을 밑줄 긋고 올바르게 옮기시오.

– 해석은 당연!

1. They who like borrowing dislike paying.

2. I may have offended her, but such were not my intention.

3. "Ouch! I think my arm is broken." "Oh! I do not hope so."

4. The houses of the rich are generally larger than that of the poor.

5. Television and internet are two modern means of communication, but that is more up-to-date.

### ❸ 부정대명사

부정대명사는 쉽게 말해 '(가리키는 대상이) 특별히 정해지지 않은 대명사'를 의미한다. 제대로 공부하지 않으면 많이 헷갈릴 수 있으므로 열심히 공부할 필요가 있다.

#### 강민 형이 콕 찍어줄게!

❶ 부정대명사는 굉장히 복잡하다. 기본적으로 수의 체계도 단어에 따라 다르고 해석으로는 풀기 힘들기 때문이다. 그렇기 때문에 암기하지 않으면 틀릴 확률이 높은 파트이며, 그런 이유로 시험에 자주 나온다.

❷ 대부분의 부정대명사는 형용사의 용법도 있기 때문에 외울 때 같이 외워두자.

## 1) one

부정대명사 one은 일반인을 나타내어 '(일반적인) 사람'의 뜻과 앞에 나온 명사를 받아 주되 그 명사의 불명확한 임의의 하나를 받아 주는 기능을 한다. 앞에 나온 명사를 받아 주는 경우 그 명사는 '셀 수 있는' 가산명사여야만 한다.

### (1) 일반인을 나타내는 경우

일종의 격식체로 소유격은 one's로 재귀대명사는 oneself로 나타낸다.

· **One** should be able to distinguish between what to do and what not to do.
  사람은 무엇을 해야 할지와 무엇을 하지 말아야 할지를 구분할 수 있어야 한다.

· **One** must not neglect **one's** duty.
  사람은 자신의 의무를 소홀히 해서는 안 된다.

### (2) 앞에 나온 가산명사를 받아 주는 경우 (불명확한 임의의 하나)

앞에 나온 명사가 단수일 때는 one으로 써주면 되고, 복수인 경우에는 ones로 쓰면 된다.

· I have some pens so I'll lend you **one**.
  나는 몇 개의 펜이 있어. 그래서 너에게 하나를 빌려줄게.

· I have lost my watch so I have to buy **one**.
  나 시계 잃어버렸어. 그래서 하나 사야해.

· I don't like white shoes. Don't you have black **ones**?
  이 흰색 신발 마음에 안 드네요. 검정색 (신발) 없나요?

---

### ▲ 주 의

**it VS one**

it과 one 둘 다 앞에 나온 명사를 대신 받는 명사임에는 틀림없지만, it은 앞에 나온 '바로 그 명사'를 의미하고 one은 앞에 나온 '명사 중 임의의 어떤 하나'를 의미하기 때문에 전혀 다른 상황에서 쓰인다.

· Thanks for your present. I love **it**.
  선물 고마워. 너무 마음에 든다.
  (앞에 나온 바로 그 명사를 의미하므로 one이 아닌 it으로 써야 한다.)

· I want a car; but I have little money to buy **one** with.
  나는 차를 갖고 싶다. 하지만 그것을 사기에는 돈이 별로 없다.
  (단순히 차를 갖고 싶은 것이지 특정한 어떤 차를 말한 것이 아니므로 it이 아닌 one으로 써야 한다.)

· I have a car. **It** is very comfortable.
  나는 차가 있다. 그것은 매우 편하다.
  (이것은 현재 내가 지니고 있는 차를 말하므로 it으로 쓰는 것이 맞다.)

**(3) one의 사용상의 특징**

① one은 다른 대명사와는 다르게 한정사, 서수, 형용사의 수식을 받을 수도 있다.

이 경우 보통 생략하기도 한다.

· I was the first **(one)** to put the question.
　나는 표결에 부쳤던 첫 번째 사람이었다.

· The tree is **a very small one**.
　그 나무는 매우 작은 나무이다.

② **one을 사용할 수 없는 경우**

다음에 나올 a와 b에서 <u>b는 그냥 참고만 하면 된다.</u> 열심히 공부할 필요까지는 없다. (a는 기억할 필요가 조금 있다.)

**a. 물질명사, 추상명사를 대신해서 쓰지는 못한다.**

· **This furniture** is different from that ~~one~~. (X)
　→ **This furniture** is different from that. (O)
　　이 가구는 저 가구와 다르다.

· **Red wine** is fermented at a higher temperature than white ~~one~~. (X)
　→ **Red wine** is fermented at a higher temperature than white. (O)
　　레드 와인은 화이트 와인 보다 더 높은 온도에서 발효되어진다.

**b. 기수, 소유격, these, those 다음에는 one을 쓸 수 없다.**

one에는 '하나'라는 뜻이 포함되어 있기 때문에 그렇다. 물론 서수는 가능하다. (중요 point는 아니다.)

· I like dogs, so I have **two** ~~ones~~. (X)
　→ I like dogs, so I have **two**. (O)
　　나는 개를 좋아한다. 그래서 두 마리를 키운다.

· The first three books are novels, and the next **two** ~~ones~~ are biographies. (X)
　→ The first three books are novels, and the next **two** are biographies. (X)
　　첫 번째 세 책은 소설이고, 다음 두 책은 전기이다.

· The bag is bigger than **my own** ~~one~~. (X)
　→ The bag is bigger than **my own**. (O)
　　그 가방은 내 것보다 더 크다.

**형용사의 수식을 받는 다면 one을 쓸 수 있다. (그냥 참고만 하자)**

· A white dog and **four** **black ones** are coming here.
흰색 개 한 마리와 검은색 개 네 마리가 여기로 다가오고 있다.

· If you need a dictionary, I will lend you **my** **old one**.
만약 사전이 필요하다면, 내 오래된 것이라도 너에게 빌려줄게.

· **These** **blue ones** have sold the best.
이 파란 물건들이 가장 잘 팔렸다.

## 2) another

셋 이상 중의 또 다른 불특정한 것을 의미하며, 마지막에 남은 명사에는 절대 쓰지 않는다. 항상 '중간에 껴 있는 명사 하나'를 지칭할 때 another를 쓴다. 대명사 이외에도 한정사 (= 형용사)로도 쓸 수 있으며, 이때는 뒤에 단수가산명사를 써야 한다.

· I don't like this hat. Show me **another**.
이 모자는 마음에 들지 않네요 다른 것 주세요.
(대명사로 쓰여 '여러 가지 모자 중 다른 모자 하나'를 달라고 했으므로 another를 써야 한다.)

· ~~Another coats~~ than this will suit you better. (X)
→ **Another coat** than this will suit you better. (O)
이것보다 다른 코트가 너에게 더 잘 맞겠다.
(another가 형용사로 쓰여 단수명사를 꾸며주는 것이 맞다.)

· Will you have **another cup of coffee**?
커피 한잔 더 드실래요?
(coffee라는 불가산 명사를 꾸미고자 하는 경우 조수사의 도움을 받으면 당연히 맞는 표현이 된다.)

another가 숫자/few와 결합되는 경우 복수명사를 취할 수 있다.

· You have the option to extend the warranty for **another six months**.
귀하는 또 다른 6주 동안 품질 보증 기간을 연장 할 선택권을 가지고 있습니다.

> **참고**
>
> **another의 주요 관용 표현**
>
> ❶ A is one thing and B is another (A와 B는 별개의 것이다)
>
> · To know is **one thing and** to teach is **another**.
> 아는 것과 가르치는 것은 별개의 것이다.
>
> ❷ one after another (잇따라서)
>
> · Strange things happened **one after another** in this game.
> 이번 경기에서는 이변이 속출했다.
>
> ❸ one another (서로서로) = each other
>
> · They were helping **one another** in their work.
> 그들은 그들의 일을 서로서로 돕고 있었다.
>
> · They looked at **each other**.
> 그들은 서로를 바라보았다.

### 3) other

일단 <u>other</u>자체는 형용사이다. 절대로 명사의 역할은 할 수 없다. 또한 <u>other</u> 뒤에는 복수명사, 불가산명사를 쓸 수 있다는 점에서 another와 대비된다. other가 명사의 역할을 하고자 할 때는 the other, the others, others 등으로 써야 한다.

· **Other thing**s being equal, I would choose her.
= **Others** being equal, I would choose her.
다른 것이 같다면, 나는 그녀를 택할 텐데.
(other + 복수명사 = others)

### 4) the other, the others, others

전제로 주어진 명사에서 마지막으로 남은 명사의 <u>수가 몇 개인지 아는 경우</u> 'the'를 붙여주고, 남은 명사가 <u>단수라면 'the other'로</u>, 남은 명사가 <u>복수라면 'the others'</u>를 써준다. 만약 남은 명사가 몇 개인지 모르는 경우 (즉, 전제자체가 없거나 무한대일 경우) <u>the는 쓸 수 없다.</u> 그러므로 <u>그냥 'others'</u>를 써주면 된다.
중간에 껴 있는 명사는 'another'를 써주면 된다.

· I have <u>two sisters</u>. **One** lives in Seoul and **the other** lives in Daegu.
나는 두 명의 누이가 있다. 한명은 서울에 살고 다른 한 명은 대구에 산다.
(처음 전제로 '두 명'을 말했으므로 처음 한 명 이후의 나머지 역시 '한 명'임을 알 수 있다. 그러므로 the other)

·· **One of his eyes** is bigger than **the other**.
그의 눈은 한쪽이 다른 쪽 보다 더 크다.

- I have **three flowers**; **one** is red, **another (a second)** is blue, and **the third (the other)** is yellow.
  나는 세 가지 꽃을 가지고 있다. 하나는 빨간색, 다른 하나는 파란색, 나머지는 노란색이다.
  (처음 전제로 '세 개의 꽃'을 말했으므로 처음 이후에 중간에 껴 있는 하나의 명사는 another로, 나머지 '하나'는 숫자를 알고 있으므로 역시 the other를 쓰면 된다.)

- There are 10 people in the room; **some** are women and **the others** are men.
  방에 10명의 사람들이 있다. 몇 명은 여성들이고 나머지는 남성들이다.
  (처음 전제로 '10명'을 말했으므로 수를 알고 있다는 개념이다. 그러므로 처음 '몇 명' 이후에 나머지도 처음 몇 명에 따라서 정해져 있게 된다. 그러므로 the를 쓰고 복수이므로 others를 쓰는 것이 맞는 표현이다.)

- **Some** like football, but **others** don't like it.
  몇 명은 축구를 좋아하고 또 다른 몇 명은 좋아하지 않는다.
  (전제 자체가 없다. 그러므로 처음 '몇 명'이 얼마든지 상관없지 나머지 수는 알 수가 없다. 그러므로 others가 옳다.)

- **Some** dogs are black, **others** are white, **the others** are brown.
  몇 마리의 개들은 검은색이고, 다른 것들은 하얀색, 나머지들은 갈색이다.
  (전제 자체가 없으므로 처음 '몇 명' 이후에 나머지 수는 알 수 없으니 둘 다 others를 붙이는 것이 문법상 맞지만, 그렇게 되어 버리면 두 번째 그룹과 세 번째 그룹을 구분할 수가 없게 된다. 그래서 부득이하게 마지막 그룹에 'the'를 붙여준다.)

## 연습하기 047

**다음 문장들은 모두 틀린 문장이다. 틀린 부분을 밑줄 긋고 올바르게 옮기시오.**

– 해석은 당연!

1. Here are four cards. Pick it and I'll give it to you.

2. This shoes don't fit me. Could you show me the other in this size?

3. I have two sisters. One is tall while another is short.

4. I heard your party is tomorrow night. I am really looking forward to one.

5. Some of the students did their homeworks but the others did not.

**5) each**

'각각'이라는 의미를 지니고 있으며, 둘 이상의 사람이나 사물에 따로따로 초점을 둘 때 사용된다. 대명사 이외에 한정사 (=형용사), 부사의 품사로도 쓰이며 항상 <u>단수취급 한다</u>는 것이 가장 큰 특징이다.
명사로 쓰이는 경우 of 이하의 수식을 받을 수도 있는데 이 경우 <u>'of + 한정사 + 복수명사'</u>의 구조를 취해야 한다.

·  **Each ~~have~~** his own opinion. (X)
   → **Each has** his own opinion. (O)
   각자는 자신의 의견이 있다.
   (each가 명사로 쓰여 단수취급 되었기 때문에 have가 아닌 has를 사용해야 옳다.)

·  **Each of ~~students~~ is** assiduous. (X)
   → **Each of the ~~student~~ is** assiduous. (X)
   → **Each of the students is** assiduous. (O)
   학생들 각자가 근면하다.
   (each자체가 불특정 대명사이므로 of 뒤의 명사에는 특정하고 구체적임을 의미하는 '한정사'가 쓰여야 한다. 또한 of뒤의 명사는 복수명사로 써야 한다. 이 경우 동사는 여전히 단수로 받아야 한다.)

·  **Each ~~students have~~** a different solution to the problem. (X)
   → **Each student has** a different solution to the problem. (O)
   각각의 학생들은 그 문제에 대한 다른 해결책을 가지고 있다.
   (each가 형용사로 쓰이는 경우에도 단수명사를 꾸며야한다.)

·  I will give them three dollars **each.**
   나는 그들에게 각각 3달러씩 주었다.
   (부사로 쓰인 each이다. 부사이니 해석만 제대로 하면 된다.)

**6) every**

every는 <u>부정대명사로 사용되지 않는다.</u> 한정사 (=형용사)의 기능으로 밖에 쓰이지 못하기 때문에 명사가 수반되지 않고서는 단독으로 쓰일 수 없다. 명사는 항상 '<u>단수가산명사</u>'만 쓸 수 있다. 셋 이상을 한꺼번에 일컬을 때 쓰인다.
'every + 단수명사'를 대명사로 받는 경우 당연히 단수로 받아야 한다.

·  ~~Every~~ must obey his school's rules. (X)
   → **Every ~~students~~** must obey his school's rules. (X)
   → **Every student** must obey his school's rules. (O)
   모든 학생들은 반드시 교칙에 복종해야만 한다.
   (every는 명사적 용법으로 쓰이지 못하므로 주어 자리에 쓸 수 없다. 또한 명사를 꾸며주는 역할을 하는 경우에도 단수명사를 꾸민다.)

**every 관련 관용구**

❶ every + 기수 + 복수명사 / every + 서수 + 단수명사 (매 ~마다 / ~마다 하나)
만약 위의 관용구가 주어로 쓰이게 되면 <u>단수 취급</u>해 주어야 한다.

· The World Cup is held **every four year**s.
  = The World Cup is held **every fourth year**.
      월드컵은 매 4년마다 열린다.

· Every ten houses ~~have~~ a lamppost. (X)
  → **Every ten houses has** a lamppost. (O)

❷ every + other + 단수명사 (하나 건너 하나씩)

· I decided to wash my hair **every other day**.
  나는 하루걸러 머리를 감기로 결심했다.

❸ each and every + 단수명사 (모두 각각)

· **Each and every student has** his room.
  그들은 서로를 바라보았다.

## 7) all

'모두'를 뜻하는 all은 대명사 이외에 한정사 (=형용사), 부사의 품사가 더 있으며, 다른 부정대명사와는 달리
'<u>전치한정사</u>'라는 품사가 더 있다는 점이 특징이다.

**전치한정사**

<u>한정사 (관사, 소유격, 지시형용사, 부정형용사, 의문형용사, 관계형용사)의 앞에 위치하는 품사이기 때문에 '전치한정사'라</u>
<u>는 이름이 된 것이다.</u> 즉, 어순은 '전치한정사 + 한정사'가 되어야 한다. 전치한정사의 종류에는 <u>all, both, double, twice,</u>
<u>half</u> 등이 있다.

all이 <u>사람을 의미하는 경우</u> '복수취급'하고, <u>사물을 의미하는 경우</u> '단수취급'을 한다.
또한 명사로 쓰이는 경우 of 이하의 수식을 받을 수도 있는데 이 경우 '<u>of + 한정사 + 복수명사/불가산명사</u>'
의 구조를 취하며, 수일치는 복수명사나 불가산명사에 맞춰 복수, 단수 다 쓰일 수 있다. (부분 of 전체 318p
참고)

· **All are happy.**
  모든 사람들이 행복하다.
  (사람을 지칭하는 all의 경우 복수 취급해 주어야한다.)

· **All** you need **is** love.
네가 필요로 하는 모든 것은 사랑이다.
(사물을 지칭하는 all의 경우 단수 취급해 주어야한다.)

· All of my friends ~~is~~ diligent. (X)
→ ~~All of friends~~ are diligent. (X)
→ All of <u>my</u> friends **are** diligent. (O)
(all 자체가 불특정 대명사이므로 of 뒤의 명사에는 특정하고 구체적임을 의미하는 <u>'한정사'가 쓰여야 한다.</u> 이 점은 each와 같은데, each와 다른 점이 있다면 of 뒤의 명사는 복수명사, 불가산명사 둘 다 사용가능하고, 수일치는 명사에 맞춰준다.

· All ~~member~~ are free to use the reading room. (X)
→ **All members** are free to use the reading room. (O)
모든 멤버들이 독서실을 자유롭게 사용한다.
(일반 형용사로 쓰이는 경우 뒤의 명사는 복수명사 혹은 불가산 명사가 올 수 있다. 가산단수명사는 올 수 없다.)

· ~~The all images~~ are created with a digital cameral. (X)
→ **All the images** are created with a digital camera. (O)
모든 이미지들이 디지털 카메라로 만들어진다.
(the라는 한정사 앞에 쓴 것으로 보아 all이 여기서는 '전치한정사'로 쓰였음을 알 수 있다.)

· He spent **all** his income **all** on pleasure.
그는 그의 모든 수입을 완전히 휴가에 썼다.
(첫 번째 all은 소유격 his앞에 쓰인 것으로 보아 '전치한정사'로 쓰였고, 두 번째 all은 부사로서 '완전히'의 의미로 쓰였다.)

## 8) most

most는 '대부분', '대부분의' 의미로 주로 명사, 한정사 (=형용사)로 쓰인다.
most가 명사로 쓰이는 경우 all 과 마찬가지로 of 이하의 수식을 받을 수도 있는데 이 경우 <u>'of + 한정사 + 복수명사/불가산명사'</u>의 구조를 취하며, 수일치는 복수명사나 불가산명사에 맞춰 복수, 단수 다 쓰일 수 있다. all과 매우 비슷한 용법으로 쓰이지만, <u>most에는 전치한정사 기능이 없다</u>는 점이 가장 큰 차이점이다.

· Some people were friendly, but **most were** not.
몇 몇 사람들은 친절했지만. 대부분은 그렇지 않았다.
(most가 주어로 쓰이는 경우 앞에 있는 명사에 따라 수일치를 해 주면 된다. 위의 문장의 경우 people이 생략되었으므로 were를 쓰는 것이 맞다.)

· Most of ~~writing~~ is rubbish. (X)
→ Most of his writing ~~are~~ rubbish. (X)
→ Most of <u>his</u> writing **is** rubbish. (O)
그가 쓴 글의 대부분이 말도 안 되는 소리였다.
(all 자체가 불특정 대명사이므로 of 뒤의 명사에는 특정하고 구체적임을 의미하는 '한정사'가 쓰여야 한다. '부분 of 전체'의 표현이므로 항상 수일치는 전체에 맞춘다.)

· Most of them is strangers to me. (X)
  → Most of them <u>were</u> strangers to me. (O)
    그들 중 대부분이 나에게 낯설었다.
    (수일치는 항상 전체에 맞춰야 한다. 또한 of 뒤의 명사에는 한정사가 쓰여야 하는데, 인칭대명사 앞에는 쓰지 않는다.)

· ~~Most painter~~ stick to their own style of painting. (X)
  → Most painters stick to their own style of painting.
    대부분의 화가들이 그들 고유의 스타일을 고수한다.
    (most가 형용사로 쓰이는 경우 가산복수명사와 불가산명사는 수식이 가능하지만, 가산단수명사는 불가능하다.)

**▲ 주 의**

most VS all

most에는 all에 있는 전치한정사의 기능이 없으므로 most the money와 같은 표현은 사용할 수 없으며, all과 most를 함께 쓴 'all of most ~'와 같은 표현은 의미가 중복된다고 보기 때문에 사용할 수 없다.

· ~~Most the painters~~ stick to their own style of painting. (X)
  → Most of the painters stick to their own style of painting. (O)
  → Most painters stick to their own style painting. (O)
    대부분의 화가들이 그들 고유의 스타일을 고수한다.

· ~~All of most~~ people attended the meeting. (X)
  → All of the people attended the meeting. (O)
    모든 사람들이 회의에 참석했다.

**▲ 주 의**

most VS almost

almost는 most와 의미는 유사하나 <u>품사가 부사이므로</u> 들어가는 자리 자체가 다르다. 기본적으로 부사의 자리에 들어가며, 유의할만 한 점은 almost 자체가 불특정한 개념을 지닌 부사이므로 <u>all, every, no, any와 같은 부정형용사</u> 앞에 놓일 수 있으며 <u>all, everyone, nothing과 같은 부정대명사를</u> 수식할 수도 있다. 같은 형용사라고 해도 <u>almost the N로는 사용할 수 없다</u>. (the는 특정하기 때문이다.)

· Black goes with ~~almost color~~. (X)
  → Black goes with ~~almost the color~~. (X)
  → Black goes with almost any color. (O)
    검정색은 거의 어떤 색에도 어울린다.
    (almost가 부사이므로 명사를 바로 꾸밀 수는 없다. 또한 almost자체가 불특정한 개념을 나타내므로 특정한 개념을 나타내고 있는 the와도 함께 쓰일 수 없다.)

· Almost everyone has at least one merit.
    거의 모두가 적어도 하나의 장점은 있다.
    (almost가 부사임에도 every, no등이 들어간 부정대명사와는 연결될 수 있다. every가 있기 때문에 '단수취급' 해준다.)

## 연습하기 048

다음 문맥상 괄호 안에 알맞은 표현에 O표 하시오.

– 해석은 당연!

1. (All / Each) of the companies supports a local charity.

2. Every store (is / are) having a sale now.

3. (Most / Each) of the convenience stores are open 24 hours.

4. The newspaper is published every seventh (day / days).

5. All the stars in the sky (is / are) twinkling.

## 9) some, any

대명사뿐만 아니라 한정사 (=형용사)로도 사용되며 가산단수명사, 가산복수명사, 불가산 명사를 모두 한정할 수 있다. 일반적으로 some은 평서문과 긍정문에서, any는 부정문, 의문문, 조건문에 사용된다.

some과 any 모두 all, most와 마찬가지로 '부분 of 전체'의 수일치에 따른다. (전체에 수를 맞춘다.) 둘 다 불특 정 대명사이므로 of 뒤의 명사에는 특정하고 구체적임을 의미하는 '한정사'가 쓰여야 한다.

· If you have ~~some~~ money, please lend me ~~any~~ (money). (X)
 → If you have **any** money, please lend me **some** (money). (O)
   만약 돈이 약간 있다면. 좀 빌려줘.
   (조건문에서는 any를 써야 하고, 평서문에서는 some이 옳다. 둘 다 가산, 불가산 명사를 수식할 수 있다.)

· If you have **any** coins, please lend me **some** (coins).

· We bought **some** new chairs for the apartment.
  우리는 아파트를 위해 몇 개의 새로운 의자를 샀다.

· I think I need **some** help.
  나는 약간의 도움이 필요하다고 생각한다.

· **Do** you eat **any** cake or sweets?
  케이크나 단 것 먹니?

· The boy **doesn't** have ~~some~~ brother. (X)

  → The boy **doesn't** have **any** brother. (O)

  그 소년은 형제가 아무도 없다.

· Some of ~~students attend~~ the meeting. (X)

  → **Some of the students attends** the meeting. (O)

  → **Some of <u>the</u> students <u>attend</u>** the meeting. (O)

  학생들 중 일부가 미팅에 참석했다.

  (부분 of 전체로 표현이 가능하며, <u>수일치는 반드시 전체에 따라야 한다</u>. 또한 <u>전체를 표현하는 경우 반드시 한정사</u>를 써주어야 한다.)

---

**참고**

**의문문에서의 some / 긍정문에서의 any**

some은 평서문뿐만 아니라 의문문에서도 사용할 수 있는데, 이 경우 진짜 몰라서 묻는 경우가 아니라, <u>상대방에게 제안이나 권유를 할 때</u>, 또는 <u>"yes"라는 대답을 기대할 경우</u>에 사용 가능하다.

· Can I have **some water**?

  물 좀 마실 수 있을까요?

  (yes를 기대하고 묻는 문장이므로 some을 쓰는 것이 전혀 이상하지 않다.)

· Do you want **some more coffee**?

  커피 좀 더 마실래?

  (상대방에게 제안이나 권유를 하고 있으므로 some을 쓰는 것이 맞다.)

any 역시 긍정문에서 사용가능한 경우가 있는데, 해석상 **'어떤 ~라도'라는 무제한의 뉘앙스**로 말을 하고자 할 때 사용된다.

· **Any help** is better than no help.

  (어떤 도움이라도 도와주지 않는 것보단 낫다.)

---

10) none

none은 대명사로만 쓰이며, <u>형용사의 기능은 없다.</u> 사람, 사물에 모두 사용되며 단수, 복수 모두 가능하다. 일반적으로 <u>셋 이상을 나타낼 때</u> 사용된다.

none은 of 이하의 수식을 받는 경우 '부분 of 전체'의 표현처럼 <u>전체를 표현하는 명사 앞에 한정사를 써 준다는</u> 점에서 앞에서 배운 all, most, some, any와 같지만, <u>수일치</u> 측면에서 '부분 of 전체' 표현과 차이가 조금 있다.

---

all/most/some/any/half/the rest/percent/분수 of <u>the</u> 단수명사 + 단수동사

all/most/some/any/half/the rest/percent/분수 of <u>the</u> 복수명사 + 복수동사

None of <u>the</u> 단수명사 + 단수동사

None of <u>the</u> 복수명사 + 복수동사

None of <u>the</u> 복수명사 + 단수동사 → 이 표현이 '부분 of 전체'에 없는 표현이므로 기억하자.

---

· **None**(= Not any) of the students **know(s)** anything about it yet.
학생들 중 어떤 사람도 아직까지 그것에 대해 아무것도 알지 못한다.

· **None** of the information **are** useful to me. (X)
→ **None** of <u>the</u> information **is** useful to me. (O)
그 정보 중 어떤 것도 나에게 유용하지 않다.
('None of 단수명사'인 경우 단수동사로 받지, 복수동사로 받지는 못한다.)

---

**⚠ 주의**

부정어 no VS not 정리

no는 한정사 (=형용사)이고, not은 부사이다. 그러므로 <u>not은 절대 단독으로는 명사를 수식할 수 없고</u> 형용사가 들어가고 난 후에 수식할 수 있다. 즉 <u>'not a 가산단수명사'</u> / <u>'not any 가산복수명사, 불가산명사'</u> 이런 식으로는 사용할 수 있다.

no가 한정사 (=형용사)로 사용되는 경우 <u>가산단수, 가산복수, 불가산 명사 모두를 수식할 수 있다.</u> 단 가산 단수인 경우 'a/an'은 넣지 말아야 한다. (no와 a 둘 다 한정사이므로 이중한정 불가다.)

· There is ~~no a man~~ in this room. (X)
→ There is **no man** in this room. (O)
→ There is **not a man** in this room. (O)
이 방에는 아무도 없다.
(no와 a <u>둘 다 한정사로 쓰이므로 명사를 이중한정 할 수는 없다.</u> 그러므로 a를 빼든지, no를 부사 not으로 고치면 된다.)

· I have ~~not money~~. (X)
→ I have **not any money.** (O)
→ I have **no money.** (O)
난 돈이 없다.
(not은 부사이므로 명사 money를 바로 수식할 수 없다. 그러므로 형용사 any의 도움을 받아 꾸며주든지 not자체를 형용사인 no로 바꾸면 가능하다.)

## 11) either, neither, both

either는 (둘 중 하나), neither는 (둘 다 아닌), both는 (둘 다 모두)라는 의미를 지니고 있으며, 대명사 이외에 한정사 (=형용사)로도 사용된다. 받아주는 <u>개념은 반드시 '둘'</u>이어야 한다.

either와 neither는 of 이하의 수식을 받는 경우 <u>전체를 표현하는 명사 앞에 한정사</u>를 써 준다는 점, 수일치는 **'(n)either of the 복수명사 + 단수동사'**로만 쓴다는 점을 기억하자. (each와 수일치가 동일하다)

· You can have **either**, tea or coffee.
　　너는 커피나 티, 둘 중 하나를 먹어도 된다.
　　('둘'을 의미하므로 either를 썼다.)

· You may sit at **either ends** of the table. (X)
　　→ You may sit at **either end** of the table. (O)
　　　　너는 테이블의 양쪽 끝 아무데나 앉아도 된다.
　　　　(either와 neither는 형용사로 쓰이는 경우 단수명사를 수식해주어야 한다. 복수명사는 수식할 수 없다.)

· **Neither restaurant** <u>is</u> expensive.
　　그 레스토랑 둘 다 비싸지 않다.
　　(단수명사를 수식했으므로 당연히 동사도 단수취급 해준다.)

· **Neither of ~~stories~~** is interesting. (X)
　　→ **Neither of the stories are** interesting. (X)
　　→ **Neither of the stories** <u>is</u> interesting. (O)
　　　　그 이야기 둘 다 흥미롭지 않다.
　　　　(neither of 다음 나오는 명사는 특정하고 구체적인 명사이므로 한정사를 써주어야만 한다. 또한 <u>동사의 수일치는 항상 단수취급</u> 해주어야 한다.)

· Neither of the three students will pass the driver's test. (X)
　　→ <u>**Neither of the students**</u> will pass the driver's test. (O)
　　→ <u>**None** of the <u>three</u> students</u> will pass the driver's test. (O)
　　　　세 명의 학생들 중 누구도 운전면허 시험에 붙지 못할 것이다.
　　　　(neither는 '둘'을 의미하기 때문에 셋 이상의 단어와 연결될 수 없다. 그러므로 '셋 이상'을 의미하는 none으로 바꿔주거나, 처음부터 '셋 이상'을 의미하는 단어를 지우면 된다.)

both 역시 '둘'의 개념은 같지만, 항상 복수취급 해준다는 점과 전치한정사의 품사로 쓰일 수 있다는 점에서 either, neither와 다르다.

· **Both sister** are married. (X)
　　→ **Both sisters** are married. (O)
　　→ **Both my sisters** are married. (O)
　　　　두 명의 누이들은 기혼이다.
　　　　(both는 항상 복수 취급을 해야 하므로 단수명사로 나오면 틀린 문장이 된다. 또한 both에는 전치한정사의 품사가 있으므로 한정사 앞에 쓸 수도 있다.)

· Both of ~~women~~ were French. (X)

→ Both of the women ~~was~~ French. (X)

→ Both of <u>the</u> women <u>were</u> French. (O)

    그 여성들 둘 다 프랑스인이었다.

    (both 역시 of 이하의 수식을 받으면 구체성을 띄는 명사가 쓰여야 하므로 <u>명사 앞에 반드시 한정사</u>가 붙어야 한다. 또한 both는 복수취급이기 때문에 동사 역시 <u>복수동사</u>로 써주는 것이 맞다.

## 연습하기 049

다음 문장들은 모두 틀린 문장이다. 틀린 부분을 밑줄 긋고 올바르게 옮기시오.

– 해석은 당연!

1. You can park on none side of the road.

2. I didn't get some e-mails from you.

3. Not applicant has received a second chance.

4. I have three sisters, but neither of them live in this city.

5. Both of the man are good at singing.

## 요약하기

대명사 파트는 출제 point가 매우 많다. 일단 제대로 외우지 않으면 헷갈리기 때문이다.

가장 시험에 자주 나오는 문제 패턴은 누가 뭐래도 비교문맥에서의 비교대상 병치문제이다. A is similar to B 라는 문장을 예로 들면, 이 문장에 비교급은 전혀 없지만 해석해보면 누가 봐도 A와 B 를 비교하는 문장임을 알 수 있다. 그러므로 A와 B는 반드시 병치구조를 맞춰야 한다. 이때 <u>보통 쓰일 수 있는 대명사는 that/those</u> 인 점에 주의해야 한다.

부정대명사에서는 of 이하의 명사의 수, 본동사와의 수일치, 대명사안에 기본으로 들어가 있는 수 의 개념 (가령, neither는 2를, none은 3이상을 지칭하는 것처럼) 과 같은 부분을 제대로 암기하고 있어야 문제풀이에 용이하다. 고로 계속해서 암기하고, 또 암기해야 한다.

## 적용하기 1단계

❶ ❷ ❸

[1–5] Choose the one that could best completes the following sentence.

**01** In the Disney version at least, it is Geppetto's wish, not Pinocchio's, _____ the puppet become real.                                                        [2016 홍익대]

(A) what                                    (B) which
(C) that                                     (D) as

**02** I like red wine better than _____ .

(A) white one                              (B) that one
(C) white                                   (D) the white

**03** The student camp lasts for a long time, but students are given free time every _____ weekend.

(A) one                                     (B) another
(C) other                                   (D) each

**04** In many eyewear boutiques, _____ since designers cater to consumer tastes, using a wide variety of unique materials.

(A) no two pairs are alike                  (B) no two pairs are likely
(C) not two pairs are likely                (D) not two paris are alike

**05** I was wondering if you had any books on zoology. I'd like to borrow _____ .

(A) it                                      (B) one
(C) another                                 (D) the book

[6–10] Choose the one which is grammatically <u>incorrect</u> among the four underlined parts.

**06**    This reasoning says <u>more than</u> it intends to say : it puts the prisoners almost literally <u>into</u> the
                    (A)                                            (B)

position of living dead, <u>he</u> who are in a way already dead, <u>so that</u> they are now cases of
                          (C)                               (D)

Agamben's *Homo Sacer.*                                [2016 홍익대]

**07**    Although Julia Adams was <u>almost totally</u> deaf in one ear and had <u>weak</u> hearing in <u>another</u>,
                                  (A)                        (B)           (C)

she <u>overcame</u> the handicap and became an internationally renowned pianist.
      (D)

**08**    The images in your dreams may present <u>them</u> in <u>such a strange</u> way that you have difficulty
                                            (A)        (B)

<u>understanding</u> <u>their meaning</u>.
   (C)        (D)

**09**    Although sleep disorder is <u>associated with</u> heart disease in both men and women, <u>they</u> may
                                   (A)                             (B)

negatively <u>affect</u> the heart rates of women more than <u>those</u> of men.    [2016 한국외대]
          (C)                                (D)

**10**    Conducted <u>every five year</u> since 1970 its <u>long–term</u> projections cover <u>such</u> products as
                  (A)                          (B)                (C)

computers, audio and  visual equipment, and <u>telecommunications</u> equipment.
                                              (D)

## 적용하기 2단계 ❶ ❷ ❸

[1-5] Choose the one that could best completes the following sentence.

**01** _____ J.K. Rowling's famous book, Harry Potter and the Sorcerer's Stone, was published.

(A) It was in 1997          (B) In 1997, it was
(C) It was in 1997 that     (D) It was 1997 that

**02** He was a great scholar and was respected as _____ .

(A) one        (B) ones
(C) another    (D) such

**03** _____ has been put on earth with the ability to do something well. We cheat ourselves and the world if we don't use that ability as best we can.          [2016 아주대]

(A) All of us       (B) Any of us
(C) Each of us      (D) Neither of us
(E) None of us

**04** Of the many opinions expressed to the council members by the various citizen's groups, _____ was the only opinion that mattered.

(A) their       (B) their one
(C) theirs      (D) they

**05** The opinionated egoists tend to have long and narrow whiskers, _____ the refined and scholarly gentlemen are usually close-clipped.          [2016 가톨릭대]

(A) while for        (B) while as for
(C) while that of    (D) while those of

[6–10] Choose the one which is grammatically <u>incorrect</u> among the four underlined parts.

**06**   <u>Outside</u> of insects and bum sleeping, the rock that <u>wrecks</u> <u>most</u> camping trips is cooking.
     (A)                                     (B)   (C)

     The average tyro's idea of cooking is to fry everything and fry <u>them</u> good and <u>plenty</u>.
                                                        (D)         (E)

[2016 상명대]

**07**   <u>Almost</u> the plants <u>known to us</u> are made up of <u>a great many cells</u>, specialized <u>to perform</u>
     (A)            (B)                          (C)               (D)

     different tasks.

**08**   <u>Various</u> animals have shells that keep <u>themselves</u> from growing <u>beyond</u> a <u>certain</u> size.
     (A)                              (B)               (C)    (D)

**09**   One of the great challenges they'll face <u>and that</u> your generation will face <u>is</u> the fuel cycle
                                        (A)                             (B)

     <u>themselves in producing</u> nuclear energy. We all know the problem: The very process that
              (C)

     gives us nuclear energy can also put nations and terrorists within the <u>reach of</u> nuclear
                                                                     (D)

     weapons.

**10**   In science one experiment, <u>whether</u> is <u>succeeds</u> or fails, is <u>logically</u> followed by <u>other</u> in a
                                      (A)        (B)             (C)          (D)

     <u>theoretically</u> infinite progression.                    [2016 성균관대]
        (E)

## 적용하기 3단계 ❶ ❷ ❸

[1–4] Choose the one that could best completes the following sentence.

**01** During Jackson's second term, his popularity compelled his opponents to unify themselves into what became known as the Whig Party, a collective that proposed a sharply contrasting ideology to _____ of the ruling party. [2016 가천대]

(A) as (B) what

(C) which (D) that

**02** Perhaps the oldest theories of the business cycle are _____ that link their cause to fluctuations of the harvest.

(A) whatever (B) everything

(C) those (D) them

**03** In Major League baseball, _____ like Tigers and Lions, Eagles, Pirates are attached to older franchisees.

(A) the most of aggressive nicknames

(B) most of the aggressive nicknames

(C) the mostly aggressive nicknames

(D) almost of the aggressive nicknames

**04** It is very unusual for services _____ by the host family in each case, but any extra expenses should be settled up before the end of the holiday.

(A) such as gas and electricity to not be paid

(B) as gas and electricity such not to be paid

(C) as such gas and electricity not to be paid

(D) such as gas and electricity not to be paid

[5–10] Choose the one which is grammatically <u>incorrect</u> among the four underlined parts.

**05**  Some would argue <u>that healthcare screening assessments that make race-based scoring</u>
(A)

<u>adjustments</u> <u>are harmful to people of color</u>. As a retired pathologist and medical laboratory
(B)

director, <u>I would certainly not argue</u> that systemic racism does not exist in medicine, <u>as it</u>
(C)                                                                                          

<u>does in almost aspects of</u> American society. But I have heard the opposite argument: that
(D)

the failure to incorporate racial differences into decision algorithms <u>also constitutes racism</u>.
(E)

[2020 이화여대]

**06**  <u>Most</u> nineteenth-century whaling ships <u>carried</u> three or four small whaleboats, <u>both</u> able to
(A)                                          (B)                                         (C)

carry <u>a crew of six</u>.
(D)

**07**  You'll hear the determination in the voice of a young field organizer <u>who</u>'s working his way
(A)

through college and <u>wants</u> to make sure every <u>children have</u> that same <u>opportunity</u>.
(B)                              (C)                          (D)

**08**  Telephones, television sets, and automobiles make life <u>both</u> more convenient and more
(A)

interesting. But <u>either of them</u> presents dangers that must be recognized and controlled,
(B)

unless we <u>are willing</u> to let them <u>control us</u>.
(C)                          (D)

**09** <u>For</u> to say what something <u>is</u> one thing, but to say that it is <u>other</u>; we can know what a dog
    (A)                  (B)                         (C)

is without committing ourselves to <u>affirming</u> either the existence or non-existence of dogs.
                                       (D)

[2015 홍익대]

**10** Ireland's vivid green landscapes have earned <u>them</u> the title Emerald Isle. Traditionally, most
                                            (A)

Irish people made their living <u>farming</u> the land. Since the 1950s, energetic industrialization
                                 (B)

policies <u>have promoted</u> manufacturing, which, along with services, now <u>dominates</u> Ireland's
              (C)                                               (D)

economy. In 1973 Ireland was admitted into the European Community (EC), and it is now a

member of the European Union (EU).

# Chapter XIII

## 형용사, 부사

**미리보기**

### 1. 형용사 VS 부사의 차이를 제대로 알아야 한다.

어렵지 않다. 형용사는 명사를, 부사는 명사를 제외한 모든 품사를 꾸며주기 때문에 기본기만 알면 그리 어렵지 않게 맞출 수 있는 문제유형이다. 다만 어떤 단어가 나왔을 때, 이 단어의 품사를 제대로 모른다면 당연히 문제를 풀 수 없으므로 단어의 품사를 제대로 알고 있어야 하는 것도 매우 중요하다.

### 2. 한정적 용법으로만 쓰는 형용사와 서술적 용법으로만 쓰는 형용사 구별하기

한정적 용법을 명사를 수식하는, 서술적 용법은 보어자리에 들어가는 용법이기 때문에 위치만 구별할 줄 알면 어렵지 않게 풀어낼 수 있다.

### 3. be동사 + 형용사에 연결되는 전치사 숙지하기

전치사를 묻는 문제 역시 매년 출제되는 파트이므로 관용적으로 연결되는 전치사는 반드시 암기하도록 노력하자.

### 4. 주요 형용사 관련 구문 제대로 암기하기

난이형용사, 추측형용사, 이성적 판단 형용사 등에 따라 쓰임이 각각 다르기 때문에 차이를 알아둘 필요가 분명히 있다.

### 5. ly가 붙은 부사와 ly가 붙지 않는 부사의 의미 구별하기

형용사에 ly를 붙여야 부사가 되는 경우가 일반적인데, ly가 붙지 않아도 부사가 되는 단어도 의외로 많다. 즉 형용사와 부사의 형태가 동일한 단어들을 구별해내야 하며, ly가 붙었을 때 다른 의미가 되는 부사 역시도 반드시 알고 있어야 한다.

---

### ① 형용사의 용법

형용사는 직, 간접적으로 명사를 수식하는 품사를 말한다. 주로 명사의 범위를 좁혀주는 '한정적 용법'과 주어의 상태를 간접적으로 설명하는 '서술적 용법'으로 나뉘게 되는데, 대부분의 형용사는 이 두 가지 용법을 다 하지만, 어떤 형용사들은 둘 중에 한 가지 용법만 하는 경우도 있으니 주의해야 한다.

강민 형이 콕 찍어줄게!

❶ 형용사만을 묻는 문제보다는 형용사와 부사를 비교하는 문제 유형이 많다. 일반적으

로는 기본에 충실하면 어렵지 않은 문제들이 나오지만, 품사를 잘 모를 경우나 한 단어에 두 개 이상의 품사가 있는 경우 형용사, 부사 문제가 나오면 난이도가 매우 높아진다.

예를 들어, extent는 '정도, 규모'라는 명사로 쓰이지만 제대로 외우지 않은 수험생은 아마 형용사로 보이는 경우도 있을 수 있다. 이런 경우 _____ extent라는 형식의 문제가 나오면 부사를 답으로 고르는 수험생도 분명 있게 마련이다. 그러므로 <u>단어를 공부할 때, 품사까지 제대로 공부하는 것도 매우 중요하다.</u>

❷ 한정적, 서술적 용법을 묻는 문제 역시 단골로 출제되는 파트이다.

❸ 전치사적 형용사를 묻는 문제도 출제 빈도가 높은 part이다.
like, worth, near 정도의 용법은 '전치사적 형용사'를 이해하기 이전에 그냥 하나의 용법으로 알아두자.

## 1) 한정적 용법

명사의 범위를 좁혀주는 역할을 하는 형용사를 말하며, 명사를 수식하기 때문에 명사 앞, 뒤에서 꾸며주게 된다. 앞에서 꾸며주는 것을 '<u>전치수식</u>'이라 하고 뒤에서 꾸며주는 것을 <u>후치수식</u>'이라 칭한다.

### (1) 전치수식 하는 경우

일반적으로 <u>단독으로 명사를 수식하는 경우</u>에는 앞에서 명사를 꾸며준다.

· I still don't know if it's a **good** idea.
나는 여전히 그것이 좋은 생각인지 모르겠다.

· The company is expecting that an **active** search will be conducted next year.
회사는 적극적인 조사가 내년에 행해질 것을 기대 중이다.

### (2) 후치수식 하는 경우

#### ① 수식어구 동반 시 명사 뒤에 옴 (형용사가 길어지는 경우)

· They are talking about making education **relevant to their children.**
그들은 그들의 자녀와 관련된 교육을 하는 것에 대해 대화 중이다.

· There are many people **interested in the company's new cars.**
그 회사의 새로운 차에 관심이 있는 사람들이 많다.

② ~thing / ~body로 끝나는 부정대명사를 수식할 경우 단독일지라도 후치수식함

· It seems that **something good** has happened to him.
어떤 좋은 일이 그에게 발생했던 것 같다.

· We need to prepare **something educational** for the new employee orientation.
우리는 신입사원 오리엔테이션에 대한 교육적인 뭔가를 준비할 필요가 있다.

③ 최상급, all, every 뒤에 오는 명사를 -able / -ible로 끝나는 형용사가 수식하는 경우

· We will probably be faced with **the hardest** problem **imaginable**.
우리는 아마도 상상할 수 없는 매우 힘든 문제에 직면할 것이다.

· I'll do everything possible to help you.
나는 너를 돕기 위해 가능한 모든 것을 할 거야.

④ 서술적 용법으로 쓰이는 형용사가 명사를 수식하는 경우
이 경우 보통 '주격관계대명사 + be동사'가 생략되었다고 생각하면 된다.

· The leaf seemed the face of **a man alive**.
그 잎은 살아 있는 사람의 모습처럼 보였다.

⑤ 측정어구 (old, long, high, wide, tall, thick, away) 등이 수사와 결합될 경우

· He is **a boy ten years old**.
그는 10살 먹은 소년이다.

⑥ 관용적으로 후치수식 하는 경우

| | |
|---|---|
| the sum total (총계) | heir female (여자 상속자) |
| God almighty (전능의 신) | authorities concerned (관계 당국) |
| attorney general (검찰총장) | the mayor elect (시장 당선자) |
| things Korean (한국의 문물) | blood royal (왕족) |

## 2) 서술적 용법

2형식과 5형식에서 주어나 목적어를 간접적으로 보충설명해주는 용법을 서술적 용법이라 한다. 이미 동사에서 다 배웠기 때문에 이 자체는 어렵지 않을 것이므로 그냥 예문만 보고 넘어가도록 하자.

· She is always **late** for the meeting. (S.C 역할)
    그녀는 항상 회의에 늦는다.

· He thought her **beautiful** but others didn't. (O.C 역할)
    그는 그녀가 아름답다고 생각했으나 다른 사람들은 그렇지 않았다.

## 3) 서술적으로만 쓰이는 형용사

일반적으로 '<u>A</u>'로 시작되는 형용사는 서술적으로만 쓰인다. (명사를 '전치수식' 할 수 없다. 후치수식은 가능함)

| a로 시작되는 형용사 | alive, alike, alone, afraid, ashamed, asleep, awake, aware, ablaze |
|---|---|
| 기타 | drunk, content(만족한), fond, worth, glad, upset(당황한), (un)able … |

· This letter proves him to be still **alive**.
    이 편지는 그가 여전히 살아있음을 입증한다.

· We are **unable** to ship your order right now.
    우리는 당장 당신의 주문을 운송할 수는 없습니다.

## 4) 한정적으로만 쓰이는 형용사

비교, 최상, 강조, 한정, 재료 등을 나타내는 형용사는 한정적으로만 쓰인다. (보어자리 불가)

| 비교, 최상 | elder, former, latter, inner, outer, upper, lower, utmost … |
|---|---|
| 강조, 한정 | mere, only, very, lone, sheer, utter, sole, spare … |
| 재료 | wooden, golden, earthen, woolen … |
| 기타 | live, living, drunken, main … |

· His **former** mistake came to his mind.
    그가 예전에 실수했던 것이 갑자기 생각났다.

· Anne isn't **drunk**, so she can't understand a **drunken** man.
    Anne은 취하지 않았다. 그래서 그녀는 술 취한 사람을 이해하지 못한다.

· The mother fell **asleep** with her sleeping baby.
    엄마는 자고 있는 아기와 함께 잠에 들었다.

· Buddha lesson, "Don't kill **living** things!", is **alive** until now.
    "살아있는 것을 죽이지 말라!"라는 부처의 교훈은 지금까지 유효하다.

## 5) 한정적, 서술적 용법에 따라 의미가 달라지는 형용사

| | | |
|---|---|---|
| sorry | 한정적 : 한심한 | He is a **sorry** fellow. |
| | 서술적 : 유감인, 미안한 | I felt **sorry** about the damage. |
| certain | 한정적 : 어떤, 몇몇의 | He was absent for a **certain** reason. |
| | 서술적 : 확신하는, 확실한 | I am **certain** of his succeeding. |
| ill | 한정적 : 나쁜 | It happened by **ill** luck that she was out. |
| | 서술적 : 병든 | She suddenly felt **ill**. |
| present | 한정적 : 현재의 | He is contented with his **present** life. |
| | 서술적 : 참석한 | He was not **present**. |
| late | 한정적 : 돌아가신, 고인이 된 | The **late** governor was very sensitive. |
| | 서술적 : 늦은 | He is always **late** to the staff meeting. |

## 6) 전치사적 형용사

전치사적 형용사란 서술적용법으로 보어자리에 쓰이는 형용사의 기능과 뒤에 명사를 목적어로 취하는 전치사의 기능을 동시에 하는 품사를 말한다.

### (1) like/unlike

like는 전치사적 형용사로 보어자리에 들어감과 동시에 목적어를 취할 수 있는 전치사 기능까지 할 수 있다. 그러므로 'S + be + like + 명사(목적어)'의 구조를 취하게 된다.
이 경우 alike와 대비되는 문제가 출제 빈도가 높으니 주의하도록 하자. (alike는 서술적용법 형용사이다.)

· He is **alike** his father. (X)
  → He is **like** his father. (O)
    그는 그의 아버지를 닮았다/닮지 않았다.
    (alike는 서술적용법의 형용사이기 때문에 뒤에 his father라는 목적어를 취할 수 없다. 그러므로 like가 옳다.)

· He and his father are **alike**.
    그와 그의 아버지는 닮았다.
    (이 문장에서는 뒤에 목적어가 없으므로 like가 아닌 alike를 써야 맞는 문장이 된다.)

· I don't know **what it is like to walk** on the moon.
    나는 달 위를 걷는 것이 무엇과 같은지 (어떤 것인지) 잘 모르겠다.
    (what절은 뒤에 불완전한 절의 구조를 취해야 한다. 이 문장에서 it은 가주어 to walk이하는 진주어 이다. 즉 like뒤에 to부정사가 연결된 것이 아니라는 말이다. like는 전치사적 형용사로서 is라는 be동사의 보어로 쓰였고 바로 뒤에 목적어를 쓰지 않은 것으로 보아 what절이 불완전한 구조인 것과 연결이 된다. 해석은 'to부정사 하는 것이 무엇과 같은지 = to부정사 하는 것이 어떤 건지'라고 하면 된다.)

## (2) worth

worth 역시 전치사적 형용사이기 때문에 뒤에 명사나 동명사가 목적어의 역할로 올 수 있다. (흔히 우리가 **'be worth ~ing/N'**라고 외웠던 것이 worth가 전치사적 형용사였기 때문이다.) worth는 어쨌든 전치사 역할도 할 수 있기 때문에 목적어로 to부정사는 올 수 없다. (전치사 뒤에 to부정사 불가)

· The book is not **worth the price.**
  그 책은 그 가격에 대한 가치가 없다.
  (꼭 be worth ~ing라고 외울 필요는 없다. 동명사뿐만 아니라 일반 명사 역시도 전치사의 목적어 자리에 들어갈 수 있으므로 전혀 이상한 문장이 아니다.)

· His idea **is worth considering.**
  ≠ His idea **is worth** ~~being considered~~. (X)
  ≠ His idea **is worth** ~~to be considered~~. (X)
    그의 생각은 고려해볼 만한 가치가 있다.
    (be worth에서 뒤에 동명사가 목적어로 오는 경우 반드시 '능동태'로만 써야 한다. (226p 참고) 또한 전치사 뒤에 to부정사는 불가하므로 be worth to부정사 역시도 틀린 표현이 된다.)

**worthy**는 일반 형용사이므로 **worth**와는 그 용법 자체가 다르다. 그러므로 주의하자.

· The book is not **worthy of the price.**
  그 책은 그 가격에 대한 가치가 없다.
  (worthy는 일반 형용사이므로 뒤에 목적어를 취하고자 할 때는 전치사의 도움이 필요하다. 즉 'be worthy of ~ing/N'라는 문형을 취해야 한다.)

· His idea **is worthy of being considered.**
  = His idea **is worthy to be considered.**
    그의 생각은 고려해볼 만한 가치가 있다.
    (be worth 용법과는 다르게 **worthy**는 능동, 수동을 확실히 따져서 문장을 써야 한다. 즉 '그의 생각은 고려하는 입장이 아닌, 고려되는 입장이 되어야 맞으므로 being considered로 써야 한다. 물론 worthy는 형용사이므로 뒤에 to부정사가 나오는 것도 이상하지 않다.)

## (3) near

near는 nearby와의 비교를 묻는 문제가 출제되므로 둘의 차이를 명확히 알고 넘어가자.

| near | 형용사, 부사, 전치사, 동사의 품사를 함 |
|------|-----------------------------------|
| nearby | 형용사 (전치수식만 가능)와 부사의 품사를 함 |

· The HR Department office is located on the 3rd floor **near the elevator.** (전치사)
  그 인력 개발 부서 사무실은 3층, 이 엘리베이터 근처에 위치해 있습니다.

· My house is **near the subway station.** (전치사적 형용사)
  우리 집은 지하철역 근처에 있다.

- The conflict is unlikely to be resolved in **the near future**. (형용사)
  그 갈등이 가까운 장래에는 해결될 것 같지 않다.

- A bomb exploded somewhere **near**. (부사)
  어디 가까이에서 폭탄이 터졌다.

- We **neared** the top of the hill. (동사)
  우리는 정상 가까이 다가갔다.

- Her mother lived in **a nearby town**. (형용사)
  그녀의 어머니는 인근 소도시에 살았다.

- The car is parked **nearby**. (부사)
  그 차는 가까운 곳에 주차되어 있다.

---

## 연습하기 050

**다음 문장들은 모두 틀린 문장이다. 틀린 부분을 밑줄 긋고 올바르게 옮기시오.**

– 해석은 당연!

1. Did you find interesting anything in the book?

2. Some of the music videos are alike short movies.

3. I know how it is like to hear that you can go through the check point.

4. Don't touch the asleep baby.

5. Even though we may fail again, it is worth of attempting.

**❷ 형용사의 어순**

## 1) 일반적 어순정리

전치한정사 + 한정사 + 서수 + 기수 + 일반형용사 + 명사의 어순으로 형용사를 쓴다. 이때 일반형용사는 절대적인 규칙으로 쓰이지는 않는다. (그 앞에 전치한정사 부터 기수까지는 반드시 순서를 제대로 써야만 한다. '<u>전한서기</u>')

---

**❶ 전치한정사 → 한정사 앞에 오는 수식어**
전치한정사의 종류 : all, both, half, double, twice (등의 배수사)···

---

**❷ 한정사**
한정사의 종류 : 관사 (a, an, the) / 소유격 / 지시형용사 (this, that, these, those)
부정형용사 (some, several, any, all, most, another, each, every, no)
의문형용사 (what, which)

---

**❸ 서수 : first, second ···**
**❹ 기수 : one, two ···**

---

**❺ 일반형용사 : 대소 + 형태 + 성질 + 신구 + 색깔 + 재료 + 기원**

---

· Look at **those first two large fine old stone Korean** houses.
　이 첫 번째 두 채의 크고 좋은 오래된 돌로 만들어진 한국의 집을 보아라.

· **These three tall kind young Japanese** ladies can speak Korean.
　여기 세 명의 키가 크고 친절한 젊은 일본인 여성분들은 한국어를 할 수 있다.
　(이런 식으로 말하는 사람이 있다면 바로 절교하자.)
　(그냥 전설속의 문법이라 생각하고 '전한서기'만 기억하고 일반형용사의 어순은 보기만 하자.)

---

**▲ 주 의**

전치한정사 중 all, both, half에는 대명사가 존재하기 때문에 전치사 of이하의 수식을 받을 수 있다.

all (of) these books / both (of) his parents / half (of) the budget

그러나 배수사와 double은 불가능하다.

~~double of~~ the price (X) → **double** the price (O)

## 2) 수사표현

### (1) 서수 VS 기수

서수 → 순서의 개념이 있으며 정관사 the와 함께 명사 앞에 온다. (the 서수 + 명사)

기수 → 순서의 개념이 있을 때도, 없을 때도 사용가능하며, 관사 없이 명사 뒤에 온다. (무관사 명사 + 기수)

· lesson ten = the tenth lesson

  10강 = 열 번째 강좌

· Room five / the fifth room

  5호실 / 다섯 번째 방

### (2) 분수표현

분수는 〈분자 – 분모〉 의 순서로 써주는데, 분자에는 기수를 분모에는 서수를 넣으면 된다. 만약 <u>분자가 2이상이 된다면 분모에 복수취급</u>을 해 주면 된다.

· one – second = a half

  2분의 1

· one – third = a third

  3분의 1

· two – thirds

  3분의 2

· three – fourths = three – quarters

  4분의 3

· one and a third

  1과 3분의 1

**3** 형용사 관련 구문

## 1) 난이 형용사, 일부형용사

| | |
|---|---|
| 종류 | hard, difficult, easy, tough(힘든), (im)possible, dangerous, good, pleasant … |
| 구문 | It + is + 난이형용사 + (for N) + to부정사 + **목적어**<br><br>S + is + 난이형용사 + to부정사 + **목적어** |
| 특징 | ① to부정사의 목적어가 문장 주어로 올 경우 <u>to부정사는 반드시 불완전한 구조</u><br>② 진주어에 that절이 위치할 수 없다. |

· It is **easy** for him to please her.
  = She is **easy** for him to please.
  그가 그녀를 즐겁게 하기는 쉽다.

· It is **difficult** for us to understand the book.
  = The book is **difficult** for us to understand.
  이 책은 우리가 이해하기에 어렵다.

· The book is **difficult** for us ~~to be understoo~~d. (X)
  (이미 understand의 목적어인 the book이 주어자리에 쓰였으므로 to부정사는 목적어가 비어있는 불완전한 구조가 와야 한다.)

· It is hard ~~that you please her.~~ (X)
  (난이형용사는 that절을 진주어로 받을 수 없다.)

## 2) 가능, 확실의 형용사 (추측형용사)

| | |
|---|---|
| 종류 | likely, certain, uncertain, unlikely … |
| 구문 | It + is + 추측형용사 + that + S + V<br><br>S + is + 추측형용사 + to부정사 |
| 특징 | that절의 주어를 주절 주어로 올리면 that절의 동사는 to부정사로 바뀐다. (raising rules) |

· It is **likely** that she will come back.
  = She is **likely** to come back.
  그녀는 돌아 올 것 같다.

· It is **certain** that he will succeed.
  = He is **certain** to succeed.
  그는 성공을 확신한다.

## 3) 감정형용사

| 종류 | afraid, angry, anxious, eager, delighted, glad, happy, sorry, lucky ··· |
|---|---|
| 구문 | 사람(S) + is + 감정형용사 + to부정사 / that절 / 전치사구 |
| 특징 | 사람의 감정을 말하는 것이기 때문에 가주어 it 으로 시작하는 문장은 만들 수 없음 |

· I am very **glad** that it was not serious.
그것이 심각하지 않아서 너무 기쁘다.

· ~~It is sorry~~ to hear of your illness. (X)
→ **I am sorry** to hear of your illness. (O)
네가 아프다는 것을 들어서 유감이다.
(sorry라는 감정형용사는 가주어 it을 주어로 나타낼 수 없다.)


## 4) 이성적 판단형용사 (139p 참고)

| 종류 | necessary, essential, imperative, natural, advisable, important, required ··· |
|---|---|
| 구문 | It + is + 이판형 + that + S + (should) VR (O)<br>It + is + 이판형 + to부정사 |
| 특징 | 일반 명사가 주어인 경우 that절을 사용할 수는 없다. |

· It's **necessary** for you to arrive on time.
= It's **necessary** that you **(should) arrive** on time.
네가 제시간에 와야만 하는 것이 필수적이다.

· You are necessary to arrive on time. (O)

· ~~You are necessary that~~ you (should) arrive on time.
(가주어 It이 아닌 일반 명사가 주어로 나왔으므로 that절로 받을 수 없다.)

## 연습하기 051

다음 문장들은 모두 틀린 문장이다. 틀린 부분을 밑줄 긋고 올바르게 옮기시오.

– 해석은 당연!

1. it is not very tough that Koreans obtain a U.S visa.

2. It is important that he finishes the work.

3. I bought the car at the half price.

4. She bought some apples but two-third of them are rotten.

5. It is certain for him to be rich.

---

**4** **수량형용사**

가산 명사를 한정하는 수형용사와 불가산 명사를 한정하는 양형용사는 구별하여 사용한다. 수형용사의 수식을 받는 명사는 반드시 '복수명사'로 쓰여야 하고, 양형용사의 수식을 받는 명사는 항상 '불가산명사'여야 한다.

---

**가산복수명사를 꾸며주는 수형용사**

many / (a) few / a good/great many(good 또는 great는 생략할 수 없음)
a (good/great) number of / various / several
예외 : many a 단수명사

---

**불가산명사를 꾸며주는 양형용사**

much / (a) little / a (great/good) deal of / a (large/great) amount of

---

**가산복수명사와 불가산명사를 모두 꾸밀 수 있는 수량형용사**

a lot of, lots of, plenty of, some, any

---

· **Many people** spend **a lot of money** buying books.
  많은 사람들이 책을 사는데 많은 돈을 썼다.

· **A lot of children**(= **Lots of children**) in the world are dying of hunger.
  전 세계의 많은 아이들이 굶주림으로 죽어가고 있다.

· There is **little salt** left in the jar.
  병에 남은 소금이 거의 없다.

· She drinks **much water** nowadays.
  그녀는 요즘 물을 많이 마신다.

· ~~Less students~~ attend the lecture because of assignments. (X)
  → **Fewer students** attend the lecture because of assignments. (O)
     더 적은 학생들이 과제 때문에 수업에 참석하지 못한다.

     (Less는 Little의 비교급 표현이다. 그러므로 여전히 셀 수 없는 명사를 꾸며줘야 옳다. 즉 students와 연결될 리가 없다.)

## ⑤ be동사 + 형용사에 어울리는 전치사

### 1) be + 형용사 + of

afraid, ambitious, ashamed, aware, capable, careful, careless, certain, conscious, empty, fearful, fond, glad, ignorant, independent, innocent, possessed, proud, full …

· He **is ambitious of** entering university.
  그는 대학에 들어가려는 열망이 있다.

· Don't **be fearful of** your failure.
  실패를 두려워하지 말라.

· I **am ignorant of** the news.
  나는 그 소식을 모른다.

## 2) be + 형용사 + to

> accustomed, attached, close, similar, devoted, familiar, harmful, indifferent, sensitive subject, superior …

· The post office **is close to** the building.
  우체국은 그 빌딩과 가깝다.

· I **am indifferent to** such a thing.
  나는 그러한 것에 무관심하다.

· The prices **are subject to** change.
  그 가격은 변하기 쉽다.

## 3) be + 형용사 + in

> absorbed, concerned, involved, interested, proficient, prompt …

· He **is absorbed in** reading books.
  그는 책 읽기에 몰두했다.

· She **is concerned in** the event.
  그녀는 그 사건에 관계가 있다.

## 4) be + 형용사 + for

> bound, fit, suitable, anxious, famous, sorry, responsible …

· The bus **is bound for** Busan.
  그 버스는 부산행이다.

· We should **be responsible for** what we do.
  우리는 반드시 우리가 하는 것에 책임을 져야 한다.

## 5) be + 형용사 + from

> absent, secure, far, free, different …

· We **are secure from** danger.
  우리는 위험으로부터 안전하다.

· He **is free from** superstition.
  그는 미신을 믿지 않는다.


## 6) be + 형용사 + at

> apt, angry, bad, disappointed, impatient, present …

· Don't **be angry at** such a word.
  그런 말에 화내지마.

· I **am disappointed at** the piano.
  나는 그 피아노에 실망했다.


## 7) be + 형용사 + on

> avenged, based, bent, dependent, keen …

· I **was avenged on** the gang.
  나는 그 갱단에 복수를 했다.

· He **is bent on** experimenting the items.
  그는 그 아이템을 실험하는데 몰두하고 있다.

## 연습하기 052

다음 문장들은 모두 틀린 문장이다. 틀린 부분을 밑줄 긋고 올바르게 옮기시오.

– 해석은 당연!

1. The room is full with heavy boxes.

2. A large amount of programs were installed.

3. I usually have few appetite in the morning.

4. We put in many effort to finish the project.

5. Getting a high-paying job usually requires a number of education.

### 6 부사의 용법

부사는 동사를 꾸미기 위해 만들어진 품사이다. 처음에 동사만을 수식하다가 시간이 지나면서 부사, 형용사, 문장전체를 수식하게 되었고 그런 이유로 부사는 문장 구성 성분에 있어 아무런 영향력이 없게 되었다. 즉 부사는 생략이 되어도 전체 문맥을 파악하는 데 크게 어려움이 없다는 말이다.

형용사는 명사를 꾸미고 부사는 특별한 경우가 아니면 명사를 제외한 나머지 품사를 꾸며주기 때문에 시험에서는 '형용사 VS 부사'를 묻는 문제가 자주 출제된다. 형용사는 명사를, 부사는 동사, 부사, 형용사, 문장전체를 수식한다는 것만 기억하면 그리 어렵지는 않을 것이다.

#### 강민 형이 콕 찍어줄게!

❶ 앞에서 계속 말했듯이 결국 문제는 '형용사 VS 부사'를 묻는 문제이다. 이 경우를 제외하고는 부사파트에서 가장 중점 둬야 할 부분이 <u>ly가 붙은 부사</u>와 <u>ly가 붙지 않은 부사</u>와의 차이점을 묻는 것이다. 각각 해석이 다르기 때문에 아예 다른 단어를 외운다고 생각하고 외우면 좀 더 쉽다.

## 1) 동사, 형용사, 부사를 수식함

- It <u>rained</u> **heavily** last night. (동사 수식)
  지난밤에 비가 거세게 내렸다.

- She was **highly** <u>intelligent and humorous</u>. (형용사 수식)
  그녀는 매우 총명하고 재미있다.

- They spoke English **incredibly** <u>quickly</u>. (부사 수식)
  그들은 영어를 믿기 힘들 정도로 빠르게 말했다.

## 2) 부사구, 부사절 또는 문장 전체를 수식함

- **Suddenly** <u>he walked into the room</u>. (문장전체 수식)
  갑작스럽게 그는 방으로 걸어갔다.

- You shouldn't go swimming **right** <u>after a meal</u>. (부사구 수식)
  너는 식후에 바로 수영하러 가서는 안 된다.

- He arrived here **shortly** <u>after the train left</u>. (부사절 수식)
  그는 열차가 떠난 후 여기에 곧 도착했다.

## 3) 때로는 명사를 수식하기도 함

일부 초점 부사 (even, only, also, just, almost, merely, solely, simply, alone, else)가 명사, 대명사를 수식하기도 한다.

### (1) 보통 초점을 두는 어구 앞에 위치함

- **Even a fool** can solve the problem.
  심지어 바보라도 그 문제를 풀 수 있다.

- That's **just the tip** of the iceberg.
  그것은 단지 빙산의 일각일 뿐이다.

### (2) Only는 수식하려는 말 앞에 위치함

- **Only she** promised to help us.
  오직 그녀만 우리를 돕겠다는 약속을 했다.

· She **only promised** to help us.
그녀는 우리를 돕겠다고 단지 약속만 했다.

· She promised **only to help** us.
그녀는 단지 우리를 돕기만 하겠다고 약속했다.

· She promised to help **only us**.
그녀는 오직 우리만 돕겠다고 약속했다.

### (3) alone(단지 ～뿐)은 수식하는 말 바로 뒤에 위치함

· **He alone** knows about it.
오직 그만이 그것에 대해 알았다.

· Man cannot live by **bread alone**.
인간은 빵만으로는 살 수 없다.

· She went **there alone**.
그녀는 단지 그곳에만 갔다.

## ❼ 부사의 위치

### 1) 동사를 수식할 경우

동사를 수식할 경우 <u>보통 문미에 위치</u>하며, 동사를 강조하고 싶을 경우 동사 앞에 위치할 수도 있다.

· His face **turned** red **suddenly**.
그의 얼굴은 갑자기 빨갛게 변했다.

· He **closed** the door **softly**.
그는 문을 살짝 닫았다.

· I **slowly opened** the door. (강조)
나는 문을 슬며시 열었다.

원래는 타동사와 목적어 사이에 부사가 들어갈 수 없으나, <u>목적어가 긴 경우에는 동사와 목적어 사이에</u> <u>올 수도 있다.</u>

· I <u>admitted</u> ~~frankly~~ my mistake. (X)

→ I <u>admitted</u> my mistake **frankly**. (O)

· I <u>admitted</u> **frankly** that I made a mistake.

나는 실수를 했다는 것을 솔직하게 인정했다.

(목적어가 that절로 길어졌기 때문에 부사가 목적어 앞으로 나온 것이다.)

· I <u>tried</u> **hard** to maintain our friendship.

나는 우리 우정을 유지시키려 매우 애썼다.

· I <u>feel</u> **strongly** that this should not have been done so carelessly.

나는 이것이 그렇게 부주의하게 취급되어서는 안 된다고 강력하게 느낀다.

## 2) 문장 전체를 수식할 경우

문장 전체를 수식할 경우 <u>문두에 위치</u>한다.

· **Fortunately,** <u>she has finished her dissertation.</u>

운 좋게도, 그녀는 논문을 끝냈다.

· **Interestingly enough** <u>he came to love her.</u>

대단히 흥미롭게도 그는 그녀를 사랑하게 되었다.

## 3) 부사절, 전치사구, 형용사(분사), 부사를 수식할 경우

형용사나 다른 부사를 수식할 때는 <u>수식하는 단어 앞에</u> 부사를 사용한다.

· Peter's students are **very** <u>smart</u>.

피터의 제자들은 매우 영리하다.

· He was born **soon** <u>after his father died</u>.

그는 아버지가 돌아가신 직후에 태어났다.

부사 enough는 예외적으로 형용사와 부사 뒤에서 수식한다. (197p 참고)

· He is not ~~enough old~~ to drive a car. (X)

→ He is not <u>old</u> **enough** to drive a car. (O)

### 4) 빈도부사, 정도부사의 경우

<u>조동사와 be 동사 뒤, 일반 동사 앞에 위치</u>하며, 본동사가 생략 되는 경우에는 조동사 앞에 놓는다.

| 빈도부사 | always, often, usually, sometimes, hardly, rarely, seldom, never, scarcely |
| --- | --- |
| 정도부사 | nearly, almost, quite, completely, definitely, certainly |

· I **can hardly lend** money to him.
나는 그에게 돈을 빌려줄 수 없다.

· I **have never seen** her.
나는 그녀를 본 적이 없다.

· I **never have visited** and **never intend** to visit foreign countries.
나는 외국을 가본적도, 가려고 의도한 적도 없다.

(never의 경우 have pp앞에 쓰는 것도 가능함)

빈도부사와 정도부사가 나란히 올 경우에는 반드시 '정도부사 + 빈도부사'의 어순을 따른다. 그냥 봐두기만 하자.

· almost always, almost never 등

### 5) 문미부사의 순서

문미에 부사가 여러 개 나오는 경우 순서가 있으나, 그 순서가 절대적인 것은 아니다. 물론 시험에서 묻는다면 원칙을 따져서 풀어야 한다. 매우 중요한 point는 아니니 애써서 외우진 말고 그저 봐두기만 하자.

| 일반동사 | 방법(양태) 부사 + 장소부사 + (빈도부사) + 시간부사 |
| --- | --- |
| 장소 이동 동사(왕래발착 동사) | 장소부사 + 방법(양태) 부사 + (빈도부사) + 시간부사 |
| 같은 성질의 부사가 겹치면 | 작은 단위 + 큰 단위 |

· They <u>knelt</u> quietly <u>**in the shadow of the rock**</u>.
그들은 바위의 그늘 안에서 조용히 무릎을 꿇었다.

(일반동사 kneel이 쓰였으므로 방법 + 장소 + 시간의 순서로 쓰여야 옳다. 물론 부사니까 안 써도 상관없다.)

· She will <u>go</u> <u>to the library</u> <u>by bus</u> <u>tomorrow</u>.
그녀는 내일 버스로 도서관에 갈 것이다.

· I usually get up <u>at six</u> <u>in the morning</u>.
나는 일반적으로 아침 여섯 시에 일어난다.

(시간부사가 겹치므로 이 경우 작은 시간 + 큰 시간의 어순이 원칙이다. 그러나 강조하고자 하는 부사가 있다면 그 부사를 문미에 보내는 것도 문제될 것은 없다.)


## 6) '타동사 + 부사 + 목적어'의 어순에서의 부사위치

이 경우 목적어의 종류에 따라 달라진다. 즉, 목적어가 일반 명사로 나온 경우 <u>부사의 위치는 목적어 앞, 뒤 모두 가능해지지만</u>, 목적어가 대명사로 나오는 경우 부사의 위치는 <u>목적어 뒤에서만 가능</u>하다. 절대 '타동사 + 부사 + 대명사'의 어순으로는 쓸 수 없다.

> ### 주요 타동사 + 대명사 + 부사
>
> put it on (착용하다) / take it off (벗다, 이륙하다) / call it off (취소하다)
> put it off (연기하다) / cut it off (절단하다) / use it up (다 쓰다) / turn it on (켜다)
> turn it off (끄다) / show it off (과시하다) / turn it in (제출하다) / hand it in (제출하다)
> give it up (포기하다) / give it in (제출하다)

· He **turned on** the radio.
= He **turned** the radio **on**.
그는 라디오를 켰다.
(일반 명사가 목적어로 나오는 경우 부사 on의 위치는 자유롭다. 목적어의 앞, 뒤 어디든 들어가도 괜찮다.)

· He ~~turned on it~~. (X)
→ He **turned** it **on**. (O)
그는 그것을 켰다.
(목적어가 대명사로 나오는 경우 부사 on의 위치는 반드시 목적어 뒤에만 나와야 한다.)

## 연습하기 053

다음 문장들은 모두 틀린 문장이다. 틀린 부분을 밑줄 긋고 올바르게 옮기시오.

– 해석은 당연!

1. Unfortunate, he failed the exam yesterday.

2. I always will remember you and your family.

3. I picked up him.

4. She was enough healthy to walk by herself.

5. She wants to go fast there tomorrow morning.

---

## 8 주의해야 할 부사의 용법

### 1) already, yet, still 구분

#### (1) already

already는 긍정문에서 '이미, 벌써'라는 의미로 쓰이고, 의문문이나 부정문에서는 '(그렇게나 빨리) 벌써'의 의미로 몰라서 묻는 것이 아니라 이미 알고서 '놀람'을 나타낼 때 쓴다. 주로 문장 중간에 위치하나 강조 시 문미도 가능하다.

· When I called, he had **already** left.
내가 전화했을 때. 그는 이미 떠났다.

· Are you leaving **already**?
벌써 떠날 거야?

#### (2) yet

yet은 긍정문과 부정문에서는 '아직'이라는 의미로 쓰이고, 의문문에서는 '이미, 이제, 벌써'라는 뜻으로 몰라서 묻는 경우에 사용된다. 부정문으로 사용되는 경우 <u>not ~ yet의 어순을 따라야 한다.</u> (yet ~ not의 어순은 틀린 표현이다.)

일반적으로 문미와 부정어의 바로 뒤에 위치하며, 간혹 문장 중간에 나올 수도 있다.

· I **haven't** eaten **yet**.
  나는 아직도 먹지 않았다.

· The worst is **yet** to come.
  최악은 아직 오지 않는다. (최악의 사태가 남아있다.)

· **Has** he arrived **yet**?
  그가 벌써 왔니?
  (already도 의문문인 경우 '벌써'라는 뜻으로 쓰이는데, already는 알고서 놀랄 때, yet은 모를 때 사용된다는 차이가 있다.)


### (3) still

still은 긍정문과 의문문, 부정문에서 '아직도, 여전히'의 의미로 사용된다. 부정문의 경우 <u>yet과는 반대의 경우</u>로 쓰인다. (still ~ not이 맞는 표현이다.)

일반적으로 be동사와 조동사 뒤에, 일반 동사 앞에 위치하며, 부정문의 경우 조동사 앞에 위치한다.

· The car is **still** being repaired.
  그 차는 여전히 수리되고 있는 중이다.

· I **still don't** understand.
  나는 여전히 모르겠다.
  (I don't still로 쓸 수 없다.)

· He **still hasn't** arrived. / He **hasn't yet** arrived.
  그는 여전히 도착하지 않았다. (still과 yet의 어순 유의할 것)


## 2) very, much의 구분

| | very | much |
|---|---|---|
| 형용사, 부사 | 원급 수식 | 비교급, 최상급 수식 |
| 동사 | 수식 못함 | 수식 함 |
| 현재분사 | 수식 함 | 수식 못함 |
| 과거분사 | 형용사화 된 감정표현은 수식<br>(tired, pleased, worried, delighted..) | 수식 함 |

| 기타 | 부사구 수식<br>서술 형용사 앞에서 쓰임 |
|---|---|

· The plot of this story is **very intricate**.

이 이야기의 줄거리는 매우 복잡하다.

(형용사의 원급이므로 very로 수식하는 것이 맞다.)

· The boy is **very tired**.

그 소년은 매우 지쳤다.

(널리 형용사로 굳어진 과거분사는 very의 수식을 받는다.)

· He was **much pleased** to hear that.

그는 그 소식을 들어서 너무 기뻤다.

(감정표현 과거분사 일지라도 수동태가 분명할 경우 much를 사용한다.)

· It seemed **much better** than I had expected.

내가 기대했던 것 보다 훨씬 더 좋은 것처럼 보인다.

(better는 good의 비교급이므로 very가 아닌 much로 수식하는 것이 맞다.)

· **Much to my surprise**, he failed in the exam.

놀랍게도, 그는 시험에서 떨어졌다.

(부사구는 much로 수식한다.)

**⚠ 주 의**

much는 긍정문에서 동사를 수식하는 부사로 쓰일 경우 단독 수식 불가함! (부정문에서는 가능)

· I like this chocolate ~~much~~. (X)

→ I like this chocolate **very much**. (O)

## 3) much too와 too much의 구분

### (1) much too

much는 형용사와 부사의 원급을 수식할 수 없고, 비교급은 수식 가능함. 그러므로 '비교'의 뉘앙스가 들어가 있는 too는 very가 아닌 much로 수식해야 한다. very too (X) / much too (O)

· He came **much too late**.

그는 너무 많이 늦었다.

· It is **much too hot** to go to for a walk.

걸어가기에는 너무 덥다.

### (2) too much

too는 부사이고 much는 too의 수식을 받은 형용사이므로 그 뒤에는 불가산명사가 와야 한다.

· They spend **too much time** on online games.
그들은 너무 많은 시간을 온라인 게임에 쓴다.

· The little boy has **too much money.**
저 작은 아이가 너무 많은 돈을 가지고 있다.

## ⑨ 형용사, 부사의 동형

| 어휘 | 형용사 의미 | 부사 의미 | 어휘 | 형용사 의미 | 부사 의미 |
|---|---|---|---|---|---|
| early | 이른 | 일찍 | long | 오랜 | 오래 |
| fast | 빠른 | 빨리 | wide | 넓은 | 활짝, 광범위하게 |
| hard | 어려운, 단단한 | 열심히, 심하게 | far | 먼 | 멀리 |
| high | 높은 | 높게 | right | 옳은, 정확한 | 바로, 정확히 |
| late | 늦은 | 늦게 | cheap | 싼 | 싸게 |
| wrong | 잘못된, 틀린 | 잘못되어, 나쁘게 | close | 가까운, 닫은 | 정밀히, 옆에 |
| near | 가까운 | 가까이에, 근접하여 | great | 큰, 훌륭한 | 잘 |
| ill | 나쁜, 아픈 | 나쁘게 | quick | 빠른 | 빠르게 |
| well | 좋은, 건강한 | 좋게, 잘 | | | |
| pretty | 귀여운 | 꽤, 상당히 | | | |

· He was **late** for school. (늦은, 형용사)
그는 학교에 늦었다.

· He came **late** this morning. (늦게, 부사)
그는 오늘 아침 늦게 왔다.

· Mt. Everest is very **high.** (높은, 형용사)
에베레스트 산은 매우 높다.

· He raised his hand ~~highly.~~ (X) → **high.** (O) (높게, 부사)
그는 그의 손을 높이 들었다.

· **live** shows (생방송의, 형용사) / perform **live** (생방송으로, 부사)

**⑩ −ly가 있을 때와 없을 때 뜻이 달라지는 부사**

형용사와 부사의 형태가 같은 단어의 경우에도 −ly로 끝나는 부사형이 따로 존재하는 경우가 있다. 이때는 부사의 의미가 달라진다.

| | |
|---|---|
| ① late (늦게) – lately (최근에) | ⑦ free (무료로) – freely (자유로이) |
| ② hard (열심히) – hardly (거의 ~하지 않다) | ⑧ near (가까이) – nearly (거의, 가까이에) |
| ③ most (가장) – mostly (주로) | ⑨ direct (똑바로) – directly (곧바로) |
| ④ high (높게) – highly (매우) | ⑩ deep (깊게) – deeply (매우) |
| ⑤ pretty (매우, 꽤) – prettily (예쁘게, 귀엽게) | ⑪ cheap (싸게) – cheaply (쉽게) |
| ⑥ wide (활짝, 광범위하게) – widely (널리, 상당히) | ⑫ right (정확히) – rightly (정당하게) |

· The plane is flying **high**. (높이)
  그 비행기는 높이 날고 있다.

· It is a **highly** moving film. (매우)
  그것은 매우 감동적인 영화다.

· I went to the office **late** this morning. (늦게)
  나는 오늘 아침 늦게 출근했다.

· I have met him **lately**. (최근에)
  나는 최근에 그를 만났다.

· He worked least and was paid **most**. (가장)
  그는 일을 가장 안하면서 보수는 가장 많이 받았다.

· The workers were **mostly** volunteers. (대부분, 주로)
  근로자들은 대부분 자원봉사자들이었다.

**부분부정과 완전부정**

## 1) 부분부정

전체를 의미하는 말과 부정어 not이 연결되면 전체부정이 아닌 부분부정의 의미가 된다. 특별히 문법에서 나올 수 있는 문제는 없고 다만, 해석 할 때 주의해야 한다.

> all, both, every, whole, wholly, entirely, completely, always, altogether, necessarily
> … + not

다음을 해석해보자.

> · Both my parents are not alive.
> 
> _____

아마도 '부모님 두 분 다 살아계시지 않는다.'라고 해석한 학생들이 많을 것이다. 그렇게 되면 결국 '나는 부모님이 안 계신다.'의 의미가 되는데, 이것은 틀린 해석이다. 왜냐하면 both가 '둘 다 ~하다'라는 전체를 의미하는 말이므로 not과 함께 쓰여서 부분부정이 되었기 때문이다.

제대로 된 해석은 '부모님 두 분 다 살아계신 것은 아니다.'라고 해야 한다. 이 말은 '두 분 중 한분은 돌아가셨고 한분은 아직 계신다.'라는 의미가 된다. 즉 1/2부정이 되는 것이다. 제대로 해석했을 때와 해석하지 못했을 때의 의미차이가 크게 나는 것을 목격했으므로 지금부터는 열심히 공부해야 한다.

· I do **not** know **both** of them.
  그것 중 둘 다 아는 것은 아니다.

· I did **not** invite **all** of them.
  그들 모두를 초대하지는 않았다.

· **Everybody** does **not** like her.
  모든 이들이 그녀를 좋아하는 것은 아니다.

· The rich are **not always** happy.
  부자가 항상 행복한 것은 아니다.

· **Not** all of the crew are **completely** happy.
  승무원 모두가 완전히 행복한 것은 아니다.

· I do **not altogether** agree with him.
  나는 그에게 전적으로 동의하지는 않는다.

· The greatest minds do **not necessarily** ripen the quickest.
위대한 사람들이 반드시 가장 빨리 조숙해지는 것은 아니다.

### (2) 완전부정

그렇다면 '부모님 두 분 다 살아계시지 않습니다. = 나는 부모님이 안 계신다.'라는 의미로 글을 쓰고자 하면 어떻게 해야 하는 것일까? 이 경우에는 <u>명사 자체를 부정표현 해 주면 된다.</u> 즉 No one, Nobody, Nothing, None, Neither 등으로 명사를 잡고서 문장을 만들면 된다. 명사 자체에 부정어가 있는 경우, 동사에 부정표현을 넣어서 해석하기 때문이다.

· **None(=Not any)** of them were satisfied with it.
그들 중 누구도 그것에 만족하지 않았다.

· **Neither** of them passed the exam.
그들 중 누구도 시험에 통과하지 못했다.

---

**⚠ 주 의**

부정어의 어순

any, either는 부정어가 먼저 나온 뒤 써야 맞다. 즉 <u>any/either ∼ not</u> 의 어순은 불가하다.
(not ∼ any / not ∼ either가 가능한 어순이다.)

· <u>Any</u> of them were <u>**not**</u> satisfied with it. (X)
· <u>Either</u> of them <u>**didn't**</u> pass the exam. (X)

---

다음 문장들은 모두 틀린 문장이다. 틀린 부분을 밑줄 긋고 올바르게 옮기시오.

– 해석은 당연!

1. I haven't started still.

2. I can run very faster than you.

3. In big cities, most people hard know their neighbors.

4. Oh, I think it's too much hot for walking.

5. Tyler is a high competitive player who hates losing.

## 요약하기

형용사는 명사를, 부사는 동사, 형용사, 부사, 문장전체를 꾸며준다. 즉 <u>꾸밈을 받는 단어의 품사가 매우 중요</u>하므로 품사공부를 많이 해야 한다. 따로 공부할 필요는 없고, 단어를 외울 때 반드시 품사에 맞춰서 정확히 외우도록 하자.

가령 competitive를 '경쟁하는, 경쟁력 있는'의 의미로 외워야 하는데, 그냥 '경쟁'으로 외워버리면 그 앞에 수식하는 품사자체가 달라져 버려서 제대로 문제를 해결할 수 없게 된다. (이런 식으로 단어 외우는 학생들 생각보다 엄청 많다.)

# MEMO

## 적용하기 1단계

**[1–5]** Choose the one that could best completes the following sentence.

**01**  The library teaches _____ and is a nice quiet reading environment as well as a useful study workplace.

(A) different things people  (B) people different things
(C) different things for people  (D) people things different

**02**  It is necessary _____ how to cope with the new problems.

(A) his deciding  (B) what he decides
(C) that he decides  (D) for him to decide

**03**  Brazil, the world's leading producer of iron, accounts for about _____ .

(A) two fives of world output  (B) twice fifths of world output
(C) two fifth of the output of the world  (D) two fifths of world output

**04**  He gave many people a lecture _____ .

(A) last term at the college three days a week
(B) at the college three days a week last term
(C) at the college last term three days a week
(D) last term three days a week at the college

**05**  The AFOC decided to offer them an opportunity to understand Korea in the event so as to pay respect to the late veterans as well as _____ and their families now serving in Korea.

(A) those alive  (B) survive those
(C) alive those  (D) those survive

[6–10] Choose the one which is grammatically <u>incorrect</u> among the four underlined parts.

**06** Manufacturers pay large <u>numbers</u> of money to advertise <u>their</u> products <u>on</u> television because
                             (A)                                   (B)       (C)

     <u>millions</u> of people see these games.
     (D)

**07** <u>In spite of</u> a tremendous amount of <u>electronic</u> gadgetry, <u>air traffic</u> control still depends <u>heavy</u>
     (A)                            (B)               (C)                   (D)

     on people.                                           [2016 한국외대]

**08** <u>Whether</u> they are recounting their <u>drunken exploits</u> or their external job searches, their
     (A)                                 (B)

     tendency to provide <u>much too information</u> is leaving many managers <u>scratching their heads</u>.
                               (C)                                 (D)

**09** <u>The constellation Orion</u> includes <u>the all stars</u> in the familiar pattern of the hunter, <u>along with</u>
             (A)                       (B)                                 (C)

     the region of the sky <u>in which</u> these stars are found.          [2017 서울여대]
                        (D)

**10** Television and video games <u>unfold</u> at a much faster pace <u>than</u> real life, and they are getting
                              (A)                           (B)

     faster, <u>which</u> causes people to develop an <u>increasingly</u> appetite for high–speed transitions.
          (C)                            (D)

## 적용하기 2단계     ❶     ❷     ❸

[1–4] Choose the one that could best completes the following sentence.

**01**    Today's young people have very adult worries about the uncertainty of the future and the lack of jobs in particular, far _____ .     [2017 한국외대]

(A) different to what their parents' generation
(B) from different their parents' generation
(C) different what their parents' generation
(D) different from their parents' generation

**02**    A: Isn't Mrs. Lee here yet?

B: No. _____ , she's late.

(A) Much to my surprise        (B) To my much surprise
(C) Much to surprise me        (D) To my surprise much

**03**    A lot of people that came by _____ the government for not keeping the ways clearly, but none assumed the duty of pushing the barrier away.

(A) loudly blamed        (B) loudly blaming
(C) blaming loudly        (D) blamed loudly

**04**    Asia _____ by most specialists to be the cradle of human civilization.

(A) has been always considered        (B) has always been considered
(C) always has been considered        (D) has been considered always

[5–10] Choose the one which is grammatically <u>incorrect</u> among the four underlined parts.

**05** Although the unique circumstances of every life <u>result in</u> <u>each of us</u> having an individual
                                                       (A)       (B)

way <u>of speaking</u>, we generally tend to <u>sound alike</u> others who share similar educational
     (C)                             (D)

backgrounds with us.                                         [2017 국민대]

**06** Ariana Grande's <u>Manchester memorial concert</u> was <u>aired lively</u> <u>on BBC One</u> and <u>other major</u>
                        (A)                 (B)       (C)            (D)

<u>networks.</u>                                             [2020 서울여대]

**07** We are prepared to live <u>as</u> good neighbors <u>with</u> all, but we cannot be indifferent <u>from</u> acts
                            (A)               (B)                       (C)

designed to injure our interests, our citizens, or our establishments abroad. <u>No error.</u>
                                                               (D)

                                                          [2018 중앙대]

**08** Long before his death, Goethe was recognized <u>both</u> <u>in Germany and abroad</u> as one of the
                                              (A)          (B)

<u>real</u> great <u>figures of</u> world literature.
(C)        (D)

**09** A distinction <u>between</u> 'fact' and 'fiction' seems <u>unlike</u> to get us very far, not least because
                   (A)                         (B)

<u>the</u> distinction itself <u>is</u> often a questionable one.             [2015 홍익대]
(C)         (D)

**10** Bone is one of <u>the hardest</u> materials in the body and, although <u>relative</u> light in weight, it has
                        (A)                             (B)

a remarkable ability <u>to resist</u> tension and other forces <u>acting on</u> it.     [2016 서울여대]
               (C)                     (D)

## 적용하기 3단계

❶ ❷ ❸

[1-3] Choose the one that could best completes the following sentence.

**01**  Falling in love is _____ in a magical cloud. The air feels fresher, the flowers smell sweeter, the food tastes more delicious, and the stars shine more brilliantly in the night sky.

(A) alike being wrapped  (B) like being wrapped

(C) alike being wrapping  (D) like being wrapping

**02**  Kids today are being assigned _____ homework, so schools should require teachers to limit their after-school assignments to give them more free time.

(A) far too  (B) far too much

(C) far much too  (D) too far much

**03**  The best part is, you don't have to go it alone. Cooking with other people — spouses and kids if you have them, friends and extended family if you don't — can be an immensely satisfying and relaxing social activity, with _____ having something delicious to ear when you're done.  [2015 가천대]

(A) the added benefit of  (B) added the benefit of

(C) benefit of the added  (D) the benefit added of

[4-10] Choose the one which is grammatically <u>incorrect</u> among the four underlined parts.

**04**  When a fluid is <u>in motion</u>, its flow can be characterized in one of two ways. The flow <u>is said to be</u>
(A)                                                                                                    (B)

streamline, or laminar, if every particle that <u>passes</u> a particular point moves along exactly
(C)

<u>smooth the same</u> path followed by previous particles passing that point.  [2017 항공대]
(D)

**05**    <u>Standing</u> on the sidewalk, <u>pressed</u> against aluminum police barricades, wearing scarves that
        (A)                 (B)

      <u>flapped</u> into their faces and <u>woolen</u> hats pulled over their ears, were people <u>apparent</u> from
      (C)               (D)                         (E)

      everywhere. [2016 상명대]

**06**    The <u>wellness</u> of men in time to come depends <u>fewer</u> on the quantitative economic growth
           (A)                      (B)

      and prosperity than <u>on</u> the health of the earth <u>on</u> which we live.
                     (C)                  (D)

**07**    Most of the writers are critical; they contend that the colleges <u>are not doing</u> a good job, and
                                            (A)

      they <u>question</u> the value of a college education. <u>Less often</u>, a champion arises to argue that
         (B)                              (C)

      college degree <u>is worth</u>.
                  (D)

**08**    Families <u>such as</u> the Maleeva sisters <u>and</u> the Gullikson brothers have been in Tennis but
            (A)                  (B)

      none of them <u>were</u> ever rated as <u>highly</u> as Venus and Serena.
              (C)          (D)

**09**    <u>Besieged by</u> international sanctions over the Iranian nuclear program including a planned
        (A)

      oil embargo <u>by Europe</u>, Iran <u>warned</u> six European buyers on Wednesday that it might strike
               (B)        (C)

      first by immediately cutting <u>off them</u> from Iranian oil.
                        (D)

**10**   <u>To the most fully extent possible</u>, these model format and schemes <u>should comply with</u> the
          (A)                                                              (B)

<u>existing</u> standards <u>developed</u> by the federal government.　　　　　[2016 단국대]
    (C)                 (D)

# Chapter XIV

## 비교급

# Chapter XIV 비교급

🔍 미리보기

### 1. 비교하는 대상간의 '병치'문제는 반드시 나온다.

원급비교의 as나 비교급 비교의 than은 접속사이므로 뒤에 주어 + 동사가 나와야 하는데, 이때 같은 말이 앞에 있는 경우 생략할 수 있다. (등위접속사와 비슷하다.) 이렇게 생략되고 남은 표현은 반드시 비교해주는 어구와 동일해야 한다는 것이 문법 문제 해결의 포인트이다.

### 2. 원급 비교와 비교급 비교간의 접속사 호환은 절대 불가능하다.

as ～ as / er(more) ～ than이 짝이다. 절대로 as ～ than / er(more) ～ as 로 접속사를 호환시키지 않도록 주의하자.

### 3. 관용표현 역시도 자주 쓰이므로 주의하자.

말 그대로 관용적으로 쓰이는 표현이다. 직독직해로는 잘 해석이 안 될 수도 있는 문장들이므로 가능하면 암기하자.

## 1 비교급의 정의와 종류

비교급은 형용사와 부사의 '성질, 정도'등의 차이를 보여주는 것을 말한다. 비교급의 종류에는 원급, 비교급, 최상급이 있으며, 각 비교급 마다 표시하는 방법에 차이가 있으니 주의하자.

### 1) 원급 (positive degree)

as ～ as의 구문으로 쓰이며 둘 사이의 정도가 같음을 나타낸다.

· My brother is **as tall as** you.
우리 형은 너만큼 키가 크다. (둘의 키가 비슷하다)

### 2) 비교급 (comparative degree)

형용사의 종류에 따라 more를 붙이거나 er을 사용하여 비교급을 만들며, 일반적으로 than과 함께 짝을 이룬다. 둘 중 한쪽이 다른 한쪽보다 우월한 경우를 표현할 때 사용한다.

· My brother is **taller than** you.
우리 형이 너보다 키가 더 크다.

### 3) 최상급 (superlative degree)

<u>3명 혹은 3가지 이상의 모임 중에서 정도가 가장 높은 경우를 말하고자 할 때</u> 사용한다. 형용사의 종류에 따라 most를 붙이거나 est를 사용하여서 최상급의 표현을 만든다.

· My brother is **the tallest** in my house.
우리 형이 우리 집에서 가장 키가 크다.

### ❷ 원급비교

비교하고자 하는 두 대상 간의 정도나 수량, 상태가 같은 경우에 as ~ as의 구문으로 표현한다. 이때 앞의 'as'는 부사이고, 뒤의 'as'는 접속사가 된다. 그러므로 두 번째 as뒤에는 '절'의 구조가 나와야 하는 것이 일반적이지만, 앞에 나오는 말과 반복이 된다면 생략할 수가 있다. 이러한 이유로 <u>비교급에도 '병치'가 성립되어야만 한다.</u>

**강민 형이 콕 찍어줄게!**

❶ 원급비교의 표현을 정확히 지키자.
즉 as 원급 as로 표현을 해야 맞다. as ~ than이나, as 비교급 as 등과 같은 표현을 옳은 표현이 아니다.

❷ 관용구는 언제든 시험에 나올 가능성이 있으므로 대비해 놓자.
어차피 독해에서 나오면 직독직해로는 해석하기 어려울 수 있으므로 지금 열심히 머릿속에 담아 두자.

❸ 병치관련 문제는 매우 자주 나오므로 뒤에 따로 정리해 두었다.

### 1) as + 형용사/부사의 원급 + as

앞에 나오는 as가 부사이므로 뒤에는 '형용사나 부사'가 쓰이는 것이 당연하고, '명사' 단독으로는 쓰일 수 없다. 긍정문에서는 as ~ as만 가능하고 부정문에서는 not as ~ as / not so ~ as의 구문도 가능하다.

· You can do this ~~as good as~~ he can. (X)
→ You can do this **as well as** he can. (O)
그가 할 수 있는 것만큼 너 역시도 잘 할 수 있다.

(as ~ as사이에 형용사나 부사가 들어갈 수는 있지만, 당연히 문장을 보고 적합한 품사를 골라서 써야 한다. 위의 문장에서는 앞에 나온 절이 완전한 절의 구조였기 때문에 형용사가 아닌 부사가 더 적당하다.)

- You can do this **as better** as he can. (X)
  (원급 비교 구문이기 때문에 비교급 표현인 better는 사용될 수 없다.)

- You can do this **as well than** he can. (X)
  (원급 비교 구문은 as ~ as로 표현해야 한다. than은 비교급 표현과 어울린다.)

- You can do this **so well as** he can. (X)
  (긍정문의 원급비교 표현에서는 절대 so ~ as로 쓰지 않는다. so ~ as가 쓰일 수 있는 표현은 부정표현에서이다.)

- My dog is **not so/as** smart **as** yours.
  우리 개는 너희 개만큼 영리하지는 못하다.
  (부정어 not이 쓰였으므로 as ~ as는 so ~ as로도 바꿔서 쓸 수 있다.)


## 2) as + 형용사 + a(관사) + 명사 + as

앞의 as가 부사이므로 뒤에는 명사 단독으로는 절대로 쓰일 수 없지만, 명사가 형용사를 동반한다면 (형용사 + 명사), as ~ as 사이에 얼마든지 쓰일 수 있다. 이때 명사가 단수명사이거나 정관사 (the)를 필요로 하는 경우, 〈a + 형용사 + 명사〉가 아니라 〈형용사 + a/the + 명사〉의 어순으로 써야한다는 점을 꼭 기억하자.

- He is **as a boy as** his brother. (X)
  (명사 단독으로는 as ~ as사이에 쓰일 수 없다.)

- He is as **a good boy** as his brother. (X)
  → He is **as** good a boy **as** his brother.
  그는 그의 동생만큼 좋은 소년이다.
  (형용사를 동반한 명사는 as ~ as사이에 쓰일 수 있으나 어순이 〈형용사 + a/the + 명사〉로 나와야 옳다.)

> **참고**
>
> **명사에 a/the가 쓰이지 않는다면?**
> 만약 명사가 불가산명사이거나 복수명사인 경우 (즉, 부정관사 a가 들어가지 않는 경우)에는 명사 앞에 many/much/few/little의 수량 형용사를 써주면 된다.
> - She helps **as many people as** her sister.


## 3) 원급 비교 구문을 통한 관용구

### (1) not so much A as B : A라기 보다는 오히려 B

이 구문은 동의어가 많고, A와 B의 자리가 헷갈릴 수 있으므로 주의해야 한다. 또한 A와 B는 문법적 '병치'가 발생해야 한다.

> not A so much as B = less A than B : A라기 보다는 오히려 B
>
> more A than B = rather A than B = A rather than B : B라기 보다는 오히려 A

- He is **not so much** wise **as** clever.
  - = He is **not** wise **so much as** clever.
  - = He is **less** wise **than** clever.
  - = He is **more** clever **than** wise.
  - = He is **rather** clever **than** wise.
  - = He is clever **rather than** wise.

    그녀는 현명하다기 보다는 영리하다.

**참고**

**(can) not so much as + 동사원형 : ~조차 않다**

· He cannot **so much as write** his own name.

그는 자기 이름조차 쓰지 못한다.

· My grandfather is quite broken up, so he can **not so much as read** a newspaper.

우리 할아버지는 무기력 하시다. 그래서 신문조차 읽지 못하신다.

**(2) as ~ as any (other) 단수명사 : 어느 누구에게도 못지않게 ~한 = 가장 ~한**

원급으로 표현을 하기 했지만, 내용상 최상급의 의미를 지니고 있는 구문이다.

· She is **as** qualified **as** <u>any woman</u> in the company.

그녀는 회사의 어떤 여성 못지않게 자격을 갖춘 여성이다. (가장 자격을 갖추었다)

· He is **as** brave **as** <u>any soldier</u> in the world.

그는 세상에서 어느 누구에게도 못지않게 용감한 군인이다.

**(3) as ~ as ever + 과거동사 : 지금까지 ~한 누구에게도 못지않게 ~한 = 가장 ~한**

(2)와 마찬가지로 원급으로 표현을 하기 했지만, 내용상 최상급의 의미를 지니고 있는 구문이다. 일반적으로 'ever + 과거동사'는 경험을 의미한다. 그러므로 '지금까지의 경험을 토대로'라는 의미가 들어가므로 내용상 최상급의 표현이 될 수밖에 없는 것이다.

· She is **as** honest a woman **as ever** lived.

그녀는 여태껏 살아온 어느 여성보다 정직하다.

· He is **as** brave a soldier **as ever** lived.

그는 지금까지 살아온 누구에게도 못지않게 용감한 군인이다.

**(4) No A so B as C : C만큼 B한 A는 없다 = C가 가장 B하다**

이 구문의 경우 'C가 가장 ~하다'라는 의미이므로 역시 내용상 최상급의 표현이 된다. 이때 반드시 C와 A는 '비교대상의 병치'를 맞춰줘야 한다.

· **No other soldier** is **so** brave **as** he in the world.
이 세상에서 그 만큼 용기 있는 군인은 없다.

· **Nothing** is **so important as** health.
건강보다 더 중요한 것은 없다.

**(5) as good as : ~와 다름없는**

as good as는 기존의 원급 비교 표현인 '~만큼 좋은'의 의미로 쓰일 때도 있고, '~와 다름없는'의 의미로도 쓰일 수 있으니 해석할 때 주의해야 한다.
동의어로는 almost, all but, no better than, little better than 등이 있는데, 이중 no better than과 little better than은 부정적 의미로 쓰인다.

· She is **as good as** a beggar.
그는 거지와 다를 바 없다.

· He is **as good as** dead.
그는 죽은 것과 다름없다.

· My eyesight isn't **as good as** yours.
내 시력은 너만큼 좋지는 않다.

**(6) as ~ as + 주어 + can = as ~ as possible : 가능한 한**

· We are working **as** quickly **as we can**.
= We are working **as** quickly **as possible**.
우리는 가능한 한 빨리 일했다.

**참고**

as ~ as can be : 더할 나위 없이 ~한 = 매우 ~한

as ~ as S can과 헷갈리지 않도록 주의하자. as ~ as can be의 경우 강조를 위해서 as ~ as ~ can be로 표현하는 경우도 있다

· He is **as friendly as (friendly) can be.**
그는 매우 친절하다.

· I was **as mad as can be.**
나는 매우 흥분했었다.

(7) as many ((앞에 나온 수를 받아서) ~와 같은 수의) / as much ((앞에 나온 양을 받아서) ~와 같은 양의)

· I bought <u>ten books</u> and I sold **as many** books.
그는 열권의 책을 샀고, 같은 수의 책을 팔았다.

· Here is <u>50 dollars</u>, and I have **as much** at home.
여기 50 달러가 있고, 집에 그 만큼 더 있다.

(돈은 셀 수 없는 명사이므로 dollars로 표시를 했더라도 as many가 아닌 as much로 써야 한다.)

## 연습하기 055

다음 문장들은 모두 틀린 문장이다. 틀린 부분을 밑줄 긋고 올바르게 옮기시오.

– 해석은 당연!

1. I am as a small boy as my brother.

2. Keeping my blog updated is not as easier as I thought.

3. There is no love so unselfish than parental love.

4. There were five accidents in as much days.

5. She reached down and picked up the baby bird as gentle as she could.

## ❸ 비교급 비교

비교하고자 하는 <u>두 대상에서</u> 한 쪽의 우월함을 나타내기 위해 쓰는 표현이다. 보통 형용사의 비교급 표현은 형용사의 종류에 따라 'more 형용사'로 쓰거나 '형용사er'의 구조로 표현을 한다. 부사의 비교급은 'more 부사'로만 표시를 한다. 뒤에 연결되는 <u>than은</u> 접속사이므로 '절'의 구조가 뒤따르게 되는데, as와 마찬가지로 생략이 가능하므로 '<u>병치</u>'문제에 신경 써야 한다.

### 강민 형이 콕 찍어줄게!

❶ 문장에 비교급 접속사 than이 쓰였다면 반드시 앞에는 비교급을 나타내는 more/~er이 표현되어야만 한다. 그러나 more/~er이 나왔다고 하더라도 비교급 접속사 than이 무조건 필요한 것은 아니다.

❷ 〈the + 비교급, the + 비교급〉 유형의 문제는 상당히 자주 나온다.

❸ 〈배수사 + 비교급〉을 나타내는 문제는 대부분이 <u>어순을 묻는</u> 문제이다.

❹ 비교급 관용표현 역시 대비해두자.

❺ 병치관련 문제는 매우 자주 나오므로 뒤에 원급과 함께 따로 정리해 두었다.

## 1) 비교급의 형태

비교급의 형태는 그 경우의 수가 너무 많다. 그러므로 아래 나와 있는 경우를 모조리 다 외우려 애쓰지 말고, 그냥 문장을 통해 자연스럽게 익히도록 하는 것이 좋다. 단 불규칙적으로 변화하는 비교급의 형태는 외워두자.

### (1) 규칙변화

비교급은 1음절어와 −er, −el, −ow, −y로 끝나는 2음절어는 −er(−est)를 붙여 비교급을 만들고, 나머지 2음절어와 3음절어 이상의 형용사, 부사들은 more ~(most ~)를 붙여 최상급을 만든다.

· Their car is **older than** ours.
　그들의 차는 우리 것보다 오래되었다.

· This place is **more expensive than** the last one.
　이곳이 마지막에 봤던 곳 보다 더 비싸다.

· He is **busier than** you.
　그가 너보다 더 바쁘다.

❶ 2음절어 중 –ful/–less/–ive/–ous/–ing/–ed/–able로 끝나는 경우와 대부분의 2음절어
는 more를 주로 쓴다.
more careful / more interesting / more useful / more active / more common

❷ 서술적 용법으로만 쓰이는 형용사도 more를 쓴다.
more afraid / more alive / more fond / more asleep / more aware

## (2) 불규칙변화

| | |
|---|---|
| good – better – best | well – better – best |
| bad – worse – worst | ill – worse – worst |
| many – more – most | much – more – most |
| late (뒤의) – latter (후자의) – last (마지막의) | late (늦은) – later (더 늦은) – latest (가장 늦은) |
| far – farther – farthest (거리가 먼) | far – further – furthest (정도가 먼) |
| little – less – least | |

· The ~~later~~ will be possible only with Chinese support.
  → **The latter** will be possible only with Chinese support.
    후자는 중국의 지원이 있어야만 가능할 것이다.

· His behavior is **worse** than a crime.
    그의 행동은 범죄보다 더 나쁘다.

· Talking to a friend can help you feel less **isolated**.
    친구에게 이야기를 하는 것이 네가 외로움을 덜 느끼도록 할 것이다.

## 2) 비교급의 용법

### (1) 우등비교

둘을 비교하여 어느 한쪽이 다른 한쪽보다 정도가 더 우세하다는 것을 나타낸다. 흔히 우리가 비교급이라 칭
하는 것이 우등비교에 속한다.

· This chair is **more comfortable than** that one.
    이 의자는 저것보다 더 편하다. (이 의자가 더 편하다.)

- He is **more fond** of coffee **than** green tea.
  그는 녹차보다 커피를 더 좋아한다. (커피를 더 좋아한다.)

## (2) 열등비교

둘을 비교하여 어느 한쪽이 다른 한쪽보다 정도가 덜 우세하다는 것을 나타낸다. 비교급에 not을 붙이거나, less를 붙여서 비교급을 만들면 된다.

- This chair is **not more comfortable than** that one.
  이 의자는 저것보다 덜 편하다. (저것이 더 편하다.)

- He is **less fond** of coffee **than** green tea.
  그는 녹차보다 커피를 덜 좋아한다. (녹차를 더 좋아한다.)

## (3) 라틴계 비교급

의미는 분명 비교급이지만 more ~ than을 쓰지 않고 '단어 + to'를 쓰는 비교급을 말한다. 라틴어에서 비롯되었다고 해서 라틴계 비교급이라는 명칭이 붙었으며, 보통 단어의 접미사가 'or'로 끝나는 형용사들이 이에 속한다. to는 전치사이기 때문에 그 뒤에는 목적격을 써야 한다.

| | |
|---|---|
| superior to ~보다 우수한 | inferior to ~보다 열등한 |
| senior to ~보다 손위의 | junior to ~보다 어린 |
| anterior to ~보다 이전의 | posterior to ~보다 이후의 |
| exterior to ~보다 외부의 | interior to ~보다 내부의 |
| prior to ~보다 일찍 | |

- She is **superior** ~~than~~ me in English. (X)
- She is ~~more~~ **superior to** me in English. (X)
  → She is **superior to** me in English. (O)
    그녀는 나보다 영어를 더 잘한다.

- He is four years **senior to** me.
  = He is four years **older than** I.
    그는 나보다 네 살 더 많다.

## (4) 배수사 비교급

원급비교와 비교급 표현 앞에 배수사를 넣어 '몇 ~배 더'라는 의미를 만들어 내며, 형태상의 어순에 주의해야 한다.

주로 아래와 같은 형태의 배수사 표현이 주로 쓰인다.

> ❶ 배수사 + as ~ as / 배수사 + more ~ than
> ❷ 배수사 + the 추상명사 of 명사
> ❸ 배수사 + 소유격 + 명사

· She has **twice as** much money **as** you.
　 그녀는 네가 가지고 있는 것만큼의 두 배의 돈을 가지고 있다.

· The figure is **three times** <u>as high as</u> 5 years ago.
　= The figure is **three times** <u>higher than</u> 5 years ago.
　= The figure is **three times** <u>the height of</u> 5 years ago.
　　그 수치는 5년 전보다 세 배 더 높다.

· He is **twice** <u>as old as</u> I.
　= He is **twice** <u>the age of</u> me.
　= He is **twice** <u>my age</u>.
　　그는 내 나이의 세 배다.

> **참 고**
>
> **as 형용사 as → the 추상명사 of**
>
> as high as → the height of / as deep as → the depth of / as wide as → the width of
> as broad as → the breadth of / as large as → the size of / as old as → the age of

## (5) 동일인, 동일물의 성질 비교

비교 대상이 <u>둘이 아닌 동일한 '하나'</u>의 대상인 경우, 음절수와 상관없이 무조건 more ~을 붙여 비교를 한다.
이때의 more는 비교급의 more라기 보다는 rather (차라리, 오히려)의 의미라고 보면 된다.

· She was ~~wiser~~ than beautiful. (X)
　→ She was **more wise than** beautiful. (O)
　　그녀는 예쁘다기 보단 현명하다.
　　(둘을 비교한 것이 아니라 그녀 '한명의' 성질을 비교한 것이므로 1음절이어도 er을 붙이지 않고 more를 써줘야 옳다.)

## (6) the + 비교급

비교급에는 원칙상 정관사 the를 붙일 수 없으나, 다음과 같은 경우에서는 붙일 수 있으며, 비교급 접속사인
than도 쓰지 않는다.

① The 비교급 + S + V (종속절), the 비교급 + S + V (주절) : ~하면 할수록, 점점 더 ~하다

원래 'As + S + V + 비교급, S + V + 비교급'의 구조에서 비교급을 강조하고자 하는 경우에 <u>비교급을 문두로 옮기고 그 앞에 the를 붙여주는 구조</u>이다. 앞이든 뒤든 the를 쓰지 않으면 틀린 문장이 된다.

· As I see him **more**, I like him **more**.
  → **The more** I see him, **the more** I like him.
    그를 보면 볼수록, 나는 그가 더 좋다.

· As you think **faster**, you burn **more calories**.
  → **The faster** you think, **the more** you burn calories. (X)
  → **The faster** you think, **the more calories** you burn. (O)
    당신이 생각을 빠르게 하면 할수록, 더 많은 칼로리를 소모한다.

    (원래 문장에서 비교급이 단독으로 나오는 경우 그냥 'the 비교급'만 써도 상관없지만, 만약 비교급이 뒤의 어구와 연결된다면 그 연결된 어구까지 함께 앞으로 나와야 한다.)

· **The larger** the task is, **the more difficult** it is.
    그 일이 커지면 커질수록, 더 어려워진다.

▲ 주 의

동사가 be동사인 경우에는 생략을 할 수도 있고, 도치역시 가능하다. (선택사항)

· **The more precise** a writer's words (are), **the more effective** the communication (is).
    작가의 단어가 정확하면 할수록, 대화는 더욱더 효과적이다.

② 명확한 두 개의 비교대상이 문장 안에 있는 경우

두 명만 참가한 대회에서 일등을 한 것도 결국 일등이다. 그러므로 명확하게 둘을 비교하는 경우에는 최상급에만 표시하는 정관사 'the'를 비교급 앞에도 사용하는 것이다. 주로 <u>'of the two'</u>, <u>'of A and B'</u>, <u>'between A and B'</u>가 나온다.

· Tom is **the kinder of the two boys**.
    Tom은 두 명의 소년 중에 더 친절하다.

· **Of the two candidates**, Mr. Karmen seems to be **the more qualified** for the position.
    두 명의 지원자 중에서, Karmen씨가 조금 더 그 직책에 적합한 것처럼 보인다.

· The second speaker was ~~the most amusing of the two~~, though he had little substance to add. (X)
  → The second speaker was **the more amusing of the two**, though he had little substance to add. (O)
    두 번째 발표자가 둘 중에 더 재미있었다. 비록 덧붙일게 거의 없었을 지라도.

③ 이유의 부사구 or 부사절 (for, because, because of, on account of 등)과 결합되는 경우

· He is loved **all the better because he is honest.**
  그는 정직하기 때문에 더 사랑 받는다.

· I am **none the worse for a single failure.**
  나는 한 번의 실패 때문에 나빠지지 않는다.

## 3) 비교급 비교 구문을 통한 관용구

### (1) 비교급 than any other 단수명사 : 다른 어떤 명사 보다 더 ~한 = 가장 ~한
### = 비교급 than all the other 복수명사

비교급을 통해 최상급을 표현하는 구문이다. 마지막에 '단수명사 VS 복수명사'의 구별 문제가 문법시험 출제 포인트이다.

· He is **braver than any other** <u>soldier</u> in the world.
  = He is **braver than all the other** <u>soldiers</u> in the world.
  그는 세상에서 다른 어떤 군인보다 더 용감하다.

· It is **bigger than any other country** in the world.
  그곳은 세상에서 다른 어떤 곳보다 더 크다.

### (2) No A more B than C : C보다 더 B한 A는 없다. = C가 가장 B하다.

비교급을 통해 최상급을 표현하는 구문이다. 반드시 <u>C와 A</u>는 '비교대상의 병치'를 맞춰줘야 한다.

· **No** other soldier is **braver than** he in the world.
  이 세상에서 그보다 더 용감한 군인은 없다.

· **Nothing** is **more important than** health.
  건강보다 더 중요한 것은 없다.

### (3) no 비교급 than = as 반대원급 as

부정어 no는 <u>수식하는 말 자체만을 부정하는 표현</u>으로, 문장 전체를 부정해주는 <u>not</u>과는 쓰임이 약간 다르다. 비교급에서 no가 쓰이는 경우 '<u>~보다 덜 할 것도 없다.</u>'라는 의미로 해석이 되고, 비교급에 not을 쓰는 경우에는 '<u>~보다 더 하지 않다.</u>'라는 의미로 해석이 된다. 별 차이가 없다고 생각되는 학생들을 위해 예문을 들어서 설명해 보겠다.

> · She is **no more** beautiful **than** her sister.

위 문장은 '그녀는 그녀의 여동생보다 더 예쁠 것도 없다.'라고 해석한다. 즉 '두 사람 다 비슷하게 예쁘지 않다.'라는 의미가 되는 것이다. 즉 'as ~ as'라는 원급비교의 의미로 해석이 된다는 것을 알 수 있다.

다음 문장을 해석해보자.

> · She is **not more** beautiful **than** her sister.

위의 문장은 '그녀는 그녀의 여동생보다 더 예쁘지 않다.'라고 해석한다. 즉, 문장 자체를 부정했으므로 '그녀의 여동생이 더 예쁘다.'라는 의미가 되는 것이며, 이것은 우리가 흔히 '열등비교'라고 칭하며 배우는 것이므로 크게 어렵지는 않다.

그러므로 우리는 'no 비교급 than'이 'as 반대원급 as'와 동의어가 된다는 사실만 이해하면 된다.

다음 예문을 보자.

> ① She is no less beautiful than her sister.
> ② She is not less beautiful than her sister.

다음 문장 중 '원급비교'의 뉘앙스로 해석되는 문장은 몇 번인가?

정답은 ①번이다. 'no 비교급 than'은 'as 반대원급 as'과 동의어이기 때문이다.
이해가 가지 않는 학생을 위해 ①번을 해석 해보자면, '그녀는 그녀의 여동생보다 덜 예쁠 것도 없다.'이다. 즉 '둘 다 (예쁨의 정도가) 비슷하다.'라는 의미인 것이다.
그렇다면, ①번의 해석에서 '자매들은 둘 다 예쁘다'는 의미인가? '둘 다 예쁘지 않다'는 의미인가?
정답은 '둘 다 예쁘다'이다. 'no 비교급 than'의 동의어는 'as 반대원급 as'이기 때문에 'no less beautiful than'의 동의어는 'as beautiful as'가 되는 것이다.

이제 'no 비교급 than'의 의미를 알겠는가? 다시 한 번 말하겠다. 동의어는 'as 반대원급 as'이다.

어떤 말을 다른 단어를 써서 같은 의미로 만드는 표현을 paraphrasing이라 한다. 독해에서 paraphrasing은 굉장히 중요하기 때문에 표현을 많이 알고 있을수록 좋다. 다음 no 비교급 than을 paraphrase해보자.

1. no higher than = _____ .

2. no more dangerous than = _____ .

3. no fewer than = _____ .

4. no more than = _____ .

5. no less than = _____ .

6. no less honest than = _____ .

·
·
·
·
·
·

답은

1. as low as / 2. as less dangerous as / 3. as many as / 4. as few/little as

5. as much as / 6. as honest as 이다.

지금까지의 설명이 이해가 되었다면 이제 나머지 (4), (5)는 응용된 표현이기 때문에 쉽게 이해 될 것이다.

(4) no more than : 단지 / no less than : 그 만큼 많은 = as much/many as

　　 not more than : 기껏해야 = at most / not less than : 최소한, 적어도 = at least

의미를 꼭 한정지어서 '단지', '그 만큼 많은' 등으로 해석할 필요는 없다. (3)에서 말했듯이 no more than의
동의어는 as few/little as이므로 '(주관적으로) 적다'의 뉘앙스만 가지고 있으면 된다. 다만 편의상 '단지'라
는 말이 가장 적당하기 때문에 써 넣은 것뿐이다. not 비교급 than의 경우 원래 알고 있던 '열등비교'로만 해
석해도 충분히 의미가 파악되므로 '기껏해야'라고 굳이 외울 필요는 없다. (~보다 더 많지는 않다. = 많아봐
야 ~다. 기껏해야 ~다.)

· He said **no more than** thirty minutes.
　그는 단지 30분만 말했다. (as few/little as이므로 30분을 적게 느끼고 말하는 표현이다.)

· I have **no less than** 100 dollars.
　나는 100달러만큼이나 가지고 있다. (as much as이므로 100달러를 많다고 느끼고 말하는 표현이다.)

· There were **not more than** 10 people at the party.
　파티에 기껏해야 10명 있었다. ('10명보다 더 많이 있지는 않다'의 의미이므로 '많아봐야, 기껏해야'의 의미로 해석된다.)

· **Not less than** five hundred people were present.
　최소한 500명의 사람들이 참석했다. ('500명 보다 덜하지 않은 사람들'의 의미이므로 '최소한, 적어도'의 의미로 해석
　된다.)

**(5) A is no more B than C is D : A가 B가 아닌 것은 C가 D가 아닌 것과 같다.**

  = A is not B any more than C is D

no more B than으로 쓰였기 때문에 'as B의 반대원급 as'로 paraphrase 된다. 즉 as ~ as가 들어갔으므로 '같다'라는 의미가 탄생하고, B의 반대원급이기 때문에 'A가 B가 아니다'라는 의미가 탄생한 것이다.

이 구문은 주로 독해나 paraphrasing에서 다뤄지는 편이고, 문법에서는 'C가 D가 아닌 것과 같다'에서 부정어를 절대로 쓰면 안 된다는 것 포인트이다.

〈A is <u>no less</u> B than C is D는 <u>A가 B인 것</u>은 C가 D인 것과 같다.〉로 해석하면 된다.

· Recreation is **no less necessary than** work.
  = Recreation is **as necessary as** work.
    휴식은 일보다 덜 필수적인 것은 아니다. (휴식은 일 못지않게 필수적이다.)

· She is **no more mad than** you are ~~not~~ mad. (X)
  → She is **no more mad than** you are mad. (O)
    그녀가 미치지 않은 것은 네가 미치지 않은 것과 같다.

· She is **no less guilty than** you are.
  = She is **as guilty as** you are.
    네가 죄가 있는 것과 마찬가지로, 그도 죄가 있다.


**(6) 긍정문 + much more / 긍정문 + still more : ~은 말할 것도 없이**

   **부정문 + much less / 부정문 + still less : ~은 말할 것도 없이**

· I **can speak** Japanese, **much more** English.
  나는 일어를 말할 수 있다. 영어는 말할 것도 없고

· I **cannot speak** Japanese, ~~much more~~ Chinese. (X)
  → I **cannot speak** Japanese, **much less** Chinese. (O)
    나는 일어를 할 수 없다. 영어는 말할 것도 없고
    (주절이 부정문으로 쓰였기 때문에 much more, still more로는 쓸 수 없다.)

---

**▲ 주 의**

'~은 말할 것도 없고'의 동의어

not to mention / to say nothing of / not to speak of + 명사/동명사
let along + 명사/동명사/to부정사

위의 동의어는 앞문장이 부정이든 긍정이든 상관없이 쓸 수 있다.

· He speaks French well, **not to speak of** English.
  그는 영어는 말할 것도 없고 불어도 잘 말해.

(7) 긍정문 + none the less (for 명사) : ～에도 불구하고 오히려 더 ～하다

= 부정문 + (any) the less (for 명사)

· I like her **none the less for** her faults.
나는 그녀의 결점에도 불구하고 그녀를 좋아한다.

= I **don't** like her **(any) the less for** her faults.
그녀의 결점 때문에 그녀를 덜 좋아하는 것은 아니다.

## 4) 비교급 강조 부사

even, far, still, much, a lot, yet  (very는 절대 쓸 수 없음)

· English is **far more** difficult than Japanese.
영어는 일본어보다 훨씬 더 어렵다.

· It's ~~very~~ **faster** than the train. (X)
→ It's **much faster** than the train. (O)
그것은 기차보다 훨씬 빠르다.

## 연습하기 056

다음 문장들은 모두 틀린 문장이다. 틀린 부분을 밑줄 긋고 올바르게 옮기시오.

– 해석은 당연!

1. A whale is not more a fish than a horse is.

2. Your car is as twice expensive as mine.

3. Taking the bus is less convenient as taking the train.

4. The Antarctic is colder than all the other place in the world.

5. These shoes are very more comfortable than the ones I bought last time.

## 4 최상급

**강민 형이 콕 찍어줄게!**

❶ 최상급 표현의 문제는 거의 비교급과 비교하는 문제를 낸다고 보면 된다. 일반적으로 비교급은 '둘의 비교'를, 최상급은 '셋 이상의 비교'를 말하므로 이것의 차이를 묻는 문제를 주로 낸다.

❷ 최상급에는 특별한 경우를 제외하고는 절대로 the를 빼고 사용할 수 없다. 잊지 말자.

❸ 원급과 비교급은 각각 뒤에 함께 쓰이는 접속사 as나 than이 있는데, 최상급은 무조건 함께 쓰이는 접속사가없다. 그러므로 원급이나 비교급 보다 힌트가 덜 나와 있는 셈이므로 약간 더 어려울 수 있다.

### 1) 최상급의 개념과 형태

셋 이상의 비교 대상들 중에서 하나의 가장 우월함을 나타 낼 때 쓰이며, 'the + est' 또는 'the most ~'의 형태로 쓰는 것이 원칙이다.

· She is **the tallest of all the girls in our class.**
그녀는 우리 반에 있는 모든 여자애들 중에서 가장 키가 크다.

· My brother is **the most diligent in my family.**
내 동생은 우리 가족에서 가장 근면하다.

### (1) 최상급의 한정 범위

원급과 비교급은 각각 as, than과 같은 접속사가 함께 문장을 이루는 경우가 많다. 그러나 최상급은 반드시 어떤 어구가 정해져 있는 것은 아니고 일반적으로 'the + 최상급 + (셋 이상의) 비교 집단'이 함께 짝을 이뤄 쓰인다. 주로 'of all (the) 복수명사', 'in/on/at 장소명사', '관계사절'의 구조가 자주 연결된다.

· My sister <u>is the cleverest</u> of all the girls.
내 여동생이 그 소녀들 중에서 가장 영리하다.

· This is <u>the most exciting movie</u> that I have seen this year.
이것이 올해 내가 봤던 영화 중에 가장 재미있는 영화다.

· Seoul is <u>the largest city</u> in Korea.
서울은 한국에서 가장 큰 도시이다.

## 2) 예외적으로 최상급에 정관사 the를 쓰지 않는 경우

원래는 최상급에는 the를 쓰는 것이 원칙이지만 그렇지 않는 예외적인 경우도 있다. 크게 중요한 part는 아니므로 심각하게 볼 필요는 없다. 비교급에 the를 붙이는 경우가 더 중요하니 그 부분을 더 열심히 보자.

### (1) 여러 대상이 아닌 동일인 또는 동일물의 성질을 비교하는 경우

· My mother is the happiest woman in our town.
   우리 엄마는 마을에서 가장 행복하다.
   (위의 문장은 우리 엄마와 마을 사람들 모두를 비교한 문장이다. 셋 이상의 비교이므로 최상급에 the를 붙이는 것이 맞다.)

· My mother is happiest when she is with me.
   우리 엄마는 나와 함께 있을 때 가장 행복하다.
   (위의 문장은 엄마와 다른 누군가를 비교한 것이 아니라, 엄마의 또 다른 상황과의 비교이다. 즉, 동인인물의 성질을 비교한 것이기 때문에 the를 붙이지 않는 것이 옳다.)

· The lake is the deepest in Korea.
   이 강은 한국에서 가장 깊다.

· The lake is deepest at this point.
   이 강은 이곳이 가장 깊다.
   (하나의 강에서의 깊이를 비교하고 있는 것이므로 the를 붙이지 않는다.)

· Watermelons are ~~the~~ most delicious in the summer. (X)
   → Watermelons are most delicious in the summer. (O)
      수박은 여름에 가장 맛있다.
      (수박을 다른 과일들과 비교한 것이 아니다. 수박 자체만을 놓고 비교한 것이므로 the를 쓰지 않는 것이 옳다.)

### (2) 부사를 최상급으로 쓰는 경우

현대영어에서는 the를 쓰기도 한다. 그러므로 목숨 걸고 외울 필요까지는 없다.

· She runs fastest in her class.
   그녀는 그녀의 반에서 가장 빠르다.

· The sea gull sees farthest who flies highest.
   가장 높이 나는 새가 가장 멀리 본다.

### (3) 최상급이 소유격과 연결되는 경우

소유격과 정관사 the는 둘 다 한정사에 속한다. 그러므로 절대로 이중한정은 불가하다.

· It is my greatest pleasure to read novels.
   소설을 읽는 것은 나의 가장 큰 기쁨이다.

- John is **my best friend.**
  John은 나의 가장 친한 친구이다.

## 3) 최상급 관련 관용구

### (1) make the most of : ~을 최대한 이용하다

- You **must make the most of** your chance.
  너는 기회를 최대한 이용해야만 한다.

### (2) 양보의미의 최상급

최상급 앞에 even이 붙으면 양보의 의미로 쓰일 수 있으며, 이 경우 주로 부정적인 표현으로 해석된다. even 은 생략되기도 한다.

- **(Even) the cleverest** person **cannot** solve the problem.
  아무리 똑똑한 사람이라도 그 문제를 풀 수 없다.

- **(Even) the most expensive** car can break down.
  가장 비싼 차라고 해도 고장 날 수 있다.

### (3) the + 최상급 + ~ but one : 두 번째로 ~한

- Busan is **the largest city** in Korea **but one.**
  부산은 한국에서 두 번째로 큰 도시이다.
- My son is **the tallest** in this country **but one.**
  우리 아들은 우리나라에서 두 번째로 키가 크다.

### (4) 그 외 관용표현

---

at (the) best : 아무리 잘해 봐야, 기껏해야

not ~ in the least = not ~ at all = not ~ a bit : 전혀 ~아닌

last but not least : 마지막으로 (말하지만 앞서 말한 것과 마찬가지로 역시 중요한)

---

· You are an average student **at best**.
너는 기껏해야 평범한 학생일 뿐이다.

· I did **not in the least** expect to see you.
나는 너를 보는 것에 대해 조금도 기대하지 않는다.

· I would like to thank my teachers, my friends, and, **last but not least**, my parents.
저는 선생님과 친구들, 그리고 마지막으로 부모님께 감사를 드리고 싶습니다.

## 4) 최상급 강조부사

much, the very, (by) far

· This reason is **by far the most** important.
이 이유가 가장 중요하다.

· She is **the very greatest** woman that I have ever known.
그녀는 내가 아는 여성 중에 가장 위대하다.

## 연습하기 057

**다음 문장들은 모두 틀린 문장이다. 틀린 부분을 밑줄 긋고 올바르게 옮기시오.**

– 해석은 당연!

1. Sweden scored a goal after ten minutes in the soccer match, and they were playing really well. After halftime, however, England played best.

2. This brand of watch is the more reliable kind you can buy in the whole store.

3. Of the four boys, Jason is the more considerate.

4. My younger brother is the most cheerful when he is praised by Father.

5. Last but not less, do something that you like.

**⑤ 주의해야 할 비교급**

## 1) 비교 대상의 명확성과 비교대상의 병치

앞서 말했듯이, 비교급을 나타내는 as와 than은 접속사의 역할을 하고 같은 어구가 나오는 경우 생략을 해
줄 수 있다. 그렇기 때문에 비교를 해주려는 대상은 반드시 명확해야 한다. 이를 '비교대상의 병치'라 부른다.
문법시험에 상당히 자주 출제되기 때문에 제대로 알고 있어야 한다.

· **He** likes you more than **I**. (like you)
  그는 나보다 너를 더 좋아한다. (= 내가 너를 좋아하는 것 보다 그가 너를 더 좋아한다.)
  (비교 대상을 'I'로 표시했으므로 'He'와 연결된다는 것을 알 수 있다.)

· He likes **you** more than (He likes) **me**.
  그는 나보다 너를 더 좋아한다. (= 그는 나를 좋아하는 것 보다 너를 더 좋아한다.)
  (비교 대상을 'me'로 표시했으므로 목적어인 'you'와 연결된다는 것을 알 수 있다.)

· The climate of here is as mild as ~~Korea~~. (X)
  → The climate of here is as mild as <u>that of Korea.</u> (O)
    이곳의 기후는 한국의 그것만큼(기후만큼) 따뜻하다.
    (비교하고자 하는 대상은 한국과 이곳이 아니라, 한국의 기후와 이곳의 기후이다. 그러므로 the climate of Korea로
    표시를 해야 하는데, 앞에 이미 the climate라는 명사를 썼으므로 대명사인 that of Korea로 쓴 것이다.)

· More ethnic and cultural minorities are represented **in Los Angeles** than **in** any other city.
  좀 더 민족적이고 종교적인 소수민족들이 다른 어떤 나라에서 보다 LA에서 나타난다.

· Sound travels faster **through water** than **through** air.
  소리는 공기를 통해서보다 물을 통해서 더 빨리 이동한다.
  (만약 비교하고자 하는 대상이 '전치사 + 명사'라면 than 뒤에도 반드시 '전치사'를 붙여주어야 한다.)

## 2) 비교급의 도치

비교의 접속사 than이나 양태를 나타내는 <u>as이하에서 주어가 '일반 명사'이고, 동사가 조동사 또는 be동사인
경우 도치가 가능</u>하다. 단 than, as이하의 주어가 대명사이거나, 동사가 일반동사인 경우 도치는 불가능하다.

· Noise pollution generally receives **less** attention **than does air pollution**.
  소음공해는 일반적으로 공기오염보다 덜 주목 받는다.
  (than이하의 주어가 일반 명사 (air pollution)이고, 동사는 receive를 대신 받은 대동사 does이므로 도치가 가능하다.)

## 3) 원급 비교와 비교급 비교의 이중 비교표현

동등비교 표현인 as ~ as와 비교급 표현인 비교급 ~ than 표현을 한 문장에 같이 사용하는 비교급으로 '~
만큼 ~ 하거나 아니면 더 ~ 한'의 의미 구조를 가진다. ※ 이중 비교가 될 경우에 <u>연결사는 다 써야한다.</u>

· He likes total strangers ~~as much~~, if not more than, his friends. (X) (연결사 없음)

→ He likes total strangers **as much <u>as</u>**, if not more <u>**than**</u>, his friends. (O)
그는 그의 친구보다 더 하지는 않지만. 그 만큼 낯선 사람을 좋아한다.

· She felt that she was **as good a swimmer <u>as he was</u>**, if not better ~~than~~. (X)
→ She felt that she was **as good a swimmer <u>as he was</u>**, if not better. (O)
그녀는 비록 더 낫지는 않을지라도 그 만큼 좋은 수영선수였다고 생각했다.
(비교의 대상이 as의 뒤에 오는 경우 뒤에 나오는 비교급에는 접속사 than을 쓰지 않음)

· She is **as wise <u>as</u>** or even **wiser <u>than</u>** his sister.
그녀는 그녀의 언니만큼 현명하거나. 심지어 더 현명하다.

## 연습하기 058

**다음 문장들은 모두 틀린 문장이다. 틀린 부분을 밑줄 긋고 올바르게 옮기시오.**

– 해석은 당연!

1. In urban areas, the number of boy students is bigger than girl students.

2. People often complain that books are too expensive, but their prices have not risen as much as other commodities.

3. Answering accurately is more important than to finish quickly.

4. He respects her far more than is his son.

5. He made an achievement as great as, if not greater Edison.

## 요약하기

비교급은 말할 것도 없이 ① <u>비교대상간의 병치문제</u>가 가장 중요하므로 보고 또 보자.
또한 ② <u>원급 VS 비교급 VS 최상급</u>의 각각의 특징을 잘 기억하고 있어야 한다. 가령, 원급은 'as',
비교급은 'than', 최상급은 '한정범위를 나타내는 어구'가 머릿속에 '팍'하고 박혀 있어야 문제 푸
는데 어려움이 없을 것이다. 또한 특수구문인 ③ <u>'the + 비교급, the + 비교급'</u> 문제나 '관용표현'
문제는 언제든 출제되어도 이상하지 않은 문법적 사항들이기 때문에 꼭 제대로 알고 넘어가도록
하자.

## 적용하기 1단계

❶          ❷          ❸

[1–4] Choose the one that could best completes the following sentence.

**01**    There is ＿＿＿＿＿＿ of the convicted prisoner than the fingerprint on the revolver.

(A) no clear evidence            (B) no clearer evidence
(C) no clearest evidence         (D) no most clear evidence

**02**    In many cases, it may be ＿＿＿＿＿＿ than by airplane.     [2018 한국외대]

(A) quickest by train to travel       (B) more quickly to travel by train
(C) quicker to travel by train        (D) the most quick by train to travel

**03**    The higher we soar, ＿＿＿＿＿＿ to those who cannot fly.     [2016 아주대]

(A) the small we appear           (B) the high we appear
(C) the smaller we appear        (D) the higher do we appear
(E) the less smaller do we appear

**04**    Of all economic problems, inflation continues to be ＿＿＿＿＿＿ in its daily impact on people and business.

(A) more significant           (B) the more significant
(C) a most significant          (D) the most significant

[5–10] Choose the one which is grammatically <u>incorrect</u> among the four underlined parts.

**05**    The more complex a phenomenon <u>becomes</u>, the <u>better necessary</u> it is to <u>break it up</u> into
                                    (A)              (B)            (C)

     <u>a number of</u> small parts <u>which</u> the human can visualize.      [2018 숙명여대]
       (D)                (E)

**06**  Learning <u>the basics of</u> English at middle school, high school and university is <u>less</u> stressful
                   (A)                                                    (B)

than <u>to study</u> the languages <u>overseas</u>.
      (C)             (D)


**07**  The study of anatomy is <u>so old as</u> the history of medicine, <u>but its</u> progress was <u>greatly</u>
                           (A)                               (B)                (C)

<u>retarded</u> by ancient bans <u>against</u> the <u>dissection</u> of dead people.      [2018 숙명여대]
   (D)               (E)


**08**  <u>What makes</u> Egypt's uncertain course <u>so vexing</u> for the White House is that Mr. Obama,
      (A)                               (B)

more than any other foreign <u>leaders</u>, <u>has sided</u> again and again with the Arab street in Cairo.
                            (C)      (D)


**09**  Young adults who live with their parents are <u>nearly</u> as <u>likely to</u> say they are satisfied with
                                              (A)      (B)

their housing situation <u>like</u> those who live <u>on their own</u>.      [2015 서울여대]
                  (C)             (D)


**10**  <u>Psychologist</u> Ross Mcfarland suggested that people could work <u>productively</u> <u>more</u> longer
     (A)                                          (B)    (C)

than <u>had</u> previously been thought.
     (D)

## 적용하기 2단계 ❶ ❷ ❸

[1–5] Choose the one that could best completes the following sentence.

**01** In the United States, the emphasis was _____ the Constitution as a symbol or historical object as on the Constitution as a depository of democratic beliefs that were said to be fundamental and unshakable.

(A) not so much as on

(B) so much not on

(C) not so much on

(D) on not so much as

**02** I think his mother is _____ than wise.

(A) kind

(B) kinder

(C) kindest

(D) more kind

**03** Those students do not like to read novels, _____ course books.

(A) about

(B) in any case

(C) much less

(D) leaving out of the question

**04** Solar heat penetrates more deeply into water than _____ .

(A) it is penetrating into the soil

(B) it does into soil

(C) does it into soil

(D) what does into soil

**05** Their prehistoric ancestors were _____ .

(A) today's animals size of the four times about

(B) today's animals about the size of four times

(C) about the size of four times today's animals

(D) about four times the size of today's animals

[6–9] Choose the one which is grammatically <u>incorrect</u> among the four underlined parts.

**06**  Since the <u>newly constructed</u> shower stall in the basement was <u>rather</u> large, Jennifer bought
              (A)                                                                                      (B)

the <u>largest of</u> the two sizes of curtain rods <u>that were</u> available at the hardware store.
         (C)                                                                  (D)


**07**  She finally became even <u>very</u> violent in her disposition than her husband himself. She was
                                                  (A)

not satisfied <u>with</u> simply doing <u>as well as</u> he had commanded; she seemed anxious <u>to do</u>
                        (B)                                 (C)                                                                                 (D)

better.                                                                                                    [2016 홍익대]


**08**  Comparative anatomists <u>have recently shown</u> that man's vocal apparatus <u>is</u> in several
                                                      (A)                                                                              (B)

respects <u>simpler</u> than <u>the great apes</u>.
                     (C)                         (D)


**09**  When Julio told the <u>stage people</u> to work faster, they said <u>to him</u>, "We can't work <u>any</u> faster.
                                        (A)                                                      (B)                                              (C)

We are now working <u>as fast as possible</u> we can."
                                         (D)


[10] Choose the sentence that is <u>NOT</u> grammatically correct.                    [2015 한국외대]

**10**  (A) Before going any farther with the project, we should check with the boss.

(B) The furthest road is sometimes the best road to take.

(C) For further information, please visit the information center in the town.

(D) The fog is so thick that I can't see farther than about ten meters.

## 적용하기 3단계 ❶ ❷ ❸

[1-5] Choose the one that could best completes the following sentence.

**01** My experience with kids is probably just as good as, _____ , any high school sitter.

(A) if not better than
(B) and better than
(C) better than
(D) not if better than

**02** The most important thing to know about prehistoric humans is that they were insignificant animals with _____ impact on their environment than gorillas, fireflies or jellyfish.

(A) bigger
(B) no less
(C) no more
(D) higher
(E) worse

[2022 숙명여대]

**03** Tuition fees at public colleges in New York increased by a greater percentage last year than _____ .

(A) in another states
(B) in the other states
(C) in any other state
(D) in other states

**04** Harriet drew up a paper on the subject of liberty. For her liberty was not a question of how far the State ought or ought not to interfere with the activities of citizens. It was a question of tolerance in society itself, of some people being impinged upon by other people. The problem of liberty for her was not one of political liberty _____ social liberty.

[2015 가천대]

(A) rather
(B) less than
(C) much as
(D) so much as

**05** Employment rates for new college graduates have fallen sharply in the last two years, as _____ starting salaries for those who can find work.          [2015 서울여대]

(A) do
(B) does
(C) has
(D) have

[6–10] Choose the one which is grammatically <u>incorrect</u> among the four underlined parts.

**06**  But <u>ever since</u> "Anne Frank" and "Judgment at Nuremberg" – <u>the first major studio movies</u>
            (A)                                                        (B)

<u>on</u> the Holocaust – American films have done a noble job telling World War II stories <u>in</u>

<u>ways that more illuminate</u> rather than <u>exploit the inherent drama</u>.
          (C)                                 (D)

**07**  Moral for <u>decision–makers</u>: the more opposition you expect <u>a decision</u>, the more significant
                  (A)                                       (B)

<u>it is to</u> choose <u>the</u> right moment.
  (C)         (D)

**08**  In the United States <u>in the early</u> 1800's, <u>individual</u> state governments had more <u>influence on</u>
                       (A)              (B)                               (C)

the economy <u>than had</u> the federal government.
            (D)

**09**  All ants move at the same speed, but <u>it takes much time</u> to go around the longer side of
                                         (A)

the twig or the pebble than it takes to go around the shorter side, and therefore, <u>in the same</u>
                                                            (B)

<u>period of time</u>, the shorter path receives <u>more ant traffic</u> and a higher buildup of pheromones.
    (C)

<u>No error</u>.                                                 [2016 중앙대]
  (D)

**10**  A <u>recent</u> report presents a portrait of the Muslim world <u>that</u> might surprise many people.
      (A)                                           (B)

Germany, for instance, has more Muslims than Lebanon. Russia has more Muslims than

Jordan and Libya <u>combined</u>, and Ethiopia has <u>as nearly as</u> many Muslims as Afghanistan.
                      (C)                         (D)

# Chapter XV

## 일치, 병치, 도치

# Chapter XV  일치, 병치, 도치

## 🔍 미리보기

**1. 시험에 가장 많이 나오는 파트 중 하나이므로 제대로 공부하자!**

어디하나 안 중요한 파트가 없을 정도로 매우 자주 나오므로 꼭 정복해야 한다.

**2. '수의 일치' 같은 경우는 어쩔 수 없이 암기로 해결해야 하는 부분이 많으므로 힘들더라도 외우자.**

어쩔 수 없다. 그냥 외워야 하는 부분은 외우자. 그래도 앞에서 공부했던 부분이랑 겹치는 부분이 조금 있다는 점에 위안삼자.

**3. '병치'는 지금까지 등위접속사, 비교급 등에서 계속 중요하다고 말했다.**

아직도 병치를 제대로 모른 채로 이 페이지를 보고 있다면... 여기서 다시 한 번 제대로 알려주겠다. 그러나 앞에서 말했던 설명보다 조금 더 난이도를 높여 설명할 예정이다. (앞에서 말했던 걸 똑같이 할 필요는 없지 않은가!)

**4. '도치'... 말해 뭐하겠는가. 당연히 중요하다. 일단 설명 한번 보자.**

## ❶ 일치

일치란 <u>주어와 동사와의 수의 일치</u>를 말한다. 주어가 되는 명사에 따라 동사의 수가 결정되는 것이 당연하지만, 가끔 문법적으로 정해진 대로 수를 써야 하는 경우도 있으니 조심해야 한다. 정해진 대로 수의 일치를 해야 하는 경우는 반드시 암기하고 넘어가도록 하자.

**강민 형이 콕 찍어줄게!**

❶ 정말 난감하게도 <u>중요하지 않은 부분이 없다</u>. 그래서 특히 뭐가 더 중요하다고 말하긴 힘들지만! 그래도 최근 기출 경향을 봐서 더 자주 나왔던 부분에 ★표시를 할테니 더 열심히 보자. (★표시가 없다고 안 중요하다는 말이 절대 아니다. 그저 ★표시는 최근에 더 자주 나왔던 표현들일 뿐이다.)

## 1) There/Here + be + 명사 ★

유도부사 There/Here가 문두에 쓰이면 주어와 동사는 서로 자리를 바꾸는 '도치현상'이 발생 된다. 그러므로 수일치는 be동사 뒤에 나오는 명사에 해주면 된다. There/Here 구문의 동사는 항상 be동사만 쓰이는 것은 아니고 seem, appear 등도 쓰일 수 있다. 이 경우 'There seem(s) to be 명사'의 문장 형태가 나오는데, 이때 seem의 수일치는 to be뒤에 나오는 명사에 해 주면 된다.

- There <u>is a bus</u> to the airport every hour.
  공항행 버스가 매 시간에 한 대씩 있다.

- There <u>are books</u> on the desk.
  책상위에 책들이 있다.

- There <u>seems to be a bus</u> to the airport every hour.
  공항행 버스가 매 시간에 한 대씩 있는 것처럼 보인다.

---

**참고**

> **There be + 명사 and 명사**
>
> 이 경우 주어는 당연히 뒤에 나온 '명사 and 명사'이기 때문에 복수 취급하는 것이 맞는다고 생각할 수 있는데, 현대영어에서는 복수취급 보다는 주로 A에 수일치를 해 주는 것이 더 좋은 표현이다. (물론 복수취급이 틀린 것은 아니다.)
>
> - There <u>was(were)</u> a king and his beautiful daughter.
>   왕과 그의 아름다운 딸이 있었다.
>   (주로 a king에 수일치를 맞춰서 was로 쓰는 것이 현대영어의 특징이다.)

---

## 2) 부분 of + 한정사 + 명사(전체) + 동사 ★

일명 '부분 of 전체'의 표현이다. 이 경우 동사의 수는 of이하의 명사의 수에 일치시킨다. 주요 부분사는 관계사 part에서 이미 알려준 바 있다. (318p 참고)
전체 표현은 특정한 집단을 의미하므로 한정사 (the, 소유격)를 동반한다.

- Some of <u>the movies are</u> creative.
  영화들 중 몇 개의 작품은 창의력이 있다.

- Half of <u>the cake is</u> rotten.
  케이크 중 절반은 썩었다.

- Three fourths of <u>the earth's surface is</u> water.
  지구 표면의 4분의 3은 물이다.

## 3) The number of 복수명사 VS A number of 복수명사 ★

The number of 복수명사 (복수명사들의 수)는 단수취급하고, A number of 복수명사 (많은 복수명사들)는 복수취급한다. 이때 강조를 하고 싶으면 A large/great number of로 표현해도 상관없다.

· **The number of the students** in his class **is** forty five.
그의 반 학생의 수는 45명이다.

· **A number of the students** in his class **are** tired.
그의 반의 많은 학생들이 피곤해한다.

· **A large number of the students** in his class **are** tired.
그의 반의 매우 많은 학생들이 피곤해한다.

---

**▲ 주 의**

**The largest/greatest number of 복수명사 + 복수동사**

앞에 The가 붙었으므로 단수동사 취급을 해야 할 것처럼 느껴지지만, 위 문장에서의 the는 최상급을 나타내기 위해서 쓰인 표현이다. 그러므로 'the number of 복수명사 + 단수동사'의 수일치 개념과는 아무런 상관이 없다.

· **The greatest number of people** <u>have</u> opposed his opinion.
가장 많은 사람들이 그의 의견에 반대했다.

물론 매우 드문 경우이겠지만 'the greatest number of 복수명사'가 '복수명사 중에서 가장 큰 수'라는 의미로 해석되는 경우 number를 주어로 잡았기 때문에 단수 취급한다. (매우 드물기 때문에 그냥 참고만 하고 넘어가면 된다.)

---

## 4) One of the 복수명사 + 단수동사 ★

One이 주어가 되므로 동사의 수는 항상 단수취급 해주면 된다. 이 용법은 복수명사 뒤에 주격관계대명사가 들어가는 경우의 수일치도 조심해야 한다.

| One of the 복수명사 + (who/which + <u>복수동사</u>) + 본동사 (항상 단수취급) |
| --- |
| The only one of the 복수명사 + (who/which + <u>단수동사</u>) + 본동사 (항상 단수취급) |

· **One of my teeth was** rotten.
내 치아 중 하나가 썩었다.

· **One of the students who** <u>are</u> able to speak English is Tom.
영어를 할 수 있는 사람들 중에 한명이 Tom이다.

· **The only one of the students who is** able to speak English is Tom.
학생들 중 유일한 사람이 Tom인데, 그는 영어를 할 수 있다.

## 5) many 복수명사 VS many a 단수명사 VS a good many 복수명사

얼핏 생각하기에 many와 a는 전혀 어울리지 않을 것 같은 느낌의 형용사인데, 'many a'나 'a good many'는 함께 사용이 가능하다. 단 'a many'는 불가능한 표현이다. <u>수일치는 뒤에 나오는 명사에 맞춰서 해 주면 되고</u>, 모두 '많은, 상당수의' 의미를 가지고 있다.

· **Many men <u>have</u>** been destroyed by drink.
= **Many a man <u>has</u>** been destroyed by drink.
많은 사람들이 술로 망가졌다.

· ~~A many~~ **students** live with their families. (X)
→ **A good many students <u>live</u>** with their families. (O)
많은 학생들이 가족과 함께 산다.

## 6) Every/Each/No + 단수명사 + and + (every/each/no) + 단수명사 + 단수동사

every, each, no는 뒤에 복수명사를 쓸 수 없으며, and로 두 개의 단수명사가 묶였다고 해도 단수 취급해야 한다.

· **Every girl <u>likes</u>** watching TV.
모든 소녀들이 TV보기를 좋아한다.

· **No hour and no minute <u>is</u>** to be wasted.
일분일초도 헛되이 보내져서는 안 된다.

· **Each (man) <u>knows</u>** what to do.
각자 무엇을 해야만 하는지 알고 있다.

## 7) 명사절, to부정사, 동명사, 단일 개념의 A and B + 단수동사 ★

일반적으로 구와 절은 단수 취급해준다. 또한 A and B가 하나의 개념화가 된다면 당연히 단수 취급해 주어야 한다.

Trial and error (시행착오) / Early to bed and early to rise (일찍 자고 일찍 일어나기)
pen and ink (필기도구) / The butter and bread (버터 바른 빵) / curry and rice (카레라이스)
a needle and thread (실이 달린 바늘) / all work and no play (일만 하고 놀지 않는 것)

· The bread and butter <u>was</u> not so delicious.
버터 바른 빵은 그다지 맛있지 않다.

· All work and no play <u>makes</u> Jack a dull boy.
공부만 하고 놀지 않으면 바보가 된다.

· To give up smoking <u>is</u> not easy.
담배를 끊는 것은 쉬운 일이 아니다.

· Working in these conditions <u>is</u> a pleasure.
이런 환경에서 일하는 것 자체가 기쁨이다.

· What causes environmental pollution <u>has</u> been listed in this article.
환경오염을 유발시키는 것이 이 기사에 나열되었다.

### 참고

**what절이 '~하는 것'의 의미로 쓰이면서 주어자리에 나오는 경우**

what절이 '무엇'의 의미 말고, '것'의 의미로 쓰이면서 (즉, 의문사절 what이 아닌 관계사절의 what절로 쓰이는 경우), 보어가 복수로 나오면 be동사의 수일치는 복수가 될 수도 있다. 즉 보어에 수일치를 맞춰줄 수도 있다는 말이다. 이것은 문어체적인 표현에서 주로 쓰이고, 구어체에서는 그냥 단수 취급하는 것도 괜찮다.

· What I like about him <u>is</u> his great sense of humor.
내가 그에 대해서 좋아하는 것은 그의 뛰어난 유머감각 이다.
(위의 문장에서 is가 쓰인 이유는 what절 때문이 아니라 his great sense 때문이다.)

· What we need <u>are(is)</u> managers with new ideas and the will to apply them.
우리가 필요한 것은 새로운 아이디어와 그것을 적용할 의지를 지니고 있는 관리자들이다.
(문어체에서는 are를 쓰는 것이 더 일반적이고, 구어체에서는 is를 쓰는 것도 문제되지 않는다.)

## 8) 상관어구의 일치 (접속사 부분 참고) ★

등위상관접속사는 보통 수일치를 B에 맞춰준다. 이미 접속사에서 충분히 다뤘으므로 여기서는 예문만 보고 넘어가자.

· **Not only** the teacher **but** <u>the students</u> <u>are</u> earnest.
  선생님 뿐 아니라 학생들도 성실하다.

· **Neither** you **nor** <u>I am</u> in the wrong.
  너도 나도 잘못이 없다.

· **Not** I **but** <u>he is</u> to blame. (= He, not I, is to blame.)
  내가 아니라 그가 비난받아 마땅하다.

## 9) more than one + 단수명사 + 단수동사 VS more than one of + 복수명사 + 복수동사

두 개의 비교역시 조심해야겠지만, 앞서 배운 'one of the 복수명사 + 단수동사'와 헷갈리지 않도록 주의하자.

· There **is more than one reason** to believe that the rumor is true.
  그 루머가 사실이라는 것을 믿는 한 가지 이상의 이유가 있다.

· **More than one of the persons** <u>were</u> found guilty.
  사람들 중 한명 이상이 유죄로 판명 났다.

## 10) 거리, 금액, 무게, 시간을 나타내는 명사의 수일치

<u>일정한 정도나 양을 나타내는 거리, 금액, 무게, 시간의 명사</u>는 복수명사로 쓰이더라도 <u>하나의 단위를 나타내기 때문에 단수취급을 해주는 것이 맞다.</u> 물론 하나의 단위를 말하는 것이 아닌 경우에는 복수취급을 해줘야 한다.

· **Three hours** <u>is</u> enough time for me to do homework.
  세 시간은 내가 숙제를 하기에 충분한 시간이다.
  (세 시간을 숙제에 필요한 일정한 양의 개념으로 나타냈기 때문에 단수취급을 해주는 것이 맞다.)

· **Ten miles** <u>is</u> not a long distance.
  10마일은 긴 거리가 아니다.
  (1o마일을 하나의 고정된 개념으로 보고 있으므로 단수취급이 옳다.)

· **Years** <u>bring</u> wisdom.
  나이가 들면 지혜도 는다.
  (일정한 양이나, 하나의 개념으로 보는 것이 아닌 시간의 흐름을 말하고 있으므로 복수취급 해주는 것이 맞다.)

· **Three years <u>have</u>** passed since we last met.
우리가 마지막으로 만났던 이래로 3년이 지났다.

(1년, 2년, 3년이 지났음을 시간의 흐름으로 말하고 있으므로 복수취급을 해줘야 한다.)


## 11) 대명사의 수, 인칭 일치 ★

특히 부정대명사 (all, each, none, some 등)의 수일치를 조심하자.

· **Each person** in the area does <u>his</u> best.
이 지역의 각각의 사람들은 최선을 다한다.

(each는 단수취급을 해주기 때문에 each의 대명사 표현 역시도 단수취급 해 주어야 한다.)

· The rest **of the students** will need to have <u>their</u> photo taken.
나머지 학생들은 사진이 찍혀지길 원한다.

(부분 of 전체의 표현에서는 전체에 수를 맞추기 때문에 그에 따른 대명사의 수일치도 전체에 맞춰서 해 주어야 한다.)


## 연습하기 059

**다음 문장들은 모두 틀린 문장이다. 틀린 부분을 밑줄 긋고 올바르게 옮기시오.**

– 해석은 당연!

1. Two–fifths of my books is magazines.

2. There was strange men coming up the path.

3. Whether the criminals are still alive are not known for certain.

4. Twenty kilometers are a long distance to run.

5. The number of students who applied for the course are increasing.

## ② 병치

❶ 병치는 이미 앞에서 많이 말했기 때문에 특별히 중요 포인트를 찍지는 않을 것이다. 이 페이지
의 병치는 왜 병렬구조가 생겼는지, 어떤 것이 진짜 병렬구조인지를 조금 더 명확하게 밝혀내는
데 중점을 두고 설명했으므로 문법을 맞추겠다고 생각하고 볼 것이 아니라, 독해에 나왔을 때,
어떤 어구가 서로 병렬되었는지를 제대로 알기 위해서 공부를 한다고 생각하고 읽기를 바란다.

등위접속사의 가장 큰 특징이 앞 절과 뒤 절에 공통으로 들어가는 어구가 있으면 생략을 할 수 있다는 점인
데, 생략을 하고 남은 부분끼리의 병렬관계를 문법상의 병치라고 칭한다. 병치는 더 간단한 구조로 문장을 만
들고자 하는 경우에 사용되며, 해석상 혼란이 생기는 경우 병렬구조를 만들 수 없다.
문법에서는 'A and B' 또는 'A, B, and C' 와 같은 단순한 구조의 병치를 묻는 문제가 주로 나온다. 이 경우 A
와 B는 보통 품사, 시제, 형태상의 병치를 맞춰야 하지만, 이것이 무조건인 것만은 아니다.
즉, A and B에서 A에 부사가 쓰였으므로 B에도 반드시 부사가 쓰여야만 한다는 것은 아니라는 뜻이다. 가장
중요한 것은 A자리에 부사가 쓰이게 된 근거를 찾는 것이다. 예를 들어

> · She danced beautifully and ~~elegant~~. (X)

위의 문장은 틀린 문장이다. elegant를 elegantly로 바꿔야 맞는 문장이 되기 때문이다.

이때, 그 이유가 and 앞에 beautifully가 부사였으므로 뒤에도 elegantly로 고쳐야 한다고 생각한 사람들은 공
부를 조금 더 열심히 할 필요가 있다. elegant가 elegantly로 고쳐져야 하는 이유는 beautifully 때문이 아니
라 앞에 danced가 1형식 자동사였기 때문인 것이다. 즉 등위접속사 and를 기점으로 문장을 다시 써 보면

> · She danced beautifully and she danced elegantly.

원래 이런 문장이었고, she danced가 같은 구조이기 때문에 생략되어 beautifully and elegantly의 병렬구조
가 탄생한 것이다. 이 문장에서 생략되어진 she danced를 앞으로 X라 칭하겠다.

즉, 병렬구조에서는 생략되어진 X, Y가 무엇이었는지를 찾는 것이 중요한데, 다음 구조와 예문을 보면 쉽게 이해될 것이다.

---

1. 생략된 공통어구 X가 앞에 있는 경우 : Xa + Xb = X (a+b)
2. 생략된 공통어구 Y가 뒤에 있는 경우 : aY + bY = (a+b) Y
3. 생략된 공통어구 X와 Y가 앞, 뒤에 모두 있는 경우 : XaY + XbY = X (a+b) Y

---

· He likes to go and he likes to see it. → He likes to (go and see it).
  X      a   +   X      b   →   X    (a  +  b)

그는 가서 그것을 보고 싶어 했다.

(and를 기준으로 he likes to가 공통으로 걸렸으므로 go and see it을 병치로 잡으면 된다.)


· He is handsome and he is in good physical condition.
  X      a    +  X         b

→ He is (handsome and in good physical condition).
→ X  ( a     +        b              )

그는 잘생겼고 몸도 건강해.

(and를 기준으로 he is가 같아서 생략되었다. 이 경우 A and B는 handsome and in good physical condition이 된다. 아무리 봐도 품사가 같지 않아 보이는데, 이런데도 병치가 되는 이유는 앞에 생략되어진 X가 be동사였기 때문이다. be 동사는 형용사뿐만 아니라 전명구도 취할 수 있기 때문이다.)


· Most of the students in a beginning composition course have (a need for and an interest
                            X                                    (  a    +   b

in) clear writing.
  )   Y

기초 작문 과정을 수강하는 대부분의 학생들은 깔끔하게 글을 쓸 필요도 있고, 그것에 관심도 있다.

(a need for clear writing and an interest in clear writing이 원래 문장이었다. 그러므로 공통으로 걸리는 Y(clear writing)를 지우고 위의 문장처럼 쓰이는 것이 맞다. 절대로 for를 지우면 안 된다.)


· The man is (wise and respected by all the people).
  X      ( a  +        b                    )

그 사람은 현명하고 모든 이들에게 존경받는다.

(얼핏 보면 형용사 wise와 분사 respected가 병렬구조처럼 보이지 않을 수도 있다. 그러나 이것은 be동사에 걸리는 구조이기 때문에 가능하다.)


이러한 병렬구조는 등위접속사에서만 일어나는 것이 아니라, 등위상관접속사, 비교급 등에서도 나타날 수 있다.

- The plan is unsound not only **in theory** but also **in practice**.
  그 계획은 이론적으로도 실제적으로도 부적절하다.

- That actor is both **skillful** and **handsome**.
  그 배우는 능숙하고 잘생겼다.

- **Writing essay** is harder than **discussing with classmates**.
  에세이를 쓰는 것은 학우들과 토론하는 것 보다 더 어렵다.

- The caloric value of a small cake is higher than **that of a potato**.
  작은 케이크의 칼로리 량이 감자의 그것보다(칼로리 량보다) 더 높다.

- **The grammar of English** is more difficult than **that of my mother tongue**.
  영문법은 모국어의 그것보다(문법보다) 더 어렵다.

마지막으로 정리하고 넘어가자.

일반적으로 문법에서 나오는 병치 문제는 <u>A와 B의 품사를 맞춰야 하는 문제가 대부분</u>이라고 보면 된다. 그러므로 난이도는 상당히 쉬운 편인데, 독해에서 나오는 병렬구조는 반드시 품사를 맞춰야 하는 것이 아니기 때문에 상당한 독해실력을 필요로 한다. 그러므로 <u>평소에 독해 문장에서 and와 같은 등위접속사를 보게 되면 항상 숨겨진 X가 무엇인지를 집고 넘어가는 연습을 필히 하도록 하자.</u> 그것이 우리의 영어실력을 높여주는 자양분이 될 것이다.

## 연습하기 060

**다음 문장들은 모두 틀린 문장이다. 틀린 부분을 밑줄 긋고 올바르게 옮기시오.**

– 해석은 당연!

1. We found the movie more violent, embarrassing, and offense than we had expected.

2. Meditation not only brings you peace of mind but also keep your body healthy.

3. She didn't know whether to sell her car or driving it until it breaks.

4. My favorite soccer player plays better, runs faster, and shoot harder than all the other players.

5. The judge put on his black robe and do his official duties.

## ③ 도치

도치란 영어 문장의 차례나 순서를 뒤바꾸는 것을 말한다. 일반적으로 강조를 하기 위해 도치를 하거나 관용적으로 도치를 한다. 보통 주어와 동사의 어순이 뒤바뀌는 것을 도치라 칭하는데, 경우에 따라 <u>의문문 어순으로 도치</u>를 하기도 하고 <u>주어와 동사의 위치를 직접 바꿔주는 도치</u>를 하기도 한다.

**강민 형이 콕 찍어줄게!**

❶ 일치 part와 마찬가지로 <u>중요하지 않은</u> 부분을 찾기가 훨씬 쉬울 정도로 모두 중요하다. 그러므로 최근에 조금 더 시험에 자주 나왔던 표현에 ★표시를 하겠다.

### 1) 의문문의 질서를 따르는 도치

#### (1) 부정부사, 부정부사구, 부정부사절이 문두에 오는 경우 ★

> **부정부사** : never, seldom, hardly, scarcely, no sooner, no longer, little, not only
> **부정부사구** : 전치사 + no/few/little + 명사 (under no circumstance, at no time)
> **부정부사절** : not until A, B (B 도치) (A 하고나서야 비로소 B하다)

· **Never** <u>did I see</u> such a good man.
  나는 그렇게 좋은 남자를 결코 본 적이 없다.

· **Seldom** <u>were there</u> more than ten students in the Japanese class.
  일본어 수업에 거의 10명의 학생들 밖에 없다.
  ('there be + 주어' 구문이 부정부사가 문두에 와서 도치되는 경우 'there 주어 + be'로 쓰는 것이 아니라 'be + there + 주어'로 도치해야 한다. 조심하자.)

· **Not until** she was thirty, ~~she decided~~ to be a teacher. (X)
  → **Not until** she was thirty, <u>did she decide</u> to be a teacher. (O)
  30살이 되고나서야 비로소 그녀는 선생님이 되기로 결심했다.

· **Not only** <u>is she</u> smart, but she is beautiful as well.
  그녀는 똑똑할 뿐 아니라 아름답다.

· **In no way** <u>can you beat</u> me.
  어떤 방법으로도 너는 나를 이길 수 없다.

· **To none but the wise** <u>can wealth bring</u> happiness.
  현명한 사람들을 제외하고 그 누구에게도 부는 행복을 가져다주지 않는다.

· Under no circumstances <u>are visitors allowed</u> to feed the animals.

= Visitors are not allowed to feed the animals under any circumstances.
방문자들에게는 어떠한 경우에도 동물들에게 먹이를 주는 것이 허용되지 않는다.

## (2) 준부정어 only + 부사/구/절이 문두에 오는 경우 ★

only는 '단지 ~만이'라는 의미이므로 준부정어가 된다. 그러므로 문두에 오면 마찬가지로 도치가 되는데 단, only가 단독으로 문두에 나와서 주어를 강조하는 경우에는 부정부사가 아닌 부정형용사가 되므로 도치되지 않는다.

· **Only** you are my love.
오직 당신만이 나의 사랑입니다.

(only가 명사 you를 꾸몄으므로 형용사이다. 그러므로 도치되지 않는다.)

· **Only yesterday** <u>was the work finished</u>.
단지 어제 그 일이 끝났다.

· **Only after** we lose our health, <u>do we realize</u> its value.
우리는 건강을 잃고 난 후에야 비로소 건강의 가치를 깨닫는다.

## (3) so, neither 도치

긍정의 동의를 나타내는 so와 부정의 동의를 나타내는 neither가 문두에 쓰이는 경우 의문문 어순이 된다. 이 경우 앞 문장의 동사가 일반동사라면 대동사 do로, be동사라면 be동사로 도치시키면 된다.

---

❶ 긍정문 and so V + S (~도 그래)

---

❷ 부정문 and neither V + S (~도 그렇지 않아)

---

· My mother **was** a teacher, and <u>so am I</u>.
우리 어머니는 선생님이셨고, 나도 현재 그렇다(선생님이다.)

· A: I don't **want** to go swimming.
  B: <u>Neither do I.</u>
  A: 나는 수영하러 가고 싶지 않아.
  B: 나도 안 그래.

## 2) 주어와 동사의 직접적인 도치

### (1) 장소의 부사(구) + 동사 + 주어 ★

이 경우 주어 동사의 수일치에 특히 신경을 써야 한다.

· Under the table sits the dog.
  그 개는 테이블 아래에 앉아 있다.

· On the grass sat a butterfly.
  나비가 풀 위에 앉아 있었다.

· Among the presents she was given is a big diamond ring.
  큰 다이아몬드 반지가 그녀가 받은 선물들 사이에 있다.

· In the village was born the man.
  그 남자는 이 마을에서 태어났다.
  (수동태 구조는 be + pp가 한꺼번에 도치된다.)

· Down came a big stone.
  큰 돌이 굴러 내려왔다. (부사 단독으로 문두에 와도 도치한다.)

· Off we go!
  출발! (명사가 대명사로 쓰이는 경우 도치하지 않는다.)

· Under a tree may stand many children.
  나무 아래에 많은 아이들이 서있을지도 모른다.
  (조동사와 동사가 함께 쓰여도 같이 도치 시킨다.)

### (2) 방향의 부사구 + 동사 + 주어 ★

· Here are you. (X)
  → Here you are. (O)
  여기 있습니다. (대명사 주어는 도치되지 않는다.)

· Here comes the train.
  여기 열차가 온다.

· There goes your mother.
  너의 엄마가 오시고 있다.

**(3) be 동사 뒤의 보어를 강조하고 싶은 경우 (보어도치)** ★

보어를 강조하고 싶은 경우에 문두에 위치시키고 도치하면 된다.

· Tired <u>was the student</u> who studied hard.
공부를 열심히 한 그 학생은 피곤했다.

· Scattered through the garden **are the many pieces** of the newspaper.
많은 신문 조각들이 정원에 흩뿌려져 있다.

· Such <u>was his behavior</u> that everyone disliked him.

## 3) 목적어의 도치

일반적으로 목적어를 강조하기 위해서는 '목적어를 문두에 위치시키고 주어 + 동사'의 어순으로 쓰면 된다.
즉, 일반적인 상황에서는 목적어만 문두에 빼고 도치하지 않는다. 자주 쓰이는 표현은 아니니 그냥 이해정
도만 하자.

· **His promise** you can rely on.
너는 그의 약속에 의존해야 한다.

· **This book** I bought here a week ago.
이 책을 일주일 전 여기서 내가 샀다.

---

**참고**

**부정어를 동반한 목적어가 문두에 위치하면 도치해야 한다.**

· Not a ward <u>did I say</u>.
나는 어떤 말도 하지 않았다.

---

**다음 문장들은 모두 틀린 문장이다. 틀린 부분을 밑줄 긋고 올바르게 옮기시오.**

– 해석은 당연!

1. In the forest was a number of rare plants and trees

2. Under no circumstances you are allowed to marry my daughter.

3. Needed for a diver is nose clips and heavy gloves.

4. Only a little later did I realized that it was his birthday.

5. Not until the evening I realized how badly I had hurt my left leg.

---

## 요약하기

'요약하기'라는 말이 무색할 정도로 요약을 할 수가 없다. 차라리 이번만큼은 '당부하기'라는 표현으로 말을 쓰겠다.

그냥 다 중요하다고 생각하고 열심히 공부하자. ★표시가 있는 부분은 몇 번이고 계속해서 봐야한다. 그렇지 않으면 반드시 까먹는다. 그냥 까먹고 끝나는 것이 아니라 한두 번 봤기 때문에 머릿속에 잔상이 남아서 나중에 외우는데 더 헷갈리게 만든다. 점이 약간 찍혀져 있는 종이보다는 차라리 하얀 백지가 더 낫은 것처럼 대충 외워서 머리에 잔상이 남으면 오히려 더 안 좋은 결과가 나온다. 그러므로 외울 때 더 열심히 외우자!!

(마지막 일종의 끝맺음 인사이므로 존대로 하겠습니다.)
그동안 대단히 고생했고, 합격으로 보상받기를 바랍니다. 여러분들은 그럴 자격이 충분히 있습니다. 포기하지 말고 끝까지 밀고 나갑시다!! 화이팅!!

# MEMO

## 적용하기 1단계

**0**　　　　　**2**　　　　　**3**

[1–5] Choose the one that could best completes the following sentence.

**01**　Until recently, only by a complicated test _____ .　　　[2015 상명대]

(A) chlamydial infections be detected
(B) chlamydial infections could be detected
(C) could chlamydial infections be detected
(D) be chlamydial infections detected
(E) chlamydial infection detected

**02**　All signs of the market have vanished and in front of the town hall, _____ .

[2015 한국외대]

(A) stood there only a platform　　　　　(B) there stood only a platform
(C) an only platform stood there　　　　(D) an only platform there stood

**03**　According to court statistics, 47 percent of the divorce suits filed last year _____
by couples who were between their second and fifth year of marriage.

(A) has been　　　　　　　　　　　(B) were
(C) was　　　　　　　　　　　　　(D) had been

**04**　We thought that not until he finished the work _____ to pay the builder.

(A) it was expedient　　　　　　　　(B) was it expedient
(C) being it expedient　　　　　　　(D) did it expedient

**05**　As a Congressman from California, a Republican, and _____ the antiwar
movement the young politician became well known during the 1970's.

(A) a leader of　　　　　　　　　　(B) leading
(C) she leads　　　　　　　　　　　(D) she was leading

[6-9] Choose the one which is grammatically <u>incorrect</u> among the four underlined parts.

**06**  <u>A number</u> of high school students <u>preparing to major in</u> natural science and technology in
    (A)                 (B)

college has been <u>declining</u> <u>at an alarming rate</u>.
           (C)      (D)

**07**  With <u>its</u> capital Barcelona, Catalonia is one of <u>Spain's</u> wealthiest and most populous <u>region</u>,
      (A)                        (B)                (C)

accounting <u>for</u> 20% of the <u>country's</u> overall economy.       [2016 성균관대]
        (D)       (E)

**08**  <u>Most of critics agrees</u> that the gothic has been <u>an important presence</u> in America beginning
        (A)                         (B)

with Charles Brockden Brown and that <u>it</u> continues to influence the nation's culture and to
                             (C)

<u>permeate</u> the nation's literature at every level.       [2016 서강대]
  (D)

**09**  Students are generally <u>encouraged</u> to ask questions during class, to stop by in the professors
                  (A)

office <u>for extra help</u> and <u>phone</u> if they <u>are absent</u> and need an assignment.
    (B)        (C)      (D)

[10] Choose the sentence that is <u>NOT</u> grammatically correct.       [2016 한국외대]

**10**  (A) No longer did he charm the audience with his music.

    (B) Never again would they be separated from each other.

    (C) Not only was he sad but also deeply depressed was he.

    (D) Only on Sundays did he go to the grocer's to buy food.

## 적용하기 2단계    ❶        ❷        ❸

[1–4] Choose the one that could best completes the following sentence.

**01**  Over the river and through the woods _____ my grandmother lives.

(A) the house is where

(B) where is the house

(C) is the house where

(D) where the house is

**02**  Typical of the grassland dwellers of the continent _____ or pronghorn.

[2018 한양대]

(A) the American antelope

(B) the American antelope is

(C) is the American antelope

(D) it is the American antelope

**03**  Only so long as students exemplify excellent academic achievement _____ a scholarship.

(A) they are presented with

(B) are they presented with

(C) do they present

(D) do they present with

**04**  More challenging to attain _____ that nationalists set before themselves, the quest for a united nation.

[2015 상명대]

(A) the task was

(B) the task

(C) was the task

(D) be the task

(E) being the task

[5–9] Choose the one which is grammatically <u>incorrect</u> among the four underlined parts.

**05** We would like to know if you are <u>one of those</u> women who <u>is actively</u> involved in politics
 (A) (B)

because we need <u>to campaign for</u> a law legalizing maternity leave for men <u>as well as</u> for
 (C) (D)

women.

**06** <u>Despite</u> a series of serious crashes in recent months, traffic deaths fell in New York <u>for the</u>
 (A) (B)

<u>second year</u> in a row as the city continued to focus <u>on improving</u> street safely. <u>A number of</u>
 (C) (D)

people who died in traffic accidents fell to 230 last year, from 257 in 2014, according to

preliminary data from the city. [2016 숭실대]

**07** Rory, a ranger in an African National Park, <u>believes that</u> people should <u>do their bit</u> to stop
 (A) (B)

poaching, "whether it's putting some coins <u>in a tin</u>, writing an article, or <u>just spread the</u>
 (C) (D)

<u>word</u>." [2017 국민대]

**08** <u>Each and every one</u> of the poisonous snakes <u>in captivity</u> at the zoo <u>require</u> a special kind
 (A) (B) (C)

of diet based on the food they <u>used to eat</u> in the wild.
 (D)

**09** <u>As</u> is usual in such cases, she was the apple of his father's eye. Among his courtiers
(A)

<u>were</u> young man of that fineness of blood and lowness of station common to the heroes of
(B)

romance who love royal maidens. This royal maiden was well content with her lover, <u>for</u> he
(C)

was handsome and brave to a degree <u>unsurpassed</u> in all this kingdom.     [2016 가천대]
(D)


[10] Choose the sentence that is <u>NOT</u> grammatically correct. [2016 광운대]

**10** (A) Many a book has been published everyday, but few come into our hands.

(B) There are a number of spectators on the street.

(C) Every boy and girl must do his or her best.

(D) Twenty minus eight is equal to twelve.

(E) The number of high-rise buildings have increased recently.


## 적용하기 3단계 ❶ ❷ ❸


[1-5] Choose the one that could best completes the following sentence.

**01** Concerning the recent influx of new immigrants to Germany, Chancellor Merkel said, "Next year is about one thing in particular: our cohesion. It is important for us not to let ourselves be divided. Not by generation, and also _____ longtime residents and new residents.     [2016 가톨릭대]

(A) not categorizing          (B) nor categorizing
(C) not into the categories of     (D) nor into the categories of

**02** The function of Congress is to make laws, but nowhere in the Constitution _____ about the exact steps that must be taken in the law–making process.

(A) a statement is there

(B) it is a statement

(C) there a statement is

(D) is a statement


**03** In an effort to produce the largest, fastest, and most luxurious ship afloat, the British built the Titanic. It was so superior to anything else on the seas that it was dubbed "unsinkable." _____ the owners that they provided lifeboats for only 950 of its possible 3,500 passengers.

(A) Were so sure of this

(B) Were sure of this so

(C) So were sure of this

(D) So sure of this were


**04** Understanding superconductivity or knowing why some materials are electric conductors and _____ requires a bit of quantum mechanics.

(A) others insulators

(B) others being insulators

(C) the other insulators

(D) the others be insulators


**05** Composer Richard Rodgers, and lyricist Oscar Hammerstein II brought to the musical Oklahoma! extensive musical and theatrical backgrounds as well as _____ .

(A) familiar with the traditional forms of operetta and musical comedy

(B) familiarity with the traditional forms of operetta and musical comedy

(C) the traditional forms of operetta and musical comedy is familiar

(D) the familiarity of the traditional forms of operetta and musical comedy

[6–10] Choose the one which is grammatically <u>incorrect</u> among the four underlined parts.

**06** Because of poor nutrition and repeated illness, more than <u>140 million</u> Asian children <u>suffer</u>
                                                      (A)                            (B)

from poor growth and <u>likely to bear</u> the effects <u>for the rest of their lives</u>, a United Nations
(C)                         (D)

report said Wednesday.

**07** <u>Of</u> the 700 jobs <u>to be eliminated</u>, 260 of them are <u>union stores</u> and distribution center
(A)               (B)                (C)

workers, union spokesman Peter Derouen said Friday and of those 260 union workers, all

of them, Derouen said, <u>are</u> part-time employees with less than 11 months of service.
                     (D)

**08** Also being <u>presented</u> to the city council this morning <u>is</u> the mayor's city budget for next year
          (A)                               (B)

and plans <u>to renovate</u> the <u>existing</u> music theater, so the session will focus on financial matter.
         (C)       (D)

**09** Physiological systems are biological clocks <u>that</u> enable organisms to live in harmony with the
                                         (A)

rhythms of nature, <u>such as</u> the cycles of <u>day and night</u> and <u>the seasons</u>.
         (B)                (C)       (D)

**10** <u>Forgetting</u> through the euphoria of the <u>growing economy</u> are those who may suffer damage
      (A)                      (B)

<u>from development</u> of private projects <u>near</u> their homes and property.
     (C)                     (D)

# 해 설

---

연습하기 · 적용하기

# 연습하기 해설

## 연습하기 001

**1** go는 1형식 자동사이므로 뒤에 목적어를 취할 수 없다. went to the kitchen으로 바꿔야 옳다.

> **해석** 우리 엄마는 우유를 가지러 부엌으로 갔다.

**2** consist of는 자동사로 수동태가 불가하다. is consisted of를 consists of로 고쳐야 한다.

> **해석** 일본은 6,800개 이상의 섬으로 구성되어있다.

**3** run은 '달리다, 작동하다'의 의미로 1형식 자동사이다. 그러므로 뒤에 형용사가 아닌 부사가 쓰여야 한다. good을 well로 고친다.

> **해석** 그 엔진은 수리되고 난 후에 잘 작동된다.

**4** happen은 자동사로 수동태가 될 수 없다. was ever happened를 ever happened로 고쳐야 한다.

> **해석** 그 티켓을 얻어낸 것이 나에게 일어났던 최고의 일이었다.

**5** attend가 '참석하다'의 의미인 경우 타동사이므로 전치사를 붙일 필요가 없다. at을 삭제해야 옳다.

> **해석** 그 위원회는 미팅에 참석했다.

## 연습하기 002

**1** be동사는 보통 2형식으로 쓰이므로 뒤에 부사가 아닌 형용사가 와야 한다. competitively를 competitive로 고쳐야 한다.

> **해석** 그 분야에서 성공하기 위해서는, 가격이 경쟁력이 있어야 한다.

**2** be동사가 2형식이므로 보어자리에 명사가 올 수는 있으나, 명사가 쓰이는 경우 반드시 주어와 동격이 되어야 한다. The man과 ambition은 동격이 될 수 없으므로 ambitious로 바꿔야 옳다.

> **해석** 우리 마을에 사는 그 남자는 매우 야망이 크다.

**3** 감각동사 look은 2형식이므로 뒤에 형용사가 보어로 쓰여야 한다. 그러므로 deliciously를 delicious로 고쳐야 한다.

> **해석** 테이블 위에 있는 피자가 맛있어 보인다.

**4** grow는 1형식인 경우 '자라다'로 2형식인 경우 '~상태가 되다'의 의미로 해석된다. 엄마가 '성급하게 자라다'라는 의미는 아무래도 이상하다. 엄마가 '짜증난 상태가 되다'라는 표현이 옳은 표현이다. 그러므로 impatiently를 impatient로 바꿔야 옳다.

> **해석** 엄마는 아이가 울음을 그치지 않아서 짜증났다.

**5** feel 역시 감각동사이므로 형용사를 보어로 취해야 한다. badly를 bad로 바꿔야 옳다.

> **해석** 결과에 기분 나빠 하지 마.

## 연습하기 003

**1** decide는 to부정사를 목적어로 취하는 동사이다. 즉 buying을 to buy로 고쳐야 옳다.

> **해석** 나는 새로운 컴퓨터를 사기로 결심했다.

**2** approach는 타동사이므로 뒤에 전치사 to를 쓸 필요가 없이 바로 목적어를 취하면 된다.

> **해석** 우리는 조심스레 그 목적지에 접근했다.

**3** rob은 '사람 + of + 사물'의 형태의 동사 구조를 취한다. 그러므로 from을 of로 고쳐야 옳다.

> **해석** 그들은 그 여성에게서 돈을 강탈했다.

**4** '네가 나가기 전에 가스를 잠글 것을 잊지 마.'라는 의미이다. 즉, 잠갔던 것이 아닌 잠글 것이기 때문에 checking이 아닌 to check로 고쳐야 한다.

> **해석** 밖에 나가기 전에 가스 밸브 잠글 것을 잊지 마.

**5** 감정유발 동사인 'excite'는 주어가 감정을 유발시키면 exciting으로, 주어가 스스로 감정을 느낀다면 excited로 써야 한다. 관중들은 흥미를 느끼는 존재이기 때문에 두 번째 exciting을 excited로 고쳐야 한다.

> **해석** 그 게임은 너무나 재미있어서 관중들은 재미를 느꼈다.

## 연습하기 004

**1** explain동사는 4형식으로 해석은 되지만 3형식으로 사용해야 하는 동사이다. 그러므로 us를 to us로 고쳐야 맞는 표현이 된다.

> **해석** 그녀는 우리에게 그녀가 어떻게 시험에 통과했는지를 설명할 것이다.

**2** buy는 4형식으로 쓰이기도 하며, 3형식으로 전환 시에 전치사 to가 아닌 for를 써야하는 동사이다. 그러므로 to를 for로 고쳐야 한다.

> **해석** 그는 딸에게 아름다운 드레스를 사 주었다.

**3** suggest역시 explain과 마찬가지로 4형식으로 착각하기 쉬운 3형식 동사이다. 그러므로 me를 to me로 고쳐야 옳다.

> **해석** 의사 선생님이 나에게 매일 산책을 해야만 한다고 제안했다.

**4** convince동사는 that절을 목적어로 사용하는 경우 반드시 간접목적어를 써야만 하는 동사이다. 그러므로 that절 앞에 간접목적어 (him, her, you) 등을 써 넣으면 된다.

> **해석** 나는 oo에게 내가 옳았다는 것을 확신시켰다.

**5** a favor는 '호의'라는 의미로, '호의를 베풀다'로 표현하고자 하는 경우 동사는 give가 아닌 do로 써야 옳다.

> **해석** 그들은 나에게 또 다시 호의를 베풀어주었다.

## 연습하기 005

**1** encourage는 5형식으로 쓰일 때 목적보어 자리에 to부정사를 써야 한다. 그러므로 enter를 to enter로 고치자.

> **해석** 우리 선생님은 나에게 영어 말하기 대회에 참가하도록 격려했다.

**2** regard는 목적보어자리에 'as'를 반드시 써야하는 동사이다. 그러므로 to be를 as로 고쳐야 한다.

(해석) 그는 상황이 심각하다고 여겼다.

**3** have는 사역동사이므로 목적보어에 to부정사가 아닌 원형부정사를 써야 옳다. 그러므로 to carry를 carry로 고쳐야 맞는 표현이다.

(해석) 나는 누군가에게 그 박스를 옮겨달라고 시켜야만 한다.

**4** think 동사 뒤에 it을 쓴 것으로 봐서 5형식 가목적어 진목적어 구문임을 알 수 있다. (mbctf 동사) 그러므로 studying을 진짜 목적어인 to study로 고쳐야 옳다.

(해석) 나는 남극에 서식하는 펭귄에 대해 공부하는 것이 재미있다고 생각했다.

**5** get동사는 5형식으로 쓰이는 경우 목적보어에 to부정사를 쓰는 것이 맞는데, 다만 이 경우 목적어와 목적보어는 '능동'관계가 성립되어야 한다. 문제를 해석해보면 그의 짐이 역까지 옮겨져야 하므로 '수동'관계임이 분명하고 이럴 때는 목적보어를 pp로 써줘야 한다.

(해석) 그는 그의 짐이 역까지 옮겨지도록 했다.

## 연습하기 006

**1** until절은 '시간부사절'이므로 미래시제 대신 현재시제를 써야 한다. will be dry를 is dry로 고쳐야 한다.

(해석) 페인트가 마를 때까지 의자에 앉지 마.

**2** 한국전쟁이 발발한 것은 '역사적 사실'이므로 과거시제로 써야 한다. breaks를 broke로 바꿔야 한다.

(해석) 한국전쟁은 1950년에 발발했다.

**3** '왕래발착동사'인 leave는 미래 이야기를 하려고 할 때도 현재시제를 사용할 수 있다. 원형이 아니라 현재시제이다. 즉 leave를 leaves로 고쳐야 맞는 표현이 된다.

(해석) 부산행 첫 열차가 아침 9시에 출발합니다.

**4** by the time절은 '시간부사절'이므로 미래시제 대신 현재시제를 써야 한다. will get을 get으로 고쳐야 한다.

(해석) 내가 집에 도착할 쯤에, 그들은 이미 잠을 자고 있을 것이다.

**5** 'three years ago (3년 전)'는 과거시제를 써야 하는 시점부사구이다. 그러므로 had quit을 quit으로 바꿔야 옳다.

(해석) Jessica는 3년 전에 직장을 그만두었다.

## 연습하기 007

**1** 'since + 과거시점명사'는 현재완료를 쓰는 시점부사구이다. 즉 taught를 has taught로 고쳐야 옳은 표현이 된다.

(해석) Paul은 2010년 이래로 고등학교에서 영어를 가르쳤다.

**2** 'last week (지난주)'는 과거동사로 표현해야 하는 시점부사구이다. have gone to를 went to로 고쳐야 한다.

(해석) 나는 지난주에 경복궁을 갔다.

**3** have 동사가 '가지다'라는 소유의 의미로 쓰인다면 동작의 느낌이 없는 '상태동사'가 된다. 상태동사는 진행형이 불가하다. is having을 has로 고쳐준다.

(해석) David는 지금 스마트폰을 가지고 있다.

**4** until절 이하를 해석하면 '내년에 은퇴할 때 까지'라는 의미이므로 지금 현재에도 일을 하고 있다는 의미이다. 그러므로 현재를 지나쳐서 미래까지 연결성을 나타내고자 한다면, 미래완료로 써야 한다. will work를 will have worked로 고쳐야 맞는 표현이 된다.

(해석) 내년에 내가 은퇴할 때까지, 나는 이 회사에서 25년간 일하게 될 것이다.

**5** 해석을 해보면 '아들이 동물원에 가기 전까지는 진짜 악어를 본 적이 없다.'라는 의미가 되는데, 시간상의 전후관계를 따지면 동물원에 가기 이전부터 동물원에 간 시점까지 '계속'해서 악어를 보지 못한 것이다. 그러므로 과거완료를 써야 옳다. has never seen을 had never seen으로 고친다.

(해석) 우리 아들은 동물원에 가기 전까지 진짜 악어를 본 적이 없다.'

## 연습하기 008

**1** 주절의 동사가 과거이므로 종속절의 동사 역시 과거시제로 써야 옳다. may를 might로 고쳐야 한다.

(해석) 그들은 시험에 통과하기 위해 공부했다.

**2** 주절 동사의 시제와는 상관없이 지구가 태양 주의를 돈다는 것은 '불변의 진리'이다. 그러므로 moved를 moves로 고쳐야 옳다.

(해석) 갈릴레오 갈릴레이는 지구가 태양 주변을 돈다고 주장했다.

**3** 주절 동사가 과거형이므로 종속절의 동사는 과거나 과거완료가 쓰여야 하는데, 'the previous day'는 '그 전날'이라는 의미로 과거완료를 사용해야 하는 시간부사이다. 그러므로 saw를 had seen으로 써야 옳다.

(해석) 그녀는 전날 영화를 봤다고 나에게 말했다.

**4** 주절 동사가 과거형이므로 종속적의 동사는 과거나 과거완료를 써야한다. 현재완료는 쓸 수 없다. 그러므로 has lost를 lost로 고쳐야 옳다.

(해석) 그는 집에 가는 도중에 가방을 잃어버렸다고 말했다.

**5** 주절과 종속 동사간의 시제일치와는 상관없이 today가 쓰였으므로 was가 아닌 is로 고쳐야 한다.

(해석) 오늘보다 어제가 더 추웠다.

## 연습하기 009

**1** resemble 동사는 진행형과 수동태를 사용하지 않는 동사이다. is resembled를 resembles로 고쳐야 하고, 해석상 '삶은 도박과 같다.'라는 표현이 맞기 때문에 아예 문장을 바꿔야 한다. 즉 Life resembles Gambling in a lot of ways.로 써야 한다.

(해석) 삶은 여러 면에서 도박과 닮았다.

**2** scan은 '훑어보다'는 의미로 쓰였으므로 타동사이다. 즉 뒤에 목적어가 나오지 않았으므로 수동태로 써야 옳다. will scan을 will be scanned로 고치도록 하자.

(해석) 이 바코드는 치료가 필요한 환자를 확인하기 위해서 스캔되어질 것이다. (훑어봐질 것이다.)

**3** 모든 영화가 '만드는 것'이 아니라 '만들어지는 것'이므로 have produced를 have been produced로 고쳐야 한다.

(해석) 모든 영화들은 전문적인 영화 제작자들에 의해 만들어졌다.

4 occur동사는 자동사이므로 수동태가 불가하다. 그러므로 was occurred를 occurred로 고쳐야 맞는 표현이다.

(해석) 이런 행동에 대한 몇 가지 가능한 설명들이 있었다는 것이 나에게 떠올랐다.

5 돈은 '쓰는 것'이 아니라 '쓰이는 것'이므로 수동태로 써야 옳다. 즉 should spend가 아니라 should be spent로 써야 한다.

(해석) 그 돈은 가난한 사람들에게 쓰여져야만 한다.

## 연습하기 010

1 make는 5형식 사역동사로 쓰였고, 이것을 수동태로 바꾸게 되면 원형으로 쓰였던 목적보어는 to부정사로 바뀌어 나오게 된다. 즉, staying을 to stay로 바꿔야 한다.

(해석) Gary는 선생님으로부터 (= 선생님에 의해) 방과 후에 남도록 지시받았다.

2 be given to는 '~에게 주어지다'라는 의미로 쓰였기 때문에 여기서는 맞지 않다. '웨이트리스는 팁을 받았다.'라는 표현이 맞으므로 be given 명사로 써야 맞는 표현이다.

(해석) 그 웨이트리스는 그녀에게 팁을 받았다.

3 believe, know, guess, think, suppose와 같은 동사를 인식동사라고 말하는데, 이 인식동사는 일반적으로 목적어자리에 to부정사를 쓰지 않는다. 그러므로 believe를 수동태로 써주면 뒤에 to부정사가 올 수 있으므로 believed를 was believed로 고쳐야 옳다.

(해석) 그녀는 매우 친절하다고 믿어졌다.

4 계획은 '지지하는 것'이 아니라 '지지받는 것'이기 때문에 will support를 will be supported로 바꿔야 한다. 이때 부사는 will completely be supported로 위치시키면 된다.

(해석) 그 계획은 지역사회에 의해 전적으로 지지 받을 것이다.

5 think of 동사는 5형식으로 A as B의 구조를 취한다. 이것을 수동태로 고치면 A be thought of as B가 된다. 즉 to be를 as로 고쳐야 한다.

(해석) 그는 영리하지만 정직하다고 여겨졌다.

## 연습하기 011

1 take (good) care of는 하나의 동사구이다. 그러므로 수동태로 만들려면 be taken (good) care of까지 써야 맞는 표현이 된다. 그러므로 his parents가 of와 함께 붙어서 나올 수 없다. 동사가 전치사로 끝나면 수동태 문장 역시 전치사로 끝을 맺어야만 한다. 즉 his parents 앞에 by를 넣어서 by his parents로 만들면 부사가 되므로 문제될 것이 없다.

(해석) 그는 어린 시절 부모님으로부터 잘 돌봐졌다.

2 look after (돌보다)라는 동사는 after라는 전치사로 끝난 동사이다. 그러므로 수동태를 표현하게 되면 be looked after로 문장이 끝나야 한다. 즉, looking이 아니라 looked로 고쳐야 맞는 표현이다.

(해석) 그는 어머니에 의해 돌봐졌다.

3 laugh 동사는 자동사이므로 전치사와 함께 쓰여야 한다. 즉 laugh at으로 쓰이게 되고, 이것을 수동태로 만들면 be laughed at으로 문장을 끝내야 한다. 뒤에 by her brother는 어차피 부사구이므로 신경 쓰지 말고, be laughed at by her brother로 써야 맞는 표현이다.

(해석) 그녀는 그녀의 오빠에게 비웃음을 샀다. (비웃음 당했다.)

4 선생님은 학생들에 의해 '존경을 받는' 대상이므로 수동태로 써야 한다. 즉 looks up to를 is looked up to로 고쳐야 한다.

(해석) 그 선생님은 모든 학생들에 의해 존경받는다.

5 speak to는 '~에게 말을 걸다'라는 의미로 쓰인다. 이것을 수동태로 고치게 되면 be spoken to로 문장이 끝나게 된다. 즉 뒤에 명사 'a pretty girl'이 바로 나올 수는 없다. 즉 was spoken to by a pretty girl로 고쳐야 맞는 문장이 된다.

(해석) 나는 귀엽게 생긴 소녀에 의해 말 걸어졌다. (귀엽게 생긴 소녀가 내게 말을 걸었다.)

## 연습하기 012

1 be known for는 '~ 때문에 알려지다.'로 해석되므로 뒤에 '이유'가 나와야 한다. 문제에서는 a great writer가 '이유'가 아닌 '자격'의 의미로 쓰여야 하므로 be known as로 고치는 것이 맞다.

(해석) 그녀는 위대한 작가로 잘 알려져 있다.

2 '~로 가득 차다'라는 의미로 표현할 때 'be filled with'나 'be full of'로 써야 옳다. 즉, is filled of를 is filled with로 고쳐야 맞다.

(해석) 그 교실은 어린 학생들로 가득차 있다.

3 '~에 놀라다'라는 표현은 'be surprised at'으로 써야 한다. 그러므로 in을 at으로 고치면 된다.

(해석) 그는 그의 삼촌이 갑작스레 돌아가신 것에 놀랐다.

4 '~에 만족하다'라는 표현은 'be satisfied with'로 써야 한다. 그러므로 for를 with로 고치면 된다.

(해석) 내 아내는 나의 수입에 꽤 만족한다.

5 '~로 뒤덮이다'라는 표현은 'be covered with'로 써야 한다. 그러므로 by를 with로 고치면 된다.

(해석) 어제, 한라산은 눈으로 뒤덮였다.

## 연습하기 013

1 move가 that절을 목적어로 취하는 경우 '제안하다'라는 의미가 되며 이때, that절 안의 동사에는 당위성 should를 써야 한다. 물론 should는 생략 가능하므로 뒤에 동사는 원형으로 써야 한다. 즉 kept를 keep으로 고치면 된다.

(해석) 그녀의 친구는 그녀가 그 문제를 부모님 모르게 비밀로 해야만 한다고 제안했다.

2 may as well (~하는 게 더 낫다)은 조동사이므로 뒤에 동사원형을 써야 한다. taking을 take로 고치자.

(해석) 만약 네가 아주 바쁘다면, 계단을 이용하는 것이 더 나을 거야.

3 don't have to는 '~할 필요가 없다'라는 의미이므로 문제의 문장과 맞지 않는다. 해석상 '~해서는 안 된다'가 더 적절하므로 don't have to를 must not으로 고쳐야 한다.

(해석) 당신은 면허 없이 운전을 해서는 안 됩니다.

4 'It be 이성적판단형용사 that절'이 쓰이면 that절 안의 동사는 당위성 should가 쓰여야 한다. 물론 이 경우 should는 생략될 수 있다. 그러므로 takes turns를 (should) take turns로 고쳐야 한다.

(해석) 모든 선수들이 그들의 말을 움직여야만 하는 것이 중요하다.

**5** cannot ~ too 형/부 (아무리 ~해도 지나치지 않는다) 라는 관용표현은 'too 형/부'나 '형/부 enough'의 어순으로 써야 옳다. 그러므로 much too를 too much로 바꿔야 옳은 표현이 된다.

(해석) 우리는 시간의 가치를 아무리 높게 평가해도 지나치지 않는다.

## 연습하기 014

**1** '~하곤 했다' 또는 '~가 있었는데 (지금은 없다)'라는 표현의 조동사는 used to VR이다. used to ~ing은 쓸 수 없는 표현이다. 즉 used to being을 used to be로 고쳐야 한다.

(해석) 내가 가장 좋아하는 아이스크림을 파는 시장이 있었다. (그러나 지금은 없다.)

**2** had better는 조동사이기 때문에 부정표현을 하려면 had better not으로 써야 옳다.

(해석) 너는 TV를 보지 않는 편이 더 낫다. (TV 보지 마)

**3** need의 부정표현을 만들 때 not이 바로 뒤에 붙는다면 이때의 need는 조동사이다. 조동사의 과거표현은 need not have pp로 쓰는 것이지 needed not 으로 쓰는 것이 아니다.

(해석) 나는 일찍 일어날 필요가 없었는데, 어제가 일요일이었거든.

**4** 'be used toVR'은 '~하기위해 사용되어지다'라는 의미이므로 문제의 문장과 의미상 맞지 않는다. '~하곤 했다' 또는 '~하는데 익숙하다'라는 표현의 He used to drink 아니면 He is used to drinking으로 고치면 된다.

(해석) 그는 점심식사 후에 커피를 마시곤 했다. / 그는 점심식사 후에 커피를 마시는데 익숙하다.

**5** would rather 역시 조동사이므로 뒤에 동사원형을 취해야 한다. 즉 waiting이 아니라 wait로 고쳐야 옳은 표현이 된다.

(해석) 그녀가 여기에 도착하기를 기다리는 것이 더 낫겠다.

## 연습하기 015

**1** '어릴 적'이야기를 하고 있으므로 must be가 아닌 과거형 must have been으로 써야 한다.

(해석) 우리 아버지는 젊은 시절 잘생겼음에 틀림없다.

**2** cannot have pp는 '~했었을 리가 없다'라는 의미이다. 뒤에 그러한 실수를 저질렀다고 말했으므로 '정신이 나갔음에 틀림없다.'라는 의미로 써야한다. 즉, cannot have been이 아니라 must have been으로 써야 옳다.

(해석) 그러한 실수를 저지르다니 내가 정신이 나갔음에 틀림없다.

**3** may have pp는 '~했었을 지도 모른다'라는 의미인데, 뒤에 '그에게 사과하지 않은 것을 후회한다.'라고 말하고 있으므로 명확히 '사과를 못했다.'라는 의미의 조동사가 쓰여야 한다. may have apologized를 should have apologized로 써야한다.

(해석) 그 당시에, 나는 Daniel에게 사과를 했어야만 했다. (그러지 못해 유감이다.) 그래서 나는 여전히 그에게 사과하지 못한 것을 후회한다.

**4** 해석상 '그녀에게 8시에 만나자고 말했다고 생각했지만, 9시라고 말했었을 리가 없다.'는 어색하다. cannot have told를 may have told'로 고쳐서 '9시라고 말했을지도 모른다.'로 해석하는 것이 문맥상 맞다.

(해석) 나는 그녀에게 8시에 만나자고 말했다고 생각했지만, 9시라고 말했을지도 모른다.

**5** 문제를 해석해보면 '어제 너의 편지를 받았음에 틀림없다. 그러나 나는 어떤 것도 받지 못했다.'인데, 확실히 어색하다. 그러므로 must have received를 should have received로 고쳐야 한다.

(해석) 나는 어제 너의 편지를 받았어야만 했는데, (그러지 못해 유감이다.) 그러나 나는 어떤 것도 받지 못했다.

## 연습하기 016

**1** if절에 had gone 가정법 과거완료가 쓰였으므로 주절동사는 could have asked로 써야 옳다.

(해석) 만약 그가 바닷가에 가지 않았더라면, 그에게 도움을 요청할 수 있었을 텐데.

**2** 가정법과거에서 be동사는 was가 아닌 were로 써야한다.

(해석) 만약 내가 너라면, 여기에 머무를 텐데.

**3** if 절에 had followed를 썼으므로 가정법 과거완료로 볼 수 있지만, 주절에 now가 쓰인 것으로 보아 혼합가정법을 말하는 것이다. 즉 could not have failed를 could not fail로 고쳐야 한다.

(해석) 만약 네가 그때 내 충고를 따랐더라면, 너는 지금 실패하지 않았을 텐데.

**4** 앞 문장에서 그곳에 가지 않았다고 과거시제를 써서 말을 했다. 그러므로 가정법은 과거완료를 사용해야 맞는 표현이다. 즉 went를 had gone으로 써야 한다.

(해석) 나는 거기에 가지 않았다. 만약 내가 그곳에 갔었더라면, 그녀를 만났었을 텐데.

**5** 주절에 명령문이 쓰였으므로 가정법은 should를 사용한 '가정법 미래'표현이 되어야 한다. 즉 met를 should meet으로 써야 옳다.

(해석) 만약 네가 그녀를 만난다면, 그녀에게 내 안부 좀 전해줘.

## 연습하기 017

**1** 문장 맨 앞에 had 주어 pp로 도치가 되었다. 즉 가정법 과거완료 도치 표현이므로 주절 동사 could fill은 could have filled로 고쳐야 한다.

(해석) 만약 Mason이 그 설명서를 주의 깊게 읽었더라면, 서식을 정확하게 기입했을 텐데.

**2** as if 가정법에 had pp가 쓰였으므로 주절동사 talks(현재시제)보다 한 시제 전을 의미한다. 즉, 과거시제 이야기이다. 그러나 직설법 절에서 그는 (현재) 영국인이 아니라고 했으므로 주절동사와 같은 시제임을 나타내야 한다. 그러므로 had been을 가정법 과거 were로 써야 한다.

(해석) 그는 마치 영국인처럼 말한다. 그러나 그는 영국인이 아니다.

**3** 직설법에서 현재시제를 썼다. 그러므로 전체 시제는 '현재이야기'를 해야 하는데, I wish 절에서 가정법 과거완료를 썼기 때문에 틀렸다. 그러므로 had been을 were로 고쳐야 한다.

(해석) 나는 내 일이 좋다. 하지만 내 직장이 우리 집에서 좀 더 가깝다면 좋을 텐데.

**4** It is time 가정법에서는 가정법 과거만 쓰지, 가정법 과거완료를 쓰진 않는다. 그러므로 had submitted를 submitted로 써야 옳다.

(해석) 네가 보고서를 제출할 때이다.

**5** 문두에 were가 나온 것으로 보아 가정법과거의 도치이다. 그러므로 couldn't have finished를 couldn't finish로 고치면 된다.

(해석) 너의 도움이 없다면, 나는 그것을 끝낼 수 없을 텐데.

## 연습하기 018

**1** 직설법; otherwise 가정법 구문이다. 즉 직설법이 과거시제이므로 가정법은 과거완료가 쓰여야 한다. 이때 가정법에는 주절의 시제가 쓰여야 하므로 had been이 아니라 would have been으로 쓰여야 한다.

(해석) 너는 식단을 잘 조절했다; 그렇지 않았더라면 살이 쪘었을 텐데.

**2** 가정법 but 직설법 구문이다. 즉 would have helped (가정법 과거완료)로 쓰였으므로 직설법은 과거로 써야 한다. 즉 don't를 didn't로 써야 옳다.

(해석) 내가 그를 도왔을 텐데, 그러난 나는 그를 도울만한 시간이 없었다.

**3** 직설법; otherwise 가정법 구문이다. 직설법이 과거시제로 쓰였기 때문에 가정법은 과거완료로 쓰여야 한다. 즉 would be stuck을 would have been stuck으로 고쳐야 한다.

(해석) 나는 지하철을 탔다; 그렇지 않았더라면 길이 막혔을 텐데.

## 연습하기 019

**1** (해석) 그녀가 노래하는 것을 듣는다면, 너는 그녀와 사랑에 빠질 텐데.

**2** (해석) 좋은 학생이라면 그런 식으로 행동하지는 않을 텐데.

**3** (해석) 다른 나라에서 태어났었더라면, 그는 그렇게 젊은 나이에 죽지는 않았을 텐데.

## 연습하기 020

**1** to play가 형용사로 쓰여 puppy를 꾸며주는 문장이다. 이때 '강아지와 함께 논다'는 의미이기 때문에 to play with로 써야 한다.

(해석) 나는 함께 놀 강아지가 있었으면 좋겠다.

**2** 명사 woman 앞에 the first와 같은 강한 한정어가 쓰이는 경우 분사로 명사를 수식하지 않고 to부정사로 명사를 수식한다.

(해석) 그녀는 그 산에 등반한 첫 번째 여성이다.

**3** cannot help ~ing '~할 수 밖에 없다'

(해석) 그는 낙담했다. 그래서 울 수밖에 없다.

**4** attempt는 of ~ing를 동격으로 취하지 않고 to부정사를 동격으로 취하는 명사이다. 그러므로 of solving을 to solve로 고쳐야 옳다.

(해석) 그들은 문제를 해결하려는 시도를 행했다.

**5** '의문사 + to부정사' 용법이다. 이때 whom은 불완전한 절의 구조를 이끌어야 하는데 go to the hospital은 완전한 구조이므로 틀렸다. 가장 적당한 해석으로 문장을 만들기 위해서는 whom to go with to the hospital로 써야 맞는 표현이 된다.

(해석) 나는 병원에 누구와 함께 가야만 하는지 모르겠다.

## 연습하기 021

**1** 앞에 사람의 감정형용사가 쓰였고 그 이유가 뒤의 문장이다. 그러므로 to부정사의 부사적 용법의 '이유'구문을 써야 옳다. reading을 to read로 바꿔주면 된다.

(해석) 그녀는 그 소식을 읽어서 당황했다.

**2** enough는 형용사나 부사의 앞에서는 수식할 수 없다. 그러므로 enough ashamed를 ashamed enough로 바꿔야 맞다.

(해석) 나는 그녀에게 전화를 걸지 못할 정도로 충분히 부끄러웠다.

**3** 주어 + be + 난이형용사 + to부정사 구문은 to부정사가 불완전한 구조로 쓰여야 한다. 그러므로 understand it을 understand로 고쳐야 맞다.

(해석) The Grammarous는 이해하기 쉽다.

## 연습하기 022

**1** (해석) 그 군인은 전쟁에서 살아남았지만, 그 결과 전쟁의 여파로 죽었다.

**2** (해석) 그런 이상한 질문을 하다니 그는 미쳤음에 틀림없다.

**3** (해석) Ethan은 자라서 강하고 야망 있는 남자가 되었다.

## 연습하기 023

**1** to부정사의 의미상 주어는 사람의 성품 형용사가 아닌 경우에는 for N를 사용한다. 그러므로 of me를 for me로 고쳐야 옳다.

(해석) 내가 지금 숙제를 끝내는 것은 불가능하다.

**2** 소설이 쓴 것이 아니라, 쓰인 것이므로 to부정사의 수동태 표현을 써야 옳다. 즉, to have written을 to have been written으로 고친다.

(해석) 이 소설은 그 음악가에 의해 쓰였다고 전해진다.

**3** to부정사의 부정표현은 to부정사 앞에 쓰여야 한다. 그러므로 답은 to not이 아니라 not to가 맞는 표현이다.

(해석) 그녀는 TV를 봤다. 비록 그녀의 오빠라 그러지 말라고 말했음에도 불구하고.

**4** seem이 현재형인데 그가 태어난 시점은 1982년, 즉 본동사보다 한 시제 전이다. 그러므로 to be born을 to have been born으로 써야 맞다.

(해석) 그는 1982년에 서울에서 태어났던 것처럼 보인다.

**5** appear는 현재형인데 그가 어릴 적에 영리했다는 것을 말하고 있으므로 본동사보다 한 시제 전을 말하는 것이다. 그러므로 to be가 아닌 to have been으로 써야 한다.

(해석) Daniel은 어릴 때 영리했던 것처럼 보인다.

## 연습하기 024

**1** be reluctant to부정사 (~하기를 꺼리다)

해석 그녀는 그 사실을 인정하는 것을 꺼렸다.

**2** go so far as to부정사 (심지어 ~하기까지 하다)

해석 그는 심지어 모든 사람들 앞에서 춤을 추기까지 했다.

**3** It takes 시간 to부정사 (to부정사 하는데 시간이 걸리다)

해석 그들이 어리기 때문에, 무언가를 하도록 시키는데 많은 시간이 걸린다.

**4** be supposed to부정사 (~하기로 되어 있다, ~해야만 한다)

해석 나는 일몰 전에 가야만하는 것을 알고 있다.

**5** make up one's mind to부정사 (~하려고 결심하다)

해석 일단 그가 무언가를 하려고 결심하면, 그를 멈추게 할 순 없다.

## 연습하기 025

**1** Maximization은 명사로 뒤에 profit라는 목적어를 바로 취할 수 없다. 그러므로 동명사로 고쳐주면 된다. Maximization을 Maximizing으로 바꾼다.

해석 이윤을 극대화하는 것이 대부분의 사업가들의 목표이다.

**2** 전치사 뒤에는 to부정사를 쓸 수 없으므로 without to hold를 without holding으로 써야 옳다.

해석 우리아기는 인형을 안지 않고서는 잠을 자지 않는다.

**3** Listening부터 in bed까지는 '동명사구'이다. 그러므로 본동사는 동명사와 수일치를 맞춰야 한다. 그러므로 keep을 keeps로 고친다.

해석 네가 자고 있을 때 음악을 듣는 것이 너로 하여금 깊은 잠에 드는 것을 방해한다.

**4** Consuming은 동명사로서 뒤에 목적어를 바로 취해야 한다. 그러므로 of를 지워야 한다.

해석 카페인을 섭취하는 것은 차분하지 못하게 하거나 불면증을 야기한다.

**5** drinking은 동명사이므로 형용사가 아닌 부사의 수식을 받아야 한다. 그러므로 heavy를 heavily로 바꿔야 한다.

해석 우리 할아버지께서는 종종 물을 많이 마시는 것이 그를 병들게 했다고 말씀하셨다.

## 연습하기 026

**1** 어린 시절을 말하고 있으므로 본동사의 시제보다 한 시제 전임을 알 수 있다. 그러므로 being idle이 아니라 having been idle로 고쳐야 한다.

해석 나는 어릴 적에 게을렀던 것에 대해 안타깝게 느낀다.

**2** 동명사의 의미상 주어는 사람인 경우 주격이 아니라 소유격으로 써야 맞다. she를 her로 고친다.

해석 그는 그녀가 그의 거짓말을 알았던 것에 부끄러웠다.

**3** 문이 '만지는 것'이 아니라 '만져진 것'이므로 동명사의 수동태를 써야 한다. 즉 having touched를 having been touched로 고치자.

해석 이 문은 만져진 것에 대한 어떠한 흔적도 없었다.

**4** need, want, deserve, be worth와 같은 동사들은 동명사를 목적어로 쓰는 경우 능동태로 쓰더라도 수동의 의미로 해석이 된다. 즉, 동명사를 쓰는 경우 수동태로는 쓰지 않는다는 말이다. being cleaned up을 cleaning up으로 고치자.

해석 이 방은 청소될 필요가 있다.

**5** 그의 20대 때를 이야기 하고 있으므로 내용상 본동사보다 한 시제 전이다. 그러므로 having을 having had로 고쳐야 옳은 표현이 된다.

해석 나는 그가 20대 때 그것을 할 수 있는 능력이 있었다고 확신한다.

## 연습하기 027

**1** contribute to 동명사 (~하는데 기여하다)

해석 돈을 기부함으로써, 나는 아이들을 위해 학교를 짓는 것에 기여했다.

**2** look forward to 동명사 (~하기를 기대하다)

해석 우리는 관광하기를 기대하고 있다.

**3** have a hard time (in) 동명사 (~하는데 어려움을 겪다)

해석 Jenny는 너무 부끄러움이 많아서 새로운 친구를 사귀는 데 어려움을 겪는다.

**4** object to 동명사 (~하는 것에 반대하다)

해석 그는 또 다른 회사를 경영하는 것에 반대했다.

**5** spend 목적어 (in) 동명사 (~하는데 목적어를 쓰다)

해석 대부분의 아이들은 그들의 시간을 친구와 노는데 쓴다.

## 연습하기 028

**1** convince는 '확신시키다'의 의미를 가지고 있는 동사이다. convincing evidence는 '확신시키는 증거'라는 의미가 되고 convinced evidence는 '확신하는 증거'라는 의미가 된다. 그러므로 답은 convincing

해석 흡연이 폐암과 심장질병을 야기한다는 확신시키는 (= 확실한) 증거가 있다.

**2** '잠긴 문'을 열려고 노력하는 것이지 '잠그는 문'을 열려고 노력할 이유는 없다. 그러므로 locked가 맞는 표현이다.

해석 Jason은 잠긴 문을 열려고 노력했지만, 그럴 수 없었다.

**3** 수식을 받는 명사가 의미상 주어가 되기 때문에 '사람들이 가짜 아이템을 파는 입장'이므로 의미상 selling이 맞다.

해석 인터넷에 가짜 물건을 파는 사람들이 많다.

**4** '책이 우리 클럽의 소유물이다'라는 능동의 의미가 맞는 표현이므로 belonging이 맞다.

해석 우리 클럽 소유인 비싼 책이 없어졌다.

**5** 새해에 일출 (떠오르는 태양)을 보러 간다는 내용이므로 '진행'의 의미인 rising이 정답이다.

해석 우리는 새해에 일출을 보러 갈 것이다.

**1** 수식받는 명사가 의미상 주어이므로 moment가 주어역할을 하고, embarrass가 '당황시키다'라는 감정동사 이므로 '순간이 당황되는 감정을 느낀다'는 말이 안 된다. 그러므로 embarrassing이 답이 된다.

해석 그것이 내 인생에서 가장 당황스러운 (당황함을 주는) 순간이었다.

**2** class가 즐거움을 스스로 느낄 수는 없다. 그러므로 interested class가 아니라 interesting class가 답이 되어야 한다.

해석 우리는 올해 흥미로운 수업을 들을 것이다.

**3** 복합분사에서 '명사 – 타Ving'는 '명사를 ing 하는' 이라는 뜻이고, '명사 – 타Ved'는 '명사에 의해 ed된' 이라는 뜻이다. 즉 'man-making'은 '인간을 만드는'이라는 의미이고, 'man-made'는 '인간에 의해 만들어진'이라는 의미이다. 해석상 '인공섬'을 뜻해야 하므로 'man-made'가 답이다.

해석 이것이 인간에 의해 만들어진 섬이다. (= 인공섬 이다)

**4** 3번과 마찬가지이다. 'pain-relieving'은 '고통을 덜어주는'의 의미이고, 'pain-relieved'는 '고통에 의해 덜어진'이라는 뜻이므로 답은 pain-relieving으로 써야 옳다.

해석 음악은 고통을 덜어주는 약 (진통제)로 사용되어질 수 있다.

**5** 감정분사는 '주어가 감정을 남에게 야기하는' 경우 ing를 쓰고 '주어가 감정을 스스로 느끼는'경우에는 ed를 쓴다. 문제에서 주어는 the movie이므로 감정을 남에게 야기하는 경우로만 쓸 수 있다. 그러므로 답은 satisfying.

해석 그 영화는 매우 만족스러웠다.

**1** 분사구문의 의미상 주어는 주절의 주어이다. 해석상 그가 혼자 남겨졌다는 의미가 되어야 하므로 Left를 써야 답이 된다.

해석 방에 홀로 남겨진 그는 무엇을 잘못 했는지 생각했다.

**2** with 분사구문에서 '아이들이 놀고 있다'는 의미가 되어야 하므로 능동인 playing으로 써야 한다.

해석 Jackson은 벤치에 앉아 있었다. 아이들은 근처에서 뛰어놀고 있었다.

**3** 분사구문의 의미상 주어는 all the thing이다. 즉 '모든 것들이 위에서 보이는 것'이므로 Seen이 답이 되어야 한다.

해석 위에서 보이는 거리위의 모든 것들은 마치 개미처럼 보인다.

**1** 해석 상 분사구문의 주어와 주절 주어가 같은 'I'가 될 수 없으므로 Being을 There being으로 고쳐야 한다.

해석 할 것이 아무것도 없어서 나는 하루 종일 TV만 봤다.

**2** with 분사구문은 with + 명사 + ing/pp를 써야 한다. 동사원형은 올 수 없다. close를 closed로 고쳐야 옳다.

해석 그는 눈을 감은 채로 음악을 듣고 있는 중이었다.

**3** 분사구문 caused의 의미상 주어는 the typhoon이다. 즉 '태풍이 큰 피해를 야기했다'는 의미가 되어야 하므로 causing으로 쓰여야 옳다.

해석 태풍이 그 도시를 덮쳤다. 그리고 큰 피해를 야기했다.

**1** 해석상 '호텔 지배인은 손님들이 휴식하고 편해지기를 원한 것'이기 때문에 and뒤의 are comfortable은 be comfortable로 바꿔야 한다. to relax와 병렬구조로 연결된 표현이다.

해석 호텔의 지배인은 손님들이 휴식하고 편해지기를 원한다.

**2** while은 접속사이다. 뒤에 명사가 나왔으므로 전치사를 써야 한다. while을 During으로 써야 한다.

해석 전쟁 중에, 그는 다리에 총상을 입었다.

**3** talk가 자동사 이므로 A and B 둘 다 부사로 쓰여야 한다. elegant를 elegantly로 바꾸자.

해석 그는 조심스럽고 우아하게 말한다.

**4** nor는 절과 절을 연결하는 경우 뒤의 절을 반드시 도치 시켜야 한다.

해석 인간은 빵만으로는 살 수가 없고, 빵 없이도 살 수 없다.

**5** because of는 전치사로 뒤에 주어 동사를 가져올 수 없다. 그러므로 접속사 because로 고쳐야 한다.

해석 직원들은 더 높은 봉급을 원했기 때문에 파업에 들어갔다.

**1** 주어가 Cartoons이므로 복수 취급해야 한다. 즉 not only A but also B 둘 다 복수동사를 받아야 하므로 helps를 help로 바꿔야 한다.

해석 만화는 미국의 삶은 반영할 뿐만 아니라 그것(미국의 삶)을 본뜨는데도 도움을 준다.

**2** Either A or B에서 수일치는 B에 맞춰야 한다. 그러므로 are를 is로 바꾼다.

해석 버스나 택시 둘 중 하나를 공항에서 이용할 수 있습니다.

**3** Neither A nor B에서 A와 B는 병렬구조로 연결되어야 한다. 그러므로 watch를 watching으로 써야 옳다.

해석 Mason은 스포츠를 보는 것도 하는 것도 좋아하지 않는다.

**4** both A and B에서 A와 B는 병렬구조로 연결되어야 한다. be동사에 연결되었으므로 형용사가 쓰여야 한다. cost를 costly로 바꿔야 옳다.

해석 재활용의 과정은 복잡하기도 하고 비싸기도 하다.

**5** at once A and B (A, B 둘 다) and자리에 but이 쓰일 수는 없다.

해석 나는 그녀의 행동에 안심이 되면서 동시에 무섭기도 했다.

**1** what절은 불완전한 절이 쓰여야 하는데 뒤에 완전한 절의 문장이 왔으므로 That으로 써야 한다.

해석 그 도둑이 감옥에서 탈출했다는 것이 곧 보고될 예정이다.

**2** wonder는 불확실성 동사이기 때문에 that절을 목적어로 받을 수가 없다. 그러므로 that을 if나 whether로 고쳐야 한다.

> 해석 누구든지 그의 이름을 아는지 모르는지 나는 궁금했다.

**3** 전치사 뒤에는 that절을 쓸 수가 없다. 그러므로 that을 what으로 고쳐야 옳다.

> 해석 내가 어제 제안했던 것 생각해봐.

**4** How 부터 formed까지 명사절이다. 즉 간접의문이기 때문에 평서문의 어순으로 써야 한다. 답은 How the black hole was formed로 고쳐야 한다.

> 해석 블랙홀이 어떻게 생성되었는지는 미스터리로 남아있다.

**5** 복문구조를 의문문으로 만드는 경우 know동사를 제외한 나머지 인식류 동사가 쓰이면 의문사는 반드시 문두로 나와야 한다. Do you think when he went out?을 When do you think he went out?으로 바꿔줘야 한다.

> 해석 그가 언제 나갔다고 생각하니?

## 연습하기 035

**1** 해석상 내가 TV만 본 '이유'가 나와야 적당하다. 그러므로 though를 as로 고쳐야 맞다.

> 해석 나는 단순히 TV만 봤다. 왜냐하면 밖에 비가 오고 있었기 때문이었다.

**2** Unless는 이미 부정어가 포함되어 있는 접속사이다. 또한 '만약 ~이 아니라면' 이라는 의미로 해석하면 문장이 어색하다. 그러므로 Unless를 양보의 접속사 Though로 고치는 것이 가장 적당하다.

> 해석 비록 그녀가 오지 않는다 할지라도, 나는 신경 쓰지 않는다.

**3** 부사절의 주어가 주절의 주어와 같고, 동사가 be동사라면 생략할 수 있다. (분사구문으로 생각하면 쉽다.) 즉 문제에서 and ripe를 when ripe로 고쳐주면 해석도 괜찮아지고 문법에도 이상이 없다.

> 해석 오렌지는 익었을 때, 조심스레 따진다.

**4** so 형 a 명 that절의 어순을 알고 있으면 어렵지 않다. so warm a personality로 고치는 것이 맞다.

> 해석 그는 너무 착해서 모두가 그를 좋아한다.

**5** as 양보구문이다. '형용사/부사/명사 + as + 주어 + 동사'의 어순으로 쓰이며 이 경우 as자리에 원래 양보 접속사 though는 사용이 가능하지만, although는 불가능 하다. 그러므로 although를 as나 though로 고쳐주면 된다.

> 해석 그녀가 그를 많이 좋아했음에도 불구하고, 그와 결혼하지는 않았다.

## 연습하기 036

**1** whose는 소유격이기 때문에 뒤에 반드시 명사를 가져와야 한다. 관계사절 뒤에 invite의 목적어가 없으므로 목적격 관계대명사 whom으로 쓰는 것이 맞다.

> 해석 나에게 네가 초대하기를 원하는 사람을 말해줘.

**2** 관계대명사 which는 '접속사+대명사'가 합해진 표현이기 때문에 앞에 접속사를 쓸 필요가 없다. 그러므로 and를 삭제하면 된다.

> 해석 나는 작동이 잘 되는 컴퓨터를 샀다.

**3** 소유격관계대명사 of which는 바로 뒤에 the 명사를 취해야 하며, 선행사가 사물인 경우에 사용을 한다. 그러므로 of which를 whose로 바꿔주면 된다.

> 해석 Teddy는 오빠가 유명한 배우인 여성과 만나고 있다.

**4** 관계대명사의 뒷 문장이 완전한 절인 것으로 보아 전치사 + 관계대명사를 쓰는 것은 맞지만, 해석상 '네가 원하는 모든 것을 살 수 있다'고 했으므로 '가게에게'가 아니라 '가게 안에서'로 써야 옳은 해석이 된다. 그러므로 to which를 in which로 고쳐준다.

> 해석 이곳이 네가 원하는 모든 것을 살 수 있는 가게이다.

**5** 주격 관계대명사는 뒤에 나오는 동사의 수일치는 반드시 선행사에 맞춰야 한다. 즉 선행사가 복수이므로 동사는 don't로 고쳐야 옳다.

> 해석 나는 다른 사람들이 말을 할 때 듣지 않는 사람들을 좋아하지 않는다.

## 연습하기 037

**1** in that 절은 '~라는 점에서' 라는 부사절이다. 해석상 이상하기 때문에 관계대명사 in which로 바꿔야 한다.

> 해석 코치들이 선수들을 동기부여 하는 여러 가지 방식이 있다.

**2** 의문사를 관계대명사로 수식하는 경우 사람을 수식한다 할지라도 who who라고 쓰지는 못한다. 그러므로 Who that으로 바꿔준다.

> 해석 양심이 있는 사람이라면 누가 그런 짓을 하겠는가?

**3** 두 문장이 나왔기 때문에 접속사가 하나 필요하다. 그러므로 some of those를 some of which로 바꿔주면 된다.

> 해석 그 남성은 여러 마리의 개를 검사했고 그들 중 몇 마리는 임신 중이다.

**4** tell은 4형식으로 간접목적어 뒤에 that절이 직접목적어로 쓰였지만, that절 뒤가 불완전 하므로 what으로 바꾸는 것이 적당하다.

> 해석 Jim은 나에게 그가 찾아낸 것을 말하길 원치 않는다.

**5** '부분사 of 관계대명사'의 표현은 of뒤에 반드시 목적격을 써야 한다. 그러므로 all of who를 all of whom으로 고쳐야한다.

> 해석 왕은 천명의 사람들을 통제하는데, 그들 모두는 반드시 그의 명령에 복종해야만 한다.

## 연습하기 038

**1** 관계대명사는 불완전한 절이 뒤따르는 것은 맞지만, 주어나 목적어, 보어 중 하나만 없어야 한다. 문제에는 주어와 capture의 목적어도 없으므로 틀린 문장이다. which can capture를 which they can capture로 고쳐야 한다.

> 해석 대부분의 악어들은 그들이 잡을 수 있는 어떤 것이든 먹는다.

**2** 관계사 안에 they say는 삽입절이다. 삽입절은 말 그대로 삽입이 된 것이기 때문에 문장에 영향력이 없다. 그러므로 일단 생략하고 보면 whom is the most beautiful lady.가 되는데 whom 뒤에 주어가 없는 것으로 보아 주격관계대명사 who로 고쳐야 옳다.

> 해석 이쪽이 그들이 말하기에 가장 아름다운 여성인 강씨 부인입니다.

## 연습하기 039

**1** (O)

> **해석** 수입된 차들이 내가 주로 거래하는 물품들이다.

**2** (O)

> **해석** 내가 잤던 침대는 너무 딱딱했다.

**3** (X) 전치사 + 관계대명사는 생략이 불가하다.

> **해석** 파마를 한 머리가 그녀가 관심 있는 스타일이다.

**4** (O)

> **해석** 기타를 연주하고 있는 저 소녀를 봐.

## 연습하기 040

**1** 선행사가 the reason (이유) 이므로 관계부사는 how가 아닌 why로 바꿔야 한다.

> **해석** 그가 일을 그만둔 이유가 없다.

**2** 선행사가 the house (장소) 이므로 관계부사는 when이 아닌 where로 바꿔야 한다.

> **해석** 나는 Sam이 사는 집에 방문했다.

**3** 선행사가 the reason (이유) 이므로 관계부사 혹은 전치사+관계대명사로 써야 하는데, reason과 연결되는 전치사는 for이므로 for which로 바꿔야 한다.

> **해석** 나는 그녀가 울음을 터트렸던 이유를 이해할 수 없다.

**4** the way와 관계부사 how는 함께 쓰일 수 없다. 그러므로 the way how 둘 중 하나를 지우면 된다.

> **해석** 나는 그가 그녀를 대했던 방식을 좋아하지 않았다.

**5** 전치사 + 관계대명사는 뒤에 완전한 문장이 와야 하는 것은 맞지만, 앞에 선행사가 없기 때문에 틀렸다. in which를 where로 바꿔주면 된다. 선행사는 the place이고, 이것은 대표명사이기 때문에 생략되었다.

> **해석** 내가 가장 좋아했던 이야기의 부분이 바로 여자주인공이 그녀의 남편에게서 벗어나기를 결심했던 장면이다.

## 연습하기 041

**1** whomever you think is honest에서 you think는 삽입절이다. 즉 you think 생략하고 문장을 보면 whomever is honest가 되는데, 격이 맞지 않다. 그러므로 whomever를 whoever로 고쳐야 맞는 문장이 된다.

> **해석** 너는 네가 생각하기에 정식한 사람에게는 누구에게나 그것을 줘도 된다.

**2** however는 '어떻게 ~할지라도'라는 의미로 쓰인다. 해석상 맞지 않기 때문에 however를 whatever로 바꿔주면 된다.

> **해석** 네가 무엇을 말한다 할지라도 나는 너를 믿지 않을 것이다.

**3** wherever는 뒤에 완전한 절이 와야 하는 복합관계부사인데, take뒤에 목적어가 없으므로 복합관계대명사 whichever가 적당하다.

> **해석** 어떤 것을 네가 고른다 할지라도, 너는 만족할 수 없을 것이다.

**4** whenever는 뒤에 완전한 절이 와야 하는 복합관계부사이며, 이 복합관계부사는 '부사절'로 밖에 쓰이지 못한다. 문제에서는 is 앞에 주어가 없으므로 불완전한 문장을 이끄는 명사절이 쓰여야 한다. 해석을 해보면 whichever가 가장 적당하다.

> **해석** 네가 선택하는 것은 어떤 것이든 내게는 좋다.

**5** whichever는 불완전한 문장을 이끄는 복합관계대명사절인데, you feel comfortable은 완전한 절의 구조이므로 틀렸다. 문맥상 wherever로 고치는 것이 가장 적당하다.

> **해석** 네가 편하다고 느끼는 곳은 어디든 앉아.

## 연습하기 042

**1** The police는 a나 -s를 붙이지 않아도 복수 취급해야 하는 명사이다. has를 have로 고쳐줘야 한다.

> **해석** 경찰들이 그 현장에 도착했다.

**2** information은 불가산 명사이므로 s를 붙일 수 없다.

> **해석** 나는 일반적으로 인터넷을 통해 정보를 얻는다.

**3** family는 가족 구성원 개개인을 말하는 경우에는 복수취급을, 가족 전체를 말하는 경우에는 단수취급을 한다. 문제에서 가족 한명 한명이 야구하는 것을 좋아한다고 말하고 있으므로 복수취급을 하는 것이 맞다. likes를 like로 고쳐야 옳다.

> **해석** 우리 가족 모두는 야구하는 것을 좋아한다.

**4** doll은 셀 수 있는 가산명사 이므로 big doll 앞에 a를 붙여서 a big doll로 써줘야 한다.

> **해석** 나는 생일 선물로 큰 인형을 받았다.

**5** '증거'를 의미하는 evidence는 불가산명사이다. 그러므로 evidences를 evidence로 고쳐야 한다.

> **해석** 이 혐의를 뒷받침할 어떤 증거라도 가지고 있니?

## 연습하기 043

**1** '숫자-단위명사-(형용사)'가 명사를 수식하는 경우에는 복수형으로 쓰지 않는다. 그러므로 years를 year로 고쳐야 옳다.

> **해석** 정부는 반드시 5년 경제 개발을 설립해야만 한다.

**2** Statistics는 '통계학'으로 해석되는 경우 단수취급을, '통계자료'로 해석되는 경우는 복수취급을 해줘야 한다. 여기에서는 해석상 '통계학'을 뜻하므로 are를 is로 바꿔줘야 한다.

> **해석** 통계학이 내가 학교에서 가장 좋아하는 과목이다.

**3** some과 our는 둘 다 한정사이므로 명사를 이중으로 한정할 수 없다. 그러므로 Some our customers를 Some customers of ours로 바꿔야 옳은 표현이 된다.

> **해석** 우리 고객 몇 명이 우리의 서비스에 불만을 표했다.

**4** 해석을 해보면 good이 '선(善)'을 뜻하지 않음을 알 수 있다. 또한 동사 역시 are로 복수 취급을 했으므로 goods (상품)로 써야 한다.

> **해석** 브랜드 제품은 나와 맞지 않는다.

**5** '막연한 수'를 표현하고자 하는 경우 복수취급을 해야 한다. thousand of를 thousands of로 써야 옳은 표현이다.

> **해석** 풍류(바람의 흐름)가 그들의 빙하를 수원(물의 근원)으로부터 수천 킬로미터 이동시킬지도 모른다.

## 연습하기 044

**1** 종류명사 (kind, sort, type)은 복수 취급하는 경우 kinds를 붙여야 한다.

`해석` 이런 종류의 책들은 읽기 어렵다.

**2** 교통수단과 통신수단을 표현하는 경우 'by 명사'를 써야 한다. 이때 정관사 the를 붙이지 않는다.

`해석` 작년에 나는 배를 타고 일본에 갔다.

**3** play동사는 악기명을 목적어로 가져오는 경우 반드시 the를 써야 한다.

`해석` Woohee는 바이올린 연주를 매우 잘한다.

**4** '~당', '~단위로'라는 표현은 'a 명사', 'per 명사' 또는 'by the 명사'로 해야 한다. 그러므로 the week를 a week로 고쳐준다.

`해석` 나는 기분을 좋게 하기 위해 일주일에 4번 산책을 한다.

**5** 타인 목적어가 나와있는 상태에서 그 사람의 신체부위를 나타낼 때는 소유격이 아닌 '특정한 부위'라는 표현인 the를 써야 한다. 즉 by my arms가 아니라 by the arms로 고쳐야 옳다.

`해석` 놀랍게도, 그는 내 손을 붙잡았다.

## 연습하기 045

**1** It ~ that 강조구문이다. when절 이하가 불완전하므로 완전한 절을 이끄는 when은 쓰일 수가 없다. that으로 바꿔야 맞다.

`해석` Daniel이 나에게 보여주었던 것이 바로 두 마리의 개가 찍힌 사진이었다.

**2** 회사가 판매를 20% 증가시킬 계획이므로 their가 지칭하는 명사는 The company (단수) 이다. 그러므로 their를 its로 바꿔야 한다.

`해석` 그 회사는 판매를 20%까지 증가시키려 계획 중이다.

**3** 해석해보면 '네가 네 자신을 돌보는 것이 낫다.'라고 해석이 되므로 take care of you가 아니라 take care of yourself로 써야 한다.

`해석` 너는 스스로를 돌보는 것이 낫다.

**4** T-shirts는 복수명사 이므로 none of it을 none of them으로 바꿔야 한다.

`해석` 나는 그 가게에서 많은 티셔츠를 입었다. 그러나 그것 중에 어떤 것도 맞지 않았다.

**5** It ~ that 강조구문은 that절 이하가 불완전한 문장이 되어야 한다. 즉 '나에게 책을 준 사람이 Jason이므로 that절 안의 he를 지워야 한다.

`해석` 나에게 책을 주었던 사람은 다름 아닌 Jason이었다.

## 연습하기 046

**1** It, they, them, this는 형용사의 수식을 받을 수 없는 대명사이다. 그러므로 They who를 Those who로 고쳐야 한다.

`해석` 빌리는 것을 좋아하는 사람들은 갚는 것은 싫어한다.

**2** such는 명사로 쓰이는 경우 주어자리에는 들어갈 수 없다. 그러므로 such는 보어가 될 수밖에 없고, 이 문장은 보어가 문장 맨 앞으로 나왔으므로 도치가 된 문장이다. (보어도치). 따라서 주어와 동사의 수일치에 신경 써야 한다. 즉, my intention이 주어이므로 were를 was로 고쳐야 옳다.

`해석` 내가 그녀를 불쾌하게 했을지도 모른다. 그러나 나의 의도는 그런 것이 아니었다.

**3** so를 대명사로 받을 때, 부정으로 표현하고자 한다면 I don't hope so가 아니라 I hope not. 으로 표현해야 맞다.

`해석` "아! 내 팔 부러진 것 같아." "어? 안 그랬으면 좋겠어."

**4** 비교급이 나오는 경우 비교대상간의 병렬을 맞춰야 한다. 즉 부자들의 집은 복수취급 했으므로 that을 복수형인 those로 써야 한다.

`해석` 부자들의 집은 일반적으로 가난한 사람들의 그것(집)보다 크다.

**5** 전자를 의미하는 대명사가 that이고, 후자를 의미하는 대명사가 this이다. 해석을 해보면 '최신의 것'을 말하는 명사는 인터넷. 즉, 후자이다. 그러므로 that(전자)이 아닌 this(후자)로 고쳐야 한다.

`해석` TV와 인터넷은 두 가지의 커뮤니케이션 수단이다. 그러나 후자가 좀 더 최신의 것이다.

## 연습하기 047

**1** 해석을 해 보면 '하나를 골라. 그러면 그것 줄게.'라는 표현이므로 '네 가지 중에 하나'이므로 Pick it이 아니라 Pick one으로 고쳐야 한다.

`해석` 여기 네 가지의 카드가 있어. 하나 골라봐. 그러면 그거 너한테 줄게.

**2** 문맥상 신발가게에서 일어나는 대화임을 알 수 있다. 즉, 신발의 수가 많을 것임을 유추할 수 있으며 그렇기 때문에 마지막을 의미하는 the other는 쓸 수 없는 표현이다. 하나를 신고 나서 맞지 않았으므로 다른 하나를 달라고 했으므로 '중간에 껴 있는 다른 하나'를 뜻하는 another로 고쳐야 한다.

`해석` 이 신발 맞지 않네요. 이 사이즈로 다른 거 보여주실 수 있나요?

**3** 두 명의 누이가 있다고 했고, 한 명을 말했으므로 나머지 한 명은 마지막 한명이 되므로 the other로 표현해야 한다.

`해석` 나는 두 명의 누이가 있다. 한 명은 키가 큰 반면 나머지 한 명은 작다.

**4** 대명사 one은 앞에 있는 명사를 대신 받되, 바로 그 명사를 말하는 것이 아니고, 앞 명사와 같은 종류를 말하는 것이다. 그러므로 one을 it으로 고쳐야 옳다.

`해석` 파티가 내일 저녁에 있다고 들었어. 난 정말로 그것을 기대하고 있어.

**5** 학생들의 수가 정해져 있지 않았으므로 처음에 some을 말했다면 나머지도 그 수를 모른다. 그러므로 the others가 아니라 others로 고쳐야 한다.

`해석` 학생들 몇 명은 숙제를 했지만, 나머지는 그렇지 못했다.

## 연습하기 048

**1** of 이하에 복수명사가 쓰였고, 본동사는 단수취급을 한 것으로 보아 Each가 정답이다.

`해석` 각각의 회사들은 지역의 자선단체를 지지한다.

**2** every는 단수 취급한다. is가 답이다.

`해석` 모든 가게가 지금 세일중이다.

**3** of 이하에 복수명사가 쓰였고, 본동사는 복수취급을 한 것으로 보아 Most가 정답이다.

`해석` 대다수의 편의점들은 24시간 연다.

**4** 'every + 서수 + 단수명사' 관용표현이므로 외우자.

해석 신문은 매 7일 마다 출판된다.

**5** all the stars는 복수명사로 나왔으므로 are가 정답이다.

해석 하늘에 모든 별들이 반짝거린다.

## 연습하기 049

**1** none은 대명사로만 쓰이기 때문에 side라는 명사를 꾸며줄 수 없다. 형용사인 neither로 고쳐야 한다.

해석 당신은 도로의 어떤 측면에도 주차할 수 없습니다.

**2** some은 긍정문에서 쓰이므로 부정문이 나와 있는 문장에서는 any로 고쳐야 한다.

해석 나는 너에게서 어떤 이메일도 받지 못했다.

**3** applicant (지원자)는 명사이므로 not이 아닌 no로 꾸며줘야 한다. (not은 부사, no는 형용사이다.)

해석 어떤 지원자도 두 번의 기회를 받지 않았다.

**4** neither는 2을 지칭하는 대명사이므로 3을 지칭해야 하는 이 문제와는 맞지 않는다. 3을 지칭하는 명사인 none으로 고쳐야 한다.

해석 나는 세 명의 누이가 있다. 그러나 그들 중 누구도 이 도시에 살지 않는다.

**5** both는 항상 복수 취급을 해야 한다. 즉 both of the man을 both of the men으로 고쳐야 한다.

해석 그 남자 둘 다 노래를 잘한다.

## 연습하기 050

**1** ~thing, ~body의 명사가 형용사의 수식을 받게 되면 형용사는 반드시 명사 뒤에만 위치해야 한다.

해석 이 책에서 재미있는 것 찾았어?

**2** alike는 서술적용법 형용사이기 때문에 뒤에 명사를 쓸 수 없다. 그러므로 alike를 like로 고치면 된다.

해석 몇 몇 뮤직 비디오는 짧은 영화와 같다.

**3** like는 전치사적 형용사이므로 뒤에 목적어를 취해야만 한다. 그러나 to부정사는 전치사의 목적어 자리에 올 수 없으므로 like와 to부정사는 연결된 표현이 아님을 알 수 있다. (to부정사는 앞의 it ~ to 가주어 진주어로 쓰였다.) 즉 like 뒤에 목적어가 없기 때문에 불완전한 문장이므로 how와 연결되지 않는다. (how는 완전한 절) 그러므로 how를 what으로 고치는 것이 정답이다.

해석 나는 당신이 검문소를 지나갈 수 없다는 말을 듣는 것이 무엇과 같은 것인지 (= 어떤 것인지) 안다.

**4** asleep은 서술적용법 형용사이므로 명사를 앞에서 수식할 수 없다. 그러므로 asleep을 sleeping으로 고쳐야 옳다.

해석 자고 있는 아기 만지지 마.

**5** worth는 전치사적 형용사이므로 전치사의 역할을 한다. 그러므로 다른 전치사와 함께 쓰이지 않는다. of를 삭제해야 맞다.

해석 비록 우리가 또 다시 실패한다 할지라도, 시도해볼만한 가치가 있다.

## 연습하기 051

**1** 난이형용사는 that절을 취하지 못한다. 그러므로 It is not very tough for Koreans to obtain a U.S visa.로 고쳐야 한다.

해석 한국인들이 미국비자를 얻는 것이 매우 힘들지는 않다.

**2** important는 이성적판단형용사이므로 that절 안의 동사에는 should를 쓰거나 생략할 수 있다. 즉 동사원형이 와야 하므로 finishes를 finish로 고쳐야 맞는 문장이 된다.

해석 그 일을 끝내야만 하는 것이 중요하다.

**3** half는 전치한정사로 한정사 앞에 위치해야 한다. 그러므로 at the half price를 at half the price로 고쳐야 한다.

해석 나는 절반의 가격으로 차를 샀다.

**4** 분수를 표현하는 경우 분자(기수)-분모(서수)의 어순으로 표현하고, 만약 분자가 복수라면 분모에 복수취급을 해 주어야 한다.

해석 그녀는 사과 몇 개를 샀다. 그러나 그것들 중 3분의 2가 썩었다.

**5** 추측형용사는 가주어 진주어로 표현하고자 할 때는 it ~ to부정사로는 쓰지 못하고, it ~ that절로 표현을 해야 한다. 즉 It is certain that he is rich.로 고쳐야 한다.

해석 그가 부자라는 것이 확실하다.

## 연습하기 052

**1** be full of (~로 가득 차 있다)

해석 그 방은 무거운 상자들로 가득 차 있다.

**2** programs나 were를 보고서 복수취급 함을 알 수 있다. 그러므로 양의 개념의 형용사가 아닌 수의 개념의 형용사 number를 써야 옳다.

해석 많은 수의 프로그램이 설치되었다.

**3** few는 셀 수 있는 명사를 수식하는 형용사이므로 뒤에 반드시 복수명사를 써야 한다. appetite (식욕)은 불가산 명사이므로 few가 아닌 little로 꾸며줘야 한다.

해석 나는 아침에 항상 식욕이 별로 없다.

**4** effort는 불가산 명사이기 때문에 가산명사를 수식하는 many와는 함께 쓰일 수 없다. 그러므로 many를 much로 바꿔줘야 한다.

해석 우리는 그 프로젝트를 끝내기 위해 많은 노력을 기울였다.

**5** a number of는 '많은'이라는 뜻으로 many와 같다. 그러므로 뒤에 복수명사가 쓰여야 하는데, education (교육)은 불가산 명사이므로 a number of를 an amount of로 고쳐야 한다.

해석 고소득 직업을 얻는 것은 항상 많은 양의 교육을 요구한다.

## 연습하기 053

**1** 완전한 문장이 뒤에 쓰였고, 해석상 '불행하게도'라는 의미가 되므로 형용사가 아닌 문장 전체를 수식하는 부사 Unfortunately로 써야 한다.

해석 불행하게도, 그는 어제 시험에서 떨어졌다.

**2** 빈도부사 always는 일반동사의 앞에, 조동사와 be동사의 뒤에

위치한다. 그러므로 will always remember로 고쳐야 한다.

**해석** 저는 항상 당신과 당신의 가족을 기억할 것입니다.

**3** pick up은 '타동사+부사'이다. 타동사+부사는 대명사가 목적어로 쓰일 때 위치가 정해져 있는데, 그것이 '타동사+대명사+부사'여야 한다.

**해석** 나는 그를 선택했다.

**4** 부사 enough는 형용사나 부사를 뒤에서만 꾸며주는 수식어이다. 즉 enough healthy를 healthy enough로 고쳐야 한다.

**해석** 그녀는 혼자서 걷기에 충분히 건강했다.

**5** go는 장소이동 동사이므로 부사의 위치는 '장소이동 동사 + 장소 + 방법 + 시간부사'의 어순으로 쓰여야 한다. 그러므로 go there fast tomorrow morning으로 써야 맞는 문장이다.

**해석** 그녀는 내일 아침 거기에 빨리 가기를 원한다.

## 연습하기 054

**1** not과 still은 'still ~ not'의 어순으로만 쓰인다. 그러므로 still을 yet으로 고치면 된다.

**해석** 나는 아직 시작하지 않았다.

**2** 비교급을 강조하는 경우 very를 쓰지 않고 much를 쓴다.

**해석** 나는 너 보다 더 빨리 달릴 수 있다.

**3** hard는 형용사도 되고 부사도 된다. 문제에서는 분명 부사자리에 쓰여서 문법적으로는 이상할 것이 없어 보이지만, hard가 부사로 쓰일 때는 '열심히'의 의미이므로 해석이 어색해진다. 그러므로 hardly로 고쳐야 맞는 문장이 된다.

**해석** 대도시에서, 대부분의 사람들은 거의 그들의 이웃을 모른다.

**4** too much는 뒤에 불가산 명사를 취하고, much too는 형용사나 부사를 취한다. 여기서는 뒤에 hot이라는 형용사가 쓰였으므로 much too로 써야 옳다.

**해석** 오, 오늘은 걷기에는 너무 덥다고 생각해.

**5** high가 부사로 쓰일 때는 '높게'라는 의미로 문맥상 맞지 않는다. 그러므로 '매우'의 의미인 highly로 써야 옳다.

**해석** Tyler는 지는 것을 싫어하는 매우 경쟁력 있는 선수다.

## 연습하기 055

**1** as ~ as 구문에서는 형용사 + 명사가 들어갈 수 있는데, 이때 어순은 'as 형용사 a 명사 as'가 되어야 한다.

**해석** 나는 내 동생만큼 키가 작다.

**2** as ~ as는 원급비교이다. 비교급과 함께 쓰일 수 없으므로 as easier as를 as easy as로 고쳐야 맞는 표현이 된다.

**해석** 블로그가 업데이트 되도록 유지하는 것은 내 생각만큼 쉽지는 않다.

**3** '부정문 as ~ as'는 '부정문 so ~ as'로도 쓸 수 있다. 즉 3번 문장은 '부정문 + 원급비교'의 형태로 쓰였다. 그러므로 than을 as로 써야 한다.

**해석** 부모의 사랑만큼 사심 없는 사랑은 없다.

**4** as much는 앞에 쓰인 양과 같은 양의 개념을 설명할 때 쓰인다. 앞에 five accidents가 나왔으므로 가산명사임을 알 수 있고 그러므로 as much가 아니라 as many로 써야 옳다.

**해석** 같은 수의 날짜만큼 5건의 사고가 있었다. (= 5일 동안 5건의 사고가 있었다.)

**5** as ~ as 사이에는 형용사나 부사가 쓰여야 하는데 이것을 결정하는 것은 앞에 나온 동사이다. 즉 '조심스럽게 집어 들었다'라는 해석이 되어야 하므로 동사를 꾸며줬음을 알 수 있다. 즉 부사 gently로 고쳐야 한다.

**해석** 그녀는 손을 아래로 뻗었다. 그리고 아기 새를 최대한 조심스럽게 집어 들었다.

## 연습하기 056

**1** 해석상 '고래가 물고기가 아닌 것은 말이 물고기가 아닌 것과 같다'라는 의미가 되어야 하므로 not more가 아니라 no more가 되어야 한다.

**해석** 고래가 물고기가 아닌 것은 말이 물고기가 아닌 것과 같다.

**2** 배수비교급을 표현하고자 할 때는 '배수사 + as ~ as 로 써야 한다. as twice를 twice as로 고쳐줘야 한다.

**해석** 너의 차는 내 것 보다 두 배는 비싸다.

**3.** less라는 표현이 들어갔으므로 비교급이다. 그러므로 뒤에 as를 than으로 써야 한다.

**해석** 버스를 타는 것이 지하철을 타는 것보다 덜 편하다.

**4** 비교급 + than + all the other 복수명사

**해석** 남극은 세계의 다른 어떤 지역보다 더 춥다.

**5** 비교급을 강조하는 부사로 very를 쓸 수는 없다. 그러므로 very more가 아닌 much more로 써야한다.

**해석** 이 신발은 지난번에 내가 샀던 것 보다 훨씬 더 편하다.

## 연습하기 057

**1** 비교대상이 스웨덴과 영국이었으므로 둘의 비교는 최상급이 아닌 비교급으로 써야 한다. best를 better로 고친다.

**해석** 스웨덴이 축구 경기에서 10분 뒤에 한골을 넣었다. 그리고 그들은 정말 경기를 잘 했다. 그러나 후반 이후에, 영국이 더 잘했다.

**2** 뒤에 '전체 매장에서 네가 살 수 있는 것 중에 신뢰할만한 종류'라고 했으므로 비교대상이 셋 이상이다. 그러므로 the more reliable이 아니라 the most reliable로 써야 한다.

**해석** 이 시계의 브랜드는 전체 매장에서 네가 살 수 있는 종류 중에 가장 신뢰할 만한 종류이다.

**3** 4명의 소년을 비교했으므로 the more를 최상급 the most로 써야 한다.

**해석** 네 명의 소년들 중에, Jason이 가장 사려 깊다.

**4** 내 동생을 타인과 비교한 것이 아니라 내 동생의 상황 속에서 같은 사람을 비교하고 있으므로 최상급을 쓸 때 the를 붙이지 않는다. 그러므로 the most cheerful을 most cheerful로 고친다.

**해석** 내 동생은 아버지에게서 칭찬 받을 때 가장 즐겁다.

**5** 최상급 관용표현으로 'Last but not less'가 아니라 'Last but not least'로 써야 맞는 표현이다.

**해석** 마지막이지만 역시 중요하게도, 네가 좋아하는 것을 해라.

**1** 비교급에서 비교를 해주는 대상은 반드시 병렬구조로 연결시켜야 한다. 그러므로 girl students를 that of girl students로 써야 한다.

> **해석** 도시 지역에서, 남학생의 수는 여학생의 수 보다 더 많다.

**2** 비교대상 간의 병렬구조를 확실히 해야 한다. 문장에서 비교해 주고자 하는 대상은 '그 책의 가격'과 '다른 상품의 가격'이다. 그러므로 other commodities'로 고쳐야 옳다.

> **해석** 사람들은 종종 책들이 너무 비싸다고 불평한다. 그러나 그것의 가격은 다른 상품만큼 많이 오르지는 않았다.

**3** 비교대상 간의 병렬구조를 확실히 해야 한다. 비교하고자 하는 대상은 Answering이므로 than뒤에도 finishing으로 고쳐야 옳다.

> **해석** 정확하게 대답하는 것이 빠르게 끝내는 것 보다 더 중요하다.

**4** 비교의 접속사가 나오고 일반 명사가 주어자리에, 동사가 be동사나 do동사 즉, 대동사로 받게 되면 도치를 할 수 있다. (무조건 해야 하는 것은 아님) 그러므로 도치가 된 경우에 주어와 동사의 수일치를 맞춰야 하고, 대동사를 do로 받을지, be로 받을지 결정해야 한다. 문제에서는 앞에 나오는 동사가 respect 즉 일반동사이므로 대동사는 be가 아닌 do로 쓰는 것이 맞다. 그러므로 than is his son을 than does his son으로 고쳐야 한다.

> **해석** 그는 그의 아들이 그런 것보다 그녀를 훨씬 더 존경한다.

**5** 이중비교 문제이다. 비교급 두 개를 사용하여 이중비교를 하는 경우에 비교 대상이 문미(맨 뒤)에 나오는 경우 비교급을 나타내주는 접속사 as와 than을 둘 다 빼놓지 않고 써야 맞는 표현이다. 그러므로 if not greater than Edison이라고 표현해야 옳다.

> **해석** 그는 에디슨보다 더 위대하진 않지만, 에디슨만큼이나 위대한 업적을 이뤘다.

**1** '분수 of 명사'에서는 동사의 수를 분수가 아닌 명사에 일치시켜 주어야 한다. 여기서는 my books가 주어가 되는 것이므로 are로 고쳐야 맞다.

> **해석** 내 책들 중 5분의 2가 잡지이다.

**2** 'There be 명사' 구문에서 주어는 there가 아닌 명사이다. 즉 strange men이 주어이므로 동사는 were로 써야 옳다.

> **해석** 언덕길을 올라오고 있는 이상한 사람들이 있었다.

**3** 명사절, 명사구가 주어자리에 쓰이는 경우 특별한 경우를 제외하고는 단수취급을 해 준다. 즉 두 번째 are를 is로 바꾼다.

> **해석** 그 범죄자들이 여전히 살아있는지 아닌지는 확실하게 알려지지 않았다.

**4** 거리, 금액, 무게, 시간을 나타내는 명사는 복수형태로 쓰이더라도 하나의 단위 나타낼 때는 단수취급을 하는 것이 맞다. 문제에서 '20 킬로미터는 뛰기에 먼 거리이다.'라고 말함으로써 '20km'를 하나의 단위 취급을 했다. 그러므로 are를 is로 써야 맞다.

> **해석** 20킬로미터는 뛰기에는 먼 거리이다.

**5** 'the number of 복수명사'는 수일치를 the number에 해준다. 그러므로 are를 is로 바꿔야 한다.

> **해석** 그 과정에 지원했던 학생들의 수가 증가하고 있다.

**1** A, B, and C 구조의 병치 문제이다. 모두 find 5형식의 목적보어 자리에 쓰였으므로 형용사로 표현되어야 하는데, offense는 명사이다. 그러므로 형용사인 offensive로 고쳐야 올바른 표현이 된다.

> **해석** 우리는 영화가 우리가 생각했던 것 보다 좀 더 폭력적이고, 당혹스럽고, 불쾌하다는 것을 알았다.

**2** 등위상관 접속사 not only A but also B도 역시 병렬구조를 맞춰야 한다. 주어가 Meditation 단수 명사로 쓰였으므로 동사도 단수 취급을 해주어야 하는데, but also뒤에 나오는 동사에는 단수 취급이 안 되어 있으므로 keep을 keeps로 고쳐야 옳은 표현이 된다.

> **해석** 명상은 당신에게 마음의 평화를 가져다 줄 뿐만 아니라, 당신의 몸도 건강하게 만들어줍니다.

**3** or를 기준으로 driving과 to sell이 병렬로 연결되어야 하는데, 그렇지 않다. 그러므로 driving을 to drive로 고쳐야 맞는 표현이다.

> **해석** 그녀는 차를 팔아야 할지 아니면 고장 날 때까지 운전을 해야 할지 몰랐다.

**4** A, B, and C 구조에서 단수주어에 동사의 수를 맞춰야 하는데, shoot에 단수취급이 안 되어있다. 그러므로 shoots로 바꿔야 맞다.

> **해석** 내가 가장 좋아하는 축구 선수는 다른 어떤 선수들 보다 축구도 잘하고, 더 빨리 달리고, 슛도 더 강하게 찬다.

**5** and를 기준으로 do와 put이 병렬되었다. 이때 주어가 단수인 것으로 보아 put은 과거시제임을 알 수 있고, 그러므로 do역시 과거시제인 did로 써야 맞는 표현이 된다.

> **해석** 그 판사는 검정색 법복을 입었다. 그리고 공무집행을 했다.

**1** In the forest는 장소의 부사구 이므로 주어와 1형식 동사가 도치되었다. 그러므로 주어는 rare plants and trees 즉, 복수이며 그러므로 동사는 was가 아닌 were로 써야 옳다.

> **해석** 수많은 희귀식물들과 나무들이 숲속에 있었다.

**2** '전치사 + no + 명사'가 문두에 오면 주어와 동사는 도치되어야 한다. 즉 you are allowed가 아니라 are you allowed가 맞는 표현이다.

> **해석** 어떠한 상황에서도 너는 내 딸과 결혼하는 것을 허락받지 못한다.

**3** Needed는 아무래도 주어가 될 수 없다. 그러므로 주어는 is 뒤에 있는 nose clips and heavy gloves가 되고, needed는 보어로서 도치된 것이다. (2형식 보어도치) 그러므로 is가 아닌 are로 고쳐야 한다.

> **해석** 노즈 클립(코마개)과 두꺼운 장갑이 다이버들에게 필요하다.

**4** 'Only + 부사(구.절)'이 문두에 오면 준부정사이므로 도치가 된다. 즉 did I realized가 아니라 did I realize로 고쳐야 한다.

> **해석** 단지 약간 뒤에야 나는 그의 생일이었다는 것을 깨달았다.

**5** 'Not until A B'구조에서 Not until A가 부정부사절이므로 도치가 된다. 즉 I realized를 did I realize로 고쳐야 한다.

> **해석** 저녁이 되고나서야 비로소 나는 내 왼쪽 다리가 얼마나 심하게 다쳤는지를 깨달았다.

# 적용하기 해설

## 동사

### 적용하기 1단계

**1. 정답 C**

[해설] deny는 동명사를 목적어로 취하는 동사이고 뒤에 a deal 이라는 목적어가 온 것으로 보아 능동태로 써야 맞는 표현이다.

[해석] 정부는 어제 세 명의 인질들을 풀어준 납치범들과 협상을 한 것에 부인했다.

**2. 정답 C**

[해설] have동사가 5형식 사역동사로 쓰였고 해석상 '내 차가 견인하는 것'이 아니라 '견인되는 것'이므로 수동의 관계인 pp가 정답이 된다.

[해석] 어제 내 차가 갑작스레 고속도로에서 멈춰서 나는 경찰에게 내 차가 견인되도록 해야만 했다.

**3. 정답 A**

[해설] prevent 목적어 from ~ing 구문이다.

[해석] 홍콩 지사의 관리자로부터 온 장거리 전화로인해 마케팅 팀장은 고객과의 약속을 지키지 못했다.

**4. 정답 C**

[해설] (A)는 조동사 will뒤에 동사원형이 아닌 it을 사용했으므로 틀렸고, (B)의 'should have pp'는 '~했어야만 했는데, 그러지 못해 유감이다.'라 는 과거의 유감을 표현할 때 쓰는 말이므로 틀렸다. (D)의 경우 be completed는 수동태인데 뒤에 목적어 it을 사용했으므로 답이 될 수 없다. have를 5형식 사역동사로 본 (C)가 가장 적당한 답이다.

[해석] 이것은 시간을 소모시키는 일이다. 그러나 나는 그것을 다음 주까지 완성시켜야 한다.

**5. 정답 C (to remove → removed)**

[해설] have가 사역동사이며, 목적어 (흔들 목마)와 목적격 보어 (치우다)의 관계는 수동관계이다. removed가 정답이다.

[해석] 보모와 보모 겸 가정교사로부터 벗어났기 때문에 그는 그의 흔들 목마를 그의 집 꼭대기에 있는 침실로 치웠다.

**6. 정답 B (was → to be)**

[해설] believe는 인식동사로 that절을 목적어로 가져오는 3형식도 가능하고, 목적어+목적보어의 구조인 5형식도 가능하다. 이때 believe 다음에 him이 나왔으므로 5형식임을 알 수 있고 목적격 보어 앞에 동사는 불가능하다는 것도 쉽게 알 수 있다. 5형식 인식동사는 목적어와 목적격보어 사이에 to be를 넣기도 한다.

[해석] 처음에 우리는 그가 우리의 적이라고 믿었다. 그러나 우리는 그의 의견이 받아들일 만하다고 생각했다.

**7. 정답 D (regular → regularly)**

[해설] appear는 '등장하다, 나타나다'라는 의미로 해석되는 경우 1형식으로 쓰인다. 그러므로 뒤에 부사가 오는 것이 적당하다.

[해석] (신문에 실리는) 만화는 이야기를 하는 판의 연속으로 구성되어져 있으며, 규칙적으로 등장하는 만화 캐릭터들을 특징으로 삼는다.

**8. 정답 A (to complain → complain)**

[해설] hear는 5형식 지각동사로 쓰이는 경우 목적보어에 to부정사가 아닌 원형부정사가 쓰여야 한다.

[해석] 나는 종종 많은 여성들이 은퇴한 남편이 부엌 주변에서 그들을 따라다니고, 저녁식사가 뭔지 알아보기 위해 냄비 뚜껑을 열면서 항상 방해를 한다고 불평하는 것을 듣는다.

**9. 정답 A (suggested → suggested to)**

[해설] suggest는 '~에게 ~을'이라는 해석이 가능하더라도 4형식이 아닌 3형식으로 쓰이는 동사이다. 그러므로 suggested 뒤에 전치사 to를 붙여야 맞는 답이 된다. (suggest A to B → suggest to B A)

[해석] 그의 누나는 케네스에게 지난 7월부터 심하게 앓았던 그들의 어머니를 돌보기 위해 집으로 돌아올 것을 제안했다.

**10. 정답 E (I donated 10 dollars to the church.)**

[해설] (A) ~ (D)까지는 4형식 동사나, 4형식에서 3형식으로 전환된 동사를 썼지만, (E)의 donate는 4형식으로 쓰지 않는 동사이다. donate A to B (A를 B에게 기부하다)라는 구조로만 쓰인다.

[해석] (A) 그것의 값은 50달러이다. (B) 누구도 너의 그 일을 부러워하진 않는다. (C) 나는 5달러를 John에게 빚졌다. (D) 그 혈흔은 우리에게 범죄의 이야기를 말해주었다. (우리는 그 혈흔을 보고 범죄를 추적할 수 있었다.) (E) 나는 교회에 10달러를 기부했다.

### 적용하기 2단계

**1. 정답 B**

[해설] convince는 that절을 목적어로 쓰려고 한다면 반드시 간접목적어가 하나 나와야 쓸 수 있다. 그러므로 (A), (D)는 답이 될수 없다. (C)의 경우에는 convince A of B의 구조가 있긴 하지만, 뒤에 could cause라는 동사가 쓰였으므로 답이 아니다. 그러므로 답은 (B)

[해석] 과학자들은 증가된 이산화탄소가 세계 기후 온난화를 야기할 것이라고 확신한다.

**2. 정답 A**

[해설] stop이 동사로 쓰였으므로 목적어 자리에는 to부정사와 동명사를 모두 쓸 수 있는데, 해석상 '이익을 냈던 것을 막는 규정'이라고 말해야하므로 과거를 의미하는 동명사가 적당하다. 또한 make뒤에 가목적어 it을 쓰고 그 뒤에 to push라는 진목적어를 사용했으므로 (A)가 더 적당한 답이 된다.

[해석] 그 정책은 성공적이었다. 왜냐하면 그 정책은 판매 옹호자들이 거절하기 힘들다고 생각했던 방식으로 기업들이 주류 판매를 적극적으로 해서 이익을 내던 것을 막았던 규정을 제도화했기 때문이었다.

**3. 정답 B**

[해설] 밑줄 뒤에 부사 well이 있는 것으로 보아 자동사가 답이 됨을 알 수 있다. (B)와 (D)가 자동사인데, grow는 '자라다'의 의미이므로 해석상 답이 될 수 없다.

[해석] 비록 나는 내 일을 매우 좋아하지만, 그것이 이익이 되진 않는다.

## 4. 정답 D

**해설** sound는 2형식 감각동사이므로 보어가 뒤따라야 한다. 즉 부사가 아닌 형용사가 답이고, 동사 앞에 might라는 조동사가 있으므로 수일치를 하지 않고 동사원형을 써야한다.

**해석** 즉석연주는 재즈에 있어서 중요한 부분이다. 이것은 연주가가 곡을 진행시키면서 구성시키거나 그 자리에서 음악을 만들어낸다는 것을 의미한다. 이것은 재즈 음악이 연주될 때마다 약간 다르게 들리는 이유가 된다.

## 5. 정답 E (to jump → jump)

**해설** see는 5형식 지각동사로 쓰이는 경우 목적격 보어에 원형부정사를 써야 맞는 표현이다. see뒤에 목적어가 길기 때문에 초보자들은 목적격 보어까지 찾아내기 조금 어려웠던 문제이다.

**해석** 점점 더 많은 10대들이 온라인에서 사회화 활동을 하면서, 중, 고등학교 선생님들은 점점 인터넷에서 사용되는 내용 없는 영어가 이메일을 넘어(인터넷을 넘어) 학교 수업 안으로까지 들어온 것을 목격하고 있다.

## 6. 정답 A (arose → raised)

**해설** arose는 자동사 arise의 과거형이므로 뒤에 목적어를 취할 수 없다. 이 문제에서는 뒤에 fears라는 목적어가 나왔으므로 의미상 가장 적당한 raised로 고쳐야 한다.

**해석** 이 새로운 바이러스 변종으로 인해 이미 혼란에 빠진 한 나라가 크리스마스 며칠 전에 신선한 음식이 고갈되는 것을 걱정해야 했기 때문에, 그는 대유행병의 갑작스런 혼란으로 영국 슈퍼마켓에서의 공황 구매에 대한 두려움을 증가시켰다.

## 7. 정답 A (as → 삭제)

**해설** call은 5형식으로 쓰일 때 목적어와 목적격보어에 아무것도 넣지 않는다. 즉 수동태로 변형시켜도 목적보어 앞에 아무것도 들어가면 안 된다.

**해석** 전통적인 치료사들은 식민지 개척자들에게 주술사로 불렸는데, 그 개척자들은 그들의 의료행위를 열등하다고 여겼다.

## 8. 정답 D (how → it)

**해설** find동사가 나왔고 그 뒤에 impossible이라는 형용사가, 그 뒤에는 to부정사가 쓰였으므로 목적보어와 진짜 목적어의 구조임을 알 수 있다. 즉 find뒤에 가짜목적어 it을 써야만 옳은 문장이 된다.

**해석** 그러나 언어는 영장류나 포유류의 소리와 너무나 완전히 다른 방식으로 조직화되고, 그것(언어)은 너무나 완전히 다른 종류의 의미여서 나는 자연선택, 또는 성 선택이 (영장류들의) 소리 체계를 언어로 바꿀 수 있었을 지도 모르는 현실적인 연속 사건들을 상상하는 것이 불가능하다고 생각한다.

## 9. 정답 C (to → of)

**해설** remind는 '~에게 ~을 떠올리게 하다'라는 의미로 쓰일 때 A of B의 구조를 취한다.

**해석** 신입생인 Alexis Tatum은 조사자의 수가 그녀를 당혹스럽게 했고 그녀가 큰 대학교 캠퍼스에서 젊은 여성이라는 것에 대한 위험성을 떠올리게 했다고 말했다.

## 10. 정답 B (was resulted → resulted)

**해설** result in은 자동사로 수동태가 불가하다.

**해석** 독자적인 경제 권력과 결부된 이러한 새로운 정치권력은 결국에 미국 헌법의 선언과 독립 선언을 초래했던 새로운 종류의 민주주의를 이끌어냈다.

## 적용하기 3단계

## 1. 정답 B

**해설** find는 5형식으로 쓰여서 밑줄에는 목적격 보어 즉, 형용사나 명사가 쓰여야 옳다.

**해석** 20세기 초반의 대부분의 미국 건축가들은 아이디어를 떠올리기 위해 유럽에 눈을 둔 반면, Frank Lloyd Wright은 일본의 디자인과 예술이 조금 더 영감을 준다는 것을 알았다.

## 2. 정답 B

**해설** 해석상 '해야 할 것을 잊었다'는 의미가 되어야 하므로 '~할 것을 잊다'의 의미인 forget to부정사가 정답이다.

**해석** 지난주에 은행을 털었던 한 은행 강도는 스키 마스크를 쓰고 있었다. 그래서 그가 누구인지 아무도 몰랐다. 그러나 그가 해야 할 것을 까먹은 것이 바로 보안 배지를 제거하는 것이었다. 그것은 그가 패스트푸드 가게에서 저녁에 일할 때 차고 있었던 배지였다.

## 3. 정답 D (to grow → growing)

**해설** prevent 목적어 from ~ing

**해석** 대부분의 에어 필터들은 해로운 오염물질을 필터 안에 가둬둠으로써 공기의 질을 좋게 만들어준다. Molekule은 그 아이디어를 한 단계 더 발전시켰다. 즉, 오염물질들을 완전히 없애는 것이다. 그것의 열쇠는 특별하게 코팅된 나노필터인데, 그것은 곰팡이와 박테리아 입자를 포함한 독소가 다시 자라지 못하게끔 막는 방식으로 빛에 반응하도록 고안되었다.

## 4. 정답 D (vanished → vanish)

**해설** make가 5형식으로 쓰이는 경우 목적어와 목적보어는 주어 동사 관계가 성립되는데, 이때 능동, 수동을 따져야 한다. 하지만 vanish는 자동사이므로 목적어와 목적보어가 아무리 수동의 관계라고 해도 pp의 형태로 쓸 수가 없다.

**해석** 생물학자인 William Firth Well은 굴이 인공적으로 자라게끔 하였고, 인공 태양 빛을 써서 세균들을 공기로부터 사라지게 했다.

## 5. 정답 D (to get a divorce → getting a divorce)

**해설** contemplate는 동명사를 목적어로 취하는 동사이다.

**해석** 내가 Frank와 Julie에게 충고하고자 하는 것은 그들이 이혼을 하기를 고심하기 전에 훈련받고 자격을 취득한 결혼 전문가와 협의를 하라는 것이다.

## 6. 정답 B (impress at → impress ourselves on)

**해설** impress는 타동사이고 impress A on B로 쓰이기 때문에 at을 지우고 impress ourselves on으로 고쳐야 한다.

**해석** 오늘날, 우리는 상당한 양의 물건들을 가지고 있다는 것을 즐기기 위해서라기보다는 조금 더 다른 사람들에게 인상을 남기기 위해 우리 자신을 재화와 서비스로 꾸민다. 그리고 그것은 물질주의가 심한 소비만을 뜻하는 진정으로 잘못 쓰인 용어가 되도록 만들었다.

## 7. 정답 C (is made → is done)

**해설** 'do damage to N'(~에게 피해를 끼치다). 이 경우 절대 do 자리에 give나 make를 쓰지 않는다.

**해석** 이 겨울의 혹한의 기후에는 항상 눈이 내리지 않는다. 그러나 아무리 심한 피해가 나무에게 끼치더라도 그들은 살아남는다.

**8. 정답 B** (detract → detract from)

해설 detract는 자동사로 항상 from과 함께 쓰인다.

해석 에세이를 쓰는데 있어서, 좋은 문체의 하나의 특징은 다른 모든 특징들을 압도한다. 만약 그들이 표현의 명확성을 손상시킨다면, 문학적인 우아함, 박식함, 표현의 정교함 등과 다른 모든 특징들은 희생되어야만 한다. 예를 들어, 이것은 심지어 문체의 우아함이 다양한 동의어들을 선호하는 것과 같은 반복을 피하고 싶어 하는 경우에도, 그 동일한 단어가 특정한 핵심적인 개념을 가리키기 위해서 사용되어져야만 한다는 것을 의미한다. 이것은 만약 그 동의어들이 당신의 주장을 향한 충동에서 벗어나게 하고자 한다면, 당신은 흥미롭고 학식 있는 여담을 포기해야만 한다는 것을 의미한다.

**9. 정답 C** (better use of the Internet → better use the Internet)

해설 let이 5형식으로 쓰였으므로 people이 목적어, use가 목적보어이다. 즉 use는 여기서 동사로 쓰였음을 알 수 있고, 그렇기 때문에 뒤에 전치사 없이 바로 the Internet를 써야 옳은 문장이 된다.

해석 그 소프트웨어는 사람들이 인터넷을 더 잘 사용하게끔 만들어주고, 기술적인 진보의 급격한 증가를 촉발시켰던 특징들을 가지고 있는 마이크로소프트사의 주력 상품을 가득 채우려는 추진력을 통해 이정표를 세운다.

**10. 정답 C** (transcend over → transcend)

해설 transcend는 타동사이므로 전치사 over를 쓸 필요가 없다.

해석 진화는 항상 새로운 한계를 확립하기 위해 고군분투 한다. 그리고 나서 그 한계를 부수고, 그 한계를 넘어서고, 그 한계를 넘어서서 조금 더 포괄적이고 전체적인 방식으로 나아가려고 열심히 애를 쓴다.

## 시제

### 적용하기 1단계

**1. 정답 B**

해설 'in/for/over/during the last 기간명사'는 현재완료와 함께 쓰인다.

해석 그는 지난 3주 동안 매일 밤 도서관에서 공부를 했다.

**2. 정답 B**

해설 '수년전'이라는 표시를 할 때, before와 함께 쓰이면 '과거'를 기준으로 그 이전의 일이기 때문에 '대과거'를 써야 한다.

해석 그녀의 남편은 수년전에 죽었다.

**3. 정답 A**

해설 꽃이 피고 지는 것은 불변의 진리이다. 현재시제로 써 주는 것이 옳다.

해석 무엇이 식물로 하여금 꽃을 피우게 하는가? 비록 당신은 식물들이 받는 햇빛의 양에 근거하여 꽃을 피운다고 생각할지도 모르지만, 그들은 실제로 연이어 계속되는 어둠의 양에 따라서 꽃을 피운다.

**4. 정답 A**

해설 the next time은 시간의 접속사이다. 즉 시간 부사절이 되므로 미래대신 현재시제를 써야 한다.

해석 다음에 저 식당에서 먹을 때는, 큰 그릇에 담긴 대합 스프를 먹을 거야.

**5. 정답 A**

해설 〈By the time 주어 + 현재시제〉가 쓰이면 주절의 시제는 will have pp라는 미래완료를 써야 한다. 또한 recover는 '회복하다'라는 의미로 쓰이는 경우 자동사이므로 수동태가 불가능하다. 그러므로 답은 A이다.

해석 남자친구가 도착할 때 쯤이면, 감기가 다 나았을 거에요.

**6. 정답 B** (will get → would get)

해설 주절이 과거동사이므로 종속절의 어떠한 시제상의 힌트가 없으면 시제일치 법칙에 근거하여 will이 아닌 would를 써야 한다.

해석 그녀는 내게 그녀가 아버지의 반대에도 불구하고 그 일을 할 것이라는 것을 내비쳤다.

**7. 정답 A** (hold → held)

해설 '지난세기 중반'이라는 표현으로 보아 과거 시제를 쓰는 것이 맞다.

해석 지난 세기 중반, 흑인 지도자들이 흑인의 권리를 위해 첫 번째 전국 집회를 개최했을 때, 그들은 교육, 경제적인 기회, 법, 그리고 선거권에 있어서 백인들과 동등한 권리를 요구하는 감상선언서를 발표했다.

**8. 정답 B** (after → since)

해설 해석상 1970년대 초반 이래로 등장했으므로 after가 아닌 since로 쓰는 것이 적당하다. after는 현재완료 시제와 연결되지 않는다.

해석 1970년대 초 이후 처음으로 독이 있는 바다뱀이 남부 캘리포니아 해변에 나타났다.

**9. 정답 B** (allow → allowed)

해설 when절이 과거시제로 쓰였으므로, 본동사 역시 과거의 이야기여야 한다.

해석 그러나, 이 리스트로 인해 나는 내가 단지 16살이었을 때, 20대의 나, 그리고 심지어는 30대의 나를 마음속에 그렸다.

**10. 정답 C** (which have bought → which bought)

해설 관계사절 안에 'in 1994'가 쓰였기 때문에 현재완료로 쓸 수 없다. 과거시제로 바꿔야 한다.

해석 러시아는 하드웨어와 부품들을 1994년에 다련장 로켓을 샀었던 쿠웨이트와 같은 중동국가들과 인도, 말레이시아, 인도네시아, 태국, 미얀마와 같은 남동아시아 국가들에게 판다.

### 적용하기 2단계

**1. 정답 C**

해설 법원의 서기가 묻기 이전에 사건의 통지서를 받는 행위가 먼저 발생해야 한다. 그러므로 대과거를 쓰는 것이 맞다.

해석 그 법원의 서기는 변호사에게 그 사건의 통지서를 받은 적이 있는지 없는지를 물었다.

**2. 정답 C**

해설 꽃병을 찾으려고 했던 행동은 그 꽃병을 발견한 시점보다 먼저 발생한 일이다. 그러므로 과거시제 (saw)보다 한 시제 앞선 시제인 과거완료가 쓰여야 하고, 내용상 능동태를 써야 옳다.

해석 웹사이트에서 그 꽃병을 봤을 때, 나는 그것이 내가 찾고 있었던 것임을 바로 알았다.

**3. 정답 B**

(해설) S + had not pp ~ before(when) S + 과거동사 '채 ~도 못하고 ~하다'

(해석) 우리는 채 이틀도 넘기지 못하고 자동차 없이는 버텨낼 수 없다는 것이 분명해졌다.

**4. 정답 B**

(해설) '오늘 밤'이란 표현은 미래시제를 말한다. 즉 왕래발착 동사는 현재, 현재진행, 미래시제 중 어떤 시제를 써도 미래 시제를 말할 수 있기 때문에 (A),(C)를 빼고는 다 답이 될 수 있다. 뒤의 빈칸에서는 before가 시간의 부사절이므로 미래시제를 사용하면 안되기 때문에 (D),(E)번이 지워진다. 답은 (B)

(해석) Susan은 거의 여행 준비가 끝났다. 그녀는 오늘 밤 한국으로 떠날 것이다. 우리는 그녀가 떠나기 전에 그녀에게 작별인사를 할 것이다.

**5. 정답 D (will get to → get to)**

(해설) 'immediately after'는 '~하자마자'라는 의미의 시간접속사이다. 그러므로 미래대신 현재시제를 사용해야 한다.

(해석) 목적지에 도착하자마자, 나에게 반지 꼭 줘야해.

**6. 정답 A (Since → For)**

(해설) 'since+명사'도 현재완료와 연결되는 표현은 맞지만, since는 시점을 말하는 명사와 연결되어야 한다. a long time은 시점이 아니라 기간을 나타내는 명사 이므로 for로 고쳐야 맞는 표현이 된다.

(해석) 오랜 기간 동안, 선생님들은 어린아이들이 그들의 생각을 철자에 상관없이 공책에 적도록 하는 것이 중요하다고 믿었다.

**7. 정답 C (have → had)**

(해설) 내가 깬 시점은 woke 즉 '과거'이다. not only 뒤에 have I written이라는 현재완료 시제가 쓰일 수가 없다. 내가 깬 시점 이전에(아마도 전날) 많은 단어들을 한 번에 썼다는 표현이 나왔으므로 과거완료 시제를 써야 옳은 문장이 된다. but 뒤에 I'd written을 보고 힌트를 얻을 수도 있다.

(해석) 나는 다음 날 아침에 일어나서 그 단어들에 대해 생각해 보았다. 즉, 그 단어들은 엄청나게 자랑스러운 것이었다. 왜냐하면 내가 그렇게 많은 단어를 한 번에 썼을 뿐만 아니라, 이 세상에 있다는 사실조차 전혀 몰랐던 단어들을 썼다는 것을 깨닫게 되었기 때문이다.

**8. 정답 D (years before → years ago)**

(해설) OO before는 과거 이전의 일을 말하는 힌트이므로 대과거 시제와 함께 쓰여야 한다. 그러나 동사는 had. 즉 과거시제와 연결되어 있으므로 OO ago로 고쳐야 한다.

(해석) 그러나 몇몇 사람들은 이러한 고대 기념물이 4000년 전에 전체에 영향을 끼쳤던 한 무리의 현명한 사람들에 의해 지어졌는지 아닌지를 의심한다.

**9. 정답 C (was working → had been working)**

(해설) 'For the past 기간명사'는 완료 시제와 함께 쓰인다. 주로 현재완료 시제와 함께 쓰이긴 하지만, 과거의 이야기 이었으므로 과거완료시제로 바꿔야 한다.

(해석) 내가 계단을 내려왔을 때, 나는 지하에 최소 1피트정도의 물이 차 있는 것을 보았다. Jack은 파이프 아래에 서 있었고, 지속적으로 물이 그의 얼굴로 흐르고 있었다. 지난 45분 동안, 그는 새는 구멍을 멈추게 하려고 헛되이 노력하고 있었다.

**10. 정답 B (He owns about ten houses)**

(해설) 소유의 의미를 지니고 있는 동사는 움직임이 없는 '상태동사'이므로 진행형을 쓰지 못한다.

(해석) (A) 그녀는 아침을 먹고 있는 중이다. (B) 그는 대략 10채의 집을 소유하고 있다. 그리고 그것들 모두 매우 비싸다. (C) 그들은 그가 그의 아버지를 닮았다고 말한다. (D) 내가 그들을 방문했을 때, 그들은 라디오를 듣고 있는 중이었다.

## 적용하기 3단계

**1. 정답 B**

(해설) 해석상 '그 시간쯤이면 우리는 가고 없다.'라는 과거 언젠가 시작된 일의 결과가 미래 어느 시점에 완료가 되었기 때문에 단순한 미래시제가 아닌 미래완료로 표시한다.

(해석) "너희에게 상자를 주기위해 8시에 올 거야." "너무 늦는데. 왜냐하면 우리는 그 시간쯤이면 이미 떠났을 거야."

**2. 정답 D**

(해설) 물어보려던 참이었기 때문에 그녀가 사무실로 돌아오는 것은 본동사보다는 미래를 써야 한다. 그러나 본동사가 (was) 과거시제였기 때문에 시제일치 법칙에 근거하여 바로 미래를 취하지는 못하므로 (A)는 답이 될 수 없다. 가장 적당한 것은 would return인데, 보기에는 없다. 단 return이 왕래발착 동사라면 진행형이 미래시제가 될 수 있음을 알 수 있다. 그러므로 was returning이 would return과 같은 역할을 한다고 보면 된다.

(해석) 나는 막 너에게 몇 시에 그녀가 사무실로 돌아올 것인지 물어보려던 참이었다.

**3. 정답 B**

(해설) S + had hardly pp ~ before/when S + 과거동사 (~하자마자 ~하다)

(해석) John이 음식을 준비 하자마자, 손님들이 도착했다.

**4. 정답 D**

(해설) 문장이 Industrial Revolution까지 끝이 났으므로 다음에 문장이 쓰이려면 접속사가 있어야 한다. 그러므로 접속사가 없이 쓰인 (A)는 답이 될 수 없다. 또 문제가 계속 심해졌다는 의미가 들어가는데 그것이 since접속사 절 안에 있다면 해석이 '문제가 계속 심해진 이래로 산업혁명과 함께 비롯되었다고 전해진다.'라는 의미가 되므로 해석상 말이 안 된다. 그러므로 (B), (C)는 답이 될 수 없고, (D)에서 마지막에 쓰인 ever since '그때 이후로 줄 곧'이라는 의미의 부사이므로 해석하는데도 어색함이 없다.

(해석) 산성비와 공기 오염과 같은 문제는 아마도 산업혁명과 함께 비롯되었다고 전해질지도 모른다. 그리고 그 문제는 이후로 줄 곧 심해졌다.

**5. 정답 B (discussed → would discussed)**

(해설) 'in the future'라는 미래시간표시 부사구가 있으므로 discussed는 틀린 표현이다. 미래에 논의할 예정이고, 본동사가 (said) 과거형이므로 과거에서 바라본 미래표현인 would discuss가 가장 적당하다.

(해석) 강력한 대중의 비판에 명백하게 관심이 있는 야당은 앞으로 그들이 무경쟁 선거구의 수를 늘려야할지 말아야 할지를 논의할 것이라고 말했다.

**6. 정답 A (After → Since)**

해설 주절의 동사가 현재완료로 쓰였으므로 After보다는 Since가 더 적당하다.

해석 1920년대 이래로, 몬타나의 경제, 농업, 광산업과 같은 두 개의 전통재단이 대규모의 성장을 보여주었다.

**7. 정답 C ('s heard → had heard)**

해설 본동사가 과거이므로 '그 도시에서 일어난 범죄에 대해 들었던' 순간은 대과거가 되어야 한다. 그러므로 (C)가 답이다.

해석 뉴욕에 도착해서, 그 도시에서 일어난 범죄에 대해 들었던 수많은 이야기를 기억하고 있던 그는 곧장 호텔로 갔다. 그리고 거기서 우리가 그를 데리러 갔을 때까지 머물러있었다.

**8. 정답 D (hardly did I feel happy → hardly have I felt heppy)**

해설 since then(그때 이래로)을 통해 주절에 현재완료 시제가 온다는 것을 알 수 있다.

해석 나는 그들이 왜 그런 식으로 생각하는지 이해할 수 있다. 그러나 나는 내 인생에서 단 한번 행복했던 것을 기억한다. 그것은 바로 내가 백만 달러를 벌고 난 직후였다. 나는 내 아내가 말하는 것이 지금도 생생하다. "인생 아름답지 않아? 우린 부자야!" 그러나 그때 이래로, 나는 거의 행복함을 느낀 적이 없었다.

**9. 정답 D (had kept coming → have kept coming)**

해설 'over the years (세월이 흘러가면서)' 지금까지 계속 약점을 등장시켰으므로 현재완료로 써야 한다.

해석 1932년에 Jerry Siegel과 Joe Shuster에 의해서 만들어진 슈퍼맨은 많은 사람들에 의해 전형적인 미국의 영웅으로 여겨졌다. 지금은 파괴되어져 버린 행성인 크립톤 행성에 기원을 두고 있는 슈퍼 파워를 타고난 슈퍼맨은 그가 선택한 고향인 지구를 위해 외부와 내부의 위협에 대항하여 지구를 지키면서 싸운다. 동시에 슈퍼맨을 쓴 작가들은 부상도 당하지 않고 눈에 띄는 어떤 위협에도 직면하지 않는 캐릭터가 밋밋하다는 것을 빠르게 알아차렸고, 세월이 흘러가는 동안 작가들은 지속적으로 슈퍼맨이 가지고 있는 약점을 등장시켰다.

**10. 정답 D (is remaining → remains)**

해설 remain은 진행형이 불가한 동사다.

해석 예수님의 몸에 덮여진 장례식 옷으로 알려진 토리노의 수의가 처음으로 중세에 나타났다. 수많은 실험이 그 의복이 진짜임을 입증하거나 진짜가 아님을 입증하는데 실패했음에도 불구하고 그 수의는 기독교의 역사에 있어 중요한 물건으로 남아있다.

## 수동태

### 적용하기 1단계

**1. 정답 D**

해설 that절이 문장 끝까지 이어지므로 밑줄에는 반드시 동사가 나와야 한다. 그것을 충족시키는 보기는 (D)밖에 없다.

해석 태양, 행성, 다른 별들의 행성은 행성간의 가스 구름이 응결된 것으로 시작되었다고 믿어진다.

**2. 정답 C**

해설 hear가 5형식 지각동사로 쓰였으므로 목적격 보어에 원형이 나온다. 이때 이것을 수동태로 고치면 원형이었던 목적격 보어는 to부정사로 변형되어 나온다.

해석 그들은 도시로 이사 간다고 전해졌다.

**3. 정답 D (be happened → happen)**

해설 happen은 자동사로 수동태를 취할 수 없다.

해석 만약 슈퍼맨이 전신이 마비되는 사고를 당할 수 있다면, 그것은 누구에게나 일어날 수 있다는 것을 대중들은 깨닫게 되었다.

**4. 정답 A (reporting → reported)**

해설 수백 명의 민간인들이 죽임을 당했다고 보도된 것이므로 수동태를 써야 맞는 표현이다.

해석 군대가 타밀 반군의 통제 하에 있는 마지막 수백 킬로미터 지역으로부터 온 타밀 반군을 뿌리 뽑기 위해 애쓰는 과정에서 수백 명의 민간인들이 폭격으로 죽임을 당했다고 보도되었다.

**5. 정답 B (laughed → laughed at)**

해설 자동사 laugh는 전치사 at과 함께 쓰여 일종의 타동사가 된다. 그러므로 수동태도 가능한데, 이때 동사 자체가 전치사로 끝나기 때문에 수동태 문장 역시 전치사로 끝을 내야 맞는 표현이 된다.

해석 그녀는 울고 싶었다. 왜냐하면 그녀는 반의 대부분의 남학생들에게 비웃음을 샀기 때문이었다.

**6. 정답 B (are resembled with → resemble)**

해설 resemble은 수동태가 불가한 동사이다.

해석 문체, 주제, 형태에서, Carl Sandburg의 작품들은 Walt Whitman의 Leaves of Grass라는 선집 안에 있는 시들과 비슷하다.

**7. 정답 C (are referred → are referred to)**

해설 refer동사는 to와 함께 쓰인다. 즉 refer to A as B의 형태이므로 수동태로 만들 때도 be referred to as로 써야 맞는 표현이다.

해석 황도(黃道) 근처 또는 황도를 따라서 위치하고 있는 12개의 별자리들은 zodiac(황도십이궁도)의 표시로 언급된다.

**8. 정답 B (relatively impoverish → are relatively impoverished)**

해설 impoverish는 타동사로 목적을 취해야만 하는 동사이다. 즉 목적어가 없으므로 수동태로 만들어 줘야한다.

해석 역사적인 자료를 모은 데이터베이스가 상대적으로 빈약하기 때문에, 우리는 계량사회언어학이라는 새로운 학문이 그 문제에 대한 해결책을 제시해 주길 기대한다.

**9. 정답 B (concerning → concerned)**

해설 '~에 관심이 있다'는 표현은 'be concerned with'로 써야한다.

해석 몇몇 영화감독들은 어떻게 만드는지 보다 무엇이 보이는지에(무엇을 보여줘야 하는지에) 좀 더 관심이 있다.

**10. 정답 B (were changed → changed)**

해설 (B)번 뒤에 목적어 (their clothing)가 나왔으므로 수동태가 아닌 능동태로 써야 한다.

해석 적에게 포위된 두 병사는 전투병의 복장에서 전투에 관련되지 않은 지역 주민의 복장으로 옷을 갈아입었다.

## 적용하기 2단계

### 1. 정답 C

해설 consider가 능동으로 쓰이는 경우 동명사를 목적어로 취하지, to부정사를 목적어로 취하지는 않는다. 당연히 뒤에 동사가 또 나올 수도 없다. 그러므로 (A), (B)는 답이 될 수 없고, 5형식 consider는 목적어와 목적격보어 사이에 to be나 as를 써도 되고 생략해도 상관없다. 물론 수동태를 만들 때도 마찬가지이다. 그러므로 답은 (C)이다.

해석 시골 마을에 살고 있는 고아들을 놀이공원으로 데리고 가는 것이 고려되었다.

### 2. 정답 A

해설 make가 5형식인 경우 목적보어에 원형부정사가 쓰이고, 이것이 수동태가 되면 목적보어가 to부정사로 바뀌게 된다.

해석 최면치료에서 환자들이 그들의 의지에 반하여 어떤 것을 하도록 지시받을 수 없다는 것을 이해하는 것이 중요하다.

### 3. 정답 D (have run → have been run)

해설 run over는 자동사+전치사의 동사구이므로 수동태를 만들 수 있다. 이 경우 전치사는 절대 생략하지 않아야 한다.

해석 만약 당신 또는 당신 부인도 마찬가지로 조금 더 조심스러웠다면, 당신의 자녀는 치이지 않았을 텐데.

### 4. 정답 D (are searing with → are seared with)

해설 sear는 '그슬리다, 낙인을 찍다'라는 의미의 타동사로 쓰인다. 목적어가 없으므로 수동태로 써야 바른 표현이 된다.

해석 가장 강력한 영혼들은 고통에서 태어났다; 즉 가장 굳센 영혼에게는 상처가 남겨져 있다.

### 5. 정답 A (as adults to → to adults as)

해설 be known to ~에게 알려지다. / be known as ~로서 알려지다

해석 아이들 치료전문 박사인 Anthony J. Palumbo로서 어른들에게 알려진 Silly 박사는 가지고 놀 좋은 장난감과 다른 물건들이 있는 멋진 방안에서 환자들의 행동을 관찰한다.

### 6. 정답 C (developed → was developed)

해설 이론이 발전시키는 것이 아니라 발전되는 것이므로 수동태를 써야한다.

해석 블랙홀은 이론이 올바르다는 관찰로부터 나온 어떤 증거가 존재하기 전에 하나의 수학적 모델로서 상세하게 발전된, 과학사에서도 단지 매우 적은 수의 사례들 중 하나이다.

### 7. 정답 D (have introduced → have been introduced)

해설 해석상 '몇 가지 개혁이 도입 된다'는 의미가 적당하기 때문에 수동태로 써야 한다.

해석 우크라이나는 러시아의 압박과 속임수에 취약하다. 우크라이나의 경제는 매우 궁핍하고 러시아의 에너지원에, 특히 천연가스에 심하게 의존한다. 몇몇 중요한 개혁이 도입되었지만, 우크라이나는 안정적인, 독자적인 민주주의 상태를 설립하고자 하는 노력의 관점에서 보면 여전히 갈 길이 멀다.

### 8. 정답 A (to see → to seeing)

해설 be used to부정사는 '~하기 위해 사용되다'인데, 해석상 맞지 않는다. 그러므로 '~하는데 익숙하다'라는 의미인 be used to ~ing를 써 주어야 옳다. be말고 get을 써도 같은 의미이다.

해석 순찰하는 사람들은 Alice가 주변을 배회하는 것을 보는데 익숙하다. 그리고 그녀는 순찰하는 밤에 (마주치는) 또 다른 고정인물이 되었고, 울고 있는 올빼미나 깡충깡충 뛰면서 길을 건너는 토끼만큼 주의를 기울일 가치가 없는 존재가 되었다.

### 9. 정답 B (be remained → remain)

해설 remain은 2형식으로 쓰였기 때문에 목적어가 없다. 그러므로 수동태가 불가하므로 be remained를 remain으로 고쳐야 한다.

해석 1918년에 전 세계적으로 최소 5천만 명의 목숨을 앗아갔던 세계적인 유행성 독감을 돌이켜볼 때, 우리는 치명적이고 전염성이 강한 극단적인 변종이 훨씬 심각한 결과를 초래하면서 등장할 수도 있다는 가능성에 대해서 경계를 해야만 한다..

### 10. 정답 B (ordered → was ordered)

해설 발사대기 연장은 명령하는 입장이 아니라 명령되는 입장이므로 수동태로 써야 옳다.

해석 승무원들에게 배선장치를 고치고 장비를 청소할 더 많은 시간을 주기 위해 14시간 까지 발사대기의 연장이 명령되었다.

## 적용하기 3단계

### 1. 정답 C

해설 speak는 자동사이므로 단독으로 나오면 수동태가 불가하다. 전치사와 함께 써야 수동태 표현이 가능해지므로 답은 (C)가 된다.

해석 저녁식사 자리에서 네가 말 걸어지기 전까지 (남에게) 말하지 않는 것이 예의바른 것이다.

### 2. 정답 A

해설 call은 5형식으로 주로 쓰이며 목적어와 목적격 보어 사이에 아무것도 쓰지 않는다. 이때 수동태로 만들어 주게 되면 'be called 목적격보어'가 되며, a process를 꾸며주는 형용사로 쓰였으므로 be가 지워지고 'called 목적격보어'라는 표현만 남게 되는 것이다.

해석 옷을 만드는데 있어서 마지막 단계는 거대한 롤러 사이에서 옷을 다림질 하는 것이다. 이것은 캘린더링(광내기)라는 하는 과정이다.

### 3. 정답 C

해설 인식동사 believe는 목적어로 to부정사를 가져올 수 없다. that절을 목적어로 가져오는 경우 수동태를 만들면 'be believed to 부정사'의 구조가 만들어지므로 답은 (C)이다.

해석 많은 정신적 질환들이 감정적인, 사회적인, 그리고 생물학적인 요소로부터 초래된다고 믿어진다.

### 4. 정답 A

해설 depend on은 자동사+전치사 구조이므로 수동태로 만들 경우 전치사로 끝나야 맞는 문장이 된다.

해석 그러나 시장에 출시되기 전 연구에 참여한 상대적으로 적은 수의 환자들과 그 연구의 상대적으로 짧은 기간 때문에, 조사과정이 모든 부작용을 탐지할거라고 기대될 수 없다.

### 5. 정답 D

해설 deal with는 자동사+전치사 구조이므로 수동태로 만들 경우 전치사로 끝나야 맞는 문장이 된다.

해석 이슬람 공화국 정부에 의해 설정된, 그 공고문이 그들에게 상기시켜준 복장 규정의 어떤 위반도 엄격하게 다뤄질 것이다.

**6. 정답 C (were went → went)**

해설 자동사 go는 수동태가 불가하다.

해석 두 명의 퇴직한 장군을 포함한 56명의 사람들이 Recep Erdogan 수상이 이끄는 정부를 전복하기 위한 음모를 짠 혐의로 기소된 비밀 조직에 대한 터키의 두 번째 사건으로 재판을 받았다.

**7. 정답 C (comply with → to comply with)**

해설 make는 5형식 사역동사이며 목적격 보어에 원형이 쓰인다. 이것을 수동태로 만들게 되면 원형이었던 목적보어가 to부정사로 바뀌게 된다.

해석 일부 선진국들을 제외한 모두가 사형 제도를 철폐했다. 미국인들이 사형제도가 헌법을 위배하는 것이며, 어디에서도 변명의 여지가 없다는 것을 인정할 때이다.

**8. 정답 C (discovered → are discovered)**

해설 in which 안에는 완전한 절의 구조가 쓰여야 한다. 이때 주어는 accidentally found objects (우연히 발견된 물건)이고, 동사는 discovered (밝히다)이다. 물건은 밝히는 입장이 아니라 밝혀지는 입장이 되어야 하므로 수동태로 써야 옳은 표현이 된다.

해석 우연히 발견된 물건이 비범한 가치를 지닌 것으로 밝혀져서 수집가가 느끼는 환희를 표현할 때, serendipity보다 더 좋은 단어가 있을까?

**9. 정답 D (grappled → grappling)**

해설 grapple이라는 동사는 '고심하다, 씨름하다'의 의미이며 자동사이다. 그러므로 목적어를 쓰려거든 전치사 with와 함께 써야하며 위 문제의 경우 like my predecessors를 빼면 그 뒤에 with가 나왔으므로 수동태가 아닌 능동태로 써야 옳다.

해석 그 당시에, 나는 이 책을 고르고 서론을 쓰는 데 있어서, 내 전임자들처럼 그 프로젝트에 내재된 질문과 씨름하게 될 것이라고 생각했다.

**10. 정답 C (have been controlled → controlled)**

해설 have been controlled는 수동태 표현인데, 뒤에 the entire Fertile Crescent라는 목적어가 쓰였으므로 수동태가 아닌 능동태로 표현해야 한다. 또한 시제 역시 계속 '과거'로 이야기하고 있으므로 현재완료가 아닌 과거동사로 쓰여야 옳다.

해석 고대 아시리아(Assyria)인들은 메소포타미아에 살았던 거주민들이었는데, 메소포타미아는 대략 3,500년경에 등장한 세계 최초의 문명들 가운데 하나였다. 아시리아 인들은 세계에서 처음으로 문자언어를 발명했고, 함무라비 법전을 만들었고, 그 외의 많은 예술적 및 건축적 성취들에 대한 공로로 인정받고 있다. 300년 동안 아시리아 인들은 페르시아만에서부터 이집트에 이르는 비옥한 초승달지역 전체를 통치했다. 그러나 기원전 612년 경, 아시리아의 수도인 니느웨(Nineveh)는 메디아(Media), 스키타이(Scythia), 칼데아(Chaldea) 등으로 구성된 연합군에 의해 포위되어 파괴되었는데, 이들 연합군은 한때 강성했던 아시리아 제국을 심하게 훼손했다.

## 조동사

### 적용하기 1단계

**1. 정답 C**

해설 need는 조동사와 일반동사 둘 다 쓰일 수 있는데, need not이 되면 조동사이므로 뒤에 원형이 쓰여야 하고, don't need가 되면 일반동사 이므로 뒤에 to부정사를 목적어로 취해야 한다. 이 모든 것을 충족시키는 보기는 (C)이다.

해석 "너는 내가 너와 함께 마켓에 가길 원하니?" "아니, 너는 갈 필요 없어."

**2. 정답 A**

해설 주어가 우유이므로 버리는 입장이 아니라 버려져야 하는 입장이다. 즉 수동태로 써야 맞는 표현이고, 전체 문장의 시제가 과거이므로 had to로 시제일치를 시켜줘야 한다.

해석 몇몇 우유는 마켓에 도착하기 전에 쉬어버렸다. 그래서 버려져야만 한다.

**3. 정답 A**

해설 had better의 부정표현은 had better not이다. 그러므로 답은 A이다.

해석 늦지 않는 게 좋겠어. 그렇지 않으면 뉴욕행 연결편을 놓쳐서 결국 최종 도착지까지 3시간 이상 늦을 거야.

**4. 정답 C**

해설 해석상 '집에 있어야 했는데 괜히 나왔다.'라는 느낌으로 글을 써야 하므로 (C)가 가장 적당하다.

해석 우리 휴일이 날씨 때문에 망쳐졌다. 집에 있어야만 했는데 (그러지 못해 유감이다.)

**5. 정답 B (was → be)**

해설 insist가 당연한 내용을 주장하는 경우 that절 안에 should 동사원형을 써야 하며, 이때 should는 생략 가능하다.

해석 계몽된 독일 지식인들은 그들의 새로운 황제는 대중적으로 선출된 대표자들에게 의존해야만 한다고 강하게 주장했다.

**6. 정답 A (had not better → had better not)**

해설 had better는 조동사이므로 부정 표현을 하고자 하는 경우 had better not으로 해야 한다.

해석 또 다른 직장을 구하기 전까지 일을 그만두지 않는 게 낫겠다. 일단 네가 직장이 없으면, 또 다른 직장을 구하는 것이 어려울 수도 있다.

**7. 정답 A (lost → lose)**

해설 조동사 would 뒤에는 동사원형을 써야한다.

해석 만약 그가 단기 재교육을 받지 않는다면, 자격증을 잃을 수도 있다고 중개인이 전했다.

**8. 정답 C (might be → should be)**

해설 'it is 이성적판단형용사 that절'이 나왔을 때 that절 안에는 반드시 should를 쓰거나 생략하고 뒤에 동사원형을 써야 한다.

해석 모든 부모들은 자식들이 매우 아플 때, 그들 곁에 있어야만 하는 것이 당연하다.

**9. 정답 B (may well selected → may well select)**

해설 may well은 조동사이므로 뒤에 동사원형이 쓰여야 한다.

해석 가장 유명한 예술가들 중에 한 명인, Moses는 가장 중요한 콜렉션 가운데, MoMA QNS에 전시될, 전 세계에서 100개의 현대 건축 제도를 선택하는 것도 당연하다.

## 10. 정답 D

**해설** (A) It is 이성적판단 형용사 that절에는 should가 쓰이거나 생략되어 본동사는 반드시 동사원형으로 쓰여야 한다. (B) insist는 당연한 내용을 주장하는 경우 should가 쓰이거나 생략된다. 어쨌든 동사원형이 써져야 함에는 변함없다. (C) demand역시 당위성의 should가 수반되는 동사이다. (D) suppose는 당위성과 전혀 상관없는 동사이므로 시제나, 수일치 표현 등을 해 주어야 한다.

**해석** (A) 그녀가 이 과정을 고르는 것이 필수이다. (B) Mary는 그녀의 언니가 나를 기다려야만 한다고 주장했다. (C) 그녀는 그가 그녀에게 전화하는 것을 그만해야만 한다고 주장했다. (D) John은 Mary가 즉시 떠난다고 생각했다.

## 적용하기 2단계

### 1. 정답 B

**해설** 내용상 금지의 표시를 해야 하므로 (B)가 가장 적당하다.

**해석** 정원 안으로 다녀도 좋습니다. 하지만 꽃을 뽑아서는 안 됩니다.

### 2. 정답 B

**해설** be used to부정사는 '~하기 위해 사용되다'라는 의미이므로 여기서는 문맥상 맞지 않는다. '~하곤 했다'의 의미로 해석하는 것이 적당하다.

**해석** 페니키아와 메소포타미아와 같은 고대 문명들은 돈을 사용한 다기 보다는 물건들을 무역하곤 했다.

### 3. 정답 E

**해설** than이 접속사이므로 빈칸에는 주어와 동사가 연결되어야 한다. 그러므로 (A), (B), (C)는 답이 될 수 없다. OO ago는 과거 시제를 나타내는 시간표시부사구이므로 현재완료와 함께 쓰인 (D)는 답이 될 수 없다.

**해석** 인공두뇌공학의 혁명은 수년 전, 많은 사람들이 예상했던 것보다 더 빠르게 발전했다.

### 4. 정답 A

**해설** that절 이하가 제안되었으므로 that절에도 당위성 should가 쓰여야 한다.

**해석** 약간의 토론 후에, 그 클럽의 회장이 다음 회의 시간에 다른 구성원들과 만나야만 한다는 것이 제안되었다.

### 5. 정답 D

**해설** need는 조동사로 쓰일 때 동사원형을, 일반동사로 쓰일 때 뒤에 to부정사를 목적어로 취한다. (B)의 경우 조동사이므로 수일치도 안했고 뒤에 동사원형을 쓴 것도 맞지만, 결정적으로 조동사는 평서문(긍정문)에서는 쓰지 않는다.

**해석** 태도와 기술뿐만 아니라 지식 역시도 학생들이 미래에 사회에 적응하게 하기 위해 학교에서 함양되어질 필요가 있다.

### 6. 정답 B

**해설** in my boyhood를 보고서 과거시제를 표현해야 함을 알 수 있다. 그러므로 (A)와 (D)는 답이 될 수 없다. (B)와 (C)는 둘 다 과거의 표시로서 사용할 수 있는 조동사 표현인데, 뒤에 inconceivable이라는 형용사가 쓰인 것으로 보아 수동태로 만들어진 것이 답이 된다.

**해석** 우리들 각자의 마음속에는 인간과 짐승 사이에 존재라는 구분을 당연시하는 경향이 있다. 그리고 균열이 벌어지면 인간은 냉소적인 단순성과 질투와 좌절이라는 가장 비열한 도구와 더불어 그 갈라진 균열 속으로 빠져 들곤 하는데, 이와 같이 인간이 짐승의 상태로 추락하는 것은 내가 소년이었을 때만 해도 문명사회에서는 상상할 수조차 없는 것이었다.

### 7. 정답 C (dare not to meet → dare not meet)

**해설** dare not이 되면 조동사임을 알 수 있고 조동사 뒤에는 동사원형을 써야 하므로 답은 (C)이다.

**해석** 우리가 분열되면, 우리가 할 수 있는 것이 거의 없다. 왜냐하면 우리는 감히 강력한 변화를 만나지도 못하고 뿔뿔이 흩어지게 되기 때문이다.

### 8. 정답 D (dropped → drop)

**해설** recommendation은 당위성 should를 수반하는 명사이다.

**해석** 그는 수강을 취소해야 한다는 그의 고문(충고해주는 사람)의 권유를 따르지 않았던 것에 후회를 했다.

### 9. 정답 B (cycling → cycle)

**해설** used to ~ing라는 표현은 없다. 앞에 be를 넣어주던지, used to VR으로 써주던지 해야한다.

**해석** 환경 정책에 대단히 관심이 많은 David Cameron 총리는 서류가방을 실은 차가 뒤따른 채로 다양한 멋진 헬멧을 쓰고 자전거를 타고 일하러 가곤했다.

### 10. 정답 D (are chosen by → be chosen by)

**해설** require는 당위성 should를 수반하는 동사이다.

**해석** 미국의 상원의원은 헌법 제 17차 수정조항에서 상원의원들은 보통 선거로 선출되어야만 한다고 명시한 1913년까지 입법부에 의해 선출되었다.

## 적용하기 3단계

### 1. 정답 A

**해설** cannot A without B (A 할 때마다 B하다)라는 관용표현인데, 앞에 cannot을 impossible로 대신 썼을 뿐이다.

**해석** 플로리다에 방문할 때마다 그 주에 푹 빠지게 될 것이다.

### 2. 정답 D

**해설** 의문문으로 쓰였으므로 'Do/Does/Did + 주어 + 동사원형'의 어순이 되어야 한다.

**해석** 지방 자치제 뿐만 아니라 연방과 주 정부를 포함하는 정부는 자유를 가진 사람들이 기꺼이 번영으로 향하는 그들의 자유와 권리를 포기할 것이라고 정말로 믿는 것인가?

### 3. 정답 C

**해설** suggestion은 당위성 should를 써야 하는 명사이다.

**해석** 그 판사는 그 죄수가 사형을 선고받아야만 한다는 구형에 찬성했다.

### 4. 정답 D

**해설** 밑줄을 기준으로 앞, 뒤에 문장이 쓰였는데 뒷문장의 동사가 원형(be)로 쓰인 것으로 보아 일반 접속사가 아닌 특수 접속사가 쓰였음을 알 수 있다. 보기에서 lest가 동사 앞에 should를 쓰거나 생략해서 동사원형을 써 줄 수 있는 접속사이다.

**해석** 경제적으로 구매력이 부족해지지 않도록 생산직 근로자의 임금이 너무 낮게 가라앉도록 그냥 놔둘 수 없었다.

## 5. 정답 B

**해설** 어제의 일을 말하고 있으므로 과거를 의미하는 조동사를 써야 한다. need not have pp는 '~할 필요가 없었는데 (했다)'는 의미이므로 문맥에 맞지 않는다.

**해석** A: 김 교수님, 어제 면접시험이 있어서 결석했습니다. B: 나에게 좀 더 일찍 말했어야지. (그러지 못해 유감이구나)

## 6. 정답 D (very different → be very different)

**해설** may는 조동사이고 different는 형용사이기 때문에 중간에 동사원형을 써 주어야 한다.

**해석** 과학에서 중요한 것 중 하나가 주의 깊은 관찰이다. 왜냐하면 다소 비슷해 보이는 사물들이 우리가 가까이 보게 되면 실제로는 매우 다르기 때문이다.

## 7. 정답 D (be → is)

**해설** suggest가 '제안하다'의 의미가 아니라 '말하다, 암시하다'의 의미이므로 당위성 should를 쓸 이유가 전혀 없다.

**해석** 한 광고에서, 유명한 가수인 Michael Jackson의 활기찬 에너지가 펩시를 마시는 사람은 누구에게나 마술처럼 이용 가능한 것처럼 보인다. 또 다른 광고는 여배우인 Catherine Deneuve의 미모가 샤넬의 향수 안에 담긴 성분 중 하나라고 미묘하게 암시한다.

## 8. 정답 C (will need be → will need to be)

**해설** will이 있는 것으로 보아 need는 조동사가 아닌 일반동사로 쓰였음을 알 수 있다. 그러므로 뒤에 to부정사를 써야 옳다.

**해석** 우주 식민지라는 생각은 아마도 현재에는 설득력이 없는 것처럼 보인다. 그러나 지구의 인구가 증가하고 자원이 감소됨에 따라, 그 생각은 심각하게 고려될 필요가 있을 것이다.

## 9. 정답 D (could extinct → could be extinct)

**해설** could는 조동사이고 extinct는 형용사이다. 중간에 동사원형이 있어야 맞는 문장이 된다.

**해석** 지난 150년 동안 생물의 종이 사라지고 있는 비율은 극적으로 증가했던 것으로 보인다. 1600년부터 1850년에 이르는 기간 동안, 인간의 활동으로 인해 10년 단위로 두세 종류의 생물종이 멸종했다. 어떤 추정치에 따르면, 현재 생물종들은 자연적인 비율보다 100배 혹은 심지어 1000배의 비율로 사라지고 있다. 만일 이러한 현재의 추세가 지속된다면, 향후 50년 이내에 유인원들의 50%와 조류들의 4분의 1이 멸종하게 될 것이라고 유엔 환경 프로그램이 경고하고 있다. 저명한 생물학자 E. O. Wilson은 임박한 생물다양성의 붕괴가 이전에 있었던 대규모의 멸종보다 더 급격하게 이루어질 수 있다고 말한다.

## 10. 정답 C (carrying them around → carry them around)

**해설** would rather A than B (B 라기 보다는 차라리 ~하는 것이 낫다)에서 A와 B는 병렬구조를 맞춰야 한다. A가 조동사 뒤에 나와서 동사원형으로 쓰였기 때문에 B역시 동사원형으로 써줘야 한다.

**해석** 옷을 찾는 것 또한 문제가 되지 않는다. 요요기 공원에서 오래 산 또 다른 주민인 Koji Sugeno씨는 계절이 바뀔 때 마다 그의 의상을 바꾼다. "내 겨울 재킷과 스웨터를 가지고 다니는 것보다 차라리 버리는 것이 더 나아요."라고 그는 말한다. "날씨가 추워지면 나는 그저 이사하는 사람들을 지켜보고 있어요. 그러면 그들은 항상 수많은 멋진 옷들을 내다버리지요."

---

### 적용하기 1단계

## 1. 정답 D

**해설** if절에 had received를 보아 가정법 과거완료임을 알 수 있다. 그러므로 답은 (D).

**해석** 만약 대리인들이 좀 더 일찍 허가 신호를 받았더라면 공격을 막았을지 아닐지는 별로 알려지지 않을 것이다.

## 2. 정답 D

**해설** 뒤에 for와도 연결되면서 가정법의 의미를 내포하고 있는 단어는 But밖에 없다.

**해석** 최근에 독인의 전시와 전후의 조사기록들을 이용할 수 없었다면, 이 연구는 불가능했을 것이다.

## 3. 정답 C

**해설** 'without 명사'는 가정법 과거, 가정법 과거완료 둘 다 쓸 수 있는 표현이다. 이때 in the past라는 과거시제 부사구가 있으므로 가정법은 과거완료로 써야 한다.

**해석** 자연적 과정에 대한 주의 깊은 관찰이 없었더라면, 과거의 어떤 예술과 공예품들도 발명될 수 없었을 것이다.

## 4. 정답 A

**해설** It is time 가정법에서는 가정법 과거, should VR, to 부정사의 세 가지 구조가 쓰인다.

**해석** "졸업 후에 뭐할 생각이야?" "모르겠어. 하지만 뭔가를 결정해야 할 때이긴 해."

## 5. 정답 A (Have → Had)

**해설** 주절에 would have seen이 쓰인 것으로 보아 가정법 과거완료를 써야한다. 이 문장은 가정법이 도치되어 있는 문장이므로 Have를 Had로 고쳐야 옳은 표현이 된다.

**해석** 만약 네가 그녀가 고개를 약간 기울인 채로 서 있었을 때 그녀를 봤더라면, 너는 그녀의 얼굴에 떠있는 잊을 수 없는 미소를 보았을 것이다.

## 6. 정답 A (might have → might have had)

**해설** if절에 가정법 과거완료(we'd walked)가 쓰였으므로 (A)를 might have had로 고쳐야 한다.

**해석** 우리가 서쪽으로 한 두 블록 걸어갔더라면 더 운이 좋았을지도 모르지만, 엄마와 나는 골디에 대한 충분한 경험을 가지고 있어서 만약 우리가 스스로 뛰쳐나가면 골디가 기분이 상할 것이라는 것을 알고 있었다.

## 7. 정답 D (will be → would be)

**해설** 직설법; otherwise 가정법 구문이다. 직설법이 현재형이므로 (are) 가정법은 과거시제로 써야 옳은 표현이 된다.

**해석** 우리가 하나의 패턴을 본떠서 모두 다 만들어진 것이 아니라는 점이 다행이다. 그렇지 않다면 인생이 매우 단조로울 것이다.

## 8. 정답 A (has → had)

**해설** 주절의 동사가 could + VR이므로 가정법 과거임을 알 수 있다.

**해석** 만약 낙타가 일정기간을 음식 없이 가야만 한다면, 혹 안에 있는 지방이 며칠 동안 영양분을 공급해 줄 것이다.

**9. 정답 B (has sent → would send)**

해설  should가 문두에 뜬 것으로 보아 가정법 미래를 도치시켰음을 알 수 있다. 즉 주절의 동사는 가정법 미래에 근거하여 바꾸어야 한다.

해석  과학자들이 경고하길, 만약 그 화산의 경사면이 붕괴되어 바다로 미끄러져 내려간다면, 대서양 분지를 가로질러 빠르게 흘러가는 파도를 보낼 것이다.

**10. 정답 C (began → had begun)**

해설  직설법에서 '과거에 영어를 공부하지 않았다'고 말했으므로 '7살에 시작했다면'도 과거이야기를 하는 가정법이 쓰여야 한다. 즉 과거완료가 맞는 표현이다.

해석  나는 어릴 적에 영어공부 하지 않았던 것을 후회한다. 내가 대략 7살이었을 때 시작했다면 좋을 텐데.

## 적용하기 2단계

**1. 정답 A**

해설  주절 동사가 would have pp이므로 가정법 과거완료를 써야 맞는 표현이 된다. (B)가 답이 되기 위해서는 if가 있어야 한다.

해석  Marco Polo가 감옥에 있었을 때 썼던 책이 없었더라면, 12세기에 Marco Polo의 여행은 그렇게 널리 알려지지는 않았을 텐데.

**2. 정답 D**

해설  가정법 but 직설법 구문이다. 직설법의 동사가 과거 (was)인 것으로 보아 가정법은 과거완료가 쓰여야 맞다.

해석  나는 그가 그들의 제안을 받도록 하지 말았어야 했는데, 그러나 나는 그때 그 장소에 없었다.

**3. 정답 B**

해설  주절이 명령법으로 쓰이는 가정법은 should가 포함된 가정법 미래로 표현한다.

해석  제가 자리를 비운 동안, 제 상사가 전화를 한다면, 후보자들 인터뷰 하는 것만 끝내고 바로 돌아오겠다고 전해주세요.

**4. 정답 C**

해설  주절에 would not have found라는 표현이 나왔으므로 가정법 과거완료를 떠올려야 한다. 밑줄 뒤에 나와 있는 동사는 followed 밖에 없으므로 had가 필요하다.

해석  영국의 안보는 그들의 고향에서 존경받는 지주와 주인으로서 평화롭게 살도록 허락된 귀족계층에 의존한다. 만약 프랑스의 귀족들이 우리의 예를 따랐다면, 그들의 목이 잘려나가지는 않았을 것이다.

**5. 정답 B**

해설  if절에 had pp가 쓰였으므로 가정법 과거완료인 것처럼 보이지만, 주절에 than 동사가 현재시제 (are)로 쓰여 직설법 시제는 현재를 가리키고 있음을 알 수 있다. 그러므로 혼합가정법 시제를 써야 맞는 표현이 된다.

해석  만약 Fleming이 페니실린을 발견하지 못했더라면, 지금 실제로 그러한 것보다 매년 훨씬 더 많은 사망자가 나올 것이다.

**6. 정답 D (will exist → had existed)**

해설  as though는 as if 가정법과 같이 가정법과거나 가정법 과거완료를 써야 한다. 해석상 '우주가 마치 영원히 존재했었던 것처럼 보이도록 하는 방식'은 본동사의 시제인 과거보다 이전의 일이기 때문에 가정법 과거가 아닌 가정법 과거완료를 써야한다.

해설  마치 우주가 영원히 존재했었던 것처럼 보이도록 하는 방식으로 우주가 어떤 유한한 시간 속에서 움직이고 있다는 이론을 통해서도 관찰된 것을 또한 잘 설명할 수 있었다.

**7. 정답 D (becomes → became)**

해설  whether절의 동사가 'would + 동사원형'인 것을 보아 if절의 동사는 becomes가 아닌 가정법 과거를 써야 한다.

해석  만일 그가 국무총리가 되면 영국을 유럽연합에 포함시켜야 할지 말아야 할지에 대해 압박을 받은 Miliband는 '매우 불확실하다'라고 말했다.

**8. 정답 A (wouldn't have been → hadn't been)**

해설  가정법 if절에는 would have pp가 들어갈 수 없다. 가정법 과거완료나 혼합가정법으로 표현하고자 하는 경우 hadn't been으로 써야 한다.

해석  만약 Barney Clerk이 기꺼이 인공 심장 이식의 위험을 무릅쓴 첫 번째 사람이 되었다면, 인공 심장의 발전은 오늘날 그렇게 멀리 떨어져 있진 않을 텐데.

**9. 정답 A (looked like → looked as if)**

해설  look like는 뒤에 명사를 취하고 look as if는 뒤에 주어 동사를 취한다.

해석  그는 자신이 난쟁이들이 정원 주변에서 뛰어놀고 있는 이상한 곳에 와 있는 것처럼 보였다.

**10. 정답 C (would his influence on economics → his influence on economics would)**

해설  가정법 과거완료에서 if절이 도치되었다. 주절을 도치시킬 필요는 없다.

해석  만약 Galbraith가 자신의 견해를 뒷받침해줄 경험적인 증거를 모으고 그의 견해를 통계적으로 테스트할 방법을 발견하는데 더 많은 노력을 기울였다면, 경제학에서의 그의 영향력은 더 컸을 것이다.

## 적용하기 3단계

**1. 정답 C**

해설  전제 시제는 과거 (was leaning)이다. 즉, 과거이야기를 해야 하는데 as if는 가정법 과거를 쓰는 경우 주절의 동사와 시제가 같고, 가정법 과거완료를 쓰는 경우 주절의 동사보다 한 시제 전을 의미하므로 주절의 동사 (looked)는 과거이므로 전체 과거의 이야기를 말하려면 주절의 동사와 같은 시제로 움직이는 동사를 골라야 한다. 즉 가정법 과거가 적당하다.

해석  버스가 오른쪽으로 위험하게 기울어져 있었고, 언제라도 충돌할 것처럼 보였다.

**2. 정답 B**

해설  가정법 대용표현이다. anyone who had seen it이 해석상 '그것을 누구든지 봤다면'이라는 해석이 되기 때문에 가정법의 의미를 내포하고 있으며, 과거시제를 말하고 있으므로 가정법으로는 과거완료로 표현해야 할 것이다.

해석  너무나 재미있는 광경이어서 그것을 봤던 누구라도 웃었을 것이다.

**3. 정답 A**

**해설** '직설법; otherwise 가정법'의 구문이다. 일반적으로 otherwise 앞에 세미콜론 (;)이 접속사의 역할로 들어가지만, 이 문장에서는 than이 그 역할을 했기 때문에 세미콜론이 필요하지 않은 것이다. 또한 otherwise는 부사이므로 반드시 직설법 앞에만 위치하는 것이 아니라 직설법 안에 들어갈 수도 있다.

**해석** 그 화가는 종종 그의 작품에 패턴들을 포함했다. 그리고 그렇지 않았더라면 (화가가 작품들에 패턴을 넣지 않았더라면) 그랬을 것보다 작품들을 조금 더 놀랍게 만들었다.

**4. 정답 A**

**해설** 밑줄을 기준으로 앞과 뒤에 문장이 쓰였다. 즉 접속사가 있어야 한다는 말인데, 두 번째 문장에 there be라고 동사원형이 쓰였다. 그러므로 일반 접속사가 아닌 동사원형을 가져와야만 하는 접속사가 필요하다. should가 들어간 가정법 if절에서 if는 생략이 가능하며 이 경우 도치가 될 수 있으므로 (A)가 답이다.

**해석** 만약 시스템 고장과 같은 어떤 조짐이 있다면, 우리는 격발 장치를 망가뜨리라고 지시받았다.

**5. 정답 D**

**해설** 주어 + wish절 역시 I wish와 같은 용법으로 쓰인다. 즉 가정법 과거와 가정법 과거완료가 I wish절 안에 쓰일 수 있는데, 내용상 이미 경험을 하고나서 '안 만났더라면 좋았겠다.' 라고 생각하는 것이므로 wish 동사의 시제보다 한 시제 전을 의미해야 한다. 그러므로 가정법 과거완료를 쓰는 것이 적당하다.

**해석** 비록 많은 입양된 사람들은 그들의 생부가 누구인지 알 권리를 원함에도 불구하고, 부모를 찾았던 몇몇 사람들은 그들이 만나는 경험을 하지 않았더라면 좋을 텐데 라고 생각한다.

**6. 정답 C (will admire → would admire)**

**해설** if 절에 were to가 쓰인 것으로 보아 가정법 미래를 의미하고, 주절에는 would를 써야 옳은 표현이 된다.

**해석** 만약 별들이 한 세기에 단 한번만 하늘에 나타난다면, 얼마나 많은 사람들이 별들의 아름다움에 경탄하고 얼마나 간절히 사람들이 별들의 등장을 바랄까!

**7. 정답 B (were → had)**

**해설** 주절 동사가 could have pp이므로 가정법 과거완료가 쓰였다는 것을 알 수 있다. 그러므로 'were + 주어'로 도치시킨 것이 아니라 'had + 주어'로 도치시킨 문장이 쓰여야 한다.

**해석** 만약 피아노연주를 위해 쓰인 음악이 유럽 문화의 최고봉의 자리를 차지하지 못했더라면, 피아노는 그렇게 대중적이지 못했을 것이다.

**8. 정답 D (happened → had happened)**

**해설** '모두들 평정심을 유지하려 애쓰는 시점'과 '아무 일도 일어나지 않은 것처럼' 이라는 시점은 다를 수밖에 없다. 먼저 어떤 일이 발생하고, 그 뒤에 후속조치로 평정심을 유지하려는 것이기 때문에 as though 가정법에는 가정법 과거완료를 쓰는 것이 맞다.

**해석** 비록 그 소식이 방안에 있는 모두에게 놀라움으로 다가왔지만, 모두들 마치 아무 일도 일어나지 않았던 것처럼 자신의 일을 하려고 애썼다.

**9. 정답 D (were → had)**

**해설** 주절의 동사가 would have pp이므로 가정법 과거완료의 도치 구문이 쓰여야 한다.

**해석** 프랑스의 철학자인 Pascal은 우리가 심지어 인식하지도 않는 겉보기에 사소하게 일어나는 것들도 지정학적인 사건들에 영향을 끼친다고 언급한다. 그는 "Cleoptra의 코가 조금만 낮았더라도 세계의 모든 국면이 바뀌었을 수도 있었다."라는 유명한 말을 했다.

**10. 정답 A (could avoid → could have avoided)**

**해설** 아리스토텔레스의 이야기이므로 시제상 과거의 이야기를 해야 하고, 가정법으로는 과거완료로 표시를 해 주어야 한다. 즉 C의 had he used는 가정법 과거완료를 도치시킨 것이므로 주절의 동사 역시 가정법 과거완료로 써야 옳은 표현이 된다.

**해석** Aristotle은 그의 아내에게 그가 수를 세고 있는 동안 입을 계속 벌리라는 아주 단순한 도구만 사용했더라도 여성이 남성보다 더 적은 수의 치아를 가졌다는 생각의 실수를 피할 수도 있었을 텐데.

## 부정사

### 적용하기 1단계

**1. 정답 B**

**해설** way는 to부정사 또는 of 동명사를 동격으로 취하는 명사이다.

**해석** 직원들에게 충분하게 지불하기 위한 돈을 구할 단순한 방법은 직원들의 수를 줄이는 것일지도 모른다.

**2. 정답 C**

**해설** enough 부사는 형용사나 부사를 뒤에서 수식해주어야 하고, to부정사를 곧바로 취해 '정도'의 용법으로 사용할 수 있다. 또한 make는 밑줄 뒤에 to부정사가 쓰였으므로 가목적어 it을 붙여줘야 옳은 표현이 된다.

**해석** 2백만 주민들이 사는 히말라야 왕국은 질병을 방지하고 통제하는 것이 가능할 정도로 충분히 작다.

**3. 정답 B**

**해설** 난이형용사가 들어간 표현은 뒤에 to부정사가 나오는데, 이때 to부정사의 목적어가 주어자리에 나와 있는 경우 쓰지 않고 불완전한 채로 놔둔다.

**해석** A: 그는 어떤 사람이야? B: 그는 속편한 사람이야. 그와 함께 일하기엔 쉬워.

**4. 정답 B**

**해설** 빈칸 앞에 나온 명사 process는 뒤에 동격을 말하고자 할 때, of + ing의 형태를 취해야 한다.

**해석** 마술사는 자신의 경력을 키워줄 수 있는 에이전트가 자신을 알아볼 때까지 클럽과 파티에서 일하는 긴 과정을 시작해야 한다.

**5. 정답 D**

**해설** 준동사의 부정은 준동사 앞에 위치해야 한다. 또한 '입다'라는 의미는 try on이므로 답은 (D)이다.

**해석** 판매직원은 나를 위아래로 쳐다보고는 내게 옷을 입히려 하지 말라고 말했다. 왜냐하면 그녀는 내가 그 옷에 안 맞을 것이라 생각했기 때문이다.

**6. 정답 D** (coping with → cope with)

**해설** '~하기 위해서'라는 표현의 so as to부정사를 쓰는 것이 맞는 표현이다.

**해석** 최근에, 새로운 세대의 소비자들은 줄어든 수입을 극복하기 위해서 임대되거나 중고물품들의 사용에 찬성한다.

**7. 정답 D** (very → too)

**해설** 해석상 very를 too로 바꿔야 한다.

**해석** 콘스탄티노플은 전투에서는 승리했지만, 전쟁에서는 승리할 수 없었다. 왜냐하면 불가리아 인들이 너무 많아서 그리스인들이 지배할 수 없었기 때문이었다.

**8. 정답 B** (allowing → to allow)

**해설** function은 주어자리에 쓰이는 경우 보어에 동명사가 아닌 to부정사를 취하는 명사이다.

**해석** 큰 창문의 기능은 충분한 양의 빛이 거실로 들어오게끔 하는 것이다.

**9. 정답 B** (concentrating → concentrate)

**해설** desire는 to부정사를 동격으로 취하는 명사이다.

**해석** 많은 측면에서, 사회적 권력을 중앙에 집중시키려는 그들의 소망이 너무나 명확해서 그것을 부정하는 것은 어리석은 것이 될 정도였다.

**10. 정답 D** (getting → to get)

**해설** plan은 to부정사를 동격으로 취하는 명사이다.

**해석** 미국 정부는 오랜 기간 동안 뉴올리언스에서 허리케인에 대비해 준비를 했고, 이미 주민들을 도시 밖으로 대피시킬 계획도 결정해놓았다.

## 적용하기 2단계

**1. 정답 D**

**해설** '주어 + be + 난이형용사 + to부정사' 구문이다. persuade는 5형식으로 쓰였으므로 '목적어 + to부정사'의 구조로 쓰여야 하며, 난이형용사의 특성상 to부정사 이하에는 불완전한 구조가 쓰여야 하므로 답은 (D)번이다.

**해석** Mary는 John이 Joe에게 그녀와 결혼하도록 설득하기에는 너무 힘든 사람이다.

**2. 정답 C**

**해설** 해석상 '껌을 만들기 위해'라는 표현이 들어가야 하므로 to부정사의 부사적용법이 필요하다.

**해석** 껌을 만들기 위해, 나무로부터 얻어진 라텍스가 콘시럽과 향료로 혼합된다.

**3. 정답 A**

**해설** 해석상 '스키를 타러 간 것'과 '발목이 삔 것'과는 아무런 인과관계도 없다. 그러므로 '의도치 않은 결과'를 나타내는 only to부정사가 가장 적당한 표현이 된다.

**해석** 그는 스키를 타러 갔으나, 발목을 삐고 말았다.

**4. 정답 B**

**해설** need 다음에는 to부정사가 올 수 있고 주어와의 관계를 따져서 능동태와 수동태를 결정할 수 있다. '조치가 취하는 것이 아

니라, 취해지는 것'이므로 수동태로 써야한다. 동명사가 오는 경우 능동태로 쓰고 수동태로 해석하는 것이 맞는 표현이므로 (D)는 절대 답이 아니다.

**해석** 미국의 의료비는 1960년대 초반 이래로 터무니없을 정도로 심하게 상승했다. 그래서 이러한 추세를 뒤집을만한 조치가 취해질 필요가 있다. 그렇지 않으면 일반 미국인들은 의료 서비스에 들어가는 비용을 감당할 수 없게 될 것이다.

**5. 정답 C**

**해설** 명사 앞에 강한 한정어 'the first'가 있으면 to부정사로 명사를 수식해준다. (B)는 who was staging a play 이었다면 맞는다.

**해석** A Raisin in the sun의 발표와 함께, Lorraine Hansberry는 브로드웨이에서 공연한 첫 번째 흑인 여성이 되었다.

**6. 정답 D** (as for → as to)

**해설** 'so ~ as to부정사' 라는 관용구이다.

**해석** 다소 무명의 소설을 기반으로 해서 훌륭한 영화를 만드는 관행은 미국에서 너무나 오랜 시간 지속되어서 전통으로 여겨질 정도이다.

**7. 정답 B** (catch → have caught)

**해설** 본동사의 시제는 현재형 (is said)이고, 그가 기차를 탄 시점은 어제이므로 to have caught가 되어야 옳다.

**해석** 그는 어제 아침 7시에 서울로 향하는 열차에 탔다고 전해진다. 하지만 누구도 그의 소재를 아는 사람이 없다.

**8. 정답 A** (getting back → to get back)

**해설** 앞에 감정형용사도 있고, 해석을 해 보면 '그곳에 돌아와서 기쁘다.'라는 감정의 원인의 표현이다. 그러므로 to부정사의 '원인'으로 문장을 완성시켜야 한다.

**해석** 나는 다시 그곳에 돌아와서 기쁘다. 나는 경기할 필요가 있었고, 그래서 경기가 일어나게 만들었다. 그녀는 아마도 재 시합하기를 원했고, 해냈다. (재 시합을 추진했다)

**9. 정답 C** (of any instrument → for any instrument)

**해설** to부정사의 의미상 주어는 for 명사로 쓰는 것이 일반적이다.

**해석** 지구로부터 너무 멀리 떨어져 있어서 어떤 도구로도 발견해 내기가 힘든 매우 많은 수의 별들이 하늘에 있다.

**10. 정답 B** (to condense → to have condensed)

**해설** 본동사가 현재형 (is)이고, to부정사는 지구가 생겨날 때의 시점을 말하고 있으므로 한 시제 전으로 볼 수 있다. 그러므로 to have pp로 써야 한다.

**해석** 태양 성운 이론에 따르면, 지구는 행성간의 먼지들이 응고되었고, 중력에 의해서 지구의 진화 초창기에 핵, 맨틀, 지각으로 구별된 것 같다.

## 적용하기 3단계

**1. 정답 B**

**해설** '의문사 + to부정사'용법이다. (A)는 주어도 없고 목적어도 없으므로 틀렸고, (C)는 what절 뒤에 동사가 없으므로 틀렸다. (D)역시 that절 뒤에 동사가 없으므로 답이 될 수 없다.

**해석** 심리학자인 Carl Rogers는 치료사는 환자에게 그 문제에 관련하여 무엇을 해야 할지 말해서는 안 된다고 믿었다.

**2. 정답 C**

(해설) differ는 1형식 자동사이고 뒤에 as to부정사가 쓰인 것으로 보아 'so 부사 as to부정사' 구문임을 알 수 있다.

(해석) 사실상 다양한 인디언 국가들은 너무나 크게 달라서 그들이 모두 같은 인종이나 같은 후손에 속해있는 것은 아니라는 의견을 불러일으킬 정도이다.

**3. 정답 B**

(해설) 해석상 여러 제안들을 말했는데, 그 의도와 상관없는 반대 결과가 나왔으므로 to부정사의 '결과적 용법'을 쓰는 것이 가장 적당하다.

(해석) 몇몇 친구들과 내가 곧 있을 휴가에 대해 들뜬 상태에서 이야기하고 있었을 때 한 여자는 한 이웃이 서부로 가는 이번 여행에 참여할 수 없을 지도 모른다고 말했는데, 그 이유는 그녀의 개가 얼마 전 새끼 세 마리를 낳아서 그 개를 돌보지 않은 채로 방치할 수 없기 때문이었다. 그 개를 돌보는 여러 가지 방안이 제시되었지만, 그 방안들은 결국 거부되고 말았다. 나는 '젠장, 그렇다면 그 엄마의 가족이 그 개들을 데려가면 되잖아요?'라고 버럭 소리를 지르고 말았다.

**4. 정답 B**

(해설) find가 5형식으로 쓰여서 that을 목적어로 hard를 목적격보어로 쓴 표현이다. 목적격 보어도 어쨌든 보어이기 때문에 결국 난이형용사 구문인 것이고, 그러므로 to부정사 이하에는 불완전한 구조가 나와야 한다.

(해석) A: 이 프로그램은 네가 3달 안에 프랑스어를 마스터하도록 도와줄 거야. B: 나는 그걸 믿지 못하겠어.

**5. 정답 C**

(해설) 별의 진화 과정이 매우 서서히 일어난다면 그 진화 과정을 직접적으로 볼 수는 없을 것이므로, 빈칸에는 (C)가 적절하다. (C)는 making의 목적보어로 난이형용사가 나왔으므로 to부정사를 수동이 아닌 능동으로 써야 옳다. (B)와 (D)는 문법적으로는 가능하지만 의미적으로는 부적합하다.

(해석) 개개의 별은 수십억 년 혹은 심지어 수조 년 동안 존재할 수 있으며, 살아있는 동안 그것의 밀도, 질량, 강도에 영향을 미치는 일련의 급진적인 변화를 겪게 될 것이다. 별의 진화라고 일컬어지는 이 과정은 극히 미미한 속도로 발생하기 때문에 직접적으로 관찰하는 것은 불가능하다. 대신에 천체물리학자들은 각각이 서로 다른 진화단계를 보여주는 수백 개의 별들을 조사하여 얻은 데이터에 의존한다.

**6. 정답 D (be written → have been written)**

(해설) 문장의 본동사는 현재형 (appear)이고, 셰익스피어는 과거의 인물이므로 시제가 다르다. 그러므로 to have pp로 써야 옳다.

(해석) 비록 Shakespeare는 여러 비극을 쓴 작가였음에도 불구하고, 모든 그의 희극이 그에 의해서 쓰인 것처럼 보이지는 않는다.

**7. 정답 A (diagnose it → diagnose)**

(해설) 난이형용사 구문이므로 to부정사 이하는 불완전한 구조가 나와야 한다.

(해석) 비록 손상된 음성언어의 단기 기억과 같은 미묘한 증상이 남아있다고 할지라도, 이러한 언어를 사용하는 아이들의 상태를 진단하는 것은 어렵다.

**8. 정답 D (to observe → to be observed)**

(해설) 의미상 주어는 the phenomenon (그 현상)이다. 해석상 '그 현상이 관찰하는 것'이 아니라 '관찰되는 것'이므로 능동태가 아닌 수동태로 써야 올바른 표현이 된다.

(해석) 공중에서 고양이의 회전은 너무나 빨라서 인간의 눈으로는 따라갈 수 없다. 그래서 그 과정은 모호하다. 그 현상이 관찰되기 위해서는 눈이 빠르게 움직여지든지, 아니면 고양이의 낙하가 느려져야만 한다.

**9. 정답 D (so → to)**

(해설) 대부정사 문제이다. 해석상 '기쁜 마음으로 그렇게 하겠다'는 말은 앞에 나와 있는 to help you out을 의미하는 말이다. 그러므로 to부정사를 대부정사로 만들어야 하므로 so가 아닌 to를 써줘야 옳다.

(해석) 만약 다음 주에 그 지역 축제에 네가 가는 것을 도와줄 누군가가 없다면, 나에게 전화해 그러면 기쁜 마음으로 그렇게 할게.(도와줄게)

**10. 정답 A (to begin → to have begun)**

(해설) 본동사는 현재형동사 (are)이고, 문장의 내용은 과거이야기이므로 시제 상 시제 전을 의미하는 표현이 쓰여야 한다.

(해석) 원래 올림픽 경기는 Oenomaus와 함께 시작되었다고 전해진다. 그 사람은 그의 딸과 결혼하고자 하는 구혼자들에게 그와 경주에서 달리기 대결을 하도록 강요하곤 했던 사람이었다.

## 동명사

### 적용하기 1단계

**1. 정답 A**

(해설) 'with a view to ~ing' (~하기위해서)

(해석) 당신이 우리 아들에 대한 어떤 소식이라도 알지 모를지 알기 위해 저는 글을 씁니다.

**2. 정답 D**

(해설) but 뒤에 will be라는 동사가 있으므로 주어 역할을 하는 명사류가 필요하다. 즉 동명사가 답이다.

(해석) 침팬지에 대한 의학 실험이 끝났지만, 그들 모두를 (실험으로부터) 은퇴시키는 것은 어려운 일일 것이다.

**3. 정답 B**

(해설) 앞에 관사 the가 있고 뒤에 목적어를 바로 취하지 않았으므로 동명사가 아닌 순수명사를 써야 한다.

(해석) 인터뷰의 성공을 위해 만반의 준비를 하는데 최선을 다해라.

**4. 정답 D**

(해설) want동사는 원래 목적어에 to부정사를 가져오는데 만약 동명사를 목적어로 취하려면 능동태로만 쓸 수 있다. 이때 능동태는 수동의 의미로 해석이 된다.

(해석) "신발이 왜 그래?" "이것들 고쳐야 되나봐."

**5. 정답 B (reducing → reduction)**

(해설) 타동사의 목적어로 동명사 reducing이 왔다고 볼 수 있는데, reduce는 타동사이므로 동명사가 되었다 하더라도 목적어를 가져와야 한다. 그러므로 이것을 순수명사인 reduction으로 고쳐야 옳다.

(해석) 최근 몇 년간 미국의 공공도서관은 운영 자금이 감소하였는데, 이는 연방정부, 주정부 및 지방정부의 수준에서 부과된 삭감에 상당 부분 기인한다.

**6. 정답 C (in preparing)**

(해설) 'be busy (in) ~ing' (~하느라 바쁘다)

(해석) Aurelia 어제 콘서트에 갈 시간이 없었다. 왜냐하면 그녀는 브라질과 칠레로 여행할 준비를 하느라 바빴기 때문이었다.

**7. 정답 C** (to postponing → to postpone)

**해설** 'be obliged to부정사' (~할 수 밖에 없다)

**해석** 야외 도서박람회가 어제 열릴 예정이었다. 그러나 그들은 갑작스레 불어 닥친 심한 눈보라 때문에 그 박람회를 연기할 수밖에 없었다.

**8. 정답 B** (regard → regarding)

**해설** 'cannot help ~ing' (~ing 할 수밖에 없다)

**해석** 배가 그들의 해안가에 침몰되어져 있을 때, 그들은 그 상황을 그들의 주머니로(그들의 생활비로) 쓰려고 의도된 합법적 약탈로 간주할 수밖에 없다.

**9. 정답 A** (Acquire → Acquiring)

**해설** Acquire는 동사다. 동사는 주어자리에 쓸 수 없기 때문에 동명사로 바꿔주어야 한다.

**해석** 교육을 습득하는 것이 일반적으로 성과와 능숙함을 강조하는 문화에서 지위를 얻어내는데 주요한 방법이다.

**10. 정답 A** (no objection → no objection to)

**해설** objection은 명사인데, 뒤에 joining the party라는 동명사가 쓰였다. 명사가 명사를 목적어로 가져올 수는 없기 때문에 명사와 명사 사이에 전치사를 넣어주면 된다.

**해석** 만약 그가 기꺼이 그 그룹의 계획에 맞추고, 자신의 몫을 할 준비가 되어있고, 할 능력도 있다면 그가 우리 당에 입당하는 것을 반대할 이유가 없다.

## 적용하기 2단계

**1. 정답 D**

**해설** 'dedicate 목적어 to ~ing' (~ing 하는데 전념하다)

**해석** 합기도에서 9단을 보유하고 있던 Han사범은 태권도의 발차기와 정권지르기를 유도의 꺾기와 메치기와 결합시킨 무술을 퍼트리는데 일생을 바쳤다.

**2. 정답 D**

**해설** 동명사의 부정표현은 동명사 앞에 not을 붙여야 하기 때문에 (A), (B)는 답이 될 수 없다. 또한 지난주에 일어났던 일을 현재 부끄러워하기 때문에 시제가 맞지 않다. 그러므로 having pp를 써야 맞는다.

**해석** 그녀는 지난주에 논쟁에서 Jane에게 진 것이 부끄러웠다.

**3. 정답 A**

**해설** keep은 동명사를 목적어로 취하므로 (C), (D)는 답이 아니다. be worth는 뒤에 동명사를 취하는 것은 맞지만, 능동으로 쓰고 해석은 수동으로 해야 한다. 그러므로 be worth being pp는 있을 수 없는 문장이다.

**해석** 내가 계속해서 이것 모두를 기억했을 때, 그러한 시간과 그러한 여름이 엄청 소중했고 기억할 가치가 있다고 나는 생각했다.

**4. 정답 D** (make → making)

**해설** 'be agreeable to ~ing' (~하는데 선뜻 동의하다)

**해석** 모든 일반적인 프레젠테이션 장비들은 초청 강연자들에게 도움을 주는데 이용 가능합니다. 그리고 앞서 언급한 대로, 저희는 여러분들이 요청받은 프레젠테이션을 기꺼이 해주기를 매우 기대하고 있습니다.

**5. 정답 C** (are → is)

**해설** taking happy snaps는 동명사 주어이므로 단수취급해야 한다.

**해석** 많은 미술관들이 엄격하게 사진 찍는 것을 금지하지만, 필리핀에 있는 한 미술관의 경우, 행복한 스냅사진을 찍는 것이 방문객의 경험 중에 필수적인 부분이다.

**6. 정답 B** (meet → meeting)

**해설** instead of는 전치사이므로 뒤에 동사원형을 취할 수는 없다. meet를 meeting으로 고쳐야 한다.

**해석** 판매하는 사람들과 사는 사람들은 전 세계로 흩어져 있을지도 모른다. 그리고 실제로 함께 한 마켓에서 만나는 것 대신에, 그들은 전화, 전보, 케이블 또는 편지를 통해 서로서로 거래를 한다.

**7. 정답 D** (to call → calling)

**해설** contemplate는 동명사를 목적어로 취하는 동사이다.

**해석** James는 샤워를 하고 나왔던 그날 아침 그의 얼굴이 너무나 창백해 보여서 회사에 전화로 결근을 알릴까 숙고를 했을 정도였다.

**8. 정답 B** (to be → being)

**해설** Besides는 전치사이므로 뒤에 to부정사를 취할 수 없다.

**해석** 출중한 학생일 뿐만 아니라 그는 또한 학생회의 회장이고, 학교 운동회의 트로피 수상자이기도 하다.

**9. 정답 D** (worth of telling → worth telling)

**해설** be worth에서 worth는 전치사이므로 of와 함께 쓰일 수 없다.

**해석** 만약 그가 모든 개인들은 역사에 연결되어 있다는 것을 믿지 않았더라면, 그의 이야기는 말할 가치가 없었을 텐데.

**10. 정답 B** (The committee will be devoted to trading real estate time→shares.)

**해설** 'be devoted to ~ing' (~에 헌신하다, 전념하다)

**해석** (A) 그는 12살이 된 이래로 구제 불가능할 정도로 서핑에 중독되었다. (B) 위원회는 부동산 타임셰어(휴가 시설 공유임대)업을 시작하는데 몰두했다. (C) 시의회는 공항의 이름을 바꾸는 것에 반대할지도 모른다. (D) 우리 어머니는 이번 주 금요일에 무릎 수술을 받으실 예정이다.

## 적용하기 3단계

**1. 정답 C**

**해설** insist가 자동사로 쓰이는 경우 함께 쓰이는 전치사는 on이다. 그러므로 (A), (C)는 답이 될 수 없고, 데려가지는 것과 화자에게 졸랐던 시점은 같은 시점에서 일어났기 때문에 완료동명사인 having pp는 사용할 수 없다.

**해석** 자신들에게도 할아버지가 계시다는 사실을 안 날부터 우리 두 아들들은 할아버지께 데리고 가달라고 주장했다. (졸랐다.)

**2. 정답 D**

**해설** be worth에서 worth는 전치사처럼 쓰이는 형용사이다. 그러므로 뒤에 to부정사는 올 수 없고, 동명사나 명사가 올 수 있지만, 동명사가 쓰이는 경우에는 능동처럼 보이지만 수동의 의미이므로 수동태가 불가한 자동사는 be worth 다음에 올 수는 없다.

**해석** 부 총장은 회의가 끝나기 전에 떠났다. 왜냐하면 그는 논의되고 있는 문제가 시간을 들일 가치가 없다고 생각했기 때문이다.

**3. 정답 C**

해설 probability (가능성) 뒤에 나온 of는 동격의 of이므로 해석상 probability와 동격이 되는 것은 foreigners가 아니라 밑줄이어야 한다. 그러므로 전치사 of에 걸린 명사는 foreigners가 아닌 밑줄이므로 동명사가 답이 될 수밖에 없다.

해석 이전에 일어난 사건들이 외국인들이 불법적인 일자리를 찾기 위해 문화행사 기간 동안 불법적으로 그 나라에 들어올 높은 가능성을 보여줬다.

**4. 정답 D**

해설 'get(be) used to ~ing' (~하는데 익숙하다)

해석 몇 가지 문제들을 갖는 것은 자연스럽다. 왜냐하면 누구도 새로운 문화에서 사는데 익숙하지 않기 때문이다.

**5. 정답 C (give → giving)**

해설 'be key to ~ing' (~하는데 주된 요소이다)

해석 플러그형 배터리들은 전력의 비축량을 늘려준다. 그리고 그것이 자동차 연비를 극대화하는데 커다란 역할을 해준다.

**6. 정답 D (rehabilitating → rehabilitation)**

해설 rehabilitating이 명사로 쓰였으나 이미 rehabilitation 이라는 순수명사형이 존재하고 있을 때는 순수명사를 쓰는 것이 맞는 표현이다.

해석 러시아가 이번 달 초에 2차 세계대전의 종전 60주년의 호화로운 기념식을 준비하고 있었을 때, Joseph Stalin의 부흥에 대한 예상 가능한 요청들이 있었다.

**7. 정답 C (grand open → grand opening)**

해설 open은 명사로 쓰이는 경우 '개업'이 아니라 '야외, 옥외'라는 의미이므로 해석상 맞지 않는다. '개업'은 opening이다.

해석 모든 레스토랑들은 성대한 개업식을 통해 브랜드의 인지도를 만들어내고 사업에 활력을 불어넣기를 원한다. 그러나 당신은 레스토랑의 오너들이 이목을 끌기 위해 노력하는 수많은 방식에 대해 알게 될 것이다.

**8. 정답 B (recommendation → recommending)**

해설 recommendation은 명사로서 뒤에 목적어를 가져올 수 없다. 그러므로 동명사로 바꿔주어야 한다.

해석 설상가상으로, 그들은 그들이 거의 알지 못할 수도 있는 제품을 추천했다는 이유로 엄청난 돈을 받는다. 그리고 그것은 고객들의 부담으로 돌아가게 된다.

**9. 정답 E (but kill → but to kill)**

해설 'have no choice but to부정사' (~할 수밖에 없다)

해석 그러한 압력 하에서, 그 남성은 작년 11월에 자살을 했다. 대리인에 따르면 그가 남긴 유서에서, 그는 "나는 그녀와의 관계가 세상에 알려지면, 그것은 내 인생이 끝남을 의미했기 때문에 그녀에게 돈을 주기 시작했다. 나는 자살을 할 수밖에 없었다. 왜냐하면 가족과 직장을 잃어버릴 것이기 때문이었다." 라고 말했다.

**10. 정답 C (have been possible → has been possible)**

해설 Arming larger planes with laser weapons가 동명사 주어이므로 단수 취급해 주어야 한다.

해석 총의 발명은 전쟁을 완전히 새로운 차원으로 이끌고 갔다. 나중에는, 비행기가 다시 한 번 전쟁을 근본적으로 변화시켰다. 이제 전문가들은 레이저를 포함한 에너지 무기들이 주도하는 또 한 번의 커다란 변화가 다가오고 있다고 말한다. 미 공군 연구소(AFRL)는 2020년까지 실전용 레이저 무기를 전투기에 장착해서 그 무기의 능력을 보여주는 일이 예정대로 수월하게 진행되고 있다고 말했다. 보다 큰 비행기들을 레이저 무기로 무장시키는 것은 수년전에 이미 가능했다. 그러나 보다 어려운 도전은 레이저 무기들을 전투기에 적합하게 충분히 작고 정확하면서도 강력하게 만드는 것이다.

## 분사

### 적용하기 1단계

**1. 정답 B**

해설 이자는 '벌어지는' 입장이므로 수동분사를 쓰는 것이 맞다.

해석 다른 은행가들과 마찬가지로, Smith씨도 대부분의 수익을 대출에서 벌어지는 이자와 주식과 채권에 대한 투자로부터 만들어낸다.

**2. 정답 C**

해설 기대하고 있는 것은 현재시점이고, 그 이전에 소설을 읽은 것이기 때문에 시제가 다르다. 그러므로 완료분사구문으로 문장을 만들어야 옳다.

해석 여름휴가 기간 동안 Henry Miller가 쓴 소설을 읽은 그녀는 그의 다른 작품들을 더 많이 읽기를 기대한다.

**3. 정답 C**

해설 독립분사구문이 나왔으므로 밑줄에는 주절의 주어와 동사가 쓰여야 한다. (D)의 경우 주어+동사가 쓰인 것은 맞지만 시제가 틀렸기 때문에 답이 될 수 없다.

해석 그의 건강이 나빠지면서, 군대는 Henry Lee에게 1782년에 휴가를 주었다.

**4. 정답 D**

해설 with 분사구문으로 with뒤에는 명사와 ing/pp가 쓰여야 한다. 이때 명사와 ing/pp 간에는 능동, 수동의 관계를 맞춰서 답을 고르면 된다.

해석 그는 눈을 감고 입을 벌린 채로 땅에 누웠다.

**5. 정답 C (targeting → targeted)**

해설 targeting이 분사로서 consumer를 꾸며줘야 하는데, 해석상 '겨냥된 소비자'가 적당하므로 targeted로 써야 한다.

해석 모든 성공적인 광고는 겨냥된 소비자의 관심을 끌 어떤 생각에 근거를 둔 창의적인 전략을 사용한다.

**6. 정답 C (included → including)**

해설 included는 뒤에 목적어가 나왔기 때문에 수동분사로 쓸 수는 없다.

해석 Boyle의 실험적인 논문은 원자론적인 세계관을 공식화했을 뿐만 아니라, 왕립 과학원을 포함한 실험 과학 클럽에서 발전된 지식에 관한 사회적 이상을 촉진시켰다.

**7. 정답 A (streamed → streaming)**

해설 with 분사구문에서 눈물이 흐르는 것은 수동일 수가 없으므로 ed가 아닌 ing로 고쳐줘야 한다.

해석 눈물 계속 흘린 채로, 그는 그의 조국을 속이고 배신했던 그의 죄를 뉘우쳤다.

**8. 정답 A (Convicting for → Convicted for)**

**해설** convict는 타동사로 뒤에 목적어가 없으므로 ed로 써야 하며, 또한 convict의 의미상 주어는 주절의 주어인 장발장이다. 장발장은 선고를 받는 입장이므로 수동 분사구문이 맞다.

**해석** 굶주리던 누이의 자식들을 위해 빵 한 덩어리를 훔친 이유로 유죄판결을 받은, Jean Valjean은 5년의 중노동형을 선고받았고, 탈옥을 시도했다는 이유로 14년 형을 더 선고 받았다.

**9. 정답 D (providing → provided)**

**해설** '연방 정부에 의해 제공된 서비스'이므로 provided로 고쳐야 한다.

**해석** 알라스카는 주로서의 지위를 받은 처음 몇 해에는 비용이 많이 든다는 것을 알았다. 왜냐하면 알래스카가 이전에 연방정부에 의해 제공된 서비스 비용을 떠맡아야만 했기 때문이었다.

**10. 정답 B (scattering → scattered)**

**해설** scattering이 앞에 명사를 수식해주는 현재분사로 쓰였지만 뒤에 목적어인 명사가 없으므로, 능동이 아닌 수동의 의미인 scattered로 고쳐야한다.

**해석** 모든 대륙에 흩어져 있는 4억 명 이상의 사람들의 모국어인 영어는 역사상 가장 널리 사용되는 언어가 되면서, 전 세계 7명중 1명의 사람들에 의해 어떤 식으로든 사용되고 있다.

### 적용하기 2단계

**1. 정답 C**

**해설** 분사구문이 쓰였으므로 의미상 주어는 Sarah가 되고 해석상 Sarah가 학대를 받은 입장이었으므로 수동으로 써 주어야 한다. 또한 소송을 제기하기로 결심한 시점 보다 학대를 받은 것이 더 먼저 일어난 일이기 때문에 having been pp로 써야 맞는 표현이 된다.

**해석** 신체적으로 학대를 받은 Sarah는 소송을 제기하기로 결정했다.

**2. 정답 B**

**해설** 밑줄 앞 문장은 완전한 문장이다. (A)의 경우 접속사 + 주어 + 동사가 쓰인 것은 맞지만, 시제가 맞지 않으므로 답이 될 수 없다. (C)는 '마지막에 그를 잡기 위해서'라는 해석은 문맥에 맞지 않다. (D)는 with 분사구문에는 동사가 나올 수 없으므로 틀렸다.

**해석** 경찰들은 용의자를 가차 없이 추적했다. 그리고 마침내 그를 잡았다.

**3. 정답 D**

**해설** 앞에 완전한 절의 구조가 쓰였으므로 밑줄에는 동사만 들어갈 수는 없다. 그러므로 (A), (B)는 절대 답이 될 수 없다. (C)는 능동태이기 때문에 목적어가 있어야 하는데 없기 때문에 틀렸고, 결국 수동 분사구문으로 쓴 (D)가 맞는 답이다

**해석** 오늘날 인도에는 어림잡아 530만 명의 실직상태인 대학 졸업생이 있다. 그리고 (이들은) 과학에 의해 주도된 경제의 점점 엄격한 요구사항에 의해 뒤처지게 되었다.

**4. 정답 B (impoverishing → impoverished)**

**해설** impoverish는 '빈곤하게 하다'라는 의미이므로 '빈곤하게 하는 사람들'이라는 의미보다는 '빈곤해진 사람들'이라는 의미가 더 적절하므로 수동분사로 고치는 것이 맞다.

**해석** 우리나라 경제체제가 가지고 있는 최악의 불평등을 고치는 데 도움을 주고자하는 열망은 우리로 하여금 다른 나라에 살고 있는

가난한 사람들에게 도움의 손길을 내밀도록 하였다. 오늘날 그와 같은 노력을 실행가능하게 만든 것은 사람들이 겪고 있는 고통의 상당 부분이 과학과 기술을 통해 예방될 수 있다는 사실에 기반하고 있다.

**5. 정답 C (punishing → punished)**

**해설** make는 5형식으로 목적어와 목적보어가 주어+동사 관계이다. 이때 불법섭취가 처벌을 받아야 하는 것이므로 수동분사로 써야 한다.

**해석** 상정된 법안은 개고기의 불법적인 섭취 또는 판매는 5,000 유로 까지 처벌받도록 하게 할 것이다.

**6. 정답 C (considering → considered)**

**해설** all those difficulties considering은 독립분사구문이다. 그러므로 all those difficulties가 주어이고 considering이 동사로 쓰였다. 해석상 '모든 어려움이 고려하는 것'이 아니라 '모든 어려움이 고려되는 것'이므로 수동으로 쓰는 것이 맞다.

**해석** 모든 어려움을 고려해볼 때, 나는 네가 그 회의를 성공으로 만들기 위한 모든 노력을 기울였다는 것을 확신한다.

**7. 정답 D (equally devastated → equally devastating)**

**해설** 수식받는 명사가 분사의 의미상 주어이므로 '공격이 파괴되는 것'이 아니라 '공격이 파괴하는 것'이므로 devastating으로 써야 한다.

**해석** 대부분의 파키스탄 사람들은 뭄바이의 수요일에 시작된 단기 연속 살인에 대한 소식에 끔찍하게 반응했다. 그리고 (그들은) 자신들의 터전에서 마찬가지로 파괴적인 공격을 겪었다.

**8. 정답 A (disappointed → disappointing)**

**해설** to부정사가 주어이므로 실망을 느끼는 것이 아니라, to부정사가 실망을 주는 입장이므로 disappointing으로 써야 한다.

**해석** 이야기책들이 사람들에 의해 쓰였다는 것, 그리고 책들이 풀처럼 스스로 생겨나는 자연적인 경이로움이 아니라는 것을 발견한 것이 내게는 놀랍기도 하면서 동시에 실망스럽기도 한 것이었다.

**9. 정답 D (appalled → appalling)**

**해설** 가능성이 오싹함을 느낀다고 말하는 것은 어색하다. 그러므로 ing로 써 주어야 한다.

**해석** 만약 바람이 오른쪽 방향으로 불어온다면, 가스는 아마도 몇 명을 죽일 것이고, 나머지를 다치게 할 것이다; 그러나 사실을 알려주지 않거나, 각색함으로써 대중의 마음을 다룰 가능성이 있다는 것이 훨씬 더 오싹하게 만든다.

**10. 정답 D (men dominate women → men dominating women)**

**해설** with 분사구문이므로 명사 + ing/pp가 쓰인다. 동사는 올 수 없다.

**해석** 기능주의자들은 일반적으로 성분화는 전반적인 사회의 안정성에 기여한다고 주장한다. 그러나 갈등 이론가들은 남성이 여성을 지배하고 있기 때문에 여성과 남성 사이에서의 관계는 불평등한 권력 중 하나라는 것을 비난한다.

### 적용하기 3단계

**1. 정답 D**

**해설** 분사구문에서 주어가 생략되고 동사가 be 동사라면 being이 되면서 생략될 수 있다. 그러므로 '접속사 + (being) + 보어/전

명구'의 구조가 쓰일 수 있다. (A), (C)의 경우 접속사(혹은 접속사가 생략된) 다음 been이 나올 수는 없고, (B)는 접속사가 없이 주어+동사가 나올 수 없다. (E)는 having이 타동사이므로 목적어가 수반되어야 한다.

**해석** 대학 재학시절, Oprah Winfrey는 한 지방 TV 방송국으로부터 뉴스 아나운서 자리를 제안 받았다.

## 2. 정답 A

**해설** 밑줄부터 another nation까지 is라는 동사 앞에 나왔으므로 주어가 되어야 한다. 그러므로 동명사가 답이고, 그 뒤에 a work가 보여서 되면서, 그 사이에 있는 complex와 밑줄 work를 꾸며주는 형용사가 쓰여야 한다. 그때 bewilder는 감정동사이고, 의미상 주어인 work가 감정을 남에게 주는 입장이 되므로 ing가 답이 된다.

**해석** 다른 국가의 문화적 관습을 이해하는 것은 복잡하고 어려운 일이다. 그러나 적어도 삶의 방식의 기초를 이해하는 것에 대한 보상은 그것들을 배우는데 드는 시간과 수고에 쓰인다.

## 3. 정답 C

**해설** 앞 문장이 완전하므로 뒤에는 부사가 나와야 한다. 즉 '접속사 + 주어 + 동사'의 부사절 형태도 얼마든지 나올 수 있는데, 이 문장을 분사구문으로 만든 표현도 답이 될 수 있다. 이때 주절의 주어와 분사구문의 주어가 다를 경우 주어를 써 주어야 하는 독립분사구문이 문제로 출제된 것이다. 즉 원래 문장이 '접속사 + one of the commonest (suggestions) is that ~'이고 접속사를 생략하고 분사구문으로 만든 것이 (C)번이다.

**해석** 달러를 나타내는 기호인 $의 기원에 대해서 많은 의견들이 제안되어 왔다. 그 의견 중에 가장 흔한 것이 바로 $는 스페인의 '옛 페소 은화'를 나타내는 숫자 8에서 유래했다는 것이다.

## 4. 정답 A

**해설** that절 안에 이미 their languages differ from ~이라는 주어+동사는 전부 썼다. 즉 밑줄에는 부사가 들어가야 한다는 말이므로 (B)의 경우 to부정사는 부사적 용법으로 쓰일 수는 있지만, '~하기 위해서'라는 목적의 의미로는 해석이 전혀 되지 않으므로 답이 될 수 없다. (A)의 given은 분사형 전치사로 뒤에 명사를 가져올 수 있다.

**해석** 미국의 인디언들 사이에 극도로 다른 문화적 다양성을 고려해볼 때, 그들의 언어가 음운체계와 문법에서 서로서로 매우 다르다는 것은 놀라운 것이 아니다.

## 5. 정답 A (focus → focusing)

**해설** focus 앞에 완전한 문장이 쓰였으므로 focus를 분사구문으로 바꿔야 맞는 표현이 된다. focus를 동사로 보려고 해도 과거시제로 썼어야 하므로 (A)가 틀린 것은 확실하다.

**해석** 초기에, 유행병학자들은 전염병이 어떻게 시작되고 확산되었는지에 초점을 맞추면서, 전염병의 과학적 연구에 집중을 했다. 현대의 사회적 전염병학은, 그 범위가 훨씬 더 넓어져, 전염병뿐만 아니라 비전염성 질병, 부상 그리고 정신병등과도 관련이 있다.

## 6. 정답 C (falling → fallen)

**해설** fall은 자동사로 쓰였으므로 'ing'는 진행으로, 'pp'는 완료로 해석을 해야 한다. 문장의 내용상 '몰락 중인' 제국이 아니라 '몰락한' 제국이 맞는 표현이므로 답은 (C)이다.

**해석** 역사가 쓰이기 시작한 첫 번째 3천년은 몰락한 제국과 사라진 문명의 잔해로 가득하다.

## 7. 정답 D (known → knowing)

**해설** he turns ~ in small circles까지 완전한 문장이므로 뒤에 known은 분사구문인데, 뒤에 that절이 목적어로 나온 것을 보아 능동분사구문으로 써야 맞는 답이 된다.

**해석** 그녀는 만약 작은 배를 탄 선원이 안개로 하여금 진로를 표시해주는 부표를 못 보게 된다면, 그는 그가 만든 파도가 근처에 있는 부표를 흔들 것이라는 것을 알기 때문에 배를 작은 원으로 빠르게 돌린다는 얘기를 들었다.

## 8. 정답 B (turns into → it is turned 혹은 turned)

**해설** 부사절 접속사는 분사구문으로 만들지 않는 이상 같아도 생략할 수 없다. 즉 주어가 같고 '접속사 + 동사' 이런 식으로는 쓸 수가 없다는 점이다. 그러므로 '접속사 + 주어 + 동사'로 바꾸거나 '접속사 + 동사ing/pp' 이런 식으로 바꾸면 된다.

**해석** 캐시미어로 더 잘 알려져 있는 인도산 파시미나는 매우 비싼 양모이다. 캐시미어는 사람의 머리카락에 비해 여섯 배나 더 가늘고 스카프로 만들어지면 국제적인 시장에서 수천달러를 호가한다. 그러나 대부분이 가난하고 문맹인 유목민 창파족은 그런 돈은 구경조차하지 못한다. 중간상인들은 가공하지 않은 캐시미어를 킬로그램 당 40달러에서 80달러 사이의 가격에 사들인 다음 다섯 배 이상의 가격에 판다.

## 9. 정답 D (enclosing → enclosed)

**해설** 분사 enclosing이 뒤에 있는 sea를 꾸며주는 전치수식 분사 형태이다. 내용상 〈지중해는 제한된 교류만 있는 둘러싸인 바다 (폐쇄해)〉이므로 enclosing을 enclosed로 고쳐야 옳다.

**해석** 지중해 지역은 역사적으로 치열한 인간 활동의 현장이었다. 지중해와 그 해안은 그 지역에서 수확된 많은 자원의 원천일 뿐만 아니라 무역을 위한 컴베이어 벨트이며, 종종 이러한 활동의 누적된 영향을 위한 개수대이다. (이러한 활동이 누적되어 생긴 영향을 소화하는 개수대이다) 지중해는 상대적으로 작고, 해양 분지와의 제한된 교류를 하는 폐쇄해이며, 강한 내부 중간 규모의 순환, 그리고 민감한 생태계의 다양성이 높은 곳이기도 하다.

## 10. 정답 B (single-cell → single-celled)

**해설** cell은 명사이다. 그러므로 뒤에 있는 명사 algae를 꾸며주기 위해서는 유사분사의 형태인 celled로 써야 옳은 표현이 된다.

**해석** 식물들은 크기의 측면에서 육안으로는 보이지 않는 작고, 단세포이며, 청록색의 조류에서부터 현존하는 가장 큰 식물인 세쿼이아까지 걸쳐있다.

## 접속사, 절

### 적용하기 1단계

## 1. 정답 C

**해설** 동사가 두 개 이므로 (can replace, is not known) 밑줄에는 접속사가 쓰여야 한다. 이때 밑줄부터 erosion까지 is의 주어이므로 명사절 접속사가 쓰여야 하며 완전한 절의 구조이므로 (C)가 답이다.

**해석** 우리가 부식으로 인해 사라지고 있는 우리의 토양을 명확히 어떻게 대체했는지는 알려지지 않는다.

## 2. 정답 B

**해설** nor든 neither든 문장 앞에 위치하는 경우 주어와 동사가 도치된다. 도치되는 경우 동사원형인 be가 나오지는 않으므로 (E)는 답이 아니다.

**해석** 모든 책이 읽을 만한 가치가 있는 것은 아니다. 책이란 읽고 다시 읽고, 사랑하고 다시 사랑하고, 더 나아가 그 책 속에서 당신이 원하는 것을 언급하고 있는 부분을 찾아 표시할 때에야 비로소 쓸모 있게 되는 것이다.

**3. 정답 D**

**해설** despite는 전치사이므로 명사를 목적어로 취해야 한다.

**해석** 그 선생님은 학생으로부터 훌륭한 피드백을 받았다. 비록 그 학생은 어리고 경험이 없었음에도 말이다.

**4. 정답 B**

**해설** explain의 목적어로 의문사절이 쓰였으므로 간접의문문 어순(의문사 + 주어 + 동사)으로 문장을 만들어야 한다.

**해석** 한국과 일본에 비교했을 때, 타이완에서의 세계화에 대한 논쟁은 좀 더 늦게 시작되었다. 이것이 왜 그렇게 되었는지 설명할 수 있는 두 가지 이유가 있다.

**5. 정답 D**

**해설** not A but B의 구조이다. 이때 A와 B는 병렬구조로 연결되어야 하기 때문에 in 명사로 쓰여야 올바른 문장이 된다.

**해석** 지방은 위에서 소화되는 것이 아니라 장에서 소화된다.

**6. 정답 D (as good → as well)**

**해설** not only A but also B에서는 also대신에 not only A but B as well을 쓸 수가 있다. 물론 also와 as well을 동시에 쓸 수 있으며, as well 이외에 다른 표현은 불가능하다.

**해석** 노화 과정은 유전에 의해서 결정될 뿐만 아니라 다른 환경적, 사회적 상황에 의해서 영향 받는다.

**7. 정답 B (what → that)**

**해설** what절은 불완전한 절이 뒤따라야 한다.

**해석** 길과 운하는 점점 사적으로 소유된다. 그것은 비지배층 자유 농부들이 그들의 사업(= 농업)을 하기 위해 전반적으로 농장주의 지원에 의존한다는 것을 의미한다.

**8. 정답 A (Although → 삭제)**

**해설** Although와 but 두 개의 접속사가 들어가 있으므로 하나를 빼야 한다.

**해석** 비록 그 영화는 모든 주요 비평가들의 나쁜 평가를 제외하고는 어떤 것도 받지 못했음에도 불구하고 나는 주연배우를 좋아하기 때문에 보고 싶다.

**9. 정답 A (what → how)**

**해설** what절은 불완전한 절을 이끌어야 하는데, 이 문장에서는 완전한 절의 구조가 쓰였으므로 해석상 how로 바꾸는 것이 가장 좋다.

**해석** 인간이 어떻게 오늘 날의 우리와 같은 종이 되었는지에 대한 근본적인 질문은 문화가 고유한 역할을 가지고 있고, 생물학의 다른 측면들과 긴밀히 얽혀있는 이론을 통해서만이 답해질 수 있다.

**10. 정답 B (that → what)**

**해설** 전치사 다음 that절을 쓸 수 없다. 뒤의 문장이 불완전한 것으로 보아 (consider의 목적어 없음) '전치사 + 관계대명사'가 아니라 '전치사 + 의문대명사'로 써야한다.

**해석** 그 남성은 최근 역사에서 의학계가 최악의 부작용으로 여기는 것으로 고통 받고 있다는 것이 밝혀졌다.

---

### 적용하기 2단계

**1. 정답 C**

**해설** 해석상 '양보'의 의미가 쓰여야 하며, 보기에서 '양보'로 쓰인 것은 'as 양보구문 뿐이다.'

**해석** 비록 정도가 심하지는 않지만, 그녀의 기형적인 왼발은, 기형 때문이 아니면 이해할 수 없었을 그녀에 대한 많은 것들을 설명해주었다. 왜 그녀만이 유독 모든 아이들 가운데 별명이 없었는지, 왜 그녀가 행했던 우스꽝스러운 행동들에 대해 재미있는 농담과 일화가 없었는지 등이 그것들이었다.

**2. 정답 C**

**해설** A, B, and C의 구조이다. 동사들로 연결되어있고, 3인칭 단수취급을 했으므로 (C)가 답이다.

**해석** 그 상은 예술가들을 뛰어난 작품으로 알아보게 하고, 아시아 태평양 출신의 중요한 최근 예술을 인정해주고, 그 지역에서 현대 예술의 발전을 독려해준다.

**3. 정답 B**

**해설** 빈칸 뒤 쪽에 but also가 나왔기 때문에 not only를 쓰는 것이 옳다.

**해석** 영어에 들어오는 외국어 단어에 대한 부정적인 태도는 다음 진술에서도 암시되고 있듯이 일찍부터 두드러졌다. "외래어의 침입은 (모국어) 화자들 사이의 이해와 유대감을 방해할 뿐 아니라, 한 언어(모국어)의 독특함을 앗아감으로써 그리고 자체의 언어 자원을 이용해 새로운 단어를 창조할 수 있는 그 언어의 능력을 제약함으로써 언어의 순수성을 위협한다."

**4. 정답 A (debate over if language → debate over whether language)**

**해설** 명사절 if는 전치사의 목적어 자리에는 쓸 수 없다.

**해석** 언어가 자연스러운 것인지를 둘러싼 논쟁 – 예를 들어, 우리는 테이블이라는 말이 테이블이라는 사물의 본래 모습이기 때문에, 테이블을 테이블이라고 부르는 것일까?, 또는 예를 들어, 우리는 우리가 테이블을 테이블이라고 부르자고 약속했기 때문에, 테이블을 테이블이라고 부르는 것일까? 모든 사람이 동의하고, Saussure의 가르침을 인도하고, 그것(플라톤의 가르침과 소쉬르의 가르침)을 하나로 묶는다. 바로 그 질문이 Plato의 'Cratylus'에 있다.

**5. 정답 B (then → so)**

**해설** (Just) as A (so) B (A하듯이 그렇게 B하다) so는 생략할 수는 있어도 then으로 대체될 순 없다.

**해석** 보물들이 땅에서 그 모습을 드러내는 것처럼, 미덕은 선행을 통해 나타나고, 지혜는 순수하고 평화로운 마음에서 나온다. 인생이라는 미로를 안전하게 통과하기 위해서, 우리는 지혜의 빛과 미덕의 안내가 필요하다.

**6. 정답 A (it has → has it)**

**해설** nor다음 주어+동사가 쓰이면 도치되어야 한다.

**해석** 대개, 환경에 대한 위험성은 악당이 벌이는 일이 아니다. 또한 그것은 발전하는 기술이나 증가하고 있는 인구의 불가피한 부산물도 아니다.

**7. 정답 D (seasonal → season)**

**해설** adjust A to B and A to B로 표현된 등위접속사 병렬구조이다. 당연히 A와 B에는 명사가 쓰여야 하므로 (D)의 seasonal(계절적인)을 season(계절)로 바꿔야 한다.

**해석** 선사시대의 인류들은 자신들의 일과를 날씨에 맞춰야만 했고, 야생씨앗이나 과일들을 계절에 맞춰야만 했다.

**8. 정답 A (that → whether)**

해설 The question이 불확실성 명사이므로 that절이 아닌 whether가 적당하다.

해석 이러한 노력이 사막화의 급속한 증가세를 따라잡을 정도로 충분히 성공적일지 아닐지가 의문이다. 왜냐하면 사라진 땅을 복구하는데는 엄청난 양의 시간과 돈이 들기 때문이다.

**9. 정답 D (because → because of)**

해설 because는 접속사인데 뒤에 명사밖에 없다. because of로 고쳐줘야 한다.

해석 As You Like it에서, Rosalind는 숙부를 화나게 해서 집에서 쫓겨난 후 남장을 한 채로 여행을 시작했다. 여기서 (당시 유행하던 다른 작품들과의) 공통점은 연애사건이 남장을 한 여주인공을 남성으로 착각한 여성들로 인해서 뒤엉키게 된다는 것이다.

**10. 정답 C (and → but)**

해설 등위상관접속사 not A but B구문이다. but자리에 and가 들어갈 수는 없다.

해석 두 가지의 이데올로기에 대한 놀랄만한 것이 바로 그것들의 많은 차이점이 아니라 그것들이 똑같은 목표를 향해 협력하는 방법의 수이다.

## 적용하기 3단계

**1. 정답 D**

해설 밑줄 뒤가 완전한 문장이므로 밑줄에는 부사절이 쓰여야 하는데, how는 명사절이다. 그러므로 (B)는 답이 될 수 없고, however절에 주어+동사가 바로 나오면 '어떻게 ~할지라도'라는 '방법'으로 해석을 해주어야 하고, however절에 형용사/부사가 먼저 쓰이게 되면 '아무리 ~할지라도'라는 '양보'의 의미로 해석을 해 주어야 한다. 그러므로 해석상 (C)는 어색하다. 마지막으로 주어가 (transportation system)이고 동사가 (get)인데, 이때 get은 2형식(되다)으로 쓰였으므로 형용사 good이 오는 것이 적당하다.

해석 아무리 운송체계가 좋아지더라도, 보스턴에서 신선한 해산물을 먹는 것이 네브레스카에서 먹는 것 보다 언제나 더 쉬울 것이다.

**2. 정답 D**

해설 and는 등위접속사이므로 같은 어구가 들어가면 생략할 수 있다. 여기서도 one-third were boys and the others were girls에서 were가 생략된 것이다. 그러므로 답은 the others이다. other는 형용사이고, the other는 단수이다. others는 나머지의 수를 모르는 경우에 쓰는 표현인데, 여기서는 3분의 1이라고 말했으므로 나머지가 3분의 2임은 알 수 있다.

해석 그 큰 방에 매우 많은 수의 학생들이 들어갔다. 그들 중 3분의 1은 남학생이었고, 나머지는 여학생이었다.

**3. 정답 C**

해설 해석상 솔선수범해서 무엇인가를 하려하지 않는 이유가 들어가야만 한다.

해석 '무사안일'한 태도를 갖는 것은 임기말기에 들어선 정부에서는 흔한 일이다. 그들은 새로운 프로젝트를 시작하는 것을 회피하고 어떠한 풍파도 일으키지 않으려 한다. 대통령의 권력이 여전히 유효하기는 하지만, 공무원들은 다음에 들어설 행정부에게 부정적으로 낙인찍히지 않기 위해서 솔선수범해서 무엇인가를 행하는 것을 경계한다.

**4. 정답 D**

해설 밑줄 뒤에 confirm이라는 동사와, 주절에 claimed라는 동사가 들어갔으므로 밑줄에는 접속사가 필요하다. 그러므로 답은 (D)이다. (C)의 before long은 '곧'이라는 의미의 부사이다.

해석 1951년, 분자 생물학자들이 그녀의 이론을 확인하기 훨씬 이전에, 유전학자 Barbara McClintock은 유전적인 정보가 하나의 염색체로부터 다른 쪽으로 이동했다고 주장했다.

**5. 정답 B (in the hope for → in the hope that)**

해설 in the hope for는 전치사이다. 그러므로 접속사 in the hope that으로 고쳐야 옳다.

해석 한 그룹의 탐험가들은 과학이 어느 이집트학 연구자의 이론을 입증할 수도 있겠다는 희망으로, 레이더와 적외선 장치를 사용하여 계곡 안에 있는 한 무덤의 벽면을 살펴봤다. 그 이론은 Tutankhamen왕의 묘실 벽 뒤에 오랫동안 찾아 헤맨 Nefertiti왕비의 무덤이 숨겨져 있다는 것이다.

**6. 정답 D (does too → doesn't either)**

해설 too가 '또한, 역시'라는 의미로 쓰이는 경우에는 긍정문의 경우에서만 가능하다. 문제에서 이미 seldom이라는 표현을 썼으므로 부정문으로 써야 하며, 이때 '또한, 역시'의 표현은 either이다.

해석 Paul은 제때에 청구서 비를 내지 못한다. 그리고 실직상태인 그의 동거인역시도 그렇다.

**7. 정답 C (short-circuit → short-circuiting)**

해설 extending부터 분사구문인데, 뒤에 and가 나왔으므로 분사구문으로 또 한 번 병치를 해주어야 한다. 그러므로 short-circuit을 short-circuiting으로 고쳐야 한다.

해석 지난 세기 동안, 우리는 낮을 확장시키고 밤을 축소시키고, 빛에 대한 인간신체의 민감한 반응을 짧게 만들면서 우리들 자신을 상대로 제약을 두지 않는 실험을 수행했다.

**8. 정답 E (referring → referring to)**

해설 의문 형용사 which는 kind of organism을 형용사처럼 꾸며주어야 하고 그 뒤에 나오는 문장은 반드시 불완전한 구조가 와야 한다. you are referring에서 refer는 '언급하다'의 의미로 자동사이다. 즉 'refer to'까지 쓰여야 불완전한 문장이 된다.

해석 분류학은 생물을 분류하는 학문이다. 그것은 또한 생물에게 당신이 이름을 말하거나 쓸 때, 어느 종류의 조직체를 우리가 언급하고 있는지를 전혀 의심하지 않는 그런 방식으로 이름을 붙이는 기술이기도 하다.

**9. 정답 B (so → such)**

해설 so ~ that절에 명사가 들어갈 수는 있으나 그 명사가 복수 명사이거나 불가산 명사인 경우에는 such ~ that절도 가능하다. 이때 so ~ that과 such ~ that의 차이점은 명사 앞에 있는 형용사에 달려있다. 즉 형용사가 일반형용사로 나오는 경우는 such가 답이고 many, much, few, little과 같은 수량형용사가 나오는 경우에는 so가 답이 된다.

해석 신체의 다양한 부분이 너무나 다른 외과수술의 기술을 요하고 있어서 많은 외과 전문분야가 생겨났다.

**10.** 정답 B (Which hotel do you think we will be staying at?)

해설 복문구조를 의문문으로 만드는 경우 본동사가 know를 제외한 인식동사 (think, believe, suppose, guess, imagine 등)가 쓰이면 의문사를 앞으로 보내고 의문문으로 만들어야 한다. 따라서 which hotel을 앞으로 보내면 된다.

해석 (A) 이 책 어떤 가게에서 샀다고 말했지? (B) 너는 우리가 어떤 호텔에서 머물게 될 거라고 생각해? (C) 우리가 어떤 그룹과 여행 갈 건지 너 알아? (D) 대체 왜 너는 그들이 곧 헤어질 거라고 믿는 거니? (E) 누가 다음 주에 누구와 결혼할 거라고 말했었지?

## 관계사

### 적용하기 1단계

**1. 정답 A**

해설 밑줄 뒤에 불완전한 절의 구조가 쓰였으므로 답은 which 이다.

해석 화재로 불타버린 그 빌딩이 막 재건축 되었다.

**2. 정답 C**

해설 관계대명사 뒤에는 불완전한 절이 와야 하는데, 완전한 절이 왔으므로 보기에는 관계부사 혹은 전치사+관계대명사가 나와야 한다. 즉 답은 (C)번이 된다.

해석 내가 어린 시절의 대부분을 보냈던 캐나다는 광활한 평야와 우거진 숲을 지닌 나라이다.

**3. 정답 A**

해설 선행사 money앞에 more가 있으므로 유사관계대명사를 표현한 것인데, 마찬가지로 주격관계대명사일 경우에는 수일치에 신경을 써야 한다. (C)는 he가 단수이므로 need를 needs라고 썼다면 맞는다.

해석 그에게 필요한 것 보다 더 많은 돈을 주지 마.

**4. 정답 D**

해설 콤마(,) 뒤에 동사가 쓰였으므로 접속사가 들어가야 하고 해석상 앞 내용을 지칭하고 있으므로 계속적용법의 관계대명사가 쓰이는 것이 맞다. 그러므로 which가 정답이다.

해석 일본은 줄어드는 취업으로 고통 받고 있고, 그것이 많은 사회적 문제를 야기한다.

**5. 정답 B (which → whose)**

해설 which가 사람인 agriculturalists를 꾸밀 수는 없으므로 틀렸다. 뒤에 바로 명사가 이어지면서 관계사로 문장을 만들어야 하므로 whose로 고치는 것이 가장 적당하다.

해석 큰 무리를 이루고 있는 급진적인 하위 중산층계급. 불만을 품은 장인, 소규모의 소매상인 등등, 그리고 심지어는 대변인들이나 지도자들이 특히 젊고 주변에 머물러있는 지성인이었던 농업인들조차도 주요한 혁명세력을 형성했지만, 정치적인 대안이 될 수는 없었다.

**6. 정답 B (them → whom)**

해설 앞에도 문장이 나왔는데 뒤에도 접속사 없이 문장이 나왔으므로 them을 관계대명사 whom으로 바꿔주면 된다.

해석 April Fools라는 영화는 10대들에게 매우 유명했고, 그들 중 몇몇은 한 번 이상 그것을 봤다.

**7. 정답 D (that are observed → than are observed)**

해설 앞에 비교급 higher가 나왔고, that절 뒤에 불완전한 구조가 쓰였으므로 유사관계대명사 than이 쓰여야 맞는 표현이다.

해석 주의 깊은 측정은, 반응 속도가 너무 느려서 관찰된 오존 농도를 설명할 수 없다는 점을 드러내 보여준다. 즉, 그 과정은 관찰되어지는 것 보다 더 높은 최대치의 오존 농도를 예상한다.

**8. 정답 B (which → on which)**

해설 관계대명사 which는 불완전한 절이 쓰여야 하는데 뒤에 완전한 절의 구조가 나왔으므로 전치사 + 관계대명사의 구조로 바꿔야 옳다. rely와 연결되는 전치사는 on이다.

해석 Alexandria의 Riptech주식회사에서 만든 인터넷 보안회사에 의해 만들어진 보고서는 많은 나라들이 의존하는 정보의 중추가 사이버테러에 취약하다는 것을 지적했다.

**9. 정답 A (whom → who)**

해설 관계대명사 안에 I am sure라는 삽입절이 들어간 형태이다. 즉 삽입절의 구조를 빼고 나면 whom do their best라는 표현이 되는데, 주어가 없으므로 목적격이 아닌 주격 관계대명사를 써야 옳은 표현이 된다.

해석 그는 내가 확신하기에 도시를 살기에 조금 더 편안하게 만들기 위해 언제나 최선을 다하는 시민들 중 하나이다.

**10. 정답 B (give them to → give to)**

해설 airlines부터 passengers까지 앞에 있는 the meals를 꾸며야 하는데 관계대명사가 안 보인다. 이것은 목적격 관계대명사가 생략된 표현이고, 그러므로 뒤에 목적어가 나오면 안 된다. 즉 give them에서 them을 삭제해야 맞는 표현이다.

해석 대부분의 승무원들이 자신들의 음식을 따로 가져와서 비행한다는 사실 알고 있었습니까? 그것은 항공사에서 승객들에게 주는 음식이 점점 줄어들고 있어서 그들을 배고프게 하기 때문입니다. 그래서 승무원들이 과일이나, 영양 바 그리고 샌드위치와 같은 간식들을 가지고 오는 것은 흔한 일입니다.

### 적용하기 2단계

**1. 정답 A**

해설 produce 다음 목적어로 heat energy가 쓰였으므로 밑줄에는 형용사가 들어가야 적당한데, 뒤에 waste product (노폐물)을 보고 unusable을 쓰는 것이 맞고, 뒤에 콤마(,)와 불완전절이 왔기 때문에 계속적용법의 관계대명사가 정답이다.

해석 이러한 신진대사 과정은 또한 노폐물로 간주되어지는 사용할 수 없는 열에너지를 만들어준다.

**2. 정답 B**

해설 밑줄 뒤에 take의 목적어가 없는 것으로 보아 불완전한 절을 이끄는 복합관계대명사가 쓰여야 하므로 (D)는 답이 될 수 없다. 또한 무엇이든지 행했다고 해석을 해야 하므로 사람을 지칭하는 whoever나, 선택적 상황에서 쓰이는 whichever 역시 적절하지 않다.

해석 1860년대의 초창기 이래로, 작은 캔자스의 농업지역은 살아남기 위해 해야 할 것은 무엇이든 했다.

**3. 정답 B**

해설 item을 꾸며주는 관계사가 쓰여야 하는데, 관계사가 보이지 않으므로 목적격 관계대명사가 생략되었음을 알 수 있다. (C)의 경우 관계대명사가 쓰이긴 했지만, 주어와 목적어가 동시에 없을 수는 없으므로 답이 아니다.

> **해석** 비록 정확히는 우리가 무기라고 여기는 물건은 아니었지만, 망원경은 실제로 그랬다. (= 무기였다.)

### 4. 정답 D

> **해설** '두 개의 장비'라고 말을 했으므로 both를 쓰는 것이 맞다. 또한 앞 뒤에 모두 동사가 있으므로 접속사 역시 필요하다. 이 두 가지를 모두 충족시키는 보기는 (D)이다.

> **해석** 그 핵 장치는 두 개의 장비로 만들어졌을 것이다. 그리고 그것들 모두가 다른 직원에 의해 통제되어진다.

### 5. 정답 D

> **해설** 삽입절이 you think가 쓰였고 things 뒤에 관계사가 없는 것으로 보아 목적격 관계대명사를 써야 옳은 표현이다. 즉 문장뒤에 목적어가 없는 불완전한 문장이 답이다.

> **해석** 진정으로 창조적인 삶을 영위하기 위해서, 당신은 당신이 생각하기에 할 수 없는 것들을 해야만 합니다.

### 6. 정답 C (whoever → who)

> **해설** 복합관계대명사는 선행사를 포함하는 절이기 때문에 앞에 anyone이라는 선행사를 쓸 수는 없다. 그러므로 선행사를 꾸며주는 관계대명사 who로 고쳐야 한다.

> **해석** 뇌우가 칠 때 샤워하는 것은 좋은 생각이 아니다. 만약 번개가 당신의 집에 내리치면 번개는 집의 배관을 타고 흘러, 배관 속에 흐르는 물과 접촉하는 사람은 누구든지 감전시킬 수 있다.

### 7. 정답 D (which infants respond → to which infants respond 또는 which infants respond to)

> **해설** (D)의 관계대명사 이하의 문장은 완전한 문장이다. 그러므로 respond to까지 써 주어야 한다. 이때 전치사 to는 관계대명사 앞에 위치해도 된다.

> **해석** 몇몇 연구들은 높고 변하기 쉬운 음의 높이와 과장된 강조가 유아들이 반응하는 아기 말투에 있어서 중요한 요소들인지 아닌지에 대해 의문을 제기해 왔다.

### 8. 정답 B (whomever → whoever)

> **해설** 복합관계대명사에도 삽입절이 쓰일 수 있다. 즉 he believed는 삽입절 표현이므로 뒤에 has라는 동사가 바로 나온 표현이 된다. 그러므로 whomever가 아니라 whoever를 써야 맞는 표현이 된다.

> **해석** 그 상관은 그가 믿기에 강력한 책임감을 지니고 있는 사람이면 누구에게나 그 임무를 주라고 조언 받았다.

### 9. 정답 B (that it can → that can)

> **해설** 앞에 solar cell이라는 명사가 있으므로 뒤에 나온 that절은 명사절이 아닌 형용사절이다. 즉 완전한 절이 아닌 불완전한 절의 구조가 쓰여야 하고, 그러므로 it을 지워야 옳은 표현이 된다.

> **해석** 스마트워치의 소유자들이 이것에 대해 듣게 된다면 기뻐할 것이다. 즉 캘리포니아 대학교 샌디에이고 캠퍼스의 연구원들은 반창고처럼 피부에 붙일 수 있고 그 크기가 신용카드의 약 절반 정도인 유기태양전지를 개발했다. 이 유기태양전지는 스마트워치를 작동시킬 수 있을 만큼의 충분한 에너지를 발생시킨다. 그러나 이 해결책은 기존의 관행을 쫓고 있는 것이 아니기 때문에, 이 해결책이 시장에서 성공할 수 있을지의 여부는 미지수이다.

### 10. 정답 D (who → whose)

> **해설** 관계대명사 who뒤에 features라는 명사가 바로 나온 것으로 보아 소유격 관계대명사가 쓰여야 옳은 표현이다.

> **해석** Alcibiades가 외적인 측면(생김새)는 Silen의 그것과 같지만, 이목구비가 깊은 내적인 아름다움을 숨겼던 Socrates의 겉으로 보이는 못생김을 찬사를 하는 것이 바로 이 문맥 안에서이다.

## 적용하기 3단계

### 1. 정답 B

> **해설** 밑줄 뒤에 witness의 목적어가 없는 것으로 보아 목적격 관계대명사를 써야 함을 알 수 있다. 즉 동사가 또 쓰인 (C), (D)는 답이 될 수 없고, (A)는 주어도 나와 있지 않은 표현이 되어버리므로 틀렸다.

> **해석** 1969년 6월 20일에 수많은 지구인들이 그 유명한 달 위를 걷는 모습을 목격했던 Apollo 11호의 우주비행사들은 Neil Armstrong과 Buzz Aldrin이었다.

### 2. 정답 C

> **해설** we are bound는 완전한 절의 구조이므로 전치사+관계대명사가 쓰여야 한다. 이때 bind가 A to B의 구조로 연결되는 동사이므로 전치사 to더 적당하다.

> **해석** 그는 우리가 따뜻한 우정과 존경심으로 묶여있는 동맹을 대표한다.

### 3. 정답 B

> **해설** '부분 of 전체'를 표현할 때 쓰는 관계사이다. '부분 of 전체 관계대명사'도 불완전한 절의 구조가 뒤따라야 하므로 주어 it을 쓴 표현은 전부 틀린 표현이다.

> **해석** 4학년 말까지, Peter는 책을 사는데 50달러 이상을 썼다. 그 중에 대부분은 두 개의 큰 사전을 사는데 쓴 것이다.

### 4. 정답 C

> **해설** 밑줄 뒤에 come from이라는 동사가 쓰였으므로 접속사가 정답이다. 그러므로 (B)는 답이 될 수 없고, 앞에 콤마(,)가 쓰였으므로 that절도 불가하다. no matter what (복합관계형용사)와 whose(소유격 관계대명사) 둘 다 뒤에 바로 명사를 가져온 후 불완전한 절의 구조가 뒤따라야 한다는 점에서 맞는 표현처럼 보이지만, 해석상 양보의 표현이 되어야 하므로 (C)가 답이다.

> **해석** 그들이 어디 출신이라고 하더라도, 거의 모든 등반가들은 장비도 운반하고 산의 정상까지 가는 어렵고 위험한 산행을 하는 데 있어서 그들을 도와주는 Sherpas라고 불리는 그 지역 토박이들을 고용한다.

### 5. 정답 A

> **해설** 밑줄 뒤에 sermon이라는 명사가 왔으므로 소유격 관계대명사가 정답이다. 이때 앞에 in the middle of 라는 전치사가 쓰였으므로 소유격 관계대명사 뒤에는 완전한 절 the dog barked가 쓰였다.

> **해석** 여기에 목사님이 있는데, 그 목사님의 설교 도중에 개가 짖었다.

**6. 정답 A (what most cities → as most cities)**

(해설) what절은 선행사를 포함하고 있는 관계대명사이므로 앞에 선행사가 나올 수 없다. 또한 선행사 traffic problems앞에 the same 이라는 표현이 있는 것으로 보아 what을 유사관계대명사 as로 고쳐주어야 한다.

(해석) 신중한 계획 덕분에 브라질의 쿠리티바 시는 브라질의 대부분의 도시들이 가지고 있는 것과 동일한 교통 문제들을 가지고 있지 않다. 인구는 지금 1974년의 두 배로 증가했지만, 실질적인 교통량은 30% 줄어들었다. 쿠리티바 시는 대중교통 시스템이 필요했지만 비용이 많이 들어가는 지하철은 건설할 수가 없었다. 쿠리티바 시의 도시 계획입안자들은 지하철을 건설하는 대신, 다섯 개의 넓고 중요한 거리의 중앙 차선을 이용하는 특이한 버스 시스템을 도입했다.

**7. 정답 A (That → What)**

(해설) 'call은 A를 B라고 부르다'라는 5형식으로 주로 쓰인다. 물론 '~을 부르다, ~에게 전화하다'라는 3형식으로도 쓰일 수 있지만, '우리가 미국의 민속예술을 부르다, 우리가 미국의 민속예술에게 전화하다'라는 의미는 맞지 않으므로 3형식이 아닌 5형식으로 판단할 수 있다. 즉 call의 목적어가 없는 문장이므로 불완전한 절의 구조를 취하는 what이 정답이다.

(해석) 소위 미국의 민속예술이라는 것은 번영과 자유시간을 증가시키면서, 모든 종류의, 특히 인물 초상화를 위한 예술시장을 만들었던 정말로 평범한 일상을 사는 사람들을 의, 그들에 의한, 그들을 위한 예술이다.

**8. 정답 D (which → where)**

(해설) (D)의 which뒤에는 완전한 문장이 쓰였다. situation을 꾸며주는 관계부사 where가 답이 된다.

(해석) 팀워크는 어떤 공동의 목적을 위하여 함께 일하고, 그런 와중에 혼자 하는 것 보다 더 많은 것을 성취하는 한 무리의 개인들에 의해서 만들어진다. 그러므로 어떤 학교에서 팀을 이루어서 일하는 것이 가지고 있는 정당성은 분명해 보인다. 고립되어 있고, 소외되어 있고, 비판을 받고, 과도하게 통제되거나 혹은 선생으로서 혹은 동료로서 그들 자신이 수행한 것에 대해서 좌절감과 불만족을 느끼는 상황에서 즐겁게 일할 사람은 거의 없다.

**9. 정답 B (by which → whose)**

(해설) 해석상 '동물들에 의해서 인지능력이 상대적으로 결핍되었다.'라고 해석하는 것은 아무래도 이상하다. '동물들의 인지능력이 상대적으로 결핍되었다.'로 해석하는 것이 내용상 더 깔끔하다. 즉 소유격 관계대명사로 고쳐야 맞는 표현이 된다.

(해석) 테크놀로지는 우리가 진화하는 것보다 훨씬 더 빨리 진화하기 때문에, 우리는 하등 동물 위치에 있는 우리 자신의 모습을 발견하게 될 것이다. 하등 동물로서 우리는 외부 환경의 풍요로움에 전적으로 대처할 수 있는 정신적 장치가 결여되었다. 인지 능력이 상대적으로 항상 결핍되어 있는 동물들과는 달리, 우리는 근본적으로 보다 복잡한 세계를 구축하는 것을 통해 우리 자신만의 고유한 결핍을 만들어 왔다. 그러나 우리의 새로운 결핍의 결과는 동물들의 오래 지속된 결핍과 같은 것이다. 결정을 내릴 때, 우리는 전체적인 상황에 대한 보다 포괄적으로 고려된 분석이라는 사치를 누리는 대신, 점진적으로 상황이 야기한 하나의 특징에만 집중하는 쪽으로 되돌아가고 있다.

**10. 정답 A (the painful experience → through the painful experience)**

(해설) The valuable lesson 뒤에 we learned라는 주어 동사가 나왔는데 접속사가 보이지 않는다. 이것은 목적격 관계대명사가 생략된 표현임을 의미하는 것이므로 we learned 뒤에 목적어가 나와서는 안 된다. 그러므로 (A)를 목적어가 아닌 부사의 형태로 바꾸면 맞

는 표현이 된다. 의미상 '전쟁의 고통스러운 경험을 통해'가 가장 적당하므로 전치사 through를 넣으면 된다.

(해석) 전쟁의 고통스러운 경험을 통해 우리가 배웠던 가장 가치 있는 교훈이 결코 조금도 변하지 않았다. 그와는 반대로, 가르침의 중요성과 타당성은 심지어 시간이 흘러가면서 더 진실한 것으로 판명난다.

## 명사, 관사

### 적용하기 1단계

**1. 정답 B**

(해설) his와 that은 둘 다 한정사이다. 명사를 이중 한정하는 표현은 잘못된 표현이다.

(해석) 그의 언급은 참석한 사람들에게는 무례한 것이었다.

**2. 정답 D**

(해설) equipment는 불가산 명사이므로 복수취급을 할 수 없다. 만약 복수취급을 하고 싶은 경우에는 조수사(a piece of)의 도움을 받아서 사용하면 되고, 그 때 조수사는 가산명사이므로 복수로 쓰려면 's'를 붙여주어야 한다.

(해석) 그들은 새로운 연구실에 맞는 두 종의 장비를 샀다.

**3. 정답 C (many kinds of act → many kinds of acts)**

(해설) 종류명사인 kind는 복수라면 of이하의 명사도 복수로, 단수라면 of 이하의 명사도 단수로 취급해야 한다.

(해석) 화자, 청자, 그리고 화자를 통한 발언 포함한 전형적인 말하기 상황에서 화자의 말과 연관된 많은 종류의 행동이 있다.

**4. 정답 B (crews → crew)**

(해설) crew는 그 자체로 승무원 전체를 말하는 집합명사이기 때문에 복수형을 쓰지 않는다.

(해석) 118명의 승객들과 선원들을 태운 배가 토요일 인도네시아의 어느 섬 근처의 거친 바다에서 엔진 고장이 난 후, 수십 명의 사람들의 안전이 우려되는 상황이다.

**5. 정답 A (17-years-old girl → 17-year-old girl)**

(해설) '숫자-단위명사-(형용사)'가 명사를 수식하는 경우에는 복수형이 아닌 단수형으로 써 주어야 한다.

(해석) 그날은 2012년 7월 10일이자 나는 몸이 약간 불편하다고 느낀 평범한 17세 소녀였다. 엄마 옆에서 나는 Mahbob의사 선생님의 진료실에 앉아서 내 진단결과를 기다렸다.

**6. 정답 D (playing piano → playing the piano)**

(해설) 'play + 악기명'을 표현하고자 하는 경우 악기명에는 'the'를 붙여야 한다.

(해석) 나는 왜 어머니께서 내가 파티에서 피아노 연주하는 것을 반대하는지 모르겠다.

**7. 정답 A (has → have)**

(해설) The police는 집합명사로 a도 −s도 붙이지 않은 채로 복수 취급하는 명사이다.

(해석) 어떤 사람을 체포하기 위해, 경찰들은 범죄가 발생했었다는 것에 대한 합리적인 확신을 가져야만 한다. 경찰들은 용의자에게 반드시 그가 체포되고 있는 이유를 알려줘야 하며, 법이 보호해주는 권리도 말해주어야 한다.

**8. 정답 A (vapors → vapor)**

해설 vapor는 '수증기'를 의미하므로 불가산명사이다.

해석 대기의 수증기는 태양과 지구로부터 나오는 열복사를 흡수함으로써 공기온도를 조절한다.

**9. 정답 A (evidences show → evidence shows)**

해설 evidence는 '증거'라는 의미의 불가산명사이다.

해석 그 증거는 일을 하는 여성의 자녀들이 전업주부의 자녀들보다 학업성취도가 낮을 가능성이 더 크지 않다는 것을 보여준다.

**10. 정답 C**

해설 statistics는 '통계학'을 말할 때는 단수취급을, '통계자료'를 말할 때는 복수취급을 해 주어야 한다. (C)에서 statistics는 해석상 '통계자료'이기 때문에 shows를 show로 바꿔야 한다.

해석 (A) 빵과 버터는 살찌게 한다. (B) 늦어도 꾸준하게 해내는 것이 결국 게임에서 이긴다. (C) 이러한 통계자료들은 인구 1000명당 사망숫자를 보여준다. (D) 방에 누군가가 있다.

## 적용하기 2단계

**1. 정답 B**

해설 교통수단, 통신수단을 표현할 때는 'by + 무관사 교통, 통신수단'으로 써야 한다.

해석 거주민들에 의해 사용되는 모든 물은 트럭으로 전해져야만 했다.

**2. 정답 C**

해설 audience는 집합명사이므로 복수취급을 하지 않으므로 (A)와 (B)는 답이 아니다. 또한 audience는 복수취급을 안한다는 말이지 셀 수 없는 명사인 것은 아니다. –s취급만 안 할 뿐이다.

해석 A: 피아노 연주회가 크게 성공했다고 생각진 않아. B: 그게 맞을지도 몰라. 근데, 관객은 많았어.

**3. 정답 D**

해설 종류명사 kind는 단수취급 하는 경우에는 of 이하게 단수명사를, 복수취급 하는 경우에는 of 이하에 복수명사를 쓴다.

해석 그 자동차 산업은 가솔린을 덜 사용해서 훨씬 덜 공기오염을 야기하는 새로운 종류의 자동차를 실험한다.

**4. 정답 D (twentieth → the twentieth)**

해설 연대나 세기를 나타내는 표현을 할 경우. 정관사 the를 꼭 써주어야 한다.

해석 워싱턴 D.C라는 미국의 수도는 단지 20세기에 많은 공원과 넓은 거리를 가진 현재 품위 있는 측면을 띠면서 느리게 발전했다.

**5. 정답 D (hundreds → hundred)**

해설 막연한 수를 표시하는 경우에는 복수취급하며 of까지 함께 넣어야 한다. (ex. hundreds of 복수명사) 문제에서처럼 seven이라는 명확한 수의 개념을 나타내고자 하는 경우에는 단수취급을 해 주고 of는 넣어도 되고 넣지 않아도 된다.

해석 빨간색 바탕위에 커다란 흰색 십자가 줄이 그려진 덴마크의 국기는 세계에서 가장 오랫동안 변하지 않은 국기이다. 그것의 도안은 700년 이상 되었다.

**6. 정답 C (the Norwegian explorer and the scientist → the Norwegian explorer and scientist)**

해설 두 개의 명사에 정관사를 둘 다 붙이면 일반적으로 두 명을 의미한다. 'A이자 B인'이라는 의미로 글을 쓰려면 정관사는 하나만 있어도 해석 1950년대에 섬에 도착한 노르웨이 출신의 탐험가이자 과학자인 Thor Heyerdahl의 이론에 대한 언급이 없는 한 이스터 섬에 대한 그 어떤 논평도 완전할 수 없다.

**7. 정답 D (so young age → so young an age)**

해설 age는 나이를 의미할 때는 가산명사로 쓰인다. 또한 원급 비교 as ~ as 는 '형 + a + 명'의 어순을 취하므로 답은 so young an age가 되어야 옳다. 앞에 나온 so는 원급 비교 표현이 부정표현일 때 so로 바뀔 수도 있다.

해석 첫 직업은 누구에게나 겁이 나는 것일 수도 있겠지만, 운동선수와 무용수만큼 어린 나이에 일과 관련된 스트레스를 다루어야 하는 사람은 거의 없다.

**8. 정답 C (a five–years contract → a five–year contract)**

해설 '숫자–단위명사–(형용사)'가 명사를 수식하는 경우 그 단위 명사는 단수취급을 해야 한다.

해석 1990년대, NFL 최다우승 코치 중 한명인 Dennis Green은 분투하는 Arizona Cardinals를 이끌기 위해 수요일에 5년 계약에 서명을 했다고 AP통신이 보고했다.

**9. 정답 A (a sound → sound)**

해설 knowledge는 불가산명사이므로 a를 쓸 수 없다.

해석 내가 동물학의 모든 측면에 대한 정통한 지식을 얻기를 원했던 동안에, 특히 곤충에 전념하기로 나는 계획했다.

**10. 정답 A (wants → want)**

해설 The police는 그 자체로 복수명사이므로 wants가 아닌 want로 써야 옳다.

해석 (A) 경찰들은 강도사건에 대해 그 남자를 취조하길 원한다. (B) 내 바지가 테이블 위에 있다. (C) 물리학은 내가 가장 좋아하는 과목이다. (D) 3일은 휴가를 잘 보내기에 충분히 긴 시간이 아니다.

## 적용하기 3단계

**1. 정답 B**

해설 상호복수명사이다. 상호복수명사는 반드시 둘이 있어야 의미가 통하는 명사이므로 꼭 복수취급을 해 주어야 한다.

해석 문제의 원인에 도달하기 위해 다른 사람과 관점을 교환하는 것이 필수이다.

**2. 정답 E (are → is)**

해설 real estate는 앞에 an amount of의 수식을 받는 것으로 보아 불가산 명사이다. 그러므로 단수동사로 수일치를 해 주어야 한다.

해석 야구 경기장과 농구 경기장, 그리고 아이스하키 경기장처럼, 미식축구 경기장은 지난 수십 년 동안 운동장 내에 있는 부지의 많은 부분을 최고의 값을 지불하고 앉는 좌석을 만드는데 할애했다.

**3. 정답 C (tails → tail)**

해설 tail(꼬리) + feather(깃털)는 합성 명사이다. 합성명사는 복수취급 할 때 앞 명사에 하지 않는다.

해석 교제기간 동안, 볏(돌기나 갈기 등)이 있는 수컷 공작은 암컷 공작 앞에서 자신의 푸른 금색의 위로 올라간 꼬리깃을 보여준다.

**4. 정답 C (set target → set a target)**

**해설**  target은 가산명사이다. 그러므로 'a'나 '-s'를 붙여주어야 한다.

**해석**  명령-통제식 경제에는 그 문제가 고질적이다. 정부는 상명하달 식으로 목표를 설정한다. 관료들은 그들의 직위가 (때로는 그들의 목숨까지도) 이런 식으로 설정된 목표를 이루는 것에 달려 있다는 것을 알고 있다. 그래서 그들은 그 목표를 달성하기 위해 수치를 조작하는 일도 서슴지 않는다.

**5. 정답 A (The English → English)**

**해설**  'The + 국가명'은 국민 전체를 의미하며 복수 취급해준다. (ex The French    프랑스 국민들). 여기서는 동사가 단수형 (has)으로 쓰였으므로 The English에 무언가 이상함이 있음을 알아야 하고, 해석으로도 영국인들을 의미하는 것이 아니므로 틀린 표현임을 알아야 한다. 내용상 영어를 말하고 있으므로 the를 지운다.

**해석**  영어는 규칙, 불규칙 동사가 있다. 시제를 맞추기 위해, 그리고 작문에서 시제가 혼합되는 것을 피하기 위해 그 단어의 기본 동사형태를 배워라.

**6. 정답 A (until late 1820s → until the late 1820s)**

**해설**  연대나 세기를 표현하는 경우에는 정관사 the를 써 주어야 한다.

**해석**  비록 개인주의라는 용어가 시장경제가 확립되는 1820년대 후반까지 등장하지 않았음에도 불구하고, 개인주의가 포괄하고 있는 원리들은 이미 18세기 중반에 정립되어 있었다.

**7. 정답 B (peaceful → a peaceful)**

**해설**  solution은 '용해'라는 의미인 경우 불가산명사로 쓰이고, '해결, 정답'의 의미인 경우 가산명사로 쓰인다. 여기서는 해석상 '해결'의 의미이므로 'a'나 '-s'를 붙여야 옳다.

**해석**  북한과의 핵 문제에 대한 평화로운 해결방안을 모색하는 데 돕기 위한 최선의 노력이 다해졌다. (우리는 최선을 다했다.) 그리고 대부분의 문제들이 해결되었거나 해결을 향해 나아가고 있다.

**8. 정답 C (a language → the language)**

**해설**  이미 앞에서 a standard language라고 표현을 했으므로, 그 뒤에 나오는 language는 이미 한 번 언급되었으므로 the를 붙여야한다.

**해석**  만약 표준어가 구사되는 한 지역에 사회적이거나 정치적인 변화가 있다면, 그 언어의 지역적 다양성이 발생할 것이다.

**9. 정답 D (thousand of → thousands of)**

**해설**  막연한 수를 표현하는 경우에는 복수취급을 해 주어야 한다.

**해석**  그 고발의 내용은 그 회사로부터 온 5개의 적하물의 세부사항에 관한 것이며, 체포된 용의자들은 그들의 거래에서 수십만 달러를 벌어들였다는 것을 말해준다.

**10. 정답 D**

**해설**  (A) 유일한 자연물 (태양, 달 같은)에는 정관사 the를 붙여준다. (B) 흰 옷을 입은 여성의 표현은 The woman in white로 한다. (C) '~당, ~단위로'라는 표현은 'a 명사, per 명사, by the 명사'로 표현한다.

**해석**  (A) 지구는 태양 주위를 빠른 속도로 돈다. (B) 흰색 옷을 입고 있는 여성이 고개를 든 채로 서 있었다. (C) 미국에 있는 노동자들은 주당 수급을 받는다. (D) 그녀는 내 얼굴을 쳐다봤다.

## 대명사

### 적용하기 1단계

**1. 정답 C**

**해설**  가주어 진주어 구문이다. It이 가주어이므로 밑줄에는 that이 쓰여야 한다.

**해석**  최소한 디즈니 버전에서는, 그 꼭두각시 인형이 진짜가 되는 것은 Geppetto의 소원이지 Pinocchio의 소원은 아니다.

**2. 정답 C**

**해설**  wine은 불가산 명사인데, one이 앞에 있는 명사를 대명사로 받을 때 불가산 명사는 받을 수 없다. 그러므로 (A)와 (B)는 답이 될 수 없고, 특정한 white와인을 말하는 것이 아니므로 the를 쓸 필요도 없다.

**해석**  나는 화이트 와인보다 레드와인이 더 좋다.

**3. 정답 C**

**해설**  every other 단수명사

**해석**  그 학생 캠프는 장기간 지속되지만, 학생들은 격주마다 자유시간을 받는다.

**4. 정답 A**

**해설**  명사 pairs를 수식하는 것은 부사 not이 아닌 형용사 no이다. 그러므로 (A), (B)가 답이 될 수 있는데, be동사 뒤에는 보어가 나와야 하므로 alike가 맞다. likely는 뒤에 to부정사가 나오거나 it ~ that 가주어 진주어 구문으로 사용 가능하므로 이 문제에는 맞지 않는다.

**해석**  많은 안경점에서는 (안경) 디자이너들이 매우 다양한 독특한 재료를 사용하여 소비자의 취향에 맞추기 때문에 똑같은 안경은 하나도 없다.

**5. 정답 B**

**해설**  동물학에 대한 어떤 책 중에서 '하나'를 의미하고 있으므로 one이 답이다. (C)의 another표현은 일단 하나가 언급되고 그 다음 또 다른 것을 언급할 때 사용하므로 적절치 않고, (D) the book은 바로 그 책이라는 표현이므로 적절하지 않다.

**해석**  나는 네가 동물학에 관한 어떤 책이든지 가지고 있었는지 궁금했어. 하나 빌리고 싶었거든.

**6. 정답 C (he → those)**

**해설**  죄수들은 복수로 취급했으므로 이것을 받는 대명사 역시도 복수취급 해주어야 한다.

**해석**  이런 추론은 말의 의도보다 더 많은 것을 말한다. 그것은 죄수들을 거의 문자 그대로 살아있는 송장들, 어떤 의미에서는 이미 죽은 것이나 다름없는 사람들의 위치에 놓이게 한다. 그래서 그들은 이제 Agamben의 Homo Sacer가 되었다.

**7. 정답 C (another → the other)**

**해설**  귀는 2개이므로 another가 아닌 the other로 써야 옳다.

**해석**  비록 Julia Adams는 한쪽 귀에 거의 완전히 청각장애가 있고 다른 쪽 귀의 청력은 약함에도 불구하고, 그 장애를 극복하고 세계적으로 유명한 피아니스트가 되었다.

**8. 정답 A (them → themselves)**

**해설**  (A)의 them은 주어인 images를 의미하고 있으므로 재귀대명사를 써서 표현해주어야 한다.

**해석**  너의 꿈 안에서의 이미지들은 자신들을 너무나 이상한 방식으로 보여줘서 그것의 의미를 이해하는데 어려움을 겪는다.

**9. 정답 B (they → it)**

해설 (B)의 they는 sleep disorder를 받아주는 대명사이므로 it으로 받아야 한다.

해석 비록 수면 장애가 남성과 여성 모두의 심장질병과 관련이 있음에도 불구하고, 그것은(= 수면장애는) 남성의 심장 박동 수 보다는 여성의 심장 박동 수에 더 부정적인 영향을 미친다.

**10. 정답 A (every five year → every five years)**

해설 every + 기수 + 복수명사 / every + 서수 + 단수명사

해석 1970년 이래로 매 5년마다 시행된, 장기간의 예상은 컴퓨터, 시청각 장비 그리고 전기통신 기기와 같은 그러한 제품을 다룬다.

## 적용하기 2단계

**1. 정답 C**

해설 It ~ that 강조구문이다. 강조구문에서는 강조하고자 하는 것을 it ~ that 사이에 넣으면 되는데, that절 뒤가 완전한 절의 구조로 나왔으므로 강조하는 품사는 부사가 들어가야 적절하다. 그러므로 답은 (C)

해석 J.K. Rowling의 유명한 책인 Herry potter and the Sorcerer's Stone이 출판된 것은 바로 1997년 이었다.

**2. 정답 D**

해설 as가 전치사이므로 뒤에는 명사가 나와야 하고, 앞에 나온 학자를 대신 받는 대명사가 쓰여야 하므로 such가 가장 적절하다. 학자는 단수 이므로 ones는 당연히 불가능하고, one은 단수 취급한 것은 맞지만 앞 명사와 같은 명사를 받는 것이 아닌 같은 종류를 받기 때문에 문맥상 틀렸다.

해석 그는 위대한 학자이며, 그런 존재로 존경받는다.

**3. 정답 C**

해설 본동사가 단수 (has)이므로 (A), (B)는 답이 될 수 없다. 또한 (D)와 (E)는 부정의 의미이므로 문맥상 맞지 않는다.

해석 우리는 각자 무언가를 잘 할 수 있는 능력을 가지고 태어났다. 만약 우리가 이런 능력을 사용하는데 최선을 다하지 않는다면, 우리는 우리 자신과 세상을 속이는 것이다.

**4. 정답 C**

해설 뒤에 동사가 있는 것으로 보아 밑줄은 주어가 쓰여야 한다. 의미상 '그들이 유일한 의견'이 아니라 '그들의 것이 유일한 의견'이라는 말이 문맥상 더 적당하므로 (C)가 답이다.

해석 다양한 시민 그룹을 통해 의회 의원들에게 표현된 많은 의견들 중에서, 그들의 것이 유일하게 중요한 의견이었다.

**5. 정답 D**

해설 while이 접속사 이므로 for나 as for와 같은 전치사가 쓰이면 안 된다. 즉 that of N나 those of N가 쓰여야 정답인데, 앞에서 받는 명사는 구레나룻 (whiskers)이다. 즉 복수형이므로 those가 답이다.

해석 독선적인 이기주의자는 길고 가는 구레나룻 수염을 가지는 경향이 있는 반면, 세련되고 학구적인 신사는 일반적으로 짧게 자른 구레나룻을 가지는 경향이 있다.

**6. 정답 D (them → it)**

해설 (D)의 them이 나타내는 명사는 해석상 everything이다. everything은 단수이므로 them이 아닌 it으로 받아야 옳다.

벌레들과 불편한 잠자리 이외에, 대부분의 캠핑 여행을 망가뜨리는 것은 요리하기이다. 요리에 대해 평범한 초보자들이 가지고 있는 생각은 그냥 단순히 모든 것을 많이 튀기기만 하면 된다는 것이다.

**7. 정답 A (Almost → Almost all)**

해설 almost는 부사로서 형용사 + 명사 앞에 쓰일 수 있으나, the는 특정한 명사를 지칭하므로 불특정한 표현인 almost와 맞지 않는다. 그러므로 the를 불특정대명사 (= 부정대명사)로 바꿔주어야 한다.

해석 우리에게 알려진 거의 모든 식물들은 다른 일을 하기 위해서 특화되어진 아주 많은 세포들로 구성되어 있다.

**8. 정답 B (themselves → them)**

해설 재귀대명사는 주어와 같은 경우에 쓰는 표현인데, 이 문장에서 재귀대명사와 연결되는 주어는 shells이다. 그러므로 해석상 다양한 동물들을 받아야 하기 때문에 (B)를 them으로 고쳐야 한다.

해석 다양한 동물들은 그들을 일정 크기 이상 자라지 못하게 막는 껍질을 가지고 있다.

**9. 정답 C (themselves in producing → itself in producing)**

해설 재귀대명사의 강조용법이다. 강조용법은 부사이므로 문장에 영향은 없지만, 강조하고자 하는 명사의 수일치는 맞춰주어야 한다.

해석 그들이 직면할 그리고 너의 세대가 직면할 중대한 과제 중 하나가 핵에너지를 만드는데 있어서 연료의 주기 그 자체이다. 우리는 모두 그 문제를 안다. 즉 우리에게 핵에너지를 주는 바로 그 자체가 국가들과 테러리스트들을 핵무기의 범위 안에 넣을 수 있다.

**10. 정답 D (other → another)**

해설 (D)의 other는 형용사의 역할밖에 할 수 없으므로 전치사 뒤에 들어갈 수 없다. 그러므로 one experiment와 연결되는 another (experiment)가 되어야 한다.

해석 과학에서, 하나의 실험은, 그것이 성공하든 실패하든 간에, 이론적으로 무한한 진보 속에서 또 다른 실험에 의해 논리적으로 이어진다.

## 적용하기 3단계

**1. 정답 D**

해설 내용상 앞에 있는 ideology를 대신 받는 대명사를 써야 하므로 that을 넣어야 맞는 표현이 된다.

해석 Jackson의 두 번째 임기동안, 그의 인기덕분에 그의 반대파들은 Whig Party로 알려진 당으로 통합될 수밖에 없었는데, 이 당은 집권당과는 현격하게 대비되는 이념을 제시하는 집단이었다.

**2. 정답 C**

해설 that절이 주격관계대명사 이므로 동사에 수일치는 선행사에 해줘야 한다. 즉 link는 복수 취급했으므로 밑줄에 들어갈 선행사 역시도 복수명사여야 한다. 이때 it, they, them, this는 형용사의 수식을 받지 않는 대명사이므로 (D)는 답이 될 수 없다.

해석 아마도 경기 순환의 가장 오래된 이론들은 그것들의 원인을 수확의 변동에 연결시키는 것이다.

**3. 정답 B**

**해설** (A) the most는 형용사의 최상급을 표현해주는 어구이므로 of이하의 수식을 받을 수 없다. (C) mostly는 부사이므로 어순에는 문제될 것이 없지만, 의미적으로 통하지 않는다. (D) almost는 부사이므로 of이하의 수식을 받을 수 없다.

**해석** 메이저리그에서 Tigers, Lions, Eagles, Pirates와 같은 대부분의 공격적인 닉네임은 좀 더 오래된 프랜차이즈들이 가지고 있다.

**4. 정답 D**

**해설** (A) to부정사의 부정 표현은 not to부정사로 표시한다. (B) as 자체는 전치사로 앞에 있는 services를 꾸며줄 수도 있겠지만, electricity 다음에 또 such가 나올 수는 없으므로 틀렸다. (C) as such는 '그러한 것으로서'라는 의미의 '전명구'이므로 뒤에 gas와 electricity와 같은 명사는 나올 수 없다. 그러므로 답은 (D) such as는 '~과 같은'의 전치사로서 뒤에 명사를 가져올 수 있다.

**해석** 가스와 전력과 같은 서비스의 대금이 각각의 경우에 주인집을 통해서 지불되지 않는 것은 드물다. 그러나 어떤 여분의 비용은 반드시 휴일이 끝나기 전에 처리되어야만 한다.

**5. 정답 D (as it does in almost aspects of → as it does in almost all aspects of)**

**해설** almost는 부사이므로 명사 aspects를 꾸밀 수 없다. 그러므로 (D)번의 almost를 almost all로 고쳐서 명사를 꾸며주면 된다.

**해석** 일부 사람들은 인종을 기반으로 한 점수 조정을 하는 의료 심사 평가가 유색인들에게 해롭다고 주장한다. 은퇴한 병리학자이자 의학연구실 대표로서 나는 조직적인 인종차별이 의학계에는 미국 사회 거의 모든 측면에 존재하는 것처럼 존재하지는 않는다고 주장하려는 건 분명 아니다. 그러나 나는 이와 반대되는 주장을 들은 적이 있다. 인종간의 차이를 결정의 알고리즘에 통합하지 못하는 것도 또한 인종차별을 성립시킨다는 주장이었다.

**6. 정답 C (both → all)**

**해설** three or four small whaleboats까지 완전한 절의 구조가 쓰였으므로 both부터 a crew of six는 독립분사구문이다. 이때 both는 둘을 지칭하는데, 여기서는 이미 셋 또는 넷을 말하고 있으므로 (C)의 both를 all로 바꿔야 옳은 표현이 된다.

**해석** 대부분의 19세기의 포경선들은 세 개 또는 네 개의 작은 포경선과 함께 다녔다. 이 작은 포경선 모두는 6명의 선원들을 태울 수 있었다.

**7. 정답 C (children have → children has)**

**해설** every는 단수명사를 꾸며주어야 한다.

**해석** 당신은 한 젊은 유세 현장 조직책의 목소리에서 결의를 들을 수 있을 것이다. 그 젊은 조직책은 아르바이트를 해서 대학을 다니고 있고, 모든 어린아이들이 똑같은 기회를 얻는 것을 확실히 하고 싶어 한다.

**8. 정답 B (either of them → each of them)**

**해설** 앞에 세 가지의 명사가 쓰였으므로 둘을 지칭하는 대명사인 either는 쓰일 수 없다.

**해석** 전화기, TV 세트, 그리고 자동차들이 삶을 더 편리하고 더 재미있게 만든다. 그러나 그것들 각각은 만약 우리가 그것들이 우리를 통제하도록 내버려 두는 것을 원치 않는다면 반드시 알아져야하고 반드시 통제되어야 하는 위험성을 준다.

**9. 정답 C (other → another)**

**해설** A is one thing and(but) B is another (A와 B는 별개의 것이다.)

**해석** 어떤 것을 무엇이라고 말하는 것과 그것이 존재한다고 말하는 것은 별개의 일이다. 즉, 우리는 개의 존재 혹은 부재를 확인하는 데 몰입하지 않고서도 개가 무엇인지 알 수 있다.

**10. 정답 A (them → it)**

**해설** 해석상 (A)의 them은 아일랜드를 받는 것이므로 단수 대명사로 써야 옳은 표현이 된다.

**해석** 아일랜드의 활기차고 푸르른 경치는 그 나라에 에메랄드 섬이라는 타이틀을 얻게 해주었다. 전통적으로, 대부분의 아일랜드 사람들은 그들의 생계를 땅을 경작하는 것으로 꾸려나갔다. 1950년대 이래로, 에너지 산업 정책이 제조업을 촉진시켰다. 그리고 그것은 서비스 산업과 함께 아일랜드의 경제를 이끌어나가게 한다. 1973년에 아일랜드는 유럽 공동체 (EC)에 가입되었고, 그리고 지금은 유럽연합 (EU)의 멤버이다.

## 형용사, 부사

### 적용하기 1단계

**1. 정답 B**

**해설** 일단 teach가 4형식으로 쓰였으므로 목적어가 두 개 나와야 한다. 이때 '~thing'이 나오면 형용사를 뒤에서 꾸며줘야 하기 때문에 답을 (D)로 고르면 안 된다. 형용사가 thing, body의 뒤에서 꾸미는 경우는 앞에 some, no, every, any 이런 표현들이 들어가는 경우에만 그렇다. 'something special', 'nothing new' 이런 식으로 말이다. 지금의 경우는 그냥 thing만 쓰였기 때문에 형용사가 뒤에서 꾸밀 이유가 없다. 그러므로 답은 B이다.

**해석** 그 도서관은 사람들에게 다양한 것들을 가르쳐준다. 그리고 유용한 학습공간일 뿐만 아니라 훌륭하고 조용한 독서환경이기도 하다.

**2. 정답 D**

**해설** 'It is 이성적판단형용사 that절/to부정사구' 구문이다. that절이 쓰이는 경우에는 반드시 should가 들어간, 혹은 생략된 동사원형의 형태가 쓰여야 하므로 (C)는 답이 될 수 없다. 가장 적절한 것은 (D)이다.

**해석** 새로운 문제에 대처하는 방법을 그가 결정하는 것이 필수이다.

**3. 정답 D**

**해설** 분수표현이다. 분자-분모의 어순으로 쓰고, 분자는 기수로, 분모는 서수로 표현한다. 만약 분자가 2이상일 경우에는 분모에 복수취급을 해주면 된다.

**해석** 세계의 선도적인 철 생산국인 브라질은 전 세계 생산량의 대략 5분의2를 차지한다.

**4. 정답 B**

**해설** 문미부사의 순서를 묻는 문제이다. 일반동사가 쓰이는 경우 '방법 + 장소 + 시간'의 순서로 부사가 쓰이고, 장소이동동사 (= 왕래발착동사)가 나오면 '장소 + 방법 + 시간'의 순서로 부사가 쓰인다. 만약 같은 부사가 동시에 나오면 작은개념 + 큰개념의 순서로 쓰면 된다.

**해석** 그는 지난 학기 일주일에 3일 대학에서 많은 사람들 앞에서 강의를 했다.

**5. 정답 A**

**해설** alive는 서술적용법 형용사이므로 명사를 전치수식하지는 못한다. 주격관계대명사+be동사가 생략된다는 문법적 사항으로 인해 후치수식은 가능하다.

**해석** AFOC는 그 행사에서 살아남은 군인과 지금 한국에서 근무 중인 군인들의 가족뿐만 아니라 고인이 된 참전용사에게 존경심을 표하기 위해 그들에게 한국을 이해할 기회를 주기로 결정했다.

**6. 정답 A (numbers → amount)**

해설 money는 셀 수 없는 불가산명사이다. 즉 '양 형용사'가 쓰여야 하는데 number는 셀 수 있는 명사를 수식하는 '수 형용사'이다. 그러므로 amount로 고쳐야 한다.

해석 제조업자들은 TV의 관한 그들의 제품을 광고하기 위해 많은 양의 돈을 지불한다. 왜냐하면 수백만 명의 사람들이 이런 게임들을 보기 때문이다.

**7. 정답 D (heavy → heavily)**

해설 heavy는 depend on을 수식하고 있기 때문에 부사로 수식해야 한다.

해석 엄청난 양의 전자 장치에도 불구하고, 항공관제는 아직도 사람에게 많이 의존하고 있다.

**8. 정답 C (much too information → too much information)**

해설 much too는 뒤에 형용사나 부사가 쓰여야 한다. information은 불가산 명사이기 때문에 too much로 바꿔야 옳다.

해석 그들이 그들의 주량을 나열하든 또는 그들의 구직활동에 대해 나열하든 간에, 너무 많은 정보를 주려는 그들의 경향은 많은 관리자들이 곤혹스러워서 머리를 긁적이도록 만든다.

**9. 정답 B (the all stars → all the stars)**

해설 the는 한정사 all은 전치한정사 이므로 all the가 어순 상 맞는 표현이다.

해석 오리온 별자리는 이러한 별들이 발견되는 하늘의 지역과 마찬가지로 모든 별들을 오리온자리의 익숙한 패턴에 포함시킨다.

**10. 정답 D (increasingly → increasing)**

해설 부사 increasingly는 명사 appetite를 꾸며줄 수 없다. 그러므로 형용사 increasing으로 바꿔야 한다.

해석 TV와 비디오 게임들은 실제 보다 훨씬 빠른 속도로 펼쳐진다. 그리고 그것들은 더 빨라지고 있고, 사람들로 하여금 빠른 속도의 변화에 대한 증가하는 욕구를 발전시키도록 야기한다.

## 적용하기 2단계

### 1. 정답 D

해설 밑줄까지 완전한 절의 구조가 왔고, 콤마가 찍혀있는 것으로 보아 계속적 용법의 관계대명사가 쓰였고, 생략되었음을 알 수 있다. 일반적으로 목적격관계대명사 또는 주격관계대명사 + be동사가 생략 가능하고 여기서는 보기에 타동사가 없으므로 주격관계대명사 + be 동사가 생략되었음을 알 수 있다. 즉 'be different from 명사'의 구조로 문장이 연결된다.

해석 오늘날 젊은 사람들은 미래의 불확실성과 특히 적은 수의 직장에 대한 매우 어른스러운 걱정을 하고 있다. 그리고 그것은 그들의 부모 세대와는 훨씬 다르다.

### 2. 정답 A

해설 부사 much는 전치사구를 수반할 수 있는데, 이 경우 구 앞에 위치해야한다.

해석 A: Lee 부인 아직 안 왔나요? B: 네, 놀랍게도, 늦으시네요.

### 3. 정답 A

해설 일단 밑줄에는 동사가 쓰여야 한다. 또한 일반동사를 수식하는 부사는 일반동사 앞에서 수식하는 것이 맞다.

해석 잠깐 들렀던 많은 사람들은 정부를 그 길을 깨끗하게 치우지 않은 것에 큰 소리로 비난을 했다. 하지만, 누구도 그 장애물을 멀리 치우는 의무를 떠맡지 않았다.

### 4. 정답 B

해설 빈도부사는 일반동사앞 조동사 또는 be동사 뒤에 위치해야 하는 것이 원칙인데, 만약 조동사, be동사가 둘 다 쓰이는 경우에는 첫 번째 조동사 뒤에 부사를 위치시키면 된다.

해석 아시아는 대부분의 전문가들에 의해 항상 문명의 발상지로 간주되어졌다.

### 5. 정답 D (sound alike → sound like)

해설 alike는 서술적용법의 형용사이므로 보어자리에 쓰일 수 있으나, 그 뒤에 명사를 가져올 수는 없다. 그러므로 보어자리에도 쓰이고, 목적어도 가져올 수 있는 전치사적 형용사인 like를 써 주어야 한다.

해석 비록 일상생활의 그 독특한 환경으로 인해 우리들 각각이 말하는 방식에 개별적인 차이를 보임에도 불구하고, 우리는 일반적으로 우리와 비슷한 교육 환경을 공유하는 다른 사람들처럼 말하는 경향이 있다.

### 6. 정답 B (aired lively → aired live)

해설 lively는 '활기(생기) 넘치는'이란 뜻의 형용사이므로, 동사 air를 수식할 수 없다. 따라서 lively를 '생방송으로'라는 뜻의 부사 live로 고쳐 (B)는 aired live가 되어야 한다.

해석 아리아나 그란데의 멘체스터 추모 콘서트는 BBC One과 다른 주요 방송구에서 생방송으로 진행되었다.

### 7. 정답 C (from → to)

해설 be indifferent to (~에 무관심하다)

해석 우리는 모두가 좋은 이웃으로서 살도록 준비되어있다. 그러나 우리는 우리의 이익, 우리의 국민들 또는 우리의 해외의 업적들을 해치도록 의도된 행동들에 가만히 있을 수는 없다.

### 8. 정답 C (real → really)

해설 real이라는 형용사가 해석상 great라는 형용사를 꾸며야 하므로 부사로 바꾸어야 한다.

해석 그가 죽기 훨씬 이전에, Goethe는 독일과 해외에서 세계문학의 정말로 위대한 인물들 중 한명으로 인정받았다.

### 9. 정답 B (unlike → unlikely)

해설 seem은 2형식 동사로, 뒤에 보어가 쓰여야 한다. 물론 unlike는 전치사적 형용사로서 보어자리에 얼마든지 쓰일 수는 있지만, 그 뒤에 to부정사가 쓰인 것으로 보아 전치사적 형용사는 쓰일 수 없음을 알 수 있다. 즉 seem의 보어는 to부정사가 되는 것이고 그 사이에 들어간 표현은 부사가 되어야 한다. 'seem unlikely to부정사' (~할 것 같지 않은 것처럼 보인다)

해석 '사실'과 '허구' 사이에서의 구별은 우리를 그다지 먼 곳까지 데려가지 않은 것처럼 보이는데, 특히 그 이유는 그러한 구별 자체가 종종 의심스럽기 때문이다.

**10. 정답 B (relative → relatively)**

**해설** relative가 light를 꾸며야 하는데, light는 이 문장에서 '빛'이라는 명사로 쓰인 것이 아니라 '가벼운'이라는 형용사로 쓰였으므로 부사로 수식해야 한다.

**해석** 뼈는 몸 안에서 가장 단단한 물질들 가운데 하나이다. 비록 그 무게가 상대적으로 가볍기는 하지만, 뼈는 그 위에 작용하는 장력과 다른 힘들을 견딜 수 있는 놀랄만한 능력을 가지고 있다.

## 적용하기 3단계

**1. 정답 B**

**해설** be 동사 뒤에 alike가 쓰인다면 보어로서 명사가 뒤에 동명사와 같은 명사류가 쓰일 수가 없다. 그러므로 (A), (C)는 답이 아니다. like는 전치사적 형용사로 쓰여서 보어자리에도 들어가고 전치사로서 뒤에 명사류를 목적어로 취해야 한다. 또한 해석상 '둘러싸는 것'이 아니라, '둘러싸이는 것'이기 때문에 수동태가 맞는 표현이다.

**해석** 사랑에 빠지는 것은 마법의 구름 속에 쌓이는 것과 같다. 공기는 더 신선하게 느껴지고, 꽃들은 더 달콤한 향기가 나고, 음식은 좀 더 맛있어진다. 그리고 별들은 밤하늘에서 더 찬란하게 빛이 난다.

**2. 정답 B**

**해설** 밑줄 뒤에 homework라는 불가산 명사가 쓰였으므로 much too가 아닌 too much로 써야 한다. 또한 too much에서 too는 '너무나' 라는 표현으로 해석상 비교의 느낌이 난다. 그러므로 비교급을 강조할 때 쓰는 강조부사 far가 too much 앞에 쓰일 수 있다.

**해석** 오늘날 아이들은 너무나 많은 숙제를 할당받고 있다. 그래서 학생들에게 더 많은 자유시간을 주기위해 학교는 반드시 선생님들에게 그들의 방과 후 과제를 제한하도록 요청한다.

**3. 정답 A**

**해설** with 전치사 뒤에 명사가 쓰여야 하는데, 한정사 + 형용사 + 명사의 어순이 되어야 한다. 즉 (A)가 답이다.

**해석** 가장 좋은 점은 당신이 혼자 할 필요가 없다는 것이다. 다른 사람들 즉 당신이 만약 가족이 있다면, 배우자와 아이들과 함께, 만약 그들이 없다면 친구들과 대가족 식구들과 함께 요리를 한다는 것은 매우 만족스럽고 편안한 사회활동이 될 수 있는데, 당신은 요리를 끝내고 나서 맛있는 음식을 먹을 수 있다는 이점 또한 누릴 수 있다.

**4. 정답 D (smooth the same → smoothly the same)**

**해설** move along the same path (똑같은 길을 따라 움직이다)라는 표현인데, 그 사이에 exactly라는 부사가 쓰였고, 그 뒤에도 역시 smoothly 라는 부사가 쓰여야 한다.

**해석** 유동체가 움직일 때, 그것의 흐름은 두 가지 방법 중 하나로 특징지어질 수 있다. 만약 특정한 지점을 통과하는 모든 입자가 뒤따라서 그 지점을 통과하는 이전 입자들과 똑같은 길을 따라서 정확하고 부드럽게 이동한다면, 그리고 뒤따라서 이전 입자들이 그 지점을 통과한다면, 그 흐름은 유선형이라고, 또는 얇은 판을 이룬다고 전해진다.

**5. 정답 E (apparent → apparently)**

**해설** (E)의 apparent는 형용사로 앞에 잇는 people을 꾸며줘야 하는데, 해석상 '명백한 사람들이다'는 어색하다. 차라리 apparently 라고 부사로 고쳐서 뒤에 있는 부사구를 수식해주면 '명백히 전국 각지 출신이다'라고 해야 말이 된다.

**해석** 알루미늄으로 만든 경찰 바리케이드에 떠밀린 채, 얼굴 위로 나부끼는 스카프와 귀를 뒤덮은 양털 모자를 쓰고 인도 위에 서 있는 사람들은 전국 각지에서 모여 든 것이 분명해보였다.

**6. 정답 B (fewer → less)**

**해설** few는 형용사이므로 명사를 수식해야 하는데, 해석상 depend on을 꾸며주고 있으므로 부사인 little로 바꿔야 한다.

**해석** 장래에 인간의 건강은 우리가 살고 있는 지구의 건강보다 양적인 경제 성장에 덜 달려있다. (지구의 건강이 더 중요하다)

**7. 정답 D (worth → worthwhile)**

**해설** worth는 전치사적 형용사이므로 보어의 역할도 하지만 전치사의 역할도 해야 하므로 뒤에 명사류가 나와야 하는데 뒤에 아무것도 나오지 않았으므로 일반 형용사인 worthwhile로 바꾸는 것이 적당하다.

**해석** 대부분의 작가들은 비평적이다. 즉 그들은 대학이 좋은 일을 하지 않는다고 주장하며, 대학 교육의 가치에 의문을 품는다. 자주는 아니더라도, 옹호자는 대학의 학위가 가치가 있다는 것에 논쟁을 일으킨다.

**8. 정답 D (highly → high)**

**해설** highly는 부사로 '크게, 매우'의 의미가 되므로 해석상 맞지 않는다. 해석상 '높은, 높이'의 의미를 지닌 high가 적당하다.

**해석** Maleeva 자매과 Gullikson 형제들과 같은 가족들이 테니스 선수들이다. 그러나 그들 중 누구도 Venus와 Serena 자매만큼 높은 랭킹에 오른 적이 없었다.

**9. 정답 D (off them → them off)**

**해설** cut off는 '타동사+부사'의 표현이다. 이때 목적어로 대명사가 나오는 경우 '타동사 + 대명사 + 부사'의 어순으로 써야 맞는 표현이다.

**해석** 이란의 핵 프로그램에 대해 유럽에 의한 석유 통상금지를 포함한 국제적 제재에 포위된 이란은 수요일에 6개국의 바이어들에게 즉각적으로 이란의 석유판매를 중단시킴으로써 우선적으로 파업을 할 거라고 경고했다.

**10. 정답 A (To the most fully extent possible → To the fullest extent possible)**

**해설** extent는 형용사처럼 보일수도 있으나 명사로 쓰인다. 그러므로 fully라는 부사가 아닌 full이라는 형용사로 고쳐야 한다. 최상급으로 고쳐야 하므로 the fullest가 맞는 표현이다.

**해석** 이들 모형 판형과 설계들은 연방정부에 의해서 개발된 기존의 표준 모델을 최대한도로 따라야 한다.

## 비교급

## 적용하기 1단계

**1. 정답 B**

**해설** 뒤에 than이 있으므로 비교급임을 알 수 있다.

**해석** 권총위에 있는 지문보다 유죄판결 된 죄수의 더 명확한 증거는 없다.

**2. 정답 C**

**해설** 뒤에 than이 있으므로 비교급임을 알 수 있고, 앞의 동사가 be동사이므로 밑줄에 나올 품사는 부사가 아닌 형용사이다.

**해석** 많은 경우에, 비행기 보다 열차로 여행하는 것이 더 빠르다.

**3. 정답 C**

**해설** The 비교급 + the + 비교급 문제이다. 앞에 the 비교급 + 주어 + 동사가 나왔으므로 밑줄에도 the 비교급이 나와야 하고, 밑줄 뒤에 주어와 동사가 없는 것으로 보아 'the 비교급 + 주어 + 동사'가 다 나와 있는 보기가 답이다. 도치는 be동사가 나왔을 때나 가능하다.

**해석** 우리가 더 높이 올라가면 올라갈수록, 날지 못하는 사람들에게 우리는 더 작아 보인다.

**4. 정답 D**

**해설** '모든 경제적인 문제들'이라는 표현을 썼으므로 비교급이 아닌 최상급의 표현이 맞다. 최상급을 쓸 때는 a가 아닌 the를 사용해야 한다.

**해석** 모든 경제적인 문제들 중에, 사람과 사업에 매일 영향력을 끼치는데 있어서 인플레이션이 가장 중요하다.

**5. 정답 B (better necessary → more necessary)**

**해설** necessary의 비교급은 better necessary가 아닌, more necessary이다.

**해석** 현상이 복잡하면 복잡할수록, 인간이 상상할 수 있는 많은 작은 부분으로 쪼개는 것이 점점 더 필수이다.

**6. 정답 C (to study → studying)**

**해설** 비교급에서는 반드시 비교 대상간의 병렬구조가 명확해야 한다. 문장에서 비교하는 대상은 Learning과 to study이다. studying으로 바꾸자.

**해석** 중학교에서, 고등학교 그리고 대학교에서 영어의 기본을 배우는 것은 해외에서 그 언어를 공부하는 것 보다 스트레스가 덜 하다.

**7. 정답 A (so old as → as old as)**

**해설** 원급비교 as ~ as 구문은 부정문에서는 not so ~ as로 앞에 있는 as가 so로도 쓰일 수 있지만, 긍정문에서는 불가능하다.

**해석** 해부학에 대한 연구는 의학의 역사만큼이나 오래되었다. 그러나 그것의 발전은 죽은 사람들을 해부하는 것에 대한 고대의 금지로 인해 크게 뒤쳐져있었다.

**8. 정답 C (leaders → leader)**

**해설** 비교급 + than + any other 단수명사

**해석** 이집트의 불확실한 전개를 너무 짜증나게 만드는 것은 다른 어떤 외국의 정상보다도, Obama대통령이 자꾸 카이로의 아랍권에 편을 들었다는 것이다.

**9. 정답 C (like → as)**

**해설** 원급비교구문에서 as ~ like는 있을 수 없는 표현이다.

**해석** 부모와 함께 살고 있는 젊은이들은 혼자 힘으로 살고 있는 사람들만큼 거의 그들의 주택사정에 만족한다고 말할 것 같다. 거의 같다.

**10. 정답 C (more → 삭제)**

**해설** longer가 이미 비교급인데 앞에 more가 붙었으므로 틀렸다.

**해석** 심리학자인 Ross Mcfarland는 사람들이 이전에 생각되어졌던 것 보다 더 오래 생산적으로 일할 수 있다고 말했다.

## 적용하기 2단계

**1. 정답 C**

**해설** not so much A as B (A라기 보다는 B) 또한 A와 B는 병렬관계가 성립되어야 한다.

**해석** 미국에서, 상징이나 역사적 대상으로서 헌법에 강조를 둔다기 보다는 근본적이고 확고부동하다고 전해졌던 민주주의적 믿음을 보관하는 역할로의 헌법에 강조를 둔다.

**2. 정답 D**

**해설** 타인과의 비교가 아닌 동일인의 성질을 비교하는 경우 아무리 짧은 단어라 하더라도 'er'을 붙이지 않고 'more'를 붙여야 맞다.

**해석** 나는 그의 어머니께서 현명하시다기 보다는 친절하다고 생각한다.

**3. 정답 C**

**해설** '~은 말할 것도 없고'라는 표현을 할 때, 앞 문장이 부정문인 경우 much/still less를, 앞 문장이 긍정문인 경우 much/still more를 써준다.

**해석** 그러한 학생들은 교과서는 말할 것도 없고 책 읽는 것을 좋아하지 않는다.

**4. 정답 B**

**해설** 비교급 than이 나오고 주어가 일반 명사, 동사가 대동사라면 도치가 가능하다. 그러나 주어가 대명사인 경우에는 도치가 불가하므로 주의하자.

**해석** 태양열은 땅을 통과하는 것 보다 더 깊이 물속을 통과한다.

**5. 정답 D**

**해설** 배수비교급 표현이다. 배수사 + as ~ as / 배수사 + more ~ than / 배수사 + the 명사 of 명사 등의 표현이 가능하고 어순을 꼭 지켜줘야 한다.

**해석** 그들의 선사시대의 조상들은 오늘날의 동물들의 크기에 대략 4배정도 컸다.

**6. 정답 C (largest of → larger of)**

**해설** 두 가지 사이즈라고 말했으므로 비교급으로 써야 한다. 최상급은 셋 이상일 때 쓰는 표현이다.

**해석** 지하에 새롭게 설치된 샤워 스톨이 다소 컸기 때문에, Jennifer는 철물점에서 살 수 있는 커튼을 거는 막대 2가지 사이즈 중에 더 큰 것을 샀다.

**7. 정답 A (very → more)**

**해설** than her husband라는 표현이 나왔으므로 비교급임을 알 수 있다. 그러므로 very가 아닌 more를 써야 옳은 표현이 된다.

**해석** 그녀는 마침내 심지어 남편보다 성질이 더 난폭해졌다. 그녀는 남편이 명령했던 것만큼 단순하게 잘하는데 만족하지 못했다. 그녀는 더 잘해내기를 갈망하는 것처럼 보였다.

**8. 정답 D (than the great apes → than the great apes' 또는 that of the great apes)**

**해설** 비교대상간의 병치를 묻는 문제이다. 비교대상은 인간과 유인원이 아니라 '인간의 음성 장치'와 '유인원의 음성 장치'이다. 그러므로 the great apes'나 that of the great apes로 표현해야 맞다.

**해석** 비교해부학자들은 최근에 인간의 음성 장치가 여러 측면에서 유인원의 그것 보다 더 단순하다는 것을 보여주었다.

**9. 정답 D** (as fast as possible → as fast as)

해설 '가능한 한'이라는 표현은 'as ~ as possible' 또는 'as ~ as 주어 + can'이다. 두 표현이 합쳐질 수는 없다.

해석 Julio가 발판위에 있는 사람들에게 더 빨리 일하라고 지시했을 때, 그들은 그에게 "더 빠르게는 못해요. 우리는 지금 가능한 한 빨리 일하고 있단 말이에요." 라고 말했다.

**10. 정답 A** (Before going any further with the project, we should check with the boss.)

해설 둘 다 '더 먼'의 해석이지만, farther는 거리를 further는 정도를 나타낸다.

해석 (A) 이 프로젝트를 더 진행하기 전에, 우리는 반드시 보스와 상의를 해야만 한다. (B) 가장 먼 길이 때때로 선택하기에 가장 좋은 길이다. (C) 더 많은 정보를 원하신다면, 시내에 있는 정보센터를 방문해 주십시오. (D) 안개가 너무 심해서 나는 약 10미터 보다 더 멀리는 볼 수 없다.

## 적용하기 3단계

### 1. 정답 A

해설 이중비교 표현이다. 비교해주는 대상이 문미에 위치하는 경우 비교급을 나타내주는 접속사 as, than을 다 써야 맞는 표현이다. (B)의 경우 문법적으로 틀린 것은 없지만, 논리상 맞지 않으므로 답이 아니다.

해석 아이를 돌봤던 내 경험은 비록 고등학생 베이비시터 보다 더 낫지는 않지만, 그 정도만큼은 좋은 편이다.

### 2. 정답 C

해설 that절의 주어인 they는 선사시대 인간을 가리키는데, 고릴라, 반딧불이, 해파리가 환경에 영향을 미치지 않는 하찮은 동물이므로 선서시대 인간도 이들과 '마찬가지로 영향을 미치지 않는' 하찮은 동물이 되려면 빈칸에는 이들보다 '더 많은 영향을 미치는 것이 전혀 아닌'의 뜻으로 (C)의 no more가 적절하다.

해석 선사시대 인간에 대해 알아야 할 가장 중요한 점은 그들이 고릴라, 반딧불이 또는 해파리와 마찬가지로 환경에 영향을 미치지 않는 하찮은 동물이었다는 것이다.

### 3. 정답 C

해설 비교급 than any other 단수명사. 이때 비교대상이 병치관계에 놓이므로 in New York과 비교대상이 되는 것은 in any other state가 맞다.

해석 뉴욕에 있는 주립대의 수업료가 작년에 어느 주 보다도 더 큰 비율로 올랐다.

### 4. 정답 D

해설 마지막 문장에 부정어 not이 들어가 있는데도 부정의 느낌으로 해석이 안 된다면 not A so much as B (A라기 보다는 B다)를 넣어서 해석해 보자.

해석 Harriet은 자유라는 주제로 논문을 썼다. 그녀에게 자유란 국가가 얼마나 멀리까지 시민의 행동에 간섭해야 하는지, 혹은 간섭하지 않아야 하는지에 대한 문제가 아니었다. 자유는 사회 자체 안에서의 관용의 문제였고, 어떤 사람들이 다른 사람들에 의해서 권리가 침해당하는 문제였다. 그녀에게 있어서 자유의 문제는 정치적 자유의 문제라기보다는 사회적 자유의 문제였다.

### 5. 정답 D

해설 양태의 as, 비교의 than이 나오고 주어가 일반명사이고, 동

사가 대동사로 쓰이는 경우 도치 가능하다. 만약 도치를 했다면 수일치나, 대동사의 형태를 묻는 문제가 주로 출제된다. 앞에 나온 동사가 have fallen이었으므로 밑줄에도 have가 쓰여야 옳다.

해석 취업을 할 수 있는 사람들을 위한 초봉이 빠르게 줄어든 것처럼 대학을 갓 졸업한 사람들의 취업률 또한 지난 2년 동안 급격히 감소했다.

### 6. 정답 D (in ways that more illuminate → in ways that illuminate)

해설 A rather than B (B라기 보다는 A)의 구조이다. 동의어는 more A than B가 있으나, 이 두 가지가 섞이면 안 된다.

해석 그러나 학살에 대한 첫 번째 메이저급 영화인 "Anne Frank"와 "Judgement at Nuremberg" 이후로 줄곧, 미국영화는 고유의 드라마를 이용하기 보다는 오히려 교화적인 방식으로 2차 세계대전의 이야기를 말해주는 숭고한 일을 한다.

### 7. 정답 B (a decision → to a decision)

해설 the + 비교급 + 주어 + 동사에서 비교급이 형용사로 나오면 보어자리에도 쓰일 수 있지만, 명사를 수식할 수도 있다. 즉 'the + 비교급 + 명사 + 주어 + 동사'의 구조가 나올 수도 있다는 것이다. 이때 명사는 동사의 목적어였기 때문에 동사의 뒷구조는 불완전한 절의 구조가 쓰여야 함을 알 수 있다. 즉 문제에 나온 문장을 원래대로 고쳐보면 As you expect more opposition a decision이 되는데, 명사 opposition뒤에 또 명사가 쓰였다. 그러므로 (D) a decision을 to a decision으로 바꿔야 한다.

해석 의사결정자들의 도덕성. 즉 당신이 결정에 대해 더 많은 반대를 예상하면 할수록, 마땅한 순간을 선택하는 것이 더 중요하다.

### 8. 정답 D (than had → than did)

해설 than이하에 주어 동사가 도치된 표현이다. 이때 앞에 나온 동사가 had라는 일반동사이므로 도치를 해 줄때는 일반동사의 대동사인 did로 쓰는 것이 맞다. 그러므로 (D)의 had를 did로 바꾸자.

해석 1800년대 초기 미국에서, 각각의 주 정부들은 연방정부가 그러한 것보다도 경제에 더 많은 영향력이 있었다.

### 9. 정답 A (it takes much time → it takes more time)

해설 (A)에서 much라는 표현이 나왔는데 그 뒤에 than이 쓰였으므로 much를 비교급 more로 바꿔야 한다.

해석 개미는 동일한 속도로 이동한다. 그러나 잔가지나 자갈의 더 긴 쪽을 돌아가는 경우, 더 짧은 쪽을 돌아갈 때보다 시간이 더 소요된다. 그래서 같은 시간 동안, 더 짧은 길은 (더 긴 길보다) 더 많은 개미의 통행량과 더 높은 페로몬의 축척을 받게 된다.

### 10. 정답 D (as nearly as → nearly as)

해설 D의 as nearly as는 nearly를 원급비교해 주는 표현인데, 이렇게 되면 해석이 '많은 이슬람교도들만큼 거의 가지고 있다.'로 되어 has의 목적어도 없고 이상해진다. 즉 뒤에 있는 as Afghanistan과 연결시켜서 '아프가니스탄만큼 많은 이슬람교도들을 가지고 있다.'로 표현하는 것이 더 적당하다.

해석 최근의 보고서는 아마도 많은 사람들을 놀라게 할지도 모르는 이슬람 세계에 대해 묘사해준다. 예를 들어서 독일은 레바논보다 더 많은 이슬람교도들을 가지고 있고, 러시아는 요르단과 리비야가 합쳐진 것 보다 더 많은, 이디오피아는 아프가니스탄만큼 많은 이슬람교도들을 가지고 있다.

## 일치, 병치, 도치

### 적용하기 1단계

**1. 정답 C**

(해설) only + 부사구가 문두에 나오면 주절은 도치가 된다.

(해석) 최근까지, 오직 복잡한 검사에 의해서만이, chlamydial감염 여부를 찾아낼 수 있었다.

**2. 정답 B**

(해설) there 유도부사가 나오면 주어와 동사는 도치된다.

(해석) 시장의 모든 간판들은 사라졌고 마을 회관 앞에는, 단지 연단 하나만이 서 있었다.

**3. 정답 B**

(해설) 부분 of 전체 표현이다. 이 경우 수일치는 전체에 맞춰야 한다. divorce suits이므로 were가 답이다.

(해석) 법정 통계에 따르면, 작년에 제기되어진 전체 이혼 소송의 47%결혼 2~5년차 사이의 부부들에 의해서였다.

**4. 정답 B**

(해설) not until A, B의 구조에서는 B에 도치를 한다. expedient 는 '타당한'이라는 형용사이기 때문에 일반동사의 도치구문인 (D)는 답이 될 수 없다.

(해석) 우리는 건축업자가 일을 끝내고 나서, 돈을 지불하는 것이 타당하다고 생각했다.

**5. 정답 A**

(해설) A, B, and C의 구조이다. 각각은 병치가 되어야 하므로 전치사 As의 뒤에 나왔으므로 명사로 쓰여야 답이 된다.

(해석) 캘리포니아의 국회의원이자, 공화당원이자, 반전운동의 지도자로서 그 젊은 정치가는 1970년대의 기간 동안 잘 알려지게 되었다.

**6. 정답 A (A number → The number)**

(해설) 본동사가 단수(has)이기 때문에 주어는 A number of가 아닌 The number of로 써야 옳다.

(해석) 대학에서 자연과학기술을 전공하려고 준비 중인 고등학교 학생들의 수가 급속도로 감소하고 있었다.

**7. 정답 C (region → regions)**

(해설) one of the 복수명사

(해석) 수도인 바르셀로나와 함께, 카탈로니아는 스페인에서 가장 부유하고 가장 인구가 많은 지역들 중에 하나이고, 그 나라의 전체 경제의 20%를 차지하고 있다.

**8. 정답 A (Most of critics agrees → Most of the critics agree)**

(해설) 부분 of 전체의 표현에서 전체는 특정한 전체를 말하기 때문에 '부분 of the 전체'로 표현해 주어야 한다. 또한 부분 of 전체는 수일치를 전체에 맞추기 때문에 agrees역시 agree로 바꿔야 한다.

(해석) 대부분의 비평가들은, Charles Brockden Brown과 함께 시작된 미국의 고딕 양식이 지금까지도 중요한 존재였고, 미국 문화에 지속적으로 영향을 끼치고 있으며, 모든 수준에서 미국 문학에 스며들고 있다는 것에 동의한다.

**9. 정답 C (phone → to phone)**

(해설) A, B, and C의 구조이다. 앞에 be encouraged to부정사로 나왔으므로 나머지 병렬구조도 to부정사로 해주어야 한다.

(해석) 학생들은 일반적으로 수업도중에 질문하도록, 수업 후에 도움을 받고 싶다면 교수실에 잠깐 들르도록, 그리고 만약 결석해서 과제가 필요하다면 전화하도록 권장 받는다.

**10. 정답 C (Not only was he sad but also he was deeply depressed.)**

(해설) not only A but also B의 구조에서 도치되는 구조는 A이다.

(해석) (A) 그는 더 이상 그의 음악으로 청중들을 매료시킬 수 없다. (B) 그들은 두 번 다시 헤어지지 않을 것이다. (C) 그는 슬펐을 뿐만 아니라 매우 우울했다. (D) 단지 일요일에만, 그는 음식을 사기위해 식료품점에 갔다.

### 적용하기 2단계

**1. 정답 C**

(해설) 문장 앞에 장소부사구가 나왔고 본동사가 1형식 동사이므로 도치된 문장이 답이다.

(해석) 강 너머로, 그리고 산림을 통해서 우리 할머니께서 살고 계시는 집이 있다.

**2. 정답 C**

(해설) 보어도치 구문이다. typical은 형용사이므로 주어자리에 들어올 수가 없다. 그러므로 typical ~ the continent까지 형용사구가 되고 밑줄에 주어와 동사가 나와야 하는데 이때 도치를 시킨 표현이 답이다.

(해석) 미국산 영양이나 가지뿔영양이 그 대륙의 초원에 있는 종들을 대표한다.

**3. 정답 B**

(해설) only + 부사절이 문두에 오면 주절은 도치가 되어야 한다. 이때 해석상 학생들이 장학금을 받는 입장이므로 수동태로 써야 옳은 표현이 된다.

(해석) 단지 학생들이 뛰어난 학업 성취도를 보여주기만 하면, 그들은 장학금을 받는다.

**4. 정답 C**

(해설) 보어도치 구문이다. 주어는 the task that 절이고, 동사는 was 보어는 more challenging to attain이다.

(해석) 민족주의자들이 스스로 설정한 그 임무, 즉 통일된 국가의 추구는 달성하기에 더 힘들다.

**5. 정답 B (is actively → are actively)**

(해설) one of the 복수명사 who 복수동사 + 단수동사

(해석) 우리는 당신이 적극적으로 정치에 관련된 그러한 여성들 중 한명인지 아닌지 알고 싶습니다. 왜냐하면 우리는 여성들에게 뿐만 아니라 남성들에게도 출산휴가를 줄 것을 합법화하는 법을 통과시키기 위해 조직적으로 운동할 필요가 있기 때문입니다.

**6. 정답 D (A number of → The number of)**

(해설) 'A number of 복수명사'는 '많은 복수명사'라는 의미이고, 'The number of 복수명사'는 '복수명사의 수'라는 의미이다. 해석상 the number of 복수명사가 더 적절한 답이다.

(해석) 최근 몇 달 안에 벌어진 일련의 심각한 교통사고에도 불구하고, 교통사고로 인한 뉴욕의 사망자 수는 2년 연이어 줄어들었는데, 그 이유는 뉴욕시가 도로를 안전하게 개선하는 일에 계속해서 집중해 왔기 때문이다. 뉴욕시가 제출한 예비 자료에 의하면, 교통사고로 인한 사망자 수는, 2014년 257명에서 지난해 230명으로 줄어들었다.

**7. 정답 D (just spread the word → just spreading the word)**

(해설) A, B and C의 병렬구조이다. A가 putting으로, B가 writing으로 쓰였으므로 C역시 spreading으로 써야 한다.

(해석) 아프리카 국립 공원의 관리인인, Rory는 "그것이 깡통에 약간의 동전을 넣는 것이든 (= 기부의 형태이든), 신문에 글을 기고하는 것이든, 단지 말을 전하는 것이든 간에" 사람들이 불법 침입을 멈추는 데 자신의 본분을 다해야만 한다고 믿는다.

**8. 정답 C (require → requires)**

(해설) Each와 Every는 둘 다 단수취급을 하는 형용사이다. 이때 Each and every가 함께 쓰였다고 해서 복수가 되는 일은 없다. 그러므로 require를 requires로 고쳐준다.

(해석) 동물원에 잡혀있는 독을 가지고 있는 뱀 모두가 야생에서 먹었었던 음식에 근거를 둔 특별한 종류의 식단을 요한다.

**9. 정답 B (were → was)**

(해설) Among his courtiers는 전명구이다. 즉 장소부사구가 문두에 오고 동사가 1형식이었기 때문에 주어 동사가 도치된 장소부사구 도치 문제이다. 이 문장에서 주어는 young man이므로 동사는 were가 아니라 was가 되어야 한다.

(해석) 이런 경우에 늘 그렇듯이, 그녀는 아버지의 사랑스러운 존재였다. 그의 신하들 가운데는 고귀한 혈통과 비천한 신분을 가진 젊은 이가 있었는데, 이런 유형의 영웅은 왕실의 여자를 사랑하는 연애소설에서 흔하다. 이 왕실의 여성은 그녀의 애인에게 매우 만족 했다. 왜냐하면 그는 잘생기기도 했고 모든 왕국 내에서 비견할 수 없을 정도로 용감했기 때문이었다.

**10. 정답 E (The number of high-rise buildings has increased recently.)**

(해설) The number of 복수명사는 '복수명사들의 수'라는 표현으로 동사는 반드시 단수취급 해야 한다.

(해석) (A) 많은 책이 매일 출판되었지만, 우리 손에는 거의 들어오지 않는다. (B) 거리에 많은 구경꾼들이 있다. (C) 모든 소년, 소녀들은 최선을 다해야 한다. (D) 20빼기 8은 12와 같다. (E) 고층건물의 수가 최근에 증가했다.

## 적용하기 3단계

**1. 정답 C**

(해설) and also를 기준으로 앞(A)과 뒤(B)는 병렬되어야 한다. 그러므로 A자리에 전명구 'by generation'가 쓰였으므로 B자리에도 적어도 부사, 특히 전명구가 쓰이는 것이 좋다. and가 접속사이므로 또 다른 접속사인 nor는 쓸 필요가 없다

(해석) 최근 독일로 유입되고 있는 새로운 이민자들과 관련해서, Merkel총리는 "내년은 특별히 한 가지 점이 부각될 것인데, 그것은 바로 단결입니다. 중요한 것은 우리 스스로가 분열되지 않는 것입니다. 세대별로 분열되어서도 안 되고, 기존 거주자와 새로운 거주자라는 범주로 분열되어서도 안 됩니다."라고 말했다.

**2. 정답 D**

(해설) but 뒤에 nowhere라는 부정부사가 문두에 나왔기 때문에 주어와 동사는 도치 되어야 한다. 만약 'there be 명사'의 구문이 부정부사를 만나 도치가 되려거든, 'be there 명사'로 써주어야 올바른 도치 문장이 된다. 그러므로 (D)는 답이 아니다.

(해석) 국회의 기능은 법을 만드는 것이지만, 헌법의 어느 곳에서도 법을 만드는 과정에서 반드시 따라야만 할 정확한 절차에 대한 언급이 없다.

**3. 정답 D**

(해설) 밑줄 뒤에 that절이 완전하므로 앞에 있는 owners를 꾸미는 관계대명사절이 아닌 부사절로 쓰였음을 알 수 있다. 또한 이 경우에 that절은 보통 so ~ that / such ~ that 절의 구조로 연결되므로 밑줄에는 'so 형용사/부사'가 쓰여야 한다. 즉 owners는 so ~ that절 사이에 들어가는 표현이 아니라 주어가 됨을 알 수 있고 결국 보어가 문두에 온 보어도치 구문임을 알 수 있다. 원래 문장은 'The owners were so sure of this that they provided ~' 이다.

(해석) 가장 크고, 가장 빠르고, 가장 비싼 배를 만들기 위한 노력으로, 영국은 Titanic을 만들었다. 그것은 바다위에 어떤 것보다 우월해서 "가라앉지 않는"이라는 별명이 붙을 정도였다. 그 배의 소유주들은 이것(가라앉지 않을 것)을 너무나 확신해서 아마도 3,500명의이상의 승객 중에 단지 950명분의 인명구조선을 제공했다.

**4. 정답 A**

(해설) and는 등위접속사이므로 일단 뒤에 주어 + 동사가 나와야 한다. 그러나 같으면 생략될 수도 있으므로 무조건 주어 + 동사만 쓰이는 것이 아님을 알아야 한다. 주어 + 동사가 나온 표현은 (D)인데, 동사가 원형으로 나올 수는 없다. 그러므로 (D)는 답이 아니다. 나머지는 동사가 없으므로 생략되었음을 알 수 있고, 앞에 some으로 주어를 표시했기 때문에 나머지를 뜻하는 others가 주어자리에 나와야 한다.

(해석) 초전도성을 이해하는 것 또는 왜 어떤 물질은 전도체이고 다른 것은 절연체인지를 아는 것은 약간의 양자역학을 필요로 한다.

**5. 정답 B**

(해설) A as well as B (B 뿐만 아니라 A 역시)에서 A와 B는 병렬구조여야 한다. A에 bring의 목적어가 쓰였으므로 B에도 목적어. 즉 명사가 쓰여야 맞는 표현이다.

(해석) 작곡가인 Richard Rodgers와 작사가인 Oscar Hammerstein 2세는 오페레타와 희극의 전통적인 형태에 대한 친숙함뿐만 아니라 연극의 배경과 광범위한 음악을 뮤지컬 Oklahoma!에 도입시켰다.

**6. 정답 C (likely to bear → are likely to bear)**

(해설) and 뒤에 likely라는 형용사가 쓰였는데, 앞에 연결될 만한 것이 없다. 해석상 앞에 suffer라는 동사와 연결되는 것이 가장 적당하므로 (C)를 are likely to bear로 써줘야 옳은 표현이 된다.

(해석) 나쁜 영양과 반복되는 병 때문에, 1억 4천만 명 이상의 아시아 아이들은 잘 자라지 못해서 그들의 나머지 인생에서 그 결과를 견뎌야 할 것 같다고 수요일에 UN의 보고서는 말했다.

**7. 정답 C (union stores → union store)**

(해설) and를 기점으로 union stores와 workers가 병치된 것이 아니다. '협동조합이자 노동자'라고 해석되는 것은 이상하기 때문이

다. 즉 union stores와 distribution center가 병렬되어서 뒤에 있는 workers를 꾸며준 표현이다. 그러므로 union stores는 일종의 형용사가 되는 셈인데, 형용사에 복수취급을 할 수는 없기 때문에 (C) union stores를 union store로 고쳐야 올바른 답이 된다.

해석 퇴직당한 700명의 직업 종사자들 중에 260명이 협동조합과 물류센터 직원들이라고, 협동조합의 대변인인 Peter Derouen이 금요일에 말했다. 그리고 260명의 조합 노동자들 모두가 11달 조금 못 미치는 기간 동안 비정규직원이라고 Derouen은 말했다.


### 8. 정답 B (is → are)

해설 Also ~ his morning 까지 보어이다. 주어는 mayor's city budget and plans 이므로 동사는 is가 아닌 are가 답이다.

해석 그 시장의 내년 도시예산안과 현재 있는 뮤직시어터를 개조할 계획이 또한 오늘 아침 시의회로 제출되었다. 그래서 회기는 금전적인 문제에 초점을 둘 것이다.


### 9. 정답 D (the seasons → of the seasons)

해설 such as A and B 역시도 and에 연결되어 있으므로 병렬 구조가 되어야 한다. 즉 A가 the cycles of day and night으로 나왔으므로 B역시도 the cycles of the seasons로 써야 맞는 표현이 된다. 이때 the cycles는 같은 표현이므로 생략하고 of the seasons로 써야 맞다. of역시 같으니까 생략해도 될 것 같지만, of까지 생략해 버리면 the seasons가 day and night과 병렬되는지, the cycles와 병렬되는지 알 방법이 없어진다. 그러므로 of는 생략하면 안 된다.

해석 생리학적인 체계는 유기체들이 낮과 밤의 순환과 계절의 순환과 같은 자연의 리듬과 조화롭게 사는 것을 가능하게 해주는 생물학적인 시계이다.


### 10. 정답 A (Forgetting → Forgotten)

해설 forgetting이 동명사 주어처럼 보이지만 본동사가 복수 (are)라서 동명사로 쓸 수 없다. 즉 주어는 are 뒤에 있는 those이고, forgetting은 보어가 되어서 도치된 문장인 것이다. 이때 해석을 해보면 '피해를 입은 사람들이 잊는다.'라는 의미가 아니라 '피해를 입은 사람들이 잊힌다.'로 써야 하므로 수동태가 되어야 한다.

해석 그들의 집과 재산 가까이서 일어나는 민간사업의 개발로부터 많은 피해를 입은 사람들이 경제성정의 희열을 통해 잊히고 있다.

초판 5쇄    2023년 06월 31일

**저 자**    강민형

**발행인**    문 덕

**인 쇄**    창 미디어(070-8935-1879)

**발행처**    도서출판 지수

**주 소**    서울시 마포구 토정로 222, 417호

**전 화**    02-717-6010(대표)

**팩 스**    02-717-6012

Phone 82-2-717-6010 Fax 82-2-717-6012

**가격  25,000원**

MEMO

# MEMO

MEMO

MEMO